나혼자 끝내는
新 토익
新 토익 750+ 목표 대비
BASIC
LC+RC

나혼자 끝내는 新토익
BASIC LC+RC (750+ 목표 대비)

지은이 원정서 · 넥서스토익연구소
펴낸이 임상진
펴낸곳 (주)넥서스

초판 1쇄 발행 2017년 12월 5일
초판 4쇄 발행 2018년 4월 1일

출판신고 1992년 4월 3일 제311-2002-2호
10880 경기도 파주시 지목로 5
Tel (02)330-5500 Fax (02)330-5555

ISBN 979-11-6165-132-3 13740

저자와 출판사의 허락 없이 내용의 일부를
인용하거나 발췌하는 것을 금합니다.

가격은 뒤표지에 있습니다.
잘못 만들어진 책은 구입처에서 바꾸어 드립니다.

www.nexusbook.com

나혼자 끝내는 新토익

新토익 750+ 목표 대비

원정서 · 넥서스토익연구소 지음

BASIC LC+RC

★★★★★
신토익 입문서

넥서스

PREFACE

“시작이 반이다, 첫 단추를 잘 꿰어야 한다” 등의 표현이 있다. 15년 넘게 강사 생활을 하면서 잘못된 학습 방법으로 고생하는 학생들을 많이 봐 왔기에 올바른 시작의 중요성을 강조하고 싶다. 가장 빠르고 효율적인 방법이 있는데 무작정 남들이 좋다고 하는 실전서를 힘들게 풀면서 시간을 낭비하거나, 아무리 읽어도 실전에 도움이 되지 않는, 설명만이 무성한 두꺼운 기본서를 들고 다니면서 고민하는 학생들이 많았다. 또한 무작정 단어만을 암기하거나 자신만의 방법으로 듣기만을 반복하는 것은 나중에 더 많은 노력을 기울여야 할 수도 있음을 깨달아야 한다.

이제 토익을 본격적으로 시작하는 여러분에게 〈나혼자 끝내는 토익 BASIC〉이 가장 탄탄하면서도 빠른 지름길을 보여줄 것이다. 과연 “학습에 지름길이 있는가?”라고 반문할 수도 있다. 그러나 어떤 분야에서 성공적으로 학습해 본 경험이 있는 사람은 보다 빠른 길이 있다는 것을 알 것이다. 믿을 만한 콘텐츠를 검증받은 방법으로 공부하는 것이 바로 그것이다. 비싼 돈을 들여 레벨에 맞지도 않는 학원 수업에 많은 시간을 투자하는 것은, 기본 체력도 되지 않는 일반인에게 올림픽 선수급으로 운동을 시키는 것처럼 실력 향상이 아니라 부상과 좌절만을 가져오게 된다.

이에 선행되어야 할 것은 “실제 시험에 출제되고, 실제 시험에서 도움을 줄 수 있는 콘텐츠”가 있어야 한다. 초급 교재라고 해서 시험과 상관없는 기초 공부만을 하는 것은 시간 낭비이다. 그렇다면 콘텐츠만 있으면 초보인 내가 실력이 향상되고 높은 점수를 받을 수 있을까? 본인의 습득 능력을 무시하고 문제풀이만을 반복한다면 단지 몇몇 개의 전략이나 유형만을 습득하게 되고, 전체 토익 점수가 정체되는 난항을 겪게 될 것이다.

본 교재는 토익 초보, 영어 초보들의 문제점을 정확하게 파악하여 이를 해결하고, 실제 시험에서 목표 점수를 획득할 수 있는 전략뿐만 아니라 문법, 어휘, 단계별 문제 풀이 방법을 제시한다. 특히 신토익 경향을 완벽하게 반영하여 이 교재 하나로 쉬운 문제는 물론 매달 시험에 정기적으로 나오는 기본적인 문제를 효율적으로 배열하여 여러분이 원하는 목표 점수 및 고득점으로 가는 방향을 정확하게 제시해 줄 것이다. 앞으로 여러분이 혼자서 인생을 개척해 나가는 데 본 교재가 시작점이 될 것이라 확신하며, 본 교재 출판을 가능하게 해주신 넥서스 사장님께 깊은 감사를 드린다.

원정서

Dedication

To my parents
Without whom I would not be living my best life

사랑하는 부모님, 원영희 & 박래순 님께
앞으로도 건강하게 오래오래 함께할 수 있기를...

CONTENTS

PART 5/6 문법 및 어휘

PART 7 독해

⊕ 책속의 책

FEATURES

기초부터 실전까지
한 권으로 끝내는

단계별 학습법

LC

- Step 1 유형분석
- Step 2 청취 및 받아쓰기 훈련
- Step 3 기초 마스터
- Step 4 실전 마스터

RC

- Step 1 기초 문법 유형분석 + Practice
- Step 2 기초 마스터 + 문법/어휘/독해
- Step 3 실전 마스터(Part 5, 6, 7)

토익을 처음 공부하는 수험생들도 쉽게 이해할 수 있도록 간결한 구성과 상세한 설명을 수록하였습니다. 또한 토익 시험을 분석하여 꼭 필요한 내용만 담아 최단 시간 내에 목표 점수 750점을 달성할 수 있도록 구성하였습니다.

저자의 노하우가 담긴
쉽고 자세한

정답 및 해설

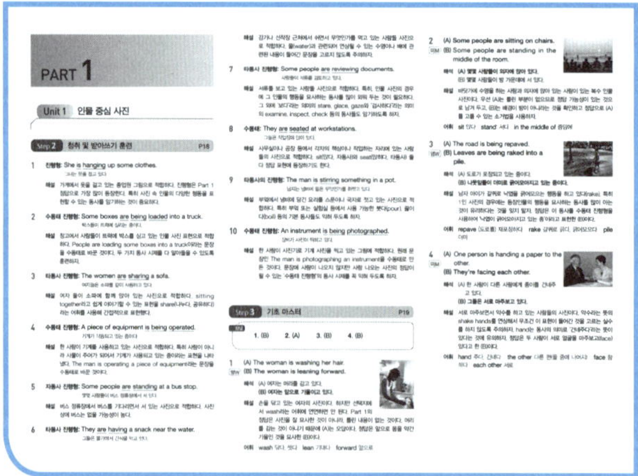

따로 해설집을 구매할 필요 없이 해설집을 수록하여 정답 및 해설을 확인하며 복습할 수 있습니다. 정답 키워드가 되는 부분을 표시하여 쉽게 정답을 찾고 이해할 수 있도록 구성하였습니다.

혼자서도
토익을 끝낼 수 있는

막강
부가 자료

1 실제 시험에 대비할 수 있도록 미국식, 영국식, 호주식 발음 이외에도 고사장 버전의 MP3를 수록하였습니다. QR코드 또는 넥서스 홈페이지에서 무료로 다운로드 받을 수 있습니다.

2 Listening 받아쓰기 프로그램을 통해 복습을 하며 청취력을 향상시킬 수 있습니다. QR코드 또는 넥서스 홈페이지에서 이용할 수 있습니다.

3 본문에 수록된 어휘 중에서도 특히 중요한 빈출 어휘 리스트와 이를 학습할 수 있는 온라인 테스트를 제공합니다.
www.nexusbook.com

4 궁금한 문제는 바로바로 해결할 수 있도록 나만의 1:1 코칭 서비스를 제공합니다.
www.nexusbook.com 접속 후
고객센터 ▶ 온라인 문의하기에서
궁금한 점을 남겨 주세요. (로그인 필요)

MP3 바로 듣기
받아쓰기 테스트
모바일 단어장

쉽고 빠른
MP3 이용법

콜롬북스
APP

1 구글 플레이, 앱스토어에서 "콜롬북스" 어플 설치
(아래 QR코드 이용 또는 "콜롬북스"라고 검색해서 설치)

2 검색창에 도서명으로 검색

3 도서 클릭 후 MP3 다운로드

아이폰

안드로이드

신토익 핵심 정보

2016년 5월 29일 정기시험부터 현재의 영어 사용 환경을 반영한 신(新)토익이 시행되었습니다. 전체 문항 수와 시험 시간은 동일하지만 각 파트별로 문항 수는 변화가 있으며 그동안 출제되지 않았던 그래프와 문자 메시지, 채팅, 삼중 지문 등 새로운 지문 유형과 문제가 출제됩니다.

신토익 시험의 구성

구성	Part	Part별 내용	문항수	시간	배점
Listening Comprehension	1	사진 묘사	6	45분	495점
	2	질의 응답	25		
	3	짧은 대화	39		
	4	설명문	30		
Reading Comprehension	5	단문 공란 채우기	30	75분	495점
	6	장문 공란 채우기	16		
	7	단일 지문	29		
		이중 지문	10		
		삼중 지문	15		
Total	7 Parts		200문제	120분	990점

신토익 이후 달라진 부분

Part 1 문항 10개에서 6개로 감소

Part 2 문항 30개에서 25개로 감소

Part 3 문항 30개에서 39개로 증가, 〈3인 대화〉, 〈5턴 이상의 대화〉, 〈의도 파악, 시각 정보 연계 문제〉 추가

Part 4 문항 30개로 기존과 동일, 〈의도 파악 문제〉, 〈시각 정보 연계 문제〉 추가

Part 5 문항 40개에서 30개로 감소

Part 6 문항 12개에서 16개로 증가, 〈알맞은 문장 고르기〉 추가

Part 7 문항 48개에서 54개로 증가, 〈문자 메시지 · 온라인 채팅 지문〉, 〈의도 파악, 문장 삽입 문제〉, 〈삼중 지문〉 추가

신토익 핵심 정보

Part 3	화자의 의도 파악 문제	2~3문항	대화문에서 화자가 한 말의 의도를 묻는 유형
	시각 정보 연계 문제	2~3문항	대화문과 시각 정보(도표, 그래픽 등)간 연관 관계를 파악하는 유형
	3인 대화	대화 지문 1~2개	일부 대화문에서 세 명 이상의 화자가 등장함
	5턴 이상의 대화		주고 받는 대화가 5턴 이상으로 늘어난 대화 유형
Part 4	화자의 의도 파악 문제	2~3문항	담화문에서 화자가 한 말의 의도를 묻는 유형
	시각 정보 연계 문제	2~3문항	담화문과 시각 정보(도표, 그래픽 등)간 연관 관계를 파악하는 유형
Part 6	알맞은 문장 고르기	4문항 (지문당 1문항)	• 지문의 흐름상 빈칸에 들어갈 알맞은 문장 고르기 • 선택지가 모두 문장으로 제시되며 문맥 파악이 필수
Part 7	문장 삽입 문제	2문항 (지문당 1문항)	주어진 문장을 삽입할 수 있는 적절한 위치 고르기
	문자 메시지 · 온라인 채팅	각각 지문 1개	2명이 대화하는 문자 메시지, 다수가 참여하는 온라인 채팅
	의도 파악 문제	2문항 (지문당 1문항)	• 화자가 말한 말의 의도를 묻는 문제 • 문자 메시지, 온라인 채팅 지문에서 출제
	삼중 지문	지문 3개	세 개의 연계 지문에 대한 이해도를 묻는 문제

나혼토 학습 스케줄

최단 시간 내에 **목표 점수 750점**을 달성하는

2주 완성 플랜

토익 기초가 부족한 상태에서 단기간에 토익 급상승을 원한다면 LC를 먼저 집중 공략하라. RC에 비해 점수가 쉽게 오르는 LC부터 공략하면 점수 향상과 더불어 자신감을 얻을 수 있다. 이전에 한 두번 토익을 공부한 적이 있고 단기간에 집중하여 목표 점수를 취득하길 원하는 수험생이라면 2주 만에 끝낼 수 있다.

LC

1일차 (월 일)	2일차 (월 일)	3일차 (월 일)	4일차 (월 일)
PART 1 Unit 1, 2, 3	PART 2 Unit 4, 5	PART 2 Unit 6, 7	PART 3 Unit 8, 9
5일차 (월 일)	**6일차 (월 일)**	**7일차 (월 일)**	
PART 3 Unit 10, 11	PART 4 Unit 12, 13	PART 4 Unit 14, 15	

RC

8일차 (월 일)	9일차 (월 일)	10일차 (월 일)	11일차 (월 일)
PART 5 Unit 1, 2	PART 5 Unit 3, 4, 5	PART 5 Unit 6, 7, 8	PART 6 Unit 9
12일차 (월 일)	**13일차 (월 일)**	**14일차 (월 일)**	
PART 7 Unit 10, 11	PART 7 Unit 12, 13	PART 7 Unit 14, 15	

기초부터 단계별로 꼼꼼히 공부하는

4주 완성 플랜

주 5일 총 4주간 매일 LC와 RC를 동시에 학습하는 코스로 토익 시험 경험이 없거나 단계적으로 학습하여 목표 점수를 취득하길 원하는 학습자에게 최적화된 코스이다. 4주 완성 후 토익 시험을 보면 높은 점수 향상을 기대할 수 있다.

1주	1일차 (월 일)	2일차 (월 일)	3일차 (월 일)	4일차 (월 일)	5일차 (월 일)
LC	PART 1 Unit 1	PART 1 Unit 2	PART 1 Unit 3	PART 1 리뷰 및 온라인 받아쓰기 복습	PART 2 Unit 4
RC	PART 5 Unit 1	PART 5 Unit 2	PART 5 Unit 3	PART 5 Unit 4	PART 5 Unit 5
2주	6일차 (월 일)	7일차 (월 일)	8일차 (월 일)	9일차 (월 일)	10일차 (월 일)
LC	PART 2 Unit 5	PART 2 Unit 6	PART 2 Unit 7	PART 2 리뷰 및 온라인 받아쓰기 복습	PART 3 Unit 8
RC	PART 5 Unit 6	PART 5 Unit 7	PART 5 Unit 8	PART 5 리뷰	PART 6 Unit 9
3주	11일차 (월 일)	12일차 (월 일)	13일차 (월 일)	14일차 (월 일)	15일차 (월 일)
LC	PART 3 Unit 9	PART 3 Unit 10	PART 3 Unit 11	PART 3 리뷰 및 온라인 받아쓰기 복습	PART 4 Unit 12
RC	PART 6 Unit 10	PART 7 Unit 11	PART 7 Unit 12	PART 7 Unit 13	PART 7 Unit 13
4주	16일차 (월 일)	17일차 (월 일)	18일차 (월 일)	19일차 (월 일)	20일차 (월 일)
LC	PART 4 Unit 13	PART 4 Unit 14	PART 4 Unit 15	PART 4 리뷰 및 온라인 받아쓰기 복습	어휘 리스트 & 테스트 활용 최종 어휘 복습
RC	PART 7 Unit 14	PART 7 Unit 14	PART 7 Unit 15	PART 7 Unit 15	어휘 리스트 & 테스트 활용 최종 어휘 복습

PART 1

녹음으로 들려주는 4개의 선택지 중에
주어진 사진을 가장 잘 묘사한 것을 고르는 유형

문제 수	난이도
총 6문제 (1번~6번)	하

만점 전략

정답 유형을 익히고, (A), (B), (C), (D) 선택지를 하나하나 지워나가며 풀자!

❶ 사진을 묘사할 수 있는 어휘/시제를 익힌다.

❷ 오답을 지워서 한 개만 남기는, Best Answer 고르기를 훈련한다.

학습 방법

❶ **준비** Part 1의 문장 구조 및 어휘를 익힌다.

❷ **실전** Unit별 문제 유형을 단계별로 풀어 실전 문제에 적응한다.

❸ **복습** Voca를 다운받아 듣고 Part 1의 구문을 익혀 완벽하게 복습한다.

교재 구성

Unit 1	인물 중심 사진	1인 사진, 2인 이상 사진
Unit 2	풍경 중심 사진	물건 중심 사진, 풍경 중심 사진
Unit 3	고난이도-혼합 사진	안 보이는 부분이 정답인 경우, 간접적인 표현이 정답인 경우

예제 및 만점 전략

001

(A) He's leaning against a fence.
(B) He's walking up the stairs.
(C) He's standing next to a sign.
(D) He's carrying a backpack.

(A) 그는 펜스에 기대어 있다.
(B) 그는 계단을 올라가고 있다.
(C) 그는 표지 옆에 서 있다.
(D) 그는 배낭을 들고 있다.

해설 사람이 한 명 나오는 인물 중심 사진으로, 등장한 인물의 행동/상태를 묘사하는 동사를 암기해야 한다. 다양한 동사가 있지만, 4개의 주어진 선택지 중에서 '남자가 표지판(sign) 옆에 있다'라고 묘사한 (C)가 정답으로 가장 적절하다.

Know-how

소거법(Best Answer 고르기)으로 풀기 ~~(A)~~ ~~(B)~~ (C) ~~(D)~~

❶ 정답을 예측하지 말고, 각각의 선택지를 들으면서 틀린 부분이 있는 부분을 집어내면서 지운다.

❷ 완벽하게 틀린 것은 X, 조금 틀린 것은 /, 틀린 것이 없거나 애매한 것은 밑줄을 그어 표시한다.

❸ 끝까지 들으면서 정답지 2개를 지우고, 나머지 2개 중에 비교해서 틀린 부분이 없는 정답지를 선택한다.

(A) He's leaning against a fence.	기대는 행동도 없고 담장도 없다.
(B) He's walking up the stairs.	계단이 없다.
(C) He's standing next to a sign.	표지라는 표현이 애매하지만 가장 적절한 정답지이다.
(D) He's carrying a backpack.	배낭은 보이지 않는다.

❹ 4개의 선택지를 다 듣자마자, 가장 적절한 것을 선택하고 바로 다음 문제로 넘어간다. 지나간 문제에 연연하지 말자.

❺ 정답: (C)

Unit 1 인물 중심 사진

Step 1 유형 분석

A 1인 사진

사진 중앙에 주로 한 인물이 특정 행동을 하거나 자세를 취하는 경우가 많다. 주어로 나올 수 있는 어휘 및 인물이 할 수 있는 행동이나 자세와 관련된 표현을 암기하는 것이 중요하다.

예제 1

(A) The woman is cooking in the kitchen.
(B) The woman is wiping the counter.
(C) The woman is serving some food.
(D) The woman is washing the dishes.

(A) 여자는 부엌에서 요리를 하고 있다.
(B) 여자는 카운터를 닦고 있다.
(C) 여자는 음식을 서빙하고 있다.
(D) 여자는 접시를 닦고 있다.

해설 1인 사진에서는 동사를 정확하게 듣고 목적어까지 연결해서 확인하는 훈련이 필요하다. 여자가 목걸이를 하고(wearing) 부엌의 카운터 근처에서(near the counter) 닦는(wiping) 행동을 하고 있다.
정답: (B)

003

정답을 부르는 VOCA Check!

❶ 있다, 서다, 걷다: be동사, stand, walk, stroll
❷ 앉다: sit, be seated, be taken, be occupied
❸ 기대다, 기울이다: lean, rest
❹ 놓다: put, place, lay, leave
❺ 일하다, 사용하다, 잡다: work, use, hold, grab, grasp
❻ 운반하다, 싣다, 내리다: carry, move, load, unload
❼ 치우다, 닦다, 쓸다, 문질러 닦다: clear, wipe, scrub, sweep, mop
❽ 잔디를 깎다, 갈퀴로 긁어모으다: mow the lawn, rake
❾ 붓다, 섞다, 끓이다: pour, stir, mix, boil
❿ 입다: wear(입고 있는 상태를 묘사) ※ 주의: put on (입고 있는 동작을 묘사)

PART 1

B 2인 이상 사진

004

두 사람 또는 다수의 인물들이 나오는 사진이다. 등장인물 각각의 행동을 구별해야 하는 경우, 등장인물들 간의 상호관계나 사진 배경을 확인해야 하는 경우가 있다.

예제 2

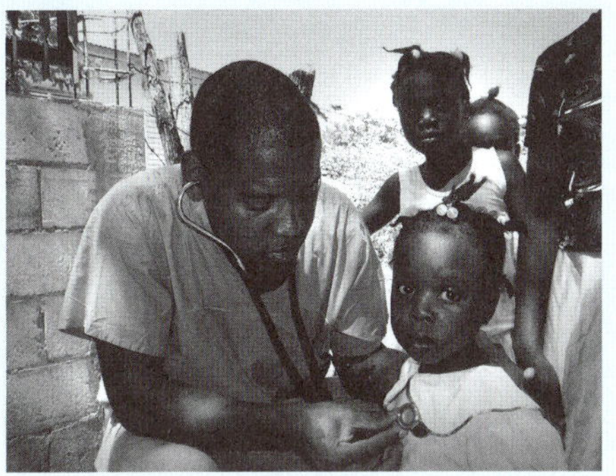

(A) A girl is being examined.
(B) A doctor is prescribing some medicine.
(C) The man is putting on a uniform.
(D) The man is holding a microphone.

(A) 소녀는 진찰되고 있는 중이다.
(B) 의사는 약을 처방하고 있다.
(C) 남자는 제복을 입고 있는 중이다. (동작)
(D) 남자는 마이크를 들고 있다.

해설 의사인 듯한 남자가 청진기를 들고 아이를 진찰하고(examining) 있다. 의사(doctor, physician)는 환자(patient)를 치료(treating)하거나 돌봐주는 것(taking care of)이 가능하다. 2인 또는 복수 인물은 그들의 관계성을 파악하고 행동을 확인해 보자.

정답: (A)

005

정답을 부르는 VOCA Check!

1. 주다: give, pass, hand (over)
2. (서로) 말하다: chat, discuss, converse
3. 많다: be full of, be filled with, be crowded
4. 모이다: be gathered together, be grouped together
5. 보다, 향하다, 검토하다: stare, glance, gaze, peer, face, review
6. 자세히 보다, 구경하다: examine, inspect, check, browse
7. 악수하다, 인사하다: shake hands, greet each other
8. 주문을 받다, 고르다: take an order, select, choose
9. 집어 올리다, 내려놓다, 넣다: pick up, put down, put in, deposit
10. 작동하다, 조작하다, 다루다: operate, adjust, handle

Step 2 청취 및 받아쓰기 훈련

Answers_P.002

들으면서 쓰고, 완벽하게 마스터하는 받아쓰기

※ 문법적 분류보다는 동사의 '시제'와 '해석'에 집중하자.

❶ 타동사의 진행형: be + -ing → (목적어를) ~하고 있는 중이다
He's holding a bag. 그는 가방을 들고 있다. (사람이 가방을 들고 있는 사진)

❷ 수동태 진행형: be + being + p.p. → (주어가) ~되고 있는 중이다
Books are being placed. 책들이 놓여지고 있다. (사람이 책을 놓는 사진)

❸ 타동사의 수동태: ~되다
Customers are seated around the table. 손님들이 테이블 주변에 앉아 있다.

❹ 자동사의 완료: ~했다
The train has arrived at the station. 열차가 역에 도착했다.

❺ 자동사의 진행형: ~하는 중이다
They're walking side by side. 그들은 나란히 걷고 있다.

녹음으로 들려주는 동사 시제를 확인해 보자. 억양과 끊어 읽기에 유의하면서 쓰고 따라 읽어 보자.

007

1. She ______ ______ up some clothes.
2. Some boxes ______ ______ ______ into a truck.
3. The women ______ ______ a sofa.
4. A piece of equipment ______ ______ ______.
5. Some people ______ ______ at a bus stop.
6. They ______ ______ a snack near the water.
7. Some people ______ ______ documents.
8. They ______ ______ at workstations.
9. The man ______ ______ something in a pot.
10. An instrument ______ ______ ______.

Step 3 기초 마스터 008

Answers_P.002

기초부터 탄탄히 마스터하기

PART 1

1.

(A) (B)

2.

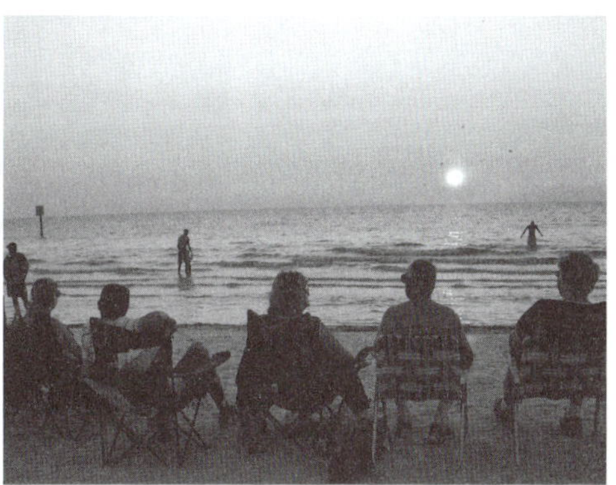

(A) (B)

3.

(A) (B)

4.

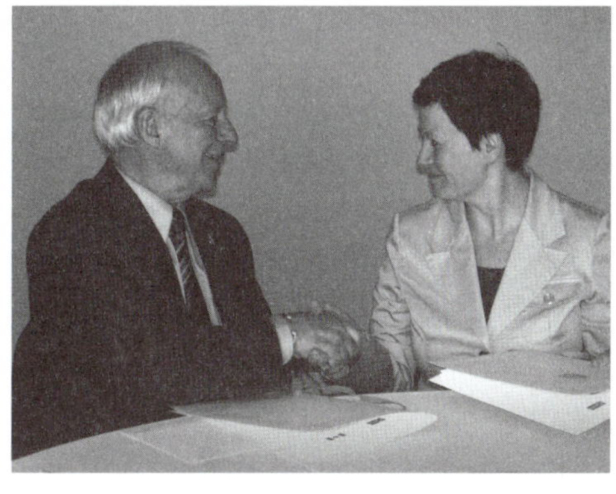

(A) (B)

Step 4 실전 마스터

소거법을 사용하여 Best Answer 고르기

1.

(A) (B) (C) (D)

2.

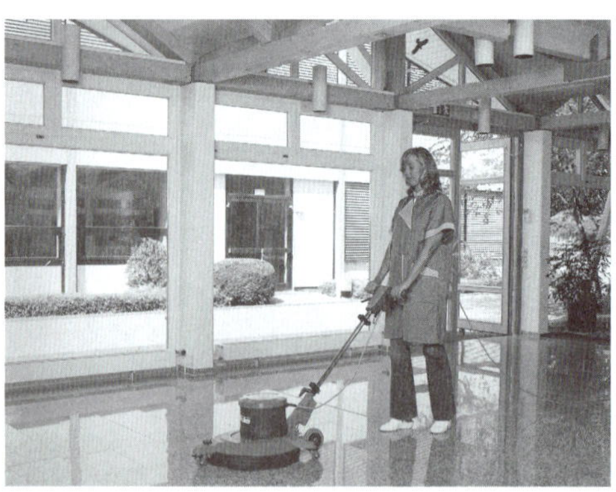

(A) (B) (C) (D)

3.

(A) (B) (C) (D)

4.

(A) (B) (C) (D)

5.

(A) (B) (C) (D)

6.

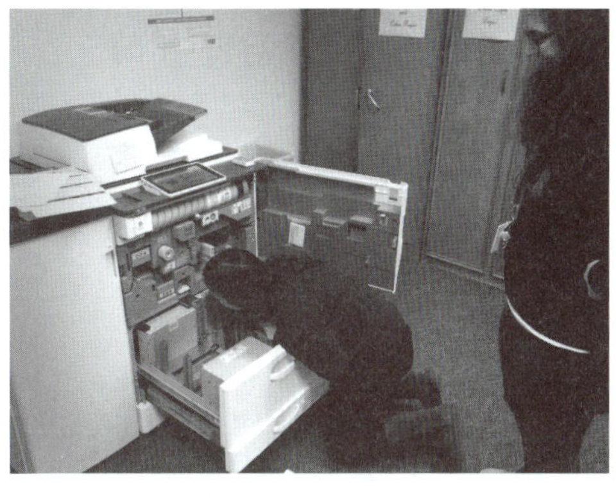

(A) (B) (C) (D)

PART 1

정답이 이상해요!

- 소거법의 훈련 -

"사진을 보고" 고르는 파트이기는 하지만,
사진을 완벽하게 묘사한 정답만을 연습하면,
고난이도 문제에서 실수가 많아진다.
정답의 기대치를 낮추고
"가장 적절한 답"을 고르자!

Unit 2 사물/풍경 중심 사진

Step 1 유형 분석

A 사물 중심 사진

사진 중앙에 특정 사물이나 물건이 나오는 경우가 많다. 주어로 나올 수 있는 물건의 이름과 사물을 묘사하는 다양한 동사구와 시제를 익히는 것이 중요하다.

예제 1

(A) They're working in the office.

(B) Some merchandise has been set on the floor.

(C) Chairs have been stacked up.

(D) There is a plant sitting on a desk.

(A) 그들은 사무실에서 일하고 있다.

(B) 상품들이 바닥에 설치되어 있다.

(C) 의자들이 쌓여 있다.

(D) 책상 위에 놓여진 화초가 있다.

해설 사무실로 보이는 장소에 각종 기계, 가구, 화초 등이 있는데 각각의 문장을 처음부터 끝까지 듣고, 틀린 부분을 집어낼 수 있도록 훈련하자. 책상 위에 낮게 놓여진 화분은 sit 이외에 be placed 등의 표현으로 나타낼 수 있다. 정답: (D)

정답을 부르는 VOCA Check!

① 있다: there is/there are ~

② 놓여 있다: be placed, be left, be laid

③ 위치하다: be positioned, be located

④ 쌓여 있다, 정렬되다: be stacked, be piled, be stocked, be arranged, be on display

⑤ (의인화) 앉아 있다: be sitting, sit

⑥ (의인화) 서 있다: be standing, stand

⑦ 향하다: be facing

⑧ 내려다보다: overlook

⑨ 줄지어 있다: line (up)

⑩ ~에 매달리다: hang, be suspended from

B 풍경 중심 사진

중심에 특정 풍경이 있는 사진이 나오는데, 각 장소에 등장하는 사물은 물론 그 배경 관련 특정 어휘를 암기하는 것이 중요하다. 생소한 어휘가 많아서 초보자가 힘들어 하지만, 반대로 특정 어휘가 지정되어 있으니 자주 등장하는 표현만 익혀 두면 비교적 쉽게 정답을 고를 수 있다.

예제 2

(A) The roof of a house is being repaired.
(B) A walkway is crowded with many people.
(C) A pathway leads to an outdoor structure.
(D) The building overlooks the parking lot.

(A) 집 지붕이 수리되는 중이다.
(B) 많은 사람들로 보도가 붐비고 있다.
(C) 길이 야외의 건축물로 이어진다.
(D) 건물이 주차장을 내려다보는 위치에 있다.

해설 주어진 사진에서 길(walkway)이 뻗어 있는 것, 건물, 구조물(structure)이 서 있는 것, 나무들(trees)이 서 있는 모습을 표현할 수 있는 어휘를 알아 두고 정답을 골라내자. 각각의 사물/풍경의 표현은 제한적이니 알아 두도록 하자. 정답: (C)

정답을 부르는 VOCA Check!

❶ 길, 다리, 계단 관련 표현

stairs/steps 계단 | extend (쭉)뻗다 | run/pass/go (길이) 나다 | railing 난간 | handrail 손잡이
lead to 연결되다 | curve 휘어지다 | spiral 나선형의 | path/trail/road/street 길

❷ 물, 배, 항해 관련 표현

oar 노 | dock/port 항구 | row/paddle (노를) 젓다 | edge of the water 물가
fountain 분수 | be floating 떠 있다 | be docked[tied off/anchored] 정박하다

❸ 창고, 공사장 관련 표현

tool 공구 | ladder 사다리 | heavy machinery 중장비 | wheelbarrow 외바퀴 손수레
dirt/soil/earth 흙 | structure 구조물 | container 용기, 통 | scaffold 비계(공사 시 안전틀)

❹ 거리, 교통 관련 표현

traffic light 신호등 | traffic sign 표지판 | intersection 교차로 | lamp post 가로등
sidewalk 인도 | crosswalk 횡단보도 | newsstand 신문가판대 | bike rack 자전거 거치대

❺ 실내, 매장 관련 표현

prop up 세우다 | floor/level 바닥, 층 | lighting fixture 조명 | fix/mount (벽 등에) 고정시키다
sofa/couch 소파 | stool 등받이 없는 의자, 받침대 | products/merchandise/items/goods 물건

❻ 야회, 행사 관련 표현

event 행사 | track 자국 | gathering 모임 | cover 가리다 | patio 야외뜰
column 장식기둥 | porch 현관 앞 공간 | awning/shade 외벽 차양 | canopy (지붕처럼 늘어뜨린) 덮개

Step 2 청취 및 받아쓰기 훈련

Answers_P.004

들으면서 쓰고, 완벽하게 마스터하는 받아쓰기

※ 주어로 등장할 수 있는 다양한 물건/장소와 이를 표현하는 '동사구'를 익히자.

1. There is/There are + 명사 + 부사구(장소)
   There are chairs next to the bed. (침대 옆에 몇몇의 의자가 있는 사진)
2. There is/There are + 명사 + -ing + 부사구(장소)
   There are books sitting on the table. (테이블 위에 책들이 쌓여 있는 사진)
3. 주어(사물) + have/has been + 동사의 과거분사
   Boxes have been stacked in the warehouse. (창고에 쌓여 있는 박스들의 사진)
4. 주어(사물) + is/are + 동사의 과거분사
   A rug is located in front of the window. (창문 앞에 작은 카펫이 놓여 있는 사진)
5. 사물의 의인화(자동사의 현재형)
   A carpet is lying on the floor. (카펫이 바닥에 깔려 있는 사진)

녹음으로 들려주는 동사 시제를 확인해 보자. 억양과 끊어 읽기에 유의하면서 쓰고 따라 읽어 보자. 015

1. ________ ________ a door beneath the staircase.
2. Some merchandise ________ ________ on shelves.
3. Waves ________ ________ against the rocks.
4. A lamp ________ ________ in the corner of the room.
5. Shelves ________ ________ ________ with bread.
6. Computers ________ ________ ________ next to each other.
7. A picture ________ ________ above a chair.
8. An awning ________ a store entrance.
9. The lights ________ ________ ________ on.
10. A row of windows ________ ________ a street.

Step 3 기초 마스터 016

Answers_P.004

기초부터 탄탄히 마스터하기

PART 1

1.

(A) (B)

2.

(A) (B)

3.

(A) (B)

4.

(A) (B)

Step 4 실전 마스터 017

Answers_P.004

소거법을 사용하여 Best Answer 고르기

1.

(A) (B) (C) (D)

2.

(A) (B) (C) (D)

3.

(A) (B) (C) (D)

4.

(A) (B) (C) (D)

5.

(A) (B) (C) (D)

6.

(A) (B) (C) (D)

PART 1

수동태 진행형인데 풍경 사진이 가능하다고요??

be being p.p.는 타동사의 수동태 진행형으로 주로 어떤 사람이 행동을 하는 사진의 정답이지만, 사람 없이도 진행 가능한 게 있다는 사실을 잊지 마세요! '진열 중' 이라는 뜻의 clothing is being displayed가 바로 그것이다. 출제 빈도는 낮지만 진열장만 보고 진열중이라는 답이 가능함을 잊지 말자!

Unit 3 고난이도 혼합 사진

Step 1 유형 분석

A 사진에서 눈에 잘 안 뜨이는 부분을 설명한 것이 정답인 경우

018

난이도가 높은 문제는 사진을 보고 예상하지 못한 부분이 정답이 되는 경우가 있다. 가장 빈도수가 높은 것은 주로 바닥이나 천장, 구석 등에 등장한 작은 부분을 설명한 문장이 정답이 되는 경우이다. 이러한 경우 사진을 보고 예측하기보다 선택지 문장의 주어를 사진 속에서 하나하나 확인하면서 듣는 것이 만점 비법이다.

예제 1

(A) White lines are painted on the road.
(B) Cars are moving in both directions.
(C) Pedestrians are crossing the street.
(D) Trees are being planted along the road.

(A) 도로에 하얀 선이 칠해져 있다.
(B) 자동차들이 양방향으로 움직이고 있다.
(C) 보행자들이 길을 건너고 있다.
(D) 나무들이 길을 따라 심어지고 있다.

해설 사진에서 처음 눈에 들어오는 것은 자동차, 길, 집 등이지만, 신경쓰지 못한 바닥의 횡단보도(crosswalk)의 하얀 칠(white lines)에 대해 설명한 선택지가 정답이 되었다. 소거법을 써서 틀린 내용은 지워가면서 정답을 고르는 연습을 해야 한다.

정답: (A)

정답을 부르는 VOCA Check!

❶ 인물의 행동이 아닌 위치, 의상, 머리 모양, 장신구 등이 정답이 되는 경우

wear clothes 옷을 입다
have hair[a beard] 머리가[수염이] 나 있다
wear shoes[accessories] 신발을[액세서리를] 착용하다
be at[near] the table 테이블에[테이블 근처에] 있다

❷ 땅, 바닥 부분이 정답이 된 경우

shadow 그림자
track (바닥의) 자국
be shaded[shielded] (그림자에) 가려지다
be polished 윤이 나다, 깨끗하다
calm water 잔잔한 물가
be reflected 반사되다
water on the floor 바닥에 흘린 물

❸ 하늘, 천장 부분이 정답이 된 경우

clouds in the sky 하늘의 구름
smoke in the air 공중의 연기
sunlight through the clouds 구름 사이의 빛
lighting fixture from the ceiling 천장의 조명
landscape 풍경

❹ 잘 눈에 뜨이지 않는 부분이 정답인 경우

power outlet on the wall 벽의 전원
gap between the desks 책상 사이의 빈 공간
empty[be unoccupied] 비어 있다
not in use 사용되지 않다
chairs pushed 테이블 밑에 넣어진 의자들

B 사물, 상황에 대한 간접적 표현이 정답인 경우

특정 사물, 상황을 직접적으로 표현할 수 있는 단어 대신 "다른 어휘"로 간접적으로 표현하면 난이도가 상승한다. 다른 어휘로 같은 의미를 전달하는 패러프레이징(paraphrasing)된 표현을 파악할 수 있다면 고난이도 문제의 정답을 고를 수 있다.

예제 2

(A) They're swimming in the ocean.

(B) They're sitting around the table in the meeting room.

(C) Some people are enjoying some time together.

(D) Some people are digging the soil on the ground.

(A) 그들은 바다에서 수영하고 있다.

(B) 그들의 회의실 테이블 주변에 앉아 있다.

(C) 사람들이 같이 시간을 즐기고 있다.

(D) 사람들이 바닥의 흙을 파고 있다.

해설 사진 속 사람들이 모래사장에 앉아 서로 이야기하는 모습이 보이는데, 이들이 같이 시간을 보낸다는(spend some time, enjoy some time together) 간접적인 표현을 사용한 선택지가 정답이다. 사진을 보고 미리 추측하기 보다는 들리는 문장이 사진과 맞는지 확인하면서 푸는 것이 안전하다. 정답: (C)

정답을 부르는 VOCA Check!

※ 직접적인 행동을 간접적인 표현으로 바꾸는 경우

❶ eat, drink 먹다, 마시다 → have a bite, taste, sip 맛보다 → enjoy 즐기다

❷ walk 걷다 → stride, stroll 성큼성큼 걷다, 거닐다 → take a walk 산책하다
→ spend time outside, enjoy 시간을 보내다, 즐기다

❸ cut 자르다 → trim, chop, slice, dice, peel 자르다, (껍질을) 벗기다 → cook, prepare food 요리하다

❹ examine, check 보다 → repair, fix, improve 수리하다, 개선하다

❺ look, see 보다 → face 향하다 → having an interview 취재하다

❻ point to, write on the board 가리키다, 쓰다 → teach, show 가르치다

❼ talk, speak 말하다 → discuss, chat, confer, converse 토론하다
→ have a meeting[conference] 회의하다

❽ be seated, be sitting 앉다 → attend, participate 참석하다
→ be engaged in, be involved in 관여하다 → be in session, be in progress (행사) 진행 중

Step 2 청취 및 받아쓰기 훈련

Answers_P.005

들으면서 쓰고, 완벽하게 마스터하는 받아쓰기

022

※ 같은 사진을 묘사할 수 있는 다양한 표현과, 자주 나올 수 있는 오답을 같이 확인하자.

① Some people are sitting at the table. → Some of the seats are occupied[taken].
몇몇 사람들이 테이블 앞에 앉아 있다. 몇몇 좌석이 차지되었다.

② Some of the seats are empty[unoccupied]. → Some seating spaces are available.
몇몇 좌석이 비어 있다. 앉을 자리가 준비되어 있다.

③ There are rocks on the ground. → The place is deserted. → The landscape is dry and rocky.
땅에 돌이 있다. 이 장소는 사람이 없다. 경치가 메마르고 바위가 많다.

녹음으로 들려주는 동사 시제를 확인해 보자. 억양과 끊어 읽기에 유의하면서 쓰고 따라 읽어 보자.

023

1. He's __________ __________ the counter.
2. A man __________ __________ a customer's hair.
3. She has her __________ __________ __________.
4. A street lamp __________ __________ __________.
5. Power cords __________ __________ __________ into a wall outlet.
6. Trees are __________ __________ on a building.
7. A lid __________ __________ __________ from a paint can.
8. Some bikes __________ __________.
9. Some of the spectators __________ __________ hats.
10. Sunlight __________ __________ through the clouds.

Step 3 기초 마스터 024

Answers_P.006

기초부터 탄탄히 마스터하기

1.

(A) (B)

2.

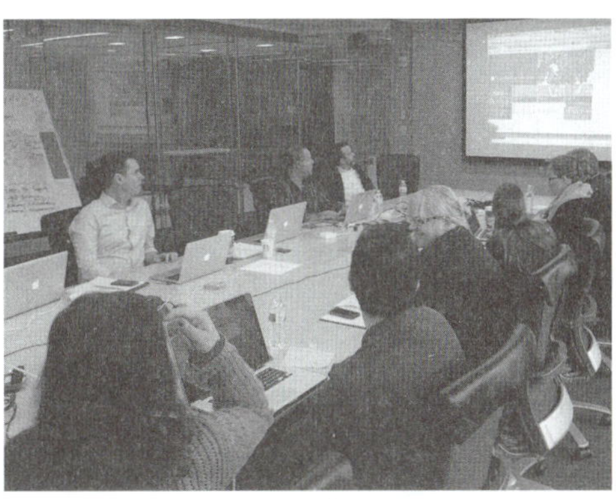

(A) (B)

3.

(A) (B)

4.

(A) (B)

Step 4 실전 마스터 025

Answers_P.006

소거법을 사용하여 Best Answer 고르기

1.

(A) (B) (C) (D)

2.

(A) (B) (C) (D)

3.

(A) (B) (C) (D)

4.

(A) (B) (C) (D)

5.

(A) (B) (C) (D)

6.

(A) (B) (C) (D)

PART 1

이런!
생각보다 어려운 Part 1?

"Part 1이 쉽다는 소문을 들었으나, 왜 저한테는 어렵나요?" 라는 질문을 많이 받는다.
"공부할 양이 적은 것이지, 내용이 쉬운 것은 아니다."
집중해서 UNIT 3까지 완벽하게 복습한다면
Part 1 만점이 바로 눈앞에 보일 것이다.
눈앞에 보여도 열심히 달리지 않으면 안 된다.
달려!

PART 2

하나의 질문을 듣고, 세 개의 응답 중 가장 적절한 것을 고르는 유형이다. 시험지에는 따로 다른 정보가 없어 청취력에만 의지해야 하는 파트이다.

문제 수	난이도
총 25문제 (7번~31번)	중/중상

만점 전략

질문 유형을 익히고, 오답을 소거해 가면서 풀자!

❶ 의문문 유형을 듣고 파악할 수 있게 한다. – 청취 훈련

❷ 각 유형별 정답 및 오답 유형을 익힌다.

❸ 오답을 지워서 한 개만 남기는 Best Answer 고르기를 훈련한다.

학습 방법

❶ **준비** Part 2의 질문 유형과 유형별 정답을 익힌다.

❷ **실전** Unit별 문제 유형을 단계별로 풀어 실전 문제에 적응한다.

❸ **복습** 질문과 정답을 세트로 들으면서 질문 유형과 정답 유형을 동시에 복습한다.

교재 구성

Unit 4 의문사 의문문 I — 의문사 who, where, when – 의미가 하나인 의문사

Unit 5 의문사 의문문 II — 의문사 how, why, what/which – 의미가 여러 개인 의문사

Unit 6 Yes/No 의문문 I — 긍정, 부정/부가의문문 등 – Yes/No 의문문의 뼈대와 몸통

Unit 7 Yes/No 의문문 II, 기타 유형 — 권유/청유/제안형, 평서문, 선택의문문

예제 및 만점 전략

026

Mark your answer on your answer sheet.

(A) (B) (C)

Where would you like to put these shelves?

(A) It looks much better.

(B) They did it themselves.

(C) Let's hang them above the desk.

당신은 어디에 이 선반들을 두고 싶으세요?

(A) 훨씬 나아 보인다.

(B) 그들 스스로 했어.

(C) 책상 위에 걸자.

해설 의문사 Where의 정답으로 장소가 포함된 문장이 정답이 되었다. 일단 질문(Question)을 듣고 의문사 유형의 〈Where + put(본동사)〉을 잡아낼 수 있어야 한다. 오답은 질문에 대한 적절한 반응이 아닌 발음이나 연상되는 익숙한 어휘가 있는 것이 일반적이다. (A), (B)는 둘 다 의문사 How의 응답으로 적합하다. 정답은 "책상 위"라는 어휘가 포함되어 있는 (C)이다.

Know-how

소거법(Best Answer 고르기)으로 풀기: Q. (A) (B) (C)

1. 의문문을 정확하게 듣고 (의문사 주어+본동사 / 의문사+조동사+주어+본동사)의 의미를 파악한다.
2. 틀린 것이 확실한 것은 X, 틀린 것 같으나 불확실한 건 /, 틀린 부분이 없는 것은 밑줄을 그어 표시한다.
3. 끝까지 들으면서, 완전히 틀린 것이 제외된 선택지 중 가장 확실한 것을 선택한다.

Where would you like to put these shelves?

(A) It looks much better.	의문사 How의 정답으로 적합하다.
(B) They did it themselves.	shelves/selves 유사 발음의 오답이다.
(C) Let's hang them above the desk.	장소 전치사구는 where에 대한 대답으로 적절하다.

4. 정답: (C)

Unit 4 의문사 의문문 I

Step 1 유형 분석

A Who 의문문

027

"누구"를 묻는 의문사이기는 하지만, 사람이 정답이 아닌 경우도 많다. 대명사 "I"를 포함한 다양한 직업/직급/단체명을 쓴 응답도 가능하다는 것을 알아야 한다.

예제 1

Mark your answer on your answer sheet.

(A) (B) (C)

Who can help me with the report?
(A) Sure, put the table here.
(B) I should have some time.
(C) He needs a new printer.

누가 이 보고서 처리 좀 도와줄 수 있나요?
(A) 물론이죠. 테이블을 이쪽에 두세요.
(B) 제가 시간이 좀 있을 거예요.
(C) 그는 새로운 프린터가 필요해요.

해설 의문사 Who의 정답이 될 수 있는 다양한 인물/부서/업체 이름을 암기해야 한다. 대명사 "I"도 본인이 자원해서 도와주겠다는 전형적인 정답이 될 수 있다. (A)는 의문사 의문문에 Yes/No나 Sure로 대답하지 못하므로 정답이 될 수 없고, (C)는 대명사 He가 어떤 인물을 가리키는지 알 수 없으므로 정답이 될 수 없다. 정답: (B)

028

의문사 Who 정답 표현 Check!

❶ 대명사 I/You

I can do it. 제가 할 수 있어요.
I have some time. 제가 시간이 있어요.
It's your turn. 당신 차례입니다.
It'll have to be me. 저인 것 같아요.

❷ 각종 사람 이름(고유명사)

It's Lisa's shift. 리사의 근무 차례입니다.
Mr. Lopez from R&D. 연구개발부의 로페즈 씨요.

❸ 직업/직책/정체성

receptionist 접수 담당자
accountant 회계사
mechanic 기술자
plumber 배관공
director 이사
secretary 비서

❹ 부서/회사 이름(고유명사 포함)

sales department 영업부
accounting office 회계 부서
public relations 홍보팀
corporation 주식회사
publishing 출판사
trading company 무역 회사

❺ 인물 묘사

The man from the head office. 본사에서 온 사람이요.
The woman with long hair. 머리가 긴 여자요.
The man in the corner. 구석에 있는 남자요.

B Where 의문문

Where 의문문의 정답은 장소 어휘와 전치사를 함께 익혀 두면 도움이 된다. 의문사 Who와 마찬가지로, 다양한 장소/부서/거래처/정보 출처 등이 정답으로 가능하다.

예제 2

Mark your answer on your answer sheet.

(A)　　(B)　　(C)

Where will the conference be held?
(A) In Hamburg.
(B) Next September.
(C) Use a conference call.

회의는 어디에서 열리나요?
(A) 함부르크요
(B) 다음 9월에요.
(C) 전화 회의를 이용하세요.

해설 장소 의문사 Where는 고유명사를 포함한 각종 장소가 정답으로 가능하다. 다소 익숙하지 않은 고유명사도 장소일 가능성이 있으면 살려두고 돌아와서 골라야 한다. (B)는 When 의문문의 정답으로 적합하다. (C)는 같은 단어를 반복한 전형적인 오답이다.

정답: (A)

의문사 Where 정답 표현 Check!

❶ 지명(고유명사 포함)

in Dusseldorf, Germany 독일의 뒤셀도르프
to Buenos Aires 부에노스아이레스로

❷ 물건을 두는 장소

on the desk 책상 위에
next to the cabinet 캐비닛 옆에
in the drawer 서랍 속에
Leave it on the table. 테이블 위에 두세요.
on the cover of the magazine 잡지 표지에

❸ 사람이 가는 장소

here behind the door 문 뒤편 여기
on the fifth floor 5층에
in the lobby 로비에
to the basement 지하실로
downtown 시내에
in the Hong Kong branch 홍콩 지점에서

❹ 장소 묘사

around the corner 모퉁이로 돌아서
next to the new restaurant 새로 생긴 식당 옆에
Go straight and make a left. 곧장 가서 왼쪽으로 꺾으세요.

❺ 의문사 Who와 호환되는 경우

executive 중역
representative 직원
human resources 인사부
shipping department 배송부서
From my president. 사장님한테서요.
Mr. Baker should have it. 베이커 씨가 가지고 있을 거예요.

C When 의문문

시점을 물어보는 의문사 When은 함께 나올 수 있는 전치사/접속사/부사들과 함께 시점을 나타내는 어휘를 암기를 하는 것이 중요하다. 특히 과거/현재/미래를 구분해서 듣는 훈련을 하자.

예제 3

Mark your answer on your answer sheet.

(A) (B) (C)

When will the current tenants vacate the apartment?
(A) I'll sign the lease.
(B) At least two bedrooms.
(C) By the end of the month.

현재 세입자는 언제 아파트를 비울 건가요?
(A) 제가 임대 계약서에 서명할게요.
(B) 적어도 2개의 침실이요.
(C) 월말까지요.

해설 같이 나오는 본동사가 다소 어렵지만 주어진 선택지 중에 시점을 나타내는 선택지는 (C)밖에 없다. 난이도가 높은 문제를 맞히기 위해서 시간을 나타내는 전치사와 조동사도 확인하는 훈련을 하자. 나머지 오답은 부동산과 연상이 되는 어휘가 등장하지만 해당 의문사 When과 연계성은 없다. 정답: (C)

의문사 When 정답 표현 Check!

❶ 다양한 시점 표현

on Friday 금요일에
yesterday 어제
at noon 정오에
in July 7월에

❷ 과거 시점

ago ~ 전에
two hours ago 2시간 전
last 지난 ~
last night 지난밤에

❸ 미래 시점

in ~후에
in a month 한 달 후에
next 다음 ~
next summer 다음 여름에

❹ 시간 전치사/접속사 절

before/after 전/후에
not until ~가 되어야
as soon as ~하자마자
when/once ~하면, ~할 때에
When the prices go down. 가격이 내려가면요.
Before the meeting is over. 회의가 끝나기 전에요.
Not until 5 o'clock tomorrow. 내일 5시나 돼야 해요.
As soon as Mr. Kurosawa comes back. 쿠로사와 씨가 돌아오자마자요.

❺ 기타 표현

Check the schedule. 일정을 확인해 봐요.
It's already over. 벌써 끝났어요.
The sooner, the better. 빠를수록 좋아요.
I lost all the paperwork. 제가 자료를 잃어버렸어요.

Step 2 청취 및 받아쓰기 훈련

Answers_P.008

듣고 쓰며 완벽하게 마스터하는 받아쓰기 훈련

033

※ 해석의 중심이 되는 문장구조상의 시제/동사/주어(3~4단어)에 집중하자.

❶ 일반동사를 사용한 의문사 의문문(의문사 + do(es)/did + 주어 + 본동사): 최소 4단어를 집중해서 듣자.
Where did you leave your blue folder? 파란색 폴더를 어디에 두었나요?

❷ be동사를 사용한 의문사 의문문(의문사 + be동사 + 주어): 최소 3단어를 집중해서 듣자.
Where is the updated itinerary? 새로운 일정표는 어디에 있나요?

❸ 숙어/조동사가 사용된 의문사 의문문: 의문사, 본동사를 찾아 듣자.
When's the safety inspector due to visit the factory? 안전검사관이 언제 공장을 방문하기로 되어 있나요?

맨 앞의 의문사와 연음에 유의하면서 빈칸을 채우고 따라 읽어 보세요.

034

1. Q: __________ are we __________ __________ the concert?

   A: __________ __________ o'clock.

2. Q: __________'s __________ __________ the projector in the conference room?

   A: Our __________ __________ team.

3. Q: __________ is the updated sales __________?

   A: The __________ should __________ __________.

4. Q: __________'s the closest __________ __________?

   A: __________'s __________ on 11th Street.

5. Q: __________'s going to __________ at the publishers' conference this year?

   A: It __________ been __________ yet.

6. Q: __________ should we __________ on a new contract?

   A: __________ __________ we __________ the current one.

7. Q: __________ can we __________ these new product samples?

   A: In the glass case __________ __________ __________.

Step 3 기초 마스터 035

Answers_P.008

기초부터 탄탄히 마스터하기

1. Mark your answer on your answer sheet. (A) (B)
2. Mark your answer on your answer sheet. (A) (B)
3. Mark your answer on your answer sheet. (A) (B)
4. Mark your answer on your answer sheet. (A) (B)
5. Mark your answer on your answer sheet. (A) (B)

Step 4 실전 마스터 036

Answers_P.009

소거법을 사용하여 가장 좋은 Best Answer를 고르기

1. Mark your answer on your answer sheet. (A) (B) (C)
2. Mark your answer on your answer sheet. (A) (B) (C)
3. Mark your answer on your answer sheet. (A) (B) (C)
4. Mark your answer on your answer sheet. (A) (B) (C)
5. Mark your answer on your answer sheet. (A) (B) (C)
6. Mark your answer on your answer sheet. (A) (B) (C)
7. Mark your answer on your answer sheet. (A) (B) (C)
8. Mark your answer on your answer sheet. (A) (B) (C)
9. Mark your answer on your answer sheet. (A) (B) (C)
10. Mark your answer on your answer sheet. (A) (B) (C)

정답 순위 1위 "몰라요" 유형 → 암기하고, 나오면 정답 처리할 준비를 한다!

회화에서 사용 가능한 다양한 형태의 "몰라요" 유형은 어떤 질문에도 정답으로 가능한 표현이다. 혹시 질문을 못 들었을 때 선택지에서 "몰라요" 유형이 들리면 정답으로 생각해 볼 수 있다.

037

① 몰라요

I don't know. 몰라요.
I'm not sure. 확실하지 않아요.
I forgot. 잊어 버렸어요.
I can't remember. 기억나지 않아요.
I wish I knew. 알면 좋겠다(모른다).
I wish I could tell you. 말할 수 있으면 좋겠다.
I was about to ask you. 막 물어보려던 참이었어요.

② 말해주지 않아서[결정되지 않아서] 몰라요

No one told me. 아무도 말해주지 않았어요.
I haven't heard. 못 들었어요.
It depends on ~. ~에 따라 달라요[봐야] 해요.
I haven't been told. 못 들었어요(수동태).
It hasn't been decided. 결정되지 않았어요.
It hasn't been confirmed. 확정되지 않았어요.
They're still discussing. 아직 토론 중이에요.
It will be announced next month. 다음 달에 발표될 거예요.
They didn't tell me anything. 그들은 저에게 아무 얘기도 안 해 줬어요.

③ 담당자가 아니라서 몰라요

I'm not in charge. 제 담당이 아니에요.
It's not up to me. 저한테 달려 있지 않아요.
I can't decide. 제가 결정할 수 없어요.

④ 다른 사람이 알아요

Let me find out for you. 제가 알아봐 드릴게요.
Jimmy might know about it. 지미가 알 수도 있어요.
Ask Ms. Kang. 강 씨에게 물어보세요.
Check the itinerary. 일정표를 확인해 보세요.
I have to call. 전화해 봐야 해요.
You can check it online. 온라인으로 확인할 수 있어요.
Blake is in charge of that. 블레이크가 담당하고 있어요.
You'd better talk to Ms. Lee. 이 씨와 얘기해 보세요.

⑤ 안 했어요, 없어요

I didn't go. 가지 않았어요.
It's already over. 벌써 끝났어요.
I didn't read it yet. 아직 읽지 않았어요.
I don't have one. 저는 없어요.
I didn't check. 확인하지 않았어요.

Unit 5 의문사 의문문 II

Step 1 유형 분석

A How 의문문

How는 같이 나오는 동사, 형용사, 명사에 따라 의미가 다양해진다. 다양한 의문사 How의 용법을 구와 문장으로 암기하도록 하자.

예제 1

Mark your answer on your answer sheet.

(A) (B) (C)

How would you like to pay for your purchase?
(A) Can you gift-wrap it?
(B) By check, if possible.
(C) Sure, here you are.

물건 값을 어떻게 지불하시겠습니까?
(A) 선물 포장 좀 해 주시겠어요?
(B) 가능하다면, 수표로요.
(C) 물론이죠. 여기 있습니다.

해설 How에 일반 동사가 연결되는 경우에 주로 방법을 물어본다. 방법을 묻는 How 의문문에 대해 흔히 쓰이는 상식적인 대답은 익혀 둬야 한다. 위의 질문과 관련하여, 전형적인 계산 방법은 신용 카드 및 수표 지불이 있다. (A)는 방법을 나타낸 것이 아니라 가게(store)의 연상어 gift-wrap을 사용한 오답이며, (C)는 의문사 의문문에 Yes/No로 대답할 수 없으므로 오답이다. 정답: (B)

의문사 How 정답 표현 Check!

❶ **How ~ 일반동사: 방법**

How ~ contact (연락 방법) → call 전화	e-mail 이메일	in person 직접
How ~ register (등록 방법) → visit 방문	online 온라인 접수	fill out the form 양식 작성

❷ **How + be동사/become: 상태**

better 더 좋은	efficient 효율적인	productive 생산적인
bad 나쁜	long 긴	boring 지겨운

❸ **How + 명사/형용사**

How much ~ 얼마나 많은(금액/양)	How many ~ 몇 개의(개수)
How long ~ 얼마 동안(기간/거리)	How far ~ 얼마나 먼(거리)
How soon[late] ~ 얼마나 빨리/늦게(시점)	How often 얼마나 자주(빈도)

❹ **How의 관용적인 용법**

How did the interview go? 면접이 어땠어요?
How is the new project coming along? 새로운 프로젝트 진행 상황은 어떤가요?
How do you like your new company? 새 회사는 마음에 드나요?

B Why 의문문

의문사 Why도 의문사만을 듣고 정답을 고르는 것이 힘들다. 따라서 어떤 일을 하는 이유나 목적을 표현하는 방법과 다양한 이유 및 설명의 예제를 구와 문장으로 익혀 두어야 한다.

예제 2

Mark your answer on your answer sheet.

(A) (B) (C)

Why are they raising the toll prices on Highway 15?
(A) To pay for road constructions costs.
(B) It's near exit 10.
(C) Up to 75 kilometers an hour.

왜 15번 고속도로의 통행료가 인상되죠?
(A) 도로 공사 비용을 내려고요.
(B) 10번 출근 근처요.
(C) 시간당 최고 75킬로미터요.

해설 고속도로 통행료의 인상 이유를 to부정사의 목적의 형태(~하려고, ~하기 위해서)로 대답했다. 목적을 설명하는 가장 전형적인 구문이다. (B)는 Where 의문문에 적합하고 (C)는 Highway의 연상어를 사용한 오답이다. 통행료 인상이 필요한 이유를 생각해 보자.

정답: (A)

의문사 Why 정답 표현 Check!

❶ Why 의문문에 대해 목적을 나타낸 대답

to부정사의 목적 → To make it visible. 잘 보이게 하기 위해서요.
For+명사형 → For a meeting. 회의에 참석하기 위해서요.
So (that)절 → So that everyone can be there in time. 모든 사람이 제시간에 도착하기 위해서요.

❷ Why + not ~으로 시작하는 의문문에 대한 전형적인 변명

I've been busy. 바빴다.
I'm not feeling well. 몸이 아팠다.
It's mandatory. 필수다(강제적이다).
I haven't had time[a chance]. 그럴 시간이[기회가] 없었다.
Something came up. 급한 일이 생겼다.
I had a previous engagement. 선약이 있었다.

❸ Why don't you/we ~: 권유, 청유의 구문(Yes/No 의문문)

Why don't you ~? 너는 ~하지 그래?
Why don't I ~? 내가 해줄게(호의).
Why don't we ~? 우리 ~하자.
Why not ~? ~하지 그래?

PART 2

C What/Which 의문문

넓은 의미를 가진 의문사 what이 쓰인 의문문은 연결되는 어휘에 따라서 다양한 정답이 가능하다. What/Which가 명사와 연결될 때는 물건을 선택하는 기준이 정답이 되는 경우가 많다. 소거법을 사용해서 난이도 높은 What 의문문의 정답을 고르는 훈련을 하자.

예제 3

Mark your answer on your answer sheet.

(A) (B) (C)

What's the return policy for items purchased online?

(A) He came back yesterday.

(B) We offer a full refund.

(C) In the inventory.

온라인 구매 상품의 반품 방침이 어떻게 되나요?

(A) 그는 어제 돌아 왔어요.

(B) 저희는 전액 환불해 드립니다.

(C) 재고에 있어요.

해설 질문 속의 return policy(반품 정책)와 관련된 어휘 refund(환불)/exchange(교환)/store credit(가게 적립금)를 익혀 둬야 정답을 고르는 데 유리하다. (A)는 He라고 부를 만한 특정 인물이 없으므로 오답이며, (C)는 쇼핑과 연상되는 어휘 inventory가 등장한 오답이다.

정답: (B)

의문사 What 정답 표현 Check!

❶ **What + 명사형: 전형적 정답 구문을 익히자.**

What + cost[estimate/charge/fee] ~?	가격 → How much의 응답과 같다.
What + color[shade] ~?	색깔/색채 → yellow 노란색 blue 파란색 light 밝은 dark 짙은
What + job[position/opening] ~?	직책/직종 → sales 판매직 accounting 회계직

❷ **What + 동사형: 전형적 정답 구문을 익히자.**

What did you order for lunch?	점심 주문 메뉴 → 다양한 음식 이름
What's in the box?	박스 안의 물건 종류 → 다양한 사무용품/기기 이름
What's your plan for the holiday?	휴가 계획 → 다양한 계획/일정에 관한 내용

❸ **What의 관용적인 용법 및 정답 유형**

What do you do (for a living)?	직업을 물을 때 → 다양한 직업/직장 어휘
What do you think of the proposal?	제안서에 대한 의견 → 좋다/나쁘다 어휘
What made[caused] the problem?	문제의 원인 → 부족한 부분 어휘
What is the presentation about?	발표 주제 → 회사 업무에 관한 어휘
What's going on? / What's wrong?	문제가 무엇인지 물을 때 → 다양한 문제점
What does the secretary look like?	외모가 어떤지 물을 때 → 외모 묘사의 어휘

Step 2 청취 및 받아쓰기 훈련

Answers_P.010

듣고 쓰며 완벽하게 마스터하는 받아쓰기 훈련

044

※ 의문사 자체의 의미에 집중할 수 있도록 같이 나오는 동사/명사/형용사를 구분해야 한다.

❶ **의문사 + 동사/be동사:** 의미를 파악하기 위해 본동사의 해석은 필수이다.

Why hasn't the performance started yet? 왜 공연이 아직 시작하지 않았나요?

❷ **의문사 + 형용사/명사:** How는 결합되어 쓰이는 형용사/명사에 따라 다양한 의미를 가진다.

How much are the exercise classes at your gym? 당신 체육관의 운동 수업은 얼마인가요?

❸ **관용적인 용법:** 원래의 규칙이나 의미와 다르게 사용되는 용법으로 "암기"가 가장 효율적이다.

What's the new manager like? 새로운 매니저는 어떤가요? (성격 묘사)

맨 앞의 의문사와 연음에 유의하면서 빈칸을 채우고 따라 읽어 보세요.

045

1. Q: ________ ________ the sales last quarter?

   A: ________ than expected.

2. Q: ________ ________ ________ buy a less expensive camera?

   A: I ________ ________ the design.

3. Q: ________ ________ ________ ________ for a living?

   A: I ________ at a hospital.

4. Q: ________ ________ is yours?

   A: ________ ________ in the corner.

5. Q: ________ ________ do you ________ for copying?

   A: ________ cents ________ page.

6. Q: ________ ________ you ________ for the meeting?

   A: The ________ was really________.

7. Q: ________ do you ________ ________ the train station?

   A: A ________ is ________ ________there.

PART 2

Step 3 기초 마스터 046

Answers_P.011

기초부터 탄탄히 마스터하기

1. Mark your answer on your answer sheet. (A) (B)
2. Mark your answer on your answer sheet. (A) (B)
3. Mark your answer on your answer sheet. (A) (B)
4. Mark your answer on your answer sheet. (A) (B)
5. Mark your answer on your answer sheet. (A) (B)

Step 4 실전 마스터 047

Answers_P.011

소거법을 사용하여 Best Answer를 고르기

1. Mark your answer on your answer sheet. (A) (B) (C)
2. Mark your answer on your answer sheet. (A) (B) (C)
3. Mark your answer on your answer sheet. (A) (B) (C)
4. Mark your answer on your answer sheet. (A) (B) (C)
5. Mark your answer on your answer sheet. (A) (B) (C)
6. Mark your answer on your answer sheet. (A) (B) (C)
7. Mark your answer on your answer sheet. (A) (B) (C)
8. Mark your answer on your answer sheet. (A) (B) (C)
9. Mark your answer on your answer sheet. (A) (B) (C)
10. Mark your answer on your answer sheet. (A) (B) (C)

오답 순위 1위 "유사 발음" ➜ 이유 없이 비슷하면 오답 처리!

선택의문문을 제외한 나머지 의문문에서 질문에 나온 어휘가 정답지에 그대로 나오거나, 유사 발음이 나오는 경우에 오답일 확률이 압도적으로 높다. 유사 발음의 함정을 일단 알아 두고 피하자.

048

① 같은 단어를 그대로 사용하거나 다의어/파생어를 사용하는 경우: 문맥상의 의미를 파악하자.

promote 판촉시키다; 승진시키다
close 닫다; 가까운
book 책; 예약하다
suit 양복; 어울리다
appointment 약속; 임명
check 확인하다; 수표
board 이사회; 탑승하다
change 바꾸다; 잔돈
enter 들어가다; 참가하다; 입력하다
order 순서; 주문하다
rest 휴식; 나머지
leave 떠나다; 남기다
fair 공정한; 박람회
sign 표지판; 서명하다
carry 운반하다; (상품을) 취급하다, 팔다
store 가게; 저장하다

② 유사 발음 어휘를 사용하는 경우: 비슷하다고 무조건 고르면 안 된다.

launch (신상품) 소개 - lunch 점심
disappoint 실망시키다 - appointment 약속
resign 사임하다 - design 설계하다
price 가격 - prize 상
train 기차 - training 연수
write 쓰다 - right 옳은
address 연설하다 - dress 옷
road 길, 도로 - load 짐
fast 빠른 - past 지난
director 이사, 중역 - directory 전화번호부
mind 꺼려하다 - remind 다시 알려주다
expect 기대하다 - inspect 검사하다
contact 연락하다 - contract 계약서
walk 걷다 - work 일하다
office 사무실 - official 공식적인
read 읽다 - lead 이끌다, 진행하다
pass 지나가다 - path 길
full 가득 찬 - pull 당기다
low 낮은 - row 줄, 열
direct 지시하다 - direction 길안내

③ 오답에 연상어를 사용하는 경우: 주어진 문제에 집중해야지 연상어를 생각하면 안 된다.

today ➜ tomorrow
flight ➜ gate
medical ➜ drug
party ➜ cake
professor ➜ university
no ➜ sorry
order ➜ menu
register ➜ seminar
store ➜ discount, gift

Unit 6 Yes/No 의문문 I

Step 1 유형 분석

A 긍정의문문

〈조동사+주어+본동사 ~〉 또는 〈be동사+주어 ~〉의 어순으로 긍정이면 Yes, 부정이면 No로 응답하는 유형을 Yes/No 의문문이라 한다. 의문사 의문문과 달리 해석을 위해서는 최소한 본동사까지 정확하게 듣는 것이 필요하고, 대답하는 방법도 단답형은 물론 긍정/부정에 맞게 대답하는 훈련을 해야 한다.

예제 1

Mark your answer on your answer sheet.

(A)　　(B)　　(C)

Do you enjoy your job as a bank teller?
(A) I'll tell her tomorrow.
(B) A different account.
(C) I like it a lot.

당신은 은행 창구 직원직이 마음에 드나요?
(A) 제가 그녀에게 내일 말할게요.
(B) 다른 계정이요.
(C) 저는 정말 좋아해요.

해설 본동사는 enjoy인데 마음에 드는지 묻는 질문에 〈(Yes) + 정말 좋아한다〉라는 전형적인 형태로 긍정을 표현했다. Yes/No 의문문은 어렵다기보다 긍정/부정을 표현하는 방법을 몰라 틀리는 경우가 있다. (A)는 her로 부를 사람이 없다. (B)는 은행과 연상되는 account가 등장한 오답이다.

정답: (C)

050

Yes/No 의문문의 정답 표현 Check!

❶ 문장 전체 Yes/No

Yes, + I think so. / I'd like that. / That's my goal. / No problem. / That's what I heard.
그런 것 같아요. / 그러면 좋죠. / 그럴 계획이에요. / 문제없어요. / 제가 들은 바로는 그래요.

No, + I don't think so. / I doubt it. / Not yet. / It's not necessary. / Not that I know of.
아닌 것 같아요. / 아닐 거예요. / 아직 아니에요. / 필요 없어요. / 제가 아는 바로는 아니에요.

❷ Yes + 세부 내용

참석할 거니? → Yes, + I'll there by nine. / I'll go with Michael. 9시까지 갈게. / 마이클과 함께 갈게.

보고서를 보았니? → Yes, + it was impressive. / From the company Web site. 인상적이더라. / 회사 웹에서.

❸ No + 부정의 이유, 다른 대안 제시

참석할 거니? → No, + I'll be busy then. / Sorry. + Maybe next time. 그때는 바빠서. / 아마 다음 번에.

보고서를 보았니? → No, + I was in Singapore. / Tell me about it. 싱가포르에 출장 갔었어. / 네가 말해줘.

❹ Yes/No가 생략된 형태의 대답: 전형적인 세부/이유로 대답이 가능한 형태를 익히자.

참석할거니? → I'll be there by nine. / I'll be busy then. 9시까지 갈게. / 그때는 바빠서 (못 가).

보고서를 보았니? → I presented it to the board. / Tell me about it. (응.) 내가 이사회에 발표했어. / (아니.) 나한테 말해줘.

B 부정의문문/부가의문문

긍정의문문이든 부정의문문이든 긍정이면 Yes, 부정이면 No로 대답한다. 예를 들어, "밥을 먹었니?"라고 묻든, "밥 안 먹었니?"라고 묻든지 먹었으면 Yes, 안 먹었으면 No라고 대답해야 하는 것이다. 부가의문문도 마찬가지다. 먹었으면 Yes, 안 먹었으면 No라고 대답한다. 단, Yes/No 뒤에 연결되는 내용이 문맥과 자연스러운지 파악해야 오답을 피해갈 수 있다. 부정의문문과 부가의문문의 특징도 같이 확인하자.

예제 2

Mark your answer on your answer sheet.

(A) (B) (C)

Don't you need a password to log on to the computer?

(A) We don't have a logo.

(B) Yes, but I can't remember it.

(C) He's at the computer lab.

컴퓨터에 로그인하려면 암호가 필요하지 않나요?

(A) 저희는 로고가 없어요.

(B) 네, 그런데 기억나지 않아요.

(C) 그는 컴퓨터랩실에 있어요.

해설 암호가 필요하지 않는지 묻는 부정의문문에 〈Yes + but ~〉의 형태로 필요한 것은 맞지만 지금 기억이 나지 않는다고 말한 (B)가 정답이다. 긍정의문문과 마찬가지로 부정 · 부가의문문도 Yes/No를 붙여서 말하는 법을 익히고, 난이도 높은 Yes/No 없는 정답까지 맞힐 수 있도록 훈련하자. (A)는 log와 발음이 유사한 logo를 이용한 오답이고, (C)는 He라고 부를 사람이 없으므로 정답이 될 수 없다. 정답: (B)

부정/부가의문문 정답 표현 Check!

❶ 조동사/대동사를 그대로 받는 유형

It seems like a while since we had a vacation, doesn't it?

➡ 정답: Yes, it does. / It sure does. 정말 그래요.

➡ 오답: Yes, they would. / Sorry, I can't. (대명사, 동사, 시제 등 틀림)

❷ 변명 유형(Yes, but ~)

훈련받지 않았니? → Yes, but it was long time ago. 네, 근데 오래 전이라서요(다시 받아야 해요).

주문하지 않았니? → Yes, but the delivery is taking longer. 네, 근데 배달이 오래 걸리네요.

❸ 권유/청유에 대한 긍정적 반응(That's a good idea 유형)

외식하고 싶지 않아요? → That's a good suggestion. 좋은 제안이에요.

하청업체에게 연락해야 하지 않을까요? → It's worth trying. 시도해 볼만 하네요.

❹ 추궁/잊어버린 일에 대한 긍정적 반응(Thank you for reminding me 유형)

출발해야 하지 않을까요? → Thank you for reminding me. 다시 알려줘서 고마워요.

보고서를 보내야 해요, 그렇지 않나요? → Oh, I almost forgot. 이런 잊어버릴 뻔했어요.

C 간접의문문 외 기타 명사절이 있는 의문문

"Do you know ~" 등을 써서 간접적으로 돌려 물어보면 문장이 길고 난해하다고 느낄 수 있지만 대답하는 형태는 일반적인 Yes/No의문문과 같다. Yes/No가 있는 형태와 없는 형태의 전형적인 대답 방법을 다시 한번 간접의문문을 통해서 복습하자.

예제 3

Mark your answer on your answer sheet.

(A) (B) (C)

Can you tell me how to cancel my reservation?
(A) Sorry, we are sold out.
(B) Call the customer help desk.
(C) The flight leaves tomorrow.

제 예약을 취소하는 방법을 알려 주실 수 있나요?
(A) 죄송하지만, 매진되었어요.
(B) 고객 지원 센터에 전화하세요.
(C) 비행기는 내일 출발합니다.

해설 예약을 취소하는 방법을 물을 때 "Can you tell me ~"를 써서 간접적으로 물어보았다. 정답은 Yes를 생략한 상태에서 바로 취소 방법을 알려준 (B)이다. (A)에서 Sorry는 No의 의미로, 뒤따르는 내용이 문맥에 맞지 않다. (C)도 reservation의 연상 어휘 flight을 이용한 오답 선택지이다.
정답: (B)

간접의문문/명사절의문문의 정답 표현 Check!

❶ 자주 쓰이는 표현

Do you know ~ ~인지 아나요?
Did you hear ~ ~을 들었나요?
Do you think ~ ~라고 생각하나요?
Can you tell me ~ ~인지 얘기해 줄 수 있어요?
May I ask ~ ~을 여쭤봐도 될까요?
의문사 + do you think ~ ~라고 생각하나요?

❷ 의문사 의문문이 쓰인 간접의문문: Yes/No가 생략된 형태가 정답이 되는 경우가 많다.

Do you know where I can find a cash machine? 현금 인출기가 어디에 있나요?
➡ (Yes.) There's one in the lobby. (네.) 로비에 하나 있어요.
➡ Sure, let me show you. 물론이죠, 제가 알려드릴게요. (Yes + 세부 형태)

❸ 그 밖의 명사절이 쓰인 의문문

Do you think I should call the director? 제가 이사님한테 전화해야 한다고 생각하나요?
➡ Yes. He might have a better idea. 네, 그분이 더 좋은 생각이 있을지도 몰라요. (Yes + 세부 내용)
➡ (No.) Why don't we wait until next week? 다음 주까지 기다리면 어때요? (No + 대안 제시)

Step 2 청취 및 받아쓰기 훈련

Answers_P.013

듣고 쓰며 완벽하게 마스터하는 받아쓰기 훈련

055

※ Yes/No 의문문을 만드는 다양한 동사 형태를 확인하고 해석을 위해서 "본동사"를 확인하자.

❶ **조동사 + 주어(인칭) + 본동사:** 해석을 위해서 본동사의 해석은 필수이다.

Didn't we just call the maintenance office? 우리가 좀 전에 시설 관리팀에 전화하지 않았나요?

❷ **Be동사(시제) + 주어(인칭) + 본동사:** <be + -ing>, <be + p.p.> 구문을 확인하자.

Are you moving into the new office this month? 당신은 이번 달에 새 사무실로 이사 가나요?

❸ **완료동사(시제) + 주어(인칭) + 본동사:** 완료동사의 경험, 완료 등의 용법을 익혀 두자.

Has Mr. Lee visited the factory before? 리 씨가 전에 공장을 방문한 적이 있나요?

문장 구조(대동사+주어+본동사)에 유의하면서, 빈칸을 채우고 따라 읽어 보세요.

056

1. Q: __________ __________ __________ on the new project?

   A: No, I'm __________ __________.

2. Q: You __________ __________ the proposal, have you?

   A: No, I'll do it __________ __________.

3. Q: __________ you __________ the training last month?

   A: No, I __________ __________.

4. Q: Do you think __________ __________ __________ for the airport now?

   A: __________ __________ the flight schedule first.

5. Q: __________'ll __________ __________ new employees soon, right?

   A: Yes, we're __________ __________.

6. Q: Do you know __________ __________ ordered the pasta dish?

   A: The __________ at table __________.

7. Q: __________ we __________ the conference until February?

   A: The hotel charges a __________ __________.

Step 3 기초 마스터 057

Answers_P.013

기초부터 탄탄히 마스터하기

1. Mark your answer on your answer sheet. (A) (B)
2. Mark your answer on your answer sheet. (A) (B)
3. Mark your answer on your answer sheet. (A) (B)
4. Mark your answer on your answer sheet. (A) (B)
5. Mark your answer on your answer sheet. (A) (B)

Step 4 실전 마스터 058

Answers_P.014

소거법을 사용하여 Best Answer 고르기

1. Mark your answer on your answer sheet. (A) (B) (C)
2. Mark your answer on your answer sheet. (A) (B) (C)
3. Mark your answer on your answer sheet. (A) (B) (C)
4. Mark your answer on your answer sheet. (A) (B) (C)
5. Mark your answer on your answer sheet. (A) (B) (C)
6. Mark your answer on your answer sheet. (A) (B) (C)
7. Mark your answer on your answer sheet. (A) (B) (C)
8. Mark your answer on your answer sheet. (A) (B) (C)
9. Mark your answer on your answer sheet. (A) (B) (C)
10. Mark your answer on your answer sheet. (A) (B) (C)

1. 되묻는 유형 ➜ 정답이 되는 경우가 많다!

질문에 대해 답할 때는 보통 평서문으로 답하는 경우가 많지만 반대로 다시 묻는 경우도 있다. 특히 토익에서는 이렇게 되묻는 경우가 정답이 되는 경우가 많다.

059

① 질문에 되묻는 유형

Q: When would you like to meet? 언제 만나고 싶으세요?
A: How about Friday? 금요일은 어떠세요?

② 평서문에 되묻는 유형

Q: This coat needs to be repaired. 이 외투를 수선해야겠어요.
A: Oh, what's wrong with it? 오, 무슨 문제가 있죠?

③ 선택의문문에 되묻는 유형

Q: Would you like to go to the movies or a concert? 영화를 보러 가고 싶으세요 아니면 콘서트에 가고 싶으세요?
A: How about going shopping? 쇼핑을 가는 건 어때요?

2. Which 의문문 유형 ➜ 선택지에 the one이 있는지 확인하라!

Which 의문문은 주로 〈which + 명사〉 형태인데 이때 명사를 one으로 받는 the one 형태가 정답이 되는 경우가 많다.

060

① the one 유형

Q: Which car is yours? 어떤 차가 당신의 것인가요?
A: The one parked in the corner. 코너에 주차되어 있는 차요.

② 비교급 또는 최상급 유형

Q: Which chair needs to be repaired? 어느 의자를 수리해야 하나요?
A: The smaller one. 더 작은 거요.

③ both / either / neither 유형

Q: Which design do you like? 어느 디자인이 좋으세요?
A: Either one is fine. 어느 것이든 좋아요.

Unit 7 Yes/No 의문문 II, 기타 유형

Step 1 유형 분석

A 권유/청유/제안형

어떤 물건이나 행동을 권하거나 호의를 제안하는 의문문이다. 일반인들이 가장 익숙한 Yes/No 의문문의 형태이기는 하나, 다른 유형과 마찬가지로 귀에 익숙한 표현이 아닌 토익에 자주 나오는 유형을 분류하고 익혀 두자.

예제 1

Mark your answer on your answer sheet.

(A) (B) (C)

Would you like a copy of our newsletter?
(A) I'm feeling better.
(B) That would be nice.
(C) In the newspaper.

저희 사보를 한 부 받으시겠어요?
(A) 저는 좋아졌어요.
(B) 그러면 좋죠.
(C) 신문에요.

해설 〈Would you like + 명사 ~〉는 '~를 원하나요?'라는 뜻의 호의를 제안(offer)하는 의문문 유형이다. 대답은 〈Yes, 감사 표시 + 부연 내용〉의 형태, 〈No (거절) + 거절 이유〉 등의 전형적인 Yes/No 의문문의 정답 유형이 가능하다. 정답: (B)

권유/청유/제안의 구문 및 정답 표현 Check!

❶ 권유/청유의 질문과 대답 유형

Let's ~. / How about ~? / What about ~? / Why don't we ~? 우리 ~ 하자! / 우리 ~하죠?
Would you ~? / Could you ~? / Will you ~? / Why don't you ~? (당신) ~하지 그래요?
→ Yes형 대답: Sure, of course. 물론이죠. That's a good idea[solution]. 좋은 생각이에요.
→ No형 대답: I don't think that's possible. 그렇게는 안 될 것 같아요.

식사하러 갈래요? → Yes, + I know a good Korean restaurant. 네, 좋은 한식당을 알아요.
Sorry/No, + I need to finish this report by this afternoon.
죄송해요/아니요, 오후까지 이 보고서를 끝내야 해요(오후까지 바빠서 안 되겠어요).

❷ 호의/제안의 질문과 대답 유형

Would you like + 명사 ~? / Do you want + 명사 ~ (당신은) ~을 원하시죠?
Should I ~? / Do you want me to ~? / Would you like me to ~? / Could I ~? ~해 드릴까요?
→ Yes형 대답: That would be great. 그러면 좋죠. Thank you. / I appreciate it. 고마워요.
→ No형 대답: No thanks. 고맙지만 괜찮아요. I can manage. / I can handle it. 제가 처리할 수 있어요.

뭘 더 드릴까요? → Yes. I'd like some water, please. 네, 물 좀 더 주세요.
It's okay. Just the check, please. 괜찮아요. 그냥 계산서만 주세요.

B 평서문

Part 2 개별 유형 중에 출제 빈도가 가장 높은 유형이다. 질문이 아닌 혼잣말 같은 형태라서 처음에 어떻게 반응해야 할지 당황하는 경우가 있으나, 여전히 Yes/No 의문문의 전형적인 형태로 〈Yes + 긍정〉, 〈No + 부정〉의 형태를 훈련하면 된다.

예제 2

Mark your answer on your answer sheet.

(A) (B) (C)

I already saw that movie.
(A) The theater's nearby.
(B) What did you think of it?
(C) Two tickets, please.

저는 그 영화를 이미 봤어요.
(A) 극장이 근처에 있어요.
(B) 그것에 대해서 어떻게 생각하세요?
(C) 표 2장 주세요.

해설 평서문은 말하는 사람의 행동이나 의견에 관심을 가지고 반응하면 된다. 영화를 봤다고 하면, what/when/where/how 등의 의문사를 사용하는 반문 내용이 많이 등장한다. (A), (C) 둘 다 movie를 듣고 연상되는 theater, tickets가 등장한 전형적인 오답이다.

정답: (B)

평서문의 정답 표현 Check!

❶ 문제점이 있다고 말할 때: 적극적으로 해결하려고 노력하는 반응

I can take care of it. 제가 처리할게요.
I'll do it right away. 제가 당장 할게요.
I'll get it for you. 제가 가져올게요.
Let me see what I can do. 제가 도와 드릴 수 있나 볼게요.

❷ 좋은 뉴스/나쁜 뉴스에 대해서: 주로 화자와 동감하는 내용

That's good news. 좋은 소식이네요.
That's good to know. 듣고 보니 잘됐네요.
I'm sorry to hear that. 정말 유감이네요.
You'll do better next time. 다음 번에 잘될 거예요.

❸ 특정 사실에 대해서: 긍정적인 관심을 표현

I'll be there. 참석할게요.
I'm looking forward to it. 정말 기다려져요.

새로운 음료수가 나온대요. → When will it be on the market? 언제 나오나요?
What kind of flavors are they? 어떤 맛이 나오나요?

❹ 어떤 의견을 제시할 때: 동의할 때 → Yes + 세부 내용 / 반대할 때 → No + 이유, 다른 대안

So do I. 저도 그래요. (긍정의 동의)
Neither have I. 저도 해 본적이 없어요. (부정의 동의)

이 방이 좋을 것 같아요. → Yes, + it's big enough to accommodate everyone.
네, 모두를 수용할 만큼 충분하네요(크기가 적절하다).

Actually (No), + Room 207 might be better.
사실/아니요, 207호가 더 좋겠어요(다른 방이 더 좋을 것 같아요).

C 선택의문문

두 가지 중에 하나를 선택해야 하는 선택의문문도 자주 나오는 정형화된 정답은 물론 다양한 대답 표현을 익혀서 고난이도 문제까지 맞힐 수 있도록 훈련하자. 비교적 간단한 단답형 대답부터 고난이도 대답까지 정답 유형을 익히자.

예제 3

Mark your answer on your answer sheet.

(A) (B) (C)

Would you like to eat inside or out on the patio?
(A) I set the table.
(B) We ran out of them.
(C) It doesn't matter to me.

당신은 실내에서 드시겠어요, 테라스에서 드시겠어요?
(A) 제가 상을 차렸어요.
(B) 물건이 다 떨어졌어요.
(C) 저는 상관없어요.

해설 식당에서의 대화이다. 식사를 실내에서 할 것인지 야외에서 할 것인지 묻는 질문에 상관없다(아무거나 좋다)고 말한 것은 선택의문문에 대한 전형적인 대답이다. (A)는 식당과 연상되는 table을 쓴 오답이고, (B)는 무엇인가를 달라고 요청하는 질문에 대한 응답으로 적합하다.
정답: (C)

선택의문문의 정답 표현 Check!

① 정답 유형 1: A or B 중에 선택

어휘가 그대로 반복되는 특별한 경우 → I prefer A. A를 선호해요. / I would like B. B가 좋겠어요.
패러프레이징된 표현으로 바뀌는 경우 → A: Do you prefer soup or salad?
B: I prefer Soup[Salad]. → Something light. 가벼운 것이 좋겠어요.

② 정답 유형 2: 아무거나 좋아요(either) / 둘 다 좋아요(both)

Either will be fine. 아무거나 좋아요.
I have no preference. 선호 사항이 없어요.
I use both. / I like both. 둘 다 사용해요/좋아요.
It doesn't matter. / I don't care. 상관없어요.
Whichever is cheaper. 싼 거 아무거나요.
They are about the same. 둘이 비슷해요.

③ 정답 유형 3: 둘 다 싫어요(neither) / 다른 대안(plan C)은 없나요?

I want something else. 다른 것을 원해요.
Neither. / I don't like either one. 둘 다 싫어요.
Do you have plan C? / How about plan C? 다른 대안(plan C)은 없나요?

④ 시험에 자주 등장하는 선택 대상

now or later 지금 아니면 나중에
Thursday or Friday 목요일 아니면 금요일
deliver or pick up 배달 아니면 찾으러 옴
call or e-mail 전화 아니면 이메일
continue or take a break 계속 아니면 쉬었다가
today or tomorrow 오늘 아니면 내일
inside or outside 실내 아니면 야외
you or someone else 너 아니면 다른 사람
original or revised one 원본 아니면 수정본
here or somewhere else 이곳 아니면 다른 곳

Step 2 청취 및 받아쓰기 훈련

Answers_P.015

듣고 쓰며 완벽하게 마스터하는 받아쓰기 훈련

067

※ 정답으로 나올 수 있는 유형은 다양하므로 자주 정답으로 출제되는 다양한 응답을 학습하는 것이 중요하다.

Q: The printer is not working. (문제점을 제시하는 평서문) 프린터가 작동되지 않아요.

A: ① Let me take a look at it. 제가 한번 볼게요. (해결책 제시)

② We are getting a new one soon. 곧 새것이 도착할 거예요. (해결책 제시)

③ Does it need more ink? 잉크가 떨어졌나요? (세부적인 문제 반문)

④ You'll have to plug in the power cord. 전원을 꽂으면 되요. (문제가 없다고 제시)

문장 구조(조동사+주어+본동사)에 유의하면서, 빈칸을 채우고 따라 읽어 보세요.

068

1. Q: Do you want me to __________ __________, or __________ you an __________?

   A: I __________ __________.

2. Q: __________ __________ __________ me the scissors, please?

   A: Yes, __________ they are.

3. Q: The photocopier is __________ __________ __________.

   A: We should __________ __________ __________ right away.

4. Q: __________ __________ __________ have a coffee break?

   A: Sure, that's a __________ __________.

5. Q: Should we order __________ __________, or __________ __________?

   A: We need __________.

6. Q: __________ __________ __________ it to the shareholders' meeting tomorrow?

   A: __________ __________ I could.

7. Q: We can __________ __________ __________ after all.

   A: That's very __________ __________.

PART 2

Step 3 기초 마스터 069

Answers_P.016

기초부터 탄탄히 마스터하기

1. Mark your answer on your answer sheet. (A) (B)
2. Mark your answer on your answer sheet. (A) (B)
3. Mark your answer on your answer sheet. (A) (B)
4. Mark your answer on your answer sheet. (A) (B)
5. Mark your answer on your answer sheet. (A) (B)

Step 4 실전 마스터 070

Answers_P.016

소거법을 사용하여 Best Answer 고르기

1. Mark your answer on your answer sheet. (A) (B) (C)
2. Mark your answer on your answer sheet. (A) (B) (C)
3. Mark your answer on your answer sheet. (A) (B) (C)
4. Mark your answer on your answer sheet. (A) (B) (C)
5. Mark your answer on your answer sheet. (A) (B) (C)
6. Mark your answer on your answer sheet. (A) (B) (C)
7. Mark your answer on your answer sheet. (A) (B) (C)
8. Mark your answer on your answer sheet. (A) (B) (C)
9. Mark your answer on your answer sheet. (A) (B) (C)
10. Mark your answer on your answer sheet. (A) (B) (C)

Part 2 이것만은 알고 가자!

1. 권유/청유/제안 의문문 정답 유형 ➜ 암기하고, 시험에 나오면 정답 처리할 준비를 하자!

회화에서 사용 가능한 다양한 형태의 "몰라요"는 어떤 질문을 해도 정답 가능한 표현이다.

① 긍정의 답변

Sure. 그럼요.
No problem. 문제 없어요.
Why not? 안 될 거 없죠. / 물론이죠.
That sounds like a good plan. 좋은 생각인 거 같아요.
Certainly. 물론이죠.
I'd be glad to. 기꺼이 할게요.
That would be nice. 그거 좋아요.
That sounds great. 좋아요.

② 거절의 답변

I wish I could. 그랬으면 좋겠어요.
I'm afraid I can't. 안 될 거 같아요.
They're still discussing. 아직 토론 중이에요.
Thanks, but ~. 감사하지만 ~.
It hasn't been confirmed. 확정되지 않았어요.
It depends on. ~에 따라 달라요/봐야 해요.

2. 평서문 정답 유형 ➜ 찬성 또는 반대하는 표현에 집중하자!

평서문에는 상대방의 의견에 대해 동의하거나 반대하는 표현이 정답이 되는 경우가 많다. 반대하는 경우에는 직접적으로 표현하기보다는 간접적으로 표현하는 경우가 많으니 특히 반대하는 표현에 유의해야 한다.

072

① 동의하는 표현

Right. 맞아요.
Exactly. 바로 그거예요.
That's what I think. 그게 바로 제 생각이에요.
That's a good idea. 좋은 생각이네요.
I think so. 저도 그렇게 생각해요.

② 반대하는 표현

This one is better. 이게 더 나을 거 같아요.
I'm afraid I can't. 안 될 거 같아요.
We should check it again. 다시 검토해 봐야 할 거 같아요.
Do you really think so? 정말 그렇게 생각하세요?
I noticed few problems. 몇 가지 문제점이 있어요.

2~3사람이 하는 짧은 대화문을 듣고, 시험지에 인쇄된 그와 관련된 3개의 질문에 대한 가장 적합한 정답을 선택하는 유형

문제 수	난이도
총 39문제 (32번~70번)	중상

만점 전략

인쇄되어 나오는 문제 유형과,
녹음으로 나오는 힌트를 정확하게 매칭하는 훈련을 하자.

❶ 각각의 문제 유형(GQ/SQ)을 파악하고 빠르게 읽는 훈련을 한다. ····▸ **독해 훈련**

❷ 귀로 듣는 대화체의 문장 구조와 발음을 익힌다. ····▸ **청취 훈련**

❸ 문제 3개를 읽고, 녹음을 들으면서 동시에 풀 수 있도록 한다. ····▸ **매칭 훈련**

학습 방법

❶ **준비** Part 3의 문제를 읽는 방법과 문제 유형별/주제별 구문을 익힌다.

❷ **실전** 레벨별 문제로 다수의 문제를 정확하게 읽고 푸는 훈련을 한다.

❸ **복습** 틀린 문제는 녹음을 통해서 (1) 다시 푸는 연습 (2) 잘 안 들리는 부분의 청취 연습을 반복한다. 실수로 틀리는 문제와 몰라서 틀리는 문제를 구분하는 훈련을 한다.

교재 구성

Unit 8 문제 유형 I General Question/Specific Question ▸ 정확하게 읽고 정답 고르기

Unit 9 문제 유형 II **신 유형 집중 분석** ▸ 까다로운 신토익 유형을 완벽하게 잡기

Unit 10 주제 I **일상생활 관련 주제** ▸ 아는 만큼 들린다!

Unit 11 주제 II **비즈니스 생활 관련 문제** ▸ 토익 고난이도 주제 완성

예제 및 만점 전략

073

32. Why is the woman calling?
(A) To report a defective product
(B) To inquire about an order
(C) To request a custom design
(D) To make a payment

33. Where does the man work?

34. What most likely will the man do next?

32. 여자는 왜 전화를 하는가?
(B) 주문에 대해서 물어보기 위해서

33. 남자는 어디서 일하는가?

34. 남자는 다음에 무엇을 할 것인가?

W Hello. This is Emily Wilson from BNB Enterprises. I'm calling to let you know that I've received a box of office supplies from your company that I didn't order.

M Hi, Miss Wilson. Let me check that for you. Okay, I've found BNB in the database and it looks like you clicked yes on the recurring order button when you placed your order online last month. That means you want the same office supplies to be delivered to you every month.

여 안녕하세요. 저는 BNB 사의 에밀리 윌슨입니다. 제가 전화드린 이유는 그쪽 회사에서 제가 주문하지 않은 사무용품을 한 박스 받아서요.

남 안녕하세요, 윌슨 씨. 제가 한번 알아보죠. 네, 제가 데이다 베이스에서 BNB 사를 찾았는데요 손님이 지난달에 온라인 주문 하실 때에 반복 주문에 클릭을 하셨네요. 그럼 매달 같은 사무용품이 원하신다는 의미예요.

해설 문제를 미리 읽고 주제를 물어보는 General Question임을 확인한다. 여자(the woman) 문제는 주로 본문의 앞쪽에서 말할 가능성이 높다. 녹음을 들으면서, 눈으로 정답지를 훑어서 가장 가능성이 높은 것을 골라낸다. 선택지 (A)의 손상된(defective) 물건은 없으며, (C)는 주문 제작 디자인(custom design)도 없고, (D)의 돈 이야기는 더욱 더 없다. 특히 주제/목적 관련 문제는 Paraphrasing(동의 표현)으로 바꾸는 훈련을 해야 한다.

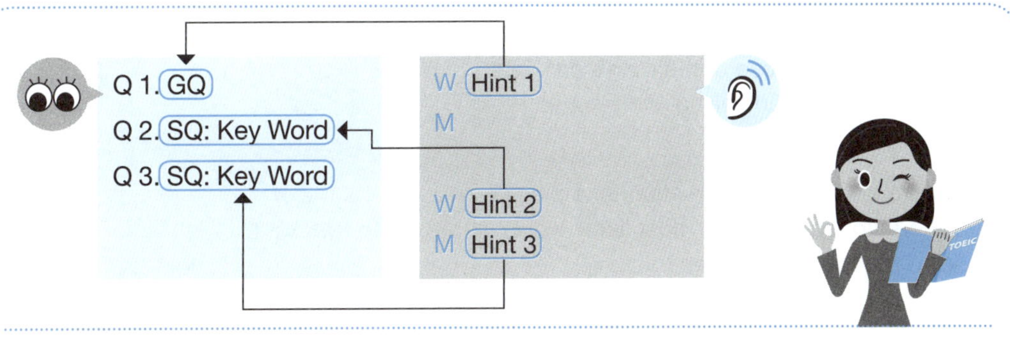

❶ 문제 3개를 미리 읽어두고, 각각의 Key Word를 마킹하고 문제들을 기억한다.

❷ 문제는 머릿속에, 눈은 선택지에, 귀는 대화를 들으면서 가장 가능성이 높은 것으로 순차적으로 선택해 나간다.

❸ 녹음이 끝나면 선택지 3개 모두를 끝내겠다는 마음가짐으로 속도를 맞춰가며 푼다.

❹ 정답: 32 (B)

Unit 8 문제 유형 I

Step 1 유형 분석

A General Question 전체적인 문제(주제/목적, 장소/직업)

074

주로 3문제 중에 첫 번째 문제로 등장하며 대화의 주제/목적 그리고 화자들의 직업이나 그들이 대화하는 장소를 묻는 유형이다. 힌트도 본문 앞쪽에서 제시되는 것이 일반적이며, 첫 문장을 듣고 정답을 고르는 훈련을 하도록 하자.

예제 1

Where most likely are the speakers?

(A) At a conference hall
(B) At an airport
(C) At a luggage store
(D) At a clothing store

W Hi. Can you help me? My suitcase was broken when I was leaving the airport yesterday, so I need to buy a new one.

M You came to the right store. What kind of luggage are you replacing? A small carry-on, or something larger?

해석 **여** 안녕하세요. 좀 도와주실래요? 어제 공항을 떠날 때 제 여행가방이 부서졌어요. 그래서 새로 사고 싶은데요.
남 정말 제대로 오셨어요. 어떤 가방을 바꾸시고 싶으세요? 작은 기내용 가방인가요, 아니면 좀 더 큰 가방인가요?
Q 화자들은 어디에 있는가?
(A) 회의실 (B) 공항 **(C) 가방 가게** (D) 옷가게

해설 본문에 대화를 듣고 이런 대화가 나올 장소가 어디인지를 추측해야 하는 문제 유형이다. 맨 앞에서 "가방이 부서져서 새 것을 사야 하니 도와달라"라고 말할 장소는 가게(store)이다. 공항(airport)이라는 어휘가 들리지만 그곳은 대화가 일어난 장소가 아니다. 단순히 잘 들리거나 익숙한 곳이 아닌, 대화를 듣고 여기가 어딘지를 생각해서 고르는 훈련을 하자. 정답: (C)

075

General Question 문제 유형 Check!

❶ 주제/목적을 물어보는 문제 유형

What are the speakers mainly discussing? 화자들은 무엇에 대하여 토론하고 있는가?
What are they talking about? 화자들은 무엇에 대하여 이야기하고 있는가?
What is the purpose of the man's call? 남자가 전화한 목적은 무엇인가?
Why is the woman calling? 여자는 왜 전화를 하는가?

❷ 장소/직업을 물어보는 문제 유형

Where does this conversation take place? 대화는 어디에서 일어나는가?
Where do the speakers most likely work? 화자들은 어디에서 일하고 있는가?
Who probably is the man? 남자는 누구인가?
Who is the man talking to? 남자는 누구와 이야기하고 있는가?

❸ GQ 관련 동의 표현(Paraphrasing)

How much is it? 얼마인가요? ➡ Asking for the price information 가격 정보를 요청한다
Do you have seats for the flight to New York? 뉴욕행 자리가 있나요? ➡ Reserving a ticket 티켓 예약
Do you have enough ingredients for the chicken special? 치킨 특별요리의 재료가 있나요?
➡ Availability of a dinner special 저녁 특선요리의 이용 가능성

B Specific Question 여자/남자, 과거/미래 시점 지정

출제 빈도율이 높아 한 세트에서 2개 이상이 되는 경우도 있다. 본문에서 특정한(Specific) 부분의 내용을 물어보는 경우가 많다. 문제에서 원하는 Key Word로 등장하는 여자/남자 하는 행동, 특정 시점, 장소, 방법 등을 확인하고, 대화에서 주어진 Key Word를 파악하는 훈련을 함으로써 정답을 고를 수 있다. 특정 부분에 집중하면 정답을 맞힐 수 있기 때문에 초급자에게 유리한 파트이니 확실하게 훈련하도록 하자.

예제 2

When did the woman place the order?

(A) In May
(B) In June
(C) In July
(D) In August

W Hi. I ordered 20 sets of bracelets on May 15th and they didn't arrive until the end of June. This is unacceptable.

M I'm sorry. We usually have a lot more orders in June and July because of the summer season. Let me check your records first.

해석 **여** 안녕하세요. 제가 5월 15일에 팔찌 20세트를 주문했는데 6월 말이 되어서 도착했어요. 이건 정말 용납할 수 없어요.
남 죄송합니다. 저희가 여름 시즌 때문에 6월과 7월에는 주문이 많아서요. 우선 손님 기록을 확인해 볼게요.
Q 여자가 주문한 것은 언제인가?
(A) 5월 (B) 6월 (C) 7월 (D) 8월

해설 다양한 시점이 등장하지만 여자(the woman)가 과거에(did) 주문한 시점(order)을 정확하게 들을 수 있어야 한다. 문제를 정확하게 기억하고 거기에 해당하는 부분을 찾는 Specific Question은 정답을 듣는 순간 정답인 것을 알 수 있다. 대화에서 잘 들린다고 정답이 아니라, 문제에서 원하는 것이 정답이라는 것을 잊지 말자! 정답: (A)

Specific Question 문제 유형 Check!

❶ 여자/남자를 지정하는 문제 유형

What does the man suggest the woman do? 남자는 여자에게 무엇을 하라고 제안하는가?
What does the woman offer to do? 여자는 무엇을 해주겠다고 하는가?
What does the man mention about the company? 남자는 회사에 대해서 무엇을 언급하는가?
Why does the woman say, "It'll be ready soon"? 여자는 왜 "곧 준비될 것이다"라고 말하는가?

❷ 특정 시점/장소/방법을 지정하는 문제 유형

What did the woman do last month? 여자는 지난달에 무엇을 했는가?
Where did the man just return from? 남자는 조금 전에 어디에서 돌아왔는가?
What will the woman probably do next? 여자는 다음에 아마도 무엇을 할 것인가?
How will the man get to the conference? 남자는 어떻게 회의에 갈 것인가?

❸ 과거/현재/미래를 나타내는 시점의 어휘

과거: just 좀 전에, 방금 recently 최근에 already 벌써 previously 전에 last time 지난번에
originally 원래는 used to ~하곤 했다 was(were) supposed to ~하기로 했었다
현재: currently 현재는 now 지금, 이제는 for now 지금으로서는 regularly 정기적으로
미래: will/be going to ~할 것이다 next/now/first 다음에/지금/처음으로 next month 다음 달에

PART 3

Step 2 문제 읽기 Practice 078

Answers_P.018

Part 3의 3개 세트의 문제를 빠르게 읽고 GQ/SQ를 파악하고, 중요한 Key Word에 빠르게 동그라미를 치는 훈련을 해 보자. 특히 SQ는 성별 및 주요 동사와 시점을 파악하자!

예제

What are the speakers discussing?	GQ
What does the man plan to do?	SQ
What does the woman she will send?	SQ

1. 1) Where does the man most likely work? ______
   2) What does the woman want to do? ______
   3) What does the woman make a suggestion about? ______

2. 1) What are the speakers discussing? ______
   2) According to the woman, what did the feedback show? ______
   3) What will happen in September? ______

3. 1) What kind of business do the speakers work for? ______
   2) What did the woman forget to bring? ______
   3) According to the man, why is the event important? ______

4. 1) Where does the conversation most likely take place? ______
   2) What does the woman say the men will do this week? ______
   3) What does the woman ask Fernando? ______

5. 1) What did the man recently do? ______
   2) What is the man looking forward to? ______
   3) Why does the man say, "There's a class tomorrow night"? ______

Step 3 눈과 귀를 매칭시키는 Practice 079

Answers_P.018

1단계 먼저 문제를 읽고, MP3를 들으며 문제를 풀어 보세요.
2단계 다시 들으며 빈칸을 채워 보세요.
3단계 MP3를 들으며 문장을 하나씩 따라 읽어 보세요.

1. Where is the conversation taking place?
(A) At a museum (B) At a theater

M Hi, I'd like a ticket to the ______________'s special Egyptian ______________ ______________. I've heard wonderful things about it.

W I'm sorry, but the exhibit is very popular and we've already sold out of tickets for the morning. We still have some available for this afternoon, though.

2. Who probably is the woman?
(A) A photo journalist (B) A store clerk

M Hi, I am calling because I ______________ a camera from ______________ ______________ a few days ago and there is a problem with some buttons. They don't work well.

W Well, if you bring your camera back to the store, we'll be glad to look it over for you.

3. Why is the man unable to meet today?
(A) He's visiting a client. (B) He's leading a training session.

W I have a presentation to one of my clients tomorrow. How about meeting today instead of tomorrow?

M Oh, I'm sorry. I'll be ______________ a ______________ ______________ most of the day. I'm teaching new staff the new accounting software.

4. What does the woman offer to do?
(A) Provide directions (B) Change the meeting time

M My appointment is in 5 minutes, and I probably won't be able to make it on time.

W Oh, don't worry. The meeting place is less than a 5-minute walk from here. ______________ ______________ ______________ ______________ ______________ tell you how to get there?

PART 3

Answers_P.019

4-1 General Question 집중 Practice

1. Where most likely does the man work?
   (A) At a hotel
   (B) At a hair salon
   (C) At a dry-cleaning business
   (D) At a home improvement store

2. What are the speakers talking about?
   (A) A refund
   (B) A store
   (C) A sale
   (D) A repair

3. Who most likely is the woman?
   (A) An author
   (B) An account
   (C) A librarian
   (D) A bank clerk

4. What is the conversation mainly about?
   (A) Organizing a training session
   (B) Preparing for a business exposition
   (C) Finding a guest speaker for a convention
   (D) Creating an employee handbook

5. What industry do the speakers most likely work in?
   (A) Food production
   (B) Machinery sales
   (C) Event planning
   (D) Textile manufacturing

6. What are the speakers discussing?
   (A) A billing error
   (B) A missing document
   (C) An incomplete shipment
   (D) A damaged product

4-2 Specific Question 집중 Practice

1. What does the woman ask the man to do?
   (A) Revise a plan
   (B) Copy an invoice
   (C) Request a refund
   (D) Change a delivery date

2. What does the man suggest?
   (A) Call the maintenance department
   (B) Replacing a machine
   (C) Getting a discount
   (D) Visiting a nearby store

3. What does the woman offer to do for the man?
   (A) Add his name to a list
   (B) Give him an estimate
   (C) Waive a fee
   (D) Send a bill in the mail

4. When is the department heads' meeting?
   (A) Today
   (B) Tomorrow
   (C) In two days
   (D) next Monday

5. What does the woman say she will do at noon?
   (A) Bring an item for repair
   (B) Attend a training session
   (C) Meet with a friend
   (D) Go home for lunch

Coupon

Buy	Save
1 gallon	10%
2 gallons	15%
3 gallons	20%
4 gallons	30%

Valid in-store-only 5/20 ~ 5/26

6. Look at the graphic. Which discount will the woman receive?
   (A) 10%
   (B) 15%
   (C) 20%
   (D) 30%

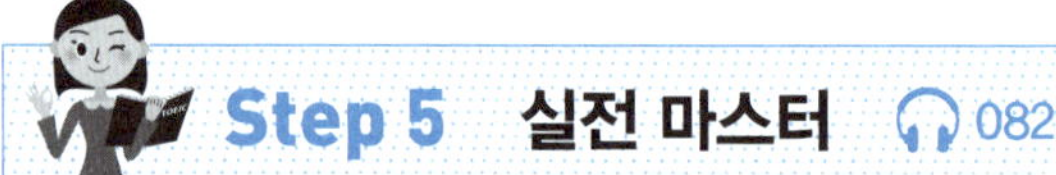

Answers_P.022

※ 소거법을 사용하여 Best Answer 고르기

1. Why is the man leaving the office?
(A) To buy some supplies
(B) To eat lunch
(C) To give a lecture
(D) To go to an appointment

2. What does the woman agree to do?
(A) Send an e-mail
(B) Pass on a message
(C) Find a document
(D) Work on the weekend

3. What time will the man meet his client?
(A) At 2 p.m.
(B) At 3 p.m.
(C) At 4 p.m.
(D) At 5 p.m.

4. Where does the woman most likely work?
(A) At a hotel
(B) At an architectural firm
(C) At a movie theater
(D) At a restaurant

5. What is causing the problem?
(A) Malfunctioning equipment
(B) An incorrect bill
(C) Noise from construction work
(D) A shortage of trained staff

6. What will the woman probably do next?
(A) Speak to her manager
(B) Call the construction company
(C) Offer a reduced price
(D) Check for an available room

7. Why did the man call the woman?
(A) To ask for directions
(B) To order some cake
(C) To reject an offer
(D) To say he will be late

8. What does the woman recommend?
(A) Revise the event schedule
(B) Taking public transportation
(C) Arranging for a delivery
(D) Requesting a refund

9. What does the man say he will do?
(A) Confirm the business hours
(B) Ask a coworker to help
(C) Submit the registration form
(D) Pay for the purchase

10. What type of event are the speakers discussing?
(A) A company party
(B) A business conference
(C) A birthday party
(D) A music festival

11. What does the woman ask the man to do?
(A) Reserve a banquet hall
(B) Hire some new staff
(C) Transport some equipment
(D) Perform with a band

12. What does the man say he has to do on Saturday afternoon?
(A) Speak at a conference
(B) Work an additional shift
(C) Meet with supervisors
(D) Attend a sporting event

13. Who most likely is the man?
(A) A restaurant chef
(B) An architect
(C) A financial advisor
(D) A real estate agent

14. What is the woman considering doing?
(A) Moving into a new location
(B) Expanding her business
(C) Opening a bank account
(D) Constructing a new house

15. What does the woman ask the man to do?
(A) Prepare a report
(B) Pay for the consultation
(C) Create a design
(D) Sign a contract

16. Why is the woman calling the man?
(A) To report an equipment problem
(B) To confirm a schedule
(C) To ask about the product price
(D) To request personal information

17. What does the woman mean when she says, "I'm interviewing someone here in five minutes"?
(A) She needs the man's help immediately.
(B) She does not want to be disturbed.
(C) She is late for the meeting.
(D) She needs more people to help her.

18. What does the woman say is unusual about the interview?
(A) It will be recorded.
(B) It will be held on a weekend.
(C) I will be conducted face-to-face.
(D) It will last for five hours.

Unit 9 문제 유형 II

Step 1 유형 분석

A 다양한 대화 유형(3인 대화, 2인 다중 대화)

Part 3의 대화문은 대부분 남녀의 대화 순서가 두 차례씩 총 4차례 등장한다. 하지만 신유형에서는 3인의 대화(여 2명, 남 1명 / 여 1명, 남 2명)가 등장한다. 3인 대화, 그리고 2인 대화는 총 7~9차례까지 가능하다. 횟수가 많은 만큼 문장의 길이가 짧고, 중요한 것은 대화가 아닌 "문제"로, GQ는 첫 문장에, SQ는 Key Word 앞뒤로 등장한다.

예제 1

What does the woman ask Bob to do?

(A) Set up a conference call with clients
(B) Review a budget proposal
(C) Share information at a meeting
(D) Contact another department

M1 We need to do something to increase our sales of the new sports footwear.

W The results from the market research are pretty promising. Bob, would you be willing to present the data at the next sales strategy meeting?

M2 Sure, I could do that.

해석 남1 우리는 새로운 스포츠 신발의 판매를 늘리기 위해서 뭔가 해야 해요.
여 시장 조사 결과가 상당히 좋아요. 밥, 당신이 다음 판매 전략 회의에서 자료를 제시해 주겠어요?
남2 물론이죠, 그렇게 할 수 있습니다.
Q 여자가 밥에게 요청하는 것은 무엇인가?
(A) 고객과의 전화 회의 예약하기 (B) 예산안 검토하기 **(C) 회의에서 정보 공유하기** (D) 다른 부서에 연락하기

해설 3인 대화라 해도 문제를 미리 읽고 여자(the woman)가 Bob에게 부탁하는(ask Bob to do) 부분을 기다리면, 본문에서 Bob에게 전형적인 부탁조로 말하는 부분을 듣게 된다. 대화문의 data(자료)는 선택지에서 information(정보)으로 패러프레이징 되었다. information은 다양한 정보를 받을 수 있는 표현으로 꼭 알아 두도록 하자. 정답: (C)

3인 대화를 암시하는 유형 Check!

❶ 문제의 복수의 성별/이름이 등장

What are the men asked to do? 남자들은 어떤 행동을 하라고 부탁받는가?

➡ 남자가 부탁을 받는다는 것은, 여자의 부탁이나 지시가 나오는지 잘 들어야 한다.

What are Abram and Rebecca concerned about? 아브라함과 레베카는 무엇을 걱정하고 있는가?

➡ 걱정하는 사람이 2명이 언급된 것은 3명 중에 2명이 같은 상황에 처한 것이다. 결국은 2명이 같은 행동/결정을 할 가능성이 높다. 이들 중 한 명이라도 걱정하는 내용이 나오면 선택하면 된다.

❷ 녹음 시작 부분에서 3인 대화임을 알림

2인 대화: Questions 32~34 refer to the following conversation.
3인 대화: Questions 32~34 refer to the following conversation with three speakers.

❸ 그러나 중요한 것은 여전히 문제 부분의 GQ/SQ이다.

객관식 문제 풀이 과목에서 가장 중요한 것은 정답을 맞히는 데 필요한 집중력이다. 본문을 많이 이해하려 하기보다는 각각의 문제의 정답을 맞힐 수 있는 문제 유형 및 표현에 집중하자.

B 표/시각 자료 관련 문제

085

Part 3 문제의 후반부에 2~3개 출제되는 표/시각 자료 관련 문제는 질문 내용 파악과 함께 표 내용도 훑어봐야 한다. 초보에게는 길고 난해한 독해형 문제보다 오히려 한 눈에 요점을 알 수 있는 표/그림이 유리할 수 있다. 미리 표를 분석하고 녹음 내용을 들으면 쉽게 풀 수 있다.

예제 2

Schedule	
Dance	Time
Jazz Dance	2 P.M.
Latin Dance	3 P.M.
Hip-hop	4 P.M.
Ballet	5 P.M.

Look at the graphic. What class does the man want to attend?

(A) Jazz (B) Latin
(C) Hip-hop (D) Ballet

W Welcome to Passion Dance Studio. Can I help you?

M Yes, I'm here for Judy's dance class at four o'clock. Is there a locker room so that I can leave my bags and personal belongings?

W Sure, you can check in with your ID and get your locker keys.

해석 **여** 패션 댄스 스튜디오 오신 것을 환영합니다. 제가 도와 드릴까요?
남 네, 제가 4시에 쥬디의 댄스 수업을 듣기 위해서 왔는데요. 제가 가방이랑 개인 소지품을 남길 수 있는 락커룸이 있나요?
여 물론이죠. 신분증을 보여주시고 체크인하신 뒤 락커키를 받으세요.
Q 시각 정보를 보시오. 남자는 어떤 수업을 수강하기를 원하는가?
(A) 재즈 (B) 라틴댄스 **(C) 힙합** (D) 발레

해설 평소와 같이 문제를 미리 읽고 남자가 참석할 수업을 녹음을 듣고 표를 통해 고를 것을 준비하자. 결국 (1) 문제를 미리 기억하고, (2) 표에서 해당하는 정보를 선택하고, (3) 다시 선택지에서 고르는 훈련으로 비교적 쉽게 정답을 맞힐 수 있다. 정답: (C)

정답을 부르는 표/시각 자료 유형 Check!

❶ 표/목록 형태: (가격/모델/일정 등)

Oak Street Building Directory

Office	Location
Green Construction	Suite 103
PST Systems	Suite 105
Law office of Joseph	Suite 212
Kim Dental Clinic	Suite 202

❷ 각종 그래프 형태: (원그래프, 막대그래프 등)

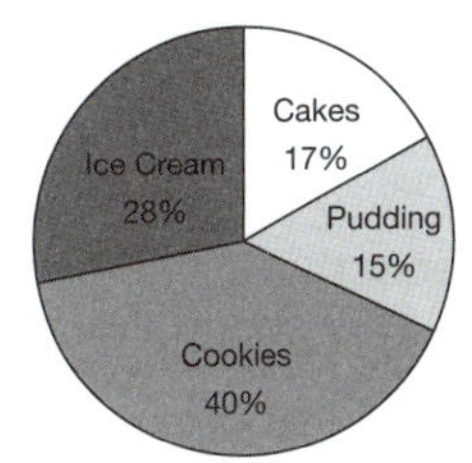

❸ 지도/길(배치도, 평면도)

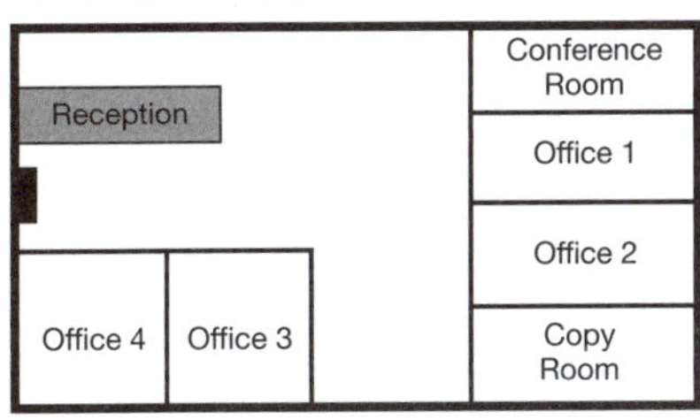

❹ 쿠폰/광고(티켓/할인 쿠폰/영수증 등)

GRAND OPERA HOUSE
LIVE JAZZ
gincerity Jazz Band
Saturday, August 7th
VIP Ticket

C 화자의 의도 파악 문제

따옴표 안의 문맥상의 의미를 찾아야 하는 화자 의도 문제는 문제와 선택지가 가장 길고, 대화의 특정 분분만으로 정답을 고르기 힘든 독해형/추론형 문제이다. 출제 빈도수는 시험당 2~3개로, 긴 문장을 빠르게 읽고 해석하면서 본문의 전체적인 내용을 파악할 수 있어야 하는 유형으로 까다롭지만 차분히 공부해 나가자.

예제 3

What does the woman mean when she says, "I really can't say"?

(A) She is not allowed to reveal some facts.
(B) She cannot make a commitment yet.
(C) She needs to wait at the office.
(D) She should correct some errors first.

M Would you like to consider joining our team for our new contract with Ocean Booking? They're looking for an advertising agency.

W It sounds exciting. **But I really can't say.** I still have to finish some works for McNeal Corporation. I can ask my manager, though.

해석 **남** 당신은 오션 부킹 회사와 새로운 계약을 위해 우리 팀에 오는 것을 생각해 보시겠어요? 그곳은 지금 새로운 광고 회사를 찾고 있어요.
여 정말 재미있을 것 같아요. 하지만 뭐라고 말을 할 수가 없네요. 아직 맥닐 회사와 일이 남았고요. 저희 상사에게 물어볼 수는 있어요.
Q 여자가 "말을 할 수가 없네요"라고 말한 의미는 무엇인가?
(A) 그녀는 어떤 사실을 밝히면 안 된다. **(B) 그녀는 아직 약속을 할 수 없다.**
(C) 그녀는 사무실에서 기다려야 한다. (D) 그녀는 우선 오류를 고쳐야 한다.

해설 같은 팀에서 새로운 고객을 위해서 일을 해보자는 남자의 제안에 "아직 말을 할 수 없다"는 것은 아직 다른 일이 있어서 할 수 없다는 거절로 봐야 한다. 내용 파악이 쉽게 되면 맞힐 수 있는 유형이니 꾸준히 계속해 나가자. 정답: (B)

화자의 의도 파악 문제 유형 Check!

❶ 화자의 의도를 물어보는 문제

Why does the woman say, "I've met with Jeannie Kang before"?
여자가 "난 전에 제니 강을 만난 적이 있어요"라고 말한 이유는 무엇인가?
➡ To reassure the man 남자를 안심시키기 위해서
[제니 강이 어떤 사람인지 걱정하는 남자에게 내가 만나 봤는데 괜찮다는 의미]

What does the woman imply when she says, "I don't know"?
여자가 "전 몰라요"라고 말한 것은 무엇을 암시하는가?
➡ She cannot fulfill the man's request. 그녀는 남자의 요청을 들어줄 수 없다.
[휴가 시간을 늘려 달라는 남자의 요청에 대해서 "잘 모르겠다"라는 여자의 대답은 간접적인 거절의 의미를 담고 있다.]

❷ 화자가 말한 문장의 문맥상의 의미를 물어보는 문제

What does the man mean when he says, "I only get paid once a month"?
남자가 "저는 한 달에 한 번 봉급을 받아요"라고 말한 의미는 무엇인가?
➡ He doesn't have money for a purchase. 그는 물건을 살 돈이 없다.
[여자가 자기가 산 물건을 자랑하자, 남자는 봉급을 한 번 받는다고 함. 결국은 그 물건을 살 수 없다는 의미로 사용]

What does the man imply when he says, "I have to finish the layout for tomorrow's paper"?
남자가 "내일 신문의 레이아웃"을 끝내야 해요"라고 말한 것은 무엇을 암시하는가?
➡ He is concerned about a deadline. 그는 마감에 대해서 걱정하고 있다.
[상대편의 할 일을 말하면서, 자신도 특정 작업을 끝내야 한다면서 일을 서둘러 줄 것을 요청하고 있다.]

Step 2 눈과 귀를 매칭시키는 Practice  088

Answers_P.026

1단계 먼저 문제를 읽고, MP3를 들으며 문제를 풀어 보세요.
2단계 다시 들으며 빈칸을 채워 보세요.
3단계 MP3를 들으며 문장을 하나씩 따라 읽어 보세요.

1. Who most likely are Samantha and Nathan?

(A) Apartment managers (B) Potential home buyers

M1 Welcome, Samantha and Nathan. I'm glad you decided to come take a ________ ________ the ________.

W We really liked the ________, but we have some concerns.

M2 We're worried about the cost of major renovation like the roof of the house.

2. What does Frank advise the woman to do?

(A) Send a confirmation letter (B) Come to the Beijing Branch

M1 Frank, is there anything else Jennie needs to know?

M2 Just one more thing; ________ ________ ________ ________ e-mails to clients confirming anything you discuss over the phone. They want all communication to be in writing.

W Got it, Frank. Thanks. I'm sure you'll do well at the Beijing Branch, too.

3. What does the woman mean when she says, "two hours wasn't enough"?

(A) She really enjoyed the performance. (B) She was late for the show.

M I heard you went to the new musical at the Circle Theater. It was for two hours, right?

W Yes, but two hours wasn't enough. I think I'm ________ ________ next weekend. Would you like to come with me?

4. Why does the man say, "That's a big increase from last year"?

(A) To deny a requested budget change (B) To indicate that some news is good

W The company director ________ ________ marketing department's ________ by $300,000.

M That's a big increase from last year. Do you know how that money will be used? We could definitely use some new office equipment.

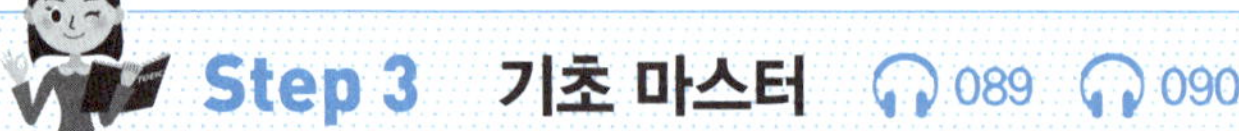

Answers_P.027

3-1 시각 자료 문제 집중 Practice 신토익

Length of Contract	Price per Month
3 months	$50
6 months	$40
1 year	$30
2 years	$20

1. Look at the graphic. How much has the woman agreed to pay per month?
   (A) $50
   (B) $40
   (C) $30
   (D) $20

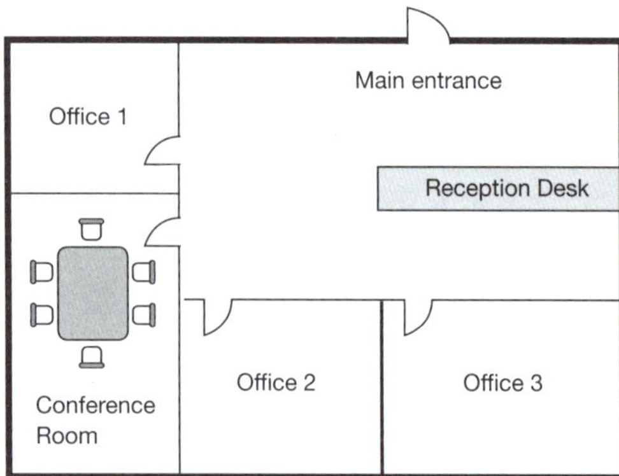

3. Look at the graphic. Which room will the man most likely go to?
   (A) Office 1
   (B) Office 2
   (C) Office 3
   (D) Conference room

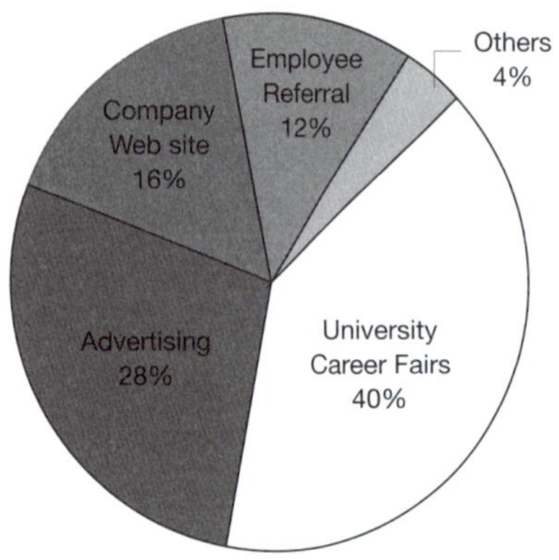

2. Look at the graphic. Which method does the man suggest using?
   (A) University career fairs
   (B) Advertising
   (C) Company Web site
   (D) Employee referrals

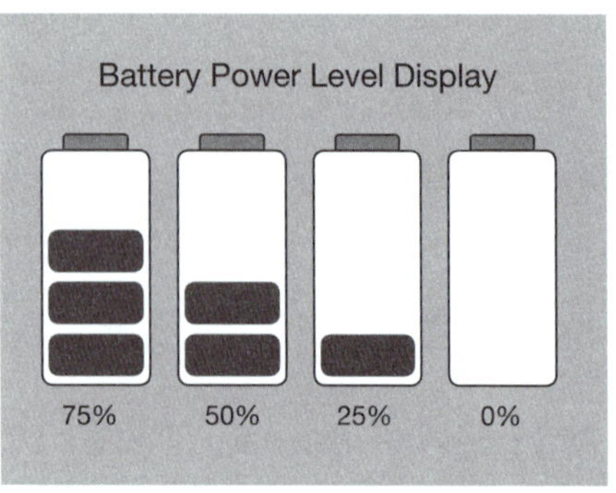

4. Look at the graphic. According to the woman, how many bars will be displayed when the battery should be replaced?
   (A) Three bars
   (B) Two bars
   (C) One barconvention
   (D) Zero bars

3-2 화자 의도 문제 집중 Practice 

1. Why does the woman say, "These shoes look great"?
   (A) To convince her friend to buy shoes
   (B) To show interest in making a purchase
   (C) To compliment her coworker
   (D) To ask for gift wrapping

2. Why does the man say, "I'm waiting for the department budget proposal"?
   (A) To request a document from the woman
   (B) To ask for a deadline extension
   (C) To inform the woman about a scheduling change
   (D) To explain why he cannot make a decision at the moment

3. What does the man imply when he says, "but that was quite a while ago"?
   (A) A deadline is approaching.
   (B) New staff must be trained.
   (C) A procedure has been improved.
   (D) A decision should be reconsidered.

4. What does the woman imply when she says, "That would require significant revisions to our pricing strategy"?
   (A) She doubts a change will be implemented.
   (B) She thinks the suppliers should be replaced.
   (C) She believes some data are incorrect.
   (D) She needs more time to make a decision.

Step 4 실전 마스터 091

Answers_P.030

※ 소거법을 사용하여 Best Answer 고르기

1. Why does the woman want to save money?
   (A) To take classes
   (B) To purchase a car
   (C) To start her business.
   (D) To move into a new apartment

2. What does the man recommend?
   (A) Applying for a loan
   (B) Talking to a financial planner
   (C) Using an online program.
   (D) Working extra hours

3. What is the woman concerned about?
   (A) The quality of a program
   (B) The cost of a program
   (C) The security of a Web site
   (D) The terms of a contract

4. Who most likely is the woman?
   (A) A telephone operator
   (B) A post office clerk
   (C) An office receptionist
   (D) A sales representative

5. Why is the man visiting the office?
   (A) To attend a meeting
   (B) To apply for a job
   (C) To repair some equipment
   (D) To make a delivery

6. What does the woman imply when she says, "Ms. Dunmore is in a meeting with clients right now"?
   (A) Ms. Dunmore has an important document.
   (B) Ms. Dunmore is not available.
   (C) A meeting room cannot be used.
   (D) The meeting is taking longer than usual.

7. Where do the interviewers most likely work?
   (A) At a factory
   (B) At an electronics store
   (C) At a TV station
   (D) At a movie theater

8. What requirement do the speakers discuss?
   (A) Wearing safety gear
   (B) Owning proper equipment
   (C) Having management experience
   (D) Having a flexible schedule

9. What does the man agree to do next?
   (A) Show a video
   (B) Provide references
   (C) Tour a facility
   (D) Sign an employment contract

10. What are the speakers mainly talking about?
    (A) Presenting at a conference
    (B) Creating product brochures
    (C) Updating a company Web site
    (D) Ordering some stationery

11. What problem does the woman notice?
    (A) A deadline has been missed.
    (B) An identification badge is not working.
    (C) A phone number is missing.
    (D) A name is spelled incorrectly.

신토익

12. Why does the woman say, "It's easy to miss"?
    (A) To express her understanding
    (B) To clarify the job description
    (C) To explain a procedure
    (D) To warn about the delay

Tea Type	Time in Hot Water
Green	2 minutes
Peppermint	3 minutes
Black	4 minutes
Herbal	6 minutes

13. Why does the man want to try a new tea?
(A) It has better flavor.
(B) It is getting popular these days.
(C) It is the only kind sold in this store.
(D) It has health benefits.

14. What will the man receive with his purchase?
(A) An extra tea sample
(B) A free tea pot
(C) A gift certificate
(D) A parking validation

15. Look at the graphic. How long should the man leave the tea in hot water?
(A) 2 minutes
(B) 3 minutes
(C) 4 minutes
(D) 6 minutes

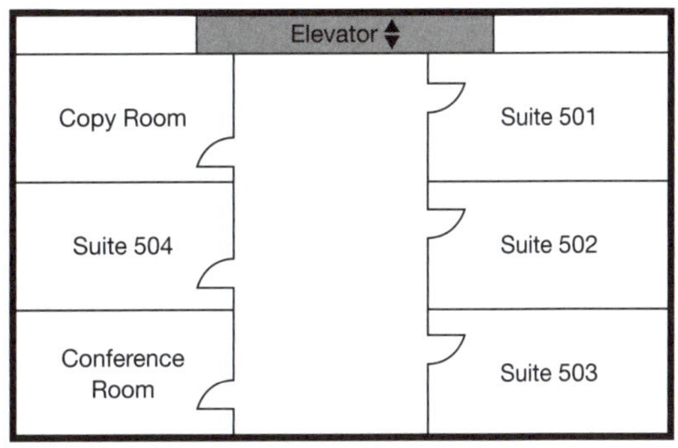

16. What does the man ask the woman to do?
(A) Use a different entrance
(B) Wear an ID badge
(C) Turn off her cell phone
(D) Come back at a later time

17. What does the woman request?
(A) A signature for a delivery
(B) A different appointment time
(C) Directions to an office
(D) Advice about parking

18. Look at the graphic. Which office does the woman need to visit?
(A) Suite 501
(B) Suite 502
(C) Suite 503
(D) Suite 504

Unit 10 주제별 I - 일상생활

Step 1 유형 분석

A 쇼핑/대중교통/편의 시설 이용

Part 3에서 가장 중요한 것은 주어진 문제를 정확하게 분석해서 정답을 고르는 것이다. 하지만 문제를 해석하고 지문을 듣는 능력이 떨어지면 문제에 집중할 수가 없다. Unit 10, 11에서는 주제별로 자주 등장하는 표현을 학습하고 각각의 주어진 문제에 집중할 수 있도록 하자.

예제 1

What kind of business is the man calling?

(A) A post office
(B) A doctor's office
(C) A copy center
(D) A delivery service

M Hi, this is David Kim. I was a patient at your medical clinic but I recently moved. I requested that my records be sent to my new doctor here, but he hasn't received them yet.

W Mr. Kim, yes. I see the request in your file, but because it's not signed, we haven't been able to transfer your records.

해석 남 안녕하세요. 저는 데이비드 김입니다. 제가 귀하 병원의 환자였는데 최근에 이사갔어요. 제 기록을 새로운 의사한테 보내달라고 신청했는데 그분이 아직 못 받았다고 하네요.
여 네, 김 선생님. 귀하의 파일에 신청서가 있네요. 그런데 서명이 되지 않아서 기록을 보낼 수가 없었어요.
Q 남자는 어떤 사업체에 전화하는가?
(A) 우체국 **(B) 병원** (C) 택배 서비스 (D) 복사점

해설 남자가 어떤 업체에 전화를 걸었는지 묻는 General Question이므로 초반에 힌트가 나온다. 첫 문장에 patient(환자), medical clinic(병원)이라는 단어를 통해 남자는 병원에 전화를 걸었음을 알 수 있다. 여자는 접수직원(receptionist)이라는 것도 추측할 수 있다. 시험에 자주 나오는 상황/표현을 익혀 두면 각 문제에 집중해서 정답을 고를 수 있다. 정답: (B)

자주 등장하는 일상생활 관련 어휘 1 Check!

❶ 상점/쇼핑

buy/purchase 구매하다 cash 현금 credit card 신용 카드 ship/deliver 배송하다 carry 취급하다
stock/inventory 재고 receipt 영수증 exchange 교환하다 refund 환불(하다) return 반품하다
cash register 계산대 survey 설문조사 cashier 계산대 직원 free/complimentary 무료의

❷ 식당

patio/outside 페티오/뜰 recipe 조리법 chef/cook 요리사 ingredient 재료 diner 식사하는 사람
server/waiter 웨이터 caterer 출장 요리업체 today's special/lunch special 오늘의 특선요리/점심 특선

❸ 병원

pharmacist 약사 prescribe medicine 처방하다 regular checkup 정기 검진

❹ 은행/금융기관

teller 은행창구 직원 deposit 입금하다 withdraw 출금하다 open an account 구좌를 개설하다

B 여행/여가 생활

토익의 주제에 익숙해지기 위해서는 성인의 일반적인 생활에 대한 이해가 필요하다. 쇼핑/대중교통/편의 시설 이용뿐만 아니라 특별한 여행, 취미로 하는 운동이나 극장 방문 등의 배경지식을 묶어서 공부해 보자. 배경지식과 함께 문제를 빨리 읽고 파악하는 훈련도 계속하도록 하자.

예제 2

What did the man hear on the news?

(A) A new café will be opening soon.
(B) A job is available at the news station.
(C) A business is under new management.
(D) A concert will be held at the theater.

M Charlotte, did you hear tonight's news report? There's going to be a special concert at Lehmann Theater to raise money for renovations.

W Yes, I heard about that. In fact, I'm volunteering to help out during the concert. I'm going to sell refreshments.

PART 3

해석 **남** 샬롯, 오늘 저녁 뉴스 들으셨어요? 리먼 극장에서 수리를 위한 모금을 하기 위해서 특별한 콘서트가 있을 거래요.
여 네, 저도 그것에 대해서 들었어요. 저는 콘서트 동안 돕기 위해 자원봉사를 지원했어요. 저는 간식을 팔 거예요.
Q 남자가 뉴스에서 들은 것은 무엇인가?
(A) 새 커피숍이 곧 개업할 것이다. (B) 뉴스 방송국에서 새 일자리가 생겼다.
(C) 새 경영진이 한 사업체를 책임지게 되었다. **(D) 콘서트가 극장에서 열릴 것이다.**

해설 남자가 들은 내용은 남자가 말할 확률이 높다. 남자의 첫 번째 문장에서 특별한 콘서트가 있을 것이라는 부분을 듣고 그대로 정답을 고를 수 있어야겠다.
정답: (D)

자주 등장하는 일상생활 관련 어휘 2 Check!

❶ 여행 관련(호텔/항공사)

travel agency 여행사　airline 항공사　itinerary 여행 일정　postpone/delay 지연시키다
destination 목적지　stopover 경유지　sightseeing 관광　departure/arrival 출발/도착
flight attendant 승무원　reserve/book 예약하다　aisle seat 통로 쪽 자리　window seat 창가 쪽 자리
single 1인실　double 2인실　suite 특실　accommodation 숙박시설

❷ 극장/박물관

theater 극장　cinema 극장　performance 공연　play 연극
show/showing 상영　sculpture 조각　box office 매표소　museum 박물관
exhibit 전시　wing 별관　art 예술품　craft 공예품
potter 도자기　permanent exhibit 상설 전시

❸ 자선활동

charity event 자선 행사　benefit 도움을 주다, 혜택　proceeds 수익금　public facility 공공시설
volunteer 자원봉사하다　help/aid 돕다　support 후원하다　local resident 지역 주민
community 지역 공동체　contribution/donation 기부/헌금　local business owner 지역 자영업자

❹ 부동산

real estate 부동산　apartment 아파트　rent 임대하다, 임대료　lease 임대 계약(서)
utility 공공시설 사용료　landlord 집주인　tenant 세입자　manager 관리자
neighborhood 동네　spacious 넓은　furnished 가구가 겸비된

Step 2 눈과 귀를 매칭시키는 Practice  096

Answers_P.035

1단계 먼저 문제를 읽고, MP3를 들으며 문제를 풀어 보세요.
2단계 다시 들으며 빈칸을 채워 보세요.
3단계 MP3를 들으며 문장을 하나씩 따라 읽어 보세요.

1. Who most likely is the man?
(A) An auto mechanic (B) A computer technician

W Hi, I'm calling to get some ___________ ___________ my ___________. If I use it for more than an hour, the body of the machine gets really hot.

M Hmm.. sounds like you have a problem with your battery. Is it plugged in all the time?

2. What are the speakers discussing?
(A) A doctor's prescription (B) A product price

W Hi, my doctor ___________ a ___________ for some medicine to ___________ ___________ about an hour ago, and I was hoping the order might be ready for me to pick up.

M I'll just check on that for you. Can I have your name please?

3. According to the man, what service is available?
(A) Free installation (B) Home delivery

W I'd like to ___________ these pots and pans, but I came here by bus so I won't be able to carry them home.

M That's no problem. ___________ ___________ ___________ them to your house free of charge if you want.

4. What does the woman want to do?
(A) Return to the warehouse (B) Exchange of a product

M There's a setting that allows you to save power. That way, your battery can last longer.

W Yes, I know the power saving setting. But it still isn't long enough. I'd like to ___________ this phone, and ___________ a ___________ ___________ with a longer battery hour.

Step 3 기초 마스터 097

Answers_P.035

기초부터 탄탄히 마스터하기

1. What is the conversation mainly about?
   (A) A defective product
   (B) An expired warranty

2. What does the man ask the woman to give?
   (A) A manual
   (B) A sales receipt

3. What does the man suggest the woman do?
   (A) Get a refund
   (B) Speak to a technician

7. What does the woman want to do?
   (A) Buy some tickets
   (B) Open a bank account

8. Why does the man say he cannot help the woman?
   (A) The tickets are sold out.
   (B) He can accept only cash.

9. What does the man suggest the woman do?
   (A) Purchase the tickets beforehand
   (B) Keep the receipt with her

4. Who most likely is the man?
   (A) A tenant
   (B) A realtor

5. What does the woman say she likes about the apartment?
   (A) The rental fee
   (B) The location

6. What will the woman do on Monday?
   (A) Pick up some keys
   (B) Move to a new home

10. What did the woman recently do?
    (A) Taught a writing class
    (B) Cancelled the enrollment in a class

11. What caused the delay?
    (A) A computer system malfunctioned.
    (B) A form was not completed.

12. What does the man suggest?
    (A) Registering for another class
    (B) Checking the Web site for its status

Step 4 실전 마스터 098

Answers_P.037

※ 소거법을 사용하여 Best Answer 고르기

1. Who most likely is the man?
(A) A train conductor
(B) A hotel employee
(C) A taxi driver
(D) A travel agent

2. Where does the woman want to go?
(A) To a restaurant
(B) To a conference center
(C) To a train station
(D) To a science museum

3. What does the man tell the woman?
(A) The fare has recently increased.
(B) The drive will take longer than expected.
(C) A flight schedule has changed.
(D) The business will close early.

4. What did the man have a problem doing?
(A) Using a Web site
(B) Reserving transportation
(C) Finding a conference room
(D) Contacting a client

5. How will the man get to the hotel?
(A) By subway
(B) By bus
(C) On foot
(D) By car

6. What hotel amenity does the man ask about?
(A) City tours
(B) Dining options
(C) The fitness center
(D) Internet access

7. Why is the woman calling?
(A) To discuss a delivery
(B) To ask about a warranty
(C) To report a problem
(D) To cancel an appointment

8. When will the delivery be made?
(A) This morning
(B) This afternoon
(C) Tomorrow morning
(D) Tomorrow afternoon

9. What is an additional fee for?
(A) Delivering merchandise
(B) Assembling furniture
(C) Using an express service
(D) Removing an old appliance

10. What problem is the man reporting?
(A) Some paint is peeling off.
(B) He lost the keys to his apartment.
(C) A sink is not working well.
(D) A light is broken.

11. What does the woman instruct the man to do?
(A) Stop by the office
(B) Pay a fee
(C) Take a picture
(D) Submit a request online

12. What is mentioned about the building supervisor?
(A) He needs to order some parts.
(B) He was just hired by the management.
(C) He knows about the building rules.
(D) He also lives in apartment complex.

13. Where is the conversation taking place?
(A) At a restaurant
(B) At an airport
(C) At a bus station
(D) At a travel agency

14. According to the woman, what will the men receive?
(A) A parking pass
(B) A travel guidebook
(C) A seating upgrade
(D) A discount voucher

15. What will the men most likely do next?
(A) Visit Mexico to meet the family
(B) Change the hotel reservation
(C) Eat at a nearby restaurant
(D) Return to their original flight

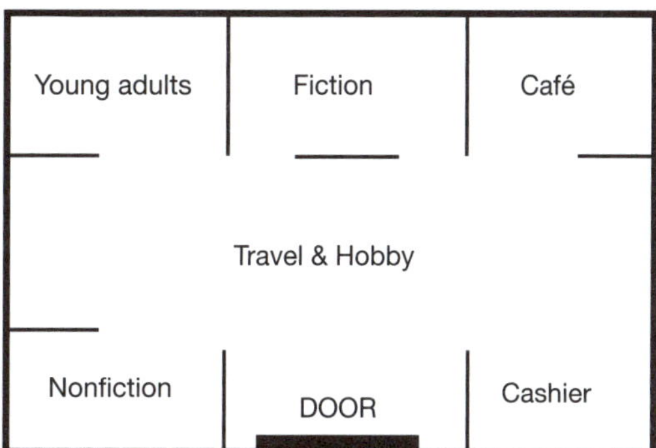

PART 3

16. Who most likely is the man?
(A) A restaurant server
(B) A sales clerk
(C) An author
(D) A delivery person

17. What does the woman say she heard about the book?
(A) It will provide opportunities for discussion.
(B) It is the first book in the series.
(C) It is difficult to understand for young people.
(D) It has been a best-seller for months.

18. Look at the graphic. In which section is the book that the woman is looking for?
(A) Young adults
(B) Fiction
(C) Nonfiction
(D) Travel & Hobby

Unit 11 주제별 II - 비즈니스 생활

Step 1 유형 분석

A 기업체별 계약

토익의 취지는 영어로 회사 생활을 하는 데 어려움을 없애는 것이다. 결국 회사 생활을 모르는 수험생들은 토익을 통해 회사 및 비즈니스 활동에 대한 상식을 익혀 정답을 고르는 데 도움을 받아야 한다. 특히, 한 회사가 사업을 하기 위해서는 다양한 업체와의 계약 관계를 통해서 도움을 주고받는다는 것을 기억하고 어휘를 암기해 나가자.

예제 1

Why is the woman calling?

(A) To follow up on a project
(B) To negotiate a price
(C) To inquire about a banquet room
(D) To change a reservation date

W Hello, I'm planning a company dinner for the Capital Motor Vehicles. Are there any large banquet rooms available at your hotel on March 5th?

M Let me check it for you. But first, could you give me a rough estimate of how many people will be attending? I want to make sure the room is big enough.

해석 **여** 안녕하세요. 캐피탈 자동차 회사를 위한 저녁식사를 계획하고 있는데요. 3월 5일에 호텔 큰 연회장을 사용할 수 있을까요?
남 제가 확인해 보도록 하죠. 하지만 먼저 몇 분 정도 참석하실지 알려 주시겠어요? 방 크기가 충분한지 확인해 보고 싶어서요.
Q 여자가 전화하는 이유는 무엇인가?
(A) 프로젝트에 대한 후속 조치를 취하려고 (B) 가격을 협상하려고
(C) 연회실에 대해 문의하려고 (D) 예약 날짜를 변경하려고

해설 자동차 회사에서 일하는 직원이 회사 행사를 진행하기 위해서 연회실을 예약하고 있다. 단순하게 일반 소비자 입장에서 차를 사거나 여행을 위해 호텔을 가는 것뿐만 아니라, 다양한 업체에 연락하고 협상하는 내용에 대한 상식을 습득하자. 정답: (C)

정답을 부르는 비즈니스 생활 관련 어휘 Check!

❶ 계약/거래

contract 계약 · terms/conditions 조건 · presentation 발표 · demonstration 시연
acquire 인수하다 · merge 합병하다 · negotiate 협상하다 · win the bid 입찰을 따내다

❷ 고객/하청업체

client 고객 · supplier 공급업체 · service agent 대행업체 · competitor 경쟁사
quote 견적 · appraisal 감정, 평가 · cost estimate 비용 견적

❸ 생산업체

facility 시설 · machinery 기계 · assembly line 조립라인 · raw material 원자재
workforce 노동력 · shift 근무조 · manufacture 생산하다 · safety inspection 안전 검사

❹ 관리/판매

cost/expense 비용 · management 관리자 · performance 성과, 수행 · evaluation/review 평가
sales 판매 · profit/income/revenue 수익 · attract customers 고객을 모으다

B 다양한 부서별 업무 협조

회사 안에서 다양한 부서간의 업무 협조가 필요한 경우가 많다. 예를 들어, 자동차 회사에도 판매팀과 회계팀, 광고팀이 있을 수 있고, 복사기를 고쳐주는 시설관리팀은 물론 주차 관리팀, 청소팀도 대화에 등장할 수 있다. 하지만 녹음 대화에서 힌트를 주니 문제를 읽고 차분히 답을 골라내면 된다.

예제 2

What are the speakers discussing?

(A) Sales promotion of a product

(B) Reservation for an overseas trip

(C) Directions to a meeting room

(D) Reimbursement of expenses

W Hi, this is Melanie from sales. I submitted the expense report for my trip last week. Can you tell me when I can be reimbursed for that?

M Hi, Melanie. Actually, your report is missing a receipt for your hotel stay. We need to have all the receipts to process the payment.

PART 3

해석 **여** 안녕하세요, 저는 판매팀의 멜라니입니다. 지난주에 여행 비용 보고서를 제출했는데요. 언제 비용 상환을 받을 수 있는 지 얘기해 주시겠어요?

남 안녕하세요, 멜라니. 사실은 당신 보고서에 호텔에서 묵은 영수증이 빠져 있어요. 우리는 지불을 처리하기 위해서는 모든 영수증이 필요해요.

Q 화자들이 논의하는 것은 무엇인가?

(A) 제품의 판매 촉진 (B) 해외 여행 예약

(C) 회의실로 가는 법 **(D) 비용 환급**

해설 판매팀 출장 비용을 상환(reimbursement)을 받기 위해서는 영수증(receipt)을 첨부한 비용 보고서를 회계팀(accounting)에게 승인(approval)받아야 한다. 다양한 업체와 부서 업무에 관한 상식을 쌓은 후에 문제를 풀어보도록 하자. 정답: (D)

자주 등장하는 비즈니스 생활 관련 어휘 Check!

❶ 부서 관련 업무

department/division 부서　branch/location 지사　regional office 지역 사무소　sales 판매
financial statement 재무제표　quality control 품질 관리　public relations 홍보　review 검토하다
technical support 기술 지원　accountant 회계사　accounting 회계　auditor 회계감사관
reimbursement (비용) 상환　publicity 홍보　release date 출시일　marketing 마케팅
research and development 연구개발　survey results 설문조사 결과
maintenance/facility 관리/시설　below standard 기준 미달　cleaning crew 청소 직원
advertisement team 광고팀　new product development team 신상품 개발팀

❷ 서류 관련 업무

report/document 서류　material 자료　proposal 제안서　summary 요약서
correct/revise 수정하다　draft 초안　figures 수치
final version 최종안　deadline 마감　extension 연장
contract/agreement 계약서/협약　proofread/edit 교정보다/편집하다
review/go over 검토하다　submit/hand in 제출하다

❸ 사무기기/용품 관련 업무

envelope 봉투　printer 인쇄기　office supplies/stationery 사무용품
letterhead (회사로고 있는) 편지지　office equipment 사무기기　photocopier/copy machine 복사기
projector 프로젝터　be broken 고장 나다　not working 작동하지 않다　replace 교체하다

Step 2 눈과 귀를 매칭시키는 Practice  103

Answers_P.042

1단계 먼저 문제를 읽고, MP3를 들으며 문제를 풀어 보세요.
2단계 다시 들으며 빈칸을 채워 보세요.
3단계 MP3를 들으며 문장을 하나씩 따라 읽어 보세요.

1. What are the speakers discussing?

(A) A staff orientation (B) A building project

M Good morning, Ms. Taylor. Here's the ________ ________ from Ocean Building Company for the staff cafeteria we are planning ________ ________.

W Well, building a brand-new cafeteria requires extensive work, but it is higher than we originally thought.

2. Who most likely is the woman?

(A) A magazine reporter (B) A restaurant owner

W Thank you, Chef Carlos for meeting with me. ________ ________ wants to ________ an ________ about your unique cooking project. Could you tell us more about it?

M Yes, I was inspired by the paintings in the museum and came up with this new series of dishes.

3. What is the woman concerned about?

(A) Submitting late work (B) Finding some documents

M Ms. Hong, I need to be at home early for an urgent family matter. Do you mind if I work from home?

W Not at all, but what's the ________ of the budget you've been working on? The ________ for the project is coming up quite soon. I'm worried about ________ our work ________.

4. What does the woman suggest?

(A) Offering product discounts (B) Starting an online advertising campaign

M To start the meeting, I'd like to talk about the recent drop in sales for our vitamin products.

W What we really should do is to ________ ________ on social media ________ ________.

Step 3 기초 마스터 104

Answers_P.042

기초부터 탄탄히 마스터하기

1. Why is the woman calling?
   (A) To request some information
   (B) To welcome the man to the company

2. What does the man ask about?
   (A) An identification badge
   (B) An orientation schedule

3. What does the man say he is doing?
   (A) Filling out some forms
   (B) Signing an employment contract

4. What event did the man miss?
   (A) A marketing presentation
   (B) A board meeting

5. Why did the man miss the event?
   (A) He was on a business trip.
   (B) He thought it was on a different day.

6. What does the woman suggest the man do?
   (A) Watch a video online
   (B) Attend a different presentation

7. What are the speakers mainly discussing?
   (A) An article that the woman will write
   (B) The career of a well-known actor

8. Where does this conversation probably take place?
   (A) At a theater
   (B) At a newspaper company

9. What will the woman probably do next?
   (A) Exchange her ticket
   (B) Call for an interview

10. According to the man, what special offer is available for new customers?
    (A) A product discount
    (B) Next-day delivery

11. What is the purpose of the sign?
    (A) To indicate a location
    (B) To announce a renovation

12. What does the man suggest doing?
    (A) Collecting client suggestions
    (B) Using waterproof material

Step 4 실전 마스터 105

Answers_P.045

※ 소거법을 사용하여 Best Answer 고르기

1. Why is the woman visiting the place?
   (A) To make a reservation
   (B) To attend a seminar
   (C) To buy some coffee
   (D) To cancel a membership

2. When will the event begin?
   (A) At 8 o'clock
   (B) At 9 o'clock
   (C) At 10 o'clock
   (D) At 11 o'clock

3. What is the woman looking for?
   (A) A machine to make a copy
   (B) A location to meet clients
   (C) A restaurant for a party
   (D) A place to get a beverage

4. What product are the speakers discussing?
   (A) Sunglasses
   (B) Hiking boots
   (C) Headphones
   (D) Blue jeans

5. According to the man, what are the customers worried about?
   (A) Durability
   (B) Price
   (C) Ease of use
   (D) Style

6. What does the woman suggest?
   (A) Testing a competitor's product
   (B) Conducting a customer survey
   (C) Delaying a product launch
   (D) Talking to an expert

7. What problem does the woman report?
   (A) Business is unusually slow.
   (B) Some of the customers complained.
   (C) There are not enough employees.
   (D) The price of some ingredients has increased.

8. What does the man suggest?
   (A) Offering outdoor dining
   (B) Moving to another neighborhood
   (C) Lowering some prices
   (D) Catering corporate events

9. What does the woman ask the man to do?
   (A) Hire a new chef
   (B) Prepare some food samples
   (C) Get ready for an inspection
   (D) Organize a training

10. What did the man do in China?
    (A) Bought some property
    (B) Visited some suppliers
    (C) Attended a professional conference
    (D) Trained some personnel

11. What problem does the man mention?
    (A) Some items are expensive.
    (B) Some clients are not satisfied.
    (C) Some products had low quality
    (D) A contract has to be renegotiated.

12. What does the woman suggest?
    (A) Renting storage space
    (B) Advertising on the Internet
    (C) Reimbursing for a purchase
    (D) Ordering a small sample

13. What does the man offer to do?
(A) Purchase tickets
(B) Make a reservation
(C) Check a calendar
(D) Call a colleague

14. What is Pablo needed for?
(A) Translating a document
(B) Contacting an agency
(C) Repairing some equipment
(D) Preparing a trip overseas

15. Why does the man say, "Maria lived in Spain for about seven years"?
(A) To recommend Maria for a promotion
(B) To suggest that Maria help with a task
(C) To correct some mistakes
(D) To warn about some dangers

Melbourne Technology Conference Fees		
Day 1 Only	Member	$70
	Non-member	$80
Day 2 Only	Member	$95
	Non-member	$105
Both Days	Member	$150
	Non-member	$170

16. What problem does the woman mention?
(A) A Web site is not working.
(B) A bill is incorrect.
(C) Some staff members are unavailable.
(D) Some schedules have not been updated.

17. Look at the graphic. How much will the woman most likely pay?
(A) $70
(B) $80
(C) $95
(D) $105

18. What does the man ask the woman to provide?
(A) A registration form
(B) A meal preference
(C) A company name
(D) An identification number

PART 4

한 사람이 하는 독백 형식의 지문을 듣고, 시험지에 제시된 3개의 질문을 보고, 각 질문에 대한 가장 적합한 정답을 선택하는 유형

문제 수	난이도
총 30문제 (71번~100번)	중/중상

만점 전략

시험지에 제시된 문제 유형과, 녹음 속의 힌트를 정확하게 매칭하는 훈련을 하자.

❶ 각각의 문제 유형(GQ/SQ)을 파악하고 빠르게 읽는 훈련을 한다. ····▸ **독해 훈련**
❷ 귀로 듣는 담화(발표문) 주제별 표현 및 구문을 익힌다. ····▸ **청취 훈련**
❸ 문제 3개를 읽고, 녹음을 들으면서 동시에 풀 수 있도록 한다. ····▸ **매칭 훈련**

학습 방법

❶ **준비** Part 4의 주제별 지문의 구조 및 표현을 익힌다.

❷ **실전** 레벨별 문제로 다수의 문제를 정확하게 읽고 푸는 훈련을 한다.

❸ **복습** 틀린 문제는 녹음을 통해서 (1) 다시 푸는 연습 (2) 잘 안 들리는 부분의 청취 연습을 반복하고 (3) 특정 주제가 약하다면 지문을 읽고 해석을 해서 주제별로 마스터한다.

교재 구성

Unit 12 주제 I 공공 안내

Unit 13 주제 II 녹음 메시지

Unit 14 주제 III 뉴스/방송

Unit 15 주제 IV 회사 생활

예제 및 만점 전략

106

71. What is the purpose of the message?
    (A) To recommend a service
    (B) To extend a compliment
    (C) To postpone a lunch
    (D) To plan a dinner menu

메시지의 목적은 무엇인가?
(A) 서비스를 추천하기 위해서
(B) 칭찬하기 위해서
(C) 점심을 연기하기 위해서
(D) 저녁 메뉴를 계획하기 위해서

Hi, Monica, this is Angie. I'm going to have to change our lunch meeting this week. We were supposed to meet on Thursday at noon, but I forgot I'm supposed to be at the dental clinic then. And my dentist is only available on Thursday. Could we meet Friday at noon instead? You'll love Market Place. They have a lunch special on Fridays. Let me know if that works for you. I'll talk to you soon.

안녕 모니카, 엔지예요. 이번 주 우리 점심 미팅을 바꿔야 할 것 같아요. 원래 목요일 정오에 만나기로 되어 있었는데 그때는 치과에 가야 한다는 것을 잊고 있었어요. 의사가 목요일밖에 시간이 안 돼요. 대신 금요일 정오에 만날 수 있을까요? 마켓 플레이스가 마음에 들 거예요. 금요일에는 점심 특선 메뉴도 있어요. 이렇게 해도 되는지 연락 주세요. 그럼 곧 얘기해요.

해설 문제를 미리 읽고 녹음 메시지가 나올 것이라는 것을 추측할 수 있다. 녹음 메시지의 목적은 주로 첫 문장의 본인 소개 이후에 나오는 것이 전형적이다. 첫 문장에서 자신을 소개하고 바로 점심 약속을 바꾸어야 할 것 같다고 말한 부분을 듣고 postpone(연기하다)을 써서 패러프레이징한 정답 (C)를 고를 수 있어야 한다. Part 4의 녹음 메시지는 "자기 소개+용건+세부 내용+연락 부탁"의 형태로 나온다는 것을 기억하면 정답을 고르는 데 유리하다.

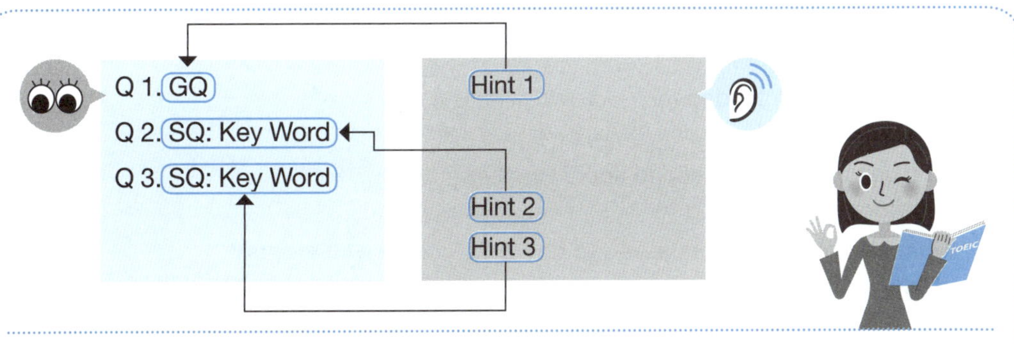

❶ 문제 세 개를 미리 읽고, 각각의 Key Word에 표시하고 세 문제를 연결하여 기억한다.
❷ 문제는 머릿속에, 눈은 정답지에, 귀는 녹음을 들으면서 가장 가능성이 높은 것부터 선택해서 나간다.
❸ 녹음이 끝나면, 다음 문제 한 세트를 미리 읽어 두어 순차적으로 위와 같은 방법으로 풀어간다.
❹ 정답: 71 (C)

Unit 12 주제별 I - 공공 안내

Step 1 유형 분석

A 장내 안내(교통 / 매장)

107

장내 안내는 한 사람이 마이크를 통해 많은 사람을 대상으로 발표하는 담화(short talk) 형태이다. 지문은 주로 공식적인 '공지' + 청자들에 대한 '지시'의 형태로 되어 있다. 여전히 앞쪽에서 GQ인 장소 및 화자에 대한 힌트를 얻고, 부탁 및 지시하는 부분에서 SQ의 세부적인 내용을 파악하는 훈련을 하도록 하자.

예제 1

What is the reason for the delayed departure?

(A) Some passengers are late.
(B) There is stormy weather.
(C) Some baggage still needs to be loaded.
(D) The traffic has been really bad.

Attention passengers. This is your captain Jeremy speaking. Welcome to Alta Airlines flight 380 to Rome. Our departure will be slightly delayed while we take care of all the passengers' baggage. This is a full flight, so it's taking a little longer to get your luggage onto the plane. But we should be ready to take off in about 15 minutes.

해석 승객 여러분 주목해 주세요. 저는 기장인 제레미입니다. 로마로 가는 알타항공사의 380편을 타신 것을 환영합니다. 저희는 모든 승객들의 짐을 처리하기 위해서 약간 늦어질 것 같습니다. 오늘은 만석으로 비행기에 짐을 싣는 것이 생각보다 오래 걸리고 있습니다. 약 15분 후면 출발할 수 있을 것 같습니다.

Q 출발이 늦어지는 이유는 무엇인가?
(A) 일부 승객이 늦었다. (B) 폭풍우가 분다. **(C) 실어야 할 짐이 더 있다.** (D) 교통 상황이 매우 안 좋다.

해설 Part 4는 일단 주제를 잡으면 일관성 있는 흐름으로 전개되는 것이 특징이다. 장소/주제별 문제 및 지문 분석을 학습하면 할수록 정확도가 높아지게 될 것이다. 첫 문장에서 기장이 출발 지연의 이유를 설명하는 안내문임을 알 수 있다. 정답: (C)

108

정답을 부르는 문제 및 표현 Check!

❶ 자주 등장하는 문제 유형

Who is the talk intended for? 누구를 대상으로 하는 담화인가?
➡ Travelers 여행객들 [듣는 대상이 누구인지를 물어보는 GQ로 지문의 앞쪽에 힌트 있음]

Who can park on the second floor? 2층에 주차할 수 있는 사람은 누구인가?
➡ Visitors to the building 건물의 방문객들 [Key Word는 second floor]

What are the passengers asked to do? 승객들은 어떤 일을 하라고 부탁 받는가?
➡ Take out their tickets 티켓을 꺼내라고 [청자들에게 지시하는 내용으로 지문의 후반부에 힌트 있음]

❷ 자주 등장하는 교통 관련 어휘

arrival 도착 | departure 출발 | boarding 탑승 | boarding pass 탑승권
captain/pilot 기장 | flight attendant 승무원 | check-in bags 부치는 짐 | carry-on bags 기내용 짐

❸ 자주 등장하는 지연/취소의 이유

inclement weather 나쁜 날씨 | mechanical problem 기계적인 문제
connecting flight 연결편 비행기 | runway management 활주로 관리

B 견학 / 안내

전형적인 Part 4 구조로 단체 인솔자(guide)가 자기소개와 장소 소개를 하고 구경할 곳을 소개한 뒤, 각 참석자들이 주의할 사항을 말하는 순서로 진행되는 것이 일반적이다.

예제 2

How long is the tour expected to last?

(A) 30 minutes
(B) 60 minutes
(C) 90 minutes
(D) 120 minutes

Welcome to the Sakamoto Art Museum. My name is Becky. Our tour today will last about 1 hour, and it will focus on the museum's collection from ancient Greece. There is also a gift shop in the lobby where you can get books on today's exhibits if you want to learn more about them after the tour. Now let's get started. Let's look first at the large piece of pottery that stands in the center of the room.

해석 사카모토 미술관에 오신 것을 환영합니다. 제 이름은 베키입니다. 오늘 관광은 약 1시간 정도 계속될 예정이며 박물관에 소장된 고대 그리스의 작품에 초점을 둘 것입니다. 관광 후에 작품들에 대해 더 알고 싶으시면 로비에 오늘 전시품들에 관한 책을 살 수 있는 선물 가게가 있으니 이용하시기 바랍니다. 이제 시작해 보도록 하죠. 먼저 방 한가운데에 놓여 있는 큰 도자기를 보시죠.

Q 관광은 얼마나 오래 걸릴 것인가?
(A) 30분 **(B) 60분** (C) 90분 (D) 120분

해설 본문 앞쪽에서 박물관 가이드가 안내를 하는 내용을 알 수 있다. 견학에 대한 일반적인 소개로 견학 시간을 설명하는 앞 부분에서 one hour(1시간)를 60 minutes(60분)으로 바꾼 (B)가 정답이다. 전체적인 일정 소개와 주의사항을 일러준 뒤 견학을 시작하는 메시지로 마무리를 짓는 일반적인 견학 안내 구조를 익혀 두자.
정답: (B)

견학 관련 문제 및 표현 Check!

❶ 자주 등장하는 문제 유형

Who probably are the listeners? 청자들은 누구인가?
➡ Theater patrons 극장 손님들 [화자/청자가 누군지 묻는 GQ는 본문의 앞쪽에 힌트가 있음]

What will be provided for listeners? 청자들을 위해 무엇이 제공될 것인가?
➡ Local maps 지역 지도 [화자가 주는(give) 것/청자가 받는(receive) 것을 듣자.]

Where are the listeners supposed to go at 2 o'clock? 청자들은 2시에 어디로 갈 것인가?
➡ To the information center 정보 센터로 [특정 시간에 어디로 모이라는 내용은 후반부에 있음]

❷ 자주 등장하는 관광 관련 표현

historic site 역사적 장소 fortress 요새 river cruise 하천 유람 hiking trail 하이킹 루트 exhibit 전시회
excursion 짧은 여행 wing 별관 admission 입장료 sightseeing 관광
collection 수집 작품 painting 그림 souvenir 기념품 sculpture 조각
modernism 근대주의 impressionism 인상주의 pottery 도자기 photography 사진
museum 박물관 gallery 갤러리 landmark 큰 표지물, 관광물 main attractions 볼만한 곳, 갈만한 곳

❸ 기타 표현

complimentary/free 무료의 safety gear 안전 장비 prevent accident 사고를 예방하다
be prohibited 금지되다 be allowed to ~가 허락되다 refrain from ~하는 것을 삼가다
be required to ~해야 한다 be sure to 반드시 ~해라 don't forget to 잊지 말고 ~하라

Step 2 눈과 귀를 매칭시키는 Practice 111

Answers_P.049

1단계 먼저 문제를 읽고, MP3를 들으며 문제를 풀어 보세요.
2단계 다시 들으며 빈칸을 채워 보세요.
3단계 MP3를 들으며 문장을 하나씩 따라 읽어 보세요.

1. Where is the announcement being made?
   (A) In a grocery store (B) In a cooking school

> Attention Hillman's __________ __________. While you're in the store today, be sure to check out our newly expanded bakery __________ located right next to the dairy products. Our bakers have been busy creating new cakes and bread for you.

2. What was the cause of the delay?
   (A) There was bad weather in the area. (B) An airplane needed more fuel.

> Attention passengers of flight 1820 to Casablanca. We apologize for the delay while the aircraft __________ __________ __________ but we are now ready to begin boarding. It's going to a full flight.

3. Who probably is the speaker?
   (A) A professional singer (B) A theater manager

> Good evening and welcome to the Berkley __________. Tonight's __________ __________ will last for approximately 2 hours. There will be a 15-minute intermission during which you can enjoy drinks and refreshments available in the lobby.

4. What will the company offer at a discounted price?
   (A) A sightseeing tour (B) The evening meal

> There was some mix-up in our schedules and we will be staying at a different hotel. The new hotel is as pleasant as the one we reserved before. We're very sorry for the inconvenience. To __________ __________ __________ the confusion, there will be a special discount on __________'s __________ buffet.

기초부터 탄탄히 마스터하기

1. Who is speaking?
(A) A photographer
(B) A tour guide

2. Where is the announcement being made?
(A) At a photography studio
(B) At a historic building

3. According to the speaker, what is prohibited?
(A) Taking flash photographs
(B) Using mobile phones

4. What is causing a delay?
(A) An engine problem
(B) A flat tire

5. According to the speaker, at what time is the bus expected to depart?
(A) At 1 P.M.
(B) At 3 P.M.

6. What does the speaker ask the listeners to do?
(A) Return on time
(B) Find their tickets

7. For whom is this announcement intended?
(A) Airplane passengers
(B) Air traffic controllers

8. What are the listeners asked to do?
(A) Turn off electronic devices
(B) Prepare for landing

9. When can the listeners leave their seats?
(A) After the captain gets off the plane
(B) When they safely land on the ground

10. Who probably is the speaker?
(A) A weather forecaster
(B) A travel agency employee

11. What will be provided for listeners?
(A) Light snacks
(B) Drinking water

12. What time are the listeners leaving?
(A) 10:00 A.M.
(B) 10:30 A.M.

Step 4 실전 마스터 113

Answers_P.051

※ 소거법을 사용하여 Best Answer 고르기

1. Where most likely are the listeners?
(A) In an airplane
(B) On a train
(C) On a bus
(D) In a waiting room

2. What is the cause of the delay?
(A) Some workers are loading the luggage.
(B) There is a stormy weather.
(C) A vehicle has to be refueled.
(D) Some passengers have not yet arrived.

3. What does the speaker say he expects will happen?
(A) Weather conditions will get worse.
(B) A flight will arrive on time.
(C) Some seats will be available.
(D) Some food will be provided.

---

4. What is the main purpose of the talk?
(A) To introduce a new employee
(B) To describe a nature tour
(C) To give an award
(D) To promote a product

5. What are the listeners invited to do during the tour?
(A) Take a break in the middle
(B) Come to a dinner party
(C) Take pictures
(D) Bring some food

6. What does the speaker suggest?
(A) Walking carefully
(B) Putting on safety glasses
(C) Asking questions
(D) Waiting in line

7. What is being announced?
(A) The closing of a store
(B) The opening of a new business
(C) Special prices on some items
(D) Trading price for a certain product

8. What are listeners invited to do?
(A) Close the register
(B) Pay for the purchase
(C) Shop at the new store
(D) Come back the next day

9. What do green sings identify?
(A) The clothing department
(B) The emergency exit
(C) The direction to the manager's office
(D) The open registers

---

10. Where is the tour most likely taking place?
(A) At a fashion show
(B) At a fabric factory
(C) At a trade fair
(D) At an outdoor market

11. What does the speaker say has changed about the tour?
(A) The duration
(B) The distance
(C) The starting location
(D) The tour leader

12. What does the speaker offer the listeners?
(A) A special discount
(B) A longer tour
(C) Free samples
(D) Discussion time

13. Where is the announcement being made?
(A) At a museum
(B) At a university
(C) At a department store
(D) At a restaurant

14. What are the listeners waiting to attend?
(A) A lecture
(B) A documentary film
(C) A special exhibition
(D) A musical concert

15. What does the speaker imply when he says, "there will be another showing at 2 o'clock"?
(A) He wants to get a deadline extension.
(B) A renovation will be completed.
(C) The listeners should return at a later time.
(D) The listeners should make a reservation.

Oceanfront Island Ferry

Departures	Arrivals
9:30 A.M.	10:00 A.M.
10:30 A.M.	11:00 A.M.
6:30 P.M.	7:00 P.M.
8:00 P.M.	8:30 P.M.

16. What has caused the cancellation?
(A) Mechanical problems
(B) Security issues
(C) Bad weather
(D) A lack of passengers

17. Look at the graphic. What time will the ferry leave?
(A) 9:30 A.M.
(B) 10:30 A.M.
(C) 6:00 P.M.
(D) 8:00 P.M.

18. What does the speaker say listeners may want to do?
(A) Travel the next day
(B) Visit the souvenir shops
(C) Take a picture of the scenery
(D) Wear warm clothing

Unit 13 주제별 II - 녹음 메시지

Step 1 유형 분석

A 개인 녹음

전화 메시지는 전화하는 사람이 〈자기소개+용건+연락 요청〉의 형태로 상대방의 음성사서함(voice mail)이나 자동응답기(answering machine)에 남기는 형태이다. 부재중 안내를 하는 경우도 있지만, 얼굴을 안 보고 하는 메시지로 초반에 자기소개를 한다. GQ/SQ의 문제 유형을 확인하고 필요한 부분에서 정답을 고르는 훈련을 하자.

예제 1

Who probably is the speaker?

(A) A receptionist
(B) A doctor
(C) A patient
(D) A ticket agent

This message is for Hillary Garner. Ms. Garner, I'm Peter calling from Dr. Thorne's office to confirm your appointment. Your annual physical check-up has been scheduled for 10:30 a.m. on Monday, July 10th. Please come 10 minutes early to fill out a health questionnaire before meeting with the doctor.

해석 힐러리 가너 씨께 메시지 남깁니다. 가너 씨, 저는 손 선생님의 병원에서 일하는 피터인데 약속을 확인하기 위해서 전화했습니다. 당신의 연례 건강 검진은 7월 10일 월요일 오전 10시 반에 잡혀 있습니다. 의사 선생님을 만나기 전에 건강 설문지를 작성하시기 위해서 10분 일찍 오시기 바랍니다.

Q 화자는 누구인가?
(A) 접수원 (B) 의사 (C) 환자 (D) 검표원

해설 병원에서 의사를 위해서 전화를 받고 약속을 받는 사람은 접수 직원(receptionist)이라는 직업을 가진 사람이다. 전화하는 장소가 병원이라고 무조건 의사를 고르지 않도록 주의하자.
정답: (A)

115

정답을 부르는 문제 및 표현 Check!

❶ 자주 등장하는 문제 유형

Where is the speaker calling? 화자가 전화하는 곳은 어디인가?
➡ Shipping department 배송 부서 ["어디에서/어디로"를 확인하고 전화한 사람의 부서를 찾는 GQ]

What is the purpose of the call? 전화의 목적은 무엇인가?
➡ To request more information 더 많은 정보를 요청하기 위해서 [자기소개의 목적이 나온다]

What will happen on August 20th? 8월 20일에 어떤 일이 일어날 것인가?
➡ Opening a store 가게 문을 여는 것 [특정 날짜를 들어야 하는 SQ]

❷ 자주 등장하는 목적

I'm calling to ~하려고 전화하다 This message is for ~를 위한 메시지이다.
to change[update] 변경하기 위해서 to order 주문하기 위해서
to reserve[arrange/schedule/plan] 예약/계획하기 위해서

❸ 부재중 표현

not available[unable] to take your call 전화를 받을 수 없다 contact the assistant/colleague 비서/동료에게 연락하다 call a different number 다른 번호로 전화하다 leave a message 메시지를 남기다

B 업체 녹음

영업시간 종료나 통화 중인 상황에 관한 녹음 안내가 나오는 경우가 있다. 직원들을 대상으로 하는 경우보다 손님을 대상으로 하기 때문에 정중하고 틀에 잡힌 형태로 업체 이름/위치/영업시간/전화로 할 수 있는 특정 업무 등을 소개한다. 처음에는 생소할 수 있으나 한번 익숙해지면 바로 정답을 고를 수 있는 유형이다.

예제 2

Why can't they answer the phone?

(A) Their business hours are over.
(B) Too many people have called.
(C) They closed early today.
(D) The phones are being fixed at the moment.

You have reached the Beacon Maintenance and Warranty Service Department. We're sorry, but all of our operators are busy taking calls from other customers. Please hold and yours will be taken as soon as possible. Thank you for your patience.

PART 4

해석 안녕하세요 비콘 정비 및 보증수리 센터에 전화하셨습니다. 죄송하지만 모든 교환수들이 다른 손님의 전화를 받고 있느라 바쁩니다. 기다리시면 여러분의 전화도 곧 받겠습니다. 기다려 주셔서 감사합니다.

Q 전화를 받을 수 없는 이유는 무엇인가?
(A) 영업 시간이 끝났다. **(B) 너무 많은 사람들이 전화했다.**
(C) 오늘 일찍 닫는다. (D) 현재 전화가 수리되는 중이다.

해설 녹음안내 방송이 나오는 이유/목적도 GQ에 해당해서 본문의 앞쪽에 등장할 확률이 높다. 업체명을 소개하고 지금은 모든 상담원들이 다른 통화를 하고 있다는 부분을 듣고, 주어진 정답지 중에서 많은 사람들이 전화를 해서 지금 받을 수 없다는 (B)가 가장 적합하다. 나머지 선택지 내용은 등장하지 않았다. 정답: (B)

정답을 부르는 문제 및 표현 Check!

❶ 자주 등장하는 문제 유형

Who is this message intended for? 이 메시지는 누구를 위한 것인가?
➡ Bank customers 은행 고객들 [대상으로 하는 사람을 물어보는 GQ, 정답 근거는 본문 앞쪽에 등장]

Why are the callers listening to this message? 전화하는 사람이 이 메시지를 듣는 이유는 무엇인가?
➡ It's a national holiday. 오늘은 국경일이다. [업체 소개 후 안내방송이 나오는 이유 등장]

What is the listener asked to provide? 청자는 무엇을 제공하라고 부탁받는가?
➡ Reference number 참조 번호(주문/예약번호) [업체의 확인/질문을 위해서 필요한 번호를 묻는 SQ]

❷ 자주 등장하는 업체 녹음 관련 표현

operator 전화 교환원
automated service 자동 서비스
star key 별표(*)
sharp key 우물정자(#)
weekdays 주중
weekend 주말
holiday 휴일
service agent[representative] 서비스 직원
business hours/hours of operation 영업 시간
stay on the line/hold 기다리다
The line is busy. 통화 중이다.
press 1 1을 누르다
hang up and call again later 끊고 다시 전화하다
You have reached ~. ~에 전화하셨습니다.
Thank you for calling ~. ~에 전화해 주셔서 감사합니다.

❸ 자주 부탁하는 행동

return a call 응답 전화를 하다
make a decision[choice] 선택을 하다
compensate/make up for 보상하다
give[provide] more information 정보를 더 주다

Step 2 눈과 귀를 매칭시키는 Practice 118

Answers_P.055

1단계 먼저 문제를 읽고, MP3를 들으며 문제를 풀어 보세요.
2단계 다시 들으며 빈칸을 채워 보세요.
3단계 MP3를 들으며 문장을 하나씩 따라 읽어 보세요.

1. What business is the speaker calling?
   (A) A doctor's office (B) A transportation service

   Hello, I'm calling about a problem I had with __________ __________ __________. I ride the 6 o'clock bus home from work. Yesterday evening, I waited for the bus for over an hour before giving up and taking a taxi home.

2. What problem does the speaker report?
   (A) A printer is not working properly. (B) A finance report is not ready in time.

   Hi, this message is for the technology department. This is Gena Williams from finance. I'm calling because __________ __________ has __________ again and this is the third time this problem happened this week.

3. What is wrong with the number that was dialed?
   (A) Nobody is at home right now. (B) It is the wrong number.

   I'm sorry. The number you have dialed is __________ __________ __________ any more. Please check the number and call again later.

4. What number should you press for the arrival schedule?
   (A) Number 1 (B) Number 2

   You have reached Delta Airlines Automated Information Service. At any time during this message, press 0 to be connected to one of our service agents. For departure schedules, press 1. For __________ __________, press 2.

Step 3 기초 마스터 119

Answers_P.056

기초부터 탄탄히 마스터하기

1. Where does the speaker work?
(A) Marketing
(B) Advertising

2. Why has the meeting been rescheduled?
(A) Some materials were not prepared.
(B) A conference room was not available.

3. What does the speaker ask the listener to do?
(A) Reserve a flight
(B) Contact him

4. Who are the intended listeners for this message?
(A) Telephone operators
(B) Store customers

5. What should listeners do in order to speak with a representative?
(A) Press one
(B) Push the star button

6. If listeners want to find the nearest store, what should they do?
(A) Go online
(B) Visit the store

7. Where does the speaker work?
(A) At a hotel
(B) At an electronics store

8. What is the phone call about?
(A) A defective product
(B) A forgotten item

9. What information does the speaker need?
(A) A mailing address
(B) A description of an object

10. Where is Patrick Darrel?
(A) He is at a conference.
(B) He is on another line.

11. When will Mr. Darrel receive the message left on the machine?
(A) Before he goes to work every morning
(B) At the end of each day

12. What are listeners asked to do if they need immediate help?
(A) Hang up and call again later
(B) Talk to Mr. Darrel's secretary

Answers_P.057

※ 소거법을 사용하여 Best Answer 고르기

1. Why is the speaker calling?
(A) To explain a problem with an order
(B) To apologize for a defective item
(C) To change a delivery address
(D) To announce a price increase

2. What does the speaker recommend?
(A) Using an express service
(B) Requesting a partial refund
(C) Switching to a similar product
(D) Calling a different supplier

3. What is the listener asked to do?
(A) Return an item
(B) Call the speaker
(C) Check a Web site
(D) Fax a receipt

4. What type of business recorded the message?
(A) A hotel
(B) A pharmacy
(C) A public library
(D) A department store

5. What does the business guarantee?
(A) All payment options are accepted.
(B) All calls will be answered in the order received.
(C) Medicines are double-checked for safety.
(D) Orders will be filled within a day.

6. Why are the listeners instructed to press 3?
(A) To speak with a pharmacist
(B) To cancel the order
(C) To confirm a reservation
(D) To find out the business hours

7. Who most likely is the speaker?
(A) An architect
(B) A financial advisor
(C) A real estate agent
(D) A maintenance worker

8. What does the speaker say is a problem?
(A) An office is far away from downtown.
(B) Some staffs have not been trained.
(C) A deadline cannot be extended.
(D) The rent is higher than expected.

9. What does the speaker ask the listener to do?
(A) Return the call promptly
(B) Review a document carefully
(C) Recalculate the cost
(D) Submit a deposit

10. What is the message mainly about?
(A) Scheduling a safety inspection
(B) Ordering out-of-stock items
(C) Arranging a tour of a building
(D) Reserving a meeting place

11. What is the listener asked to do?
(A) To provide an alternative date
(B) To confirm a renovation schedule
(C) To give the names of participants
(D) To submit the payment beforehand

12. According to the speaker, what should the listener be aware of?
(A) An increase in admission fees
(B) A restriction on group sizes
(C) Rules about taking photographs
(D) Ongoing facility maintenance

13. Where most likely is the speaker?

(A) At a post office

(B) At an airport

(C) In a taxi

(D) On a train

14. What does the speaker imply, when she says, "Can you believe it"?

(A) She was annoyed.

(B) She was excited.

(C) She was confused.

(D) She was embarrassed.

15. What does the speaker ask the listener to do?

(A) Open the window

(B) Check the security system

(C) Meet with a colleague

(D) Pick up a package

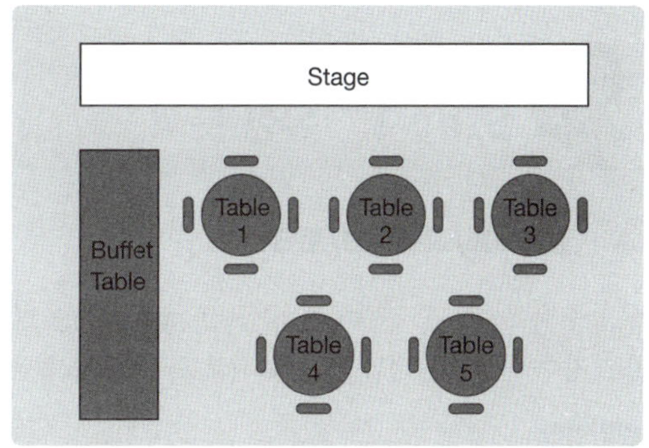

16. What is the speaker calling about?

(A) A retirement party

(B) A musical performance

(C) A wedding banquet

(D) An awards banquet

17. Look at the graphic. Which table does the speaker refer to?

(A) Table 1

(B) Table 2

(C) Table 3

(D) Table 4

18. Why does the man want to arrive early?

(A) To change into a uniform

(B) To prepare a speech

(C) To talk with other guests

(D) To visit backstage

Unit 14 주제별 III - 뉴스/방송

Step 1 유형 분석

A 일기예보/교통예보/토크쇼

121

특정 주제로 뉴스를 진행하는 방송(broadcast)는 방송만의 특정 어휘나 문제가 등장하기 때문에 진행하는 뉴스별로 자주 등장하는 정답 표현 및 패러프레이징 표현을 암기하면 문제를 쉽게 풀 수 있다.

예제 1

Who probably is the speaker?
(A) A weather forecaster
(B) A police officer
(C) A commuter
(D) A bank clerk

And now a special weather update from UPNX. The weather service just revised the snow predictions for Saddleton County. Now, we're expecting 7 inches of snow starting around 3 in the afternoon, continuing throughout the night. The snow will stop around 7 tomorrow morning. We'll keep you informed every 30 minutes.

해석 이어서 UPNX에서 전해드리는 특별 일기 예보 소식입니다. 기상국이 방금 새들톤 지역의 눈 예보를 변경하였습니다. 이에 따라, 오후 3시경부터 밤 동안에 7인치의 눈이 올 것으로 예상됩니다. 이 눈은 내일 아침 7시경에 그칠 것입니다. 저희는 30분마다 여러분께 새로운 소식을 전해 드리겠습니다.

Q 화자는 누구인가?
(A) 기상 캐스터 (B) 경찰관 (C) 통근자 (D) 은행원

해설 직업을 묻는 GQ로 방송국 이름이 나오고, 날씨를 알려준다는 첫 문장에서 기상 캐스트임을 알 수 있다. 정답: (A)

122

정답을 부르는 문제 및 표현 Check!

❶ 자주 등장하는 문제 유형

Who probably is the speaker? 말하는 사람은 누구인가?
➡ A show host 프로그램 진행자 [GQ로 앞에서 진행하는 프로그램과 초대 손님을 소개한다]

What will the listeners probably hear next? 청자들이 다음에 들을 것은 무엇인가?
➡ An advertisement 광고 [미래 추측 문제, 마지막 문장을 듣고 힌트를 얻는다]

❷ 방송 관련 어휘

stay tuned 채널 고정해 주세요 we'll be right back 바로 돌아옵니다 live 생방송의

❸ 교통 관련 어휘

commuter 출퇴근자 driver 운전자 accident 사고 detour 우회
roadwork/construction 공사 different road/alternate route/alternative 다른 길

❹ 날씨 관련 어휘

temperature 온도 cold/chilly 추운 hot/scorching 더운 sunny/clear 맑은 overcast 흐린
foggy/misty 안개 낀 shower/rain 비 snow/blizzard 눈 chance/possibility 가능성

❺ 토크쇼 관련 어휘

program 프로그램 host 진행자 guest 초대 손님 interview 취재하다

B 지역/사회뉴스

방송 및 뉴스 중에서 까다로운 주제(Topic)에 해당하는 주제로 지역사회(local community)관련 뉴스와 다양한 기업체에 관한 비즈니스 뉴스, 그리고 빈도수는 적지만 사회면(social section)에 관한 내용도 등장한다. 난이도 높은 Part 4의 주제는 Part 7에 같은 형태의 지문으로 출제되는 경우가 많으니 효율적인 학습을 위해 완벽하게 익혀 두도록 하자.

예제 2

What is the radio broadcast mainly about?

(A) A nomination of a new mayor
(B) The construction of a road way
(C) A renovation of a bridge
(D) The expansion of a train line

Welcome back! This is Yumi Thompson and you're listening to news at six. In local news, authorities have finalized plans for the construction of a new highway that will bypass Pleasantville City. Work on the highway is expected to begin in spring and take approximately two years to complete.

PART 4

해석 안녕하세요. 저는 유미 탐슨이고 여러분은 6시 뉴스를 듣고 계십니다. 지역 뉴스로, 정부에서 새로운 플리잔트빌시를 경유하는 고속도로 건축을 마침내 결정지었습니다. 고속도로 작업은 봄에 시작해서 완성까지 약 2년 정도가 걸릴 것 같습니다.

Q 방송은 무엇에 관한 내용인가?
(A) 새 시장의 임명 **(B) 도로 건설** (C) 다리 보수 공사 (D) 열차 노선 확장

해설 지역 뉴스로 가장 많이 등장하는 마을 건축 프로젝트(construction project)에 관한 내용이다. 그 이외에도 지역 경제 활성화, 여가 활동 등 지역 신문에 나올 만한 내용이 많다. 기초 어휘를 암기하고, 문제 유형에 따라 가장 좋은 선택지를 고르면서 배경 지식과 문제 풀이 정확성을 동시에 잡도록 하자. 정답: (B)

정답을 부르는 문제 및 표현 Check!

❶ 자주 등장하는 문제 유형

What is the main topic of the news report? 뉴스의 주된 주제는 무엇인가?
➡ The merger of two companies 두 회사의 합병 [비즈니스 뉴스의 주제로 앞에 등장]

What will be the weather like on Friday? 금요일의 날씨는 어떤가?
➡ Rainy then clear 비 오고 맑아진다. [SQ로 Key Word 금요일에 해당하는 날씨 듣기]

What did the council do yesterday? 위원회는 어제 무엇을 했는가?
➡ Approved the budget 예산을 승인했다 [SQ로 특정 시점에 집중하는 문제]

❷ 지역 뉴스 관련 어휘

resident 주민 community 지역 공동체 committee 위원회 city council 시 위원회 mayor 시장
budget 예산 official 공무원, 관계자 proposal 제안 approve 승인하다
plan 계획 public hearing 공청회 tourism 관광 산업 local economy 지역 경제
local 지역의 local event 지역 행사 construction 공사 boost/increase 활성화시키다

❸ 비즈니스 뉴스 관련 어휘

CEO/president/company head 사장 interview 취재하다 overseas expansion 해외 확장
merger/joining of two companies 합병 acquisition/buy/purchase/take over 인수
market share 시장 점유율 new product 신상품 new branch[location] 새로운 지점
details 세부 사항 open/close 개점한/폐점한 employ/hire 고용하다
contract/agreement 계약 condition/terms 조건

Step 2 눈과 귀를 매칭시키는 Practice 125

Answers_P.061

1단계 먼저 문제를 읽고, MP3를 들으며 문제를 풀어 보세요.
2단계 다시 들으며 빈칸을 채워 보세요.
3단계 MP3를 들으며 문장을 하나씩 따라 읽어 보세요.

1. Who probably is the speaker?
   (A) An air traffic controller
   (B) A radio announcer

Now let's check on the __________ __________. The evening rush hour is starting with __________ on major roads. Since tomorrow is the first day of the rather long holiday weekend, I'm afraid the situation will get worse. Allow extra time to get to your destination.

2. Where is the speaker?
   (A) At a car dealership
   (B) At a parking garage

Welcome to Business News on Channel 7. This is Tara Jenson, reporting to you __________ from Martin's __________ __________ right here in our city. Now, I'm going to speak with the owner of Martin's Car Dealership.

3. What does Bradford Industries make?
   (A) Cleaning products
   (B) Gardening supplies

Welcome to WNY radio's weekly small business report. Our first story is about recent development in Bradford Industries, the country's leading __________ of __________ __________.

4. What are the listeners advised to do?
   (A) Take the subway
   (B) Use a different road

The traffic is already slow on Washington Bridge. There has been an accident on Highway 95 near the exit to the International Airport. To avoid this, I __________ you take an __________ __________ such as Route 9 or local roads.

Step 3 기초 마스터  126

Answers_P.062

기초부터 탄탄히 마스터하기

1. What is the radio broadcast mainly about?
   (A) Traffic conditions
   (B) Local weather

2. What does the speaker recommend the listeners do this afternoon?
   (A) Use sun protection
   (B) Purchase new jackets

3. What will the listeners hear next?
   (A) Some movie review
   (B) Some commercials

7. Where does the speaker work?
   (A) At a radio station
   (B) At a movie theater

8. Who is Jacky Chang?
   (A) A movie star
   (B) A city official

9. What will Jacky Chang do at 3 o'clock in the afternoon?
   (A) Meet with Dianne Watson
   (B) Depart for the airport

4. What is the main topic of the broadcast?
   (A) The traffic update
   (B) A new city project

5. According to the speaker, what will begin today?
   (A) Highway maintenance
   (B) A sports tournament

6. What does the speaker suggest that listeners do?
   (A) Wait for discounted tickets
   (B) Take public transportation

10. Who is the speaker?
    (A) A climate specialist
    (B) A radio broadcaster

11. What does the speaker mention as a way of dealing with summer heat?
    (A) Taking a shower
    (B) Drinking water

12. What will the listeners probably hear next?
    (A) An advertisement
    (B) An interview

Step 4 실전 마스터 127

Answers_P.064

※ 소거법을 사용하여 Best Answer 고르기

1. Who is Amy Shore?
   (A) An author
   (B) An actor
   (C) A history teacher
   (D) A singer

2. According to the speaker, what will Amy Shore do this evening?
   (A) Talk about her life
   (B) Discuss current events
   (C) Offer professional training
   (D) Review a book

3. What are the listeners invited to do?
   (A) Request a song
   (B) Submit questions
   (C) Buy some tickets
   (D) Visit the station in person

4. Who is this report intended for?
   (A) Newspaper readers
   (B) Road crews
   (C) Police officers
   (D) Commuters

5. What caused the delay?
   (A) A damaged pipe
   (B) Heavy rain
   (C) A stalled truck
   (D) Weekend traffic

6. What does the speaker recommend?
   (A) Leaving early
   (B) Traveling by bus
   (C) Taking a different road
   (D) Listening for news updates

7. What is Ms. Blumberg's area of expertise?
   (A) Personal finance
   (B) Career guidance
   (C) Event coordination
   (D) Company management

8. What are the listeners encouraged to do?
   (A) Call in with their opinions
   (B) Update their résumés
   (C) Reduce the cost of living
   (D) Attend a professional workshop

9. What does the speaker say will happen next month?
   (A) A class will be offered.
   (B) A discount promotion will take place.
   (C) An interview will be conducted.
   (D) A book will become available.

10. Who is Tim Bauman?
    (A) A software designer
    (B) A financial counselor
    (C) A company president
    (D) A photo journalist

11. According to the speaker, why have the vacuum cleaners of Horseman Appliances been popular?
    (A) They're reliable.
    (B) They come in different colors.
    (C) They are inexpensive.
    (D) They're light.

12. What will Tim Bauman discuss at a press conference?
    (A) Plans for a company merger
    (B) Solutions to a technological problem
    (C) Changes in management staff
    (D) Increases in manufacturing cost

13. What is the main topic of the news report?
(A) The renovation of a tourist resort
(B) An airline merger with Central Railway
(C) Construction of a new railway line
(D) A new president for the hotel association

14. What does the speaker imply when he says, "This is what we've been waiting for"?
(A) He thinks it is taking too long.
(B) He is happy about the news.
(C) He is tired of working long hours.
(D) He is sorry for the inconvenience.

15. Who is Jamal Townsend?
(A) A ranger of a park
(B) A construction manager
(C) A member of an organization
(D) A famous travel writer

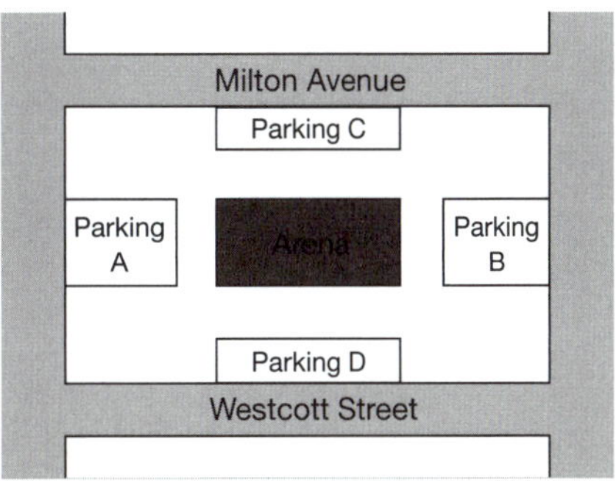

16. Why is the baseball game rescheduled?
(A) The weather has been bad.
(B) Some players got sick before the game.
(C) Not enough tickets have been sold.
(D) The stadium is being repaired.

17. According to the speaker, why might a listener watch a game on television?
(A) If a snowstorm gets worse.
(B) If tickets have been sold out.
(C) If there is no available parking.
(D) If he or she cannot find time to watch it in person

18. Look at the graphic. Which parking area will be closed?
(A) Parking A
(B) Parking B
(C) Parking C
(D) Parking D

PART 4

Unit 15 주제별 IV - 회사 생활

Step 1 유형 분석

A 행사/인물 소개

모든 소개(introduction)은 본문의 앞쪽에서 주제와 목적을 밝힌다. 소개하는 인물이나 행사의 장점 등을 이야기하는 것을 기본으로, 뒤로 가면서 세부적인 일정이나 변동 사항을 공지하고 듣는 청자(listeners)들의 협조를 구한다. 자주 나오는 행사의 주제부터 익혀 두도록 하자.

예제 1

Who is the workshop intended for?

(A) Clothing designers
(B) Health trainers
(C) Store customers
(D) Sales representatives

Welcome to the second session in Duffy's Furniture sales training program. Our focus in this session is on communicating effectively with our customers. Today, you're going to learn some strategies to express yourself effectively as well as to be a good listener. We'll begin the workshop with a small group discussion.

해석 더피 가구 영업 교육 프로그램의 두 번째 수업에 오신 것을 환영합니다. 이번 수업에서 중점적으로 다룰 사항은 고객과의 효과적인 의사소통입니다. 오늘 여러분은 상대의 말을 잘 듣는 것은 물론 자신을 효과적으로 피력하는 전략에 대해서 배우게 될 겁니다. 작은 그룹으로 나누어 토론을 하는 것으로 시작하겠습니다.

Q 워크숍은 누구를 대상으로 하는가?
(A) 옷 디자이너 (B) 헬스 트레이너 (C) 가게 손님 **(D) 영업 사원**

해설 직원들을 대상으로 하는 수업(class, course)의 경우에 훈련(training), 세미나(seminar), 강연(lecture) 등의 다양한 어휘로 표현하는 것이 가능하다. 첫 문장에서 담화의 목적이 가구점 직원들을 위한 판매 훈련이라는 점에서 듣는 사람들이 영업사원(sales representatives)임을 알 수 있다.

정답: (D)

129

정답을 부르는 문제 및 표현 Check!

❶ 자주 등장하는 문제 유형

How often does this event take place? 이 행사는 얼마나 자주 열리는가?
➡ Once a month 한 달에 한 번 [행사의 빈도수는 첫 문장의 소개말에 등장한다.]

Why was the keynote speaker's speech rescheduled? 기조 연설 일정은 왜 변경되었는가?
➡ Her plane was delayed. 그녀의 비행기가 지연되어서 [행사 일정 변경은 초반에 설명한다.]

What will Ms. Emerson do next month? 애머슨 씨는 다음 달에 무엇을 할 것인가?
➡ Visit other branches 다른 지점을 방문한다. [3인칭의 미래 계획은 후반부에 힌트를 준다.]

❷ 행사 소개 관련 표현

function/event 행사 organization/group 단체 support 후원하다 organize/coordinate 조직하다
material 자료 sign up/register 등록하다 name tag 이름표 delay/postpone 연기하다

❸ 인물 소개 관련 표현

banquet 연회 new employee 신입사원 retire 은퇴하다 awards ceremony 시상식
transfer 전근시키다 questionnaire 설문지 lecturer 강연자 instructor/trainer 강사

B 직원 회의(업무/기타 외)

Part 4 전체에서 가장 많이 출제되는 주제이다. 회사 관리자급의 화자(speaker)가 직원들을 대상으로 회사 실적, 회사 방침 등 다양한 업무와 부서간 교류에 대한 내용을 발표하는 것이 많이 등장한다. 특히 Part 4와 Part 7 같은 주제가 형태만 바뀌어서 출제되는 경우가 많다는 것을 잊지 말고, 철저한 복습으로 효율적인 학습을 하도록 하자.

예제 2

What are the listeners asked to do?

(A) Order new computers
(B) Finish the work as soon as possible
(C) Organize their personal files
(D) Contact the moving company

Now, before we end, I'd like to briefly discuss our department's upcoming move to the Paterson Building. The company will take care of packing the computers, office furniture and files. But I'd like everyone to spend the day organizing your files and getting rid of unnecessary documents.

PART 4

해석 이제, 끝내기 전에 패터슨 빌딩으로 곧 이사 가는 것에 대해서 잠깐 얘기해 보죠. 컴퓨터와 사무실 가구, 파일은 회사에서 싸 줄 것입니다. 하지만 여러분이 하루 동안 본인의 파일을 정리하고 필요 없는 서류를 없애시기 바랍니다.

Q 청자들은 무엇을 해 달라고 요청받는가?
(A) 새 컴퓨터 주문 (B) 되도록 빨리 업무 끝내기 **(C) 개인 파일 정리** (D) 이사 업체에 연락하기

해설 이사(moving)를 주제로 직원 회의를 열고 있다. 큰 장비와 가구는 회사에서 옮길 테니 청자(listeners)들은 파일을 정리하라는 부분에서 정답을 알 수 있다. 특히 화자와 청자의 행동을 정확하게 구분해야 한다. 참고로 직원 회의의 후반부에는 직원들에게 자료를 주고 의견을 내거나 보고서를 작성해 오라는 주문이 많다. 정답: (C)

정답을 부르는 문제 및 표현 Check!

❶ 자주 등장하는 문제 유형

Where does this announcement probably take place? 이 안내는 어디에서 이루어지고 있는가?
➡ A construction company 공사업체 [GQ로 회사/부서 종류는 처음에 힌트 제시]

What caused an increase in sales? 판매는 무엇 때문에 증가되었는가?
➡ New clothing line 새로운 의류라인 [실적에 증가/감소에 대한 전형적인 주제는 앞쪽에 힌트 제시]

What are the listeners asked to do? 청자들은 무엇을 하라고 부탁을 받는가?
➡ Come up with a solution 해결책을 찾아오라고 [청자들에게 부탁하는 내용은 후반부에 힌트 제시]

❷ 업무/부서별 관련 표현

sales 판매
revenue 매출
deadline 마감
cost/expense 비용
performance 실적
extend 기한을 늘리다
income/profit 수익
proceeds 수익금
push back 연기하다
opinion/feedback 의견
lucrative/profitable 수익성 있는
printout/materials 자료

❸ 기타 관련 표현

policy 방침
equipment 기기
stationery 문구류
volunteer 자원하다
employee handbook 규정집
regulation/rule 규정
public relations 홍보
office supplies 사무용품
car pool 자동차 같이 타기
dress code 복장 규정
procedure/process 절차
public image 대외적 이미지
regular inspection 정기 검사
office maintenance 사무실 관리
parking policy 주차 방침

Step 2 눈과 귀를 매칭시키는 Practice  132

Answers_P.068

1단계 먼저 문제를 읽고, MP3를 들으며 문제를 풀어 보세요.
2단계 다시 들으며 빈칸을 채워 보세요.
3단계 MP3를 들으며 문장을 하나씩 따라 읽어 보세요.

1. How often is this convention held?
(A) Once a month (B) Once a year

Welcome to the ________ Water Conservation ________. All representatives attending today's program should go to the main entrance to receive their name tags and schedules. Please do not go to the reception area inside.

2. What is the main purpose of this announcement?
(A) To announce a schedule change (B) To announce a maintenance job

In today's staff meeting, first I would like to remind you that we are going to ________ ________ ________ in all offices over the next two weeks. The maintenance supervisor has asked everyone to let him know when you want the work done in your office.

3. Who are the instructions intended for?
(A) Employees in a factory (B) Managers in a store

Every morning, as soon as you get in here, you should check the printed schedule to see which division you will be working in on the ________ ________. After that, you can get your ________ goggles and a hard hat for yourself.

4. What are the participants asked to do?
(A) Complete the registration form (B) Send in their résumés

Welcome to the 10th Annual Job Fair for the New York Asian Community. I know you want to talk to your potential employers or prospective coworkers. But first, I'd like you to ________ ________ all the ________ in your registration packet.

Step 3 기초 마스터 133

Answers_P.068

기초부터 탄탄히 마스터하기

1. How often does this event take place?
   (A) Once a month
   (B) Once a year

2. How long is the speaker's presentation?
   (A) One hour
   (B) Two hours

3. What should the listeners do if they have questions?
   (A) Stop the speaker and ask
   (B) Ask the speaker during lunch break

7. What is the speaker discussing?
   (A) A party for a retiring employee
   (B) A schedule change for the event

8. What is Mr. Hardy's current position?
   (A) A sales associate
   (B) A general manager

9. What are the listeners asked to do?
   (A) Buy a gift for Mr. Hardy
   (B) Sign their names on a card

4. What is the announcement mainly about?
   (A) Opening a new location
   (B) Preparing for a sales event

5. What type of product does the store sell?
   (A) Clothing
   (B) Home furnishings

6. What does the speaker ask for help with?
   (A) Placing an advertisement in the paper
   (B) Hanging up a sign

10. Why are the workers asked to put in extra hours?
    (A) Sales volume has increased.
    (B) Staff size has decreased.

11. Where is this announcement being heard?
    (A) In a production plant
    (B) In a sales seminar

12. What are the benefits of working overtime?
    (A) Employees can sell more products.
    (B) Employees can earn more money.

Step 4 실전 마스터 134

Answers_P.071

※ 소거법을 사용하여 Best Answer 고르기

1. What is mainly being discussed?
(A) Office renovation
(B) Directions to a site
(C) Assembly of equipment
(D) Seminar preparation

2. What should the listeners do tomorrow?
(A) Arrange some meetings
(B) Begin interviews
(C) Pack their things
(D) Move some furniture

3. What will the listeners receive later today?
(A) Extra pay
(B) A phone number
(C) A new job offer
(D) An e-mail notification

4. Why is the announcement being made?
(A) To thank the attendees
(B) To give directions
(C) To cancel a reservation
(D) To report a schedule change

5. What is the subject of Dr. Cullen's talk?
(A) Marketing techniques
(B) Design ideas
(C) Accounting regulations
(D) Organization skills

6. When will Dr. Cullen give his talk?
(A) This morning
(B) This afternoon
(C) Tomorrow morning
(D) Tomorrow afternoon

7. What is the purpose of the announcement?
(A) To introduce a new employee
(B) To describe a new printer
(C) To report an upcoming project
(D) To warn about the danger of deforestation

8. What benefit does the speaker mention?
(A) Reduced harm to the environment
(B) Increased output capacity
(C) Greater publicity for the company
(D) Fewer maintenance problems

9. According to the speaker, why have two training sessions been scheduled?
(A) To lower the operating costs
(B) To accommodate employees on all shifts
(C) To switch to a larger room
(D) To hire qualified trainers

10. What is the main topic of the talk?
(A) Providing managers with training
(B) Giving new employees more time off
(C) Making work schedules more flexible
(D) Boosting sales with new campaigns

11. According to the speaker, why is a change being made?
(A) To retain current employees
(B) To improve employee communication
(C) To introduce better safety procedures
(D) To follow government regulations

12. What are the listeners reminded to do?
(A) Update the client contact information
(B) Consult with a professional counselor
(C) Inform their employees of company policies
(D) Change passwords regularly

13. Who most likely are the listeners?

(A) Bankers

(B) Lawyers

(C) Drivers

(D) Entrepreneurs

14. What does the speaker mean when he says, "another conference is scheduled to begin here at 3 o'clock"?

(A) He wants to start the session now.

(B) He needs to go somewhere now.

(C) The fee was overcharged.

(D) The room needs to be reorganized.

15. What will the speaker distribute to the listeners?

(A) A sign-up sheet

(B) Training materials

(C) Employment contracts

(D) Parking passes

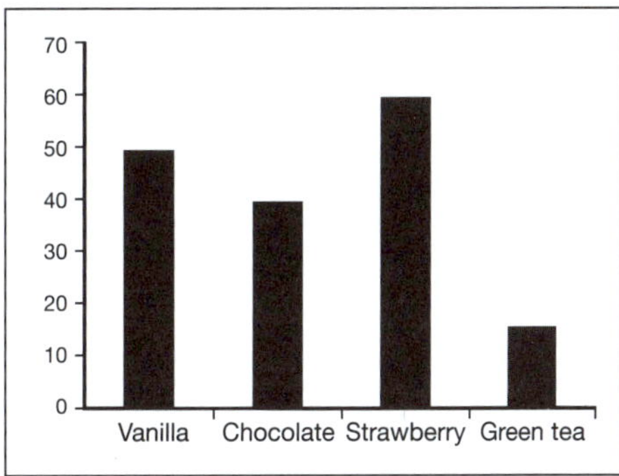

신토익

16. Look at the graphic. Which ice cream flavor will be discounted this week?

(A) Vanilla

(B) Chocolate

(C) Strawberry

(D) Green tea

17. Why does the speaker thank Bruce?

(A) He developed a new ice cream flavor.

(B) He talked with many customers in person.

(C) He proposed a sales promotion.

(D) He worked overtime for a week.

18. What does the speaker remind the listeners to do?

(A) Sign up for a task

(B) Count customers' votes

(C) Notify the winner by phone

(D) Make some suggestions

PART 5&6

PART 5

주어진 문장의 빈칸에 적절한
어휘나 문법 사항을 고르는 유형

문제 수	난이도
총 30문제 (101번~130번)	중/중하

PART 6

비교적 긴 지문에서 4개의 빈칸에 적절한
문법 사항이나 어휘 또는 문장을 고르는 유형

문제 수	난이도
총 16문제 (131번~146번)	중

만점 전략

기본 문법 유형 및 어휘를 익히고, 유형별로 효율적인 문제 풀이를 훈련한다.

❶ 문법 문제는 선택지와 빈칸 앞뒤를 확인하고 정답을 찾는 훈련을 한다.

❷ 어휘/독해형 문제는 앞에서부터 읽고 내용상 적합한 것을 선택한다.

❸ Part 5, 6 총 46문제를 15~16분 내에 풀 수 있도록 훈련한다.

학습 방법

❶ 준비: 영어의 기본 품사, 문장 구조를 익힌다.

❷ 실전: Unit별 문법 유형과 문제 유형을 단계별로 풀어 실전 문제에 적응한다.

❸ 복습: Voca의 실전 활용을 복습하여 문법/어휘를 한번에 잡는다.

101. After the ------- upgrades have been implemented, the production process should run more efficiently.

(A) suggest
(B) suggested
(C) suggesting
(D) suggests

빈칸에 알맞은 품사를 고르는 것은 RC 파트의 가장 기본적인 문제 유형이다. 주요 빈출 어휘의 품사별 변형과 함께 빈칸 위치에 어떤 형태가 들어가는지 고를 수 있도록 훈련한다.

이렇게 풀어요!

명사

101. After the ------- upgrades have been implemented, the production process should run more efficiently.

(A) suggest → 동사원형
(B) suggested → 과거분사(수동의 의미 포함)
(C) suggesting → 현재분사(능동의 의미 포함)
(D) suggests → 동사의 3인칭 단수 형태

→ 제안된 업그레이드가 실행된 다음에는 생산 공정이 좀 더 효율적으로 운영될 것이다.

문제를 읽고, 문제의 빈칸과 (A), (B), (C), (D) 선택지를 훑어보고 어떤 유형인지 확인한다.

❶ 선택지를 보고, 품사를 테스트하는 문법 문제임을 확인한다.

❷ 빈칸 앞뒤를 확인하고, 어떤 형태가 가능한지 확인한다. 명사를 꾸며줄 수 있는 역할을 할 수 있는 (B), (C)가 남는다.

❸ 가능한 문법 형태 중 내용상 더 적합한 것을 선택한다. 명사 앞에서 형용사나 형용사 역할을 할 수 있는 분사가 적합하다. 과거분사는 수동의 의미를, 현재분사는 능동의 의미를 가지므로 정답은 (B)이다.

❹ 정답을 고르고 "implement(실행하다) + suggested upgrades(제안된 업그레이드)"의 형태로 활용문을 익힌다.

❺ 정답: (B)

Questions 131-134 refer to the following e-mail.

From: Byung Chang Lee, Officer of Professional Development
To: All employees
Subject: New Lecture Series
Date: Monday, March 6th

Dear colleagues:

The first of our Do It On Your Own lecture series is being held on March 15. This ------- (131.) lecture will be led by David Peterman, founder of the successful start-up company, Sysco Systems. Mr. Peterman ------- (132.) what established technology companies can learn from start-up companies. Mr. Peterman's talk is the one of the three lectures that address start-ups and entrepreneurship. ------- (133.).

As you know, Mr. Peterman is a great leader in the industry, so we hope all staff will be present. Nevertheless, you must seek ------- (134.) your manager before attending.

Thank you
Byung Chang Lee

131. (A) daily
(B) rescheduled
(C) upcoming
(D) final

132. (A) discussed
(B) will discuss
(C) has discussed
(D) had discussed

133. (A) Many large technology companies are privately owned.
(B) The lecture series is gaining popularity.
(C) Mr. Peterman was born and raised here in the city of Melbourne.
(D) Schedules and topics for the rest of the lectures will be emailed to you soon.

134. (A) approving
(B) the approval of
(C) who approves
(D) having approved

이렇게 풀어요!!

This -------- lecture will be led by David Peterman, ~ 적절한 어휘 고르기
131.

(A) daily → 매일의: 앞으로 3번 있을 강연은 매일 하는 것은 아니다.
(B) rescheduled → 변경된: 처음 소개하는 것이므로 일정 변경은 가능하지 않다.
(C) upcoming → 다가오는: 처음 소개하는 강연, 곧 있을 강연으로 적합하다.
(D) final → 마지막: 첫 강연이므로 문맥상 적절하지 않다.

신토익

Mr. Peterman's talk is the one of the three lectures that address start-ups and entrepreneurship. --------. 적절한 문장 고르기
133.

(A) Many large technology companies are privately owned.
(B) The lecture series is gaining popularity.
(C) Mr. Lee was born and raised here in the city of Melbourne.
(D) Schedules and topics for the rest of the lectures will be emailed to you soon.

→ 사내 강연을 소개하는 이메일이다. 처음 강연을 소개하고 이것이 3개의 시리즈 중 하나라고 설명하고 있으므로, 다음 강연 소개도 간략히 소개하는 것이 적절하다.

먼저, 빈칸에서 풀어야 하는 문제 4개를 미리 훑어본다.

❶ 독해 지문 유형(이메일, 편지 등의 주제)을 확인하면서 읽기 시작한다.

❷ Part 5 같은 문법형 문제는 빈칸 앞뒤를 확인하면서 풀고, 어휘형 문제는 앞에서 읽기 시작한 내용을 반영하면서 푼다. 문법상 맞는 선택지가 2개 이상일 때 문맥상 적절한 답을 고른다.

❸ 신유형 "문장 고르기"는 앞에서부터 읽은 부분에 대한 연결이 가장 자연스러운 것을 골라야 한다. 처음에 신유형 문제를 표시해 놓고, 그 방향에 논리상 "구멍"을 메울 생각으로 읽는다.

❹ Part 6, 7은 독해형 지문으로 주제(Topic)별로 반복 출제된다.

❺ 정답: 131 (C) 132 (B) 133 (D) 134 (B)

Unit 1 명사와 대명사

명사는 이름을 붙일 수 있는 모든 사물, 사람을 나타낼 때 쓴다. 명사는 문장에서 주어, 목적어, 보어가 될 수 있다. '사과/선생님/운명' 등 구체적인 가산명사부터 추상적인 불가산명사가 있다. 대명사는 앞에 언급된 명사의 반복을 피하기 위해서 대신해서 쓰는 명사이다.

Step 1 기초 문법

Point 1 명사의 형태

1) 명사를 만드는 대표적인 접미사

-ment	development 개발	-ness	blindness 맹목적임
-ity	possibility 가능성	-ency	consistency 일관성
-ance	performance 공연	-ure	lecture 강연
-th	death 죽음	-sis	analysis 분석
-ist	artist 화가	-ant	applicant 지원자
-er/or	instructor 강사	-ee	employee 지원

2) 혼동하기 쉬운 명사 접미사

-tive	representative 직원, 대표	objective 목표
-al	approval 승인	professional 전문가
-ing	marketing 마케팅	ticketing 발권

Practice

Answers _ p. 074

1. Mr. Thompson's ------- of the stock market has been very accurate so far.
   (A) analyze (B) analysis

2. Our department has been working hard to get ------- for this project.
   (A) approval (B) applicable

Point 2 명사의 역할과 위치

1) 명사의 역할

주어	**Admission** will begin starting next Monday. 입학은 다음 주 월요일부터 시작할 것입니다.
동사의 목적어	The teacher will check the **attendance** once the class starts. 그 선생님은 일단 수업이 시작하면 출석을 확인할 것입니다.
전치사의 목적어	You're eligible for **promotion** in two years. 당신은 2년 후에 승진할 자격이 생깁니다.
보어	Customer satisfaction is our first **priority**. 고객 만족은 우리의 최우선 과제이다.

2) 명사의 위치

관사 뒤	There was an **increase** in price. 가격 인상이 있었다.
소유격 뒤	We need to reduce our **costs** in manufacturing. 우리는 생산에 있어서 비용을 줄여야 한다.
형용사 뒤	Mr. Johnson made a good **suggestion** during the meeting. 존슨 씨는 회의 중에 좋은 제안을 했다.
전치사 뒤	The product is still under **warranty**. 그 상품은 아직 보증기간 중이다.

PART 5/6

Practice

Answers _ p. 074

3. The ------- of thunderstorms will be high this afternoon.
   (A) possible (B) possibility

4. Mr. Yamada is a famous ------- who has won numerous awards in the industry.
   (A) architect (B) architecturally

Point 3 명사의 종류

1) 가산명사 vs. 불가산명사

가산명사는 구체적인 형태가 있어 셀 수 있다. 단수일 때 a/an, 복수일 때 -s/-es를 붙인다. 불가산명사는 고유명사나 형태가 없는 물질/추상명사 등으로 a/an 없이 단수 형태로만 쓰인다. 정관사 the 또는 소유격과 같이 쓰는 것은 가능하다.

	원형	단수	복수	정관사 + N	소유격 + N
가산	advisor 고문	an advisor	advisors	the advisor(s)	my advisor(s)
불가산	advice 충고	advice	-	the advice	my advice

★ 자주 나오는 불가산명사

furniture 가구	equipment 장비	machinery 기계	luggage/baggage 짐
information 정보	evidence 증거	traffic 교통	merchandise 상품

2) 복합명사

명사 앞에 관사나 형용사가 주로 오지만 〈명사+명사〉의 형태가 굳어진 표현들이 있다.

marketing survey 설문조사	customer satisfaction 고객 만족	job description 직무 기술
retail sales 소매 판매	expiration date 만기일/무효일	safety regulations 안전 규정
training session 훈련 과정	production schedule 생산 일정	sales figures 판매수치/판매량
application form 지원서 양식	travel arrangements 여행 준비	confirmation number 확인 번호

3) 가산명사 vs. 불가산명사 앞에 오는 한정사

관사(a, an), 소유대명사(my, his), 수량형용사(many, much) 등 명사를 한정하는 말이 주로 나온다.

단수 가산	복수 가산	불가산명사	가산 복수/불가산명사
a(n), each , every	both, many, all, (a) few, various[a variety of], a number of,	(a) little, much, less	all, some, most, any, plenty of, lots of

Practice

Answers _ p. 074

5. Applicants must have at least three years of experience in ------- sales.
   (A) retailed (B) retail

6. If the machine stops for ------- reason, you can contact us.
   (A) any (B) a few

Point 4 인칭대명사

'그/그녀/그것'처럼 사람이나 사물을 가리키는 대명사로 수/성/격에 따라 형태가 다르다.

인칭 \ 격			주격 (~은, ~이/가)	소유격 (~의)	목적격 (~을/를)	소유대명사 (~의 것)	재귀대명사 (~자신)
1인칭	단수		I	my	me	mine	myself
	복수		we	our	us	ours	ourselves
2인칭	단수		you	your	you	yours	yourself
	복수						yourselves
3인칭	단수	남	he	his	him	his	himself
		여	she	her	her	hers	herself
		사물	it	its	it	-	itself
	복수		they	their	them	theirs	themselves

인칭대명사의 위치와 역할

주격 (동사 앞)	**We** will finish the project on time. 우리는 시간에 맞춰 프로젝트를 끝낼 것입니다.
목적격 (동사 뒤나 전치사 뒤)	I will call **him** right after the meeting. 제가 회의가 끝나고 바로 그에게 전화를 할 겁니다. The package was sent to **me** directly. 그 소포는 직접 저에게 배달되었습니다.
소유격 (명사 앞)	The manager met all of **his** staff members. 매니저는 그의 직원들의 대부분을 만났다.
소유대명사 (= 소유격 + 명사)	Your report is much longer than **mine**. (mine = my report) 당신 보고서는 제 것보다 훨씬 길어요.

Practice

Answers _ p. 074

7. When you sign the contract, you have to review ------- carefully.
(A) them (B) it

8. Our customers can access ------- information through our Web site 24 hours a day.
(A) their (B) theirs

PART 5/6

Point 5 지시대명사와 재귀대명사

지시대명사: 이것(this), 저것(that)처럼 특정 사물이나 사람을 가리키는 대명사이다.

	지시대명사	지시형용사
단수	this 이것 that 저것	this/that + 단수명사: 이/저 ~
복수	these 이것들 those 저것들	these/those + 복수명사: 이/저 ~들

These products are imported from Spain, and **those** in the back are from France.
이 제품들은 스페인에서 수입되며, 뒤에 있는 것들은 프랑스에서 수입된다.

1) **that/those of + 명사:** 앞에 나온 명사를 대신해서 사용

Our new product is more popular than **that of** our competitors. (= new product of)
우리 신상품은 경쟁사 것보다 더 인기가 많다.

The sales have risen 10%, compared with **those of** last year. (= sales of)
판매가 작년도 것에 비해 10% 증가했다.

2) **those who**: '~하는 사람들'의 의미로 사용

Those who are interested in this program should contact Ms. Wong by the end of the day.
이 프로그램에 관심 있으신 분들께서는 오늘까지 왕 씨에게 연락하세요.

재귀대명사

1) **재귀용법:** 목적어가 주어와 같은 경우에 사용한다. 이 경우에는 생략이 불가능하다.

Mr. Thomson calls **himself** a handy man. 탐슨 씨는 자신을 재주꾼이라 부른다.

2) **강조용법:** 주어나 목적어를 강조하기 위해 사용하는 경우는 생략이 가능하다.

I did the most of the research (**myself**). 나는 거의 대부분의 연구를 직접 했다.

3) **관용적인 용법:** 전치사와 함께 관용적인 의미를 전달한다. (e.g.) by oneself **혼자서**, for oneself **혼자 힘으로**

He fixed the copier **by himself.** 그는 혼자서 복사기를 수리했다.

Practice

Answers _ p. 074

9. Mr. Pennington wrote the budget report all by -------.
(A) him (B) himself

10. ------- who exercise regularly also tend to eat balanced diets.
(A) Ours (B) Those

Step 2 기초 마스터

Answers _ p. 074

문법/구조/어휘에 유의하며 정답을 고르는 연습을 해 보세요.

1. ------- wrote this letter.
(A) He
(B) Him

2. We value ------- opinion.
(A) you
(B) your

3. Some people talk to ------- when they're alone.
(A) itself
(B) themselves

4. The room is filled with much -------.
(A) furniture
(B) furnitures

5. Employees requested an ------- of the deadline.
(A) extended
(B) extension

6. He expressed ------- for the donation through e-mail.
(A) appreciate
(B) appreciation

7. The company decided to move ------- head office to Asia.
(A) its
(B) it

8. We need to solve a few ------- before we launch the new product.
(A) problem
(B) problems

9. We will give you ------- refund.
(A) a full
(B) full

10. Everyone was invited to Larry's ------- party on Friday night.
(A) retire
(B) retirement

11. If you want to talk to an -------, please press 1 now.
(A) operator
(B) operation

12. The project is under the ------- of Mr. Baker.
(A) supervisor
(B) supervision

13. Have you met the ------- and discussed the design of the new building?
(A) architecture
(B) architect

14. The ------- in this area has been fierce.
(A) competition
(B) compete

Step 3 실전 마스터 (Part 5)

Answers _ p. 075

제한시간 4분 30초 안에 최대한 정확하게 풀어 보세요.

1. You have to make the ------- online if you want the discounted price.
   (A) reserve
   (B) reservation
   (C) reserving
   (D) reserved

2. The managers hope that ------- will make progress on the new system.
   (A) them
   (B) theirs
   (C) their
   (D) they

3. We offer a ------- of services to our customers with different needs.
   (A) vary
   (B) various
   (C) variety
   (D) varied

4. The airline is considered to be one of the best in terms of customer -------.
   (A) satisfaction
   (B) satisfactory
   (C) satisfy
   (D) satisfying

5. The editor invited the famous architect to write about ------- favorite hotels.
   (A) he
   (B) him
   (C) his
   (D) himself

6. Mr. White updated the company's Web site by ------- because the other programmer had a problem with her password.
   (A) he
   (B) himself
   (C) him
   (D) his

7. A number of ------- will take place.
   (A) change
   (B) changing
   (C) changes
   (D) changed

8. Every ------- in the budget committee agreed to disclose the information.
   (A) employee
   (B) employers
   (C) employees
   (D) employment

9. People who exercise regularly tend to live healthier and longer than ------- who don't.
   (A) they
   (B) that
   (C) these
   (D) those

10. You need the manager's ------- to get into the restricted area.
   (A) approve
   (B) approved
   (C) approves
   (D) approval

Answers _ p. 075

제한시간 1분 30초 안에 최대한 정확하게 풀어 보세요.

Questions 11-14 refer to the following letter.

Hi, Marianne,

This is David. I hope you're enjoying your new job. Everyone here at Framingham Company ------- (11.) you a lot. I'm sure you will do fine at the new company, too.

By the way, my family and I are planning a vacation in Florida. ------- (12.). Would you be willing to make some ------- (13.) about travel destinations in the area? This will be the first time for us to visit the southern part of the country and we're very much excited about it.

In particular, I am hoping for your ------- (14.) on beaches in the area.

Thank you for your help.

11. (A) miss
    (B) misses
    (C) missing
    (D) to miss

신토익

12. (A) Florida has the largest population in the US.
    (B) I want to get a new job at your company.
    (C) I know you used to live there before.
    (D) Please visit us sometime soon.

13. (A) recommend
    (B) recommended
    (C) recommendations
    (D) recommends

14. (A) regret
    (B) opinion
    (C) payment
    (D) job

Unit 2 형용사와 부사

형용사는 성질, 모양, 상태를 구체적으로 표현하여 명사를 설명한다. **cold** weather(추운 날씨), **low** prices(낮은 가격) 등과 같이 명사 앞에서 꾸며주는 것이 일반적이다. 부사는 동사나 형용사의 의미를 강조하거나 문장 전체를 꾸며주기 위해 사용된다.

Step 1 기초 문법

Point 1 형용사의 형태

1) 대표적인 형용사를 만드는 접미사

-al	original	원래의	-ful	useful	유용한
-able	comfortable	편안한	-ive	active	활동적인
-ous	famous	유명한	-ic	artistic	예술적인
-ant	important	중요한	-ent	different	틀린
-ar	similar	유사한	-ary	primary	기본적인

2) 형용사의 종류

일반 형용사	beautiful, apparent	사람이나 사물의 성질, 모습, 상태를 나타냄
수량 형용사	one, each, every (a) few, several, many (a) little, less, much	수나 양을 나타냄 (가산/불가산명사에 구분하여 사용)
부정 형용사	all, some, most, other	정해지지 않은 수나 범위를 나타냄 (가산/불가산명사에 모두 사용 가능)

Practice

Answers _ p. 076

1. Dr. Keller gave a very ------- presentation at the seminar.
   (A) information (B) informative

2. ------- customers complain about the restaurant's slow service.
   (A) Many (B) Much

Point 2 형용사의 역할과 자리

1) 명사 앞에서 명사를 수식

한정사와 명사 사이	관사(a, an, the)	It was a **beautiful** day. 날씨가 참 좋았다.
	소유격 (my, your, his/her, our, their)	Our **excellent** reputation needs to be continued. 우리의 좋은 평판은 계속되어야 한다.
	지시형용사 (this, that, these, those)	We gathered to celebrate this **important** event. 우리는 이 중요한 행사를 축하하기 위해 모였다.
	수량형용사 (few, little, many, much)	Many **notable** economists were invited to the party. 많은 저명한 경제학자들이 그 파티에 초대되었다
부사와 명사 사이	It was a very **informative** presentation. 매우 유익한 발표였다.	
〈형용사+명사〉 앞	I bought a **blue** wooden table. 나는 파란 나무 탁자를 샀다.	
한정사 없는 명사 앞	The company offers **excellent** prices. 그 회사는 훌륭한 가격을 제시한다.	

2) 보어의 역할

주격 보어 (2형식)	Flat tires are **preventable**. 타이어에 구멍이 나는 것은 예방할 수 있다. The new product became **popular** after the TV advertisement. 텔레비전 광고 후 그 신상품은 인기를 얻게 되었다.
목적격 보어 (5형식)	The management considered the new system **effective**. 관리자들은 새로운 시스템이 효과적이라고 생각했다.

Practice

Answers _ p. 076

3. Mr. Miyagi has waited for an ------- moment to speak with the manager.
   (A) extensively (B) extensive

4. After the renovation, the old building has become -------.
   (A) spacious (B) spaces

Point 3 부사의 형태

1) 부사를 만드는 접미사

주로 〈형용사 + ly〉의 형태를 가진다.

형용사	접미사	부사
sudden 갑작스러운	+ ly	suddenly 갑작스럽게
careful 조심스러운	+ ly	carefully 조심스럽게
easy 쉬운	y ➞ i로 고치고 + ly	easily 쉽게

주의 -ly로 끝난다고 무조건 부사는 아니다. 〈명사+ly〉는 형용사인 경우가 있다.
friend(명사)+ly ➞ friendly 친절한(형용사)　cost(명사)+ly ➞ costly 비싼(형용사)

2) 부사의 종류

시간	still 아직도	once 한때	soon 곧	now 지금은
빈도	always 항상	usually 보통	sometimes 때때로	regularly 정기적으로
정도	very 매우	quite 꽤	extremely 매우	considerably 상당히
부정	hardly/seldom/barely 거의 ~ 않는		rarely 드물게	never 절대 ~ 않는
	(※부정 부사는 이미 부정의 의미가 포함되어 not과 함께 쓰지 않는다.)			
	Ms. Nelson **rarely** visits the main office. 넬슨 씨는 본사를 거의 방문하지 않는다.			

3) 혼동하기 쉬운 형용사와 부사

high 높은(형)	high 높게(부)	highly 매우(부)
late 늦은(형)	late 늦게(부)	lately 최근에(부)
hard 어려운, 딱딱한(형)	hard 열심히(부)	hardly 거의 ~하지 않는(부)
most 가장, 매우(부)	mostly 주로, 대부분(부)	daily 매일의(형), 매일(부)

Practice

Answers _ p. 076

5. Papers were piled -------.
(A) high　　(B) highly

6. Kevin tried ------- to get the position he wanted.
(A) hard　　(B) hardly

Point 4 부사의 역할과 자리

1) 부사가 동사를 수식하는 경우

일반동사 앞, be동사와 조동사 뒤에 온다. 완전한 문장의 경우에는 문장의 맨 마지막에 온다.

일반동사 앞 (주어와 동사 사이)	I **usually** have lunch at the company cafeteria. 나는 보통 회사의 구내식당에서 점심을 먹는다.
조동사 뒤 (조동사와 동사원형 사이)	The downtown store will **shortly** open. 시내 가게가 곧 개점할 것이다.
be동사 뒤 (be동사와 -ing/p.p. 사이)	We are **currently** seeking a new employee. 우리는 현재 직원을 새로 구하고 있습니다. (진행형 문장) Flights to Alaska will be **temporarily** suspended. 알래스카행 비행기가 임시로 운행이 중단될 것이다. (수동태 문장)
have와 p.p. 사이	Mr. Baker has **already** contacted the main office. 베이커 씨가 벌써 본사에 연락했다. (완료형 문장)
완전한 문장 뒤	We finished the project **successfully**. 우리는 프로젝트를 성공리에 마쳤다.

2) 부사가 동사 이외의 것을 수식하는 경우에는 수식 받는 것 앞에 온다.

형용사 앞	Winning the new contract is **extremely** important. 새로운 계약을 따는 것은 굉장히 중요하다.
다른 부사 앞	The manager didn't like her proposal **very** much. 매니저는 그녀의 제안을 그다지 마음에 들어 하지 않았다.
문장 맨 앞	**Fortunately**, we were able to make it on time. 다행히도 우리는 제시간에 도착할 수 있었다.

PART 5/6

Practice

Answers _ p. 076

7. Ms. Fernandez is ------- traveling in South America.
(A) present (B) presently

8. Every new employee should read their handbooks ------- before they come to work.
(A) careful (B) carefully

Point 5 형용사의 비교급과 최상급

1) 형태

		원급	비교급 + than	the + 최상급
1음절	-er -est	long tall	longer taller	longest tallest
2음절 이상 -ly 단어	more most	important quickly	more important more quickly	most important most quickly
	불규칙	good/well bad many/much little	better worse more less	best worst most least

2) 비교급 / 최상급 자리와 역할

	형용사(be동사 뒤)	부사(일반동사 뒤)
비교급	She is **heavier than** Jenny. 그녀는 제니보다 더 무겁다.	She runs **faster than** Jenny. 그녀는 제니보다 더 빨리 달린다.
최상급	She is **the tallest** girl in our class. 그녀는 우리 반에서 가장 키가 크다.	She runs **fastest** of my classmates. 그녀는 학급 친구들 중 가장 빨리 달린다.

3) 자주 출제되는 비교급 구문

as 원급(형, 부) as ~만큼 ~한	The test results were not **as bad as** I thought. 시험 결과는 생각만큼 나쁘지 않았다.
the + 비교급 + of the two 둘 중에서 더 ~한	This one is **the more qualified** of the two applicants. 두 지원자 중에 이 사람이 더 적격이다.
the + 비교급, the + 비교급 ~하면 할수록 더욱 ~하다	**The more** you study, **the better** you feel about the test. 공부를 하면 할수록, 시험에 대해 더 좋게 생각된다.

Practice

Answers _ p. 076

9. My score is as good ------- yours.
(A) as (B) than

10. The food quality of this restaurant is much ------- than it used to be.
(A) better (B) the best

Step 2 기초 마스터

Answers _ p. 076

문법/구조/어휘에 유의하며 정답을 고르는 연습을 해 보세요.

1. The board made a ------- decision about the employee policy.
(A) final
(B) finalist

2. This agency was ------- recommended by other employees.
(A) high
(B) highly

3. We are ------- behind schedule.
(A) current
(B) currently

4. Kayser is the ------- restaurant in the city.
(A) best
(B) better

5. Let's do our best to finish the report not too -------.
(A) late
(B) lately

6. If you want to get ------- information, please contact our office.
(A) additionally
(B) additional

7. The company tries to remain -------.
(A) competitively
(B) competitive

8. This new car is ------- faster than the one before.
(A) much
(B) very

9. The project was finished as ------- as we hoped.
(A) successfully
(B) successful

10. The orchestra's performance was really -------.
(A) impressive
(B) impressively

11. You have to make a ------- revision of your résumé before you apply.
(A) carefully
(B) careful

12. The new product has achieved a ------- success in the market.
(A) remarkable
(B) remark

13. We should be more ------- on ourselves to get the best results.
(A) reliance
(B) reliant

14. He's the ------- employee on our team.
(A) most experienced
(B) experienced

Step 3 실전 마스터 (Part 5)

Answers _ p. 077

제한시간 4분 30초 안에 최대한 정확하게 풀어 보세요.

1. We should come up with an ------- way to increase profits.
   (A) effect
   (B) effective
   (C) effectively
   (D) effectiveness

2. *Financial Times* is the most ------- source of information in the industry.
   (A) rely
   (B) reliability
   (C) reliably
   (D) reliable

3. Of the two employees, Ms. Donnell is the ------- qualified to finish the job.
   (A) well
   (B) most
   (C) better
   (D) best

4. This new way of communication is ------- popular with the younger generation.
   (A) increase
   (B) increasing
   (C) increased
   (D) increasingly

5. All visitors should be ------- of others by speaking quietly in the museum.
   (A) consider
   (B) consideration
   (C) considerate
   (D) considerable

6. Toru Inc. will keep its customers' ------- information secure.
   (A) person
   (B) personality
   (C) personalize
   (D) personal

7. I am afraid the scores are not as ------- as we expected.
   (A) good
   (B) worse
   (C) better
   (D) the best

8. The new version of the publishing software is ------- better than the one before.
   (A) even
   (B) very
   (C) so
   (D) many

9. The more motivated the employees are, ------- productivity gets.
   (A) the highest
   (B) higher
   (C) the higher
   (D) highly

10. -------, I have to inform you that we will be closing this facility by the end of the month.
    (A) Regret
    (B) Regrettable
    (C) Regretful
    (D) Regrettably

Step 4 실전 마스터 (Part 6) Answers _ p. 077

⏰ 제한시간 1분 30초 안에 최대한 정확하게 풀어 보세요.

Questions 11-14 refer to the following e-mail.

To whom it may concern,

Our organization will host a conference with an -------(11.) attendance of 1,000 individuals on May 2nd. Your company was recommended by one of our clients, Design Pro. They have used your services frequently and are happy about the results. -------(12.).

However, I do have some concerns about whether your facility can accommodate our needs. We are -------(13.) worried about the size of the main conference room. Could you please let me know the exact -------(14.) of the main conference room and what other rooms you have available?

Thank you for your time and attention.

Kimura Anderson

Minn's Marketing

11. (A) estimated
    (B) estimate
    (C) estimation
    (D) estimating

12. (A) We will not be charging you extra.
    (B) Could you give us some form of discounts if it's possible?
    (C) I'm impressed by your company's excellent reputation.
    (D) I will send in my deposit tomorrow.

13. (A) especial
    (B) especially
    (C) more especial
    (D) most especial

14. (A) number
    (B) time
    (C) location
    (D) capacity

PART 5/6

Unit 3 동사 I – 형태, 수의 일치

주어의 동작이나 상태를 나타내는 말을 동사라 한다. 동사는 기본형에서 다양한 형으로 세분화된다.

Step 1 기초 문법

Point 1 동사의 형태

1) 동사를 만드는 접두사, 접미사

-en	length 길이	→	lengthen 늘이다	-ify	simple 단순한	→	simplify 간소화하다
en-	large 큰	→	enlarge 넓히다	-ize	real 실제의	→	realize 실현하다

2) 동사의 종류

동사원형	조동사 뒤 (can, could, will, would, must, may, might, should)	You must **arrive** at least one hour before the departure time. 최소한 출발 시간 1시간 전에 도착하셔야 합니다.
	명령문	Please **repeat** after me. 저를 따라 하세요.
동사 -ing (현재분사)	be동사 + -ing (진행형)	I am **writing** the letter. 나는 편지를 쓰고 있다.
동사 -ed (과거분사)	be동사 + -ed (수동태)	The memo is **posted** on the board. 메모가 게시판에 붙어 있다.
	have/has/had 뒤(완료 시제)	She has **come** to the party alone. 그녀는 혼자서 파티에 왔다.
3인칭 단수현재형	일반동사 + -(e)s	The manager **expects** higher profits this quarter. 매니저는 이번 분기에 더 높은 수익을 기대한다.

Practice

Answers _ p. 078

1. The new safety policy should ------- effect as of next Monday.
   (A) to take (B) take

2. Copies of the report will be ------- during the meeting.
   (A) distributed (B) distribute

Point 2 동사의 위치

1) 동사의 위치

주어 뒤	Holiday Hotel **offers** a complimentary breakfast. 홀리데이 호텔은 무료 아침 식사를 제공한다.
명령문인 경우, 문장의 처음, please 다음	Please **finish** this report soon. 이 보고서를 빨리 끝내 주세요.
조동사 뒤	Those who want to attend the seminar should **reply** to this e-mail. 이 세미나에 참석하기를 원하는 분들은 이 이메일에 답장해 주세요.

2) 대표적인 불규칙 동사

현재	과거	과거분사	현재	과거	과거분사
am, is/are	was/were	been	go	went	gone
become	became	become	have	had	had
begin	began	begun	hold	held	held
bring	brought	brought	keep	kept	kept
buy	bought	bought	know	knew	known
choose	chose	chosen	leave	left	left
come	came	come	make	made	made
deal	dealt	dealt	mean	meant	meant
do	did	done	speak	spoke	spoken
draw	drew	drawn	spend	spent	spent
drive	drove	driven	send	sent	sent
fall	fell	fallen	take	took	taken
find	found	found	tell	told	told
give	gave	given	think	thought	thought

Practice

Answers _ p. 078

3. Please ------- out the registration form in your packet before you go in.
   (A) fill (B) filling

4. The problems at the factory have been ------- with promptly right after the incident.
   (A) dealing (B) dealt

Point 3 주어와 동사의 일치

단수 주어는 단수 동사를, 복수 주어는 복사 동사를 취하는 것을 수의 일치라 한다.

1) 단수 · 복수형 동사

주어의 수/격에 따라 형태가 다르다.

3인칭 단수 -(e)s	She **works** in the payroll division. 그녀는 급여 관리 부서에서 일한다.
복수 → 동사원형	Many people **stand** in the hallway. 많은 사람들이 복도에 서 있다.
과거형 → 과거시제	The manager **was** late for the meeting. 부장이 회의에 늦었다.

2) 〈주어+수식어구+동사〉 구조에서 주어 찾기

주어 뒤에 긴 수식어구가 따라오면, 진짜 주어가 무엇인지 찾기 힘든 경우가 있다. 수식어구는 동사에 영향을 미치지 않기 때문에 진짜 주어를 찾아서 동사와 수를 일치시켜야 한다.

▶ 수식어구의 종류

전치사구	The **employees** [in the office] **are** working hard to meet the deadline. 사무실에 있는 직원들은 마감 기한을 맞추기 위해서 열심히 일하고 있다.
동격구	**Mr. Anderson,** [one of the most famous presenters in sales], **is** coming to visit us. 판매업계의 가장 유명한 발표자 중 한 명인 Anderson 씨가 우리를 방문할 것이다.
관계대명사절	The **training** [which is offered for new employees] **focuses** on company policy. 신입 사원들에게 제공되는 교육은 회사 규정에 초점을 맞춘다.
분사구	The **questionnaire** [provided with other materials] **needs** to be filled out. 다른 자료와 함께 주어진 설문지는 작성되어야 한다.

Practice

Answers _ p. 078

5. Employees in the sales department ------- the seminar every month.
   (A) attend (B) attends

6. A customer who orders through our new Web site ------- 20% discounts.
   (A) receive (B) receives

Point 4 주의해야 할 〈주어+동사〉 구조

1) to부정사와 동명사는 단수 취급

to부정사 주어	To update the security system **is** necessary at the moment. 지금 보안 시스템의 업데이트가 필요하다.
동명사 주어	Getting some customer feedback **is** really important in marketing. 고객의 의견을 받는 것은 마케팅에서 정말 중요하다.

2) 주격 관계절의 선행사와 동사의 수의 일치

주격관계대명사 who/which/that 뒤의 동사는 관계대명사 앞 선행사와 수를 일치시킨다.

단수 선행사	We want to hire **an employee** who **has** sales experience. 우리는 판매 경력이 있는 직원을 고용하고 싶다.
복수 선행사	We need to send **employees** who **have** sales experience. 우리는 판매 경력이 있는 사원들을 보내야 한다.

3) 항상 동사원형으로 쓰이는 경우

insist, demand와 같은 주장/명령/요구 동사 뒤의 that절은 〈should+동사원형〉을 취하는데, should가 생략되고 동사원형만 남기도 한다.

주어	ask/insist/demand/require/ recommend/request/suggest/propose	that + 주어 + (should) + 동사원형

I **insisted that** Mr. Choo (should) **go** to this year's marketing conference.
나는 추 씨가 올해의 마케팅 회의에 가야 한다고 주장했다.

〈It is ~ that ~〉에서 that절이 필수적이고 중요한 사안을 나타낼 때에도 should가 생략되고 동사원형이 올 수 있다.

It is	necessary/important/ essential/vital/imperative	that + (should) + 동사원형

It is necessary that the report (should) **be** submitted by next week.
보고서는 다음 주까지 제출되어야 합니다.

Practice

Answers _ p. 078

7. Applicants who ------- to apply for the position should send in their résumés.
(A) wishes (B) wish

8. The safety rules require that everyone ------- a hard hat and a pair of goggles.
(A) wear (B) wears

Point 5 수의 일치

1) **수량 표현의 수의 일치:** 단수 명사에는 단수 형용사, 복수 명사에는 복수 형용사를 사용한다.

단수 취급되는 수량		복수 취급되는 수량	
a(n)/one/each/every/ this/that/a little/little/much	+ 단수 명사	a few/few both/many/several/ a couple of/a variety of/various	+ 복수 명사
everything/anything/nothing	+ 단수 동사	a number of + 복수 명사 (많은 ~)	복수 취급
the number of + 복수 명사 (~의 수)	단수 취급		

Much interest **was generated** due to the event. 행사로 인해 많은 관심이 생겼다.

Several factors **were considered** before making a decision. 결정하기 전에 여러 요인이 고려되었다.

부분/전체를 나타내는 표현이 나오면 of 뒤의 명사에 수를 일치시킨다		
all/some/most/ half/part/a lot/lots/plenty	of + the	불가산명사(단수 명사) + 단수 동사
		복수 가산명사 + 복수 동사

A lot of **students were** present at the conference. 많은 사람들이 회의에 참석했다.

All of **the information** necessary to assemble the equipment **is** in your manual.
장비를 조립하기에 필요한 모든 정보는 당신의 안내책자에 있을 것이다.

2) **접속사로 연결되는 주어와의 수의 일치**

A and B: 복수 취급	A and B A와 B	
B에 수를 일치시키는 경우	A or B A 또는 B either A or B A 또는 B not only A but also B A뿐만 아니라 B도 B as well as A A뿐만 아니라 B도	not A but B A가 아니라 B neither A nor B A도 B도 아닌

Ms. Kim and her trainer meet every week. 김 씨와 그녀의 트레이너는 매주 만난다.

Either he **or I** have to submit a budget report. 그 또는 내가 예산 보고서를 제출해야 한다.

Practice

Answers _ p. 078

9. Both the sales representative and the department manager ------- present at the meeting.
(A) was (B) were

10. The number of sales employees ------- grown rapidly for the last two years.
(A) has (B) have

Step 2 기초 마스터

Answers _ p. 078

문법/구조/어휘에 유의하며 정답을 고르는 연습을 해 보세요.

1. Please ------- the project on time.
(A) finishing
(B) finish

2. Demands for the new product ------- rising fast.
(A) is
(B) are

3. The other department heads ------- on the subject.
(A) agree
(B) agrees

4. The secretary has ------- all the preparation.
(A) finish
(B) finished

5. There ------- plenty of time left before the workshop starts.
(A) is
(B) are

6. Brad ------- in the personnel department.
(A) work
(B) works

7. Sammie ------- the material for the presentation.
(A) wrote
(B) write

8. I am ------- in the advertising field.
(A) interest
(B) interested

9. Everyone ------- come on time for the meeting.
(A) have to
(B) has to

10. Books about computer technology ------- in the back aisle.
(A) is
(B) are

11. Can you ------- the merchandise by tomorrow?
(A) ship
(B) shipping

12. ------- to Gate 5 at least 15 minutes before the departure time.
(A) Go
(B) Going

13. Mr. Sakata will ------- the employee workshop.
(A) lead
(B) leading

14. The hotel can ------- more guests.
(A) accompany
(B) accommodate

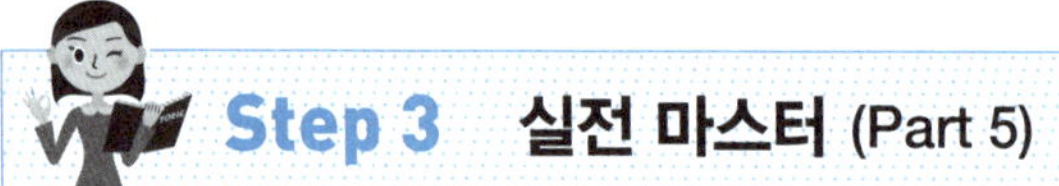

Step 3 실전 마스터 (Part 5)

Answers _ p. 079

제한시간 4분 30초 안에 최대한 정확하게 풀어 보세요.

1. We must ------- our best to keep a friendly relationship with our suppliers.
(A) done
(B) did
(C) to do
(D) do

2. Lucy ------- a new flavor for her dessert line last year.
(A) create
(B) creating
(C) creates
(D) created

3. Mr. Sato ------- the best sales person in his department.
(A) will
(B) be
(C) is
(D) are

4. Answering questions ------- the responsibility of a secretary.
(A) is
(B) are
(C) be
(D) will

5. The technicians recommend that every user ------- their password once a year.
(A) change
(B) changes
(C) changed
(D) changing

6. Your document ------- some errors that need to be fixed right away.
(A) is
(B) has
(C) have
(D) are

7. Many buildings around the city library ------- built 200 years ago.
(A) is
(B) are
(C) was
(D) were

8. Seasonal variations ------- an effect on the sales of certain products.
(A) has
(B) have
(C) having
(D) to have

9. The key to success in online sales ------- to offer goods at affordable prices.
(A) is
(B) are
(C) be
(D) being

10. Guests who ------- to eat vegetarian dishes should let us know beforehand.
(A) prefer
(B) prefers
(C) preferring
(D) to prefer

Step 4 실전 마스터 (Part 6)

Answers _ p. 079

제한시간 1분 30초 안에 최대한 정확하게 풀어 보세요.

Questions 11-14 refer to the following notice.

Attention all second-floor kitchen users

To help keep our kitchen area pleasant and clean, please be considerate when using the refrigerator and all other kitchen appliances. Please ------- (11.) any spoiled food and wipe up any spills immediately. ------- (12.).

These basic ------- (13.) will prevent unpleasant smells. Also, please do not throw away the box of baking soda that will be ------- (14.) on the top shelf of the refrigerator. This will help keep the refrigerator odor free.

Thank you for your cooperation.

11. (A) discarded
    (B) discarding
    (C) discard
    (D) discards

12. (A) The fish will be served with cold vegetables.
    (B) Keep the surface of the kitchen counter clean after each use.
    (C) You can get a special discount when you buy more than one appliance.
    (D) Tonight's dinner specials are listed on the menu.

13. (A) measures
    (B) skills
    (C) filters
    (D) elements

14. (A) place
    (B) placing
    (C) placed
    (D) places

Unit 4 동사 2 - 태와 시제

주어가 동사의 행동의 주체가 되는 것을 능동, 행동의 대상이 되는 것을 수동이라고 한다.

Step 1 기초 문법

Point 1 능동태와 수동태

1) 수동태의 형태

능동태 (하다)	He recommended this restaurant. 그는 이 식당을 추천했다. 주어 동사 목적어
수동태 (되다/당하다)	→ This restaurant was recommended by him. 이 식당은 그에 의해 추천되었다. 주어 be동사+과거분사(p.p.) by+목적격 ※ 능동태 문장의 목적어는 수동태 문장에서 주어가 되고, 능동태 문장의 주어는 보통 〈by+목적격〉 형태로 바뀌거나 생략되는 경우가 많다.

2) 능동태와 수동태의 구별

주어와 동사와의 관계를 따져야 한다. 타동사 뒤에 목적어가 있으면 능동태, 목적어가 없으면 수동태로 파악한다.

능동태	**The marketing department** will **announce** a new plan. 마케팅 부서는 새로운 계획을 발표할 것이다. → 마케팅 부서는 계획을 발표하는 주체
수동태	**A new plan** will **be announced** by the marketing department. 새로운 계획이 마케팅 부서에 의해 발표될 것이다. → 새로운 계획은 발표되는 대상
수동태 불가 동사 (자동사)	The accident **happened** yesterday. 그 사고는 어제 일어났다. → 자동사인 **happen, place, exist, appear, function** 등은 수동태로 바꿀 수 없음

Practice

Answers _ p. 080

1. The contract should ------- by both parties.
   (A) sign (B) be signed

2. Many travelers ------- this area to view the famous landmarks.
   (A) visited (B) were visited

Point 2 주의해야 할 수동태

1) by 이외의 전치사를 쓰는 수동태의 관용 표현

be satisfied with ~에 만족하다	be crowded with ~로 붐비다	be disappointed at ~에 실망하다
be pleased with ~에 기뻐하다	be based on ~에 근거를 두다	be committed to ~에 헌신하다
be interested in ~에 흥미가 있다	be concerned about ~에 걱정하다	be devoted to ~에 헌신하다
be worried about ~에 걱정하다	be engaged in ~에 관여하다	be involved in ~에 참여하다
be surprised at ~에 놀라다	be shocked at ~에 놀라다	

Our organization **is committed to** science education for children.
우리 조직은 아동의 과학 교육에 헌신하고 있다.

2) 4형식(주어+동사+간접목적어+직접목적어)의 수동태

4형식은 목적어가 2개이므로 2개의 수동태가 가능하다.
4형식 동사: send 보내다 give 주다 offer 제공하다 show 보여 주다 award (상을) 주다

능동태	The company **gave** some employees prizes. 회사는 몇몇 직원에게 상을 주었다. 간접목적어(~에게) 직접목적어(~을/를)
수동태 1 (간접목적어 주어)	Some employees **were given** prizes by the company. (be+p.p.+직접목적어) 몇몇 직원들이 회사로부터 상을 받았다.
수동태 2 (직접목적어 주어)	Prizes **were given to** some employees by the company. (be+p.p.+to+간접목적어) 회사로부터 상이 몇몇 직원들에게 주어졌다.

3) 5형식(주어+동사+목적어+목적격보어)의 수동태

목적격보어로 to부정사가 오는 5형식 동사는 수동태 뒤의 to부정사를 물어보는 문제가 출제된다.
5형식 동사: advise 조언하다 encourage 권고하다 expect 기대하다 request 요구하다 permit 허락하다

능동태	He **asked** me to send a report. 그는 나에게 보고서를 보내라고 요청했다.
수동태	I **was asked** to send a report. 나는 보고서를 보내라는 요청을 받았다.

PART 5/6

Practice

Answers _ p. 080

3. Our hotel guests ------- free shuttle bus service to the airport.
(A) have given (B) are given

4. Employees are encouraged ------- in technical training sessions.
(A) to participate (B) participated

Point 3 주어와 동사의 일치

영어의 기본 시제인 단순시제, 진행시제, 완료시제의 용법과 시제 일치(주절과 종속절의 시제 관계)의 기본을 익히자.

1) **현재시제(동사+-s/es):** 일반적인 사실이나 반복되는 동작을 나타낸다.

usually 보통 **often** 종종, 자주 **every day** 매일 **always** 항상 **these days** 요즘

We often **talk** to our suppliers about the shipment.
우리는 배송에 관해서 하청업체들과 자주 대화한다.

We usually **use** an on-line payroll system to report our work hours.
우리는 보통 근무 시간을 보고하기 위해서 온라인 급여 시스템을 이용한다.

2) **과거시제(동사+-d/ed/불규칙 동사):** 과거에 이미 끝난 동작이나 상태를 나타낸다.

yesterday 어제 **ago** ~ 전에 **last week/time** 지난 ~에 **in + 연도** ~에

I **sent** the application two weeks ago. 나는 2주 전에 지원서를 보냈다.
Last week, we **accepted** the CEO's proposal. 지난주에 우리는 대표이사의 제안을 받아들였다.

3) **미래시제(will[be going to]+동사원형):** 미래의 예상이나 화자의 의지를 나타낸다.

tomorrow 내일 **next week/time** 다음 ~에 **soon/shortly** 곧 **by/until + 시간** ~까지

The board of directors **will visit** the factory tomorrow. 내일 이사회는 공장을 방문할 것이다.
She **is going to show up** at the conference next week. 그녀는 다음 주 회의에 나타날 것이다.

4) **예외:** 조건/시간 접속사가 이끄는 부사절은 미래의 의미라도 현재시제를 사용한다.

when ~하면, ~할 때 **as soon as** ~하자마자 **after** ~한 후에 **before** ~하기 전에
if 만약 ~한다면 **unless** 만약 ~하지 않는다면 **once** 일단 ~하면

If it **rains** tomorrow, we will stay inside. 내일 비가 오면 실내에 있을 것이다.
When we **get** the permit from the government, we will start the construction.
정부에서 허가증을 받으면, 공사를 시작할 것이다.

Practice

Answers _ p. 080

5. Our service representatives usually ------- 2 to 3 business days to fix your computer.
(A) take (B) took

6. The board of directors ------- next Friday to discuss a new marketing strategy.
(A) will gather (B) gathered

Point 4 진행 시제

1) **현재진행 시제(am/are/is + -ing)**: 현재 진행되고 있는 일을 나타낸다.

We **are** currently **looking for** a temporary assistant.
저희는 현재 임시 비서를 찾고 있습니다.

Mr. Hoffman **is interviewing** some of the applicants at the moment.
호프만 씨는 지금 지원자들 몇몇을 면접하고 있습니다.

2) **과거진행 시제(was/were + -ing)**: 과거 특정 시점에 진행되고 있는 일을 나타낸다.

When I saw Ann in the park yesterday, she **was playing** tennis.
내가 어제 앤을 공원에서 봤을 때, 그녀는 테니스를 치는 중이었다.

The employees **were working** at the warehouse when the manager visited the office.
매니저가 사무실을 방문했을 때 직원들은 창고에서 일을 하고 있었다.

3) **미래진행 시제(will be + -ing)**: 미래 특정 시점에 진행될 일, 또는 예정된 미래를 나타낸다.

The actors **will be performing** at the opening ceremony when you come.
네가 올 때쯤, 그 배우들은 개회식에서 공연을 하고 있을 것이다.

He **will be leading** a training session at this time tomorrow.
그는 내일 이 시간에 훈련을 지도하고 있을 것이다.

Practice

Answers _ p. 080

7. I ------- talking to one of our clients when Michael came to visit me.
(A) am (B) was

8. We ------- currently undergoing a lot of changes, and we hope you can help us with the process.
(A) are (B) will be

Point 5 완료시제

현재, 과거, 미래는 '시점'을 나타내지만 완료 시제는 두 시점간의 기간을 나타낸다.

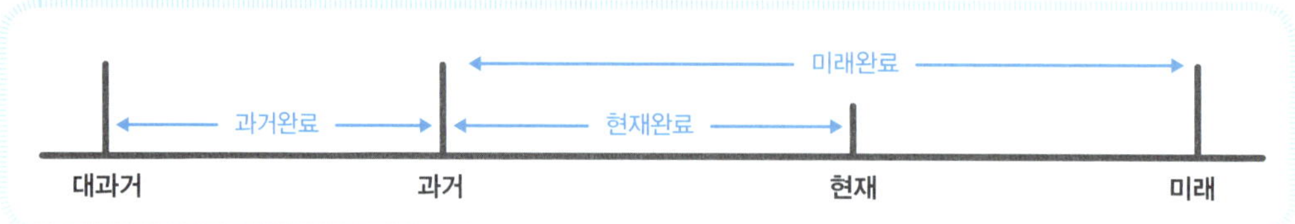

1) **현재완료(have/has + p.p.)**: 과거에 시작된 일이 현재까지 계속되거나 영향을 미칠 때

since + 과거 시점 ~ 이래로	**for + 기간** ~동안	**over the last + 기간** ~ 동안

We **have worked** at this company for the last 10 years.
우리는 지난 10년 동안 이 회사에서 일해 왔다.

The economy **has grown** fast since the end of the 1990s.
경제는 1990년대 말 이후로 빠르게 성장했다.

2) **과거완료(had + p.p.)**: 과거의 특정 시점보다 더 이전에 일어난 일을 나타낼 때

〈부사절 접속사 + 과거, 주절 + 과거 완료〉 (과거에) ~한 때에 이미 ~했었다

When we **signed** the contract, the press **had** already **known** about the deal.
우리가 계약서에 서명했을 때, 언론은 벌써 계약에 대해 알고 있었다.

Before he **joined** our company, Mr. Anderson **had worked** in the advertising industry for years.
우리 회사에 들어오기 전에, 앤더슨 씨는 광고업계에서 수년간 일했었다.

3) **미래완료(will have + p.p.)**: 현재나 과거에 시작된 동작이 미래의 특정 시점에 완료될 때

by next + 시간 다음 ~쯤에는	**next + 시간** 다음 ~에	**by the end of + 시간** ~말까지

I **will have finished** the whole report by next Monday.
나는 다음 주 월요일까지 보고서를 다 끝낼 수 있을 것이다.

By the time the CEO visits the office next month, we **will have finished** the renovation.
다음 달에 사장님이 방문할 때까지는 수리가 끝날 것이다.

Practice

Answers _ p. 080

9. Mr. Tanaka ------- for the company for the last seven years.
(A) has worked (B) worked

10. Mr. Gordon is a famous chef whose dishes ------- received numerous awards.
(A) has (B) have

Answers _ p. 080

문법 / 구조 / 어휘에 유의하며 정답을 고르는 연습을 해 보세요.

1. The store is too ------- with customers during the holiday season.
   (A) crowding
   (B) crowded

2. I will ------- your place next time I come here.
   (A) visit
   (B) be visited

3. Mr. Garner ------- our company three years ago.
   (A) will join
   (B) joined

4. Ms. Robertson consistently ------- the head office every month.
   (A) visits
   (B) will visit

5. As soon as he ------- my letter, he will respond to me.
   (A) gets
   (B) will get

6. I ------- a walk in the park yesterday.
   (A) take
   (B) took

7. The farewell party ------- place next Monday.
   (A) will take
   (B) took

8. I was asked ------- Mr. Parker.
   (A) email
   (B) to email

9. She told me yesterday that she ------- in Korea last year.
   (A) has worked
   (B) had worked

10. The new project ------- by Mr. Wright, the new director.
   (A) had led
   (B) was led

11. The price of the product was too high for us to -------.
   (A) accept
   (B) acceptable

12. We need the department supervisor's -------.
   (A) signature
   (B) signed

13. The next special ------- is scheduled to open on May 1st.
   (A) exhibits
   (B) exhibition

14. The company is ------- to a safe environment for the next generation.
   (A) committed
   (B) committing

Step 3 실전 마스터 (Part 5)

Answers _ p. 081

제한시간 4분 30초 안에 최대한 정확하게 풀어 보세요.

1. Our store usually ------- at 7 o'clock in the morning.
   (A) open
   (B) opens
   (C) opened
   (D) is opening

2. This picture was ------- by a famous designer.
   (A) take
   (B) taken
   (C) taking
   (D) takes

3. The company sales ------- sharply in the last quarter.
   (A) fall
   (B) falls
   (C) fell
   (D) falling

4. All payments can ------- by credit card if the amount is over $200.
   (A) make
   (B) makes
   (C) be make
   (D) be made

5. ------- 2010, the company has focused on women's apparel.
   (A) Before
   (B) Since
   (C) Last
   (D) When

6. When the Accounting Convention ------- held, Julie Parker will be present.
   (A) is
   (B) was
   (C) will be
   (D) had been

7. The additional equipment is ------- to increase employee productivity.
   (A) expecting
   (B) expectation
   (C) expected
   (D) expects

8. The apartment is conveniently ------- close to a subway station.
   (A) location
   (B) locating
   (C) locates
   (D) located

9. Maxter Motors ------- a new model last month.
   (A) introduced
   (B) introduces
   (C) will introduce
   (D) are introduced

10. A substantial increase in sales ------- two months ago due to online advertising.
   (A) will happen
   (B) will be happened
   (C) was happened
   (D) happened

Step 4 실전 마스터 (Part 6)

Answers _ p. 081

제한시간 1분 30초 안에 최대한 정확하게 풀어 보세요.

Questions 11-14 refer to the following article.

What's Happening in Our Town?

Newbury, September 1 – Until September 19, the Newbury Art Museum -------(11.) 30 works by Andrew Shihan. Mr. Shihan is a well-known artist residing in our neighborhood and he was kind enough to offer this special -------(12.) to see his recent works. Mr. Shihan visited small villages in Europe for the last six months. -------(13.). Tickets to this special exhibition are available for $5 in addition to the regular admission. The museum is open from 11 A.M. to 5 P.M. Monday through Saturday and -------(14.) on Sundays.

11. (A) exhibit
    (B) exhibited
    (C) is exhibited
    (D) will be exhibiting

12. (A) price
    (B) help
    (C) opportunity
    (D) color

13. (A) He made a reservation through a travel agency.
    (B) His latest paintings were inspired by those experiences.
    (C) Europe's economy is bouncing back from a recession.
    (D) We have wanted to invite him for a long time.

14. (A) closes
    (B) will close
    (C) was closed
    (D) has closed

Unit 5 준동사

문장 안에서 동사는 동사 외에 다른 품사 역할, 즉 준동사 역할을 하는 경우가 있다. '동사에 준하다'라는 뜻으로 준동사라는 이름이 붙여졌다. 준동사는 to부정사, 동명사, 현재분사, 과거분사를 통칭하는 말이다.

Step 1 기초 문법

Point 1 준동사의 동사적 성격

1) 동사처럼 목적어를 취한다.

The medication has been used to treat viruses. 그 약품은 바이러스를 치료하기 위해 사용되어 왔다.
to부정사+명사

2) 동사처럼 보어를 취한다.

I hate being late. 나는 늦는 것을 싫어한다.
동명사+형용사

3) 동사처럼 부사의 수식을 받는다

After carefully reviewing the contract, please sign it. 계약서를 신중하게 검토한 후 서명해 주세요.
부사+동명사

4) 동사처럼 능동형과 수동형이 있다.

	능동태	수동태
to부정사	**to + 동사원형**	**to + be + p.p.**
	I am pleased **to announce** the award winner. 수상자를 발표하게 되어 기쁩니다.	I want **to be left** alone. 저는 혼자 있고 싶어요.
동명사	**동사 + -ing**	**being + p.p.**
	She hates **submitting** reports late. 그녀는 리포트를 늦게 제출하는 것을 싫어한다.	She hates **being told** what to do. 그녀는 지시받는 것을 싫어한다.

Practice

Answers _ p. 082

1. The store will be closed early ------- the new sign at the front of the building.
   (A) will install (B) to install

2. We recommend ------- the information online to obtain basic data.
   (A) use (B) using

Point 2 to부정사

〈to+동사원형〉 형태로 쓰여, 문장에서 명사, 형용사, 부사 역할을 한다.

1) to부정사의 명사 역할

문장의 주어, 목적어, 보어 자리에 쓰여 '~하는 것, ~하기'로 해석한다.

주어	**To know** oneself is not easy. 자신을 아는 것은 쉽지 않다.	
목적어	to부정사를 목적어로 받는 동사	want 원하다 / expect 기대하다 / try 시도하다 / hope 바라다 / ask 요청하다 / plan 계획하다 / need 필요하다 / refuse 거절하다 / decide/choose 결정하다
	I hope **to see** you again soon. 당신을 곧 다시 뵙기를 바랍니다.	
보어	주격 보어	Our goal is **to increase** profits. 우리 목적은 수익을 늘리는 것이다.
	목적격 보어	The management wants the employees **to submit** their vacation requests. 관리자들은 직원들이 휴가 신청서를 제출하기를 원한다.

2) to부정사의 형용사 역할

명사 뒤에서 명사를 수식하며 '~해야 할/~할'로 해석한다.

명사 수식	We have a deadline **to meet**. 우리는 맞춰야 할 마감이 있다.
자주 수식 받는 명사들	ability 능력 effort 노력 opportunity 기회 way 방법 time 시간

3) to부정사의 부사 역할(동사/형용사 수식)

부사 역할을 하며 목적을 나타낼 때에는 '~하기 위해서'라고 해석한다.

동사 수식	You'll need to study harder **to pass** the exam. 시험을 통과하기 위해서는 더 열심히 공부해야 해요.
	목적의 to부정사는 **in order to**, **so as to**로 바꾸어 표현할 수 있다. You'll need to study harder **(in order) to pass** the exam. = You'll need to study harder **so as to pass** the exam.
to부정사를 취하는 형용사	be able to ~할 수 있다 / be likely to ~일 것 같다 / be happy to ~해서 기쁘다 / be sure to 반드시 ~하다 / be pleased to ~하게 되어 기쁘다 / be ready to ~할 준비가 되다

Practice

Answers _ p. 082

3. The manufacturer refused ------- the defective products.

(A) replacing (B) to replace

4. All employees are able ------- conference rooms by filling out a form.

(A) reserve (B) to reserve

Point 3 동명사

〈동사 + -ing〉 형태로 명사처럼 주어, 목적어, 보어로 쓰인다. '~하는 것/~하기'로 해석한다.

1) 동명사의 역할

<table>
<tr><td>주어</td><td colspan="4">Watching movies is my hobby. 영화 감상이 나의 취미이다.</td></tr>
<tr><td rowspan="2">동사/
전치사의
목적어</td><td colspan="4">We need to consider hiring more staff. 우리는 직원을 더 고용하는 것을 고려해야 한다.
We look forward to seeing you. 당신을 만나길 기대하고 있습니다.</td></tr>
<tr><td>동명사를
목적어로 받는 동사</td><td>mind 꺼리다
suggest 제안하다
finish 끝내다</td><td>consider 고려하다
avoid 피하다
enjoy 즐기다</td><td>recommend 추천하다
discontinue 중단하다
postpone/delay 연기하다</td></tr>
<tr><td>보어</td><td colspan="4">My hobby is playing the piano. 나의 취미는 피아노 연주이다.</td></tr>
</table>

2) 동명사가 들어간 관용 표현

go -ing ~하러 가다	be dedicated to -ing 전념하다	be committed to -ing 헌신하다
object to -ing 반대하다	look forward to -ing 기대하다	be devoted to -ing 헌신하다
feel like -ing ~하고 싶다	contribute to -ing 공헌하다	be used to -ing ~에 익숙하다
be busy -ing ~하느라 바쁘다	cannot help -ing ~할 수밖에 없다	be accustomed to -ing ~에 익숙하다
spend time in -ing ~하는 데 시간을 쓰다	have difficulty[a problem/trouble] (in) -ing ~하는 데 어려움을 겪다	

3) 의미상의 주어

부정사는 〈for/of+(대)명사〉, 동명사는 소유격 인칭대명사를 사용한다. 문장의 주어가 to부정사나 동명사의 의미상의 주어와 불일치할 때 따로 표시하기 위해서 쓴다.

to부정사	My suggestion was for you **to start** over. / It is nice of you **to say** so. 나의 제안은 네가 다시 시작하는 것이다. 네가 그렇게 말해줘서 좋다.
동명사	I suggested her **presenting** the project. 나는 그녀가 프로젝트를 발표할 것을 제안했다.

Practice

Answers _ p. 082

5. ------- a new product to a market requires extensive planning and research.
(A) Launch (B) Launching

6. He was angry about ------- being late to work.
(A) my (B) for me

Point 4 분사

현재분사(동사 + -ing)와 과거분사(동사 + -ed / p.p.)로 나뉘며, 동사의 성격을 가지고 있으면서 명사를 수식하는 형용사 역할을 한다. 현재분사는 능동의 의미, 과거분사는 수동의 의미를 갖는다.

1) 분사의 역할과 위치

명사 앞 (단독으로 수식)	The hotel is going to renovate its **existing** facilities next year. (현재분사 - 능동) 그 호텔은 내년에 기존의 시설들을 보수할 예정이다. This is a **reserved** seat. (과거분사 - 수동) 이곳은 예약된 좌석입니다.
명사 뒤 (다른 수식어구 동반)	I have a document **containing** important details. 나는 중요 세부 사항이 들어 있는 자료를 가지고 있다.
주격 보어	He became **exhausted** after hours of driving. 그는 몇 시간을 운전하고 지쳤다. 〈주격 보어를 취하는 동사〉 be ~이다 become 되다 look 보이다 sound 들리다 feel 느끼다
목적격 보어	I **found** the book **interesting**. 나는 그 책이 흥미롭다고 생각했다. 〈목적격 보어를 취하는 동사〉 make 만들다 keep 유지하다 find/think 생각하다 consider 간주하다

2) 감정을 나타내는 동사의 분사형

감정을 나타내는 동사는 감정을 느끼면 과거분사로, 감정을 일으키는 원인이면 현재분사를 사용한다. 대부분의 경우, 과거분사는 사람에, 현재분사는 사물에 쓴다.

감정을 느낄 때	I am very **excited** about tomorrow's presentation. 내일 있을 발표에 굉장히 설렙니다.
감정을 일으킬 때	The test results were very **disappointing** to me. 시험 결과는 저한테 정말 실망이었습니다.
여러 가지 감정동사	interest 흥미롭게 하다 surprise 놀라게 하다 excite 자극시키다 delight 기쁘게 하다 disappoint 실망시키다 please 기쁘게 하다 satisfy 만족시키다 surprise 놀라게 하다

Practice

Answers _ p. 082

7. The sales data ------- in this report cannot be accurate based on my calculation.
(A) showing (B) shown

8. The manager was not ------- with the results of his sales representatives.
(A) satisfying (B) satisfied

Point 5 분사구문 만들기

분사구문은 접속사가 이끄는 부사절을 분사를 이용해서 바꾼 것이다.

분사구문 만들기 능동 -ing 수동 -ed/p.p.	① 접속사 생략 가능 ② 접속사절과 주절의 주어가 같으면 생략 ③ 분사로 교체(의미를 명확하게 표시하기 위해 접속사를 남기기도 함)
	When you book a ticket online, you have to use a credit card. 표를 온라인 예약할 때는 신용 카드를 사용해야 한다. → **(When) Booking** a ticket online, you have to use a credit card. 접속사 생략 가능, 주어 you 생략, 뒤에 목적어 a ticket이 있으므로 능동의 -ing **While he was embarrassed**, he was able to finish the speech. 당황스럽기는 했지만, 그는 발표를 끝마쳤다. → **(While) Embarrassed**, he was able to finish the speech. 주어 he 생략, he가 당황한 감정을 갖는 것이므로 과거분사

Point 6 혼동되는 준동사 용법

1) **동명사** vs. **명사:** 동명사는 뒤에 목적어가 나올 수 있지만 명사를 그럴 수 없다.

동명사	**Reserving** the table in advance is necessary. 테이블을 미리 예약하는 것은 필수입니다.
명사	You have to make the **reservation** in advance. 미리 예약을 하셔야 합니다.

2) **전치사 to** vs. **to부정사:** to부정사일 때는 to 뒤에 동사원형이, 전치사 to 뒤에는 동명사가 온다.

to부정사	The company wants **to reduce** business costs. 그 회사는 사업 비용을 줄이고 싶어 한다.
전치사 to	Our company is committed **to providing** good customer service. 저희 회사는 훌륭한 고객 서비스를 제공하는 데 전념합니다.

3) **동명사+명사** vs. **분사+명사:** 동명사 뒤 명사는 목적어의 역할을 하고, 분사 뒤 명사는 분사 수식을 받는다.

동명사 + N	My hobby is **playing** the piano. 나의 취미는 피아노를 치는 것이다.
분사 + N	We should contact the **participating** company. 참여하는 회사에 연락을 해야 한다.
빈출 분사 표현	rising cost 증가하는 비용 remaining work 남은 일 leading company 일류 기업 experienced workers 노련한 직원 an updated manual 개정된 사용설명서

Practice

Answers _ p. 082

9. ------- by his speech, the audience gave him a long ovation.
(A) Impressed (B) Impressing

10. This manual contains information on ------- a password.
(A) creation (B) creating

Step 2 기초 마스터

Answers _ p. 082

문법/구조/어휘에 유의하며 정답을 고르는 연습을 해 보세요.

1. ------- foreign languages is not easy.
(A) Learn
(B) Learning

2. Let's continue ------- this matter tomorrow.
(A) discussed
(B) to discuss

3. There is no need ------- to worry.
(A) for you
(B) in you

4. The company is dedicated to ------- nonprofit organizations.
(A) help
(B) helping

5. This special offer is good for a ------- time only.
(A) limited
(B) limiting

6. We have decided ------- one of the local charities.
(A) supporting
(B) to support

7. Please return the ------- form within two weeks.
(A) attached
(B) attaching

8. I am ------- to announce an award winner.
(A) pleased
(B) pleasing

9. ------- a healthy life, you need to socialize with other people.
(A) Having
(B) To have

10. I prefer to ------- the morning shift.
(A) take
(B) taking

11. We have received résumés from many ------- applicants.
(A) qualify
(B) qualified

12. I wish ------- English more.
(A) studying
(B) to study

13. The company conducted a survey ------- customers' needs.
(A) to identify
(B) identify

14. While ------- New York, you should watch a musical there.
(A) visiting
(B) visit

Step 3 실전 마스터 (Part 5)

Answers _ p. 083

제한시간 4분 30초 안에 최대한 정확하게 풀어 보세요.

1. Do you enjoy ------- by yourself when you have free time?
   (A) travel
   (B) to travel
   (C) traveling
   (D) to traveling

2. We decided to ------- our products in European countries.
   (A) distribute
   (B) distribution
   (C) distributing
   (D) distributed

3. Customers are likely to favorably ------- to our new product line.
   (A) respond
   (B) responds
   (C) responding
   (D) be responded

4. PAE Resort is considering ------- the company's Web site before the next season.
   (A) update
   (B) updated
   (C) to update
   (D) updating

5. ------- its 50th anniversary, the Modern Ballet Theater will introduce a new piece by Monique Steinbeck.
   (A) In celebration
   (B) To celebrate
   (C) Celebrates
   (D) Celebration

6. We prepared for ------- production costs.
   (A) rise
   (B) risen
   (C) rising
   (D) rose

7. Have you reviewed the ------- version of the building design?
   (A) revise
   (B) revising
   (C) revised
   (D) to revise

8. The whole experience was very ------- to all the workshop participants.
   (A) satisfying
   (B) satisfied
   (C) satisfaction
   (D) satisfies

9. The goal of today's meeting is ------- much-needed help to small business owners in the area.
   (A) provide
   (B) provided
   (C) provisions
   (D) to provide

10. When ------- a package, you have to make sure that the box is securely taped.
    (A) send
    (B) sending
    (C) sent
    (D) being sent

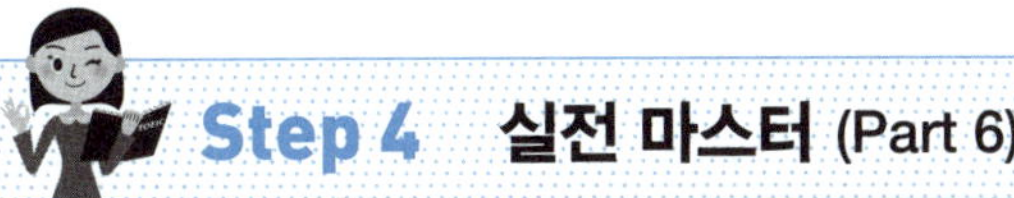

Answers _ p. 084

제한시간 1분 30초 안에 최대한 정확하게 풀어 보세요.

Questions 11-14 refer to the following letter.

Dear Mr. Guwata,

Congratulations on your new home. Birmingham Power & Electronic is -------- to transfer service from your current residence to your new location on Mason Road. However, for security purposes, your authorizing the transfer is necessary for us -------- our job.
(11. / 12.)

To guarantee that your need for electricity is met starting the first day of your --------, please sign and fax the enclosed form to 215-555-3453 at your earliest convenience.
(13.)

--------.
(14.)

Sincerely,

Rosanne Walters

Customer Service

11. (A) definite
(B) possible
(C) unable
(D) ready

12. (A) do
(B) to do
(C) does
(D) doing

13. (A) occupy
(B) occupant
(C) occupancy
(D) occupied

14. (A) We will send you the confirmation e-mail as soon as we get the authorization from you.
(B) Your new place will be ready when you move in.
(C) The post office will send your letters and packages to your new address.
(D) The questionnaire you have filled out will help us serve you better in the future.

PART 5/6

Unit 6 전치사와 접속사

전치사 뒤에는 명사(구)가 오고, 접속사 뒤에는 〈주어 + 동사〉의 절이 온다. 전치사와 접속사를 구분해서 학습하는 것이 중요하다.

Step 1 기초 문법

Point 1 전치사의 위치와 역할

1) 전치사의 위치

전치사는 명사 역할을 하는 (대)명사, 동명사, 명사절 앞에 온다. 이때 전치사 뒤에 오는 명사 역할을 하는 것을 전치사의 목적어라고 하며 〈전치사+전치사의 목적어〉를 전치사구라고 한다.

명사 앞	The budget report should be completed **before** the deadline. 예산 보고서는 마감 전에 완성되어야만 한다.
대명사 앞	The travel agency will make the hotel reservations **for** us. 여행사가 우리를 위해서 호텔 예약을 해 줄 것입니다.
동명사 앞	We should stay indoors **instead of** taking a walk in this weather. 우리는 이 날씨에 산책을 하는 대신 실내에 있어야 한다.
명사절 앞	Could you take these documents **to** where the board meeting is being held? 이 서류들을 이사회가 열리는 장소로 가져다주시겠어요?

2) 전치사(구)의 역할

전치사구는 문장에서 명사를 수식하는 형용사 역할, 동사를 수식하는 부사 역할을 한다.

형용사구	The desk **by the door** needs to be moved. (the desk 수식) 문 옆에 있는 책상은 옮겨져야 한다.
부사구	I've been waiting **for two hours**. (have been waiting 수식) 저는 2시간 동안 기다렸어요.

Practice

Answers _ p. 084

1. Payment made to your account ------- our business hours is not shown.
   (A) after (B) on

2. The updated safety manual includes guidelines ------- the entire factory.
   (A) and (B) for

Point 2 시간과 장소 전치사

1) 시간, 장소 둘 다 나타낼 수 있는 전치사

	시간		장소	
in	월/연도	**in** 2017 2017년에 **in** July 7월에	큰 공간 안	**in** Seoul 서울에
	계절/시기	**in** summer 여름에 **in** the morning 아침에	특정 공간, 범위 안	**in** the meeting room 회의실 안에서
	~(시간) 후에	**in** three days 3일 후		
at	상대적으로 좁은 시간대, 시점, 시각	**at** 2 o'clock 2시에 **at** noon 정오에 **at** the end of the year 연말에	상대적으로 좁은 범위	**at** the park 공원에서
			회사 이름, 특정 지점	**at** Kent Shipping Company 켄트 택배사에서
on	특정 날짜	**on** May 28th 5월 28일에	접촉한 표면	**on** the top shelf 선반 위에
	요일, 주말	**on** Monday 월요일 **on** weekend 주말에	~ 위에	**on** the second floor 2층에서

2) 시점을 나타내는 전치사

by ~까지(finish/complete/submit)	**Finish** the report **by** tomorrow. 내일까지 보고서를 끝내세요.
until ~까지(last, wait, stay)	The store is open **until** 9 p.m. 가게는 오후 9시까지 영업한다.
before/prior to ~ 전에	**before** Monday 월요일 전에
after ~ 후에	**after** 5 p.m. 5시 이후에
since ~ 이래로 계속(현재완료)	Sales have increased **since** last quarter. 지난 분기 이래로 판매가 증가해 왔다.

3) 기간을 나타내는 전치사

for ~ 동안(+ 숫자 기간)	**for** a week 일주일 동안
during ~동안(+ 특정 사건)	**during** the meeting 회의 중에
within ~이내에	**within** a week 일주일 이내에
throughout ~내내	**throughout** the next three weeks 앞으로 3주 내내

Practice

Answers _ p. 084

3. We watched the game ------- three hours last night.
(A) for (B) during

4. Mr. Wilson told his team to read the report ------- Thursday afternoon.
(A) until (B) by

PART 5/6

Point 3 방향과 위치

1) 방향 전치사

to ~에게, ~쪽으로	for ~을 향해	through ~를 통해서
from ~로부터	into ~ 안으로	across ~를 가로질러
out of ~ 밖으로	along ~을 따라서	

This train is leaving **for** New York in five minutes. 그 열차는 5분 후에 뉴욕으로 출발한다.

2) 위치 전치사

above / over ~ 위에	below / under ~ 아래에	beside / next to / by ~ 옆에
behind ~ 뒤에	around ~ 주위에	near ~ 근처에

Mr. Benedict will show you **around** the facility. 베네딕트 씨가 당신이 시설을 둘러보도록 해 줄 것입니다.

Point 4 전치사의 관용적인 용법

1) 명사+전치사

demand **for** ~의 수요	application **for** ~의 신청	reaction **to** ~에 대한 반응
problem **with** ~의 문제	interest **in** ~에 관한 관심	dedication **to** ~에 대한 헌신
increase **in** ~의 증가	decrease **in** ~의 감소	effect [influence] **on** ~에 대한 영향

2) 형용사+전치사

be famous **for** ~로 유명하다	be eligible **for** ~할 자격이 있다	be responsible **for** ~를 책임지다
be entitled **to** ~할 자격이 되다	be subject **to** ~하기 쉽다	be familiar **with** ~에 정통하다
be equipped **with** ~을 갖추다	be aware **of** ~을 알다	be capable **of** ~을 할 수 있다
be involved **in** ~에 관여하다	be absent **from** ~에 결석하다	be different **from** ~와 다르다

Practice

Answers _ p. 084

5. If you have questions ------- any of our products, please contact our office.
   (A) against (B) about

6. Temporary workers are entitled ------- paid leave.
   (A) from (B) to

3) 동사+전치사

look **for** ~을 찾다	apply **for** ~에 지원하다	deal **with** ~을 다루다
account **for** ~을 설명하다	consist **of** ~로 구성되다	react **to** ~에 반응하다
respond **to** ~에 답하다	talk **about** ~에 관해 말하다	depend **on** ~에 의지하다

4) 동사+A+전치사+B

notify [inform] A **of** B A에게 B를 통보하다	prohibit [prevent] A **from** -ing A가 ~하는 것을 금지하다/막다

Point 5 접속사

and(그리고), but(그러나) 같이 단어와 단어, 구와 구, 또는 절과 절을 연결하는 것을 접속사라 한다.

1) 등위접속사: 같은 품사를 대등하게 연결하는 접속사로 병렬구조를 만든다.

and 그리고(순접)	or 또는(선택)	but 그러나(역접)
so 그래서(결과)	for 왜냐하면(원인)	yet 그러나(역접)

He was born in New York **and** has lived there for over 30 years.
그는 뉴욕에서 태어나서 30년 넘게 그곳에서 살았다.

2) 상관접속사

both A and B A와 B 모두	either A or B A이거나 B	not only A but also B
not A but B A가 아닌 B	neither A nor B A도 B도 아닌	(= B as well as A) A뿐만 아니라 B도

Both the buyer **and** the seller **have** to read the contract carefully. (both A and B + 복수 동사)
판매자와 구매자 모두 계약서를 신중히 읽어야 한다.

The paper is **not only** recyclable **but also** reusable.
그 종이는 재활용할 수 있을 뿐만 아니라 재사용할 수 있다.

3) 수의 일치: 등위접속사는 and로 연결된 주어는 복수 동사, <A or B> 형태로 or로 연결된 것은 B에 일치시킨다.

상관접속사도 both로 연결된 주어는 복수 동사, <either A or B>, <neither A nor B>는 B에 일치시킨다.

Practice

Answers _ p. 084

7. Most of the team members trust and ------- on the new director.
   (A) depend (B) dependent

8. Neither shareholders nor management ------- the incident to be public.
   (A) want (B) wants

Point 6 부사절 접속사

1) **부사절의 위치와 역할:** 주절 앞이나 뒤에서 주절 전체를 수식한다.

주어 + 동사 (주절) 접속사 + 주어 + 동사 (부사절)	접속사 + 주어 + 동사 (부사절), 주어 + 동사 (주절)

You should lock the door **when** you leave the office at night.
저녁에 사무실을 떠날 때 문을 잠가야 합니다.

Although the employees worked really hard, they couldn't meet the deadline.
직원들이 정말 열심히 일을 했지만, 마감 기한을 맞출 수는 없었다.

2) **부사절 접속사의 종류**

시간	when/as ~할 때, ~하면 until ~까지 while ~하는 동안(~하는 반면에)	before 전에 since 이래로	after 후에 as soon as ~하자마자
양보	although/though/even though ~에도 불구하고		even if ~일지라도
이유	because/since/as/now that ~ 때문에		
조건	if ~라면	once 일단 ~하면	unless ~가 아니라면
목적	so that/in order that ~하기 위해서		

Even though the review was favorable, the play didn't attract many people.
평이 호의적이었지만, 그 연극은 많은 사람을 끌어들이진 못했다.

Unless written permission is given, we will not release personal information.
서면 동의가 없는 한, 우리는 개인 정보를 누설하지 않을 것이다.

Point 7 전치사 vs. 접속사

뜻이 같은 전치사와 접속사의 구별 문제가 출제된다. 〈접속사+절〉, 〈전치사+명사(구)〉의 형태를 익혀 두도록 하자.

전치사 + 명사(구)	The price dropped **because of** the bad weather. 나쁜 날씨 때문에 가격이 떨어졌다.
접속사 + S + V	The price dropped **because** the weather was bad. 날씨가 나빠서 가격이 떨어졌다.

Practice

Answers _ p. 084

9. Ms. Sirleaf was hired ------- she was the most qualified candidate.
(A) because (B) unless

10. I brought up the subject ------- our discussions.
(A) while (B) during

Step 2 기초 마스터

Answers _ p. 084

문법/구조/어휘에 유의하며 정답을 고르는 연습을 해 보세요.

1. I usually go to work either by bus ------- subway.
(A) and
(B) or

2. We accept ------- checks nor credit cards.
(A) either
(B) neither

3. ------- you need my help, I'd be glad to help you.
(A) If
(B) Unless

4. ------- you visit my office, please call my secretary first.
(A) During
(B) When

5. ------- the rain, the plane got delayed.
(A) Because of
(B) Because

6. You will have to wait and ------- what happens.
(A) saw
(B) see

7. Can we stay at this office ------- the next week?
(A) until
(B) by

8. Inflation is having a bad effect ------- the economy.
(A) in
(B) on

9. Mr. Patterson has been working here ------- 2016.
(A) since
(B) for

10. ------- he did a good job, he was not satisfied.
(A) Because
(B) Although

11. I'd like to close my bank account ------- I move to another city.
(A) before
(B) that

어휘 문제

12. The terms of this contract are definitely ------- to us.
(A) favorable
(B) favorite

13. I believe that this new type of cleaning service could be a ------- business.
(A) refundable
(B) profitable

14. All ------- are required to register online.
(A) participants
(B) participation

Step 3 실전 마스터 (Part 5)

Answers _ p. 085

제한시간 4분 30초 안에 최대한 정확하게 풀어 보세요.

1. Our new office is located ------- the top floor of the building.
   (A) by
   (B) around
   (C) within
   (D) on

2. We canceled the order ------- we couldn't get the funding.
   (A) although
   (B) in spite of
   (C) because
   (D) unless

3. If Creative Design doesn't deliver your merchandise ------- Friday, we will give you a discount.
   (A) in
   (B) at
   (C) to
   (D) by

4. We need to ------- and aggressively protect the environment.
   (A) passion
   (B) passionate
   (C) passionately
   (D) passionless

5. The recent bad weather accounts ------- the increase in tea prices.
   (A) for
   (B) in
   (C) over
   (D) of

6. Two candidates applied for the position ------- only one candidate will be interviewed.
   (A) so
   (B) but
   (C) and
   (D) or

7. Rori's restaurant accepts ------- checks nor credit cards, so customers must pay in cash.
   (A) either
   (B) neither
   (C) both
   (D) with

8. The company is famous ------- its dedication to customer service.
   (A) of
   (B) on
   (C) for
   (D) with

9. ------- the performance, do not use your cell phones and other electronic devices.
   (A) During
   (B) While
   (C) When
   (D) Whereas

10. The reception will begin ------- 6:30 and continue until 9 o'clock.
   (A) on
   (B) in
   (C) at
   (D) until

Step 4 실전 마스터 (Part 6)

Answers _ p. 086

제한시간 1분 30초 안에 최대한 정확하게 풀어 보세요.

Questions 11-14 refer to the following letter.

Bennington Apartment Complex

Dear resident,

Thank you -------(11.) your decision to rent an apartment at Bennington Apartment Complex. -------(12.). Our building is located in the heart of Philadelphia, and you will be living -------(13.) walking distance of some of the finest restaurants and historical landmarks. In addition, I'd like to remind you that as a resident you'll be responsible for arranging the activation of electricity and telephone service by your move-in date. We look forward to -------(14.) you. Thank you.

Best wishes,

William Truman

Maintenance coordinator

11. (A) on
    (B) from
    (C) into
    (D) for

12. (A) Please call me at any time if you have questions or concerns.
    (B) This letter confirms that your rental contract has been received and signed.
    (C) We can set up a meeting so that you can look around the facility in person.
    (D) The rent is $2,000 a month, and you can send me a check directly.

13. (A) onto
    (B) within
    (C) beside
    (D) among

14. (A) serving
    (B) serve
    (C) serves
    (D) be served

Unit 7 관계사와 명사절

관계사는 크게 관계대명사와 관계부사로 나뉘며, 명사절은 문장에서 명사의 역할을 한다.

Step 1 기초 문법

Point 1 관계사절의 형태와 구조

'내가 사고 싶은 자동차'와 같이 명사를 수식하는 형용사 역할을 하는 절을 관계절이라 한다. 관계사는 두 개의 절을 연결하는 접속사 역할과 함께 앞에 나온 명사/부사(구)를 가리키는 대명사/부사의 역할을 동시에 한다.

1) **관계대명사 + (주어) + 동사**

관계대명사 (불완전한 절을 이끎)	Employees [**who** sign up for the training] should tell their supervisors. 관계대명사(who) + 동사(sign up) 훈련을 신청한 직원들은 자신의 상사에게 이야기를 해야 한다.

2) **관계부사 + 주어 + 동사**

관계부사 (완전한 절을 이끎)	We will meet at the information desk [**where** they hand out the name tags]. 관계부사(where) + 주어(they) + 동사(hand out) + 목적어(the name tags) 우리는 이름표를 나누어 주는 안내데스크에서 만날 겁니다.

3) **관계절을 만드는 방법**

두 문장에서 공통되는 것을 가리키는 명사 중 하나를 관계사로 바꾸어 두 문장을 관계절이 포함된 한 문장으로 만든다.

관계대명사	① I have **a class.** + ② **The class** starts in five minutes. → I have **a class which** starts in five minutes. 나는 5분 후에 시작하는 수업이 있다.
관계부사 (= 전치사+관계대명사)	① This is **a room** + ② Leo sleeps **in the room**. → This is **a room where** Leo sleeps. 이곳이 레오가 자는 방이다. → This is **a room which** Leo sleeps **in**. → This is **a room in which** Leo sleeps.

Practice

Answers _ p. 086

1. I have a friend ------- works in the government.
   (A) who (B) where

2. The office ------- the meeting is being held is on the third floor.
   (A) which (B) where

Point 2 관계대명사

1) 관계대명사의 격

대명사와 마찬가지로 관계대명사도 격이 있다. 관계대명사가 대신할 선행사가 사람인지 사물인지 파악하고, 관계대명사가 이끄는 절에서 무엇이 빠져 있는지를 확인한다.

선행사	주격	목적격	소유격
사람	who	whom/who	whose
사물/동물	which	which	whose
사람/사물/동물	that	that	-

2) 관계절이 이끄는 절은 형용사 역할을 하는 수식어절로 수식하는 명사(선행사) 뒤에 온다.

주격	I know someone **who[that]** was born in South Africa. 선행사(사람) + 주격 관계대명사 + 동사 나는 남아프리카 태생인 사람을 알고 있다.
목적격	This is the watch **which[that]** I bought from the department store. 선행사(사물) + 목적격 관계대명사 + 타동사 이것은 내가 백화점에서 산 시계다.
소유격	I work at a firm **whose** office is close to my house. 선행사(사물) + 소유격 관계대명사 + 명사 나는 우리 집에서 가까운 회사의 사무실에서 일을 한다.

3) 관계대명사 which의 용법

전치사나 콤마(,) 뒤에는 that이 아닌 which만 사용 가능하다.

전치사 + which	We should create a system **on which** we can depend. 우리는 믿을 만한 시스템을 만들어야만 한다. (x) ~~on that~~
콤마(,) which	Ms. Taylor won the first prize, **which** made her and her family surprised. 테일러 씨는 상을 받았는데, 그것이 그녀와 가족들을 놀라게 만들었다. (x) ~~, that~~

Practice

Answers _ p. 086

3. The applicant ------- we decided to select will be announced soon.
(A) whom (B) whose

4. The computer software ------- we purchased is very helpful.
(A) whom (B) that

Point 3 관계부사

관계대명사와 마찬가지로 두 문장을 연결하는 접속사 역할을 하면서 앞에 오는 선행사를 수식한다. 뒤에 불완전한 절이 오는 관계대명사와는 달리, 관계부사 뒤에는 〈주어+동사 ~〉의 완벽한 절이 온다.

1) 관계부사의 종류

선행사의 종류에 따라 알맞은 관계부사를 사용한다.

선행사의 종류	관계부사	예문
장소 (place)	**where**	This is the hotel **where** the trade fair was held. 이곳은 무역 박람회가 열렸던 호텔이다.
시간 (time)	**when**	A public holiday is a day **when** all the shops close. 공휴일이란 모든 상점들이 문을 닫는 날이다.
이유 (the reason)	**why**	This is the reason **why** I chose this job. 이것이 내가 이 직업을 택한 이유이다.
방법 (the way)	**how**	This is **how** I solve problems. = This is the way I solve problems. 이것이 내가 문제를 해결하는 방법이다. ~~the way how~~(X)

2) 관계대명사와 관계부사

관계대명사는 스스로 주어나 목적어가 되기 때문에 불완전한 절을 이끌지만, 관계부사는 부사의 역할을 함으로 완전한 절을 이끈다.

관계대명사 + 불완전한 문장	We offer presents for customers **who** shop here regularly. [관계대명사 주격 + 동사] 우리는 여기서 정기적으로 쇼핑하시는 손님들께 선물을 드린다.
관계부사 + 완전한 문장	I remember the day **when** we first met. [관계부사 + 주어 + 동사] 우리가 처음 만났던 그날을 나는 기억한다.

Practice

Answers _ p. 086

5. This restaurant is the place ------- my family members have dinner regularly.
(A) when (B) where

6. The manager explained the reason ------- we have to move to another location.
(A) how (B) why

Point 4 명사절

문장 안에서 명사 역할을 하는 절을 명사절이라고 한다. 명사절은 문장에서 주로 주어, 목적어, 보어가 된다.
명사절의 형태는 〈명사절 접속사+주어+동사〉이다.

1) 명사절의 형태

명사절을 이끄는 접속사는 의미에 따라 나뉠 수 있다.

명사절 접속사	의미		
that **if/whether**	that ~라는 것 if/whether ~인지 아닌지		
의문사	who 누가 ~하는지 what 무엇을(이) ~하는지	when 언제 ~하는지 how 어떻게 ~하는지	where 어디서 ~하는지 why 왜 ~하는지

2) 명사절의 역할과 위치

주격 (동사 앞)	**That the two airlines will merge** is certain. 두 항공사가 합병할 것이라는 것은 확실하다.
목적격 (타동사 뒤)	Please let us know **whether you will attend the seminar**. 세미나에 참석할지 안 할지 알려 주세요.
전치사의 목적격 (전치사 뒤)	We should think about **where we should take the visitors for lunch.** 우리는 손님들을 점심에 어디로 모시고 갈지에 대해서 생각해 봐야 해요.
보어 (be동사 뒤)	The freshness of the food is **what makes the restaurant so popular**. 음식의 신선도가 그 식당을 그렇게 인기 있게 만든 것이다.

PART 5/6

Practice

Answers _ p. 086

7. ------- the event will be held is not decided yet.
(A) Where (B) It

8. The supervisor asked ------- Ms. Patel was working on.
(A) what (B) about

Point 5 혼동되는 명사절 접속사와 관계대명사

1) 명사절 접속사 that vs. if / whether

that (정해진 사실)	The management has decided **that** they will sell the Chicago branch. 관리자들은 시카고 지점을 매각하기로 결정했다.
if/whether (불확실한 일)	The board of directors will decide **whether** they should reduce the budget. 이사회는 예산을 줄일지 말지 결정할 것이다.

2) that vs. what

관계대명사 that	I met a woman **that** is a teacher. [선행사 O+관계대명사+불완전한 문장] 나는 선생님인 여자를 만났다.
명사절 접속사 that	We realized **that** there are some problems. [선행사 X+완전한 문장] 문제가 있다는 것을 깨달았다.
명사절 접속사 what	I cannot understand **what** she is saying. [선행사 X+불완전한 문장] 나는 그녀가 말하는 것을 이해할 수 없다.

3) who/which vs. when/where

관계대명사 **who/which**	I saw a woman **who** lives in my neighborhood. 우리 동네에 사는 여자를 보았다. [선행사 O+관계대명사+불완전한 문장]
관계부사 **when/where/how/why**	I need a place **where** I can be alone. 나는 혼자 있을 수 있는 곳이 필요하다. [선행사 O+관계부사+완전한 문장]
의문대명사 who/which **(명사절 접속사)**	We don't know **who** might be hired for the position. 우리는 누가 그 직책에 고용될지 모른다. [선행사 X + 불완전한 문장]
의문부사 **when/where/how/why** **(명사절 접속사)**	This letter explains **why** the construction is delayed. 이 편지는 왜 공사가 지연되는지를 설명한다. [선행사 X + 완전한 문장]

Practice

Answers _ p. 086

9. The department director announced ------- Chris Lee got promoted.

(A) that (B) whether

10. Some of the employees forgot ------- the meeting starts.

(A) which (B) when

Step 2 기초 마스터

Answers _ p. 086

문법 / 구조 / 어휘에 유의하며 정답을 고르는 연습을 해 보세요.

1. I have a friend ------- collects tea spoons.
(A) whom
(B) who

2. This is the watch ------- I purchased 10 years ago.
(A) which
(B) whom

3. This is the town ------- I was born.
(A) when
(B) where

4. He was talking to a person ------- I've never seen.
(A) that
(B) which

5. This is the day ------- I met him for the first time.
(A) why
(B) when

6. This is a problem ------- I could never understand.
(A) whose
(B) which

7. New employees ------- wish to participate in the workshop must contact me.
(A) who
(B) which

8. Singapore is a city ------- has many years of history.
(A) where
(B) that

9. Please let my secretary know ------- you prefer to be notified by e-mail.
(A) that
(B) whether

10. Customers ------- purchase goods will receive their orders within three days.
(A) who
(B) whom

어휘 문제

11. We have to ------- our spending to stay competitive in the market.
(A) limit
(B) limited

12. The downtown location is ------- to major highways and subway stations.
(A) close
(B) closure

13. All executives including former ------- will show up at the opening ceremony.
(A) preside
(B) presidents

14. Many of the ------- should be eliminated to save the environment.
(A) atmosphere
(B) pollutants

Step 3 실전 마스터 (Part 5)

Answers _ p. 087

제한시간 4분 30초 안에 최대한 정확하게 풀어 보세요.

1. KG Bottles hired three new accountants ------- recently graduated.
   (A) which
   (B) what
   (C) who
   (D) them

2. A woman ------- I met at the party lives next door to us.
   (A) where
   (B) that
   (C) whose
   (D) which

3. Good Neighbors is a non-profit organization ------- mission is to help poor children in Asia.
   (A) who
   (B) which
   (C) what
   (D) whose

4. Mr. Parker must decide ------- he will submit the budget report.
   (A) whether
   (B) which
   (C) who
   (D) whom

5. ------- Jane particularly like about the product is its design.
   (A) That
   (B) What
   (C) Where
   (D) Why

6. The project ------- has been proposed by Ms. Hollaway will be accepted by the management.
   (A) who
   (B) whose
   (C) what
   (D) which

7. The survey showed ------- customers found the magazine appealing.
   (A) that
   (B) what
   (C) who
   (D) whose

8. Ms. Vinson will return from the United States, ------- she received a degree from a university.
   (A) where
   (B) while
   (C) what
   (D) whom

9. Mr. Wang, ------- is responsible for airplane safety, should be able to present the report to the board.
   (A) whose
   (B) whom
   (C) who
   (D) whoever

10. Please note ------- our company name was changed.
    (A) who
    (B) whose
    (C) which
    (D) that

제한시간 1분 30초 안에 최대한 정확하게 풀어 보세요.

Questions 11-14 refer to the following notice.

Recycling Used Ink Cartridges

High Print Company is committed to preserving the environment. We urge our customers -------(11.) their used ink cartridges, which can help save the earth. -------(12.). All you have to do is take the used cartridges to any office supply store -------(13.) sells High Print products and drop them in the recycling bins. Then the store will return them to us for processing. Each time you recycle, you are entitled to a discount on your next cartridge purchase.

For more -------(14.) on the discount program, please visit our Web site, www.highprint.com.

11. (A) recycle
    (B) to recycle
    (C) recycling
    (D) recycled

신토익

12. (A) Recycling ink cartridges is easy.
    (B) To apply, contact our office at 555-1212.
    (C) If you buy more than two boxes of paper, you'll get a 15% discount today.
    (D) They were made from environmentally-friendly materials.

13. (A) who
    (B) whom
    (C) that
    (D) what

14. (A) views
    (B) matters
    (C) issues
    (D) details

Unit 8 가정법 · 특수구문

가정법은 과거나 현재의 반대 상황을 가정하는 것을 말하며 '만약 ~한다면[했다면]'이라고 해석한다.

Step 1 기초 문법

Point 1 가정법의 종류와 형태

1) **가정법 과거:** 현재 상황을 반대로 가정하여 표현

> **If + 주어 + 과거 동사 ~, 주어 + would/could/might + 동사원형** 만약 ~라면, ~할 텐데

If I **knew** his address, I **would write** to him.
그의 주소를 안다면, 편지를 쓸 텐데. (그의 주소를 모른다.)

If I **were** you, I **wouldn't worry** about it.
내가 너라면, 그건 걱정하지 않을 텐데. (가정법 과거의 if절의 be동사는 항상 were를 사용)

2) **가정법 과거완료:** 과거의 일어났던 상황의 반대를 가정하는 표현

> **If + 주어 + had p.p. ~, 주어 + would/could/might + have + p.p.** 만약 ~했다면 ~했을 텐데

If I **had studied** harder, I **would have passed** the exam.
내가 좀 더 열심히 공부했더라면 시험을 통과했을 텐데. (시험에 통과하지 못했다.)

3) **가정법 미래:** 미래에 일어날 법한 가능성이 희박한 일

> **If + 주어 + should + 동사원형 ~, 주어 + will/can/may + 동사원형**
> (그럴 리 없지만) 만약에 ~하면, ~ 할 것이다

If I **should win** a lottery, I **will buy** you a new car.
내가 복권에 당첨된다면, 네게 새 차를 사 주겠다.

Practice

Answers _ p. 088

1. If I ------- some money with me now, I could pay for my tuition.
   (A) have　　(B) had

2. If you ------- on time for work this morning, you would have attended the meeting.
   (A) are　　(B) had been

Point 2 혼합가정법

if절과 주절의 시제가 다른 가정법이다. 가정법 과거와 가정법 과거완료가 혼합되어서 "과거의 일이 현재에 영향을 미치는 일"에 대해서 말할 때 쓰인다. 주로 주절에 now, today 같은 현재를 암시하는 표현과 함께 쓰인다.

If + 주어 + had p.p. ~, 주어 + would/could/might + 동사원형

If you **had planned** the project earlier, it **would be** successful now.
당신이 프로젝트를 좀 더 일찍 계획했더라면, 지금쯤 성공했을 것이다.

Point 3 가정법의 도치

문장의 주어와 동사의 위치가 바뀐 것을 도치라고 한다. 가정법에서 If를 생략하고, if절의 were, should, had가 주어 앞으로 나온다.

1) 가정법 도치의 유형

가정법 과거 (Were + 주어 ~)	**Were I you**, I would start my own business. (= **If I were you**, I would start my own business.) 내가 당신이라면, 개인 사업을 시작할 텐데.
가정법 과거완료 (Had + 주어 + p.p. ~)	**Had I been rich**, I could have bought that car. (= **If I had been rich**, I could have bought that car.) 내가 부자였었다면, 그 차를 살 수 있었을 텐데.
가정법 미래 (Should + 주어 + 동사원형 ~)	**Should he come** late again, he will lose his job. (= **If he should come** late again, he will lose his job.) 그가 다시 지각한다면, 아마도 직장을 잃게 될 것이다.

2) 가정법 관용 표현

if not (~는 아니라 하더라도)	The rescue team saved hundreds, **if not** thousands of lives. 구조팀은 수천 명을 살리지는 못했어도 수백 명의 목숨을 살렸다.
if so (만일 그렇다면)	Is the store is open today, and **if so**, what are your business hours? 가게가 오늘 문을 여나요, 그러면 영업 시간이 어떻게 되나요?

Practice

Answers _ p. 088

3. If its proposal ------- more detailed, Dillan Construction might now be our partner for the city project.
(A) had been (B) has been

4. ------- your address be changed, please contact us.
(A) Had (B) Should

Point 4 기타 구문의 도치

1) **보어 도치:** 강조하기 위한 내용이 맨 앞으로 이동할 때 주어와 동사가 도치된다.

보어의 도치	**Enclosed** is a résumé that you have requested. (= A résumé that you have requested is **enclosed**.) 동봉된 것은 당신이 요청한 이력서입니다. **Attached** is a summary of our recent customer surveys. 첨부된 것은 최근의 고객 설문지의 요약서입니다.

2) **부정어 도치:** never, little, seldom, hardly, rarely 같은 부정어 부사가 문두에 오면, 주어와 동사가 도치된다.

일반동사 구문	**Never** have we received such good feedback. 우리는 결코 그렇게 좋은 피드백을 받아본 적이 없었다.
be동사 구문	**Seldom** is Ms. Nagano late for staff meetings. 나가노 씨는 직원회의에 거의 늦지 않는다.

3) **Only 구문의 도치:** Only가 이끄는 구나 절이 문두에 올 때 주어와 동사가 도치된다.

Only + 부사	**Only** once has Ms. Choi traveled abroad for business. 최 씨는 단지 한 번 해외 출장을 갔었다.
Only +부사구/절	**Only** if you purchase the tickets at least two weeks in advance can you get a discount. 적어도 2주 전에 티켓을 구매해야만 할인을 받을 수 있다.

4) **So/Neither/Nor 구문의 도치**

so, neither, nor가 앞의 절의 내용을 받으면서 '~도 그렇다/~도 그렇지 않다'의 의미가 된다.

긍정 (so)	Mr. Brown attended the employee meeting, and **so did** his colleagues. 브라운 씨는 그 직원 회의에 참석했고, 그의 동료들도 참석했습니다.
부정 (neither/nor)	Mr. Brown did not attend the employee meeting, **nor did** his colleagues. 브라운 씨는 직원 회의에 참석하지 않았고, 그의 동료들도 참석하지 않았습니다.

Practice

Answers _ p. 088

5. ------- is the list of clients that you requested.
(A) Inclusion (B) Included

6. ------- had I seen such beautiful scenery.
(A) Ever (B) Never

Step 2 기초 마스터

Answers _ p. 088

문법/구조/어휘에 유의하며 정답을 고르는 연습을 해 보세요.

1. If we ------- in a big city, our life would be much easier.
   (A) live
   (B) lived

2. If she hadn't helped me, I ------- in trouble.
   (A) would have been
   (B) have been

3. If he ------- honest, we wouldn't be talking about him.
   (A) was
   (B) were

4. If I ------- some money with me now, I would lend you some.
   (A) have
   (B) had

5. Should you have any questions, please ------- me on my cell phone.
   (A) call
   (B) called

6. If I found money in the street, I ------- it to the police station.
   (A) take
   (B) would take

7. ------- had the meeting begun when someone asked a question.
   (A) Very
   (B) Hardly

8. If we had had more money, we ------- better equipment for the laboratory.
   (A) could have bought
   (B) bought

9. My knowledge of marketing is excellent, ------- is my ability to communicate with people.
   (A) as
   (B) in fact

10. If he ------- the contract, he would have received a bonus.
    (A) win
    (B) had won

어휘 문제

11. It will be difficult to finish the project without the help of many foreign -------.
    (A) investors
    (B) investment

12. Once you arrive at the airport, you will need to ------- all your luggage.
    (A) complain
    (B) collect

13. You can request a special ------- service.
    (A) delivery
    (B) deliver

14 We have nothing to ------- about on the construction.
   (A) lose
   (B) worry

Step 3 실전 마스터 (Part 5)

Answers _ p. 089

제한시간 4분 30초 안에 최대한 정확하게 풀어 보세요.

1. If we ------- the seminar indoors, we wouldn't be worried about the weather.
(A) holds
(B) holding
(C) held
(D) hold

2. If she had received the e-mail, Ms. Jenkins ------- the report to other colleagues.
(A) forwarded
(B) could forward
(C) could have been forwarded
(D) could have forwarded

3. If this schedule ------- convenient for you, please visit the HR department.
(A) would not
(B) should not be
(C) has not been
(D) would not have been

4. ------- we rich, we could renovate our building.
(A) Had
(B) Should
(C) Were
(D) Would

5. ------- to this e-mail is our company's annual report.
(A) Attaching
(B) Attaches
(C) Attach
(D) Attached

6. Only via e-mail ------- Kellogg Construction send an estimate.
(A) does
(B) were
(C) has
(D) is

7. If we had had more time, we ------- the report more thoroughly.
(A) finish
(B) will finish
(C) would finish
(D) would have finished

8. Had the company earned higher profits, we ------- more on the production.
(A) would be invested
(B) would have invested
(C) will invest
(D) invest

9. ------- you experience any difficulties while using our product, feel free to call us.
(A) Provide
(B) Could
(C) Should
(D) Even if

10. ------- did he visit the Louvre Museum when he was in Paris.
(A) Had
(B) Hard
(C) Could
(D) Never

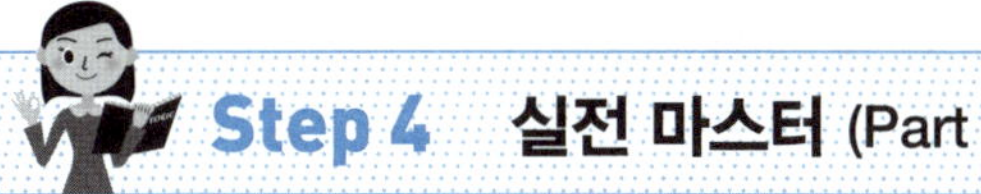

Answers _ p. 089

제한시간 1분 30초 안에 최대한 정확하게 풀어 보세요.

Questions 11-14 refer to the following letter.

Dear valued customers:

As a preferred customer, we would like to give you a special offer on some of our hottest products. The booklet we've sent you includes discount coupons for ------- (11.) of our current products. To be ------- (12.) for this offer, just present the coupon with your Maxi Mart membership cards. ------- (13.).

------- (14.) you have any questions on this offer, please visit the nearest Maxi Mart outlet or contact our membership office at 555–2843. Thank you.

11. (A) many
(B) little
(C) its
(D) much

12. (A) apply
(B) tentative
(C) responsible
(D) eligible

13. (A) Your old membership can also be renewed on the spot.
(B) Our store is located at 553 Main Street.
(C) Our sales have increased 20% and profits 12% during the first quarter.
(D) Maxi is one of the oldest supermarket chains in northern area.

14. (A) Had
(B) Should
(C) Unless
(D) Because

Unit 9 PART 6 집중 분석

Part 6에는 Part 5의 문법적인 문제와 Part 7의 독해적인 문제가 섞여 있다. 얼핏 보면 단순 문법 문제라 해도 한 번에 읽으면서 4개 문제를 다 풀기 위해 앞에서부터 독해 형태로 풀어나가는 것이 가장 빠르고 효율적이다.

Step 1 유형 분석

Point 1 문법 문제와 문맥에 맞는 어휘 문제

빈칸 앞뒤를 보고 정답을 고르는 Part 5의 문법 문제 또는 문맥상 어울리는 어휘를 고르는 문제와는 달리 Part 6의 문법 문제와 어휘 문제는 앞뒤 문장의 문맥을 고려해야 한다.

Questions 1-2 refer to the following memo.

At AMCO Corporation, we take employee -------- seriously. When severe weather is expected, we closely monitor the situation. If conditions are expected to become hazardous, an office closure will be announced. Employees will get their regular pay for any hours they were scheduled to work during a closure. When the company reopens, they must return -------- for their next scheduled shift.
(빈칸: 1., 2.)

AMCO 기업에서는 직원들의 안전을 진지하게 생각합니다. 악천후가 예측되는 경우에 저희는 상황을 자세히 관찰합니다. 상황이 위험하다고 생각되는 경우에 사무실 문을 닫겠다고 발표합니다. 직원들은 폐점 동안에 그들이 일하게 되어 있었던 시간만큼의 급여를 받습니다. 회사가 다시 문을 열면, 직원들은 잡혀진 다음 교대 근무를 위해서 다시 일을 하러 돌아와야 합니다.

1. (A) safety 안전
   (B) satisfaction 만족

2. (A) the work 작품을
   (B) to work 직장으로

해설 1. 문맥상 적절한 어휘 고르기

한 문장 안에서의 어휘를 고르는 Part 5와 달리 직원 안전(employee safety)은 물론 직원 만족(employee satisfaction)도 하나의 문장만 보면 의미가 통한다. 하지만 뒤에 직원들의 안전을 위해 사무실 문을 닫는다는 내용이 나오므로 (A)가 정답인 것을 알 수 있다. 처음부터 빈칸 앞까지 읽고, 한 개로 정답이 추려지지 않을 경우에 일단 끝까지 읽고 다시 돌아와서 문제를 푸는 것도 좋은 해결책이다. 정답: (A)

2. 문법 문제

return은 타동사로 '(특정 물건을) 반품하다, 돌려주다'라는 의미와 전치사 to를 사용해서 '어떤 장소로 돌아가다'라는 의미로 사용된다. 앞 문장에서 회사 문을 닫는다(closure)는 내용이 나왔으므로, 회사가 다시 문을 열 때 '직장으로 복귀한다'는 내용이 문맥상 적절하므로 (B)가 정답이다. 정답: (B)

Point 2 문맥상 적절한 시제/어휘/접속사를 고르는 문제

Part 6에서는 시간 순서에 따른 전개나 문맥의 흐름을 이해하는 것이 중요하다. 주어진 문제에서 원하는 과거/현재/미래의 시점을 찾거나 단락과 단락 사이에 올 수 있는 알맞은 연결어를 고르는 형태로 출제된다. 지문 처음부터 빈칸 앞뒤 부분까지의 흐름을 정확하게 파악해서 정답을 고를 수 있도록 훈련하자.

Questions 3-4 refer to the following memo.

This year's annual company picnic -------- (3.) held on Friday, April 5th. We hope that all employees will come and enjoy some free time together. All offices will be closed in the afternoon so that all of the employees can participate. Employees will be paid for the time spent at the event (up to four hours). Employees may also choose to go home at noon instead of attending. -------- (4.), those who do so must charge four hours to vacation time.

올해의 연례 회사 야유회는 4월 5일 금요일에 열릴 것입니다. 모든 직원들이 오셔서 같이 여유로운 시간을 즐기셨으면 좋겠습니다. 그날 오후에 직원들이 참석할 수 있도록 모든 사무실이 문을 닫겠습니다. 직원들은 행사에 참여한 시간(최고 4시간)에 대해서 급여를 받을 것입니다. 직원들은 참석하는 대신에 정오에 집에 갈 수도 있습니다. 하지만 그런 경우에 4시간은 휴가 시간으로 요청해야 합니다.

3. (A) was 열렸다
   (B) will be 열릴 것이다

4. (A) However 하지만
   (B) Therefore 그래서

해설 3. 문맥에 맞는 시제 고르기

주어진 문장의 시제에서는 (A), (B) 둘 다 문법상 가능하다. 하지만 뒤에 이어지는 내용에서 행사가 앞으로 열릴 것이니 참여를 독려하고 있으므로 정답은 미래형 (B)가 적합하다. 선택지에서 문법상 가능한 것만을 남겨두고 계속해서 읽으면서 정답이 확실한 시점에서 고르는 것이 효율적인 방법이다. 정답: (B)

4. 문맥에 맞는 접속사 고르기

앞뒤 문맥을 확인해서 문맥에 맞는 접속사를 골라야 하는 문제이다. 형태가 Part 5와 유사하다고 해서 선택지만 보고 고르면 문맥상 말이 안 되는 것을 고르는 실수를 범하게 된다. 앞쪽에서 읽어 내려 오면서 문맥을 잡도록 하자. 야유회에 참석하는 것을 독려하면서, 원하면 행사에 참석 안 하고 집에 갈 수 있다고 했다. 그리고 빈칸 뒤에 일찍 퇴근해서 남은 4시간은 휴가로 사용해야 한다는 다소 안 좋은 소식이 연결된다. 따라서 '그러나/하지만' 등의 역접을 나타내는 접속사가 적합하다. Therefore는 원인에 대한 결과나 순리적인 내용에 사용하는 접속사이다. 정답: (A)

Point 3 적절한 문장 고르기 문제 신토익

적절한 문장 고르기 문제는 Part 6의 신유형으로 지문의 전반적인 내용 이해가 선행되어야 하는 난이도 높은 문제이나, Part 7의 문장 삽입 문제에 비해서는 쉬운 편이다. 4개의 문제를 미리 훑어보고 4개 중 몇 번째가 문장 고르기 문제인지 확인하고, 지문을 읽으면서 문제를 풀 때에 내용 흐름상 구멍이 있는지 확인하면서 문제를 풀어 나가자.

지문에서 빈칸의 위치를 파악한다.

빈칸이 지문 초반에 제시되면 주로 주제/목적을 나타내는 문장을 찾아야 하는 경우가 많다. 빈칸이 지문 중간이나 후반부에 주어지면, 앞 내용에 관한 부연 설명이나 이유, 강조 또는 결과와 관련된 내용이 올 수 있다. 문장 고르기 문제가 지문의 어디에 있는가를 미리 확인해 두면 좋다.

Questions 131-134 refer to the following notice.

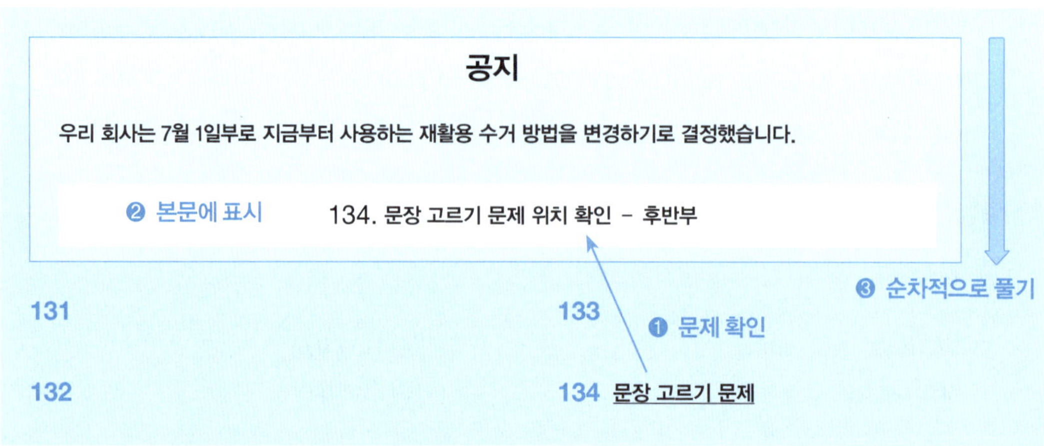

❶ 문제를 미리 훑어보고 몇 번 문제가 문장 고르기인지 확인하다.

❷ 본문에서 해당 문제 번호에 동그라미 표시해서, 지문의 어떤 위치에 문장이 삽입되는지 확인한다.

❸ Part 6 한번에 문장 고르기 문제까지 풀 수 있도록, 앞에서부터 지문의 흐름을 확인하면서 풀어나간다. 빈칸 앞뒤 문맥과 어휘 등으로 주어진 4개의 정답지 중에서 가장 좋은 것을 고를 수 있도록 훈련하자.

주어진 문장의 제목/접속사/대명사 등에서 힌트를 얻는다.

❶ 머리말, 타이틀, 직급 등장 시 힌트를 얻는다.

❷ 접속사 앞뒤의 연결이 자연스러운지 확인한다.

❸ 대명사가 지칭하는 부분을 확인한다.

적절한 문장 고르기는 본문에 주어진 타이틀이나 내용을 소개하는 인물에 대한 소개가 있으면 그 부분부터 확인하고 앞에서부터 문제를 풀어나간다. 이미 빈 공간을 있을 것을 예측하면서 접속사가 있으면, 그것으로 지문의 흐름을 파악하고, 대명사가 있으면 무엇을 지칭하는지 확인하는 것이 좋은 전략이 될 것이다.

적절한 문장 고르기 예제 및 전략

Question 1 refers to the following advertisement.

Mademoiselle Clothing Shop has a job opening in your region.

Job Description: Customer Service Representative

Our customer service representatives are required to respond to all types of customer inquiries. The average day may involve answering 80 to 100 calls from customers who are seeking answers. A key function of the position is identifying and managing priority issues that require immediate attention. To ensure excellent customer service, timely resolution of the problems is of utmost importance. -------. Hence, the ideal candidate will be adaptable, flexible, and able to work in a dynamic environment.
1.

마드모아젤 옷상점이 여러분 동네에서 직원을 구합니다.

직무 내용: 고객 상담 직원

저희 고객 상담 직원은 고객님들이 가진 모든 종류의 질문에 대답을 할 수 있어야 합니다. 보통 하루에 80~100개의 고객 문의 전화를 받게 됩니다. 이 자리의 중요한 역할은 신속한 주의를 필요로 하는 우선순위 문제를 확인하고 해결하는 것입니다. 훌륭한 고객 서비스를 위해서 시의적절하게 문제를 해결하는 것은 매우 중요합니다. 이 일에서 같은 일을 연속해서 하는 일은 없습니다. 그러므로 이상적인 직원은 적응력과 융통성이 있으며 역동적인 상황에서도 근무할 수 있어야 합니다.

(A) A list of our store managers is on our Web site.
상점 매니저들의 리스트는 웹 사이트에 있다.

(B) No two days are ever the same on this job.
이 일에서 같은 일을 연속해서 하는 일은 없습니다.

해설 지문의 제목에서 글의 목적이 구인 광고라는 것을 확인하면서 선택지 중 정답 가능성이 낮은 것을 한두 개씩 지워 나갈 수 있다. Hence(그러므로)라는 순접의 연결어 다음에 '빠르게 바뀌는 상황에서 적응할 수 있는 지원자를 원한다'는 내용이 나오는 것으로 보아, 직장의 상황이 하루가 다르게 변한다는 말이므로 정답은 (B)이다. 정답: (B)

PART 5/6

Answers _ p. 091

문맥상 적절한 문장을 골라 보세요.

Question 1 refers to the following letter.

--------. We went over your résumé and were pretty impressed by your experience. Your expertise in on-line marketing makes you a highly suitable candidate for the position of marketing director at our company. I would like to invite you to meet with a few of our executives next week, so please call me at 555-3849 to set up a specific date and time.
   1.

1. (A) I'll be in the city next week, so I should be available for an interview in person.
   (B) We're sorry to inform you that the opening has already been filled.
   (C) I am writing to update you on the status of your job application.
   (D) Enclosed is the document you have previously requested.

Question 2 refers to the following e-mail.

Hello, Ms. Martinez:

We are sending this e-mail to confirm your subscription to Blue Ocean Music Service. You signed up for Passion Package, which costs $6.99 per month and includes 50 hours of music playback each month. --------.
                                                                                                                  2.

If you should wish to terminate your service, please visit our Web site and navigate to your account setting. Once there, click the "Close Account" button.

2. (A) Unfortunately, we're unable to process your payment at this time.
   (B) This package also includes a subscription to our weekly newsletter.
   (C) You can either pay by personal check or charge to your credit card account.
   (D) We'd like to offer you a great chance to enjoy your favorite music at reasonable prices.

Answers _ p. 091

제한시간 4분 30초 안에 최대한 정확하게 풀어 보세요.

Questions 1-4 refer to the following letter.

Michael Woo
Farm Fresh Supplies
#305, 180 Garosu-gil
Seoul, Korea

Dear Mr. Woo,

We are writing to let you know about a temporary -------- (1.) in our order fulfillment service on June 2. We will begin moving all of our equipment and inventory to a new warehouse in Kyoto. -------- (2.). The move will take 3-4 days, -------- (3.) which time we will be unable to ship overseas orders. -------- (4.) any delays, please place your next order by May 20. If you have any questions, please do not hesitate to contact me.

Sincerely,

Janice Young
Customer Service Director

1. (A) extension
(B) improvement
(C) disruption
(D) solution

2. (A) These will be available at a special price for a limited time.
(B) You can track the status of your order online.
(C) Warehouse facilities have become an important industry in the region.
(D) This will prevent us from keeping a large inventory in stock.

3. (A) during
(B) due to
(C) rather than
(D) may as well

4. (A) Avoids
(B) Avoided
(C) To avoid
(D) Having avoided

Questions 5-8 refer to the following information.

Quality is Our Main Concern
Tata Electronics Ltd.

Congratulations on the purchase of your Tata Electronics Ltd. vacuum cleaner. It will serve you -------- (5.) under the most challenging circumstances. Our 50 years of experience in the industry has taught that vacuum cleaners are not always used in ideal conditions. To meet our company's strict -------- (6.) requirements, all our electronics undergo a series of rigorous tests.

Every device is exposed to heat, cold, and dust, as well as hours of repeated drops from one-meter heights. During our quality inspections, our vacuum cleaners are randomly chosen and -------- (7.) these same tests by quality control technicians. -------- (8.).

That is why, at Tata Electronics, we say "quality is our main concern."

5. (A) faithfully
   (B) needlessly
   (C) conditionally
   (D) deeply

6. (A) pricing
   (B) educational
   (C) reliability
   (D) application

7. (A) handed in
   (B) made up
   (C) turned down
   (D) put through

8. (A) From those results, we always try to cut costs.
   (B) Even one device failing one test will stop production and we will look into the problem.
   (C) Through this process, items are shipped quickly to our clients.
   (D) Extra vacuum cleaners can be purchased with special VIP discounts.

Questions 9-12 refer to the following article.

Simmons International to buy Chiang Technology

Hong Kong, March 10 – Simmons International announced Monday that ------- (9.) would buy Chiang Technology in a deal valued at $700 million.

A spokesperson for Simmons said that the company expects to double its profits by the end of next year. It will accomplish this by making full use of Chiang's widespread distribution channels in most of the Asian markets. ------- (10.).

Financial experts believe the Chiang acquisition will make Simmons the market leader in the industry of computers and electronics. "They will be well ahead of their ------- (11.)," said top analyst Robert Ing of Financial Times.

Simmons plans to maintain Chiang's current workforce, and all of Chiang's 250 branches around the world. ------- (12.), Simmons will evaluate whether additional staff are needed.

9. (A) it
   (B) he
   (C) those
   (D) someone

신토익

10. (A) Offers from other firms were rejected.
    (B) Chiang has recently added 20 locations in China alone.
    (C) Another company will be acquired next year.
    (D) The employees will also be happy about the transaction.

11. (A) critics
    (B) suppliers
    (C) investors
    (D) competitors

12. (A) After all
    (B) After that time
    (C) As you have requested
    (D) As a matter of fact

PART 7

PART 7

하나의 지문 또는 복수의 지문을 읽고,
그것에 관한 질문에 가장 적절한 답을 고르는
유형이다. 신토익에서 제일 강화된 파트이다.

문제 수	난이도
총 54문제 (147번~200번)	상

만점 전략

문제를 미리 훑어보고, 긴 지문 안에서 정답 힌트를 빠르게 찾는다.

❶ 문제를 읽고 유형을 분류한 후 본문에서 찾을 내용을 펜으로 표시한다.
❷ GQ 유형은 주로 앞쪽에서, SQ 유형은 핵심 어구를 확인한다.
❸ 정답을 그대로 언급하는 경우도 있지만, 다른 말로 패러프레이징된 부분을 찾아야 하는 경우도 있다.

학습 방법

❶ 준비: Part 7에서 자주 출제되는 문제 유형 및 정답 유형을 익힌다.
Part 7에서 자주 출제되는 지문의 주제별 어휘와 표현을 익힌다.
❷ 실전: 다수의 문제를 정확하게 읽고 지문에서 힌트를 찾는 훈련을 한다.
❸ 복습: 문제 유형별 정답을 복습하고 패러프레이징된 표현 및 주제별 지문을 익혀 빠르게 본문을 파악하는 훈련을 한다.

Questions 147-148 refer to the following letter.

Melisa Novak
Chicago Mills Bank
1200 Main Street
Chicago, IL 32491

Dear Ms. Novak,

I'm a manager at Chicago Mills Bank. We have an opening for a bilingual customer service representative at our call center in the main office. We have retained your information from last year's applicant data. We're interested in learning whether you still want to work with us. If so, please contact us at 312-555-3546 and set up an interview time by May 4th.

We look forward to hearing from you.

147 What is the purpose of this letter?
(A) To apply for a job
(B) To complain about a mistake
(C) To confirm a reservation
(D) To offer a job

148 What should Ms. Novak do if she wants to get this job?
(A) Call the office and make an appointment
(B) Send her reply with her résumé
(C) Meet with a manager
(D) Reorder the items

이렇게 풀어요!

먼저, 각각의 문제를 읽고 Key Word를 표시하고 지문과 문제를 동시에 보면서 정답을 고른다.

❶ 문제를 읽고 GQ/SQ 유형을 확인한 뒤, Key Word를 표시해 둔다.

❷ 문제 유형/지문 주제에 따라 정답 위치를 추측하면서 문제를 풀어나간다.

147. What is the purpose of this letter? → GQ: 편지의 자기소개 후 등장

148. What should Ms. Novak do if she wants to get this job? → SQ: 부탁/당부하는 내용은 끝에 등장

❸ 주어진 위치에서 정답을 다른 말로 패러프레이징해서 제시하는 경우가 많다.

147. We're interested in learning whether you still want to work with us.
→ (D) To offer a job

148. Please contact us at 312-555-3546 and set up an interview time.
→ (D) Call the office and make an appointment.

❹ 정답: 147 (D) 148 (D)

Unit 10 문제 유형 1

Step 1 유형 분석

Point 1 전체적인 문제(General Question)

지문의 전체적인 목적이나 이유를 물어보거나, 내용의 전반적인 배경에 대해 묻는 문제 유형이다. 글의 필자나 독자가 누구(Who)인지, 왜(Why) 이 글이 쓰였는지, 주제가 무엇(What)인지, 필자가 어디에(Where) 있었는지 묻는 문제가 그것이다.

GQ 문제 유형

What is the main **topic** of this memo? 이 메모의 주제는 무엇인가?
What does this article mainly **discuss**? 이 기사는 무엇에 대해서 논의하는가?
What is the **purpose** of this letter? 편지의 목적은 무엇인가?

GQ의 예제 및 문제 풀이 전략

Question 1 refers to the following memo.

Dear Employees,

Now that summer is coming, we must think of creative ways to keep sales strong in the summer season. For the first time ever, we are holding an ice coffee flavor contest. Those employees who come up with original ideas for new energizing ice coffee flavors will have a chance to go on a trip to Hawaii.

직원들에게,

여름이 다가오고 있어 우리는 여름을 맞이하여 매출을 강화하기 위해 창의적인 방법을 생각해 내야 합니다. 최초로 우리는 아이스 커피 맛 대회를 개최합니다. 에너지를 북돋우는 아이스커피의 새로운 맛을 위한 창의적인 아이디어를 생각해 낸 직원들은 하와이 여행 기회를 얻게 됩니다.

예제 1 What is the purpose of this memo? 이 메모의 목적은 무엇인가?

(A) To announce a competition 경쟁 대회를 발표하기 위해서
(B) To publicize company profits 회사 수익을 공표하기 위해서
(C) To invite staff to a company outing 직원들을 야외 모임에 초대하기 위해서
(D) To provide information on new products 신상품의 정보를 주기 위해서

❶ 목적을 묻는 GQ임을 확인한다. ❷ 본문의 앞쪽에서 GQ의 힌트를 확인하면서 읽는다.

❸ 문제의 목적/이유/장소/직업과 관련된 부분의 위치를 찾고, 주어진 정답지 중 가장 근접한 내용을 선택한다. 특정 어휘가 들어 있는 것이 아닌 전체적인 내용과 비슷한 정답지를 골라야 한다.

해설 메모의 첫 문장에서 현재 상태/문제점 등을 제기하고, 매출을 높이기 위해서 새로운 음료 대회(competition)을 개최하겠다는 것을 알리는 목적을 본문 앞쪽에서 제시한 전형적인 형태이다. GQ는 초반에 나오기는 하나 그 문제를 맞히기 위해서 중간에서 읽기를 멈추기보다는 SQ를 풀기 위해서 끝까지 읽고 못 푼 GQ를 푸는 것이 효율적이다.
정답: (A)

Point 2 세부적인 문제(Specific Question)

특정 시점, 인물, 장소, 행동 등에 대한 정보를 묻는 유형으로 문제의 Key Word를 파악해서 이에 해당하는 정보를 본문에서 찾는 훈련을 해야 한다. 특히 문제별, 주제별로 어떤 위치에 어떤 세부 정보를 담고 있는지 파악할 수 있으면 유리하다. 과거에 관한 세부 정보는 주로 지문의 앞쪽에, 앞으로 할 행동을 지시하거나 부탁하는 내용은 지문 뒤쪽에 등장한다.

SQ 문제 유형

1) 의문사별 세부 내용 문제

Where should the application form be sent? 지원서는 어디로 보내야 하는가?

When will the change take effect? 언제 변경 사항이 적용되는가?

How can Mr. Bolton get a refund? 볼튼 씨는 어떻게 환불 받을 수 있는가?

What are employees advised to do? 직원들은 무엇을 하라고 조언을 받는가?

2) 동의어 고르기 문제

In the **e-mail**, the word **"attend" in paragraph 1, line 2** is closest in meaning to

이메일에서 첫 번째 단락 두 번째 줄의 "attend"와 의미상 가장 가까운 것은 무엇인가?

SQ의 예제 및 문제 풀이 전략

Question 2 refers to the following notice.

Thank you for all of your hard work this quarter. Sales have risen substantially, and the management is delighted with the superior performance of our division. This, in turn, has led to some great news for our department. Because of our considerable profit this quarter, we will be able to upgrade our equipment including computers and new photocopiers. However, in order for all the computers and software to be installed efficiently, you will have to take Friday afternoon off. Everything will be ready for your use on Monday morning.

이번 분기에 열심히 일해 주신 것에 대해 감사드립니다. 판매는 크게 증가해서 경영진들은 우리 부서의 우수한 실적에 기뻐하고 있습니다. 이것은 우리 부서에 좋은 소식을 가져왔습니다. 이번 분기의 막대한 이익 덕분에 우리는 컴퓨터와 새로운 복사기를 포함해서 장비를 업그레이드할 수 있게 되었습니다. 그러나 모든 컴퓨터와 소프트웨어가 효과적으로 설치되려면 여러분들은 금요일 오후에 휴가를 내야 할 것입니다. 월요일 아침에 여러분들이 사용할 수 있도록 모든 것이 준비될 것입니다.

예제 2 What will happen next Monday? 월요일에 일어날 일은 무엇인가?

(A) Some figures will be announced. 수치가 발표될 것이다.

(B) Some furniture will be delivered. 가구가 배달될 것이다.

(C) Employees will resume work as usual. 직원들이 평소처럼 일을 재개할 것이다.

(D) Some construction work will take place. 공사 작업이 있을 것이다.

❶ SQ의 Key Word를 확인한다. ❷ 본문 속의 다양한 정보 중 Key Word와 연계된 내용을 찾는다.

❸ 주어진 선택지 중 본문의 표현을 그대로 썼거나 다른 말로 패러프레이징(paraphrasing)된 것을 고른다.

해설 Key Word가 next Monday라는 것에 유의하여 본문에서 해당하는 내용을 고르면, 장비, 소프트웨어 설치는 금요일에 하지만, '월요일에는 직원들이 이용할 수 있도록 모든 것이 준비될 것이다'라는 내용에서 월요일에 직원들이 다시 근무를 시작할 것임을 알 수 있다. 따라서 정답은 (C)이다. 정답: (C)

Point 3 True/Not true 문제

True/Not true 문제는 지문 전반에 걸쳐 제시되는 단서들을 정확하게 이해하고 풀어야 하는 다소 까다로운 유형이다. 문제의 Key Word를 찾아, 정답지에 주어진 내용과 지문에 있는 단서들을 대조해 나가면서 풀어야 하므로 시간 관리가 필요한 문제 유형이다.

True/Not true의 문제 유형

1) 지문 전체를 읽어야 알 수 있는 문제

What is true about Zaha Tech? 자하 테크에 대해 맞는 내용은 무엇인가?
What is mentioned/indicated/stated in the letter? 편지에서 무엇이 언급되었는가?
What is NOT true about Betsy's Apparel? 벳시 의류에 대해 사실이 아닌 것은 무엇인가?

2) 특정 세부 사항을 묻는 문제

What is true about the holiday package? 휴일 패키지에 대해서 맞는 내용은 무엇인가?
What advantage is NOT mentioned in the advertisement? 광고에 나오지 않은 장점은 무엇인가?

True/Not true 예제 및 문제 풀이 전략

Question 3 refers to the following notice.

(B) (C) (A)

Submissions will be judged on their appeal to a broad range of customers, as well as convenient availability of ingredients and low cost of production. Entry forms are available at the information desk and online. The deadline for submissions is the last day of the month. If you have any questions, please call Ms. Benton at extension 8237.

제출된 물건은 재료를 구하기 편리한지, 생산 비용이 저렴한지는 물론 광범위한 소비자층에게 호소력을 갖는지를 바탕으로 판단될 것입니다. 참가 신청서는 안내 데스크와 온라인에서 얻을 수 있습니다. 제출 마감은 이번 달 말일이 되겠습니다. 질문이 있으면 벤튼 씨에게 내선번호 8237번으로 전화해 주시기 바랍니다.

예제 3 What is NOT mentioned as an aspect of a good product? 좋은 상품의 한 부분으로 언급되지 않은 것은?

(A) Being inexpensive to make 만들기가 저렴한 것
(B) Having components that are easy to obtain 구하기 쉬운 것으로 만드는 것
(C) Being liked by a wide range of people 많은 사람들이 좋아하는 것
(D) Having an attractive appearance 매력적인 외관을 갖는 것

❶ 질문이 NOT mentioned 유형이라는 것을 확인한다.

❷ 조건/특징을 말하는 부분을 찾아 하나씩 지워나간다.

❸ 선택지 중 틀린 것을 지우고 남은 하나를 고른다. 나열된 정보가 나온 부분만 찾으면 지워나가는 것은 간단하다.

해설 대부분 수험생들이 두려워하는 Not true 유형은 조건/특징들이 나열된 부분을 찾을 능력만 있으면 비교적 쉽게 정답을 골라낼 수 있다. 오히려 True 유형은 지문과 정답지를 동시에 비교해야 하는 까다로운 유형이다. 평소에 지문을 읽고 내용을 기억할 수 있는 능력이 있어야 선택지와 지문이 긴 독해 문제를 잘 풀 수 있다.

정답: (D)

Point 4 추론 문제

지문에서 주어진 정보를 근거로 정답을 추론하는 문제 유형이다. 문제의 Key Word와 지문에서 단서를 찾았다 하더라도 주어진 내용 안에 내포된 의미를 파악하기 위해서는 배경 지식을 활용하고 선택지에서 패러프레이징된 표현의 의미를 파악할 수 있는 능력이 있어야 한다. 이중, 삼중 지문에서 여러 개의 지문을 참고해야 하는 통합형 문제로도 자주 등장한다.

추론 문제 유형

What is suggested/implied about Ms. Willows? 윌로우스 씨에 대해서 암시되고 있는 것은 무엇인가?
What can be inferred about the workshop? 워크숍에 대해 추론할 수 있는 것은 무엇인가?
What will probably **happen** next month? 다음 달에 무슨 일이 일어날 것인가?

추론 문제의 예제 및 문제 풀이 전략

Question 4 refers to the following online chat discussion.

Sam Metcalfe [11:20 A.M.] Ms. Stewart, your latest book is an unpredictable adventure story about two boys looking for a family treasure. How did you come up with the idea for the story?

Liza Stewart [11:21 A.M.] I remember wanting something exciting to happen to me when I was a child. I hoped to be involved in a mystery, but that never happened to me. So I made it happen in this story.

Sam Metcalfe [11:23 A.M.] What do your readers say about your books and their illustrated pictures?

Liza Stewart [11:24 A.M.] I often get letters from readers who tell me the books help them feel brave when they're in tricky situations. They say they learn from the characters. That's very important to me.

샘 맷거프: 스튜어트 씨, 당신의 최근 도서는 두 소년이 가족의 보물을 찾는 예상치 못한 모험 이야기예요. 이 이야기의 아이디어는 어떻게 얻으셨나요?
리자 스튜어트: 저는 어렸을 때 저에게 흥미로운 일이 발생하기를 원했던 것을 기억하고 있어요. 저는 미스터리에 휘말리기를 원했지만, 그것은 저에게 전혀 일어나지 않았죠. 그래서 제가 이 이야기에서 일어나도록 만들었어요.
샘 맷거프: 독자들은 당신의 도서와 삽화에 대해 뭐라고 말하나요?
리자 스튜어트: 저는 자주 독자로부터 책이 그들을 어려운 상황에서 용기를 갖도록 도와준다는 편지를 자주 받아요. 그들은 등장인물로부터 배운다고 말이죠. 그 사실은 저에게 매우 중요하죠.

예제 4 What can be inferred about the book? 이 책에 관해 추론할 수 있는 것은 무엇인가?
(A) It helps readers have courage. 독자들이 용기를 갖도록 해 준다.
(B) It is based on real experiences. 실화를 바탕으로 한다.
(C) It is the writer's first publication. 저자의 첫 번째 간행물이다.
(D) There are no pictures included. 삽화가 전혀 들어가지 않았다.

❶ 추론 문제의 유형과 Key Word를 확인한다. ❷ 본문의 힌트와 선택지를 비교하면서 틀린 부분은 지워나간다.

❸ 문제의 목적/이유/장소/직업과 관련된 부분의 위치를 찾고, 주어진 정답지 중에서 가장 근접한 내용을 선택한다. 특정 어휘가 아닌 전체적인 내용이 동일한 선택지를 골라야 한다.

해설 언급형/추론형 문제들은 Key Word와 관련 부분을 선택지와 비교하여 틀린 것을 지워가면서 푸는 것이 효율적이다. 정답은 패러프레이징된 표현으로 나오는 경우가 많다. (B) 책이 실화를 바탕으로 쓰였다는 말은 지문의 내용과 다르므로 정답이 될 수 없다. 지문에서 책에 수록된 삽화가 언급되었으므로 (D)도 정답이 아니다. 지문 마지막에서 리자 스튜어트가 독자들로부터 책 덕분에 까다로운 상황에 처해있을 때 용기 있게 대처할 수 있었다는 편지를 받는다고 말했으므로 정답은 (A)이다. 정답: (A)

PART 7

Step 2 Paraphrasing 기초 훈련

Answers _ p. 092

밑줄 친 부분을 적절하게 바꿔 표현한 것을 골라 보세요.

1. I met my favorite musician in person after the concert.
   (A) in reality
   (B) in a dream

2. He wanted to determine what the customers think.
   (A) tell
   (B) know

3. Customers of Bermuda Travel Agency receive significant hotel discounts.
   (A) great
   (B) large

4. This will help you retain your customers.
   (A) hold
   (B) understand

5. Unfortunately, the store went bankrupt last year.
   (A) very popular
   (B) out of money

6. The book explains how businesses can execute their strategies effectively.
   (A) carry out
   (B) make

7. You can buy all kinds of flowers at the plant nursery.
   (A) place for growing
   (B) place for healing

8. This voucher can be redeemed only by the end of this December.
   (A) restored
   (B) used

9. The voucher entitles you to a boating excursion.
   (A) The coupon allows a boat ride.
   (B) The flyer permits entry to a cruise ship.

10. All protective clothing goes in the bins to be washed later.
    (A) All protective clothing must be thrown away.
    (B) All protective clothing must be stored properly.

 Answers _ p. 093

제한시간 4분 30초 안에 최대한 정확하게 푼다.

Question 1 refers to the following form.

Brennan's Grocery Store Customer Survey

Dear Ms. Richards:

We appreciate your shopping at Brennan's Grocery Store. To ensure a quality experience for all customers, please answer a few questions about your recent shopping experiences.

1. How would you describe the staff at Brennan's Grocery Store? (Check all that apply.)
   □ Attentive □ Knowledgeable ■ Friendly □ None of the above
2. How often do you leave the store without an item you need?
   □ Every time □ Sometimes ■ Rarely □ Never

1. Why was the survey conducted?
   (A) To compare prices with other stores
   (B) To find out if employees are stealing
   (C) To determine the quality of food
   (D) To learn how customers are treated

Question 2 refers to the following article.

Airport Construction Continues

Frankfurt, July 2 – A major expansion project is underway at Frankfurt International Airport. The project is estimated to cost $2.9 billion; a new terminal is scheduled to open in approximately one year.

The new terminal, however, will sit on a confined piece of land, which presents significant challenges to increasing the number of takeoffs and landings. If the airport keeps its current number of runways, the capacity to handle air traffic could reach its maximum within three years.

2. In paragraph 2, line 4, the word "handle" is closest in meaning to
   (A) touch
   (B) examine
   (C) manage
   (D) release

Question 3 refers to the following advertisement.

Central Montana Legal Aid Services

Connecting skilled lawyers with residents on very tight budgets.

Services include:
- A free, 20-minute initial consultation
- Advice in the areas of family, immigration, tax, and employment law
- Legal representation at low rates for the unemployed

◈ Note: We do not aid those with criminal cases.

Visit our Web site for a complete list of legal counseling sessions and locations. Clients should arrive early to complete paperwork. You'll also find instructions online to help you prepare for your legal advisory meeting. If you are unable to attend scheduled sessions, you may submit questions online, and a lawyer will respond in writing.

3. What is stated about Central Montana Legal Aid Services?
(A) They guarantee representation for all applicants.
(B) They only answer legal questions in person.
(C) They provide services for low-income groups.
(D) They can assist those charged with robbery.

Step 4 실전 마스터

Answers _ p. 093

제한시간 6분(문제당 1분) 안에 최대한 정확하게 풀어 보세요.

Questions 1-3 refer to the following e-mail.

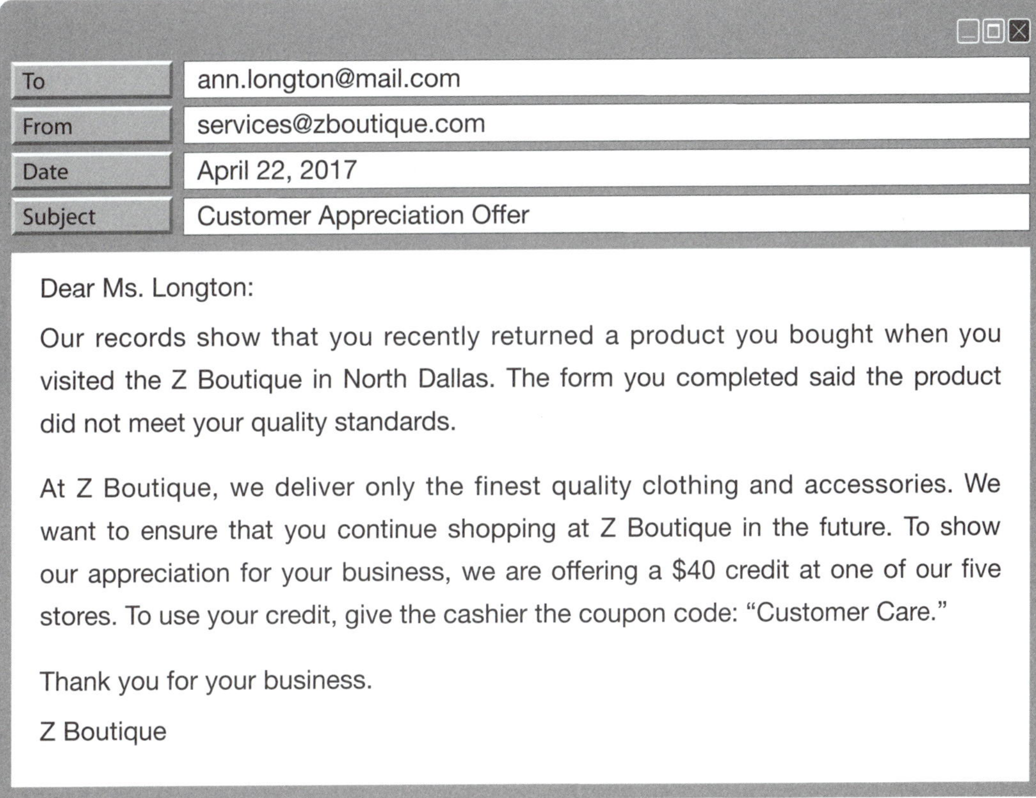

To	ann.longton@mail.com
From	services@zboutique.com
Date	April 22, 2017
Subject	Customer Appreciation Offer

Dear Ms. Longton:

Our records show that you recently returned a product you bought when you visited the Z Boutique in North Dallas. The form you completed said the product did not meet your quality standards.

At Z Boutique, we deliver only the finest quality clothing and accessories. We want to ensure that you continue shopping at Z Boutique in the future. To show our appreciation for your business, we are offering a $40 credit at one of our five stores. To use your credit, give the cashier the coupon code: "Customer Care."

Thank you for your business.

Z Boutique

1. What is the main purpose of the e-mail?
   (A) To advertise an upcoming sale
   (B) To explain the boutique's policy
   (C) To hold on to a customer
   (D) To announce a new product line

2. What is suggested about Ms. Longton?
   (A) She was disappointed at the boutique's product.
   (B) The boutique overcharged her.
   (C) She bought the wrong size.
   (D) She discouraged other shoppers.

3. What is offered in the e-mail?
   (A) A refund
   (B) A recommendation
   (C) A replacement item
   (D) A gift certificate

Questions 4-6 refer to the following advertisement.

THE HAPPY GARDENER

1421 Pine Bluff Road
Oklahoma City, Oklahoma 22312
(412) 555-9633

45466 Jefferson Road
Calvin, Oklahoma 22331
(422) 555-9935

If you're ready to start your own vegetable garden, do it the right way! Our plant nurseries and knowledgeable staff can provide you with all the materials and answers you need to successfully grow your own food.

Shoppers will find:

- A wide selection of books detailing gardening methods and native plants
- Local, naturally developed soils—nothing is chemically treated
- Gardening classes for all skill and experience levels (not available at the Pine Bluff store)
- All varieties of native plants and the information needed to keep them healthy

Stop by either of our locations, and allow our plant experts to answer your questions. We'll help you keep your garden growing!

- Hours of Operation -

Monday: 11 A.M. – 4 P.M.
Tuesday – Friday: 9 A.M. – 7 P.M.
Saturday: 9 A.M. – 9 P.M.
Sunday: 12 P.M. – 6 P.M.

4. What is suggested about The Happy Gardener?
   (A) Fruits and vegetables are sold as food.
   (B) Employees are experienced gardeners.
   (C) Imported plants are available for purchase.
   (D) Chemical fertilizers are on sale this week.

5. What is NOT provided by The Happy Gardener?
   (A) Training courses
   (B) Home service
   (C) Healthy planting soil
   (D) Gardening advice

6. What is available only at the Jefferson Road location?
   (A) Gardening guides
   (B) Native plants
   (C) Skilled advice
   (D) Training courses

Unit 11 문제 유형 2(신유형)

Step 1 유형 분석

문자 메시지/온라인 채팅 지문이 신토익에 새로 도입되었다. 따옴표(" ") 안 인용구의 문맥상 의도/의미를 파악하는 문제가 출제된다. 지문에서 인용구의 위치와 인용구의 앞뒤 문맥을 파악하는 것이 중요하다. 동의어 고르기 문제와 마찬가지로, 그 문장의 표면적 의미가 아닌 문맥상의 의미를 선택지에서 고를 수 있도록 훈련하자.

Point 1 화자의 의도 파악 문제

화자의 의도 파악 문제 유형

At 3:05 P.M., what does Mr. Hwang most likely mean when he writes, "That's what I thought"?
오후 3시 5분에, 황 씨가 "나도 그렇게 생각했다"라고 쓴 의미는 무엇인가?

화자의 의도 파악 예제 및 문제 풀이 전략

Question 1 refers to the following text message chain.

Susan Bellaire [1:51 P.M.]	It's my first time participating in a training session online. I keep getting the message "Access Denied."
Paul Shephard [1:52 P.M.]	Let me check it for you, Ms. Bellaire.
Susan Bellaire [1:53 P.M.]	Maybe there's an issue with the access code that comes with the invitation for online training.
Paul Shephard [1:54 P.M.]	Here we go. I gave you the meeting code instead of the access code. Try 992745. It should work now.

수잔 벨레어 [1:51]	온라인으로 교육 프로그램에 참여하는 것은 처음인데, 계속해서 "접속 거부"라는 메시지가 떠요.
폴 세퍼드 [1:52]	제가 한번 볼게요, 벨레어 씨.
수잔 벨레어 [1:53]	온라인 교육 초대와 같이 오는 접속 코드 문제인 것 같아요.
폴 세퍼드 [1:54]	알겠어요. 제가 접속 코드 대신 회의 코드를 드렸네요. 992745로 해 보세요. 이제 될 거예요.

예제 1 At 1:54 P.M., what does Mr. Shepard most likely mean when he writes, "Here we go"?
오후 1시 54분에 세퍼드 씨가 "알겠어요"라고 쓴 의미는 무엇인가?

(A) He is about to start the training session. 그는 훈련을 시작하려고 한다.
(B) He has found out what the problem was. 그는 무엇이 문제인지 알아냈다.
(C) He's surprised by Ms. Bellaire's request. 그는 벨래어 씨의 요청에 놀랐다.
(D) He would like to invite her to another meeting. 그는 여자를 다른 회의에 초대하고 싶어 한다.

❶ 지문에서 메시지 전송 시간과 인용문을 찾아둔다. ❷ 지문 처음부터 인용문까지 읽으면서 전체 흐름을 파악한다.
❸ 주어진 정답지 중 문맥상 화자의 의도에 해당하는 선택지를 고른다.

해설 Here we go는 문제를 밝혀냈을 때 쓰인다. 인용문 바로 다음에서 자신이 줬던 코드가 회의 코드였다고 말한 부분에서 Here we go는 접속이 되지 않았던 원인이 무엇인지를 밝혀냈다는 의미임을 알 수 있다. 정답: (B)

Point 2 삽입 문장 위치 찾기 문제

[1], [2], [3], [4]의 위치 중 주어진 문장이 지문의 흐름과 가장 잘 어울리는 위치를 고르는 유형이다. 먼저 삽입문을 읽고 지문을 해석해 나가다가 흐름이 단절되거나 삽입문과 자연스럽게 이어지는 문장이 있는 곳을 고를 수 있어야 한다. 특히 접속사나 특정 어휘 사이에 빈칸이 있는지 파악하는 것이 중요한데 연결어를 보면 흐름을 추측하는 것이 가능하기 때문이다. 특정 어휘가 반복되는 것도 흐름 파악할 수 있는 힌트로 사용할 수 있다.

문장 위치 찾기 문제 유형

In which of the positions marked [1], [2], [3], and [4] does the following sentence best belong?
"A $10 registration fee is required to begin using our service from now on"

[1], [2], [3], [4]로 표시된 곳 중 다음 문장의 위치로 가장 적절한 곳은 어디인가?
"10달러의 등록비는 지금부터 우리 서비스를 이용하는 데 필요합니다."

삽입 문장 예제 및 문제 풀이 전략

Question 2 refers to the following notice.

Based on the expense report from last quarter, it is clear that we need to reduce our costs for office supplies. – [1] –. One where we can cut spending is in printing and copying documents. – [2] –. While multicolor documents are more attractive and attention-grabbing than black-and-white ones, color ink cartridges are very expensive. – [3] –. Please reserve the use of the color for only those cases where visual appeal is a relevant factor. – [4] –.

지난 분기 지출 보고서에 의하면 사무용품을 위한 비용을 줄여야 한다는 점이 분명해졌습니다. – [1] –. 우리가 비용을 줄일 수 있는 분야 하나는 문서 인쇄와 복사 부분입니다. – [2] –. 우리 컬러 문서가 흑백 문서에 비해 좀 더 보기 좋고 시선을 끌 수 있지만, 컬러 잉크 카트리지는 매우 비쌉니다. – [3] –. 컬러 잉크는 시각적인 호소가 영향을 미치는 요인이 되는 경우에만 쓰일 수 있도록 아껴주시기 바랍니다. – [4] –.

예제 2 In which of the positions marked [1], [2], [3], and [4] does the following sentence best belong?
"Publicity flyers intended for clients are one obvious example in printing documents."

(A) [1]
(B) [2]
(C) [3]
(D) [4]

[1], [2], [3], [4]로 표시된 곳 중 다음 문장의 위치로 가장 적절한 곳은 어디인가?
"고객을 위한 홍보 전단지는 문서 인쇄 부분에서 한 가지 분명한 예가 되겠습니다."

[1]
[2]
[3]
[4]

❶ 미리 문제를 훑어보고 몇 번 문제가 문장 삽입 문제인지 확인한다. ❷ 지문에서 [1], [2], [3], [4]의 위치를 확인한다.

❸ 지문을 처음부터 읽으며 주제를 파악하고 주제, 예시, 인과 관계를 확인하면서 삽입 문장을 넣어 본다.

해설 문장 삽입 문제는 문제를 많이 풀수록 쉽게 정답을 고를 수 있는 유형이다. 지문 구조, 접속사, 특정 어휘로 지문 흐름의 힌트를 얻어 주어진 문장의 위치를 찾도록 하자. [2] 앞에서 지출을 줄일 수 있는 한 분야로 문서 인쇄와 복사가 언급되었는데, 삽입 문장의 홍보 전단지는 인쇄/복사의 한 예가 될 수 있으므로 적절한 위치는 (B)이다.

정답: (B)

Step 2 Paraphrasing 기초 훈련

Answers _ p. 094

밑줄 친 부분을 적절하게 바꿔 표현한 것을 골라 보세요.

1. They sampled the small cups of ice cream at the store.
(A) speak
(B) taste

2. Kids love the park's whimsical statues.
(A) amusing
(B) sad

3. Human resources is always trying to recruit promising new members.
(A) fire
(B) hire

4. The performance showed the true essence of the music.
(A) nature
(B) look

5. Hardworking and reliable is how everyone describes the new employee.
(A) experienced
(B) trustworthy

6. All students and faculty are cordially invited to attend.
(A) automatically
(B) politely

7. There are many fancy boutiques on this street.
(A) luxury
(B) lucrative

8. This workshop teaches you how to revitalize your business.
(A) fail
(B) energize

9. The illustrations bring the story to life for readers.
(A) The pictures make the book better.
(B) The artwork is not necessary.

10. The lawyer gave him representation in court.
(A) The lawyer helped the man.
(B) The lawyer did not know the man.

Step 3 기초 마스터

Answers _ p. 095

제한시간 3분 안에 최대한 정확하게 풀어 보세요.

Question 1 refers to the following text massage chain.

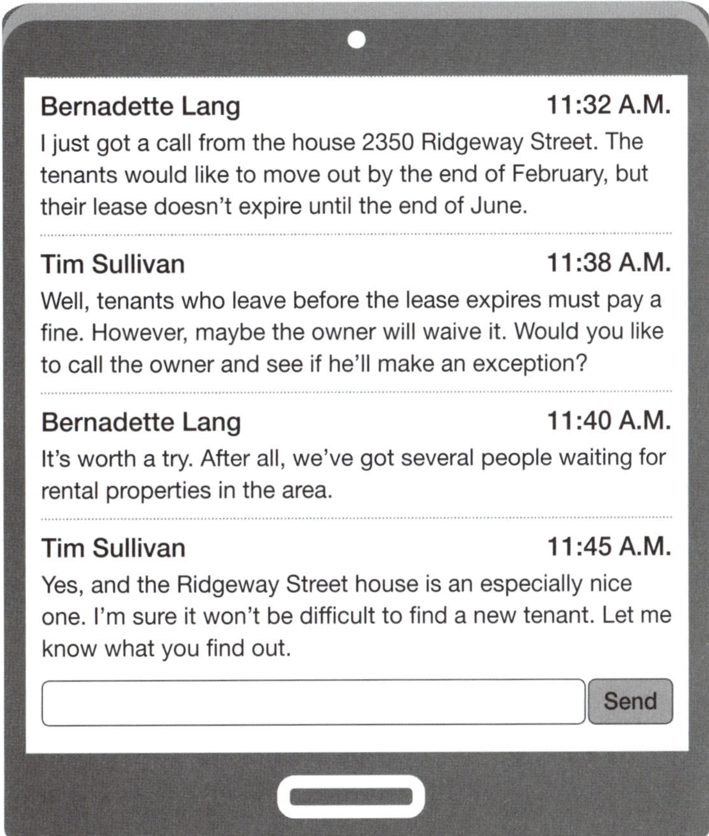

Bernadette Lang **11:32 A.M.**
I just got a call from the house 2350 Ridgeway Street. The tenants would like to move out by the end of February, but their lease doesn't expire until the end of June.

Tim Sullivan **11:38 A.M.**
Well, tenants who leave before the lease expires must pay a fine. However, maybe the owner will waive it. Would you like to call the owner and see if he'll make an exception?

Bernadette Lang **11:40 A.M.**
It's worth a try. After all, we've got several people waiting for rental properties in the area.

Tim Sullivan **11:45 A.M.**
Yes, and the Ridgeway Street house is an especially nice one. I'm sure it won't be difficult to find a new tenant. Let me know what you find out.

Send

1. At 11:40 A.M., what does Ms. Lang most likely mean when she writes, "It's worth a try"?
   (A) She wants to persuade the tenants to stay.
   (B) She thinks the rental property needs upgrades.
   (C) She's willing to contact the property owner.
   (D) She agrees the rent should be lowered to attract potential tenants.

Question 2 refers to the following article.

Alstyle Reveals Expo plans

Cape Town, June 22 – Retail giant Alstyle Apparel revealed today that it will not be presenting its new line of clothing at this year's Cape Town Fashion Expo in November. - [1] -.

The Cape Town Expo is typically seen as one of the most significant events of the year for the clothing industry, where the biggest retailers in the nation elaborate presentations to show off their upcoming collections. However, in recent years attendance by the general public has significantly decreased. - [2] -.

In a press conference at company headquarters, Alstyle President Donatella Luciano announced that the decision to forgo presenting does not mean that the retailer will be absent from the Expo. - [3] -. "Although there will be no public presentations, we are planning to host small business-oriented meetings with distributers and retail partners," said the company spokesperson. - [4] -.

2. In which of the positions marked [1], [2], [3], and [4] does the following sentence best belong?

"Alstyle's announcement thus came as no surprise to industry insiders."

(A) [1]
(B) [2]
(C) [3]
(D) [4]

Step 4 실전 마스터

Answers _ p. 095

제한시간 7분(문제당 1분) 안에 최대한 정확하게 풀어 보세요.

Questions 1-3 refer to the following e-mail.

To	Adam Singh<asignh@google.com>
From	Minna Hamilton<mnhamilton@tuboproducts.com>
Date	May 2
Subject	TUBO 3000

Dear Mr. Singh:

Thank you for bringing to our attention the issues you have experienced with our TUBO 3000. We are taking steps to address your concerns immediately. - [1] -. Since the date you purchased your unit, the TUBO 3000 has been redesigned and upgraded. We have shipped one of these units to your address. I'm confident that the new version will resolve any problems you had before. - [2] -.

If it does not, please contact our office at 1-800-555-1323 for a full refund of your purchase price. Additionally we have just transferred all production to a larger building and are refining our manufacturing procedures. - [3] -.

Please let me know if there is anything else I can do. - [4] -. On behalf of TUBO Electronics, I apologize for the inconvenience this issue has caused. I hope to serve you again soon.

Sincerely,

Minna Hamilton, Customer Service Manager
TUBO Electronics Inc.

1. What is the purpose of the e-mail?
   (A) To provide details about a delivery
   (B) To respond to a customer complaint
   (C) To explain new refund policy
   (D) To advertise a new product line

2. What is NOT offered as a solution to the problem?
   (A) Repairing the purchased item
   (B) Refunding the purchase price
   (C) Offering a replacement product
   (D) Improving the manufacturing operation

3. In which of the positions marked [1], [2], [3], and [4] does the following sentence best belong?
   "Our quality control manager will visit to ensure that nothing is being overlooked."
   (A) [1]
   (B) [2]
   (C) [3]
   (D) [4]

PART 7

Questions 4-7 refer to the following online chat discussion.

Kenneth Costar [9:40 A.M.]	Hi, everyone. I just got into the conference room, and I'm having some trouble with the projector. It keeps shutting off. Does anybody know why?
Beth Leski [9:41 A.M.]	That happened to me last time, too. Try pushing the red reset button.
Ji-Young Park [9:41 A.M.]	Wasn't everything supposed to be set by 9:30 for us? I hope everything is ready before the new hires start arriving.
Kenneth Costar [9:43 A.M.]	Anne Kumar was supposed to do it, but there was another meeting and it ran late. She couldn't wait, so she asked me to set up once the room is available.
Kenneth Costar [9:44 A.M.]	No, it doesn't work. Beth, can you come down for me?
Beth Leski [9:45 A.M.]	On my way.
Ji-Young Park [9:48 A.M.]	Are you guys all set downstairs?
Kenneth Costar [9:50 A.M.]	Yes, everything is ready for the presentations. I've also made hard copies of the presentations and all the forms that the new hires will need to fill out.
Ji-Young Park [9:54 A.M.]	Great. I will be there at noon to take everyone to lunch and then to the security office to pick up their ID badges. I will bring them back by 1:30 for the afternoon schedule.

Send

4. What is Mr. Costar preparing to do?
(A) Train new employees
(B) Copy some documents
(C) Purchase new appliances
(D) Meet with Ms. Park

5. Why was the conference room not set up by 9:30 A.M.?
(A) Because the projector has been misplaced.
(B) Because a meeting did not end on time.
(C) Because Ms. Park was not at work.
(D) Because new employees arrived late.

6. At 9:45 A.M., what does Ms. Leski most likely mean when she writes, "On my way"?
(A) She's going to contact the maintenance department.
(B) She is traveling to work.
(C) She will finish revising some documents.
(D) She is coming to help Mr. Costar.

7. What will happen at noon?
(A) Employees will listen to the presentation.
(B) Employees will return from their lunch.
(C) Ms. Park will go to the conference room.
(D) Mr. Costar will complete some forms.

Unit 12 지문 유형 1

Step 1 유형 분석

Point 1 이메일/편지

출제 빈도수가 높은 지문 종류의 하나로, 보내는 사람이 누구냐에 따라 다양한 주제를 다룰 수 있다는 장점 때문에 다중 지문에서도 자주 쓰인다. 정형화된 지문 구조를 파악하고 다양한 업무 서신 주제 및 세부 내용을 익혀 두도록 하자. 문제를 풀 때는 문제를 미리 읽고 Key Word를 파악한 후, 이메일/편지의 앞뒤에서 수신인, 발신인을 파악하고 지문의 앞쪽에서 글의 목적을 파악하는 훈련을 하자.

이메일/편지의 내용 구성

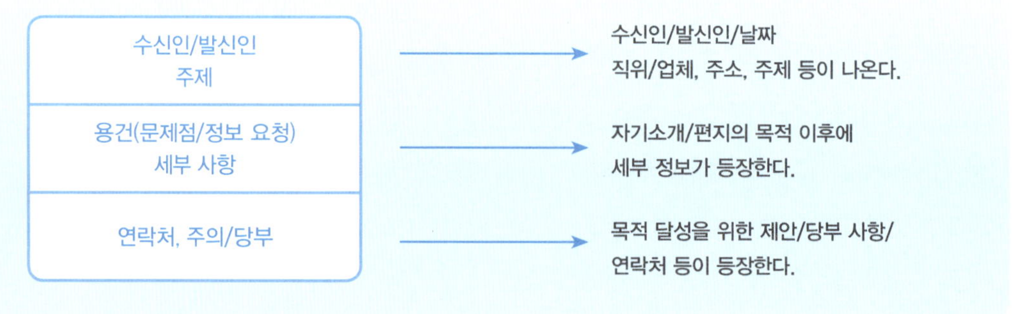

직장 업무 내용을 가장 많이 다루는 지문이 편지/이메일이다. 편지/이메일은 다양한 업무 내용은 물론, 직장 생활에 필요한 사회 활동에 관한 의견을 서면 형태로 주고 받기 때문에 정형화된 틀에 짜여 있다. 처음에는 편지/이메일의 구조를 파악하는 훈련으로 주제, 세부 사항을 찾는 훈련을 한 뒤, 난이도 높은 문제에도 대처하기 위해 자주 나오는 주제(문제점/해결책)도 파악해 두자.

이메일/편지의 내용 유형

❶ **고객/업체에게 보내는 메시지:** 구매하는 물건 및 서비스 관련 내용

❷ **업체끼리 교환하는 메시지:** 업체간의 계약이나 행사 관련 내용

❸ **사내 업무 협조:** 사내 행사 및 방침 변경에 따라 업무 협조를 요청하는 내용

❹ **광고성 내용:** 특정 상품/행사/서비스에 대한 광고성 내용

이메일/편지의 문제 유형

1) General Questions

What is the main purpose of this letter? 이 편지의 주요 목적은 무엇인가?
Who most likely wrote this letter? 이 편지를 쓴 사람은 누구인가?
Where is Mr. Norris currently employed? 노리스 씨는 현재 어디에서 근무하고 있는가?

2) Specific Questions

What is Ms. Naomi asked to do? 나오미 씨는 무엇을 하라는 부탁을 받는가?
What is included with this letter? 편지에는 무엇이 동봉되었는가?
What is stated about the furniture Ms. Park ordered? 박 씨가 주문한 가구에 대해서 언급된 것은 무엇인가?

이메일/편지의 예제 및 문제 풀이 전략

Question 1 refers to the following memo.

From: Rhonda Wong
To: All employees
Date: April 23rd
Subject: Parking Changes

Dear colleagues,

Please be advised that the Drew-Tech Corporation parking lot will be unavailable from June 10th through June 18th as it undergoes improvements.

Employees are encouraged to use public transportation and may talk with their supervisors about the possibility of telecommuting from home. Please note that any expenses incurred while using alternative parking lots will be reimbursed.

Also, two additional parking spaces will be available once the work is has been finished. Please contact me at extension 442 if you would like to enter the lottery for these spaces.

Rhonda Wong,
Facility supervisor

발신자
수신자
날짜
제목

목적

세부 사항

지시/당부

발신자

발신: 론다 왕
수신: 전직원
날짜: 4월 23일
주제: 주차 변경

동료들에게,

드류테크 기업의 주차장이 6월 10일부터 6월 18일까지 개량공사에 들어가 이용할 수 없게 됨을 알려드립니다.

직원들은 대중교통을 이용할 것을 권해드립니다. 그리고 집에서 재택근무 가능성에 대해서 각자의 상사와 상의해 보십시오. 대체 주차장을 사용에 따른 발생 비용은 환급된다는 것을 말씀드립니다.

또한 일단 작업이 끝나면 2개의 추가 주차 공간이 생길 겁니다. 이 공간을 위한 추첨에 참가하시고 싶으시면 내선 번호 442로 저한테 연락 주십시요.

론다 왕
시설 관리자

예제 1 What is the purpose of this memo? — 이 회람의 목적은 무엇인가?

(A) To advertise discount rates — 할인율을 광고하기 위해서
(B) To attract volunteers for a company event — 회사 행사에 자원자를 모집하기 위해서
(C) To introduce a new supervisor — 새로운 관리자를 소개하기 위해서
(D) To announce a maintenance project — 시설 관리 계획을 발표하기 위해서

해설 주제/목적을 나타내는 부분은 본문의 맨 앞에 등장하는 것이 일반적이다. 공사로 주차장 사용이 불가능하다는 주제를 찾은 뒤 주어진 선택지 중 고르면 지문의 내용을 패러프레이징한 (D)가 적절하다. 정답: (D)

PART 7

Point 2 문자 메시지/온라인 채팅

신토익에 추가된 지문 유형으로, 직장 동료간에 신속한 업무 처리를 위해 문자나 온라인 채팅으로 메시지를 주고 받는 경향을 반영한 지문이다. 지문 특성상 주어가 생략되는 등 구어체 표현이 많이 등장한다. 메시지 입력 시간과 이름이 나와 있어 원하는 정보의 위치를 찾는 것이 용이한 유형이다.

문자 메시지/온라인 채팅 구조

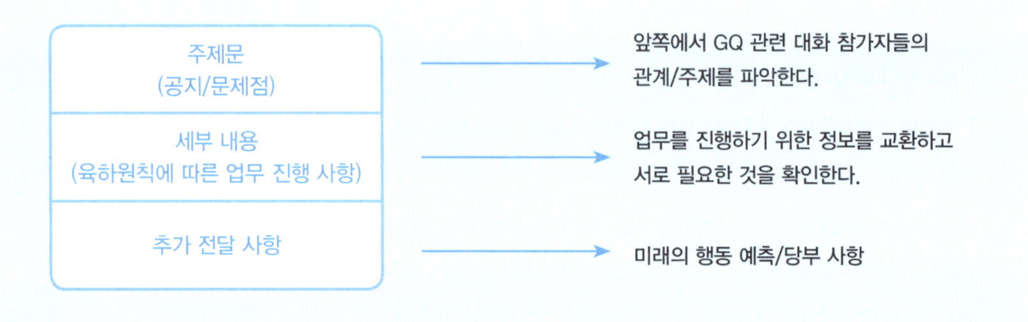

토익 Part 7의 문자 메시지/온라인 채팅은 친구들 사이의 사적인 대화가 아니다. 편지/이메일과 마찬가지로 직장 업무 내용이 가장 많이 등장한다. 짧고 문장 전환이 빈번하게 이루어지기 때문에 본문의 흐름을 파악하기 낯설 수도 있지만, 토익을 처음 시작하는 학생들에게는 오히려 독해력이 조금 떨어져도 정답률을 높일 수 있는 유리한 지문 유형이다.

문자 메시지/온라인 채팅 내용 유형

❶ 고객과 업체 관련: 고객과 고객센터 직원간의 간단한 질의 응답

❷ 사내 업무 협조: 현장이나 외근 직원과 사무실 직원과의 업무 관련 대화
팀장과 부하 직원들간의 업무 진행 상황을 공유하는 내용

➡ 다수의 인물들 사이에 교환되는 메시지라고 당황하지는 말자. 처음에 팀장급 인물이 주제를 던지며 전체적인 대화를 이끌면서 시작한다. 문제를 미리 읽고 어떤 인물, 어떤 시간대의 메시지를 물어보는지 확인하고 지문을 읽는 것이 유리하다.

문자 메시지/온라인 채팅 문제 유형

1) General Questions / 추론 문제

What are the writers discussing? 무엇에 대해서 이야기하고 있는가?

What kind of business do the writers most likely work at? 어떤 업계에서 일하는 사람들인가?

Where most likely is Mr. Shin when he writes to Ms. Larson?
신 씨는 라슨 씨에게 글을 쓸 때 어디에 있는 것 같은가?

2) Specific Questions

At 11:09 A.M., what does Erica mean when she writes, "don't worry about it"?
오전 11시 9분에 에리카가 "그것에 대해서는 걱정하지 마세요"라고 쓴 의미는 무엇인가?

What information does Mr. Keaton provide? 키튼 씨는 어떤 정보를 제공하는가?

What will Ms. Sanders most likely do next? 샌더스 씨는 아마 다음에 무엇을 할 것인가?

문자 메시지/온라인 채팅의 예제 및 문제 풀이 전략

Question 2 refers to the following text message chain. 신토익

Pamela Lee [4:02 P.M.]
You left in such a rush. Did you manage to catch your train? — 인사말

Min-Soo Park [4:02 P.M.]
Actually no, but there's another one in 10 minutes.

Pamela Lee [4:05 P.M.]
Good for you. Were you able to send the final invoice to Mr. Emerson before you left the office? — 주제

Min-Soo Park [4:06 P.M.]
Yes, but I had to send it by express mail. The fax machine wasn't working. — 세부 사항

Pamela Lee [4:09 P.M.]
That's okay. He won't need it until later this week anyway. He'll get it by tomorrow. — 지시 당부

Min-Soo Park [4:10 P.M.]
That's a relief.

파멜라 리 [오후 4:02]
급하게 떠나셨네요. 기차를 잘 탔나요?

민수 박 [오후 4:02]
사실은 못 탔어요. 하지만 10분 후에 하나 더 있어요.

파멜라 리 [오후 4:05]
잘 됐어요. 사무실에서 떠나기 전에 에머슨 씨에게 최종 송장을 보낼 수 있었어요?

민수 박 [오후 4:06]
네, 하지만 특급 우편으로 보내야 했어요. 팩스가 작동을 안 했거든요.

파멜라 리 [오후 4:09]
괜찮아요. 이번 주 후반에나 필요할 거예요. 그가 내일이면 받겠죠.

민수 박 [오후 4:10]
다행이네요.

예제 2 At 4:10 P.M., what does Mr. Park most likely mean when he writes, "That's a relief"?
오후 4시 10분에 박 씨가 "다행이네요"라고 쓴 의미는 무엇인가?

(A) He managed to send a fax. — 그는 팩스를 보낼 수 있었다.
(B) A delivery will arrive in time. — 배달이 시간 안에 도착할 것이다.
(C) Express option is better than regular service. — 특급 선택이 일반보다 더 좋다.
(D) An invoice needs to be revised. — 송장이 변경되어야 한다.

해설 문제를 미리 읽고 Key Word를 표시할 때 누가 무슨 말을 하는지 기억해 두고 풀어나간다. 팩스가 고장 나서 서류를 특급으로 보냈는데, 내일이면 도착할 것이라는 문장에 "다행이다"라고 말한 것은 시간 내에 도착할 것이라는 의미를 나타낸 것이다. invoice만을 보고 고르지 말고 인용문의 문맥상의 의미를 파악하자. 정답: (B)

Step 2 Paraphrasing 기초 훈련

Answers _ p. 097

밑줄 친 부분을 적절하게 바꿔 표현한 것을 골라 보세요.

1. Books and toys littered the floor.
   (A) messed up
   (B) arranged on

2. We provide competitive hourly wages.
   (A) good
   (B) aggressive

3. This is to answer your letter of inquiry.
   (A) request
   (B) questions

4. Customers are valued by the store owners.
   (A) hated
   (B) respected

5. Team B will oversee the renovation plan for the building.
   (A) overlook
   (B) help with

6. Chemical fertilizers are also on sale here.
   (A) nourishment
   (B) fuel

7. Company executives seem optimistic about future expansion.
   (A) profit
   (B) growth

8. One must get accustomed to a foreign environment.
   (A) familiar with
   (B) trained in

9. The Web site has new things added all the time.
   (A) The Web site tries to list the latest information.
   (B) The Web site seeks to present all the previous data.

10. After next week, we can resume work as usual.
    (A) We can't look for other work until next week.
    (B) We can't continue with our work until next week.

Step 3 기초 마스터

Answers _ p. 097

제한시간 3분 안에 최대한 정확하게 풀어 보세요.

Questions 1-2 refer to the following letter.

Global Travel Agency
31 Tulane Street
New York, NY

March 23

Dear Mr. Lopez,

We have received your request for the following publications.
- *Walking Tours in Paris and Rome*
- *Michelin Guides to Asia*

Your order confirmation number is M3483. As always, all maps and city guides are specially priced for our travel customers. You should receive your publications in three to five business days.

Please remember that customers of Global Travel Agency also receive a significant discount on air travel, cruises, hotels and car rentals. If you are planning a trip, please call one of our agents at 212-555-5432 and ask about this month's special offers.

Thank you for the opportunity to serve you.

Sylvia Sullivan
Senior Manager
Global Travel Agency

1. What is the purpose of this letter?
(A) To request information
(B) To confirm an order
(C) To advertise a hotel
(D) To reschedule a shipping date

2. What is NOT mentioned in the letter?
(A) Foreign currency exchange
(B) Travel publications
(C) Discounts on rental cars
(D) Contact number

Step 4 실전 마스터

Answers _ p. 097

제한시간 7분(문제당 1분) 안에 최대한 정확하게 풀어 보세요.

Questions 1-3 refer to the following e-mail.

To	customerservice@furnitureplus.com
From	nwilliams443@mail.com
Date	November 27
Subject	My Recent Purchase

Dear Customer Services Manager,

Last month, I ordered living room furniture from Furniture Plus. My order included a sofa, a chair, a coffee table, and an entertainment center. I spent a total of $1,800. While shopping in the store, the clerks were friendly, and quick to respond.

However, I was disappointed in how the delivery department handled the order. I was told the furniture would arrive on November 1, but it didn't arrive until two weeks later. When I called to request some information about the delivery, I had to wait on the phone for more than 30 minutes. When I did speak to the person in charge, I realized the shipment was delayed without any notice.

Once the furniture arrived, I was disappointed again, because half the pieces were damaged. The sofa's cushion was torn, the coffee table was scratched, and the entertainment center shelf fell down.

I am expecting a full refund and a letter of apology from the store owner. Otherwise, I will encourage everyone I know to shop elsewhere.

Respectfully,

Nathan Williams

1. Why did Mr. Williams send the e-mail?
   (A) To make changes to his order
   (B) To complain about service
   (C) To report a missing purchase
   (D) To request product information

2. What is indicated about the furniture Mr. Williams received?
   (A) It was in very poor condition.
   (B) It cost less than he expected.
   (C) All the pieces were included.
   (D) It belonged to someone else.

3. What is Mr. Williams requesting from Furniture Plus?
   (A) A second couch for free
   (B) Furniture repair at no cost
   (C) A discount on his next purchase
   (D) Money and a written response

Questions 4-7 refer to the following online chat discussion.

신토익

Clare Hann [10:53 A.M.]	Good morning, team. Any news on our Oakland Park bid?
David Bowman [10:54 A.M.]	I talked to one of their managers on Friday. He said to expect a decision by Monday but we haven't heard anything yet.
Clare Hann [10:55 A.M.]	The problem is that if we don't order supplies by tomorrow, we won't get them in time to meet the deadline for the project.
Maria Mendoza [10:56 A.M.]	I've already placed the order. I did it yesterday.
Clare Hann [10:56 A.M.]	That could be a problem if we don't get the contract. We'll have to pay for the stuff we won't be able to use. How much time do we have to cancel without incurring a fee?
David Bowman [10:58 A.M.]	I figured since they chose us last time they'd probably go with us this again. Let me check.
Maria Mendoza [11:01 A.M.]	No need. I just got a call from Oakland. They said it was close, but the CEO decided to go with The Rusenski Brothers this time.
Clare Hann [11:02 A.M.]	That's disappointing. But let's not let this get us down. We'll have better luck next time.

Send

4. What are the writers discussing?
(A) A bid offer
(B) A new position
(C) A price discount
(D) A revised timeline

5. At 10:58 A.M. what does Mr. Bowman most likely mean when he writes, "Let me check"?
(A) He will ask about a deadline.
(B) He will reschedule a delivery.
(C) He will confirm an appointment.
(D) He will calculate the cost of a project.

6. What decision was Oakland Park due to make?
(A) How much penalty they have to pay
(B) Where to return their products to
(C) Who will work for their project
(D) When the final contract be ready

7. What will Mr. Bowman most likely do next?
(A) Go to a meeting
(B) Cancel an order
(C) Create a work schedule
(D) Call Oakland for reconsideration

PART 7

Unit 13 지문 유형 2

Step 1 유형 분석

Part 7에서 지문 유형에 대해 익숙하면 좀 더 빨리 효율적으로 문제를 푸는 것이 가능하다. 특히 다양한 양식은 한 번 형태를 파악해 두면 다음에도 거의 비슷한 형태로 출제되기에 주제와 원하는 정보를 효율적으로 찾을 수 있다.

Point 1 양식

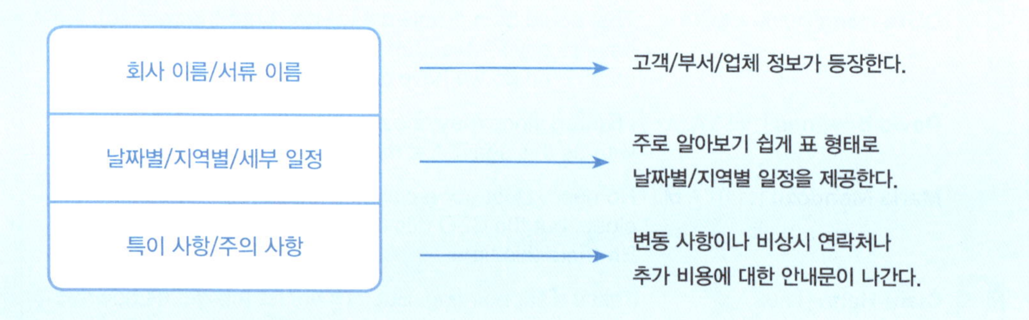

표/양식 형태의 지문은 단독 지문은 물론 복수 지문에도 많이 출제된다. 단독 지문은 문항수가 적어 비교적 단시간에 풀 수 있다. 양식의 맨 앞의 제목과, 마지막에 추가 정보(유의사항)가 정답 힌트가 되는 경우가 많으니 꼭 확인하도록 하자. 지문에 나온 많은 정보를 하나하나 확인하고 해석하기보다는, 문제를 미리 읽고 표/양식의 특징을 파악하여 필요한 정보를 바로 찾아 읽는 훈련을 하자.

다양한 양식 유형

❶ 송장(invoice), 주문서(order slip), 영수증(receipt): 물품 구매 관련 양식들이 있다.

❷ 쿠폰(coupon), 상품권(voucher): 할인권, 또는 무료 사용권으로 보통 사용 기한이 정해져 있다.

❸ 일정표(itinerary, schedule, time table): 여행/출장/작업 관련 날짜, 장소별 정보가 있다.

❹ 설문지, 후기(survey, questionnaire): 특정 상품이나 업체에 관한 의견이 담겨있다.

❺ 업무 평가지(performance review): 특정 직원/부서에 대한 평가를 모집한다.

➡ 표/양식의 종류에 따라 가장 기초적인 GQ, SQ(누가/어디서/왜)에 해당하는 내용을 확인할 수 있어야 한다. SQ 관련 사항은 문제를 미리 읽고 해당하는 내용을 찾는 방식으로 해결하자.

양식의 문제 유형

1) General Questions

What is this coupon for? 이 쿠폰의 용도는 무엇인가?
Who is Mr. Bellaire? 벨레어 씨는 누구인가?
What is the purpose of this form? 이 양식의 목적은 무엇인가?

2) Specific Questions / 추론 문제

When was the order sent? 주문한 물건은 언제 발송했는가?
What restriction is placed on this voucher? 상품권의 제약 사항은 무엇인가?
What is NOT included in the itinerary? 일정에 포함되지 않은 것은 무엇인가?

양식의 예제 및 문제 풀이 전략

Question 1 refers to the following invoice.

Jack & Hills Office Supply
http://www.Jacknhills.com
sales@Jacknhills.com

Date: October 17, 2017
Invoice #: TP12409

발신자
양식 종류
참조 정보

Bill to:	Ship to:
Korex Inc.	Korex Inc.
393 West Road	393 West Road
North Fork, UT 84003	North Fork, UT 84003

Product Number	Items	Unit Price	Qty	Total Amount
P120	Printing Papers	40.00	30	1,200.00
P520	Toners	89.00	5	445.00
Invoice Total				1,645.00

세부 사항

Orders over $1,000 qualify for free shipping. Please call us at 555-3758 if you have any questions on our bills. Please keep this for future reference.

참고 사항
지시 당부

잭앤힐 사무용품점
http://www.Jacknhills.com
sales@Jacknhills.com

날짜: 2017년 10월 17일
송장번호: TP12409

지불인:	수령인:
코렉스 사	코렉스 사
393 웨스트로	393 웨스트로
노스포크, 유타주 84003	노스포크, 유타주 84003

상품 번호	상품	단가	개수	총액
P120	인쇄지	40달러	30	1,200달러
P520	토너	89달러	5	445달러
청구 합계				1,645달러

1,000달러가 넘는 주문은 무료 배송을 받으실 수 있습니다. 저희 고지서에 대해서 질문이 있으시면 555-3758로 전화해 주세요. 앞으로 참고하시기 위해서 이것을 보관해 주세요.

예제 1 What is true about Korex Inc? — 코렉스 사에 대해서 사실인 것은 무엇인가?

(A) It has recently moved to a new location — 최근에 새로운 장소로 이전했다.
(B) It has requested a discount. — 할인을 요청했다.
(C) It is eligible for free delivery. — 무료 배달을 받을 수 있다.
(D) It orders regularly from this company. — 이 회사에서 정기적으로 주문한다.

해설 양식 문제는 주요 정보를 빠르게 골라야 한다. True/Not true 문제는 지문에 나온 정보를 선택지와 대조해야 한다. 주문 총액이 1,645달러인데, 마지막 참고사항에 1,000달러가 넘으면 무료 배송이 가능하다고 했으므로 정답은 (C)이다. 송장의 경우, 금액과 관련된 문제가 자주 출제된다. 정답: (C)

Point 2 광고문

광고문은 다양한 제품 및 서비스를 홍보하는 내용이다. 특히 일상 생활과 관련된 물건이나 서비스는 특별한 배경 지식이 없어도 풀 수 있으나, 구인광고나 업체간의 서비스를 광고하는 내용은 토익 배경지식이 있으면 훨씬 유리하다. 지문의 유형을 반복해서 훈련하면 빠르고 효율적으로 문제를 풀 수 있다.

광고문의 지문 구조

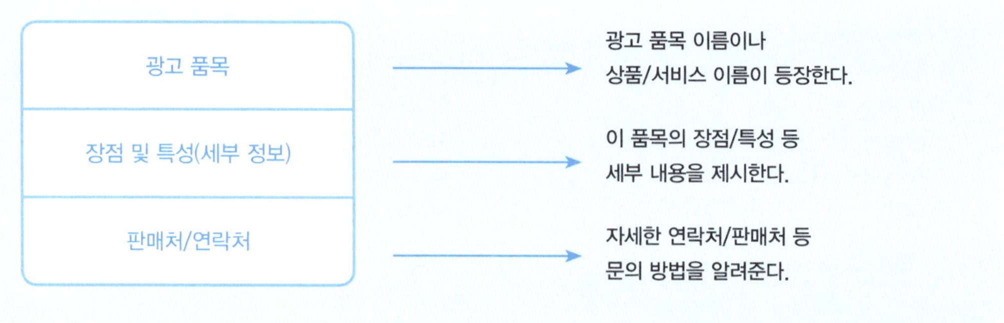

광고문에 소개된 물품이나 서비스에 따라서 조금씩 다른 형태를 띨 수 있으나, 기본적으로 지문 초반에 주제가 소개된다. 또 소비자를 대상으로 하는 물품은 호기심을 유발하기 위해 반문이나 감탄문으로 시작하는 경우가 많다. 구인광고는 직책 이름과 자격 요건이 나열된 형태가 일반적이다.

광고문 유형

❶ 제품 광고: 전자 제품, 침구류 등 다양한 물건의 장점을 설명하고 구매를 독려하는 내용이다.

❷ 서비스/업체 광고: 부동산, 청소 대행 등 다양한 서비스를 광고하고 계약을 독려하는 내용이다.

❸ 구인 광고: 다양한 업체에서 특정 직책(position)에 필요한 자격 요건을 설명하고 지원할 것을 독려하는 내용이다. 토익에 자주 등장하는 직책/직업에 대한 배경지식이 있으면 유리하다.

➡ 문제를 미리 읽고 Key Word를 파악한 후, 광고문의 앞쪽에서 광고되는 품목을 확인하고, 지문 중반부에서 제시되는 품목의 장점/업체의 장점/직책의 조건 등을 확인해서 선택지와 비교하면서 정답을 고르는 훈련을 하자. 지문 후반부에는 대부분 주의 사항 및 연락처가 제시되는 것이 일반적이다.

광고문 문제 유형

1) General Questions

What is being advertised? 어떤 것이 광고되고 있는가?
What position is being advertised? 어떤 직책이 광고되고 있는가?
For whom is the advertisement most likely intended? 누구를 대상으로 하는 광고인가?

2) Specific Questions / 추론 문제

What is the main advantage of the product? 상품의 주요 장점은 무엇인가?
What is NOT required for the position? 그 직책을 위한 자격 요건이 아닌 것은 무엇인가?
How should interested people register? 관심 있는 사람들은 어떻게 등록을 해야 하는가?

광고문의 예제 및 문제 풀이 전략

Question 2 refers to the following advertisement.

Online Personal Training

Have you ever wanted to have your own Expert Personal Trainer right at your finger tips? You need not to look any further.

Our Online Personal Training program makes it easy for you to receive our quality, professional fitness expertise at the touch of a button. (D)

This program is perfect if:

- You want a budget-friendly way to get fit. (A)
- You have an unpredictable schedule. (C)
- You travel frequently.

Visit us at www.onlinetrainers.com for details about our services and fees, or call 1-800-555-7922 for individual consultations.

광고 대상 / 주요 장점 / 세부사항 / 지시/당부

온라인 개인 훈련

여러분과 가까운 곳에서 나만의 전문 개인 트레이너를 원하시지 않으셨나요? 이제 더 이상 찾을 필요가 없습니다.

저희 온라인 개인 트레이닝 프로그램이 고품질의 전문 피트니스 기술을 버튼 하나로 즐길 수 있도록 해 드립니다.

이 프로그램은 다음과 같은 분들을 위해 최고입니다.

- 저렴하게 몸을 만들고 싶으신 분
- 스케줄이 일정하지 않으신 분
- 여행이 잦으신 분

www.onlinetrainers.com에 방문하셔서 저희 서비스나 비용에 대한 세부 사항을 알아 보세요. 아니면 1-800-555-7922로 개인 상담을 받으세요.

예제 2 What is NOT stated as an advantage of the program?

이 프로그램의 장점으로 언급된 것이 아닌 것은 무엇인가?

(A) Affordable prices — 저렴한 가격

(B) Free dietary supplements — 무료 식단 보조 식품

(C) Convenient schedules — 편리한 일정

(D) Time with professional experts — 전문가들과의 시간

해설 광고문에서는 제품의 장점(advantages, merits)을 설명하는 부분이 있다. 이런 장점을 나열하기 때문에 True/Not true 문제에 자주 등장한다는 것도 기억해 두자. 예산을 신경 쓰고 일정이 바쁜 사람들을 위한 운동 프로그램으로 음식에 대한 내용은 없으므로 정답은 (B)이다. 정답: (B)

Step 2 Paraphrasing 기초 훈련

Answers _ p. 098

밑줄 친 부분을 적절하게 바꿔 표현한 것을 골라 보세요.

1. Children and teenagers are the biggest targeted market.
   (A) expanded
   (B) aimed for

2. This is to help ensure a quality experience for all customers.
   (A) make certain
   (B) guarantee against

3. The singer was accompanied by her band.
   (A) disappeared
   (B) together with

4. I have some retail experience working at Gordon's.
   (A) manufacturing
   (B) vending

5. The seminar has lively and informative workshops.
   (A) exciting
   (B) true

6. She purchased a faulty product from the store.
   (A) innovative
   (B) defective

7. Please come and acknowledge his achievements and contributions.
   (A) recognize
   (B) distinguish

8. Mr. Brooks will retire next month after many years here.
   (A) promote
   (B) step down

9. The offer is valid for refunds or exchanges.
   (A) The offer can be used for refunds or exchanges.
   (B) The offer cannot be used for refunds or exchanges.

10. She happily greeted me at the door when I visited.
    (A) She said "Hi" to me right away.
    (B) She stopped me from entering.

Step 3 기초 마스터

Answers _ p. 098

제한시간 3분 안에 최대한 정확하게 풀어 보세요.

Questions 1-2 refer to the following voucher.

VOUCHER

Big Splash Water Adventures

Issue date: January 1, 2017

This voucher entitles the bearer to a boating excursion for two with Big Splash Water Adventures.

- The voucher can be exchanged for cash only during the following times: March 1~April 30 and August 20~October 1.
- The voucher is valid only for some excursions. These include whale-watching, snorkeling, and scuba diving tours, but not shark-watching, sailing, or water-skiing adventures.
- The holder of this voucher and his/her guest must be 18 years of age or older.

Please mention the voucher when you request your reservation.

For more information about this offer, please call the Mexico Tourist Office at 52-34-555-2100.

Expiration date: August 31, 2017

1. What can the voucher be used for?
   (A) A shark-seeing tour
   (B) A flight to Mexico
   (C) A boating activity
   (D) A free lunch for two

2. What is true about Big Splash Water Adventures?
   (A) It offers trips to monuments.
   (B) It gives vouchers for a full year.
   (C) It runs business only in the summer.
   (D) It provides a variety of tours.

Step 4 실전 마스터

Answers _ p. 098

제한시간 7분(문제당 1분) 안에 최대한 정확하게 풀어 보세요.

Questions 1-3 refer to the following advertisement.

Get It Together

helping you stay organized and brighten up your home!

When life gets crazy busy, our homes get messy. We don't have time to throw out the old and organize the new. Laundry piles up. Books and toys litter the floor.

But Get It Together is here to help! We organize all rooms—closets, kitchens, offices, even garages. We'll visit your home to understand your needs. Then we'll bring you shelves and containers to fit the rooms in your home. We'll take care of the clutter and get you all cleaned up.

For our Grand Opening, we will visit the first 5 customers' homes for free. Remember, only the first 5 customers will get this free service. So call soon to make an appointment: 555-2255.

1. For whom is the advertisement most likely intended?
   (A) Busy working parents
   (B) People with small budgets
   (C) Students living in a dorm
   (D) Children under 15

2. What is stated about Get It Together?
   (A) It has numerous employees.
   (B) The business is several years old.
   (C) Certain spaces can't be serviced.
   (D) Free service opportunities are limited.

3. Why is the business offering free visits?
   (A) To fill its schedule
   (B) To celebrate its opening
   (C) To reward its clients
   (D) To help staff members

Questions 4-7 refer to the following form.

MANILA CORP.

19 Arizona Avenue
Downtown Manila

INVOICE

Order Date: July 2nd
Order Number: 39488
Shipping Date: July 10th

CLIENT BILLING AND SHIPPING ADDRESS

Billing Name: Eastern Bank
Street: 214 Roxas Boulevard
City: Green Meadow
Country: Canada

Ship to: Daniel Adams
Customer ID: 8892

PRODUCT PURCHASED

Item No.	Item Description	Quantity	Unit Price	Total Price
13553	Writing Desk	1	$180	$180
13890	Desk Chairs	2	$130	$260
25530	Desk Lamp	1	$80	$80

Sub Total: $520
Shipping: $100
Total Amount: $620

Thank you for your business.
Sender Signature: *John Lee*

4. What is the purpose of this document?
   (A) To report a missing item
   (B) To bill for items sold
   (C) To change the delivery address
   (D) To return a damaged item

5. Who is going to pay for the merchandise?
   (A) Manila Corp.
   (B) John Lee
   (C) Arizona Corp.
   (D) Eastern Bank

6. How much does the customer have to pay for shipping?
   (A) $80
   (B) $100
   (C) $260
   (D) $620

7. What is NOT stated in this document?
   (A) A discounted price
   (B) An amount due
   (C) A delivery date
   (D) A shipping address

Unit 14 지문 유형 3

Step 1 유형 분석

Point 1 기사

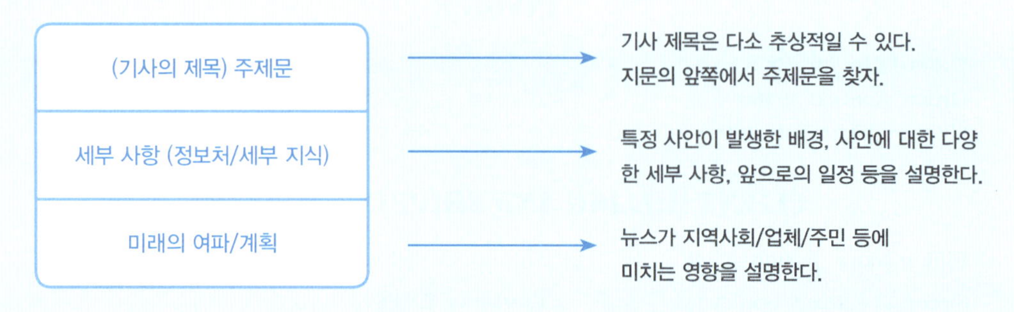

(기사의 제목) 주제문
기사 제목은 다소 추상적일 수 있다.
지문의 앞쪽에서 주제문을 찾자.
세부 사항 (정보처/세부 지식)
특정 사안이 발생한 배경, 사안에 대한 다양한 세부 사항, 앞으로의 일정 등을 설명한다.
미래의 여파/계획
뉴스가 지역사회/업체/주민 등에 미치는 영향을 설명한다.

기사는 소재의 범위가 넓고, 예측 가능한 지문 구조가 없으며 긴 문장으로 이루어진 문단이 연달아 등장하기 때문에 Part 7에서도 가장 높은 독해력을 요구한다. 지문의 맨 앞에 등장하는 주제를 파악하고, 충분히 시간을 투자해서 본문을 분석할 수 있도록 훈련하자.

기사의 지문 구조

기사는 사용되는 어휘나 문장 구조가 다른 유형에 비해 딱딱하고 사무적이기 때문에 읽으면서 어휘나 구조상의 힌트를 잡기가 쉽지 않다. 기사로 다루어 질 수 있는 주제별 내용을 파악하고 문제를 풀고 나서, 다시 한번 내용을 파악하는 훈련을 하도록 하자.

기사 내용 유형

❶ 비즈니스 뉴스: 사업체 소개나 인수/합병/신상품 등에 관한 기사, 경제 전반에 관한 내용

❷ 사회면 뉴스: 각종 사건/사고 및 날씨/건강/운동 등에 관한 내용

❸ 지역 뉴스: 지차체의 각종 행사/인물 소개 및 시설 안내 내용

❹ 기타 흥미 위주의 각종평: 특정 상품평/식당평/서비스를 평가, 소개하는 내용

➡ 지문 초반에 주제문으로 전체적인 방향을 잡고, 객관적으로 제시하는 배경 지식 및 세부 사항을 문제와 맞춰 가면서 풀 수 있도록 자주 나오는 주제와 지문 구조를 익히자.

기사의 문제 유형

1) General Questions

What is the main idea[topic] of the article? 기사의 주제는 무엇인가?
What is the press release announcing? 이 언론 보도 자료는 무엇을 발표하고 있는가?
Why was this article written? 왜 기사가 쓰였는가?

2) Specific Questions / 추론 문제

Which of the following is true about Birmingham Motors? 버밍햄 모터스에 대해 사실인 것은?
When was the first edition of the book released? 책이 초판이 출간된 날은 언제인가?
According to the article, what will happen in the next year? 내년에는 무슨 일이 일어날 것인가?

기사의 예제 및 문제 풀이 전략

Question 1 refers to the following article.

The Boston Globe

Business briefs

Boston, October 9—Shelby Yang, president of Max Footwear, announced yesterday that the company plans to add stores in Baltimore, New York, Philadelphia, and Washington DC within a year. Ms. Yang acknowledged that an earlier attempt at expansion had not been successful because the company moved too quickly. Now that Max Footwear, whose headquarters are located in Boston, has clear marketing strategies as well as the necessary financial resources, Ms. Yang claimed the expansion will be easier this time.

Max Footwear started in 1999, targeting mainly children and teenagers, and has added an adults' shoes section over the years. The company executives mostly seem optimistic about the future expansion. This year, Max Footwear expects record sales at its four stores, all located in the Boston area, due to successful advertising campaigns started recently.

제목

주제문

세부사항

미래 계획 기대감

보스톤 글로브

비즈니스 단신

보스톤, 10월 9일–맥스 풋웨어의 사장인 쉘비 양은 어제 1년 안에 볼티모어, 뉴욕, 필라델피아 및 워싱턴 D.C.에 점포를 추가할 계획을 발표했다. 양 씨는 회사가 너무 성급했기 때문에 이전의 확장 시도가 성공적이지 못했다는 점을 인정했다. 보스톤에 본사가 있는 맥스 풋웨어는 이제 필요한 재정적 자원은 물론 명확한 마케팅 전략을 가지고 있기 때문에 확장은 더 쉬울 것이라고 Yang 씨는 주장했다.

맥스 풋웨어는 1999년에 어린이와 10대를 대상으로 사업을 시작하였으며, 시간이 지나면서 성인용 신발을 추가했다. 회사의 중역들은 이 미래의 확장에 대해서 대부분 긍정적으로 보고 있다. 올해 맥스 풋웨어는 최근에 시작한 광고 캠페인의 성공으로 보스톤에 있는 점포 네 곳에서 기록적인 판매를 달성할 것으로 기대하고 있다.

예제 1 What is suggested about Max Footwear? 맥스 풋웨어에 대해 알 수 있는 것은?

(A) It's currently selling only to young people. 현재 젊은이들에게만 판매하고 있다.

(B) It recently closed some of its stores. 최근에 매장 몇 곳의 문을 닫았다.

(C) It will start selling at other locations. 곧 다른 지역에서도 판매를 할 것이다.

(D) It moved its main office to Philadelphia. 본사를 필라델피아로 이전했다.

해설 추론 문제는 주어진 정답지를 비교하면서 사실 확인을 해야 한다. 지문에서 점포를 추가(add stores)한다는 내용은 선택지에서 selling at other locations로 패러프레이징했다. 정답은 (C)이다. 정답: (C)

Point 2 공고/회람

기사가 대중을 대상으로 다양한 내용의 정보를 주는 것에 반해서, 공고/회람은 특정 단체의 다수의 사람들에게 공적인 내용을 공지하는 글이다. 특히, 관리진이나 운영진들이 단체의 회원들을 위해서 효율적으로 정보를 교환하고 알릴 수 있는 구조로 등장하기 때문에 요점을 파악하는 것이 용이한 형태에 속한다.

공고/회람의 지문 구조

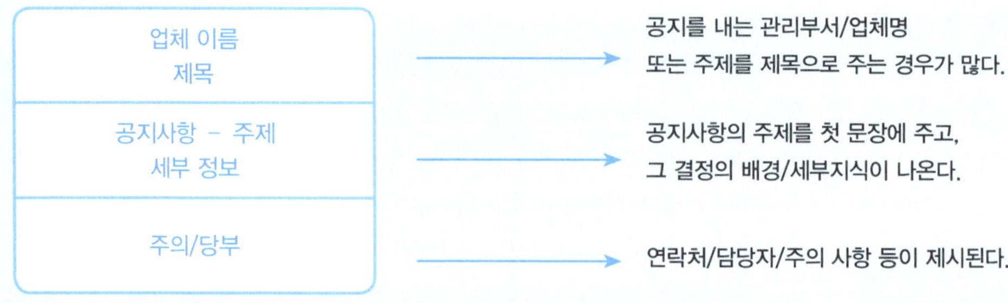

Part 7에서 공지/회람은 비교적 효율적으로 공식적으로 내용을 전달하는 지문 유형이다. 대부분 맨 앞의 제목이나 업체 이름을 제시하여 어떤 내용을 알릴지 미리 예고한다. 하지만 공식적인 내용이라 어휘나 표현이 딱딱할 수 있으니 시험에 자주 나오는 주제별로 어휘/표현을 익혀 좀 더 빠르게 지문 구조를 파악하고 독해력을 키울 수 있도록 노력하자.

문자 메시지/온라인 채팅 내용 유형

❶ 사내 공고/회람: 회사의 방침 변경, 업무상 결정 사항을 공지하는 내용

❷ 고객을 대상으로 하는 공고: 고객을 위한 상품/서비스 관련 사항을 알리는 내용

❸ 지역 공동체의 공고: 주민을 위한 특정 행사/공사 등 결정 사항을 알리는 내용

❹ 특정 단체 회원을 위한 공지: 회원의 활동과 단체의 활성화를 위한 내용

➡ 문제를 미리 읽고 Key Word를 파악한 후에, 지문 앞쪽에서 주제를 파악하고 문제의 선택지와 지문을 비교해 가면서 풀 수 있도록 훈련하자.

공고/회람의 문제 유형

1) General Questions

What is the main purpose of the notice? 공지의 목적은 무엇인가?
Where would the notice most likely appear? 공지를 볼 수 있는 곳은 어디인가?
Who probably is sending this memorandum? 회람을 보낸 사람은 누구인가?

2) Specific Questions / 추론 문제

What are the customers[employees] asked to do? 고객[직원]이 해야 할 일은 무엇인가?
What change will take place next month? 다음 달엔 어떤 변화가 일어날 것인가?
What should employees do when they have any questions? 질문이 있는 직원들은 무엇을 해야 하는가?

공고/회람의 예제 및 문제 풀이 전략

Question 2 refers to the following notice.

< Great Outdoors Club >
Summer Schedule

— 업체
— 제목

Hiking at the Ozark Mountains – July 8 at 8:00 A.M.
Kayaking at DeGray Lake – July 10 at 10:00 A.M.
Cycling classes – Wednesdays at 5:00 P.M.
Rock climbing classes – Thursdays at 4:00 P.M.

세부 정보

Registration is now open for all programs and classes. Please sign up at the front desk. Additional programs are in the process of being finalized and will be made public on May 30th. Those who are willing to provide rides to fellow members who lack transportation are kindly requested to stop by at the front desk and talk to our supporting staff.

주의, 당부

〈그레이트 아웃도어 클럽〉
여름 일정

오자크 산맥 하이킹 – 7월 8일 오전 8시
드그레이 호수 카약킹 – 7월 10일 오전 10시
자전거 수업 – 매주 수요일 오후 5시
암벽 등반 수업 – 매주 목요일 4시

모든 프로그램과 수업을 위한 등록이 이제 시작되었습니다. 안내데스크에서 등록하세요. 추가 프로그램도 확정을 짓는 중으로 5월 30일에는 공표되겠습니다. 교통편이 없는 다른 맴버들을 위해서 자동차편을 제공하실 분은 데스크에 들르셔서 저의 직원들에게 말씀해 주시기 바랍니다.

예제 2 According to the notice, what will happen on May 30th?
공지에 의하면, 5월 30일에 무슨 일이 일어날 것인가?

(A) Registration for programs will close. — 프로그램 등록이 마감될 것이다.
(B) More information will become available. — 더 많은 정보를 이용할 수 있을 것이다.
(C) New instructors will be hired. — 새로운 강사가 고용될 것이다.
(D) The hiking classes will begin. — 하이킹 수업이 시작될 것이다.

해설 체육관의 회원들을 대상으로 하는 공지문이다. 특정 시점의 할 일을 물어보는 전형적인 SQ로 미리 Key Word를 읽어 두고 본문에서 해당 내용을 찾아야 한다. 5월 30일에는 새로운 프로그램이 결정되고 공지된다는 내용이 있으므로 정답은 (B)이다. 지문의 be made public은 선택지에서 become available로 패러프레이징되었다.

정답: (B)

Step 2 Paraphrasing 기초 훈련

Answers _ p. 100

밑줄 친 부분을 적절하게 바꿔 표현한 것을 골라 보세요.

1. He asked for a reduction in work hours.
   (A) less
   (B) more

2. The company improved its fiscal situation.
   (A) strategic
   (B) financial

3. The salesman was attentive to what the client had to say.
   (A) carefully listening
   (B) thoughtful

4. She would like to discuss the fundraiser with you.
   (A) investor
   (B) charity event

5. With natural soils, nothing is chemically treated.
   (A) dealt with
   (B) cared for

6. Teens can face tricky situations at home or school.
   (A) large
   (B) difficult

7. The items were rung up accurately by the cashier.
   (A) precisely
   (B) carefully

8. Companies try to motivate their workers to perform optimally.
   (A) force
   (B) stimulate

9. Casual attire is requested for attendees of this event.
   (A) People should dress formally for this event.
   (B) People can dress in comfortable clothes for this event.

10. Our merchandise is in high demand.
    (A) Many want our products.
    (B) We have plenty of products.

Step 3 기초 마스터

Answers _ p. 101

제한시간 3분 안에 최대한 정확하게 풀어 보세요.

Questions 1-2 refer to the following information.

Jonnason & Holly, Ltd.

Dear customers,

We try to keep our catalog as up-to-date as possible by listing the latest product and prices. However, since our merchandise is generally in high demand, some items in this catalog may be no longer available at the time you browse through it. In addition, price fluctuations on the world market may require us to adjust our prices.

We therefore suggest that you visit our Web site, www.jsholly.org, where our merchandise and prices are constantly updated. At Jonnason & Holly, we strive to meet all gardening needs of our customers. We would appreciate any recommendations you may have on our future products. Your feedback will allow us to expand our product range.

Thank you for your continued patronage!

1. What is suggested about the catalog?
   (A) It does not explain the return policy.
   (B) It has many subscribers.
   (C) It is offered for free to customers.
   (D) It may not list the current prices.

2. What are the customers asked to send?
   (A) Suggestions for new products
   (B) Change-of-address forms
   (C) Pictures of their gardens
   (D) Discount coupons for future purchases

Step 4 실전 마스터

Answers _ p. 101

제한시간 7분(문제당 1분) 안에 최대한 정확하게 풀어 보세요.

Questions 1-3 refer to the following article.

Art in the Park Sale, A Great Success

New York, June 19 – Paramount Square Park, which is known for its whimsical statues, was the site of Mercury Alliance's 3rd annual Art in the Park Sale last Saturday. Among the items for sale were paintings, photographs, and crafts created by the Mercury Alliance artists. After Friday's rain and thunder, Saturday's clear sunny weather brought hundreds of residents and tourists to the park. Many of them enjoyed viewing the artwork on display as they ate ice cream and sampled other treats sold by local cafés and restaurants.

Mercury Alliance faced bankruptcy five years ago, but it has turned its fiscal situation around under the directorship of Rachel Harrison. The Art in the Park Sale is one of Harrison's profit-making ideas. Another one is the Artists' Ball, which will be held downtown Sunday at Riverside Hotel.

1. What does the article mainly discuss?
   (A) An outdoor event
   (B) The opening of a new park
   (C) An upcoming musical show
   (D) A new program director

2. What was offered for sale by Mercury Alliance?
   (A) Statues
   (B) Umbrellas
   (C) Ice creams
   (D) Crafted items

3. What has Rachel Harrison done for Mercury Alliance?
   (A) She has recruited new members.
   (B) She has helped it establish a new foundation.
   (C) She has improved its financial standing.
   (D) She has provided art classes to residents.

Questions 4-7 refer to the following notice.

Safety Regulations

All employees are required to observe the following regulations while in this laboratory.

- Protective clothing (lab coats, gloves, masks, and goggles) must be worn at all times.
- Before leaving the lab, remove protective clothing in the changing room and put it in the bins marked "Protective Clothing."
- Plates, tubes, and other containers should be cleaned before storing them in the cabinet or in the refrigerators.
- To avoid spills, all containers must be transported on carts with protective racks or baskets. Make sure that lids are securely closed to prevent leaking.

These regulations are for your safety. Employees failing to follow the above precautions will be issued a written warning from their supervisor.

4. What is the purpose of the notice?
   (A) To respond to an employee complaint
   (B) To announce a new dress code
   (C) To inform employees of safety rules
   (D) To explain the use of new equipment

5. Where should employees put the protective clothing they have used?
   (A) On clothing rack
   (B) In designated bins
   (C) In storage cabinets
   (D) At their workstations

6. What should employees do before storing laboratory containers?
   (A) Label the surface
   (B) Divide them by their sizes
   (C) Discard the old ones
   (D) Wash them properly

7. According to the notice, what would be the penalty for not following the rules?
   (A) A written notice will be given by the manager.
   (B) Another will be hired for the position.
   (C) Entry to the lab will be limited.
   (D) Pay will be reduced.

Unit 15 다중 지문

Step 1 유형 분석

Point 1 이중 지문

두 개의 지문을 근거로 다섯 문제를 풀어야 하는 유형이다. 총 2세트 10문제가 출제된다. 두 개의 지문 내용을 모두 참고해야 정답을 고를 수 있는 연계문제가 출제되기도 한다. 첫 지문을 근거로 주제를 파악하고, 두 번째 지문과의 연계성을 찾으면서 문제를 읽고 풀어나가야 한다.

이중 지문의 구조

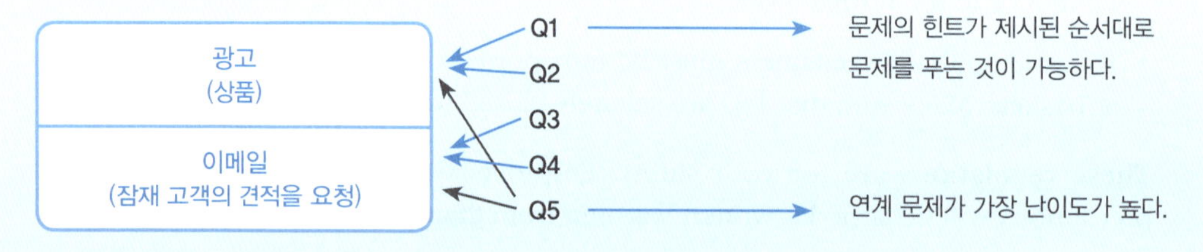

문제에서 원하는 정보를 지문에서 어떻게 하면 좀 더 빠르고 효율적으로 찾는가는 이중 지문에서도 중요하다. 문제를 미리 읽고, Key Word를 찾은 후 그 Key Word가 포함된 지문에서 정답 단서를 찾는다. 나머지 지문에서는 그 단서를 주어진 선택지와 일치하는 추가 정보를 찾아야 한다. 예를 들어, 광고에서 제품 모델과 가격이 소개되었다면, 이메일에서 소비자가 원하는 모델을 확인하고, 다시 광고로 돌아와 해당 가격을 찾아 정답을 고르는 형태이다.

이중 지문 유형

❶ 이메일+이메일: 상품/견적/정보 요청/불만 접수 등 업무상의 질의 응답

❷ 광고/공지+이메일/양식: 광고/공지에 나온 정보에 관한 지원/문의/요청하는 내용

❸ 양식+양식: 소개/모집 양식에 응답하는 양식을 작성하는 내용

➡ 처음에 복수 지문을 접하면 정보가 많아 당황할 수 있지만, 전체적으로 한 스토리를 완성하기 위해서 여러 지문을 조합했다는 것을 잊지 말고, 전체적인 주제를 찾고, 각각의 문제에서 원하는 정보를 찾는 훈련을 하자. 앞에서 배운 지문 유형별 특징에 익숙해지면 복수 지문 속의 정보도 좀 더 효율적으로 찾을 수 있다.

이중 지문의 예제 및 문제 풀이 전략

Question 1 refers to the following announcement and form.

Tools for Business

Is your company looking to expand, train employees to be leaders, or develop new products? Look no further!
Redman Business Solutions delivers a series of informative workshops relating to key business processes. Register online at redmanbusiness.com.

1. *Leadership and Motivation* recommends resources and tactics to help you attract and retain outstanding customers.
Wednesday, May 12th, 10 A.M. ~ noon Cost: £95

2. *Product Development* includes a detailed case study and specific action steps to help you revitalize and speed up your process for creating new products.
Wednesday, May 19th, 10 A.M. ~ noon Cost: £135.

제목
주제
세부 사항

ONLINE REGISTRATION FORM

Name: Jennifer Tang
Address: 29 Brenton Road, Leeds, West Yorkshire
Phone No.: 555-3804
E-mail: jent@vtfinance.com
Workshop Number: 2
Date: May 12th
Comments: Several of the managers of my company are also interested in attending your workshop. Do you offer reduced rates for groups?

제목 (연계성)
세부 사항 (연계성)

비즈니스를 위한 수단들

회사를 확장하거나, 직원들에게 지도자가 되기 위한 교육을 시키거나, 신상품을 개발하려고 애쓰고 계십니까? 이제 더 이상 다른 곳을 찾으실 필요가 없습니다!

저희 레드맨 비즈니스 솔루션이 주요 사업 절차와 관련된 유익한 워크숍들을 제공해 드립니다. redmanbusiness.com에서 온라인으로 등록하세요.

1. 〈리더십과 동기〉에서는 뛰어난 고객들을 모집하고 유지하도록 하는 자원과 전략들을 추천합니다. 5월 12일 수요일, 오전 10시 ~ 오후 12시 비용: 95파운드

2. 〈상품 개발〉에는 상세한 사례 연구와, 신상품을 만드는 절차에 박차를 가할 수 있도록 하는 구체적인 단계에 대한 것이 포함되어 있습니다. 5월 19일 수요일, 오전 10시 ~ 오후 12시 비용: 135파운드

온라인 등록 양식

이름: 제니퍼 탱

주소: 29 브랜트로, 리즈, 웨스트요크셔

전화번호: 555-3804

이메일: jent@vtfinance.com

워크숍 번호: 2번

날짜: 5월 12일

의견: 우리 회사의 관리자 몇 명도 워크숍에 관심이 있습니다. 단체 할인이 가능한가요?

예제 1 What is the fee for the workshop Ms. Tang plans to attend?

탱 씨가 참석하려는 워크숍 비용은 얼마인가?

(A) £95 — 95파운드
(B) £110 — 110파운드
(C) £120 — 120파운드
(D) £135 — 135파운드

해설 2개의 지문을 종합적으로 파악해서 풀어야 하는 문제는 2개 정도로 각 지문의 주제를 확인하는 순간 어떤 문제가 나올지 추측할 수 있다. 위와 같이 광고와 지원 양식으로 이루어진 이중 지문에서 가장 많이 나오는 연계문제는 첫 번째 지문에서 제시된 다양한 옵션 중 하나와 연계된 정보를 찾는 유형이다. 첫 지문에서 2개의 워크숍이 소개되었는데, 두 번째 지문에서 지원자가 2번째 워크숍을 선택했다. 다시 첫 번째 지문으로 돌아가 2번째 워크숍 비용이 135파운드라는 것을 찾아 정답을 고르면 되는 것이다. 정답: (D)

Point 2 삼중 지문 신토익

신토익에 새로 추가된 유형으로 세 개의 지문을 근거로 다섯 문제를 풀어야 하는 유형이다. 총 3세트 15문제가 출제된다. 기존의 이중 지문도 어려운데 삼중 지문을 어떻게 할 수 있을까 하고 고민하지는 말자. 삼중 지문 중 하나는 처음 두 지문에 대한 추가 설명 형태로 나오기 때문에 결국은 이중 지문의 심화 형태로 보면 된다.

삼중 지문의 구조

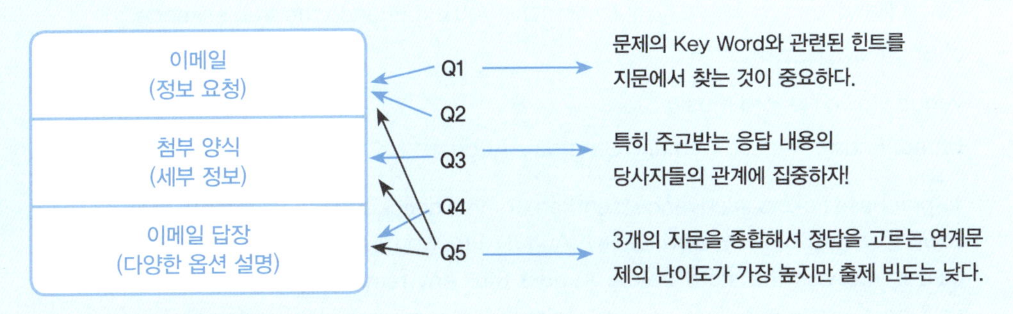

삼중 지문은 이중 지문에 표/그래프의 형태의 시각 자료가 추가된 형태가 많다. 겉보기에 삼중 지문의 정보가 매우 많은 것 같지만 많은 학생들이 표/그래프에서 정보를 찾는 것을 더 쉽게 생각하는 경우가 많다. 그리고 기존의 이중 지문과 같이 2개의 지문을 종합해서 푸는 내용이 더 많고, 3개 지문 전부를 통합해서 푸는 문제는 빈도수가 높지 않으니, 3중 연계문제를 따로 연습하기보다는 일단 문제를 읽고 정보를 찾는 기본 훈련을 충분히 해서 자연스럽게 정보를 찾을 수 있도록 하자.

삼중 지문 유형

❶ **이메일+양식+이메일:** 문의 요청 이메일에 자세한 정보기 담긴 이메일 답장

❷ **양식+양식+편지/이메일:** 송장/영수증이 첨부된 양식들과 함께 이메일로 질문하는 내용

❸ **광고/공지+양식+이메일/기사:** 각종 행사/공지 등에 참가 양식을 첨부해서 보내는 이메일이나 공지된 행사에 대한 기사

➡ 첫 지문에서 주제를 찾고, 그 다음 지문이 추가 정보를 제공하는지 첫 지문에 대해 응답하는 내용인지를 구분해서 두세 번째 지문과 첫 번째 지문과의 관계성을 파악하도록 훈련하자.

PART 7

삼중 지문의 예제 및 전략

Question 2 refers to the following flyer, list, and letter.

LOOK, Jazz Fans
Ozgul Band will be performing LIVE

Ozgul Band lead by Maya Ozgul will make you experience the true essence of Southern Jazz.

Venue: Town Record Music Store

Dates: Friday, August 10th and Saturday, August 11th

To purchase tickets in advance, send a personal check or money order to the Town Record Store by Wednesday, August 8th. You can also pay by credit card if you visit the store before August 8th. Any remaining tickets will be sold on a first-come, first-served basis in the evening of the performance. Cash will be the only acceptable form of payment on these evenings.

For further information, call 615-555-2748 or e-mail Ryan Muller at rmuller@townmusic.com.

제목
주제문

세부 사항

Price List

Dates	Adults	Children under 12
August 10th	$40	$20
August 11th	$50	$25

Refunds will only be available at least two weeks before the performance. Please keep your receipt for reference.

제목
(연계성)

세부 사항

Ryan Muller Town Record Store
1204 Wainwright Square
St Paul, MN 55112

August 2nd

Dear Mr. Muller,

I was delighted to learn that Ozgul Band will be performing at your store. I've always wanted to see them play in person and now this performance will give me the first chance to do just that. I would like to purchase two tickets for adults to the first concert. I am enclosing a money order to cover the cost. I plan to pick up my tickets on Monday, August 6th at the store.

Thanks,
John Anderson

주소
(연계성)

받는 사람

세부 사항
(연계성)

보낸 사람

재즈 팬들은 주목

오즈걸 밴드의 라이브 공연

마야 오즈걸이 이끄는 오즈걸 밴드가 남부 재즈의 진수를 보여 드립니다.

장소: 타운 레코드 음악

날짜: 8월 10일 금요일, 8월 11일 토요일

티켓을 사전에 구입하기 위해서는 개인 수표나 우편환을 타운 레코드점으로 8월 8일 수요일까지 보내 주세요. 8월 8일 전에 가게를 직접 방문하시면 신용 카드로도 계산이 가능합니다. 남은 티켓은 선착순으로 공연 당일 저녁에 판매됩니다. 당일 저녁의 지불 방식은 현금만 됩니다.

더 많은 정보를 얻으시려면, 615-555-2748로 전화주시거나 rmuller@townmusic.com으로 라이언 뮐러에게 이메일을 보내 주세요.

가격표

날짜	성인	12세 이하 어린이
8월 10일	40달러	20달러
8월 11일	50달러	25달러

환불은 공연 최소 2주전에 가능합니다. 참고를 위해 영수증을 보관해 주세요.

라이언 뮐러 타운 레코드점
1204 웨인라이트 스퀘어
세인트 폴, 미네소타 55112

8월 2일

뮐러 씨에게,

저는 오즈걸 밴드가 당신의 가게에서 공연을 하게 되었다는 소식을 듣고 기뻤습니다. 저는 그들이 연주하는 것을 직접 보고 싶었는데, 이번 공연이 그 첫 기회가 될 것 같아요. 첫째 날 콘서트 공연에 성인 티켓 2장을 구매하고 싶습니다. 비용에 해당하는 우편환을 동봉합니다. 제가 직접 8월 6일 월요일에 가게로 표를 찾으러 가겠습니다.

감사합니다.

존 앤더슨

예제 2 What amount does Mr. Anderson enclose with his e-mail?

(A) $40.00
(B) $50.00
(C) $80.00
(D) $100.00

앤더슨 씨는 그의 이메일에 얼마의 금액을 동봉하는가?

40달러
50달러
80달러
100달러

해설 위의 예제는 〈① 광고+②가격표〉가 같은 묶음으로 제공되고 ③ 이메일을 읽고 공연 날짜/인원수에 맞는 가격을 산출해 내야 하는 연계문제이다. 공연은 이틀 있으나 첫날 공연의 성인 관람료가 40달러이므로 성인 2명의 관람표는 40X2=80으로 정답은 (C)이다. 정답: (C)

Step 2 Paraphrasing 기초 훈련

Answers _ p. 102

밑줄 친 부분을 적절하게 바꿔 표현한 것을 골라 보세요.

1. The company has released plans for a new branch to be located in Springfield.
   (A) objected
   (B) made public

2. First, remove all parts from the box.
   (A) assemble
   (B) set aside

3. I'm writing on behalf of my manager at Academic Research Incorporated.
   (A) instead of
   (B) in response to

4. The article contained a couple of factual errors.
   (A) typos
   (B) wrong information

5. Super Electronics is the sole sponsor of the sporting event.
   (A) only
   (B) enthusiastic

6. The items are currently out of stock.
   (A) unavailable
   (B) missing

7. The gallery has announced an upcoming exhibition of the works of Charles Ramirez.
   (A) approaching
   (B) successful

8. Let me extend my sincere apologies for the negative experience.
   (A) offer
   (B) accept

9. Only qualified applicants will be asked to fill out an application form.
   (A) Only qualified applicants will be invited to apply.
   (B) Only a few applicants will apply.

10. This is a mandatory event for all the members.
   (A) All the members are absent from the event.
   (B) All the members must participate in the event.

Answers _ p. 102

제한시간 7분 안에 최대한 정확하게 풀어 보세요.

Questions 1-5 refer to the following advertisement and e-mail.

Emerson's Department Store

We have immediate openings for part-time entry level positions.

Housewares Department: Work at the register in the housewares department. Assist customers with purchases, returns, and exchanges. Must be available on Fridays, Saturdays, and Sundays. 15-20 hours per week.

Shoe Department: Work at the register in the shoe department. Assist customers with purchases, returns, and exchanges. Must be available on Mondays, Wednesdays, and Fridays during regular business hours. Up to 25 hours per week.

Display Assistant: Assist our designer with the setup and takedown of store displays. Help arrange floor merchandise. Must be available on Saturday and Sunday evenings. 12 hours per week.

We offer competitive hourly wages and will train all employees. To schedule an interview, please e-mail your contact information to the branch manager, Mike Anderson at manderson@emerson.com or call 612-555-2855, extension 8367.

To: Mike Anderson <manderson@emerson.com>
From: Rebecca Newman <rebecca80@aol.com>
Date: August 10th
Subject: Job opening

Dear Mr. Anderson,

I am currently a student at Emory College and am looking for a part-time job on Saturdays and Sundays. I would like to work between 10 and 20 hours per week. I worked at Pro Athletes' Store for the past two summers, so I have some retail experience. I am hardworking and reliable and open to learning new things.

I would appreciate the opportunity to talk with you about any suitable position you may have open at Emerson's. Thank you.

Sincerely,

Rebecca Newman

1. What is the purpose of the advertisement?
   (A) To offer part-time positions
   (B) To publicize the department store
   (C) To announce the annual sales
   (D) To respond to a letter of inquiry

2. In the advertisement, the word "immediate" in paragraph 1, line 1, is closest in meaning to
   (A) direct
   (B) near
   (C) current
   (D) personal

3. What is the purpose of the e-mail?
   (A) To ask for Mr. Anderson's contact information
   (B) To inquire about the job opening
   (C) To recommend a colleague for a job
   (D) To request a reduction in working hours

4. What position suits Ms. Newman's schedule?
   (A) Branch manager
   (B) Housewares salesperson
   (C) Shoe department employee
   (D) Display assistant

5. What is NOT indicated about Ms. Newman?
   (A) She is available on Saturdays and Sundays.
   (B) She is a student.
   (C) She is currently working at a store.
   (D) She is looking for a part-time position.

Answers _ p. 103

제한시간 5분(문제당 1분) 안에 최대한 정확하게 풀어 보세요.

Questions 1-5 refer to the following Web page, e-mail, and survey.

Join us for the 10th Annual Public Accounting Conference in New York from October 8-10.

The International Public Accountants (IPA) Conference provides industry professionals with the best opportunity to discover the latest trends and changes in the area of accounting. This year's conference takes place in Manhattan, New York, and the keynote speaker is Dr. Adriana Nelson, the president of IPA. Dr. Nelson will discuss the changes in international tax laws. Other featured speakers include industry experts Ji-Seon Park, Bradley Young, Michael Yamaguchi, and Michelle Palmer. Information about the all sessions and their presenters can be found at the Sessions tab.

The conference will be held at Parkline Hotel. A limited number of rooms are available at a reduced rate for IPA members. Just provide your membership number when you reserve for your accommodations.

Registration starts on August 1. Prices increase on September 1, and some sessions will fill quickly, so don't wait. You can register online at the Registration tab.

To: Michael Yamaguchi <myamaguchi@nieman.org>
From: Stella Hanson <Hanson85@ipa.com>
Date: October 14
Subject: Information

Dear Michael,

It was my pleasure meeting you. I appreciate that you took time to travel here to New York, and I want to thank you for your participation in the IPA conference. Your session on Accounting Practices in Asia was fascinating to me. I believe those who attended the session now truly appreciate the level of efforts that goes into dealing with international corporations and governments. I've attached the survey we received from the conference attendee Elain Chandra. Her response was typical of the complimentary comments about your session.

Sincerely,

Stella Hanson

Director, IPA Programs Committee

International Public Accountants Conference Attendee Survey

	Very Satisfied	Rather Satisfied	Rather disappointed	Very Disappointed
Registration Process			V	
Contents	V			
Venue	V			
Food & Beverages	V			

Additional Comments:

Signing in did not go smoothly. Even though I had registered a long time before the deadline, my conference package was misplaced. I had to wait for an hour to find my materials and missed the keynote address I very much wanted to hear. The presentation itself was wonderful. I especially enjoyed the session given by an accountant on Accounting Practices in Asia. It was fascinating, and I learned a lot.

Elain Chandra

1. What is indicated about the conference?
   (A) Some attendees might have received a discount on their hotel stay.
   (B) It was only open to residents in New York.
   (C) It is held in the same location every year.
   (D) All attendees had to register by August 1st.

2. What is the purpose of the e-mail?
   (A) To propose a topic for future conferences
   (B) To arrange a tour plan to New York
   (C) To ask about the conference surveys
   (D) To provide feedback on a presentation

3. In the e-mail, the word "level" in paragraph 1, line 4, is closest in meaning to
   (A) layer
   (B) amount
   (C) position
   (D) condition

4. What is suggested about Ms. Chandra?
   (A) She attended last year's event.
   (B) She thought some of the sessions were too long.
   (C) She was pleased with the registration process.
   (D) She didn't attend Dr. Nelson's presentation.

5. Which speaker did Ms. Chandra particularly like?
   (A) Ms. Park
   (B) Mr. Young
   (C) Mr. Yamaguchi
   (D) Ms. Palmer

MEMO

MEMO

나혼자 끝내는

新 토익 PART 1~4

신토익 실전 12회

더욱 까다로워진 신토익 대비와 함께 덤으로 청취력 향상까지!

- 신토익 LC 실전 국내 최다 문제 수록
- 문제＋스크립트＋정답＋번역＋해설＋어휘가 한 권에 수록
- 수험생들이 가장 어려워하는 영국식 발음 완벽 대비
- 실전용·복습용·고사장 버전 MP3 무료 다운로드 QR 코드 & 홈페이지

신토익 실전 12회 수록 | 이주은 지음 | 2017년 3월 출간 | 424페이지 | MP3 무료다운로드

나혼자 끝내는 新토익 PART 5&6

신토익 실전 12회

토익 고득점을 위해 필히 정복해야 하는 PART 5&6

틀린 문제는 다시는 틀리지 않도록 훈련하는 체계적 구성

스스로 점검하고 보완할 수 있는 나혼토 체크 리스트 제공

저자 직강의 무료 음성 강의 지원

어휘 리스트 & 테스트 제공

신토익 실전 12회 수록 | 박혜원, 전보람 지음 | 2017년 2월 출간 | 257페이지

나혼자 끝내는 新토익 PART 7

신토익 실전 10회

나혼자 끝내는 토익 PART 7

신토익 실전10회

이미영 박선영 지음

★★★ 저자 직강 PART 7 공략법 제공

신토익 고득점을 결정하는 PART 7 필수 정복 코스

PART 7 실전 10회 문제집 + 핵심 패러프레이징을 수록한 해설집 + 나혼토 1:1 저자 코칭

넥서스

시간 관리가 더욱 중요해진 PART 7, 실전 훈련으로 완벽 대비!

- 더욱 까다로워진 신토익 PART 7 실전 10회분 수록
- 정답의 단서와 패러프레이징 원리를 수록한 해설집 수록
- 나혼토 1:1 저자 코칭
- 어휘 리스트 & 테스트 제공

신토익 실전 10회 수록 | 이미영, 박선영 지음 | 2017년 7월 출간 | 304 페이지

新토익을 대비하는 가장 현명한 선택!

• 나혼자 끝내는 新토익 실전서 •

신토익 LC+RC 5회분 + 해설집

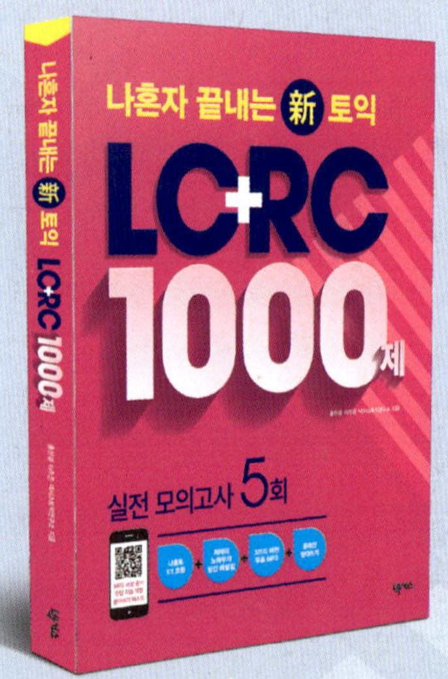

신토익 LC+RC 3회분 + 해설집

실제 시험지가 봉투 안에 쏙~

나혼자 끝내는 新토익
LC+RC 1000제

- ✔ 한 권으로 끝내는 신토익 실전 모의고사 5회분 수록
- ✔ 해설집을 따로 구매할 필요가 없는 LC+RC 합본 실전서
- ✔ 저자의 노하우를 담아 문제의 키워드를 단숨에 파악하는 알짜 해설 수록
- ✔ 실전용 · 복습용 · 고사장 버전의 3종 MP3 무료 다운로드(www.nexusbook.com)

나혼자 끝내는 新토익
실전 모의고사 3회분(봉투형)

- ✔ 실제 시험지 형태 그대로, 신토익 실전 모의고사 3회분 수록
- ✔ 문제의 키워드를 단숨에 파악하는 알짜 해석 · 해설 무료 다운로드(www.nexusbook.com)
- ✔ 실전용 · 복습용 · 고사장 버전의 3종 MP3 무료 다운로드(www.nexusbook.com)

나혼자 끝내는 신토익 LC+RC 1000제 | 홍진걸, 이주은 지음 | 2017년 6월 출간 | 364페이지
나혼자 끝내는 신토익 실전 모의고사 3회분 | 김랑, 박자은, 임철, 넥서스토익연구소 지음 | 2017년 7월 출간 | 144페이지

나혼자 끝내는 新토익

新토익 750+ 목표 대비

원정서 · 넥서스토익연구소 지음

BASIC LC+RC

★★★★★
신토익 입문서

정답 및 해설

- 한 권으로 끝내는 LC+RC 신토익 입문서
- 최단 시간에 목표 점수를 획득하는 **비법 전략 수록**
- 보카책이 따로 필요 없는 들으면서 외우는 **모바일 단어장 제공**
- 청취력 향상을 위한 **온라인 받아쓰기 추가 제공**

넥서스

PART 1

Unit 1 인물 중심 사진

Step 2 청취 및 받아쓰기 훈련 P18

1 **진행형:** She is hanging up some clothes.
그녀는 옷을 걸고 있다.

해설 가게에서 옷을 걸고 있는 종업원 그림으로 적합하다. 진행형은 Part 1 정답으로 가장 많이 등장한다. 특히 사진 속 인물의 다양한 행동을 표현할 수 있는 동사를 암기하는 것이 중요하다.

2 **수동태 진행형:** Some boxes are being loaded into a truck.
박스들이 트럭에 실리는 중이다.

해설 창고에서 사람들이 트럭에 박스를 싣고 있는 인물 사진 표현으로 적합하다. People are loading some boxes into a truck이라는 문장을 수동태로 바꾼 것이다. 두 가지 동사 시제를 다 알아들을 수 있도록 훈련하자.

3 **타동사 진행형:** The women are sharing a sofa.
여자들은 소파를 같이 사용하고 있다.

해설 여자 둘이 소파에 함께 앉아 있는 사진으로 적합하다. sitting together라고 쉽게 이야기할 수 있는 표현을 share(나누다, 공유하다)라는 어휘를 사용해 간접적으로 표현했다.

4 **수동태 진행형:** A piece of equipment is being operated.
기계가 작동되고 있는 중이다.

해설 한 사람이 기계를 사용하고 있는 사진으로 적합하다. 특히 사람이 아니라 사물이 주어가 되어서 기계가 사용되고 있는 중이라는 표현을 나타냈다. The man is operating a piece of equipment라는 문장을 수동태로 바꾼 것이다.

5 **자동사 진행형:** Some people are standing at a bus stop.
몇몇 사람들이 버스 정류장에서 서 있다.

해설 버스 정류장에서 버스를 기다리면서 서 있는 사진으로 적합하다. 사진상에 버스는 없을 가능성이 높다.

6 **타동사 진행형:** They are having a snack near the water.
그들은 물가에서 간식을 먹고 있다.

해설 강가나 선착장 근처에서 쉬면서 무엇인가를 먹고 있는 사람들 사진으로 적합하다. 물(water)과 관련되어 연상될 수 있는 수영이나 배에 관련된 내용이 들어간 문장을 고르지 않도록 주의하자.

7 **타동사 진행형:** Some people are reviewing documents.
사람들이 서류를 검토하고 있다.

해설 서류를 보고 있는 사람들 사진으로 적합하다. 특히, 인물 사진의 경우에 그 인물의 행동을 묘사하는 동사를 많이 외워 두는 것이 필요하다. 그 외에 '보다'라는 의미의 stare, glace, gaze와 '검사하다'라는 의미의 examine, inspect, check 등의 동사들도 암기하도록 하자.

8 **수동태:** They are seated at workstations.
그들은 작업장에 앉아 있다.

해설 사무실이나 공장 등에서 각자의 책상이나 작업하는 자리에 있는 사람들의 사진으로 적합하다. sit(앉다, 자동사)와 seat(앉히다, 타동사) 둘 다 정답 표현에 등장하기도 한다.

9 **타동사의 진행형:** The man is stirring something in a pot.
남자는 냄비에 들은 무엇인가를 휘젓고 있다.

해설 부엌에서 냄비에 담긴 요리를 스푼이나 국자로 젓고 있는 사진으로 적합하다. 특히 부엌 또는 실험실 등에서 사용 가능한 붓다(pour), 끓이다(boil) 등의 기본 동사들도 익혀 두도록 하자.

10 **수동태 진행형:** An instrument is being photographed.
장비가 사진이 찍히고 있다.

해설 한 사람이 사진기로 기계 사진을 찍고 있는 그림에 적합하다. 원래 문장인 The man is photographing an instrument을 수동태로 만든 것이다. 문장에 사람이 나오지 않지만 사람 나오는 사진의 정답이 될 수 있는 '수동태 진행형'의 동사 시제를 꼭 익혀 두도록 하자.

Step 3 기초 마스터 P19

정답 1. (B) 2. (A) 3. (B) 4. (B)

1 영W
(A) The woman is washing her hair.
(B) The woman is leaning forward.

해석 (A) 여자는 머리를 감고 있다.
(B) 여자는 앞으로 기울이고 있다.

해설 손을 닦고 있는 여자의 사진이다. 하지만 선택지에서 wash라는 어휘에 연연하면 안 된다. Part 1의 정답은 사진을 잘 묘사한 것이 아니라, 틀린 내용이 없는 것이다. 머리를 감는 것이 아니기 때문에 (A)는 오답이다. 정답은 앞으로 몸을 약간 기울인 것을 묘사한 (B)이다.

어휘 wash 닦다, 씻다 lean 기대다 forward 앞으로

2 미M
(A) Some people are sitting on chairs.
(B) Some people are standing in the middle of the room.

해석 **(A) 몇몇 사람들이 의자에 앉아 있다.**
(B) 몇몇 사람들이 방 가운데에 서 있다.

해설 바닷가에 수영을 하는 사람과 의자에 앉아 있는 사람이 있는 복수 인물 사진이다. 우선 (A)는 틀린 부분이 없으므로 정답 가능성이 있는 것으로 남겨 두고, (B)는 배경이 방이 아니라는 것을 확인하고 정답으로 (A)를 고를 수 있는 소거법을 사용하자.

어휘 sit 앉다 stand: 서다 in the middle of 중앙에

3 영W

(A) The road is being repaved.
(B) Leaves are being raked into a pile.

해석 (A) 도로가 포장되고 있는 중이다.
(B) 나뭇잎들이 더미로 긁어모아지고 있는 중이다.

해설 남자 아이가 갈퀴로 낙엽을 긁어모으는 행동을 하고 있다(rake). 특히 1인 사진의 경우에는 등장인물의 행동을 묘사하는 동사를 많이 아는 것이 유리하다는 것을 잊지 말자. 정답은 이 동사를 수동태 진행형을 사용하여 '낙엽이 긁어모아지고 있는 중'이라고 표현한 (B)이다.

어휘 repave (도로를) 재포장하다 rake 갈퀴로 긁다, 긁어모으다 pile 더미

4 미M

(A) One person is handing a paper to the other.
(B) They're facing each other.

해석 (A) 한 사람이 다른 사람에게 종이를 건네주고 있다.
(B) 그들은 서로 마주보고 있다.

해설 서로 마주보면서 악수를 하고 있는 사람들의 사진이다. 악수라는 뜻의 shake hands를 연상해서 무조건 이 표현이 들어간 것을 고르는 실수를 하지 않도록 주의하자. hand는 동사의 의미로 '건네주다'라는 뜻이 있다는 것에 유의하자. 정답은 두 사람이 서로 얼굴을 마주보고(face) 있다고 한 (B)이다.

어휘 hand 주다, 건네다 the other 다른 편(둘 중에 나머지) face 향하다 each other 서로

Step 4 실전 마스터 P20

정답 1. (C) 2. (B) 3. (A) 4. (D) 5. (A) 6. (C)

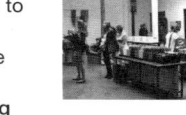

1 미W
(A) Some people are waiting in line to board the plane.
(B) Some people are walking in the park.
(C) Some customers are shopping indoors.
(D) A sales person is putting a shirt in a bag.

해석 (A) 몇몇 사람들이 비행기를 타기 위해서 줄 서서 기다리고 있다.
(B) 몇몇 사람들이 공원에서 걷고 있다.
(C) 몇몇 손님들이 실내에서 쇼핑하고 있다.
(D) 영업사원이 셔츠를 가방에 넣고 있다.

해설 가게 안에서 계산을 하기 위해서 줄을 서 있는 사람들을 "실내에서 쇼핑을 한다"라는 표현으로 묘사했다. 그림을 보고 연상되는 특정 단어를 기대하면 오답을 고르기 쉽다는 것을 잊지 말자.
(A) 줄 서 있는 것은 맞으나 비행기를 타려고 하는 것은 아니다.
(B) 사람들은 있으나 여기는 공원이 아니다.
(D) 영업사원으로 보이는 사람도 없고 가방에 셔츠를 넣는 것도 보이지 않는다.

어휘 wait in line 줄 서서 기다리다 indoors 실내에서 sales person 영업사원

2 호M
(A) The dishes are being washed.
(B) The floor is being scrubbed.
(C) The lawn is being mowed.
(D) The glass door is being opened.

해석 (A) 접시들이 닦이고 있다.
(B) 바닥이 문질러 닦이고 있다.
(C) 잔디가 깎이고 있다.
(D) 유리문이 열리고 있다.

해설 호텔 같은 시설에서 바닥을 청소기로 닦는 직원 사진이다. 다소 생소한 단어 scrub이 쓰였지만 정답 가능성이 있으므로 (B)를 남겨 두고, 나머지 틀린 선택지를 소거하고 돌아와서 정답을 고를 수 있도록 훈련하자. 인물 사진을 수동태 진행형으로 표현할 수 있다는 것을 잊지 말자.
(A) 눈에 보이는 접시는 없다.
(C) 정원도 아니고 풀을 자르는 기계도 없다.
(D) 유리문이 보이나, 문이 현재 열리고 있는 것은 아니다. (D)가 정답이 되려면 누군가가 문을 열고 있는 모습이 보여야 한다.

어휘 wash (물로) 씻다 floor 바닥 scrub 문질러 닦다, 문지르다 lawn 잔디, 정원 mow 베다, 깎다 glass 유리 open 열다, 열린

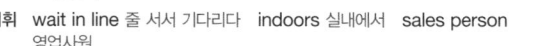

3 미W
(A) A man is grasping a broomstick.
(B) A man is cleaning the window.
(C) A man is exiting a doorway.
(D) Some trees are being planted.

해석 **(A) 남자가 빗자루를 잡고 있다.**
(B) 남자가 창문을 청소하고 있다.
(C) 남자가 문을 나가고 있다.
(D) 나무들이 심어지고 있는 중이다.

해설 정원을 청소하고 있는 남자의 사진이다. 정답은 빗자루를 잡고 있다는 (A)이다. 잡다(grab, grasp)라는 동사와 빗자루로 쓸다(sweep)라는 동사를 다시 한번 복습하도록 하자. 하지만 (A)가 정답이 확실하더라도 안전하게 (D)까지 다 듣고 나서 (A)를 고르는 것이 좋다.
(B) 창문을 청소하고 있지 않다.
(C) 문을 나가고 있지 않다.
(D) 나무가 있지만 수동태 진행형이 정답이 되려면 지금 나무를 심고 있는 인물이 사진 속에 보여야 한다.

어휘 grasp 꽉 잡다 broomstick 빗자루 clean 청소하다, 깨끗한 exit 나가다, 출구 doorway 출입구, 문간 plant 심다, 화초/식물

4 호M
(A) They're ordering some food.
(B) They're having a celebration.
(C) They're purchasing some goods.
(D) They are gathered around the table.

해석 (A) 그들은 음식을 주문하고 있다.
(B) 그들은 축하 파티를 하고 있다.
(C) 그들은 상품을 구매하고 있다.
(D) 그들은 테이블 주변에 모여 있다.

해설 식당이나 카페에서 작은 테이블 주변에 앉아서 음료수와 다과를 먹고 있는 사람들의 사진이다. 정답은 테이블 주변에 둘러 앉아 있다고 표현한 (D)이다.
(A) 주문을 하기 위해서는 웨이터가 보이거나 손님들이 계산대에 가 있어야 한다.
(B) 축하를 하는 모임인지는 분명하지 않다.
(C) 물건을 산다는 내용이 정답이 되려면 계산대에서 점원을 보고 있는 사진이 적합하다.

어휘 order 주문하다, 주문 celebration 축하 파티, 축하 purchase 구매하다 goods 상품 gather 모이다 around ~ 주변에

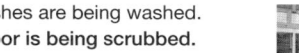

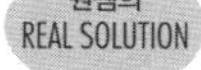

Part 1 만점을 위해서는 정답에 대한 기대치를 낮춰야 한다. 정답은 그림을 잘 표현한 것이 아니라 선택지 중에 가장 덜 틀린 것이 되는 경우가 많다. 4번의 (B)처럼 축하 파티를 하고 있는 것일 수도 있다고 추측해서는 안 된다. 안전하게 선택지를 모두 듣고 가장 덜 틀린 것을 고르도록 하자.

5 미W
(A) A woman is working with a shovel.
(B) A woman is resting under a tree.
(C) A woman is putting on a jacket.
(D) A woman is cutting the grass.

해석 **(A) 여자는 삽을 가지고 일하고 있다.**
(B) 여자는 나무 아래서 쉬고 있다.
(C) 여자는 재킷을 입고 있는 중이다.
(D) 여자는 풀을 깎고 있다.

해설 삽으로 흙(dirt, soil)을 퍼내고 있는 여자 사진이다. 정답은 동사/명사로 다 쓰이는 shovel이 나온 (A)이다. 기본적인 행동과 관련된 어휘를 암기해서 정답을 고를 수 있어야겠다. rake(갈퀴, 갈퀴로 긁다), shovel(삽, 삽질하다), mop(대걸레, 대걸레로 닦다)는 동사와 명사로 모두 쓰이지만, sweep(빗자루질하다)는 동사, broom(빗자루)은 명사로 쓰인다는 것을 기억하자.
(B) 쉬고 있지 않다.
(C) put on은 동작 동사로 여자는 지금 재킷을 입는 행동을 하는 것이 아니므로 정답이 될 수 없다.
(D) 풀을 깎는 행동은 없다.

어휘 shovel 삽, 삽질하다 rest 쉬다, 기대다 put on 입는 동작을 하다 cut 자르다 grass 풀

6 호M
(A) One of the women is posting a sign.
(B) Some workers are installing a carpet.
(C) A piece of equipment is being examined.
(D) A machine is being moved across the room.

해석 (A) 여자 중 한 명이 표시판을 붙이고 있다.
(B) 일꾼들이 카펫을 설치하고 있다.
(C) 장비 하나가 자세히 검사되고 있다.
(D) 기계가 방을 가로질러 옮겨지고 있다.

해설 한 명이 몸을 구부려서 복사기 안을 들여다보고 있고, 나머지 한 사람은 그 사람을 보고 있다. 정답은 수동태 진행형 is being examined(점검되고 있다)이 쓰인 (C)이다. '보다'라는 의미의 다양한 동사를 암기하고 시제를 확인할 수 있어야겠다. equipment는 불가산 명사로 a piece of를 붙여 수량을 표시하였다.
(A) 벽이나 게시판에 표지를 올리는 사람은 없다.
(B) 일꾼이라고 할 수 있으나 카펫을 설치하고 있지 않다. install이라는 어휘만을 듣고 무조건 고르는 실수를 하지 않도록 주의하자.
(D) 기계는 있지만 지금 옮기는 행동을 하고 있지는 않다.

어휘 post 붙이다, 올리다 sign 표지, 표시 install 설치하다 carpet 카펫 a piece of 한 개의(세는 단위) equipment 장비, 기계 examine 자세히 보다 move 옮기다 across ~를 가로질러

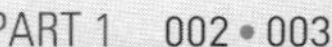

Unit 2 사물/풍경 중심 사진

Step 2 청취 및 받아쓰기 훈련 P24

1 There is a door beneath the staircase. 계단 밑에 문이 있다.

해설 2층 건물의 외벽 사진으로, 계단 밑 1층에 문이 보이는 사진의 정답으로 적합하다. 특히 다양한 물건/배경이 주어로 나올 수 있으므로 주어에 유념하면서 문장을 처음부터 끝까지 듣는 훈련을 하자.

2 Some merchandise is arranged on shelves. 물건이 선반에 정렬되어 있다.

해설 가게 사진이 제시된 문제에서 정답이 많이 된 표현이다. 특히 정렬하다(arrange, display, set), 쌓여 있다(stack, pile, stock), 놓다(place, leave, lay)라는 뜻을 가진 동사는 같은 사진을 묘사할 때 다 사용될 수 있다는 것을 잊지 말자.

3 Waves are crashing against the rocks. 파도가 바위에 치고 있다.

해설 바닷가에 파도가 바위에 부딪치는 사진의 정답으로 적합하다. 특히 물과 관련된 표현으로 파도(wave, surf)가 치거나 물이 잔잔하다(calm)라는 뜻을 가진 표현을 익혀 두자.

4 A lamp is standing in the corner of the room. 전등이 방구석에 서 있다.

해설 인물이 없는 풍경 사진으로 사무실이나 호텔 방이 자주 등장한다. 사물을 의인화하여 약간 긴 물건에는 동사 stand를 사용하고, 짧은 물건에는 sit이 사용된다는 것을 기억해 두자. 방구석에 긴 실내용 전등이 있는 사진에 적합하다.

5 Shelves have been stocked with bread. 선반이 빵으로 차 있다.

해설 제과점의 선반에 다양한 빵이 진열되어 있는 사진에 적합하다. 특히 수동태 완료 시제는 풍경을 묘사하는 데 자주 쓰이므로 반드시 듣고 이해할 수 있도록 하자. stock은 '재고/주식'이라는 뜻의 명사로도 자주 사용되나, Part 1에서 '재고를 갖추다'라는 동사의 뜻으로 정렬된 물건을 묘사할 때 사용된다.

6 Computers are set up next to each other. 컴퓨터가 서로 옆에 설치되어 있다.

해설 책상 위에 2대의 컴퓨터가 나란히 설치되어 있는 사진에 적합하다. 사물이 주어로 등장할 때에 완료 수동태(have been + p.p.)와 마찬가지로 일반 수동태(be + p.p.)도 자주 사용된다는 것을 기억해 두자.

7 A picture is positioned above a chair. 그림이 의자 위에 위치하고 있다.

해설 거실이나 방 사진에서 소파나 침대 위쪽에 그림이 걸린 사진에 적합하다. hang(물건을 걸다)을 사용할 수도 있지만, be positioned, be located(위치해 있다)도 자주 등장하는 표현으로 익혀 두도록 하자. 이러한 동사는 벽에 걸린 물건을 묘사할 때도 사용된다.

8 An awning shades a store entrance. 외벽 차양이 가게 입구에 그늘을 내린다.

해설 차양이 가게 유리창에 그림자를 드리운 사진에 적합한 문장으로, 빈출 어휘 중 가장 난이도가 높은 awning(차양)이라는 어휘가 사용되었다. 토익에는 가끔 특이한 어휘가 등장하는 경우가 있지만, 모든 물건의 어휘를 암기하기보다는, 익숙하지만 틀린 부분이 있는 선택지를 지워서 정답으로 좁혀나가는 것을 훈련하자.

9 The lights have been turned on. 전등에 불이 켜졌다.

해설 거실이나 식당의 천장에 달려 있는 전등에 불이 켜진 사진에 적합하다. 하지만 풍경 사진에는 전등뿐만 아니라 다양한 사물이나 배경이 주어로 나올 수 있다. 사진에서 잘 안 보인다 하더라도 각 선택지의 주어를 듣고, 사진을 보면서 정답이 될 수 있는지 확인하면서 듣는 훈련을 하자.

10 A row of windows is facing a street. 줄지어 있는 창문이 길 쪽을 향하고 있다.

해설 a row of는 양쪽으로 늘어선 물건들을 묶어서 표현할 때 사용되고, 이때 주어는 A row이므로 단수로 받아야 한다. 비슷한 크기의 창문이 나열되어 있는 건물의 외벽 사진을 묘사할 때 적절하다. 창문 앞에 길이 나 있는 경우에 창문이 길을 향해 있다고 말하는 것이 가능하다. 특히, a row of, a line of, a stack of, a pile of 등과 같이 다수의 물건을 묶어서 표현하는 어휘를 익혀 두자.

Step 3 기초 마스터 P25

정답 1. (A) 2. (B) 3. (A) 4. (B)

1 (A) They're rowing a boat.
영W (B) They're swimming in the river.

해석 **(A) 그들은 배의 노를 젓고 있다.**
(B) 그들은 강에서 수영하고 있다.

해설 물과 관련된 기본 어휘를 암기해서 풍경 사진에 익숙해지도록 하자. 배는 '항해하다(sailing, floating)', '정박하다(be docked, be tied up)' 외에 작은 배는 '노를 젓다(row, paddle)'라는 표현을 익혀 두자. 수영을 하는 사람은 없으므로 (B)는 오답이다.

어휘 row 노를 젓다, 줄

2 (A) He's opening the door.
미M (B) The door has been left open.

해석 (A) 그는 문을 열고 있다.
(B) 문이 열려 있다.

해설 leave는 LC/RC 전체에 걸쳐서 출제 빈도가 가장 높은 동사 중 하나이다. '1) 떠나다 2) 두다, 놓다 3) ~한 상태로 두다'라는 의미를 전부 막힘없이 사용할 수 있도록 훈련하자. 사람은 없고 이미 문이 열린 상태를 표현한 구문으로 (B)를 암기해 두도록 하자. 문을 열고 있는 사람은 없다.

어휘 open 열다, 열린 leave ~한 상태로 두다

3 (A) Merchandise has been displayed on shelves.
영W (B) Some products are packed for delivery.

해석 **(A) 물건들이 선반에 진열되어 있다.**
(B) 상품들이 배달을 위해서 포장되었다.

해설 수동태 완료로 이미 진열되어 있는 상품을 표현한 (A)가 정답이다. 배달할 물건인지는 알 수 없다.

어휘 merchandise 상품, 물건 display 진열하다 shelf 선반

4 (A) The street is being cleaned.
미M (B) Columns line a walkway.

해석 (A) 길이 청소되고 있는 중이다.
(B) 장식 기둥들이 길을 따라 있다.

해설 나무, 벤치, 기둥 같이 여러 개의 사물들이 한 줄로 늘어져 있을 때에 동사 line을 쓸 수 있다. 기둥(column)이라는 특정 단어를 모른다 하더라도 현재 길을 청소하는 사람은 없으므로 수동태 진행형이 쓰인 (A)를 소거한다면 (B)를 골라낼 수 있을 것이다.

어휘 clean 청소하다, 깨끗한 column 장식 기둥, 큰 기둥 line ~을 따라 늘어서다 walkway 보도, 걸어가는 길

Step 4 실전 마스터 P27

정답 1. (B) 2. (D) 3. (C) 4. (B) 5. (D) 6. (A)

1 (A) Some cars have stopped at an intersection.
미W **(B) Some vehicles have been lifted.**
(C) Some workers are opening the hood of a car.
(D) Some tires have been removed from the vehicle.

해석 (A) 자동차들이 교차로에 정지했다.
(B) 자동차들이 올려져 있다.
(C) 일꾼들이 자동차의 후드(보닛)를 열고 있다.
(D) 타이어가 자동차에서 빼내어져 있다.

해설 자동차 수리점에 수리를 위해서 자동차가 올려져 있는 상황을 완료 수동태(have been lifted)로 표현했다. remove는 '제거하다'라는 의미보다, '치우다/빼다'의 의미로 익혀 두자.
(A) 사진 배경은 교차로가 아니다.
(C) 자동차 보닛을 열고 있는 직원은 없다.
(D) 타이어는 빠져 있지 않다.

어휘 intersection 교차로 vehicle 탈것, 자동차 lift 올리다 open 열다 hood 자동차 앞 뚜껑, 보닛 tire 타이어 remove 빼다, 제거하다

2 호M
(A) They're walking up the steps.
(B) They're planting trees in pots.
(C) The floor is being mopped.
(D) The stairs lead to the next level.

해석 (A) 그들은 계단을 올라가고 있다.
(B) 그들은 화분에 나무를 심고 있다.
(C) 바닥이 닦이고 있다.
(D) 계단이 다음 층으로 연결되어 있다.

해설 계단이나 길이 '연결된다(lead to)'라고 현재형으로 표현한 전형적인 형태이다. 수동태 진행형은 주로 사람이 어떤 사물에 행동을 가하는 사진에 적합하다는 것을 기억하자.
(A) 지금 걷고 있는 사람은 없다.
(B) 화분은 보이나 심는 행동을 하는 사람들(They)이 보이지 않는다.
(C) 바닥을 문질러 닦고 있는 사람은 없다.

어휘 walk 걷다 steps 계단 plant 심다 pot 화분, 냄비 floor 바닥 lead to ~로 연결되다 level 층, 단계

3 미M
(A) The maid is cleaning the room.
(B) The bed is missing two cushions.
(C) There are lamps on both sides of the bed.
(D) The pictures are being hung on the wall.

해석 (A) 청소부가 방을 청소하고 있다.
(B) 침대에 쿠션이 2개가 빠져 있다.
(C) 침대의 양쪽에 전등이 있다.
(D) 그림이 벽에 걸리는 중이다.

해설 방 안의 모습으로 침대(bed), 창문(window), 그림(picture), 전등(lamp), 베개(pillow) 등의 물건들이 어떻게 표현될 수 있는지 익혀 두도록 하자. 침대의 위쪽을 head, 아래쪽을 foot, 옆을 side로 표현할 수 있다. 정답은 침대 양쪽에 램프가 2개 있는 것을 표현했다.
(A) 지금 청소하는 사람이 없다.
(B) 쿠션이 2개 더 있어야 한다는 것은 알 수 없다.
(D) 수동태 진행형(are being hung)이 쓰이려면 사진 속에 그림을 걸고 있는 사람이 나와야 한다.

어휘 maid 하녀, 청소부 clean 치우다, 깨끗한 miss 빠지다 lamp 전등 side 옆, 사이드 hang 걸다

원쌤의 REAL SOLUTION

같은 사진을 여러 방식으로 표현할 수 있어야 고난이도 문제를 맞힐 수 있다. "lamps on both sides of the bed"는 단수 형태의 either를 사용하여 "a lamp on either side of the bed"라고도 표현할 수 있다. 결국 양쪽에 등이 있는 것과, 어느 쪽이라도 하나씩 있다는 것은 의미가 같은 표현이다.

4 미W
(A) Crops are being harvested.
(B) Crops are lined up in rows.
(C) A field of grass is being mowed.
(D) Trees are piled up near the sign.

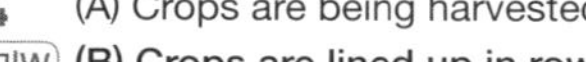

해석 (A) 농작물들이 추수되고 있는 중이다.
(B) 농작물들이 여러 줄로 줄지어 있다.
(C) 풀밭이 깎이는 중이다.
(D) 나무들이 표지판 옆에 쌓여 있다.

해설 다수의 물건이나 인물이 있는 경우에 줄지어서 정렬되어 있는 경우가 많다. line(줄지어 있다, 줄을 세우다)은 자/타동사 모두 가능한데 여기서는 수동태로 줄지어 있는 농작물을 묘사했다. '한 줄로(in a row)' 또는 '여러 줄로(in rows)'라는 의미의 부사구를 '정렬하다(display, set up, arrange)'라는 의미의 어휘와 함께 익혀 두도록 하자.
(A) '수확되다'라는 의미의 수동태 진행형(are being harvested)은 사람이 수확하고 있는 그림에 적합하다.
(C) '잔디가 깎이고 있다'는 의미의 수동태 진행형(is being mowed)이 쓰이려면 지금 잔디를 깎는 사람이 사진에 있어야 한다.
(D) 표지판은 있지만 옆에 쌓여 있는 나무들은 없다.

어휘 crops 농작물 harvest 추수하다, 수확하다 line up 줄지어 세우다 in rows 여러 줄로 pile 쌓다, 더미 near 근처에

5 호M
(A) Some cyclists are riding past the river.
(B) Some scaffolding has been erected against the stone bridge.
(C) Some pedestrians are walking across the street.
(D) Some bicycles have been parked along a railing.

해석 (A) 자전거 타는 사람들이 강을 지나고 있다.
(B) 건물 골조대가 돌다리에 기대어져 세워져 있다.
(C) 행인들이 길을 건너가고 있다.
(D) 자전거들이 난간을 따라 세워져 있다.

해설 자전거들이 이미 세워져 있는 상태를 완료 수동태(have been parked)로 묘사했다. 완료 수동태는 사물/풍경 사진에서 자주 쓰이는 시제로 익혀 두도록 하자. 다리나 베란다의 난간이나 계단 손잡이를 rail, railing이라고 한다. pedestrian(보행자, 행인)은 자주 등장하는 단어로 기억해 두자.
(A) 현재 자전거를 탄 사람은 없다.
(B) 건물 공사에 사용되는 scaffold/scaffolding이라는 난해한 어휘가 등장하지만 그 어휘를 모른다 하더라도 사진에 없는 stone bridge를 듣고, 정답에서 제외할 수 있어야 한다. 모르는 단어가 들린다고 오답 처리하지 말고, 자신이 아는 범위에서 틀렸으면 소거, 맞았으면 가능성 있는 정답으로 남기고 남은 것들끼리 비교해서 가장 맞는 선택지를 고르도록 한다.
(C) 사진 속에 사람이 보이지 않으므로 정답에서 제외한다.

어휘 cyclist 자전거 타는 사람 ride 타다 past 지나서 scaffolding (공사장의) 비계, 골조대 erect 세우다 against ~에 지탱해서, 기대서 pedestrian 보행자, 행인 across 가로질러 park 세우다, 주차시키다 railing 난간

6 미W
(A) Buildings are located along the water.
(B) A bridge extends across the canal.
(C) Waves are crashing against the dock.
(D) The river winds around a park.

해석 **(A) 건물들이 물가를 따라 위치하고 있다.**
(B) 다리가 운하를 건너 쭉 뻗어 있다.
(C) 파도가 선착장으로 치고 있다.
(D) 강이 공원 주변을 돌아간다.

해설 강을 따라서 건물이 있는 사진을 수동태로 묘사한 (A)가 정답이다. 특히 물건은 물론 건물의 위치를 묘사할 때에 be located, be positioned가 가능하다는 것을 기억해 두자.
(B) 다리는 보이지 않는다.
(C) 파도는 보이지 않는다.
(D) 강이 굽어진 것은 동사 wind(감다, 감기다)를 사용할 수 있으나, 이 사진에는 굽어 있는 부분은 보이지 않는다.

어휘 be located ~에 위치하다 extend 뻗다, 뻗치다 canal 운하 crash 부딪히다 dock 선착장, 부두 wind 감기다, 감다

Unit 3 고난이도 혼합 사진

Step 2 청취 및 받아쓰기 훈련 P30

1 He's standing near the counter. 그는 카운터 근처에 서 있다.

해설 인물 사진의 경우에 주어의 행동이 아닌 복장이나 위치를 나타내는 까다로운 문제가 출제되기도 한다. 서 있지만 그 위치가 카운터(높은 테이블) 근처라는 것을 묘사한 정답 표현이다.

2 A man is trimming a customer's hair. 남자가 손님의 머리를 다듬고 있다.

해설 이발사나 미용사가 손님의 머리를 자르고 있는 사진으로 적합하다. 사진을 보고 무조건 동사 cut을 예측하고 들으면 cut이 들어간 함정 선택지를 고르는 실수를 할 수 있다. '다듬다'라는 의미의 trim이 쓰인 문장이 될 수 있다는 것에 유의하자.

3 She has her hair pulled back. 그녀는 자신의 머리를 뒤로 당겨 묶었다.

해설 인물 사진에서 뒤로 묶은 여자의 머리를 묘사한 기출 정답 표현이다. 특히 〈have + 신체 부위 + p.p.〉 형태를 기억해 두자. 이외에 머리를 스카프 등으로 가렸거나(cover) 팔찌(bracelet) 등의 장신구를 착용했다는 내용이 정답이 된 적이 있으므로, 작은 부분까지 사진에서 찾을 수 있도록 훈련하자.

4 A street lamp is being repaired. 가로등이 수리되는 중이다.

해설 길가에서 사다리를 대고 전신주에 올라가서 가로등을 손보고 있는 사

람 사진에 적합하다. 각종 공구를 들거나(hold) 다루고(handle) 있는 사진들은 넓게 봐서 수리하는 중이라고(is being repaired) 표현할 수 있다. 특히 기계류를 보거나 잡고 있는 사진을 '수리한다'고 표현하는 게 가능하다는 것을 기억해 두자.

5 Power cords have been plugged into a wall outlet.
벽의 전기 콘센트에 전선 코드가 꽂혀 있다.

해설 식당 같은 테이블 위에 다양한 음식, 식기류가 있는데 그 한쪽 벽에 전기포트가 꽂힌 콘센트 부분이 묘사된 선택지가 정답이 될 수 있다. 난이도가 높은 문제에서 그림에서 잘 안 보이는 작은 부분을 정답으로 하는 경우가 종종 있다는 것을 기억해 두자.

6 Trees are casting shadows on a building.
나무들이 건물 위로 그림자를 드리우고 있다.

해설 야외 풍경 사진에서 다양한 나무, 벤치, 건물 등이 있어서 처음에 그림자가 드리워진 것을 보기 힘들 수도 있지만, 선택지에서 그림자를 얘기하면 사진에서 그림자가 있는지 확인하는 습관이 필요하다. 정답은 주어진 그림을 가장 잘 묘사한 것이 아니라, 틀리지 않게 묘사한 것이라는 사실을 잊지 말자.

7 A lid has been removed from a paint can.
페인트 깡통에서 뚜껑이 벗겨져 있다.

해설 철물점 같은 가게의 내부 사진에 다양한 물건이 등장하지만, 사진 배경에 정렬되어 있는 물건 중 뚜껑이 열려 있는 페인트 통 하나를 가리키며 나올 수 있는 문장이다. 난이도가 높은 문제는 사진에서 작은 부분을 묘사하는 문장이 정답인 경우가 있다는 것을 기억해 두자.

8 Some bikes are unattended. 자전거 몇 대가 방치되어 있다.

해설 이미 사물이 주어가 되는 문장에서 자전거가 주차되거나 서 있으면 be parked, be located, be standing을 쓸 수 있다는 것을 배웠다. 이와 같은 사진을 좀 더 추상적인 표현으로 '아무도 돌봐주고 있지 않다', '자전거가 홀로 남아 있다'라는 뜻으로 be unattended라는 표현을 사용했다. 참고로 attend는 '참석하다', '돌봐주다', '관리하다'라는 뜻이 있다.

9 Some of the spectators are wearing hats.
구경하는 사람들의 몇몇은 모자를 쓰고 있다.

해설 다수의 관중 중에 몇몇이 모자를 쓰고 있는 사진에 적절하다. 고난이도 유형으로 전체적으로 모호하게 간접적으로 표현하는 것과, 반대로 극히 세부적인 내용을 정답으로 표현하는 유형이 있다는 것을 기억해 두자.

10 Sunlight is streaming through the clouds.
태양빛이 구름 사이로 흘러나오고 있다.

해설 보통 사진에서 잘 집중해서 보지 않는 하늘이나, 바닥을 묘사한 문장은 고난이도 문제의 정답으로 자주 등장한다. 구름 사이를 뚫고 나오는 빛줄기를 '길게 흐르다'라는 의미의 동사를 사용해서 표현했다. 설사 모르는 어휘가 등장한다 하더라도 틀린 부분이 있는 선택지를 우선적으로 지워서 정답 범위를 좁혀가는 훈련을 하자.

Step 3 기초 마스터 P31

정답 1. (B) 2. (A) 3. (A) 4. (B)

1 (미M)
(A) A worker is fixing a vehicle.
(B) A worker is wearing a safety vest.

해석 (A) 일꾼이 자동차를 수리하고 있다.
(B) 일꾼이 안전 조끼를 입고 있다.

해설 창고에서 지게차를 작동(operating)하고 있는 일꾼의 사진인데, 정답은 조끼를 입고 있다는 극히 세부적인 모습을 묘사한 문장이 되었다. 무조건 주요 행동을 정답으로 고르려는 습관을 갖지 않도록 하자.

어휘 fix 수리하다 vehicle 탈것, 자동차 wear 입다(상태) safety vest 안전 조끼

2 (영W)
(A) They're attending a meeting.
(B) They're entering a conference room.

해석 **(A) 그들은 회의에 참석하고 있다.**
(B) 그들은 회의실에 들어가고 있다.

해설 회의실 풍경에 다양한 기구나 사람들이 있지만 정답은 '회의에 참석하고 있다(attend)'는 내용의 문장이다. conference room만 듣고 (B)를 고르지 않도록 주의하자. 이외에도 '참석하다(participate)', '참여하다(be involved in, be engaged in)'라는 의미의 표현을 익혀두자.

어휘 attend 참석하다 enter 입장하다, 들어가다 conference 회의

3 (미M)
(A) The table is covered with a cloth.
(B) The table is being decorated with some flowers.

해석 **(A) 테이블이 천에 덮여 있다.**
(B) 테이블이 꽃으로 장식되는 중이다.

해설 다양한 물건들이 있는 테이블과 꽃장식이 보이지만 천(cloth)이 테이블을 덮고 있다는 문장이 정답이다. 꽃꽂이는 flower arrangement라고 하지만, 지금 장식하고 있는 사람이 없다. 수동태 진행형을 쓴 선택지는 풍경 사진에는 적합하지 않다는 것에 유의하자.

어휘 be covered with ~로 덮이다 cloth 천 decorate 장식하다

4 (영W)
(A) A group of people are meeting around the table.
(B) People are seated in individual booths.

해석 (A) 단체로 사람들이 테이블 주위에 모여 만나고 있다.
(B) 사람들이 개별 부스에 앉아 있다.

해설 사무실에서 각 사람들이 자기 부스에서 일하는 공간을 cubicle이라고 한다. 사무실에서 전형적으로 사용되는 어휘가 많이 나왔지만 사람들이 개별적으로 앉아 있다는 의외의 표현이 정답이 되었다.

어휘 a group of 단체의 be seated 앉다 individual 개인의, 각각의 booth 부스, 칸

Step 4 실전 마스터 P32

정답 1. (A) 2. (D) 3. (C) 4. (D) 5. (C) 6. (B)

1 (미W)
(A) Some bags have been placed on the floor.
(B) Some men are waiting for their bags to come out.
(C) Some papers have been spread out on the carpet.
(D) The men are working in their offices.

해석 **(A) 몇몇 가방들이 바닥에 놓여져 있다.**
(B) 몇몇 남자들이 가방이 나오기를 기다리고 있다.
(C) 카펫에 서류가 펼쳐져 있다.
(D) 남자들이 자기 사무실에서 일하고 있다.

해설 발권기(ticket machine)로 보이는 기계 앞에서 각자 볼일을 보고 있는 사람들의 사진이다. 하지만 정답은 바닥에 가방들이 놓여 있다는 (A)이다. 사진에 등장하는 사람의 주요 행동이 아니라 사진에서 틀린 내용이 아닌 것을 정답으로 고를 수 있도록 훈련하자.
(B) 배경은 수화물 찾는 곳(baggage claim)도 아니고, 가방을 기다리는 것으로도 보이지 않는다.
(C) 바닥에 놓인 종이나 서류 등은 없다.
(D) 사진 배경은 사무실이 아니다.

어휘 bag 가방 place 놓다 wait for ~을 기다리다 come out 나오다 spread 펼치다 carpet 카펫 work 일하다, 작업

2 (호M)
(A) The back of the chair is touching the wall.
(B) Books have been piled on the floor.
(C) The pictures are being framed.
(D) There are knobs on the desk drawers.

해석 (A) 의자의 뒤편이 벽에 닿고 있다.
(B) 책들이 바닥에 쌓여 있다.
(C) 그림이 액자에 넣어지고 있는 중이다.
(D) 책상 서랍에 손잡이가 있다.

해설 풍경 사진인데, 개인 방에 다양한 물건들이 보인다. 하지만 정답은 눈에 잘 띄이지 않는 서랍의 손잡이를 묘사한 문장이 되었다. 물론 손잡이

(knob)라는 어휘를 미리 알고 있다면 좋겠지만, 몰랐다 하더라도 틀린 내용이 있는 다른 선택지를 지워서 제일 좋은 것으로 (D)를 고를 수 있어야 한다. 사람이 없는 사진이 나오면 현재진행형 수동태가 쓰인 문장은 전형적인 오답이다.
(A) 의자는 벽에 가까이 있지 않다.
(B) 바닥은 보이지도 않고 쌓여 있는 책도 없다.
(C) 그림이 액자에 담겨 있지만, 지금 액자에 사진을 넣는 사람은 없다. 특히 수동태 진행형은 주로 그 행동을 하는 사람이 있는 사진의 정답으로 적합하다는 것을 잊지 말자.

어휘 back 뒤, 뒤쪽 touch 건드리다, 닿다 pile 쌓다 frame 틀, 액자, 액자로 만들다 knob 손잡이 drawer 서랍

3 (미M)
(A) Some workers are stacking lumber.
(B) They're standing in line for a sporting event.
(C) Some construction work is being carried out.
(D) A wheelbarrow has been left next to a tree.

해석 (A) 몇몇 일꾼들이 나무 목재를 쌓고 있다.
(B) 그들은 스포츠 행사를 위해 줄을 서 있다.
(C) 공사 작업이 진행 중에 있다.
(D) 외바퀴 손수레가 나무 옆에 놓여져 있다.

해설 땅에 도랑(trench)를 파고 작업을 하고 있는 공사장 사진이다. 공사 작업이 진행되고 있다(is being carried out)고 개괄적으로 묘사한 (C)가 정답이다.
(A) 목재는 없다. '흙'은 dirt, soil, earth를 써서 표현할 수 있다는 것을 알아 두자.
(B) 한 줄로 서 있는 듯한 느낌은 있지만 경기장에 들어가려고 줄을 서 있는 것은 아니다.
(D) 공사장에 자주 등장하는 어휘인 외바퀴 손수레(wheelbarrow)는 사진 속에 보이지 않는다.

어휘 stack 쌓다 lumber 목재, 나무 stand in line 줄 서다 sporting event 스포츠 행사, 경기 construction work 공사 작업 carry out 진행하다, 행하다 wheelbarrow 외바퀴 손수레 next to ~의 옆에

4 (미W)
(A) People are standing at the edge of the water.
(B) Some boats are docked at a pier.
(C) The buildings overlook the parking lot.
(D) The houses are reflected on the water.

해석 (A) 사람들이 물가에 서 있다.
(B) 몇몇 배가 선착장에 대져 있다.
(C) 건물이 주차장을 내려다보는 위치에 있다.
(D) 집이 물에 반사된다.

해설 물가에 있는 집이 잔잔한 물 위에 비치는 모습을 표현한 어려운 문제이다. 특히 be reflected(반사하다)는 거울은 물론, 물, 유리, 컴퓨터 화면 등 다양한 곳에 비친 상을 표현할 때 쓰이는 고난이도 어휘이다. 사진을 보고 정답을 예측하기보다는 문장에서 묘사된 것이 사진에 있는가 확인하는 습관을 들이도록 하자.
(A) 서 있는 사람들이 없다.
(B) 배는 보이지 않는다.
(C) 건물은 물을 내려다보다(overlook)라고 할 수 있지만, 주차장은 보이지 않는다.

어휘 edge of the water 물가, 바닷가 dock 선착장, 선착장에 배를 대다 pier 부두 overlook 내려다보다 parking lot 주차장 reflect 반사하다

5 (호M)
(A) One woman is putting notices on the board.
(B) One woman is taking a note while the other is talking.
(C) One woman is offering assistance to the other.
(D) The women are drinking from the same glass.

해석 (A) 한 여자가 칠판에 메모를 붙이고 있다.
(B) 한 여자가 다른 여자가 말하는 동안에 메모를 하고 있다.
(C) 한 여자가 다른 여자를 도와주고 있다.
(D) 여자들은 같은 잔으로 마시고 있다.

해설 박람회(expo) 같은 장소에서 진행자로 보이는 여자가 또 다른 여자에게 무엇인가를 설명하는 듯한 사진이다. 손가락으로 가리키는 point to나 설명한다는 의미의 explain을 쓸 수도 있었겠지만 정답은 '도움을 주고 있다(offer assistance)'라는 개괄적인 묘사 문장이 정답이 되었다. 이런 고난이도 정답 표현은 추상적이거나 간접적인 표현인 경우가 많다. 그래서 정확하게 정답을 고르기 위해서 틀린 부분을 지워서 정답을 남기는 방법이 안전하다.
(A) 지금 메모를 붙이고 있는 행동은 없다.
(B) 쓰고 있는 행동은 없다.
(D) 한 여자가 유리잔을 들고 있지만, 같이 한 잔으로 마신다는 것은 알 수 없다.

어휘 put 놓다 notice 알림장, 메모 board 게시판, 칠판 take a note 받아 적다, 메모하다 offer 제공하다 assistance 도움 glass 유리잔, 유리

6 (미W)
(A) A man is checking into a hotel.
(B) The counter has been cleared of objects.
(C) A man is putting on his name tag.
(D) They're greeting each other at the entrance.

해석 (A) 한 남자가 호텔에 체크인을 하고 있다.
(B) 카운터에 물건이 치워져 있다.
(C) 남자는 이름표를 달고 있는 중이다.
(D) 그들은 입구에서 서로 인사를 하고 있다.

해설 호텔 카운터의 매니저로 보이는 사람이 손을 기대고 서 있다. 일반적인 1인 사진은 그 사람의 행동에 관련된 동사가 많이 출제되지만 카운터(안내 데스크) 위가 깨끗하게 치워져 있다(has been cleared)고 설명한 완료 수동태형 문장이 정답이다. hotel이라는 어휘만을 듣고 정답을 고르는 실수를 하지 않도록 주의하자.
(A) 남자는 호텔 직원으로 본인이 투숙 수속을 하는 것은 말이 되지 않는다.
(C) 이미 이름표를 달고 있는 것은 동사 wear를 사용한다. put on은 현재 달고 있는 동작에 사용된다.
(D) They가 누구를 지칭하는지 알 수 없다. 참고로 greet(인사하다)는 주로 악수하는 모습에 많이 쓰인다.

어휘 check in 호텔 투숙 수속을 하다 counter 긴 테이블 clear 치우다 object 물건, 대상 put on 달다, 입다(행동) name tag 이름표 greet 인사하다, 반기다 entrance 입구

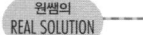

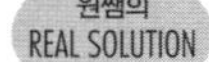

원쌤의 REAL SOLUTION

영어 실력이 꽤 있는 학생들이 사진을 잘못 분석해서 틀리는 경우가 꽤 있다. 도대체 counter, desk, table, podium, stand 등의 차이는 무엇일까? 결론은 '다 같다'이다. 평평한 상판을 가지고 있는 가구류는 다 같은 것으로 봐도 된다. 우리는 작문이 아니라, 틀린 것을 골라내는 객관식 문제를 풀고 있기 때문에 어떤 명사의 '정체성'으로 오답을 고르는 실수를 하지 않도록 하자.

PART 2

Unit 4 의문사 의문문 I

Step 2 청취 및 받아쓰기 훈련 P39

1 **Q:** When are we leaving for the concert?
A: Around one o'clock.

Q: 언제 콘서트장으로 떠나나요?
A: 1시 정도에요.

해설 시점을 묻는 When에 대한 전형적인 응답으로 시각을 대고 있다.

2 **Q:** Who's setting up the projector in the conference room?
A: Our technical support team.

Q: 회의실에 프로젝터를 누가 설치하나요?
A: 우리 기술 지원팀에서요.

해설 회사나 비즈니스와 관련한 대화에서 Who로 묻는 말에 사람 이름이 아닌 부서나 직책으로 답하기도 한다는 것을 기억해 두자.

3 **Q:** Where is the updated sales report?
A: The manager should have it.

Q: 수정된 판매 보고서는 어디에 있나요?
A: 매니저가 갖고 있을 거예요.

해설 Where 의문문에 대한 대답은 Who 의문문과 같이 사람으로 대답하는 경우가 꽤 있다. 결국은 물건의 위치를 특정 인물이 알고 있다고 말하는 형태로 자주 등장하니 반드시 알아 두자.

4 **Q:** Where's the closest dry cleaner's?
A: There's one on 11th Street.

Q: 가장 가까운 세탁소는 어디인가요?
A: 11번 가에 하나 있어요.

해설 Where 의문문에 대한 정답으로 불특정한 대상을 나타내는 부정대명사 one을 사용해서 세탁소의 위치를 설명했다. 가장 가까운 세탁소라는 의미로 위치를 설명한 경우이다.

5 **Q:** Who's going to speak at the publishers'conference this year?
A: It's hasn't been decided yet.

Q: 올해 출판 회의에서는 누가 발표할 예정입니까?
A: 아직 결정되지 않았어요.

해설 모든 의문사에 대해서 반드시 분명한 응답을 해야 하는 것은 아니다. Who로 물었지만 모른다거나 결정이 나지 않았다고 말할 수 있다. 모른다고 대답하는 유형은 정답 1순위로 암기해 두도록 하자.

6 **Q:** When should we start on a new contract?
A: Not until we finish the current one.

Q: 새로운 계약을 언제 시작해야 할까요?
A: 지금 하는 것을 끝낸 후에나요.

해설 의문사 When에서 출제 빈도가 가장 높은 정답 유형이 시점을 나타내는 전치사나 접속사를 사용하는 경우이다. not until(~한 후에야 ~하다) 문형은 물론 as soon as ~, when/once ~ 등의 접속사도 알아 두자.

7 **Q:** Where can we display these new product samples?
A: In the glass case by the register.

Q: 우리가 어디에다 신상품 샘플을 진열할 수 있을까요?
A: 계산대 옆에 있는 유리 케이스에요.

해설 가게 직원들의 대화인 것 같다. 상품 샘플 진열을 위한 장소로 계산대(cash register)의 옆의 유리장이라는 다소 생소한 어휘가 등장했지만 장소라는 것은 알 수 있어야 한다. 난이도가 올라갈수록 정답 어휘가 될 가능성이 있는 선택지에는 정답의 여지를 남겨주고, 오답이라는 것을 분명히 알 수 있는 선택지는 소거해서, 잘 안 들려도 정답을 고를 수 있도록 훈련해야 한다.

Step 3 기초 마스터 P40

정답 1. (B) 2. (A) 3. (B) 4. (A) 5. (A)

1 Who's in charge of this afternoon's meeting?
미M (A) Cash or charge?
영W **(B) Mr. Robertson is.**

오늘 오후 회의는 누가 책임자인가요?
(A) 현금이요, 아니면 신용 카드요?
(B) Robertson 씨가요.

해설 의문사 Who로 물었으므로 고유명사인 이름으로 답한 (B)가 알맞다. (A)는 계산할 때 계산원이 사용할 만한 표현이다.

어휘 in charge of ~을 담당하는 charge 신용 카드로 사다

2 Where is the town library?
영W **(A) On Schmitz Street.**
미M (B) From 9 to 5.

동네 도서관은 어디에 있나요?
(A) 슈미츠 가에요.
(B) 9시부터 5시까지요.

해설 Where로 물어본 질문에 장소로 답한 (A)가 알맞다. Schmitz와 같이 모르는 고유명사가 등장하더라도 고유명사일 것 같으면 정답의 여지를 남겨 두고 기간을 알려주는 (B)를 지우고 나서 (A)를 고를 수 있어야 한다. 동일한 어휘가 반복되지 않은 응답은 정답 가능성이 많다.

어휘 library 도서관

3 When was the order cancelled?
미M (A) By air mail.
영W **(B) Last night.**

주문이 언제 취소되었죠?
(A) 항공 우편으로요.
(B) 어젯밤에요.

해설 시점의 의문사 When으로 물었으므로 시간으로 답한 (B)가 알맞다. (A)는 배송 방법을 물어보는 의문사 How의 응답으로 적합하다.

어휘 order 주문 cancel 취소하다

4 Who wrote this budget analysis?
영W **(A) The accounting department.**
미M (B) No, I am not a writer.

이 예산 분석 보고서는 누가 썼나요?
(A) 회계부에서요.
(B) 아니요, 저는 작가가 아니에요.

해설 Who로 물었을 때 답변에 사람 이름이 아닌 부서명이 나올 수 있다.

(B)의 writer는 질문의 wrote를 이용한 유사 발음의 함정이다.

어휘 budget 예산 analysis 분석 accounting department 회계부

5 Where did you see the job advertisement?
미M **(A) On the company Web site.**
영W (B) A marketing position.

구인 광고를 어디서 보았나요?
(A) 회사 웹 사이트에서요.
(B) 마케팅 자리요.

해설 의문사 Where로 정보의 출처를 묻고 있는 문제이다. 특히, Where는 장소뿐만 아니라 사람, 또는 정보처를 물어볼 수도 있다는 것을 잊지 말자. (B)는 어느 자리에 지원했는지 묻는 질문에 적절한 응답으로 질문을 듣고 연상될 수는 있지만 정답은 아니다.

어휘 advertisement 광고 position 일자리

Step 4 실전 마스터 P40

정답				
1. (B)	**2.** (C)	**3.** (A)	**4.** (B)	**5.** (A)
6. (C)	**7.** (A)	**8.** (C)	**9.** (B)	**10.** (C)

1 Where can I get the application form?
미M (A) By July 2nd.
미W **(B) On the third floor.**
(C) Not much longer.

지원 양식은 어디에서 받을 수 있나요?
(A) 7월 2일까지요.
(B) 3층에서요.
(C) 곧 그럴 거예요.

해설 장소를 물었을 때 건물의 층으로 답하기도 한다. 방 번호뿐 아니라 방 위치도 전형적인 장소 명사임을 알아 두자. (A)는 시점을 가리키는 When의 정답으로 적합하고, (C)도 When이나 How long의 정답으로 시간을 나타내는 의문사 의문문 정답으로 적합하다.

어휘 application form 지원 양식 floor 층

원쌤의 REAL SOLUTION

의문사 의문문의 최대 강점은 맨 앞에 나오면서 가장 중요한 의미를 담당한다는 것이다. 발음이 혼동스러운 의문사는 Where뿐이다. 의문사 Where의 미국식/영국식 발음은 정확하게 익혀서 실수로 의문사 When과 헷갈리는 일이 없도록 하자. 특히 Where의 영국식 발음은 "r"을 발음하지 않고 마치 "웨"같이 하고, 미국식 발음은 빠른 경우에 "월"이라고 한 번에 발음하는 것이 가능하다.

2 When do you start your job at the bank?
미W (A) In Customer Service.
호M (B) Please restart your computer.
(C) On March 21st.

은행 업무를 언제 시작하나요?
(A) 고객 서비스부에요.
(B) 컴퓨터를 다시 켜세요.
(C) 3월 21일에요.

해설 시점을 물어보는 의문사 When의 정답으로 특정 날짜가 나온 (C)가 적절하다. 특히 1일(first), 2일(second)의 서수를 날짜로 파악할 수 있도록 어휘의 기초 청취를 훈련하자. (A)는 의문사 Who나 Where의 정답으로 적합하고 (B)의 restart는 질문의 start를 이용한 함정이다.

어휘 customer service 고객 서비스부 restart 다시 시작하다

3 Who can open the office library?
호M **(A) I have the key.**
미W (B) I report to Mr. Hendrix.
(C) Five new books.

누가 사무실 도서관을 열 수 있나요?
(A) 제게 열쇠가 있어요.
(B) 저는 핸드릭스 씨에게 보고해요.
(C) 5개의 신간 도서요.

해설 누가 열 수 있냐는 질문에 내게 열쇠가 있다, 곧 내가 할 수 있다(I can do that)는 의미의 (A)가 정답이다. 사람 이름만을 듣고 무조건 (B)를 고르지 않도록 주의하자. (B)는 Who 의문문의 답일 수는 있으나 문을 여는 것과는 연관성이 없다. (C)는 library를 듣고 연상되는 전형적인 오답이다.

어휘 open 열다, 열린 library 도서관 report 보고하다, 보고서

4 When did you send the report to the main office in Hong Kong?
미W (A) The headquarters is in Seoul.
미M **(B) About two hours ago.**
(C) The game will start soon.

본사에 보고서를 언제 보냈나요?
(A) 본사는 서울에 있어요.
(B) 2시간 전쯤에요.
(C) 경기가 곧 시작할 거예요.

해설 과거의 시점을 물어보는 질문에 '~ ago', 'last ~'가 정답이 많이 되었다. 전형적인 과거 시점을 나타낸 (B)가 적절하다. (A)는 Where 의문문의 정답으로 적합하고 (C)는 미래 시점에 적합하다.

어휘 main office 본사 headquarters 본사

5 Where are the instructions for the new copier?
미M **(A) They are in the box.**
미W (B) It's ten cents a copy.
(C) No, I haven't read them yet.

새 복사기의 설명서가 어디에 있나요?
(A) 상자 안에요.
(B) 한 장 복사하는 데 10센트입니다.
(C) 아니요, 아직 읽지 않았어요.

해설 Where 의문문의 정답으로 위치로 대답한 (A)가 적절하다. 토익 시험에 익숙하지 않은 수험생들은 they를 무조건 사람을 가리킨다고 생각하는 경우가 있는데, they는 사물의 복수를 나타내는 대명사로 질문의 instructions(설명서/안내서)를 받는다. (B)는 가격을 묻는 How much의 정답으로 적합하고 (C)는 의문사 의문문에 Yes/No로 답하지 않으므로 정답이 될 수 없다.

어휘 instructions 설명, 지시 copier 복사기

6 Who is the keynote speaker for the conference going to be?
미W (A) I went last year.
호M (B) Yes, I think they did.
(C) I'm not sure who it is.

누가 회의에 기조 연설자가 될 건가요?
(A) 저는 작년에 갔어요.
(B) 네, 제 생각엔 그들이 한 것 같아요.
(C) 전 누구인지 모르겠어요.

해설 Who 의문문의 정답으로 '몰라요' 유형의 I'm not sure가 사용되었다. '몰라요' 유형은 매달 출제되므로 꼭 암기해 두도록 하자. (A)는 시점을 나타내는 When 의문문에 적합하다. (B)는 의문사 의문문에 Yes/No로 대답하지 않으므로 정답이 될 수 없다.

어휘 keynote speaker 기조 연설자 conference 회의 be going to ~할 것이다, 할 예정이다

7 When are we going to the theater?
호M **(A) We'll leave right after the dinner.**
미W (B) The performance was great.
(C) It was $200.

우리 극장에 언제 가지요?
(A) 저녁 먹고 바로 출발할 거예요.
(B) 공연은 정말 좋았어요.
(C) 200달러였어요.

해설 시간을 물어보는 말에 항상 구체적인 시간으로 응답하는 것은 아니고 시점을 나타내는 전치사/접속사를 사용한 선택지가 정답이 되는 경우가 많다. 저녁식사 후(after)에 떠날 거라고 말한 (A)가 정답이다. (B)는 공연이 어땠는지를 물어보는 How 의문문에 적합하다. (C)는 How much 의문문에 적합하다. 질문의 theater에서 연상되는 어휘를 듣고 무조건 정답으로 고르지 않도록 주의하자.

어휘 theater 극장 leave 떠나다 performance 공연

8 Who's the new public relations manager?
미W (A) On the seventh floor.
미M (B) A pool of five candidates.

(C) Someone from the New York branch.

누가 홍보팀의 새로운 매니저인가요?
(A) 7층에요.
(B) 5명의 후보자들이에요.
(C) 뉴욕 지사에서 온 사람이요.

해설 누구인지를 물어보는 질문에 그 사람의 정확한 이름이나 직급이 아니더라도 사람을 가리키는 말은 정답이 될 수 있다는 것을 기억해 두자. (A)는 Where 의문문에 적합하고 (B)는 candidates(후보자)라는 단어 때문에 정답으로 가능할 것 같지만, 특정 사람을 지칭하기보다는 그냥 '지원'이라는 주제와 연상되는 어휘가 나온 것이다. 난이도가 올라갈수록 단순히 의문사만 가지고 정답을 고르는 것이 아니라 앞뒤에 동사와 연결해서 내용상 말이 되는 것을 골라야 한다는 것을 잊지 말자.

어휘 public relations 홍보, 홍보팀 floor 층, 바닥 pool 모인 곳, 인력 candidate 후보자, 지원자 branch 지사

9 When was the sculpture gallery added to the Gibson
미M Museum?
미W (A) A substantial amount of money.
(B) Four or five years ago.
(C) A local artist.

깁슨 박물관에 언제 조각 갤러리가 추가되었나요?
(A) 꽤 많은 돈이요.
(B) 4~5년 전에요.
(C) 지역 예술가가요.

해설 When 의문문에 대해 ago를 사용한 (B)가 정답이다. 문장이 길기는 하지만 의문사 의문문에서 가장 중요한 것은 의문사와 본동사를 찾아내는 것이다. (A)는 시점에 대한 내용은 없으므로 정답이 될 수 없다. (C)는 질문의 sculpture에서 연상되는 artist라는 어휘가 등장하지만 시점에 대한 내용은 없다.

어휘 sculpture 조각 gallery 갤러리, 미술관 add 추가하다 museum 박물관 substantial 상당한 amount 양 local 지역의 artist 예술가, 화가

10 Where's the lecture being held?
미W (A) Next week works for me.
호M (B) A well-known economist.
(C) Oh, I didn't think you could make it.

강연은 어디에서 진행되고 있나요?
(A) 다음 주가 저는 좋아요.
(B) 유명한 경제학자요.
(C) 어, 저는 당신이 올 거라고 생각하지 못했어요.

해설 의문사가 쓰인 문제 중 고난이도 문제는 의문사에 해당하는 답을 직접적으로 제시하지 않으면서도 자연스러운 대화를 이룰 수 있는 것이다. 행사장에 도착해서 강연장을 찾는 사람에게 "올 줄 기대하지 않았다"라는 (C)가 정답이 되었다. Where 의문문에 대한 전형적인 대답은 아니지만 주어진 선택지 중에서 소거법으로 정답을 고를 수 있는 문제이다. (A)는 When 의문문에 적합하며 (B)는 Who 의문문에 적합하다.

어휘 lecture 강연 be held 개최되다 work 작동하다, 좋다 well-known 유명한 economist 경제학자 make it 갈 수 있다, 올 수 있다

Unit 5 의문사 의문문 II

Step 2 청취 및 받아쓰기 훈련 P45

1 **Q:** How were the sales last quarter?
A: Better than expected.

Q: 지난 분기의 판매는 어땠나요?
A: 기대했던 것보다 더 좋았어요.

해설 의문사 How에 be동사가 연결되면 상태를 물어보는 질문이 된다. 좋고 나쁨을 나타내는 다양한 표현을 익혀 두면 도움이 된다. 물론 난이도가 높은 정답으로 '지난번보다 10% 증가했다'와 같이 자세하게 어떻게 좋은지를 설명하는 것도 가능하다.

2 **Q:** Why didn't you buy a less expensive camera?
A: I didn't like the design.

Q: 당신은 왜 좀 더 저렴한 카메라를 사지 않았나요?
A: 디자인이 마음에 들지 않았어요.

해설 의문사 Why는 단순히 의문사뿐만 아니라 앞뒤의 내용을 파악할 수 있어야 정답을 고를 수 있다. 왜 어떤 일을 하지 못했는지 묻는 'Why didn't you ~?' 유형의 질문은 이유/변명이 대답으로 적합하다. 의문사 Why라고 무조건 Because로 시작하는 선택지를 고르지 않도록 주의하자. 끝까지 듣고 가장 좋은 선택지를 고르는 것이 Part 2의 만점 전략이다.

3 **Q:** What do you do for a living?
A: I work at a hospital.

Q: 당신은 직업이 뭔가요?
A: 저는 병원에서 근무해요.

해설 What do you do (for a living)?는 직업을 묻는 질문인데, 대답으로 직업을 나타내는 명사를 사용할 수도 있지만 "~에서 일한다"와 같이 직장을 언급하는 것도 가능하다.

4 **Q:** Which car is yours?
A: The one in the corner.

Q: 어떤 차가 당신 차예요?
A: 구석에 있는 것이요.

해설 주어진 것 중 선택을 요구하는 which(어떤 것)가 쓰인 의문문에 대해 가장 정답이 많이 된 유형이 "The one ~(~한 것)"이 쓰인 선택지라는 것을 알아 두자.

5 **Q:** How much do you charge for copying?
A: 20 cents per page.

Q: 복사하는 데 비용이 얼마죠?
A: 페이지당 20센트요.

해설 의문사 How는 같이 연결되는 형용사/명사 등에 따라 다양한 의미를 가진다. How much는 불가산명사의 양을 물어보는데 여기에 동사 charge(가격을 매기다)가 연결되어 가격을 묻는 전형적인 의문문이 되었다.

6 **Q:** Why were you late for the meeting?
A: The traffic was really bad.

Q: 당신은 왜 회의에 늦었죠?
A: 교통이 상당히 막혔어요.

해설 Why를 써서 늦은 이유를 묻는 질문이다. Why는 질문을 이해하는 것 이외에 다양한 변명에 대한 예제를 익혀 두면 도움이 된다. 특히, 어떤 행사에 늦은 이유로 교통 체증을 대는 응답은 자주 등장하므로 반드시 알아 두도록 하자.

7 **Q:** How do you get to the train station?
A: A friend is driving me there.

Q: 당신은 기차역에는 어떻게 가나요?
A: 친구가 거기로 태워다 줄 거예요.

해설 의문사 How에 일반동사(get to)를 연결해서 특정 장소에 가는 방법에 대해서 물어보고 있다. 질문뿐만 아니라 전형적인 정답에서 자주 쓰이는 public transportation(대중교통)은 물론 give a ride/lift(데려다 주다)도 알아 두어야 한다.

Step 3 기초 마스터 P46

정답 **1.** (B) **2.** (B) **3.** (A) **4.** (B) **5.** (A)

1 What size do you wear?
미M (A) I don't know the size of the apartment.
영W **(B) 9, but I'm not sure.**
사이즈가 어떻게 되세요?
(A) 그 아파트의 사이즈를 몰라요.
(B) 9예요, 확실하지 않지만요.

해설 What size를 듣고 치수로 응답이 가능한 표현을 예측할 수 있어야 한다. 정답은 9라는 치수로 답한 (B)가 알맞다. 미국이나 유럽 사이즈는 단순한 치수를 사용하는 경우가 있다. 설사 정확히 모른다 하더라도 (A)는 질문의 size를 반복한 함정임을 파악하고 (B)를 고를 수 있어야 한다.

어휘 wear 입다

2 How long have you lived in this neighborhood?
영W (A) Last year.
미M **(B) For three years.**
이 동네에서 얼마 동안 사셨나요?
(A) 작년에요.
(B) 3년 동안이요.

해설 How long은 거리보다 기간을 묻는 문제로 더 많이 등장한다. 얼마나 오랫동안 살아 왔냐는 질문에 대해 (B)는 〈for + 기간〉을 써서 전형적인 How long 의문문에 대한 대답이 된다. 이외에도 since도 가능하다는 것을 기억해 두자. (A)는 기간이 아닌 시점에 대한 대답으로, 의문사 When의 정답으로 적합하다.

어휘 live 살다 neighborhood 이웃 for ~ 동안

3 Why did you come so early this morning?
미M **(A) To finish the report.**
영W (B) Sure, I can do that.
오늘 아침에 왜 일찍 오셨어요?
(A) 보고서를 끝내려고요.
(B) 물론이죠, 그렇게 할 수 있어요.

해설 이유를 묻는 Why 의문문에 목적을 뜻하는 to부정사(~하기 위해서)가 답이 되는 경우가 많다. Why 의문문 중 고난이도 문제는 다양한 이유, 목적을 파악해야 하는데, 그 첫 단계가 목적을 나타내는 to부정사를 파악하는 것이다.

어휘 early 일찍 report 보고서, 보고하다

4 How often should we hold the meeting?
영W (A) For two weeks.
미M **(B) At least twice a month.**
회의를 얼마나 자주 열어야 할까요?
(A) 2주 동안이요.
(B) 적어도 한 달에 두 번이요.

해설 How는 같이 연결되는 말에 따라 완전히 다른 의미가 될 수 있다는 것을 이해하고, How 의문문은 처음부터 결합 표현으로 학습할 수 있도록 하자. 빈도를 묻는 How often에 대한 적절한 응답으로 once, twice, every ~ 등의 표현이 자주 등장한다. (A)는 기간을 물어보는 의문사 How long에 대한 응답이다.

어휘 hold 열다 for ~ 동안 at least 적어도

5 Which photocopier would you like to see?
미M **(A) The one with simple features.**
영W (B) I would like some coffee, please.
어떤 복사기를 보고 싶으세요?
(A) 단순한 기능을 가진 것이요.
(B) 저는 커피를 마시고 싶네요.

해설 주로 여러 개의 선택 사항 중 하나를 고르는 Which 의문문의 대답은 자기가 원하는 유형을 설명하는 the one with ~(~를 가지고 있는 것, ~한 것)의 형태가 가장 많이 등장한다. 청취 연습을 통해서 "the one ~"의 형태를 파악할 수 있도록 노력하자. (B)의 coffee는 copy의 유사 발음을 이용한 함정이다. 비슷하다고 무조건 고르기보다는 정답 유형으로 고르는 훈련을 하도록 하자.

Step 4 실전 마스터 P46

정답 **1.** (B) **2.** (B) **3.** (C) **4.** (B) **5.** (A) **6.** (C) **7.** (C) **8.** (A) **9.** (B) **10.** (B)

1 Why was the plane delayed?
호M (A) I'd like to make a reservation.
미W **(B) The weather has been bad.**
(C) At an international terminal.
비행기가 왜 지연되었나요?
(A) 예약을 하고 싶은데요.
(B) 날씨가 굉장히 나빴어요.
(C) 국제 터미널에서요.

해설 비행기가 연착되는 이유를 물어보는 Why 의문문에 나쁜 날씨가 정답이 된 전형적인 형태이다. 그 이외에도 비행기 기계적인 결함(mechanical problem)이나 연결편(connecting flight)의 문제점도 정답으로 가능하다는 것을 기억해 두자. (A)는 여행과 연상되는 reservation을 사용한 오답이고 (C)는 장소를 물어보는 의문사 Where의 정답으로 적합하다.

어휘 be delayed 지연되다 make a reservation 예약하다 international 국제의 terminal 터미널

2 Which key do I use to open this cabinet?
미W (A) I think you're right.
미M **(B) Try this one.**
(C) I'd rather have tea.
이 캐비닛을 열려면 어떤 열쇠를 사용해야 하나요?
(A) 당신이 맞는 것 같아요.
(B) 이것을 사용해 보세요.
(C) 저는 차를 마실게요.

해설 선택의 의문사 Which 의문문의 대답으로 본인이 원하는 것을 설명하는 "this one ~"의 형태가 정답이 되었다. (A)는 의견을 제시하는 평서문에 대한 응답으로 적합하며 (C)는 앞쪽 부분은 마치 정답인 것처럼 들리지만 끝까지 들어보면 전혀 관계없는 내용임을 알 수 있어야 한다.

어휘 cabinet 보관함, 캐비닛 장 I'd rather ~하는 게 좋다

3 Why aren't they at their desks?
미M (A) On Tuesday.
미W (B) Of course not.
(C) They went to lunch.
그들이 왜 자리에 없나요?
(A) 화요일에요.
(B) 물론 아니죠.
(C) 점심 먹으러 나갔어요.

해설 이유를 묻는 의문사 Why의 정답으로 다양한 이유가 나올 수 있다는 것을 예측하고, 무조건 잘 들리는 것을 고르지 않도록 주의하자. 부재 이유를 묻는 질문에 점심 먹으러 나갔다는 (C)가 정답이 되었다. (A)는 시점을 물어보는 When의 응답이며, (B)는 Yes/No의 변형으로 의문사 의문문의 정답이 될 수 없다. 특히, Why의 정답은 이유/목적을 설명해야 해서 단답형으로 답하기 쉽지 않다는 것을 기억해 두자.

어휘 at one's desk 그 사람의 자리에 of course 물론 go to lunch 점심을 먹으러 가다

4 How late is the museum open?
미W (A) I haven't gone there lately.
호M **(B) Until 5 p.m.**
(C) For seven days a week.
박물관은 얼마나 늦게까지 문을 여나요?
(A) 최근에 거기 간 적이 없어요.
(B) 오후 5시까지요.
(C) 주 7일이요.

해설 "How late, How early"는 '얼마나 늦게/빨리'라는 의미로 시점을 물어보는 의문사 When과 같은 의미로 보면 된다. 영업시간을 물어보는 질문에 5시까지 연다고 말한 (B)가 적합하다. 특히 시점과 기간을 물어보는 문제는 까다로운 유형으로 자주 등장한다. How 유형은 이제 의문사뿐만 아니라 문장 전체를 따라 읽으면서 익혀두는 것이 유리하다. (A)는 late와 lately의 유사 발음을 이용한 오답으로 어떤 일을 해 본 적이 있냐는 Yes/No 의문문의 정답으로 적합하다. (C)는 기간을 물어보는 How long의 정답으로 적합하다.

5 호M 미W What's the membership fee at the fitness club on Oak Street?
(A) Thirty euros a month.
(B) They were highly recommended.
(C) The shop is on Brookline Avenue.

오크 가에 있는 피트니스 센터의 회원비는 얼마인가요?
(A) 한 달에 30유로요.
(B) 그들은 강력한 추천을 받았어요.
(C) 가게는 브루클린 가에 있어요.

해설 질문은 What이 쓰였지만 결국 회비가 얼마인지를 묻는 How much와 같은 의문문이다. 금액을 묻는 내용에서 달러(dollar)뿐만 아니라 유로화(euro)와 일본 화폐인 엔(yen)이 나오기도 한다. 난이도가 높은 문제는 돈이 될 가능성이 있는 정답지는 남기고 오답지를 지워서 골라낼 수 있도록 하자. (B)는 그 센터를 고른 이유를 묻는 질문처럼 이유를 물어보는 Why 의문문의 대답으로 적합하다. (C)는 Where 의문문의 대답으로 적합하다.

어휘 membership fee 회비, 회원 가입 비용 fitness club 헬스클럽 euro 유로화 세는 단위 highly 높이 recommend 추천하다 avenue 가, 길

6 미W 미M How do I enter your contest?
(A) No, I didn't have time.
(B) The winner receives a free trip to Hawaii.
(C) The instructions are on our Web site.

경기에는 어떻게 참가하나요?
(A) 아니요, 저는 시간이 없었어요.
(B) 우승자는 하와이로 무료로 여행 갈 수 있는 상품을 받아요.
(C) 방법이 웹 사이트에 있어요.

해설 "How ~ 일반동사"의 형태로 참가 방법에 대해서 물어보고 있다. 전형적인 정답의 하나로 웹 사이트나 온라인 신청 방법이 있는데, 그 변형으로 (C)는 웹 사이트에서 참가 방법을 확인해 보라는 '몰라요' 유형에 해당한다. (A)는 의문사 의문문에 Yes/No로 대답할 수 없으며, (B)는 어떤 상금/상품(What prize)을 받는지 묻는 대답으로 적절하다. (B)의 winner는 contest와 연상되는 어휘를 이용한 함정이다.

어휘 enter 참가하다, 가입하다 contest 콘테스트, 경기 winner 우승자 free 무료의 instruction 설명

7 미M 미W What will they be serving at the reception?
(A) What an excellent speech!
(B) Yes, their services are great.
(C) Some light refreshments.

환영회에 무엇을 내놓을 건가요?
(A) 정말 멋진 발표예요!
(B) 네, 서비스가 훌륭해요.
(C) 간단한 간식이요.

해설 질문은 행사에서 어떤 음식을 줄 것인지를 물어보고 있다. 음식 이름이 정답이 될 수도 있지만, refreshments(간식)가 나온 (C)가 정답이다. 비슷한 맥락으로, 음료수 이름 대신에 마실 것(beverage/drinks)도 가능하다는 것을 기억해 두자. (A)는 행사를 듣고 연상되는 speech가 나왔지만 음식과 관계없는 내용으로 정답이 될 수 없다. (B)는 의문사 의문문에 Yes/No로 대답하지 않는다는 것을 기억해 두자.

어휘 reception 환영회, 파티 speech 발표 light 가벼운 refreshments 다과, 간식

8 미W 호M How can I contact technical support?
(A) There's a special number you can call.
(B) Yes, she'll contact the customer later.
(C) From 8 A.M. to 7 P.M.

기술 지원팀에는 어떻게 연락해야 할까요?
(A) 당신이 연락할 수 있는 번호가 따로 있어요.
(B) 네, 그녀는 고객님에게 나중에 연락을 할 거예요.
(C) 오전 8시부터 오후 7시까지요.

해설 "How ~ contact"의 형태로 연락 방법을 물어보고 있는 문제에 따로 번호가 있다고 안내한 (A)가 정답이다. 비슷한 형태로 온라인에서 신청서(online request form)를 작성하라는 대답도 가능하다는 것을 기억해 두자. (B)는 의문사 의문문에 Yes/No로 대답하지 않으므로 정답이 될 수 없다. (C)는 기간을 물어보는 How long 의문문이나, 영업시간을 물어보는 의문문에 적합하다.

어휘 contact 연락하다 technical support 기술 지원 special 특별한 number 번호, 전화번호 customer 고객 later 나중에

9 호M 미W Why did the store stop carrying Trident products?
(A) On the corner of Main Street and Bedminster Road.
(B) They weren't selling well.
(C) They're really not that heavy.

그 가게는 왜 트라이텐트 상품을 더 이상 취급하지 않나요?
(A) 메인 가와 베드민스터 거리 모퉁이에요.
(B) 그것들이 잘 팔리지 않았어요.
(C) 그것들은 그다지 무겁지 않아요.

어휘 carry (상품) 취급하다 corner 모퉁이, 구석 sell 팔리다 well 잘 heavy 무거운

해설 특정 상품을 더 이상 가게에서 취급하지 않는 이유는 제한적이다. 특히, 비즈니스 상식이 있다면 조금 더 고르기 쉽다. Trident라는 회사의 상품이 잘 팔리지 않아서 더 이상 취급하지 않는다는 (B)가 가장 적합하다. 의문사 Why는 본문 내용이 파악되어야 의미를 알 수 있는 까다로운 의문사이다. 특히 동사 carry는 물건을 운반한다는 의미 외에 '취급하다'라는 의미가 있으니 꼭 익혀 두도록 하자. (A)는 Where 의문문의 대답으로 적합하다 (C)는 carry라는 어휘를 듣고 '운반하다'의 의미를 생각해 고를 수 있는 함정이다.

10 미W 미M What was Mr. Tanaka's group asked to work on this month?
(A) Sure, I'll ask him to do it.
(B) The report on alternative energy.
(C) Earlier this month.

타나카 씨의 단체는 이번 달에 어떤 작업을 하라고 부탁을 받았나요?
(A) 물론이죠, 제가 그에게 그것을 하라고 부탁하죠.
(B) 대체 에너지에 대한 보고서요.
(C) 이번 달 초에요.

해설 질문은 회사 내에서 어떤 일을 할 것인가에 대해서 묻고 있다. 다양한 업무 관련 표현이 정답으로 가능하지만 보고서(report)를 작성한다고 말한 (B)가 정답이다. 이외에도 고객(client) 이름이 붙은 특정 프로젝트(project), 계약(contract) 등이 정답으로 나왔다는 것을 알아두자. (A)는 의문사 의문문에 Yes/No로 대답하지 않으므로 정답이 될 수 없다. (C)는 시간을 묻는 When 의문문의 대답으로 적합하다.

어휘 group 단체, 팀 work on ~의 작업을 하다 report 보고서 alternative 대체의, 다른 energy 에너지, 힘 earlier 더 빠른

원쌤의 REAL SOLUTION

토익 전반에 걸쳐 회사와 직무(job, responsibility)에 대한 내용은 출제 빈도가 굉장히 높다. 특정 고객의 계약(contract)을 따서 그걸 다수의 프로젝트(project)로 만들고 다양한 발표(presentation)와 보고서(report)를 작성한다는 내용이 자주 출제된다. 특히, 고유명사 이름을 붙여서 Tanaka Project 등으로 다소 생소한 이름으로 나올 수 있다는 것을 기억해 두자. 전 파트에 걸쳐서 난이도가 높은 문제일수록 배경 지식이 도움이 될 것이다.

Unit 6 Yes/No 의문문 I

Step 2 청취 및 받아쓰기 훈련 P51

1 **Q:** Are you working on the new project?
A: No, I'm too busy.

Q: 당신은 새 프로젝트 작업을 하고 있나요?
A: 아니요, 너무 바쁘거든요.

해설 Yes/No 의문문의 가장 전형적인 형태의 대답이다. 〈No + 이유〉의 형태로 지금 특정 업무를 안 하고 있는 이유를 설명하고 있다. 전형적인 Yes/No의 대답 형태를 익힘으로써 앞으로 좀 더 난이도 높은 문제에 대비하자.

2 **Q:** You haven't read the proposal, have you?
A: No, I'll do it this weekend.

Q: 당신은 제안서를 읽지 않았죠, 그렇죠?
A: 아니요, 이번 주말에 할게요.

해설 Yes/No의 전형적인 정답의 형태로 〈No + 다른 대안〉으로 지금 하지 못한 그 일을 언제 할 수 있는지 다른 시점을 말하고 있다.

3 **Q:** Didn't you receive the training last month?
A: No, I wasn't there.

Q: 당신은 지난달에 훈련을 받지 않으셨어요?
A: 아니요, 저는 거기 없었어요.

해설 부정의문문은 긍정의문문과 대답 형태는 똑같다. 즉, 긍정이면 Yes, 부정이면 No로 대답하면 된다. 훈련을 받지 않았냐는 질문에 〈No(못 받았다, 안 받았다) + 이유(그 자리에 없었다)〉라는 전형적인 형태의 대답이다.

4 **Q:** Do you think we should leave for the airport now?
A: Let's check the flight schedule first.

Q: 지금 우리가 공항으로 출발해야 할까요?
A: 우선 비행 일정을 확인하도록 하죠.

해설 지금 출발해야 할지 묻는 의문문인데, Do you think를 써서 길이가 긴 의문문이 등장했다. 대답 방법은 일반적인 Yes/No 의문문과 같다. '잘 모르니 물어보자/확인해 보자(Let me find out/Let me check)'와 같은 대답은 '몰라요' 유형에서 출제 빈도가 높으니 반드시 익혀 두도록 하자.

5 **Q:** You'll be recruiting new employees soon, right?
A: Yes, we're planning to.

Q: 곧 신입사원을 채용하실 거죠, 그렇죠?
A: 네, 그럴 계획이에요.

해설 부가의문문도 긍정이면 Yes, 부정이면 No로 대답한다. 신입사원을 채용할 것이라는 말에 그럴 계획이다(We're planning to)라는 응답은 문장 전체가 긍정인 문형으로 익혀 두도록 하자. 이외에도 That's my plan(그럴 계획이다), That's my goal(그럴 목표이다) 등이 응답으로 가능하다.

6 **Q:** Do you know which customer ordered the pasta dish?
A: The woman at table three.

Q: 어떤 손님이 파스타 요리를 주문하셨는지 아나요?
A: 3번 테이블의 여성분이요.

해설 의문사 의문문 앞에 Do you know 등을 붙여서 만든 간접의문문의 경우에는 Yes/No 없이 바로 일반적인 의문사 의문문 응답 유형이 등장하는 경우가 많다. 정답은 Yes가 생략된 형태로 "3번 테이블의 여자"라고 얘기했다. 또한 의문사 Which는 사물뿐 아니라 〈which + 명사〉 형태로 사람을 가리킬 때에도 사용될 수 있다는 것을 기억해 두자.

7 **Q:** Couldn't we postpone the conference until February?
A: The hotel charges a cancellation fee.

Q: 우리는 회의를 2월까지 연기할 수 없었나요?
A: 호텔이 취소 위약금을 매겨요.

해설 난이도가 높은 Yes/No 의문문의 정답은 Yes/No가 빠진 형태의 응답을 듣고 긍정/부정을 확인할 수 있어야 한다. '취소할 수 없었나?'라는 부정의문문에 'No(없었다) + 이유(왜냐하면 위약금이 있어서)'라는 형태로 이야기한 응답 표현이다. 기본적으로 질문의 의미를 제대로 파악하면 난이도 높은 문제를 맞히는 데 유리하다는 것을 잊지 말고 어휘와 문장 구조를 익히도록 하자.

Step 3 기초 마스터 P52

정답 **1.** (A) **2.** (B) **3.** (A) **4.** (B) **5.** (A)

1 Are you ready to meet now?
미M **(A) I think so.**
영W (B) I'm already full, thank you.

당신은 지금 만날 수 있어요?
(A) 그럴 것 같아요.
(B) 전 벌써 배가 불러요, 고마워요.

해설 준비되었느냐(Are you ready ~)는 질문에 "그렇다(I think so)"라고 답한 (A)가 정답이다. I think so는 Yes의 의미가 담겨 있다. (B)는 음식을 권유하는 말에 대한 대답으로 적합하다. 무조건 귀에 익숙한 표현을 고르지 않도록 주의해야 한다. 잘 들리면 정답인지 아닌지 파악하고, 잘 들리지 않으면 정답 가능성을 남겨 두고, 다른 오답이 모두 제거된 후 선택할 수 있도록 훈련하자.

어휘 ready to ~할 준비가 된 already 이미 full 가득 찬

2 Don't you want to take the subway?
영W (A) Yes, the bus stop is very close.
미M **(B) Yes, that would be faster.**

당신은 지하철을 타고 싶지 않아요?
(A) 네, 버스 정류장이 정말 가까워요.
(B) 네. 그러는 편이 더 빠르겠네요.

해설 전형적인 Yes/No 의문문의 정답으로 〈Yes + 부연 설명〉, 〈No + 이유, 다른 대안〉이 있다. 지하철을 타고 싶지 않은지 묻는 질문에 '타고 싶다, 그게 더 빠르다'라는 형태로 설명한 전형적인 Yes/No 의문문의 정답 형태이다. 또 〈No + 다른 교통수단 제시〉 형태도 가능하다.

어휘 bus stop 버스 정류장

3 It's sunny outside, isn't it?
미M **(A) Yes, the clouds are gone.**
영W (B) Saturday or Sunday.

바깥 날씨가 화창하죠, 그렇죠?
(A) 네, 구름이 다 사라졌어요.
(B) 토요일이나 일요일이요.

해설 날씨를 나타날 때에 주어 it을 사용하는 것이 일반적이다. 부가의문문의 형태로 날씨가 좋지 않은지 묻는 질문에 〈Yes + 부연 설명〉의 형태로 구름이 없이 맑다고 말한 전형적인 Yes/No 의문문의 정답 형태이다. (B)는 일기예보를 들으면 연상되는 요일명이 나온 오답으로 날씨에 대한 내용은 없다.

어휘 sunny 화창한 outside 밖의, 야외의

4 Can you tell me what software we use?
영W (A) We didn't pay for it.
미M **(B) I don't know its name.**

우리가 어떤 소프트웨어를 쓰는지 알려 주실래요?
(A) 우리는 비용을 지불하지 않았어요.
(B) 이름은 모르겠어요.

해설 간접의문문의 형태로 질문의 핵심은 소프트웨어의 이름이 무엇인지 묻는 것이다. 정답은 '몰라요' 유형으로 이름을 모르겠다고 대답한 (B)이다. '몰라요' 유형의 경우 의문문의 형태와 상관없이 정답이 될 확률이 높기 때문에 반드시 익혀 두도록 하자.

어휘 pay for ~의 값을 지불하다

5 Do you want to order now?
미M **(A) No, I need a few more minutes.**
영W (B) Can I have the check, please?

지금 주문하시겠어요?
(A) 아니요, 전 시간이 좀 더 필요해요.
(B) 계산서를 좀 주시겠어요?

해설 식당 웨이터와 손님 사이의 대화로 지금 주문할 것인지 묻는 질문에 〈No + 이유〉의 형태로 대답한 전형적인 Yes/No 의문문이다. (B)도 식당에서 사용할 수 있으나 주문할 때가 아니라, 다 먹고 나서 계산할 때 쓸 수 있는 표현이므로 적합하지 않다.

어휘 order 주문하다 a few 몇몇의, 약간의 check 계산서

Step 4 실전 마스터 P52

정답				
1. (B)	2. (A)	3. (B)	4. (C)	5. (B)
6. (A)	7. (C)	8. (A)	9. (B)	10. (C)

1 The president will be back tomorrow, won't he?
미M (A) I didn't get the present.
미W **(B) I'm not sure.**
(C) No, at the front desk.

사장님은 내일 돌아오시는 거죠, 그렇죠?
(A) 저는 선물을 못 받았어요.
(B) 저는 잘 모르겠어요.
(C) 아니요, 프런트에서요.

해설 사장님(3인칭)이 돌아올 것인가를 물어보는 부가의문문으로, 정답은 전형적인 '몰라요' 유형의 I'm not sure이다. 정답이 비교적 쉽다고 해서 정답만 고르고 다음 문제로 넘어가지 말고, 오답을 지우는 훈련을 해야 나중에 어려운 문제에 대응할 수 있다는 것을 잊지 말자. (A)는 present라는 유사 발음이 등장한 전형적인 함정이다. (C)는 No 다음에 front/back이라는 연상어가 나왔으므로 오답이다.

어휘 president 사장 be back 돌아오다 present 선물

2 Didn't you visit the factory before?
미W **(A) Yes, about a year ago.**
호M (B) No, the facts are pretty clear.
(C) Sure, I'd love to.

당신은 전에 공장을 방문하지 않았나요?
(A) 네, 약 1년쯤 전에요.
(B) 아니요, 그 사실은 매우 분명합니다.
(C) 물론이죠, 정말 하고 싶어요.

해설 과거에 어떤 특정 행동을 하지 않았냐고 물어보는 부정의문문이다. 정답은 〈Yes + 부연 설명〉 형태로 그 장소를 언제 방문했는지 설명하는 (A)이다. 만약에 No로 대답한다면 '이번이 처음이다'와 같은 내용이 뒤따를 가능성이 높다. (B)는 factory의 유사 발음 단어 fact가 나온 오답으로 내용적인 연관성은 전혀 없다. (C)는 '~하고 싶지 않냐'는 의견을 물어보는 질문에 적합하다. 오답을 지우는 연습의 하나로 단순히 맞았는지 틀렸는지만 판단하는 것이 아니라, 반대로 이 선택지가 어떤 질문의 답이 될 수 있을까 생각하는 것이 많은 도움이 될 것이다.

어휘 visit 방문하다 factory 공장 fact 사실 pretty 꽤 clear 분명한, 확실한

3 Did you find the replacement parts for the printer?
호M (A) Under $50.
미W **(B) They're being installed now.**
(C) 25 pages a minute.

당신은 인쇄기의 교체 부품을 찾으셨나요?
(A) 50달러 미만이요.
(B) 그것들은 지금 설치되고 있어요.
(C) 분당 25페이지요.

해설 어떤 물건을 찾았냐고 물어보는 질문에 〈Yes + 부연 설명〉의 형태에서 Yes가 생략되고 지금 그 부품들이 설치되고 있다는 내용이 정답이 되었다. 정답은 다소 까다롭지만 오답을 지워서 정답을 고를 수 있으면 된다. (A)는 금액을 물어보는 How much의 정답으로 적합하다. 프린터와 관련된 내용을 듣고 연상될 수 있는 돈이 나온 선택지를 성급하게 고르지 않도록 주의하자. (C)는 복사기나 프린터와 연상되는 page라는 단어가 등장하지만 기계의 속도를 물어보는 'How fast ~' 등으로 시작하는 의문문의 대답으로 적합하다.

어휘 find 찾다 replacement 교체 part 부품, 부분 printer 인쇄기 under ~ 밑의 install 설치하다

4 Mr. Reed is the owner of this store, isn't he?
미W (A) Yes, I'd like to buy something.
미M (B) Put it in the storage space.
(C) Yes, I believe he is.

리드 씨가 이 가게의 주인이죠, 그렇지 않나요?
(A) 네, 저는 어떤 것을 사고 싶어요.
(B) 그것을 창고에 넣어 주세요.
(C) 네, 그런 것 같아요.

해설 리드 씨(3인칭)가 주인인지 묻는 부가의문문이다. 정답은 '그 사람이 주인인 것 같다(I believe he is)'라고 말한 (C)이다. 특히 be동사의 의미가 '이다/아니다', '있다/없다'로 된다는 것을 유념하여 문장을 들으면서 직청직해가 될 수 있도록 구문을 반복해서 보고 듣도록 하자. (A)는 store라는 어휘를 듣고 연상되는 buy가 등장한 전형적인 오답이다. (B)는 store의 유사 발음 단어 storage를 이용한 오답 선택지이다.

어휘 owner 주인 store 가게, 보관하다 storage 보관, 저장 space 공간 believe ~라고 믿다

5 Do you know where I should send these boxes?
미M (A) Don't forget the postage.
미W **(B) To the address on this line.**
(C) For the marketing meeting.

당신은 제가 이 박스들을 어디로 보내야 할지 아시나요?
(A) 우편료를 잊지 말아요.
(B) 이 줄에 써 있는 주소로요.
(C) 마케팅 회의에 쓰려고요.

해설 질문은 Do you know를 붙인 간접의문문인데 질문의 핵심은 어디로 물건을 보내야 하는지 묻는 내용이다. 정답은 Yes가 빠진 상태에서 바로 그냥 장소를 설명한 (B)이다. 여기에서 직접 해당 주소를 말해준 것이 아니라 '이 줄에 쓰여 있는 주소(address on this line)'로 보내라고 간접적으로 말하고 있다. (A)는 send의 연상어 postage(우편료)가 사용된 오답으로 장소에 대한 내용은 전혀 없다. (C)는 목적을 물어보는 의문사 Why의 정답으로 적합하다.

어휘 send 보내다 box 박스 postage 우편료 address 주소

6 Aren't you traveling to China at the end of this month?
미W **(A) No, not until next November.**
호M (B) Two window seats, please.
(C) The travel agency.

당신은 이번 달 말에 중국으로 여행가지 않나요?
(A) 아니요, 다음 11월이나 돼야 가요.
(B) 창가 쪽 자리 2개 주세요.
(C) 여행사요.

해설 이번 달에 여행을 가는 것이 아니냐며 확인하는 부정의문문에, 〈No + 다른 대안〉의 형태로 이번이 아니면 결국 언제 여행을 가는지 설명하는 내용이 정답이 된 전형적인 형태이다. 특히 'not until ~'은 LC 전체에 걸쳐서 가장 많이 출제되는 문형으로 반드시 익혀 두도록 하자. not이 들어가 있지만 부정의 의미가 아닌 "~가 되어서야 ~한다"의 의미이다. (B)는 travel과 연상되는 비행기 좌석이 등장한 오답이고 (C)는 질문의 travel이 다시 등장한 오답이다.

어휘 end 말, 끝 not until ~가 돼야 ~하다 window seat 창가 쪽 자리 travel agency 여행사

7 Is it going to take much longer to see the doctor?
호M (A) I plan to watch that show today.
미W (B) About 25 kilometers.
(C) Sorry, it's been a very busy day.

의사를 만나려면 한참 더 걸릴까요?
(A) 저는 오늘 밤에 그 쇼를 볼 예정이에요.
(B) 약 25킬로미터요.
(C) 죄송해요, 오늘은 바쁘네요.

해설 병원 대기실에서 들을 수 있는 대화이다. 앞으로도 더 오래 기다려야 하는지 묻는 질문에 미안하지만 오늘은 바쁘다는 이유를 말해 준 (C)가 정답이다. 난이도가 올라갈수록 회화체 표현이 정답이 되는 경우가 있어서 그 표현을 모르면 정답을 고르기가 힘들다. 오답을 지워서 정답을 고르는 훈련을 계속하자. (A)는 see의 연상 단어 show가 등장하지만 특정 프로그램이나 쇼에 대한 내용은 없다. (B)는 시간을 묻는 질문에 거리로 답한 전형적인 오답이다. about만 듣고 성급하게 정답을 고르지 않도록 주의하자.

어휘 take (시간이) 걸리다 longer 더 길게, 오래 busy 바쁜

8 Do you know who'll be teaching the environmental science course?
미W
미M **(A) A professor from London.**
(B) The lab equipment is brand new.
(C) It's close by.

당신은 누가 환경 공학 수업을 가르칠지 아시나요?
(A) 런던에서 온 교수님이요.
(B) 실험실 장비는 새것이에요.
(C) 그곳은 가까워요.

해설 Who 의문문의 앞쪽에 Do you know를 쓴 간접의문문이다. 특정 수업을 가르칠 사람이 누군지 묻는 질문에 직접적으로 사람 이름을 알려 준 것이 아니라, 간접적으로 그 인물을 설명하는 방식으로 대답한 (A)가 정답이다. (B)는 science를 듣고 연상되는 lap equipment를 쓴 오답이고 (C)는 장소를 물어보는 의문사 Where의 응답으로 적절하다.

어휘 environmental 환경의 science 과학 course 수업, 코스 professor 교수 lab 실험실 equipment 장비, 기계 brand new 신제품의, 새것의 close 가까운

9 You can reschedule the event, can't you?
미M (A) Don't forget to sign up.
미W **(B) The invitations have already been sent out.**
(C) I attended that meeting.

당신은 행사 일정을 조정할 수 있죠, 그렇지 않나요?
(A) 등록하는 것을 잊지 마세요.
(B) 초대장이 이미 나갔어요.
(C) 저는 그 회의에 참석했었어요.

해설 부가의문문 형태로 일정을 변경할 수 있냐고 묻는 질문에 No가 생략되고 뒤에 이유만 등장한 난이도 높은 문제이다. Yes/No가 생략된 채로 질문에 대해 긍정/부정으로 대답을 했는지를 알 수 있을 정도로 〈Yes + 부연 설명〉, 〈No + 이유〉 형태의 대답 유형을 훈련하도록 하자. 이미 초대장이 나가서 일정을 바꿀 수가 없다고 말한 (B)가 정답이다. (A)는 event의 연상 어휘 sign up이 등장한 오답이고 (C)는 event를 다른 말로 바꾼 meeting이 등장했지만 시제가 맞지 않는 과거의 내용이다.

어휘 reschedule 재조정하다, 바꾸다 event 행사 forget 잊어버리다 sign up 등록하다 invitation 초대장 already 벌써 send out 내보내다 attend 참석하다

10 Aren't you going to work out at the fitness center tonight?
미W (A) Did it fit in your locker?
호M (B) You should be able to walk there.
(C) I won't have time today.

당신은 오늘 밤 헬스클럽에서 운동하지 않을 건가요?
(A) 그것은 당신 락커 속에 들어가나요?
(B) 당신은 그곳까지 걸어갈 수 있을 거예요.
(C) 제가 오늘은 시간이 없을 것 같아요.

해설 오늘 밤에 운동을 할 것인지 묻는 부정의문문에 〈No + 이유〉의 형태에서 No가 생략된 채 이유만 듣고 부정적인 내용을 말하고 있다는 것을 파악할 수 있어야 한다. 특히 시간이 없거나 바쁘다는 내용은 어떤 행동을 하지 않는 것에 대한 이유로 가장 많이 등장한다. (A)는 fitness의 유사 발음 단어 fit을 이용한 오답 선택지이고 내용상 관계가 전혀 없다. (B)는 work와 발음이 유사한 walk를 이용한 오답이다.

어휘 be going to ~할 것이다 work out 운동하다 fitness center 피트니스 센터, 헬스클럽 fit 딱 맞다, 들어가다 locker 락커 be able to ~할 수 있는

원쌤의 REAL SOLUTION

고난이도 토익 문제는 배경 지식을 원하는 경우가 많다. 특히 행사를 진행하는 업체에서 ① 호텔을 장소로 섭외하고 ② 다양한 기업체의 참가자를 받고 ③ 행사 카탈로그와 초대장을 찍고 ④ 초청 연사(guest speaker)의 강연을 일정으로 삼아 ⑤ 당일 이름표와 자료를 나누어 주고, 행사를 진행하는 것을 알고 있으면 문제를 풀 때 더욱 유리할 것이다.

Unit 7 Yes/No 의문문 II, 기타 의문문

Step 2 청취 및 받아쓰기 훈련 P57

1 **Q:** Do you want me to call you, or send you an e-mail?
A: I prefer e-mail.

Q: 제가 전화를 드릴까요, 아니면 이메일을 보낼까요?
A: 저는 이메일이 더 좋겠어요.

해설 누구에게 연락하는 2가지 방법 중 하나를 선택해야 하는 상황이다. Part 2에서는 똑같거나 비슷한 단어가 나오는 선택지가 정답이 되는 경우는 적지만, 선택의문문에서는 질문에 나온 어휘가 그대로 반복되어 정답이 되는 경우도 있다.

2 **Q:** Can you hand me the scissors, please?
A: Yes, here they are.

Q: 저에게 가위 좀 건네주시겠어요?
A: 네, 여기 있어요.

해설 상대편에게 무엇을 부탁하고 있다. 특히 동사 hand는 '건네주다(=give, pass)'의 의미로 자주 등장하므로 반드시 암기해야 한다. 특정 물건을 건네 달라고 할 때에 '여기에 있다'는 의미로 Here you are(=Here it is)라는 표현이 자주 등장한다. scissors는 복수로 받기 때문에 응답은 Here they are가 된다.

3 **Q:** The photocopier is not working again.
A: We should call the maintenance right away.

Q: 복사기가 또 작동되지 않아요.
A: 시설 관리팀에 당장 연락을 해야겠어요.

해설 평서문 문제에서 올바른 응답을 가려내는 훈련을 하자. 직장 생활 상황이 많이 등장하기 때문에 '바람직한 직원'의 행동을 예측해 보는 것이 도움이 된다. 문제가 있을 때에 관심을 가지고 적극적으로 해결하려는 자세를 갖자. 사무기기(office equipment)가 작동이 안 될 때 직접 보거나 수리하는 사람을 부르는 내용이 자주 등장한다.

4 **Q:** Why don't we have a coffee break?
A: Sure, that's a great idea.

Q: 우리 커피 마시면서 좀 쉬는 게 어때요?
A: 물론이죠, 정말 좋은 생각이에요.

해설 "Why don't we ~?"로 시작하는 문장은 권유/청유의 의미로 익혀두자. 커피라도 마시면서 쉬자는 제안에 대한 전형적인 응답이다. 난이도가 좀 더 상승하면 〈Yes + 부가 설명〉 형태로 어디서, 언제, 누구랑 커피를 마실지가 나올 수 있다.

5 **Q:** Should we order paper cups, or plastic ones?
A: We need both.

Q: 우리가 종이컵을 주문해야 할까요, 플라스틱 컵을 주문할까요?
A: 두 가지 다 필요해요.

해설 선택의문문의 핵심 내용은 주로 뒤에 등장한다. 끝까지 듣고 무엇이 대비되는지 파악해야 한다. 종이컵과 플라스틱컵 중 선택을 하는 상황에서 둘 다(both) 필요하다는 말도 정답이 될 수 있다. '아무거나 좋다(either)', '둘 다 좋다(both)', '둘 다 싫다(neither)' 등의 표현을 익혀두면 바로 정답을 고를 수 있다.

6 **Q:** Can you make it to the shareholders' meeting tomorrow?
A: I wish I could.

Q: 당신은 내일 주주 회의에 오실 수 있나요?
A: 갈 수 있으면 좋겠네요(못 갈 것 같아요).

해설 내일 올 수 있는지 묻는 질문에 못 갈 것 같지만 갈 수 있으면 좋겠다는 I wish I could가 정답이 될 수 있다.

7 **Q:** We can meet the deadline after all.
A: That's very good news.

Q: 우리가 결국에는 마감 일정을 맞출 수 있을 것 같아요.
A: 정말 좋은 소식이네요.

해설 평서문이 들리면 올바른 응답을 가려내는 훈련을 하자. 이 대화는 직장에서 나올 법한 것으로 '마감을 맞출 수 있다'는 말에 '잘됐다', '좋은 소식이다', '기쁘다'와 같은 반응을 먼저 익혀 두자. 난이도가 좀 더 상승하면 마감에 대한 세부 내용에 대해 반문하는 것도 가능하다.

Step 3 기초 마스터 P58

정답 **1.** (A) **2.** (A) **3.** (B) **4.** (B) **5.** (A)

1 Why don't you take tomorrow off, John?
미M **(A) Thanks, I will.**
영W (B) I can bring it in with me.

내일은 좀 쉬지 그래요, 존?
(A) 고마워요, 그렇게 하죠.
(B) 제가 가지고 올게요.

해설 좀 쉬는 게 어떠냐는 제안에 감사를 표현하면서 그러겠다고 대답한 (A)가 정답이다. it이라고 할 수 있는 물건은 없으므로 (B)는 오답이다.

어휘 take ~ off ~을 쉬다, 휴가 가다 bring 가져오다

2 The air conditioner in my apartment is broken.
영W **(A) OK, we'll call a repair person.**
미M (B) I don't like their conditions.

제 아파트의 에어컨이 고장 났어요.
(A) 알았어요, 수리하는 사람에게 전화하죠.
(B) 저는 그쪽 조건이 마음에 들지 않아요.

해설 에어컨이 고장 났다는 것은 뭔가 문제점이 있다는 내용인데, 정답은 수리하는 사람을 부르겠다고 답한 (A)가 적절하다. (B)는 condition의 유사 발음 단어를 이용한 전형적인 오답 선택지이다.

어휘 air conditioner 에어컨 repairperson 수리공 condition 조건

3 Would you like a ride to work tomorrow?
미M (A) He doesn't work here anymore.
영W **(B) I'd appreciate it.**

내일 제가 직장까지 태워다 드릴까요?
(A) 그는 더 이상 여기서 일하지 않아요.
(B) 그러면 감사하죠.

해설 〈Would you like + 명사 ~?〉의 형태는 상대편에게 호의적으로 제안하는 형태이다. 상대편이 호의를 베풀 때에 가장 일반적인 반응은 고마움을 표시하는 것이다. 거절할 때는 'I can manage ~', 'I can handle ~' 등의 표현이 많이 나온다. (A)는 work라는 어휘가 반복된 전형적인 오답이며, He라고 부를 3인칭의 인물도 없다.

어휘 ride 탈것 work 일하다, 작동하다 appreciate 감사하다

4 Would you like to meet on Monday or Tuesday?
영W (A) That's a good idea.
미M **(B) Either will be fine.**

월요일에 만나고 싶어요, 화요일에 만나고 싶어요?
(A) 좋은 생각이에요.
(B) 어느 쪽이나 좋아요.

해설 선택의문문으로 월요일과 화요일 중 어느 쪽이 좋은지 물어보고 있다. 정답은 아무거나 좋다고 대답한 (B)이다. 얼핏 듣고 지금까지 정답이 많이 되었다고 (A)를 고르지 않도록 주의하자. 선택의문문은 두 가지 중에 선택을 하라고 제시하는 것이기 때문에 (A)는 정답이 될 수 없다.

어휘 either 어느 쪽이나, 아무거나

5 It's really hot in here.
미M **(A) I'll open the window.**
영W (B) Let's meet there instead.

여기는 정말 더운 것 같아요.
(A) 제가 창문을 열게요.
(B) 대신 거기서 만나죠.

해설 덥다는 문제점에 대해 창문을 열거나 에어컨을 켜는 것이 가장 일반적인 해결 방법이다. 평서문에 어떻게 반응해야 할지 모르는 수험생들은 일단 기존에 정답으로 나온 표현을 익혀서 정답을 고르는 것이 가장 안전하다. (B)는 here의 반대말로 연상되는 there를 이용한 전형적인 오답이다.

어휘 hot 더운, 뜨거운 instead 대신에

Step 4 실전 마스터 P58

정답 **1.** (A) **2.** (B) **3.** (B) **4.** (C) **5.** (C) **6.** (B) **7.** (C) **8.** (A) **9.** (B) **10.** (A)

1 Would you mind turning down the volume?
호M **(A) Of course not.**
미W (B) Yes, I turned down the offer.
(C) Keep it in mind.

소리를 좀 줄여 주시겠어요?
(A) 네, 그러지요(꺼려하지 않아요).
(B) 싫어요, 저는 제안을 거절했어요.
(C) 명심하세요.

해설 〈Would you mind ~〉는 직역하면 '~을 꺼려하나요?'로 해석된다. 이에 대해 싫지 않을 때는 'of course not', 'not at all' 등으로 부정으로 대답하는 것이 일반적이다. 따라서 정답은 (A)이다. (B)처럼 Yes라고 대답하면 싫다는 의미가 되는데, 뒤에 나오는 말이 문맥과 어울리지 않는다. 참고로 turn down은 '거절하다'의 의미가 있다. (C)도 mind라는 어휘가 반복되었지만 내용상 연관성은 전혀 없다.

어휘 turn down (소리 등을) 줄이다, 거절하다 offer 제안 keep in mind 명심하다, 기억하다

2 I thought the workshop was really helpful.
미W (A) That could work.
미M **(B) Yes, I learned lot.**
(C) It's new, not used.

저는 워크숍이 상당히 도움이 되었다고 생각했어요.
(A) 그렇게 하면 될 것 같아요.
(B) 네, 저는 많은 것을 배웠어요.
(C) 그건 중고가 아니라 새것이에요.

해설 워크숍이 아주 도움이 되었다는 평서문에, 가장 전형적으로 동의하는 내용이 나왔다. So did I(나도 그랬다)와 같은 말도 가능하지만 어떤 점이 좋았는지 좀 더 자세히 말하면 난이도가 높은 정답이 된다. (A)는 상대편이 권유할 때 이에 대한 응답으로 적절하다. (C)에서 new/used는 자주 나오는 어휘지만 본문의 내용과 전혀 연계성이 없다.

어휘 workshop 워크숍, 수업 helpful 도움이 되는 work 일이 되다, 잘되다 learn 배우다 used 중고의

3 Is the chairperson arriving this week or next?
미M (A) Next person in line.
미W **(B) I believe it's this week.**
(C) The flight will be on time.

회장님이 이번 주에 도착하시나요, 아니면 다음 주에 도착하시나요?
(A) 다음 분 오세요.
(B) 이번 주로 알고 있어요.
(C) 비행기는 정시에 도착할 거예요.

해설 선택의문문으로 도착하는 것이 이번 주인지 다음 주인지 묻는 내용에 대해 적절한 응답은 둘 중에 하나를 선택한 (B)이다. 선택의문문은 질문에 나왔던 어휘가 중복해서 나온 선택지가 정답이 되는 경우가 있다. 하지만 오답일 확률도 높다는 것을 잊지 말자. (A)의 person은 질문의 chairperson을 이용한 유사 발음 함정이다.

어휘 chairperson 회장 arrive 도착하다 in line 줄 서 있는 believe 생각하다, 믿다 flight 항공편 on time 정시의

4 Mr. Ottawa will be promoted this month.
미W (A) Why don't you apply for the position?
호M (B) We should visit there next month.
(C) Yes, he really deserves it.

오타와 씨가 이번 달에 승진할 거예요.
(A) 그 자리에 지원해 보지 그래요?
(B) 우리는 다음 달에 그곳을 방문해야 해요.
(C) 네, 그는 정말 승진할 만하죠.

해설 3인칭인 오타와 씨가 승진할 거라는 말에 '잘됐다', '축하한다', '그는 그럴 만하다'라는 긍정적인 반응이 정답이 될 수 있다. 특히, 토익에서는 다른 사람의 좋은 소식에 축하하고 나쁜 소식에 위로하는 기본적인 상황이 많이 등장한다. (A)는 직장 소식을 듣고 연상되는 내용으로 apply for(지원하다)라는 표현이 나오지만 사람을 새로 구하는 내용은 없다. (B)는 this month와 발음이 유사한 next month를 넣은 오답이다.

어휘 promote 승진시키다 apply for ~에 지원하다 deserve ~할 자격이 있다

5 Would you like to buy this one?
호M (A) I'd like some more water, please.
미W (B) No, he can't do it now.
(C) It depends on the price.

이 물건을 사시겠습니까?
(A) 물 좀 더 주세요.
(B) 아니요, 그는 지금 할 수 없어요.
(C) 가격에 따라서요.

해설 물건을 살 것인지 묻는 말에 대해서 가격을 봐야 한다며 결정을 유보한 '몰라요' 유형이 정답이 되었다. It depends on은 빈도가 조금 낮지만 나왔을 때는 거의 100% 정답이 되었던 표현이다. 물론 난이도가 정말 높은 문제에서 '몰라요' 유형이 2개 이상 나와서 의미 파악이 필요한 경우도 있다. (A)는 would like라는 표현이 반복된 오답이다. 식당에서 벌어지는 대화에 적합한 내용으로 What 의문문의 대답에 적합하다. (B)는 No라고 대답했으면, 그 뒤에는 안 사는 이유나 다른 것을 선택하는 내용이 나와야 적절하다. 또한 he가 누구인지는 알 수 없다.

어휘 depend on ~에 따라 다르다 price 가격

6 Do you prefer to work in a team, or are you more
미W comfortable working independently?
미M (A) It's quite comfortable.
(B) I'm okay with either.
(C) I'll walk to work.

당신은 팀으로 일하는 것을 좋아하나요, 아니면 독립적으로 일하는 것이 편하신가요?
(A) 그것은 굉장히 편합니다.
(B) 저는 아무 쪽이나 좋습니다.
(C) 저는 걸어서 출근합니다.

해설 난이도가 높은 선택의문문은 명사와 명사를 대비하는 것이 아니라 구와 구, 절과 절을 비교한다. 회사 면접에서 나올 만한 질문이다. 혼자 일하는 것과 팀으로 일하는 것 둘 중에 어떤 상황이 되어도 잘 할 수 있다(either)는 (B)가 정답이다. (A)는 질문에 나온 comfortable이 등장했지만 질문의 핵심은 혼자서 일하고 싶은지 팀에서 일하고 싶은지를 묻는 것이므로 정답이 될 수 없다. 의자나 침대가 안락한지 묻는 질문에 적절한 응답이다. (C)도 질문의 work가 반복되었지만 교통수단을 물어보는 How 의문문의 응답으로 적합하다.

7 Thank you for contributing to our museum's fundraising
미M program.
미W (A) Our most loyal supporters.
(B) On a television program.
(C) I'm glad to be of help.

우리 박물관의 모금 프로그램에 공헌해 주셔서 감사합니다.
(A) 우리의 가장 충성적인 후원자예요.
(B) 텔레비전 프로그램에서요.
(C) 도움이 되었다니 기쁩니다.

해설 감사 인사에 대해서 가장 기본적인 대답 중에는 You're welcome(천만에요)이 있다. 여기서는 공헌해 주셔서 감사하다는 말에 도움이 되어 기쁘다고 말한 (C)가 정답이다. (A)는 contribute에서 연상되는 어휘인 supporter를 이용한 오답 선택지이다. (B)는 program이 반복 사용된 오답 선택지이다.

어휘 contribute 공헌하다, 기여하다 fundraising 자금 모집 loyal 충성적인 supporter 후원자 help 도움

8 Could you help me find my sunglasses?
미W **(A) Where did you have them last?**
호M (B) A few more drinking glasses.
(C) The rainy season begins next month.

제 선글라스를 찾는 것 좀 도와주시겠어요?
(A) 마지막에 어디에 있었나요?
(B) 음료수 잔을 몇 개 더요.
(C) 우기는 다음 달에 시작해요.

해설 도와 달라는 요청에 전형적인 응답은 ⟨I'd love[happy] to + 세부 내용⟩이 나올 수 있다. 하지만 고난이도 문제에서는 Yes/No가 언급되지 않고 바로 반문하는 형식으로 응답한 (A)와 같은 선택지가 정답이 될 수 있다. (A)가 정답이라는 확신이 없어도 다른 오답을 지워서 골라내는 훈련이 필요하다. (B)는 glasses라는 어휘가 반복 사용된 오답이다. (C)는 시점을 물어보는 When 의문문의 대답으로 적합하고 물건의 위치를 찾는 내용은 전혀 없다.

어휘 last 마지막에, 지난번에 rainy season 우기, 장마

9 Did someone report the broken window, or should I call
호M maintenance?
미W (A) No, it won't close any more.
(B) I just sent them an e-mail.
(C) On the second floor.

누가 깨진 유리창을 신고했나요, 아니면 제가 시설 관리팀에 전화할까요?
(A) 아니요, 더 이상은 닫히지 않을 거예요.
(B) 제가 좀 전에 이메일을 보냈어요.
(C) 2층에요.

해설 고난이도의 선택의문문은 대비되는 내용도 모호하고 정답도 질문의 어휘를 다른 말로 바꾼 표현이 많이 등장한다. 질문의 핵심은 보고를 했는지 안 했는지 묻는 것인데 보고를 하기는 했는데 이메일로 보고했다는 (B)가 정답이다. 이메일이나 온라인으로 고장 접수를 하는 경우가 자주 등장하니 알아 두도록 하자. (A)는 선택의문문에 부적절한 Yes/No가 쓰였으므로 정답이 될 수 없다. (C)는 위치를 설명할 뿐 신고했는지에 대한 내용이 없다. 난이도가 높은 문제는 정답이 마음에 안 들어도 가장 틀릴 가능성이 적은 것을 골라야 한다는 것을 잊지 말자.

어휘 report 보고하다, 알리다 maintenance 시설 관리 close 닫다

10 Our train will be an hour late.
미W **(A) I hope the client can push back the meeting.**
미M (B) We really enjoyed the training.
(C) Track seven or nine.

우리 기차가 1시간 늦을 거래요.
(A) 고객이 회의를 연기할 수 있기를 바랍니다.
(B) 저희는 훈련을 정말 즐겁게 받았습니다.
(C) 7번이나 9번 선로요.

해설 평서문에서 나쁜 소식에 대해서, 상황을 긍정적으로 보려고 하거나 개선하려는 행동을 언급한 것이 정답이 되는 경우가 많다. 기차가 늦는다는 소식에 고객과의 회의 약속을 미뤄야 한다는 세부 내용이 정답이 되었다. (B)는 참가한 행사가 어땠는지 묻는 질문에 적합하고 (C)는 train을 듣고 연상되는 track을 이용한 오답이다.

어휘 late 늦은 client 고객, 손님 push back 뒤로 미루다 enjoy 즐기다, 좋은 시간을 보내다 track 트랙, 선로

원쌤의 REAL SOLUTION

평서문에 대해 가장 많이 나오는 응답이 "그걸 어떻게 알아요?"라고 묻는 것이다. 예를 들어, 10번의 경우에, 기차가 늦어지는지 어떻게 아는지 반문하는 것이 그것이다. 다양한 배경 지식을 쌓으면서 다양한 대답이 나올 수 있다는 것을 인식하고 소거법을 통해서 틀린 선택지를 지워가면서 새로운 유형의 정답을 고를 수 있어야 한다.
기출 문제에서 '기차나 비행기가 늦어진다'는 소식에 '회의에 늦겠다', '회의에 맞추겠다'라고 말한 응답이 많이 등장했다. 난이도가 더 높아지면 고객과의 회의 내용이 언급될 수도 있다. 같은 맥락으로 '박람회 등록을 미뤄야겠다'나 '공장 방문을 연기하자'와 같은 말도 나올 수 있다.

PART 3

Unit 8 문제 유형 I

Step 2 문제 읽기 Practice P64

1 1) Where does the man most likely work?
GQ: 남자는 어디에서 일할 것 같은가?

2) What does the woman want to do?
SQ: 여자는 무엇을 하고 싶어 하는가?

3) What does the woman make a suggestion about?
SQ: 여자는 무엇에 관해 제안하는가?

2 1) What are the speakers discussing?
GQ: 화자들은 무엇을 토론하고 있는가?

2) According to the woman, what did the feedback show?
SQ: 여자에 의하면, 피드백은 무엇을 보여주는가?

3) What will happen in September?
SQ: 9월에는 무슨 일이 일어나는가?

3 1) What kind of business do the speakers work for?
GQ: 화자들은 어떤 업계에서 일하는가?

2) What did the woman forget to bring?
SQ: 여자는 무엇을 가져오는 것을 잊었는가?

3) According to the man, why is the event important?
SQ: 남자에 의하면 왜 행사는 중요한가?

4 1) Where does the conversation most likely take place?
GQ: 대화는 아마 어디에서 일어나는가?

2) What does the woman say the men will do this week?
SQ: 여자는 남자들이 이번 주에 무엇을 할 것이라고 말하는가?

3) What does the woman ask Fernando?
SQ: 여자는 페르난도에게 무엇을 물어보는가?

5 1) What did the man recently do?
SQ: 남자는 최근에 무엇을 했는가?

2) What is the man looking forward to?
SQ: 남자는 무엇을 기대하고 있는가?

3) Why does the man say, "There's a class tomorrow night"?
SQ: 남자는 왜 "내일 밤에 수업이 있다"라고 말하는가?

Step 3 눈과 귀를 매칭시키는 Practice P65

정답 **1.** (A) **2.** (B) **3.** (B) **4.** (A)

1 Where is the conversation taking place?
(A) At a museum (B) At a theater
대화는 어디에서 일어나고 있는가?
(A) 박물관에서 (B) 극장에서

Question 1 refers to the following conversation. 호M 미W

M Hi, I'd like a ticket to the museum's special Egyptian art exhibit. I've heard wonderful things about it.
W I'm sorry, but the exhibit is very popular and we've already sold out of tickets for the morning. We still have some available for this afternoon, though.

남 안녕하세요. 제가 박물관의 특별 이집트 예술 전시회의 티켓을 원하는데요. 그것에 관한 좋은 이야기를 들었어요.
여 죄송하지만 전시는 굉장히 인기가 많아서 아침 표가 매진이 되었어요. 그래도 오후 표는 좀 남았는데요.

2 Who probably is the woman?
(A) A photo journalist **(B) A store clerk**
여자는 누구일 것 같은가?
(A) 사진 작가 **(B) 가게 직원**

Question 2 refers to the following conversation. 미M 미W

M Hi, I am calling because I bought a camera from your store a few days ago and there is a problem with some buttons. They don't work well.
W Well, if you bring your camera back to the store, we'll be glad to look it over for you.

남 안녕하세요. 제가 귀하의 가게에서 며칠 전에 카메라를 샀는데 버튼에 문제가 있어서 전화드려요. 작동이 잘 되지 않아요.
여 네, 가게로 카메라를 가지고 오시면, 저희가 손님을 위해서 봐 드리도록 하죠.

3 Why is the man unable to meet today?
(A) He's visiting a client.
(B) He's leading a training session.
남자는 왜 오늘 만날 수 없는가?
(A) 고객을 방문한다.
(B) 훈련 수업을 주도한다.

Question 3 refers to the following conversation. 미W 호M

W I have a presentation to one of my clients tomorrow. How about meeting today instead of tomorrow?
M Oh, I'm sorry. I'll be running a training session most of the day. I'm teaching new staff the new accounting software.

여 제가 내일은 고객 한 분에게 발표를 해야 하거든요. 내일 대신 오늘 만나는 것은 어때요?
남 죄송해요. 오늘은 거의 하루 종일 직원 훈련을 진행해야 해요. 제가 신입 사원에게 새로운 회계 프로그램을 가르치거든요.

4 What does the woman offer to do?
(A) Provide directions (B) Change the meeting time
여자는 무엇을 해 주겠다고 하는가?
(A) 길 안내를 해 주겠다고 (B) 만날 시간을 바꾸겠다고

Question 4 refers to the following conversation. 미M 미W

M My appointment is in 5 minutes, and I probably won't be able to make it on time.
W Oh, don't worry. The meeting place is less than a 5-minute walk from here. Do you want me to tell you how to get there?

여 제 약속이 5분밖에 안 남았는데, 아무래도 제시간에 가지 못할 것 같아요.
남 걱정하지 말아요. 약속 장소는 여기서 걸어서 5분도 걸리지 않아요. 제가 어떻게 가는지 알려드릴까요?

Step 4 기초 마스터(General Question) P66

정답 **1.** (B) **2.** (D) **3.** (C) **4.** (B) **5.** (A) **6.** (C)

Question 1 refers to the following conversation. 미M 미W

M ❶ Hi, welcome to Jeremy's Salon. Do you have an appointment with us?
W No, I don't. I was hoping one of the stylists might be free. ❶ I just need my hair trimmed.

남 안녕하세요, 제레미의 살롱에 오신 것을 환영합니다. 저희랑 약속을 잡으셨나요?
여 아니요, 미용사 분 중에 한 분이 시간이 있기를 바랐는데. 그냥 머리를 다듬기만 하면 돼요.

어휘 appointment 약속 stylist 미용사, 스타일리스트 free 시간이 있는 trim 조금 자르다, 다듬다 hair salon 미용실 dry-cleaning 드라이클리닝 home improvement 집 개조

1 Where most likely does the man work?
(A) At a hotel
(B) At a hair salon
(C) At a dry-cleaning business
(D) At a home improvement store

남자는 어디에서 일하겠는가?
(A) 호텔
(B) 미용실
(C) 세탁업체
(D) 집안 수리 용품점

해설 남자가 일하는 장소를 묻는 GQ이다. 힌트는 초반에 나온다. 문제를 미리 읽어 두고 눈으로 선택지를 읽고, 귀로 대화를 들으면서, 정답 힌트를 찾는 훈련을 해서 속도를 높이도록 하자. 첫 문장에 나온 salon을 듣고 (B)를 고를 준비를 하자. 물론 뒤에 머리(hair)에 대한 이야기가 나오지만 되도록이면 완벽하지 않아도 첫 번째 힌트에서 객관식으로 정답을 고르는 훈련을 하도록 하자.

Question 2 refers to the following conversation. 미W 호M

W I bought these sunglasses from your shop last month. Yesterday, one of the lenses came out of the frames. ❷ Can you fix them here?
M I'm sorry but the person who does the repairs is at lunch right now. You can leave them if you want. I'll make sure he fixes them as soon as possible.

여 제가 귀하의 가게에서 지난달에 이 선글라스를 샀는데요. 어제 렌즈 하나가 안경 태에서 빠졌어요. 여기서 고쳐주실 수 있나요?
남 죄송하지만, 수리하시는 분이 지금 점심 식사하러 가셨어요. 원하시면 여기 다 두고 가셔도 돼요. 제가 그 분이 안경을 되도록 빨리 수리하도록 할게요.

어휘 lens 렌즈 frame 틀, 태 as soon as possible 되도록 빨리 refund 환불, 환불하다 repair 수리, 수리하다

2 What are the speakers talking about?
(A) A refund
(B) A store
(C) A sale
(D) A repair

화자들은 무엇에 관해 이야기하고 있는가?
(A) 환불
(B) 가게
(C) 세일
(D) 수리

해설 주제를 묻는 GQ로 초반에 힌트를 패러프레이징한 표현을 찾아야 하는 경우가 많다. 첫 문장에서 새로 산 선글라스의 렌즈가 빠져서 고쳐줄 수 있는지 묻는 것을 듣고 선택지 중에 fix와 비슷한 repair를 고를 수 있어야 한다. 특히, 이 상황에서 주제는 '수리'도 가능하지만 '선글라스', '새로 산 상품' 등으로 다양하게 나올 수 있다. 자신의 머릿속에서 주제가 무엇인지 결정하기보다 주어진 선택지 중에 적절한 것을 하나 골라야 한다.

Question 3 refers to the following conversation. 미M 미W

M Good morning. ❸ I wonder if the library carries a book I'm looking for. It's called *Financial Forecast*. The author is Angela Swanson.
W I know we have the book but our database shows that all our copies are out on loan right now. If you like, I can have the book sent from another library.

남 좋은 아침입니다. 혹시 도서관에 제가 찾고 있는 책이 있을까요? 〈금융 예측〉이라고 하는데요. 저자는 엔젤라 스완슨입니다.
여 제가 저희가 그 책이 있는 것은 아는데요, 그런데 데이터베이스에서는 모든 책이 지금 대출 중인 걸로 나오네요. 원하시면 제가 다른 도서관에서 책을 보내오게 할 수는 있는데요.

어휘 wonder 궁금하다 carry 취급하다, 다루다 be called ~라고 불리다 financial 재무의, 재정의 forecast 예측, 예측하다 copy 복사본, 사본 loan 대출 author 작가, 저가 accountant 회계사 librarian 사서 clerk 직원, 종업원

3 Who most likely is the woman?
(A) An author
(B) An accountant
(C) A librarian
(D) A bank clerk

여자는 누구인가?
(A) 작가
(B) 회계사
(C) 도서관 사서
(D) 은행 직원

해설 여자의 직업을 물어보는 GQ로 초반에 힌트를 찾을 수 있다. 남자의 첫 번째 말에서 여자의 직업이 무엇인지 생각해야 한다. 도서관에서 자신이 찾는 책이 있는지 묻는 질문으로부터 여자는 사서임을 알 수 있으므로 정답은 (C)이다. financial을 듣고 무조건 은행 직원이나 회계사라고 생각하면 안 된다. 특히, GQ는 대화에서 나왔던 말을 그대로 고르는 것이 아니라, 대화 상황과 어울리는 장소/직업을 골라야 한다.

Question 4 refers to the following conversation. 미W 호M

W I'm glad you're here. ❹ We need to plan our strategy for next month's business exposition. So, what should we focus on first?

M Well, our advertising agency has a booth at the exposition just for two days. We really need to make a strong impression.

여 당신이 와서 기쁩니다. 우리는 다음 달의 비즈니스 박람회를 위한 전략을 세워야만 해요. 우리가 먼저 무엇에 집중을 해야 할까요?

남 글쎄요, 저의 광고업체는 박람회서 이틀 동안만 부스를 유지할 거예요. 강한 인상을 줄 수 있어야 할 것 같아요.

어휘 strategy 전략 exposition 엑스포, 박람회 focus on ~에 집중하다 agency 대행업체, 대행 회사 booth 부스, 전시부스 impression 인상 organize 조직하다, 계획하다 training session 훈련, 수업 prepare 준비하다 convention 박람회 create 만들다, 창조하다 handbook 핸드북, 안내서

4 What is the conversation mainly about?
(A) Organizing a training session
(B) Preparing for a business exposition
(C) Finding a guest speaker for a convention
(D) Creating an employee handbook

대화는 주로 무엇에 관한 것인가?
(A) 훈련 수업을 준비하는 것
(B) 비즈니스 박람회를 준비하는 것
(C) 박람회 초대 발표자를 찾는 것
(D) 직원 안내책자를 만드는 것

해설 대화의 주제를 묻는 GQ로 주로 초반에 문제의 힌트가 나온다. business exposition에 대한 전략을 세워야 한다는 내용을 듣고, 이를 준비한다(preparing for)라는 말로 바꾼 선택지를 고를 수 있어야 한다. 잘 들리는 특정 어휘가 있다고 해서 무조건 고르지 않도록 주의하자.

Question 5 refers to the following conversation. 미M 미W

M Cathy, ❺ I've just come from the mixing room and we seem to be having trouble with the chocolate again. The consistency is too rough to be made into smooth texture for our candies.

W Oh, no. I've noticed yesterday that the chocolate didn't seem quite right as it usually is. I wasn't sure what was causing the problem though.

남 캐시, 제가 좀 전에 혼합실에서 왔는데 초콜릿에 문제가 또 생긴 것 같아요. 농도가 너무 거칠어서 우리 캔디의 부드럽게 씹히는 맛을 내기에는 힘들 것 같아요.

여 어쩌죠. 저도 어제 초콜릿이 평소보다 조금 이상하다는 것을 눈치챘었는데, 무엇 때문에 문제가 생겼는지를 잘 모르겠더라고요.

어휘 consistency 일관성, 농도 rough 거친, 대강의 smooth 부드러운 texture 질감, 씹는 맛 notice 눈치채다, 알아내다 quite 완전히, 상당히 be sure 확신하다 cause 야기시키다 industry 업계, 산업 production 생산 machinery 기계 textile 섬유 manufacturing 제조

5 What industry do the speakers most likely work in?
(A) Food production
(B) Machinery sales
(C) Event planning
(D) Textile manufacturing

화자들은 어떤 업계에서 일하고 있는가?
(A) **음식 제조업**
(B) 기계 판매
(C) 행사 계획
(D) 섬유 제조

해설 화자들이 일하는 업계를 물어보는 GQ로 주로 초반에 힌트를 준다. 난이도가 높은 문제일수록 일상생활에서 접하기 힘든 비즈니스 상황이 많이 등장한다. 생산/판매/관리/재정 등 다양한 주제의 어휘와 상황을 접해 보는 것이 고난이도 문제에 대응할 수 있는 방법이다. 첫 문장에서 초콜릿에 문제가 있어서 사탕의 품질을 유지하기 힘들다는 내용에서 사탕을 생산하는 공장에서 일어나는 대화임을 알 수 있어야 하고, 이 업계는 음식 제조업이라는 것을 알 수 있어야 한다.

Question 6 refers to the following conversation. 호M 미W

M Hi, I am calling about the shipment I got yesterday. ❻ I ordered two boxes of printing papers, but only one of them arrived.

W I am sorry, sir. Let me check your account information. Can I have your name first?

남 안녕하세요. 어제 받은 배송 때문에 전화드리는데요. 제가 인쇄용지 두 박스를 주문했는데, 그 중에 한 박스만 도착했어요.

여 죄송합니다, 손님. 제가 손님 계정을 확인해 보죠. 먼저, 성함이 어떻게 되세요?

어휘 shipment 배송, 배송물 printing paper 인쇄용지 account 계정 bill 청구서, 청구서를 발부하다 missing 없어진, 빠진 incomplete 불완전한, 부분의 damaged 손상된

6 What are the speakers discussing?
(A) A billing error
(B) A missing document
(C) An incomplete shipment
(D) A damaged product

화자들은 무엇에 관해 토론하고 있는가?
(A) 금액 청구 오류
(B) 잃어버린 서류
(C) 불완전한 배송
(D) 손상된 상품

해설 주제를 물어보는 GQ로 초반에 힌트를 주는 어휘를 비슷한 말로 바꾼 표현을 찾는 훈련을 해야 한다. 물건을 두 박스 주문했는데 한 박스만이 도착했다는 내용을 듣고 불완전한 배송(incomplete shipment)에 관한 내용임을 알 수 있어야 한다. 난이도가 올라갈수록 점점 어휘가 중요해진다. 뜻이 비슷한 다양한 표현을 골라낼 수 있도록 어휘를 암기하도록 하자.

Step 4 기초 마스터(Specific Question) P67

정답 **1.** (D) **2.** (B) **3.** (A) **4.** (B) **5.** (C) **6.** (C)

Question 1 refers to the following conversation. 미M 미W

M Ms. Nelson, the print shop called this morning. They noticed one of the names was spelled wrong in our new manual and it would take another two days to correct it.

W That's not going to work. I want to hand out the manuals on Monday morning. ❶ Could you please call the shop and ask them to deliver our order at least one day earlier?

남 넬슨 씨, 인쇄소에서 오늘 아침에 전화가 왔는데요. 저희 새로운 매뉴얼에 이름의 철자가 잘못 쓰여진 것을 알아내서 수정하는 데 약 이틀이 더 걸릴 것 같다고 하네요.

여 그렇게는 안 되는데. 저는 월요일 아침에 그 매뉴얼을 나눠주고 싶어요. 전화해서 적어도 하루 더 빨리 우리 주문을 배달해 줄 수 있는지 물어봐 줄래요?

어휘 print shop 인쇄소, 인쇄집 notice 눈치채다, 알아채다 spell 철자를 대다 manual 매뉴얼, 소형책자 take (시간이) ~ 걸리다 correct 고치다 work 일이 되다 hand out 배포하다 at least 적어도 earlier 더 빠른 revise 개정하다, 수정하다 copy 복사하다, 복사본 invoice 송장, 고지서 request 요청하다 refund 환불 delivery 배달

1 What does the woman ask the man to do?
(A) Revise a plan
(B) Copy an invoice
(C) Request a refund
(D) Change a delivery date

여자는 남자에게 무엇을 해 달라고 부탁하는가?
(A) 계획을 수정하라고
(B) 송장을 복사하라고
(C) 환불을 신청하라고
(D) 배달 일자를 변경하라고

해설 여자가 남자에게 부탁/요청하는 부분을 파악해야 하는 SQ이다. 이 경우 여자가 말하는 내용 속에 정답 힌트가 있다. 매뉴얼 작업이 이틀이나 늦게 끝난다는 말에 전화해서 하루 더 빨리 받을 수 있도록 하라는 부분을 듣고 (D)를 고를 수 있어야 한다. 특히 'Could you ~? / Would you ~? / Will you ~?' 등으로 시작하는 문장은 부탁이나 요청할 때 사용된다는 것을 기억해 두자.

Question 2 refers to the following conversation. 미W 호M

W Michael, the photocopier keeps jamming and I don't know what's wrong with it. This is the third time it has happened this week.

M Well, that machine is pretty old and we've already had it repaired so many times. ❷ Maybe it's time for us to get a new one.

여 마이클, 복사기가 계속해서 막히는데 저는 무엇이 잘못된 것인지를 모르겠어요. 벌써 이번 주에 3번째예요.

남 그러게요, 그 기계는 꽤 오래돼서 우리는 이미 몇 번이나 수리를 받았어요. 이제 새것을 살 시간이 온 건지도 몰라요.

어휘 photocopier 복사기 jam (막혀서) 움직이지 않다, 엉키다 suggest 제안하다 maintenance 시설 관리(팀) replace 교체하다 discount 할인 nearby 근처의

2 What does the man suggest?
(A) Calling the maintenance department
(B) Replacing a machine
(C) Getting a discount
(D) Visiting a nearby store

남자는 무엇을 제안하는가?
(A) 시설 관리부에 전화하라고
(B) 기계를 교체하라고
(C) 할인을 받으라고
(D) 근처의 가게를 방문하라고

해설 남자가 제안하는 것이므로 남자가 말하는 내용에 집중해야 하는 SQ이다. 계속해서 고장 나는 프린터에 대해서 남자가 마지막 문장에서 이제 새것을 살 때가 된 것 같다고 말한 부분으로부터 남자는 기계를 교체하는 것을 제안하고 있다. get a new one이라는 표현을 듣고 선택지 중 replace(교체하다)가 쓰인 (B)를 고를 수 있어야 한다.

Question 3 refers to the following conversation. 미M 미W

M My refrigerator is still in good condition. But I am interested in getting information on new appliances.

W Well, ❸ if you'd like me to do, I could put your name on our e-mail list. That way you'll be informed right away about any future promotions from our store.

남 우리 냉장고는 아직 상태가 좋지만 새로운 전자제품에 대한 정보를 받는 것에는 관심이 있어요.

여 네, 그럼 원하시면 제가 고객님의 이름을 저희 이메일 리스트에 올려 드릴 수 있어요. 그렇게 하시면, 앞으로 저희 가게에서 판촉 행사가 있으면 바로 연락을 받으실 수 있답니다.

어휘 condition 상태 appliance 전자제품 put 올리다, 놓다 inform 공지하다, 알리다 promotion 판촉 offer 제공하다, 제안하다 list 목록, 목록에 올리다 add 추가하다, 더하다 estimate 견적 waive 면제하다, 포기하다

3 What does the woman offer to do for the man?
(A) Add his name to a list
(B) Give him an estimate
(C) Waive a fee
(D) Send a bill by mail

여자는 남자를 위해서 무엇을 해 주겠다고 제안하는가?
(A) 그의 이름을 목록에 올려주겠다고
(B) 그에게 견적을 주겠다고
(C) 비용을 면제해 주겠다고
(D) 고지서를 우편으로 보내주겠다고

해설 문제에서 offer는 특히 호의의 뜻으로 '~해 주겠다'는 의미가 있다. 판매원인 여자가 원하면 이메일 리스트에 이름을 올려줄 수 있다고 말한 부분을 듣고 add(추가하다)가 쓰인 (A)를 고를 수 있어야 한다.

Question 4 refers to the following conversation. 미W 호M

W Arnold, there's something wrong with the printer. We need to hurry to get those budget proposals printed for ❹ tomorrow's department heads' meeting.

M Don't worry. I'll make sure everything is ready by today.

여 아놀드, 프린터에 문제가 있는 것 같아요. 우리는 내일 부서장 회의를 위해서 예산 제안서를 서둘러서 인쇄해야 해요.

남 걱정하지 마세요. 제가 오늘까지 모든 것이 준비되도록 확인할게요.

어휘 hurry 서두르다 budget 예산 proposal 제안, 제안서 department head 부서장 in ~ 후에

4 When is the department heads' meeting?
(A) Today
(B) Tomorrow
(C) In two days
(D) Next Monday

부서장 회의는 언제인가?
(A) 오늘
(B) 내일
(C) 이틀 후
(D) 다음 월요일

해설 등장하는 여러 시점 중에서 회의 시점을 정확히 가려내야 하는 SQ이다. 특히 그냥 잘 들리거나, 마지막에 나온 정보를 고르지 않도록 주의하자. 여자의 말에서 내일 부서장 회의를 위해 인쇄를 서둘러야 한다는 부분에서 부서장 회의는 내일(Tomorrow) 있다는 것을 알 수 있다.

Question 5 refers to the following conversation. 미M 미W

M Well, Ms. Sanford, we only have an opening at 11:30, or you could come back at 2:00 in the afternoon.
W Hmm. ❺ I'm meeting a friend at noon for lunch and I don't want to be late for that. I guess I'll come back at 2 o'clock.

남 글쎄요. 샌포드 씨. 저희는 11시 반에 빈자리가 하나 있어요. 아니면 오후 2시에 다시 오셔도 되고요.
여 음. 제가 점심 먹기 위해서 정오에 친구를 만나야 하니 거기에 늦고 싶지는 않네요. 그럼, 2시에 다시 돌아올게요.

어휘 opening 빈자리 come back 돌아오다 item 물건, 물품 repair 수리, 수리하다 attend 참석하다 training session 훈련 수업

5 What does the woman say she will do at noon?
(A) Bring an item for repair
(B) Attend a training session
(C) Meet with a friend
(D) Go home for lunch

여자는 자신이 정오에 무엇을 할 것이라고 말하는가?
(A) 수리할 물건을 가지고 온다.
(B) 훈련 수업에 참가한다.
(C) 친구와 만난다.
(D) 집에 점심을 먹으러 간다.

해설 여자가 정오에 할 일을 파악해야 하는 SQ이다. 잘 들리는 lunch가 들어 있는 선택지를 무조건 고르지 않도록 주의하자. 여자가 정오에 점심을 먹기 위해서 친구를 만나야 한다는 내용을 듣고 (C)를 고를 수 있어야 한다. 난이도가 올라갈수록 잘 들리는 부분이 오답에 들어 있는 경우가 많다. 그래서 눈을 감고 집중해서 듣기보다는 눈으로 선택지를 훑어보면서 가장 정답 확률이 높은 선택지를 골라야 한다.

Question 6 refers to the following conversation and coupon. 미W 호M

Coupon

Buy ·············	Save
1 gallon ····	10%
2 gallons ····	15%
3 gallons ····	20%
4 gallons ····	30%

Valid in-store-only 5/20 ~ 5/26

W I'd like to purchase Sparrow Paint for my kitchen remodeling. Do you carry that?
M Absolutely, and luckily for you, we're having a sale on that paint all week. Here's a coupon.
W Oh, great! My kitchen is rather small. I'll probably only need 3 gallons. So, ❻ 3 gallons of Powder Blue, please.

쿠폰

구매 ·············	할인
1갤런 ····	10%
2갤런 ····	15%
3갤런 ····	20%
4갤런 ····	30%

가게에서만 사용 가능 5/20 ~ 5/26

여 제가 부엌 수리를 할 제비표 페인트를 사고 싶은데요. 여기서 취급하나요?
남 물론이죠, 그리고 손님은 정말 운이 좋으신데요. 저희가 이번 주 내내 그 페인트를 할인하고 있답니다. 여기 쿠폰이 있어요.
여 오, 잘됐네요. 우리 부엌은 조금 작아서요. 3갤런만 있으면 될 것 같아요. 그래서 파우더 블루 3갤런만 주세요.

어휘 purchase 구매하다 remodeling 리모델링, 수리 carry 취급하다, 팔다 absolutely 물론, 완전히 rather 다소 gallon 갤런, 액체를 세는 단위 valid 유효한

6 Look at the graphic. Which discount will the woman receive?
(A) 10%
(B) 15%
(C) 20%
(D) 30%

표를 보시오. 여자는 어떤 할인을 받을 것인가?
(A) 10%
(B) 15%
(C) 20%
(D) 30%

해설 신유형인 표/시각 자료가 포함된 SQ이다. 문제 부분과 주어진 표/시각 자료를 미리 분석해 두고, 문제에서 원하는 부분을 정확하게 파악할 수 있는 훈련을 해야 한다. 부엌에 페인트 칠을 하는데 3갤런이 필요하다는 부분을 듣고 표에서 3갤런에 해당하는 20% 할인을 고를 수 있어야 한다.

Step 5 실전 마스터 P68

정답

1. (D)	**2.** (B)	**3.** (C)	**4.** (A)	**5.** (C)
6. (D)	**7.** (D)	**8.** (C)	**9.** (B)	**10.** (A)
11. (C)	**12.** (D)	**13.** (C)	**14.** (B)	**15.** (A)
16. (A)	**17.** (B)	**18.** (C)		

Questions 1-3 refer to the following conversation. 미M 미W

M I'm leaving the office for about 2 hours. ❶ I have a doctor's appointment, but one of my clients might call about the meeting this afternoon. ❷ Could you give him the message for me?
W ❷ Sure, of course. What would you like me to tell him if he calls?
M ❸ Just tell him that I can meet him at 4 o'clock. That should give me enough time to get back.
W Okay, just let me know earlier if there are any changes in your schedule.

남 제가 2시간 정도 사무실을 비울 것 같아요. 의사와의 약속이 있는데 고객 중 한 분이 오늘 오후에 회의 때문에 전화할지도 몰라요. 저를 위해서 그분에게 메시지를 좀 전해 주시겠어요?
여 물론이죠. 그분이 전화하시면 뭐라고 전해 드릴까요?
남 그냥 제가 그 분을 4시에 만날 수 있다고 전해 주세요. 그때쯤이면 여유 있게 돌아올 거예요.
여 알았어요. 일정에 어떤 변화가 있으시면 저한테 미리 알려 주세요.

어휘 client 고객 supplies 용품 lecture 강연

1 Why is the man leaving the office?
(A) To buy some supplies
(B) To eat lunch
(C) To give a lecture

(D) To go to an appointment

남자는 왜 사무실을 나가는가?
(A) 용품을 사기 위해서
(B) 점심을 먹기 위해서
(C) 강의를 하기 위해서
(D) 약속에 가기 위해서

해설 남자의 첫 번째 말에서 의사와의 약속이 있다고 했으므로 (D)가 정답이다. 미리 주어진 세 문제를 정확하게 파악하고 듣기 시작하기 전에 시선이 1번 문제에 가 있을 수 있도록 훈련하자.

2 What does the woman agree to do?
(A) Send an e-mail
(B) Pass on a message
(C) Find a document
(D) Work on the weekend

여자는 무엇을 하기로 동의하는가?
(A) 이메일을 보내기로
(B) 메시지를 전해 주기로
(C) 서류를 찾기로
(D) 주말에 일하기로

해설 여자가 해 주기로 동의하는 것은 남자가 말한 내용에 여자가 동의할 것이므로 남자의 말에 주의를 기울여야 한다. 남자가 자신을 위해서 고객에게 메시지를 전해 달라는 내용 다음에 여자가 Sure라고 말하고 있으므로 메시지를 전해 주는 것에 동의하고 있다는 것을 알 수 있다. 선택지의 pass는 대화문의 give의 유의어이다.

3 What time will the man meet his client?
(A) At 2 p.m.
(B) At 3 p.m.
(C) At 4 p.m.
(D) At 5 p.m.

남자가 고객을 만날 시간은 언제인가?
(A) 오후 2시
(B) 오후 3시
(C) 오후 4시
(D) 오후 5시

해설 여러 시점 중에 고객을 만날 시점을 파악해야 하는 SQ이다. 4시에 만나겠다고 전해 달라는 부분에서 (C)가 정답임을 알 수 있다.

Questions 4-6 refer to the following conversation. 호M 미W

M Hello, ❹ I'm staying in Room 506 and I was woken up this morning by loud hammering sounds outside. I'm on my vacation and was really hoping to be able to relax in my room and I can't do that right now.

W I'm very sorry, Mr. Williams. ❺ There's construction going on in the building next to the hotel until Friday. We already spoke to them about it early this morning.

M Well, I think I'd prefer to switch to a room on a different side of the hotel if you can.

W Certainly, sir. ❻ Let me check if we have any other rooms available for you.

남 안녕하세요, 저는 506호에 머물고 있는데요, 오늘 아침에 바깥의 시끄러운 망치 소리에 잠이 깼어요. 저는 휴가를 와서 제 방에서 편안하게 쉬기를 바라고 있었는데요, 지금 그렇게 할 수가 없네요.
여 죄송합니다. 윌리엄스 씨. 호텔 옆의 빌딩에 공사가 금요일까지 진행되고 있어서요. 저희가 벌써 오늘 아침 일찍 그들과 얘기를 했습니다.
남 그러면, 저는 가능하면 호텔의 다른 편에 있는 방으로 옮기고 싶은데요.
여 물론이죠, 손님. 제가 손님을 위한 방이 있는지 알아보도록 하겠습니다.

어휘 hammer 망치, 망치로 두드리다 construction 공사 go on 지속하다, 계속하다 prefer 선호하다 switch 바꾸다 side 편 available 이용할 수 있는, 사용할 수 있는 architectural 건축의, 설계의 malfunctioning 오작동의 equipment 장비, 기계 incorrect 정확하지 않은, 틀린 bill 고지서, 계산서 shortage 부족 trained 훈련받은, 능숙한 staff 직원들 manager 매니저, 상사 offer 제공하다 reduced 할인된

4 Where does the woman most likely work?
(A) At a hotel
(B) At an architectural firm
(C) At a movie theater
(D) At a restaurant

여자는 어디에서 일하는가?
(A) 호텔
(B) 건축 회사
(C) 극장
(D) 식당

해설 여자가 일하는 장소를 물어보는 GQ으로 주로 초반에 힌트가 있다. 첫 문장에 남자가 여기는 506호실이라며 방 호수를 말하는 것으로 보아 대화 장소는 호텔이라는 것을 짐작할 수 있다. 물론 뒤에도 힌트가 나오지만 되도록이면 첫 번째 힌트에서 정답을 고를 수 있도록 훈련하자.

5 What is causing the problem?
(A) Malfunctioning equipment
(B) An incorrect bill
(C) Noise from construction work
(D) A shortage of trained staff

무엇이 문제를 야기시키는가?
(A) 오작동인 기계
(B) 부정확한 고지서
(C) 공사장 소음
(D) 훈련된 직원들의 부족

해설 전체적인 문제점을 물어보는 것은 역시 GQ의 주제 유형에 해당한다. 망치 소리 때문에 쉴 수가 없다는 남자의 말에 호텔 옆 건물에서 공사 중이라고 했다. 따라서 (C)가 정답이다.

6 What will the woman probably do next?
(A) Speak to her manager
(B) Call the construction company
(C) Offer a reduced price
(D) Check for an available room

여자는 다음에 무엇을 할 것인가?
(A) 매니저와 이야기한다.
(B) 건축 회사에 전화한다.
(C) 할인가를 제공한다.
(D) 사용 가능한 방을 확인한다.

해설 여자가 미래에 어떤 행동을 할지를 물어보는 SQ으로 앞으로 할 일을 묻는 질문은 주로 내용의 뒷부분에 힌트가 있다는 것을 기억하자. 여자의 마지막 말에서 방이 있는지 확인해 보겠다는 부분에서 정답은 (D)라는 것을 알 수 있다.

Questions 7-9 refer to the following conversation. (미M) (미W)

M Sherlyn, this is Henry. ❼ I'm going to be about 30 minutes late picking you up for the company banquet. I just heard a traffic report and Oak Street is closed for repaving. So, I'm going to have to take a detour to your house.

W Thanks for letting me know. Remember! We have to pick up the cake on our way. ❽ We should contact the bakery right now and see if they can deliver the cake to the banquet hall.

M Actually, ❾ Min-Hee from the sales department lives near the bakery. I'll call her to see if she can pick it up for us.

W That's a relief. We can make it in time for everything then.

남 셜린, 헨리예요. 제가 회사 파티에 가기 위해서 당신을 데리러 가는데 30분 정도 늦을 거 같아요. 제가 좀 전에 교통 예보를 들었는데 오크가가 도로 포장 때문에 폐쇄됐대요. 그래서, 당신 집까지 우회로로 가야 할 것 같아요.

여 알려 줘서 고마워요. 잊지 말아요! 우리는 가는 길에 케이크를 찾아야 하는데. 지금 빵집에 전화를 해서 그쪽에서 연회장으로 배달을 할 수 있는지를 알아 봐야겠어요.

남 실은 판매팀의 민희가 빵집 근처에 살아요. 제가 그녀에게 전화를 해서 저희를 위해 케이크를 대신 찾아 올 수 있는지 알아볼게요.

여 잘됐네요. 그럼 우리는 시간에 맞게 갈 수 있겠네요.

어휘 pick up 데리러 가다, 찾으러 가다 banquet 연회, 파티 traffic report 교통 뉴스 repave 도로를 (재)포장하다 detour 우회 contact 연락하다 deliver 배달하다, 배송하다 banquet hall 연회장 relief 안심 make it 도착하다, 성공하다 ask for 요청하다 reject 거절하다 offer 제안 recommend 추천하다 revise 수정하다 public transportation 대중교통 request 요청하다 refund 환불 confirm 확인하다 business hours 영업 시간 submit 제출하다 registration 등록 form 양식 purchase 구매(물), 구매하다

7 Why did the man call the woman?
(A) To ask for directions
(B) To order some cake
(C) To reject an offer
(D) To say he will be late

남자는 왜 여자에게 전화했는가?
(A) 길을 묻기 위해서
(B) 케이크를 주문하기 위해서
(C) 제안을 거절하기 위해서
(D) 그가 늦는다고 말하기 위해서

해설 남자가 전화하는 목적을 묻고 있으므로 남자의 말에 집중해야 한다. 초반에 교통 사정이 안 좋아서 30분 정도 늦게 데리러 갈 것 같다는 내용에서 (D)가 정답임을 알 수 있다.

8 What does the woman recommend?
(A) Revising the event schedule
(B) Taking a public transportation
(C) Arranging for a delivery
(D) Requesting a refund

여자는 무엇을 제안하는가?
(A) 행사 일정을 변경하기
(B) 대중교통을 타기
(C) 배달 계획을 잡기
(D) 환불을 요청하기

해설 여자가 제안하는 내용을 묻고 있으므로 여자가 하는 말에 집중해야 한다. 여자가 늦었으니 빵집으로 전화해서 배달해 달라고 하자는 부분을 듣고 (C)가 정답임을 알 수 있다. 동사 arrange는 '정렬하다'는 의미 이외에 '(일정이나 계획을) 준비하다'라는 의미로 자주 사용된다.

9 What does the man say he will do?
(A) Confirm the business hours
(B) Ask a coworker to help
(C) Submit the registration form
(D) Pay for the purchase

남자는 본인이 무엇을 하겠다고 말하는가?
(A) 영업 시간을 확인하겠다.
(B) 동료 사원에게 도움을 부탁하겠다.
(C) 등록 양식을 제출한다.
(D) 물건값을 지불한다.

해설 남자가 하겠다고 말하는 것을 물었으므로 남자의 말에 집중해야 한다. 대화문 마지막에서 민희라는 직원이 케이크를 대신 찾아다 줄 수 있게 전화하겠다는 내용을 듣고 선택지에서 이에 해당하는 내용을 골라야 한다. 선택지 중 가장 적절한 것은 동료 사원에게 도움을 청하겠다고 말한 (B)이다. 토익에서는 회사에서의 직급이 비슷한 동료를 부를 때는 이름을, 상사를 부를 때는 Mr., Ms. 등의 존칭을 붙여 부르는 경우가 많다는 것을 기억해 두자.

Questions 10-12 refer to the following conversation. (호M) (미W)

M Hi, Lisa. ❿ I heard you wanted to talk to me about the annual staff party. How is the planning coming along?

W Well, we decided not to have a live band this year. We're renting some audio equipment to play music with. ⓫ Could you pick up the equipment on Saturday afternoon and bring to the banquet hall?

M I wish I could help you with that. But ⓬ my son has an important soccer game on Saturday afternoon and I promised to be there. So I won't be available before the party.

W Okay, then. I'll have to find someone else to help me with the preparation.

남 안녕하세요, 리사. 당신이 연례 직원 파티에 관해 저한테 할 말이 있다고 들었는데요. 계획은 어떻게 되어 가나요?

여 글쎄요, 저희는 올해에는 라이브 밴드를 부르지 않기로 결정했어요. 우리는 음악을 틀 수 있는 음향 장비를 임대하기로 했어요. 당신이 토요일 오후에 장비를 찾아서 연회장으로 가져올 수 있겠어요?

남 저도 제가 도와 드릴 수 있었으면 좋겠네요. 하지만 저희 아들이 토요일 오후에 중요한 축구 경기가 있는데 제가 참석하기로 약속을 해서요. 그래서 파티 전에는 시간을 낼 수가 없을 것 같아요.

여 좋아요 그럼. 제가 준비를 도와줄 다른 사람을 찾아야겠네요.

어휘 annual 연례의 come along 진행되다 rent 임대하다 audio 음향의 pick up 가지러 가다, 찾으러 가다 available 시간 있는, 만날 수 있는 preparation 준비 conference 회의 reserve 예약하다 banquet 연회, 파티 staff 직원들 transport 운반하다, 옮기다 perform 공연하다 additional 추가의 shift 근무조, 교대조 supervisor 관리자 sporting event 스포츠 행사, 스포츠 경기

10 What type of event are the speakers discussing?
(A) A company party
(B) A business conference
(C) A birthday party
(D) A music festival

화자들은 어떤 종류의 행사에 관해 이야기하고 있는가?
(A) 회사 파티
(B) 비즈니스 회의
(C) 생일 파티
(D) 음악 페스티벌

해설 대화의 전체적인 주제를 물어보는 GQ로 초반에 가장 큰 힌트가 나온다. 첫 문장에서 직원 파티의 진행 상황에 관해 물어보고 있는 내용에서 정답이 (A)임을 알 수 있다.

11 What does the woman ask the man to do?
(A) Reserve a banquet hall
(B) Hire some new staff
(C) Transport some equipment
(D) Perform with a band

여자는 남자에게 무엇을 하라고 부탁하는가?
(A) 연회장을 예약하라고
(B) 신입 사원을 고용하라고
(C) 장비를 옮기라고
(D) 밴드와 같이 공연하라고

해설 여자가 남자에게 부탁하는 내용을 묻고 있으므로 여자의 말을 집중해서 들어야 한다. 여자가 남자에게 음향 장비를 연회장으로 가지고 올 수 있는지 묻고 있으므로 장비를 옮긴다(transport)고 말한 (C)가 정답이다. 특히 부탁할 때 〈Could you ~?〉 또는 〈Would you ~?〉를 많이 사용한다는 것을 기억하자.

12 What does the man say he has to do on Saturday afternoon?
(A) Speak at a conference
(B) Work an additional shift
(C) Meet with supervisors
(D) Attend a sporting event

남자는 자신이 토요일 오후에 무엇을 해야 한다고 말하는가?
(A) 회의에서 발표해야 한다고
(B) 추가 근무를 해야 한다고
(C) 관리자들을 만나야 한다고
(D) 스포츠 행사에 참가해야 한다고

해설 남자가 토요일 오후에 할 일은 Key Word와 함께 말할 확률이 높다. 여기서 Key Word는 Saturday afternoon이다. 남자의 마지막 말에서 아들의 축구 경기에 가야 한다는 부분을 듣고 soccer game을 sporting event로 바꿔 표현한 (D)를 고를 수 있어야 한다. 난이도가 올라갈수록 지문의 어휘를 다른 표현으로 바꾸어 정답으로 제시하는 경우가 많다.

Questions 13-15 refer to the following conversation. 미M 미W

M It's good to see you, Ms. Parker. Before ⑬ we start going over your restaurant's finances for this quarter, you mentioned over the phone that you're thinking about expanding your business.

W Yes, I have customers lining up to come into the restaurant, so I'd like to rent some space next to our place. That way, ⑭ I could expand the dining area and accommodate more people.

M Well, increasing your restaurant seating capacity doesn't always mean more profit. You'll need to hire more staff and there will be an increase in rent and maintenance too.

W That is the reason I need your consultation. ⑮ Would it be possible for you to create a cost analysis report so that I can get a better idea of whether this expansion would be profitable?

M Of course, Ms. Parker. Let's just go over some details together.

남 파커 씨, 만나 뵙게 되어서 반갑습니다. 귀하 식당의 이번 분기 재정에 관해 검토를 시작하기 전에, 전화로 사업 확장을 생각하고 계시다고 말씀하셨는데요.

여 네, 저희는 손님들이 식당에 들어오려고 줄을 서 있거든요. 그래서 우리 가게 옆에 공간을 임대하고 싶습니다. 그렇게 하면 식사 공간을 늘릴 수 있고 좀 더 많은 사람을 받을 수 있거든요.

남 글쎄요, 식당의 고객 수용 능력을 확장시키는 것이 꼭 더 많은 수익을 보장하는 것은 아닙니다. 직원들도 더 고용해야 하고, 임대료나 다른 관리비도 늘어나게 될 것입니다.

여 그래서 제가 당신의 상담이 필요해요. 이번 확장이 수익성이 있는지에 대해 좀 더 잘 알 수 있도록 비용 분석 보고서를 만들어 주실 수 있으세요?

남 물론이죠, 파커 씨. 그러면 같이 세부 정보를 한번 보도록 하죠.

어휘 go over 검토하다, 보다 mention 언급하다 customer 고객 line up 줄을 서다 dining area 식사하는 공간 accommodate 수용하다, 받아들이다 seating capacity 수용 능력 profit 수익 hire 고용하다 maintenance 시설 관리 consultation 상담 cost 비용 analysis 분석 profitable 수익성이 있는, 돈이 되는 details 세부 사항 chef 요리사 architect 건축가 financial 재정의 advisor 조언가 real estate 부동산 consider 고려하다 location 위치, 장소 expand 확장하다 account 계좌, 개정 construct 짓다, 건축하다 contract 계약서, 계약하다

13 Who most likely is the man?
(A) A restaurant chef
(B) An architect
(C) A financial advisor
(D) A real estate agent

남자는 누구인가?
(A) 식당 요리사
(B) 건축가
(C) 재정 상담가
(D) 부동산 중개인

해설 남자가 누구인지를 물어보는 GQ로 주로 초반에 힌트가 있다. 첫 문장에서 식당 주인인 여자의 재정에 관해 이야기하겠다는 내용에서 (C)가 정답임을 알 수 있다. 재정 상담가의 업무를 아는 것보다 더 중요한 것은 객관식으로 주어진 4개의 선택지 중 가장 적절한 것을 빠른 시간 안에 골라내야 한다는 것이다.

14 What is the woman considering doing?
(A) Moving into a new location
(B) Expanding her business
(C) Opening a bank account
(D) Constructing a new house

여자는 무엇을 할 것을 고려하고 있는가?
(A) 새로운 장소로 이사하는 것
(B) 사업을 확장하는 것
(C) 은행 구좌를 개설하는 것
(D) 새로운 집을 짓는 것

해설 여자가 고려하고 있는 내용이므로 여자의 말에서 힌트가 나올 가능성이 높지만 남자의 말에서도 힌트가 나올 수 있다. 남자의 첫 문장에서 여자가 사업 확장을 희망한다는 내용이 나왔고, 여자도 식당 공간을 확장해서 사람을 더 받고 싶다고 했다. 따라서 (B)가 정답이다.

15 What does the woman ask the man to do?
(A) Prepare a report
(B) Pay for the consultation
(C) Create a design
(D) Sign a contract

여자는 남자에게 무엇을 하라고 부탁하는가?
(A) 보고서를 준비하라고
(B) 상담 비용을 내라고
(C) 디자인을 만들라고
(D) 계약서에 서명하라고

해설 여자가 남자에게 부탁하는 것을 묻고 있으므로 여자가 하는 말을 집중해서 들어야 한다. 여자의 마지막 말에서 비용 분석 보고서를 준비해 줄 수 있겠냐는 내용을 듣고 (A) Prepare a report를 고를 수 있어야 한다. 특히, 비즈니스 관련 주제 문제를 쉽게 풀기 위해서는 다양한 업체와 부서는 물론 회사에서 사용하는 보고서/회의 관련 어휘를 알고 있어야 한다.

Questions 16-18 refer to the following conversation. 미W 호M

W Hi, Daniel. It's Amanda from Human Recourses. ⑯ I just wanted to let you know that the computer in meeting room 2B is not working.
M Oh, I'm sorry. I can come right away and take a look at it.
W ⑰ Right now? I'm interviewing someone in here in five minutes. ⑰ I don't need the computer for that.
M Oh, OK. In that case. I'll come up when you've finished. Is there any other way I can help you with your interviews?
W Thanks, but this time, I'm interviewing someone who lives in the area so ⑱ I won't be needing video conference equipment. It'll be nice to talk to someone in person for a change.

여 안녕하세요, 다니엘. 저는 인사부의 아만다예요. 2B 회의실에 있는 컴퓨터가 작동이 되지 않는다고 알려 드리려고요.
남 어, 죄송해요. 지금 당장 올라가서 봐 드릴게요.
여 지금 당장이요? 제가 5분 있다가 누구 면접이 있어서요. 거기에 컴퓨터는 필요 없거든요.
남 알았어요. 그렇다면 당신이 끝난 다음에 가도록 하죠. 당신 면접에 제가 뭐 도와 드릴게 있나요?
여 고마워요. 하지만 이번에는 근처에 사는 사람을 면접하기 때문에 화상 회의 장비도 필요하지 않을 것 같아요. 오랜만에 사람을 직접 만나서 이야기하게 되니 좋아요.

어휘 human resources 인사부, 인사 work 작동하다 right away 당장 take a look 보다, 손보다 in that case 그런 경우에 area 지역 for a change 여느 때와 달리, 기분 전환으로 report 보고하다, 보고서 equipment 장비 confirm 확인하다 schedule 일정 request 요청하다 personal 개인 immediately 급하게, 당장 disturb 방해하다 unusual 특이한, 드문 be held 개최되다, 열리다 conduct 행하다 face-to-face 얼굴을 대면하고, 마주 보는 last 지속하다

16 Why is the woman calling the man?
(A) To report an equipment problem
(B) To confirm a schedule
(C) To ask about the product price
(D) To request personal information

여자는 왜 남자에게 전화하는가?
(A) 장비 문제를 보고하기 위해서
(B) 일정을 확인하기 위해서
(C) 상품 가격을 물어보기 위해서
(D) 개인 정보를 요청하기 위해서

해설 여자가 전화하는 이유는 여자의 말을 통해 나올 확률이 높다. 첫 번째 여자 말에서 회의실의 컴퓨터가 작동이 되지 않는다는 내용을 통해 (A)가 정답임을 알 수 있다.

17 What does the woman mean when she says, "I'm interviewing someone here in five minutes"?
(A) She needs the man's help immediately.
(B) She does not want to be disturbed.
(C) She is late for the meeting.
(D) She needs more people to help her.

여자가 "저는 여기서 5분 있다가 누구를 면접을 해야 해요"라고 말한 의미는 무엇인가?
(A) 그녀는 남자의 도움이 당장 필요하다
(B) 그녀는 방해받고 싶어 하지 않는다.
(C) 그녀는 회의에 늦었다.
(D) 그녀는 더 많은 사람의 도움이 필요하다.

해설 시설관리팀 직원으로 보이는 남자가 지금 당장 고쳐주겠고 하자, 여자가 5분 있다가 면접이 있는데 어차피 컴퓨터는 쓰지 않으니 조금 기다려 달라고 한 말을 듣고, 지금은 고칠 필요 없으니 자기가 면접하는 동안은 방해하지 말아 달라는 내용으로 이해할 수 있다. 신유형으로 새롭게 추가된 화자의 의도 문제는 Part 3 문제 중 가장 난이도가 높다. 따옴표 안의 말의 의미를 파악해야 하는 것은 물론, 선택지를 읽고 문맥상 어떤 의미인지 골라야 한다. 초보는 화자 의도 문제를 쥐로 빼서 마지막에 푸는 것도 좋은 전략이다.

원쌤의 REAL SOLUTION

"신유형은 어렵나요?"라는 질문을 많이 받는다. 모든 시험은 처음에는 출제 유형에 익숙해지고, 각각의 유형을 주어진 시간 내에 풀 수 있는 훈련이 필요하다. 신유형에도 다소 쉬운 유형(시각 자료)과 어려운 유형(화자 의도 파악)이 있으나 다른 유형과 마찬가지로 한번 훑어보면 별것 아니다.

18 What does the woman say is unusual about the interview?
(A) It will be recorded.
(B) It will be held on a weekend.
(C) I will be conducted face-to-face.
(D) It will last for five hours.

여자는 면접의 어떤 면이 특별하다고 말하는가?
(A) 그것은 녹화될 것이다.
(B) 그것은 주말에 열릴 것이다.
(C) 그것은 얼굴을 보고 할 것이다.
(D) 그것은 5시간 동안 지속될 것이다.

해설 여자가 특별하다고 말하는 부분은 여자 말을 통해서 정답 힌트가 제시된다. 여자의 마지막 말에서 여느 때와 달리(for a change) 이번 면접은 화상 장비 없이 직접 이야기(talk to someone in person)를 하게 되었다고 말한 내용을 듣고 직접 대면한(face-to-face) 면접이라고 쓰인 (C)를 고를 수 있어야 한다.

Step 2 눈과 귀를 매칭시키는 Practice P73

정답 **1.** (B) **2.** (A) **3.** (A) **4.** (B)

1 Who most likely are Samantha and Nathan?
(A) Apartment managers
(B) Potential home buyers

사만다와 나단은 누구인가?
(A) 아파트 매니저
(B) 잠재 주택 구매자

Question 1 refers to the following conversation with three speakers. 미M 미W 호M

M1 Welcome, Samantha and Nathan. I'm glad you decided to come take a look at the house.
W We really liked the property, but we have some concerns.
M2 We're worried about the cost of major renovation like the roof of the house.

남1 사만다, 나단 잘 오셨어요. 집을 둘러보기로 결정하셔서 잘되었네요.
여 우리는 그 집이 정말 마음에 들었는데, 걱정이 약간 있네요.
남2 저희는 집의 지붕 같은 큰 수리 비용 때문에 걱정이 되네요.

2 What does Frank advise the woman to do?
(A) Send a confirmation letter
(B) Come to the Beijing Branch

프랭크는 여자에게 무엇을 하라고 조언하는가?
(A) 확인 편지를 보내라고
(B) 베이징 지점에 오라고

Question 2 refers to the following conversation with three speakers. 미M 호M 미W

M1 Frank, is there anything else I need to know?
M2 Just one more thing; Make sure you send e-mails to clients confirming anything you discuss over the phone. They want all communication to be in writing.
W Got it, Frank. Thanks. I'm sure you'll do well at the Beijing Branch, too.

남1 프랭크, 제가 뭐 또 알아야 할 게 있을까요?
남2 하나만 더 말할게요. 전화로 당신이 손님과 나눈 내용을 확인하는 이메일을 꼭 보내도록 해요. 그들은 서면으로 의사소통하기를 원해요.
여 알겠어요, 프랭크, 고마워요. 전 당신이 베이징 지점에서도 잘할 거라고 확신해요.

3 What does the woman mean when she says, "two hours wasn't enough"?
(A) **She really enjoyed the performance.**
(B) She was late for the show.

여자는 어떤 의미로 "2시간은 충분하지 않았어요"라고 말하는가?
(A) 그녀는 공연을 정말 즐겁게 보았다.
(B) 그녀는 공연에 늦었다.

Question 3 refers to the following conversation. 미M 미W

M I heard you went to the new musical at the Circle Theater. It was for two hours, right?
W Yes, but two hours wasn't enough. I think I'm going again next weekend. Would you like to come with me?

남 당신이 서클 극장의 새로운 뮤지컬을 보러 가셨다고 들었어요. 그것은 2시간 동안이죠, 그렇죠?
여 네, 하지만 2시간은 충분하지 않았어요. 저는 다음 주말에 다시 한번 갈 생각이에요. 저랑 같이 가시겠어요?

4 Why does the man say, "That's a big increase from last year?"
(A) To deny a requested budget change
(B) To indicate that some news is good

남자는 왜 "그건 작년에 비해서 큰 증가네요"라고 말하는가?
(A) 제안된 예산 변동 신청을 거절하기 위해서
(B) 어떤 소식이 좋다는 것을 나타내기 위해서

Question 4 refers to the following conversation. 미W 호M

W The company director increased our marketing department's budget by $300,000.
M That's a big increase from last year. Do you know how that money will be used? We could definitely use some new office equipment.

여 회사 이사님이 저희 마케팅 부서의 예산을 30만 달러나 늘리셨어요.
남 그건 작년에 비해서 큰 증가네요. 그 돈이 어떻게 사용될지 당신은 아시나요? 저희는 새로운 사무기기가 정말 필요한데요.

Step 3 기초 마스터(시각 자료 문제 집중 Practice) P74

정답
1. (C) **2.** (B) **3.** (A) **4.** (C)

Question 1 refers to the following conversation and chart. 호M 미W

Length of Contract	Price per Month
3 months	$50
6 months	$40
1 year	$30
2 years	$20

M We offer the best prices in this area. As you can see in this chart, the longer your contract is, the lower the monthly cost becomes. But there'll be some extra fee, if you can cancel the contract before it ends.
W Well, I'm going to transfer overseas in about a year, so I don't want the two-year plan. But I do want the lowest price possible. ❶ I guess the one-year plan would be the best.

계약 기간	매달 가격
3달	50달러
6달	40달러
1년	30달러
2년	20달러

남 저희는 이 지역에서 가장 좋은 가격을 제공해 드려요. 이 차트를 보면 아시겠지만, 계약이 길수록 월 비용은 저렴해진답니다. 하지만 계약이 끝나기 전에 취소하시면 추가 비용이 있을 거예요.
여 글쎄요, 저는 약 1년 후에 전근을 갈 거라서, 2년 계획은 원하지 않아요. 하지만 가장 낮은 가격을 받고 싶네요. 제 생각에는 1년 계획이 가장 좋을 것 같아요.

어휘 offer 제공하다 chart 차트, 표 extra 추가의 transfer 전근하다, 이동하다 length 기간, 거리 contract 계약서, 계약하다 per ~당

1 Look at the graphic. How much has the woman agreed to pay per month?
(A) $50
(B) $40
(C) $30
(D) $20

표를 보시오. 여자는 한 달에 얼마를 내기로 동의했는가?
(A) 50달러
(B) 40달러
(C) 30달러
(D) 20달러

해설 표/시각 자료 중 가장 많이 출제되는 형태는 1번과 같이 컬럼 2개짜리이다. 표/시각 자료 관련 문제는 (1) 문제를 미리 읽고 (2) 표를 훑어보고 (3) 어떤 부분을 대화에서 제시해 줄지 한번 생각해 보는 것이 많은 도움이 될 것이다. 여자가 1년짜리 플랜이 제일 좋은 것 같다고 말하는 부분을 듣고 1년짜리 플랜의 금액인 30달러를 고르면 된다.

Question 2 refers to the following conversation and pie chart. 미W 미M

How Do We Find Employees?

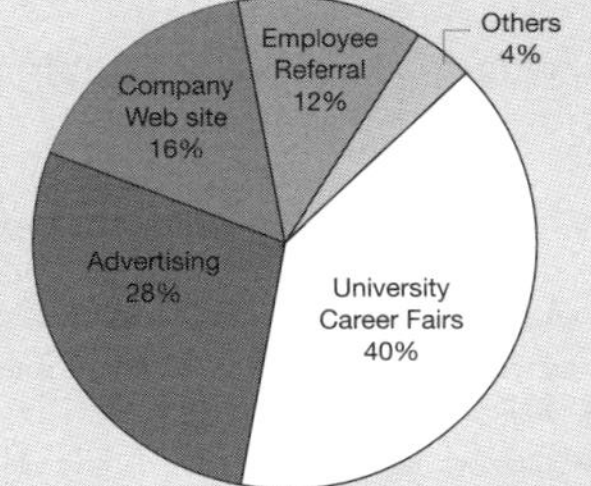

W In the past, we've been mostly recruiting new employees from university career fairs, but I'd like to do something different this time. It's just cost too much to travel to different universities.
M Good point. ❷ We could put more resources into our second most effective recruiting method. Actually, more than a quarter of our employees are recruited that way.

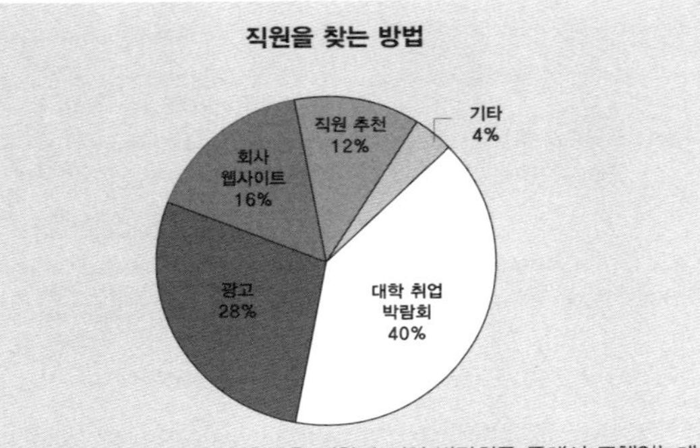

여 과거에 우리는 새로운 직원들을 대학의 직업 박람회를 통해서 구했었는데요. 저는 이번에는 다른 것을 해보고 싶어요. 다른 대학교로 이동하는 데 너무 비용이 비싸요.

남 좋은 지적이에요. 우리는 2번째로 효과적인 직원 채용 방식에 좀 더 많은 자원을 투자할 수 있어요. 사실, 4분의 1인 넘는 우리 직원들이 그 방식으로 구해졌어요.

어휘 past 과거 recruit 신입사원을 뽑다 fair 박람회 different 다른 travel 여행하다, 이동하다 put 넣다 resources 자원 effective 효과적인 method 방법 quarter 4분의 1 way 방법 career 경력, 직업 referral 소개 suggest 제안하다

2 Look at the graphic. Which method does the man suggest using?
(A) University career fairs
(B) Advertising
(C) Company Web site
(D) Employee referrals

표를 보시오. 남자는 어떤 방식을 사용하자고 제안하는가?
(A) 대학 직업 박람회
(B) 광고
(C) 회사 웹 사이트
(D) 직원 추천

과거에 가장 많이 사용한 직업 박람회(career fair)가 아니고 남자가 말한 2번째로 효과적인 방식은 차트에서 2번째로 많은 광고(Advertising)을 말한 것이다. 차트 문제는 수학처럼 복잡한 수치나 계산을 요하는 것이 아니므로 비교적 쉽게 정답을 고를 수 있다.

Question 3 refers to the following conversation and map. 호M 미W

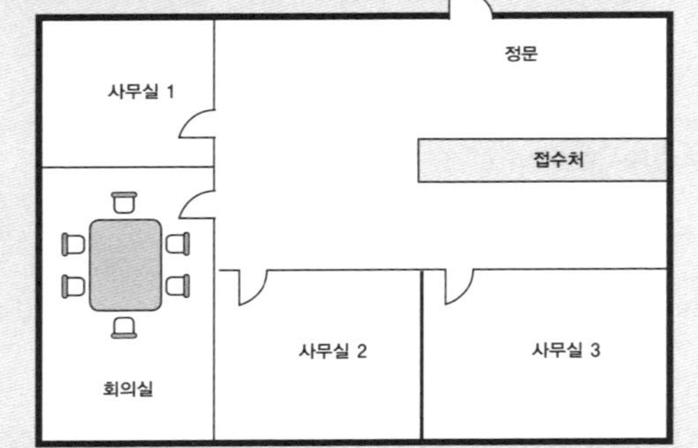

M Good morning. I'm here to deliver some furniture to Paula Jenkins. I have a desk and a chair. Where do you want me to put them?

W Oh, yes. You can put them right in her office. ❸ It's the first door by the entrance next to the conference room.

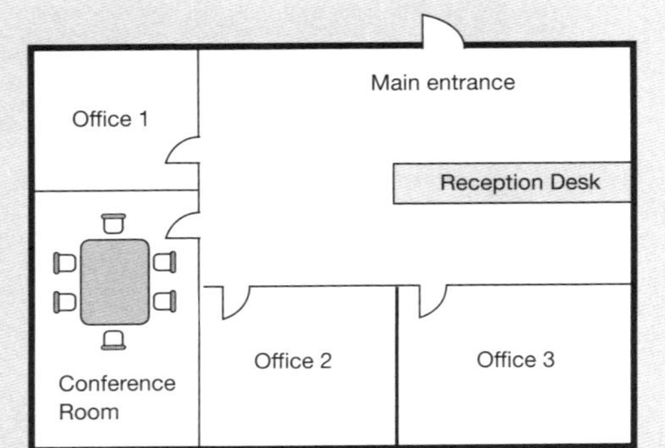

남 좋은 아침입니다. 저는 가구를 폴라 젠킨스 씨에게 배달하려고 왔는데요. 책상 한 개와 의자 한 개입니다. 이것들을 어디에 두면 좋을까요?

여 아, 네. 그녀 사무실에 바로 두시면 될 거 같아요. 입구 옆 첫 번째 문이에요. 회의실 옆이랍니다.

어휘 deliver 배달하다 entrance 입구, 현관

3 Look at the graphic. Which room will the man most likely go to?
(A) Office 1
(B) Office 2
(C) Office 3
(D) Conference room

표를 보시오. 남자는 어떤 방에 갈 것인가?
(A) 사무실 1
(B) 사무실 2
(C) 사무실 3
(D) 회의실

해설 지도/그림 형태는 어떻게 대화가 나올지를 추측하는 것이 다소 까다롭다. 먼저 문제를 읽고 선택지에 나온 방과, 이외의 구조를 모두 확인한다. 평면도에서 office 이외에 Main Entrance, Reception Desk, Conference Room이 쓰였는데 이 단어를 들려주고 사무실 중 하나를 고르게 할 가능성이 높다. 여자는 입구 옆 첫 번째 문이 있는 방에 놓으라고 했는데, 이는 회의실 옆이다고 말한다. 회의실과 접하는 방이 2개 있지만 입구에서 가장 가까운 방은 Office 1이다. 처음에 지도를 보면 무엇을 봐야 할지 당황하는 경우가 있지만, 결국은 모든 단어와 지도상의 위치를 확인하는 방법으로 정답을 고를 수 있다.

Question 4 refers to the following conversation and chart. 미W 미M

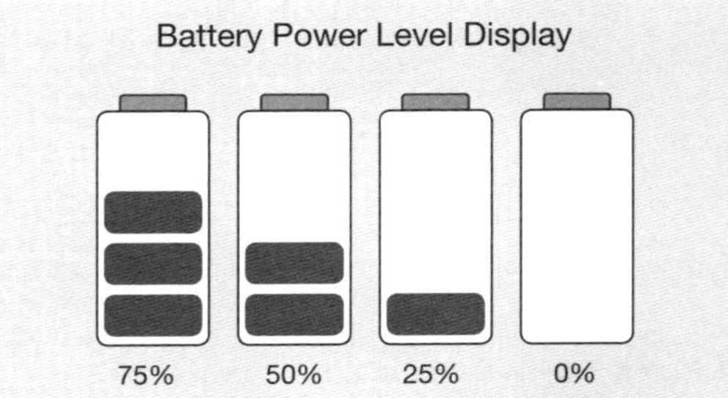

W As a lab technician, you need to monitor the battery closely; always check the display screen. If the power is too low, we won't know the exact temperature of the equipment.

M When do I change the battery?

W ❹ Replace the batteries when the power reaches 25%. We don't want to replace them any earlier than we have to, nor can we wait until they run out.

배터리 전원 레벨 표시

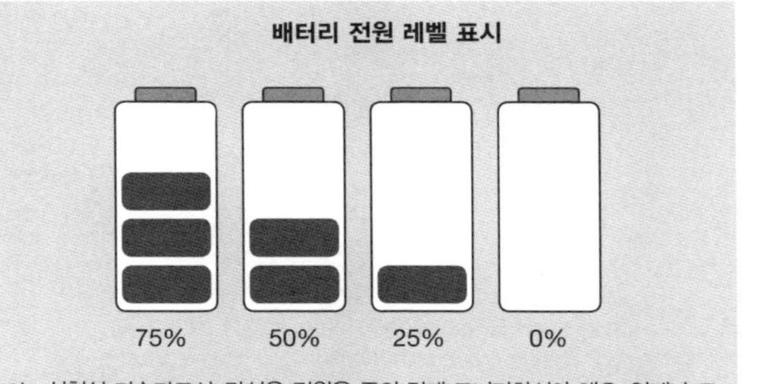

여 실험실 기술자로서, 당신은 전원을 주의 깊게 모니터하셔야 해요; 언제나 표시창을 확인하세요. 전원이 너무 낮으면 장비의 정확한 온도를 알 수가 없게 돼요.
남 건전지는 언제 교체해야 하나요?
여 건전지가 25%에 도달하면 교체하세요. 꼭 해야 하는 시기보다 더 빨리 교체할 필요도 없고 또한 다 떨어질 때까지 기다릴 수도 없어요.

어휘 monitor 관찰하다, 조사하다 exact 정확한 temperature 온도 equipment 장비, 기계 replace 교체하다 reach 도달하다, 닿다 run out 다 쓰다, 동나다

4 Look at the graphic. According to the woman, how many bars will be displayed when the battery should be replaced?
(A) Three bars
(B) Two bars
(C) One bar
(D) Zero bars

표를 보시오. 여자에 의하면, 건전지가 교체되어야 할 때는 몇 개의 막대가 표시될 것인가?
(A) 막대 3개
(B) 막대 2개
(C) 막대 1개
(D) 막대 없음

해설 문제와 선택지를 미리 읽고, 도표에 쓰인 75%, 50%, 25%, 0%를 보면서 내용을 잘 들어야 한다. 전지는 25%일 때에 교체하라는 부분에서 25%에 해당하는 막대 1개를 고르면 된다.

Step 3 기초 마스터(화자 의도 문제 집중 Practice) P75

정답 1. (B) 2. (A) 3. (D) 4. (A)

Question 1 refers to the following conversation. 호M 미W

M May I help you with anything, ma'am?
W Yes, ❶ I want to know how much this pair will cost. These shoes look great. But I can't find the price tag.

여 제가 무엇을 도와 드릴까요, 손님?
남 네, 전 이 켤레가 비용이 얼마인지 알고 싶어요. 이 신발들은 정말 좋아 보이네요. 하지만 가격표를 찾을 수가 없어요.

어휘 cost (비용이) 들다 price tag 가격표 convince 설득하다 make a purchase 구매하다 compliment 칭찬하다 coworker 동료사원 gift wrapping 선물 포장

1 Why does the woman say, "These shoes look great"?
(A) To convince her friend to buy shoes
(B) To show interest in making a purchase
(C) To compliment her coworker
(D) To ask for gift wrapping

여자는 왜 "이 신발들은 정말 좋아 보이네요"라고 말하는가?
(A) 그녀의 친구가 신발을 사도록 설득하려고
(B) 구매하는 데 관심이 있다는 것을 보여 주기 위해서
(C) 그녀의 동료사원을 칭찬하기 위해서
(D) 선물 포장을 요청하기 위해서

해설 화자 의도 문제는 선택지도 길고, 집중해서 들어야 하는 부분도 긴 까다로운 유형이다. 눈(문제)/귀(청취) 매칭(눈으로 보면서 가장 좋은 정답 선택) 연습이 필요한 문제 유형이다. 손님으로 보이는 여자가 신발이 좋아 보이는데 얼마인지 묻고 있다. 이 문장은 문맥상 구입하는 데 관심이 있다는 뜻으로 이해될 수 있다. 결국 문제에서 지정한 부분 이외에도 앞뒤 내용을 이해해야 문제를 풀 수 있다. 신발 가게에서 손님이 점원과 나눈 대화라는 것을 이해한다면 문제는 오히려 간단히 풀릴 수 있다.

Question 2 refers to the following conversation. 미M 미W

M Hi, Fatima, sorry to interrupt, but I've got a management meeting tomorrow about the next quarter's expenses and I'm waiting for the department budget proposal.
W Oh, ❷ I've just finished it. Do you want me to print out a copy for you or send it electronically?

남 안녕, 파티마, 방해해서 미안하지만, 내가 다음 분기의 비용에 관해 내일 관리자 회의가 있어요. 그래서 부서 예산 제안서를 기다리고 있는데요.
여 어, 제가 방금 끝냈어요. 한 부를 프린트해 드릴까요, 아니면 전산상으로 보내 드릴까요?

어휘 interrupt 방해하다 management 관리 quarter 분기 expense 비용 department 부서 budget 예산 proposal 제안서, 제안 print out 인쇄하다 electronically 전산상의, 컴퓨터로 request 요청하다 document 서류 ask for 요청하다 deadline 마감 extension 연장, 연기 inform 공지하다 make a decision 결정하다 at the moment 지금으로선

2 Why does the man say, "I'm waiting for the department budget proposal"?
(A) To request a document from the woman
(B) To ask for a deadline extension
(C) To inform the woman about a scheduling change
(D) To explain why he cannot make a decision at the moment

남자는 왜 "부서 예산 제안서를 기다리고 있는데요"라고 말하는가?
(A) 여자에게 서류를 요청하기 위해서
(B) 마감 연장을 요청하기 위해서
(C) 여자에게 일정 변경을 알리기 위해서
(D) 왜 그가 현재 결정을 내릴 수 없는지를 설명하기 위해서

해설 남자가 회의가 있는데 서류를 기다리고 있다고 말을 하자, 여자가 자기가 그 서류를 방금 끝냈다고 말한 부분에서, 문제에서 인용된 부분은 서류를 빨리 자기에게 달라는 의미로 이해될 수 있다. 따라서 정답은 (A)이다. 서류에 관한 내용이라는 것만 확인하고 (B)를 고르거나, 결정한 내용이 없는데도 explain을 보고 무작정 (D)를 고르지 않도록 주의하자.

Question 3 refers to the following conversation. 호M 미W

M I think we should hire a professional painting company to come in for the paint job of apartment B5. We should do that before we show it to potential tenants.
W We considered that before, but we thought it would be too expensive.
M Yes, but that was quite a while ago. ❸ We manage more apartments now and we don't have time to do it ourselves.

남 저는 전문 페인트 업체를 고용해서 B5 아파트 페인트 작업을 해야 한다고 생각해요. 다른 세입자가 될 사람들에게 보여주기 전에 해야만 해요.
여 우리는 전에도 그걸 한번 고려했었는데, 너무 비싸다고 생각했었잖아요.
남 네, 하지만 그것은 아주 오래 전이었어요. 우리는 이제 더 많은 아파트를 관리하고 있고 우리가 직접 할 시간이 없어요.

어휘 hire 고용하다 professional 전문적인 potential 잠재적인, 미래의 tenant 세입자 consider 고려하다 expensive 비싼 manage 관리하다 deadline 마감 procedure 절차 improve 향상 시키다, 발전시키다 decision 결정 reconsider 재검토하다

3 What does the man imply when he says, "but that was quite a while ago"?
(A) A deadline is approaching.
(B) New staff must be trained.
(C) A procedure has been improved.
(D) A decision should be reconsidered.

남자는 어떤 의미를 함축해서 "하지만 그것은 아주 오래 전이었어요"라고 말하는가?
(A) 마감이 다가오고 있다.
(B) 새로운 직원들이 훈련되어야 한다.
(C) 절차가 개선되었다.
(D) 결정이 다시 고려되어야 한다.

해설 난이도가 높은 화자의 의도 문제는 듣기 부분에서 이해해야 할 분량이 많고, 문제 부분의 어휘도 어려운 경우가 많다. 이 대화는 아파트 관리자간의 대화인 것 같다. 사람을 고용하자는 남자의 제안에 그건 이미 고려해 보지 않았냐(considered)고 여자가 말하자, 남자가 그건 오래 전 일이라고 말한다. 따라서 문제에서 인용된 남자의 대사는 '다시 한번 고려해 보자'는 의미로 이해될 수 있으므로 (D)가 정답이다.

Question 4 refers to the following conversation. 미M 미W

M The survey results showed that customers like the quality of our products, but thought the product prices are too high. Do you think we can decrease the product prices about 10 to 15 percent by the end of this quarter?
W That would require significant revisions to our pricing strategy. We need to redo the cost and profitability analysis from the first. ❹ We simply cannot take every suggestion customers make.

남 설문 결과에서 고객들이 우리 상품의 품질을 좋아하나 가격이 너무 높다고 하네요. 우리가 이번 분기 말까지 상품 가격을 10%에서 15%만큼 낮출 수 있다고 생각하나요?
여 그것은 우리 회사의 가격 정책에 상당한 변화를 필요로 하게 될 거예요. 비용과 수익성 분석을 처음부터 다시 해야 해요. 고객들이 하는 모든 제안을 다 받아드릴 수는 없어요.

어휘 survey 설문 조사 quality 품질 decrease 줄이다, 내리다 quarter 분기 require 필요로 하다 significant 상당한, 중요한 revision 수정, 개정 price 가격을 매기다, 가격 strategy 전략 redo 다시 하다 profitability 수익성 analysis 분석 simply 간단히, 단지 suggestion 제안 doubt 의심하다 implement 실행하다, 실시하다 supplier 공급업체 replace 교체하다 incorrect 틀린, 정확하지 않는 make a decision 결정하다

4 What does the woman imply when she says, "That would require significant revisions to our pricing strategy"?
(A) She doubts a change will be implemented.
(B) She thinks the suppliers should be replaced.
(C) She believes some data are incorrect.
(D) She needs more time to make a decision.

여자는 어떤 의미를 함축해서 "그것은 우리 회사의 가격 정책에 상당한 변화를 필요로 하게 될 거예요"라고 말하는가?
(A) 그녀는 변화가 실행될 것이라고 생각하지 않는다.
(B) 그녀는 공급업체가 교체되어야 한다고 생각한다.
(C) 그녀는 어떤 자료가 정확하지 않다고 믿는다.
(D) 그녀는 결정을 하기 위해서 시간이 더 필요하다.

해설 난이도가 올라갈수록 회사 생활에 관한 상식이 필요한 경우가 많다. 고객의 의견에 따라서 가격을 내릴 수 있는지 묻는 질문에, '그것은 우리 회사의 가격 정책에 상당한 변화를 필요로 하게 될 거예요'라고 말한 것은 그렇게 하는 것은 힘들 것 같다는 의미이므로 정답은 (A)이다. 참고로 doubt(회의적이다)는 어떤 가능성이 낮다고 생각할 때 쓰이는 동사이다. 이런 문제 유형은 길이가 긴 선택지를 빠르게 읽고 해석하는 독해력을 요구한다.

Step 4 실전 마스터

정답

1. (B)	2. (C)	3. (B)	4. (C)	5. (D)
6. (B)	7. (C)	8. (D)	9. (A)	10. (C)
11. (D)	12. (A)	13. (D)	14. (B)	15. (A)
16. (B)	17. (C)	18. (C)		

Questions 1-3 refer to the following conversation. 호M 미W

M Hi, Amanda! How are you?
W Hello, Mark. I'm fine. I've been meaning to talk to you. ❶ I'm saving to buy a new car and I heard you just got one.
M Yeah, I'm really excited. It's always hard for me to save up for big purchases, but ❷ this time I tried an online budgeting program.
W Did it help you a lot?
M Sure it did. ❷ I used the one called easybudget.com. If you try to save, you should check it out too.
W ❸ How much does it cost? I'm not sure about spending money to save money, you know.
M Well, you get a month free. If you like then it's only going to cost you $30 for the whole year.
W That's not bad. I'll have a look at it. Thanks, Mark.

남 안녕하세요, 아만다. 어떻게 지내요?
여 안녕하세요, 마크. 전 잘 지내요. 그동안 당신이랑 얘기를 하려고 했었어요. 제가 새 자동차를 사기 위해서 돈을 모으고 있는데 당신이 얼마 전에 차를 샀다고 들었어요.
남 네, 정말 기분이 좋아요. 가격이 높은 물건을 사기 위해서 돈을 절약한다는 것은 언제나 어려웠는데, 이번에는 온라인 예산 프로그램을 시도했어요.
여 그것이 많이 도움이 되었나요?
남 물론이죠. 저는 easybudget.com이라는 것을 사용했어요. 당신도 돈을 아끼고 싶으면 한번 가서 확인해 보세요.
여 얼마나 비용이 드는데요? 돈을 절약하기 위해서 돈을 쓴다는 것이 좀 이해가 되지 않아서요.
남 어, 한 달은 무료예요. 마음에 드시면 1년 동안에 30달러 정도밖에 들지 않아요.
여 그건 나쁘지 않네요. 한번 봐야겠어요. 고마워요, 마크.

어휘 mean 의도하다 excited 흥분한, 기분 좋은 budget 예산을 짜다, 돈을 할애하다 check out 확인해 보다, 조사하다 spend 사용하다 whole 전체의 purchase 구매하다, 구매 recommend 추천하다 apply for 신청하다, 지원하다 loan 대출 financial planner 재정 계획사, 관리인 work extra hours 야근하다, 추가 근무하다 be concerned about ~

에 관해 걱정하다 quality 질 security 보안 terms 조건 contract 계약, 계약서

1 Why does the woman want to save money?
(A) To take classes
(B) To purchase a car
(C) To start her business.
(D) To move into a new apartment

여자는 왜 저축하고 싶어 하는가?
(A) 수업을 듣기 위해서
(B) 자동차를 사기 위해서
(C) 자신의 사업을 시작하기 위해서
(D) 새로운 아파트로 이사하기 위해서

해설 여자가 저축하는 이유는 여자가 말할 확률이 높다. 여자의 첫 번째 말에서 새로운 차를 사기 위해서 돈을 모으고 있다고 했으므로 (B)가 정답이다.

2 What does the man recommend?
(A) Applying for a loan
(B) Talking to a financial planner
(C) Using an online program
(D) Working extra hours

남자는 무엇을 추천하는가?
(A) 대출을 신청하라고
(B) 재정 관리자와 이야기하라고
(C) 온라인 프로그램을 사용하라고
(D) 추가 근무를 하라고

해설 남자가 추천하는 것은 남자가 말할 확률이 높다. 남자가 자기는 온라인 프로그램을 사용했는데, 당신도 한번 해 보라고 권하는 부분에서 (C)가 정답임을 알 수 있다. 야근을 해야 하지 않을까 하는 추측에 (D)를 고르는 실수를 하지 않도록 조심하자. 상식이나 논리가 아닌, 대화 내용에 나온 내용을 근거로 정답을 골라야 한다.

3 What is the woman concerned about?
(A) The quality of a program
(B) The cost of a program
(C) The security of a Web site
(D) The term of a contract

여자는 무엇을 걱정하는가?
(A) 프로그램의 질
(B) 프로그램의 가격
(C) 웹 사이트의 보안
(D) 계약의 조건

해설 여자가 걱정하는 것도 여자가 말할 확률이 높다. 추천하는 남자의 말에 뒤이어 돈을 쓰는 것이 옳은 것인지 모르겠다는 부분에서 온라인 프로그램의 비용에 관해 걱정하고 있다는 것을 알 수 있으므로 정답은 (B)이다.

Questions 4-6 refer to the following conversation. 미W 미M

W ④ Welcome to Dunmore Technology. How may I help you?
M ⑤ I'm with Quick-pro Express Shipping and I have a package for Ms. Paula Dunmore. Is she available to sign this form?
W I can sign it for her if that's all right with you.
M Sorry, this package must be signed for by Ms. Dunmore herself.
W Well, Ms. Dunmore is in a meeting with clients right now.
M Okay, I'll stop by later then.

여 던모아 테크놀로지에 오신 것을 환영합니다. 제가 무엇을 도와 드릴까요?
남 저는 퀵프로 속달 배송에서 나왔는데요. 폴라 던모아 씨에게 소포가 있어요. 그 분이 지금 이 양식에 서명해 줄 수 있을까요?
여 괜찮으시다면 제가 그녀 대신에 서명해 드릴 수 있는데요.
남 죄송하지만, 이 소포는 던모아 씨가 직접 서명하셔야 해요.
여 음, 던모아 씨는 지금 손님들과 함께 회의 중이십니다.
남 알았어요. 그럼 제가 나중에 다시 들르도록 하죠.

어휘 shipping 배송 package 소포, 꾸러미 sign 서명하다, 표지 stop by 들르다, 방문하다 operator 교환수 receptionist 접수직원 representative 직원, 대표자 apply for 지원하다 equipment 장비 delivery 배달

4 Who most likely is the woman?
(A) A telephone operator
(B) A post office clerk
(C) An office receptionist
(D) A sales representative

여자는 누구인가?
(A) 전화 교환수
(B) 우체국 직원
(C) 사무실 접수직원
(D) 판매 사원

해설 여자가 누구인지를 물어보는 GQ로 주로 녹음 내용의 앞쪽에서 직업/장소에 대한 힌트를 준다는 것을 잊지 말고 첫 문장을 듣고 정답을 고를 수 있도록 훈련하자. 첫 문장에서 여자는 회사에서 오는 방문객(visitor)을 접대하고 전화 받는 일을 전문적으로 하는 접수직원(receptionist)라는 것을 알 수 있어야 한다. 전체적으로 물건 배달에 관한 내용이 있지만 여자는 주제인 배달과 상관없이 접수 데스크에서 일하는 직원이다.

5 Why is the man visiting the office?
(A) To attend a meeting
(B) To apply for a job
(C) To repair some equipment
(D) To make a delivery

남자는 왜 사무실을 방문하는가?
(A) 회의에 참석하기 위해서
(B) 직장에 지원하기 위해서
(C) 장비를 수리하기 위해서
(D) 배달을 하기 위해서

해설 남자가 방문하는 이유는 남자가 말할 확률이 높다. 남자가 자기는 배송 회사에서 일하는데 소포를 가지고 왔다고 말한 부분에서 정답이 (D)임을 알 수 있다.

6 What does the woman imply when she says, "Ms. Dunmore is in a meeting with clients right now"?
(A) Ms. Dunmore has an important document.
(B) Ms. Dunmore is not available.
(C) A meeting room cannot be used.
(D) The meeting is taking longer than usual.

여자가 "던모아 씨는 지금 손님들과 함께 회의 중이십니다"라고 말한 의미는 무엇인가?
(A) 던모아 씨가 중요한 서류를 가지고 있다.
(B) 던모아 씨는 지금 만날 수 없다.
(C) 회의실을 사용할 수 없다.
(D) 회의가 평소보다 길어지고 있다.

해설 화자 의도는 문제는 따옴표 안의 표현의 문맥상의 의미를 이해할 수 있어야 한다. 택배원이 사람을 찾자, "그 분은 지금 회의에 참석하는 중입니다"라고 말한 것은 지금 바빠서 택배를 받을 수 없다는 의미로 이해될 수 있다. 따라서 정답은 (B)이다. meeting만 보고 (C)나 (D)를 고르지 않도록 주의하자.

Questions 7-9 refer to the following conversation with three speakers. 미W 영W 호M

W1 Thanks for interviewing on short notice, Mr. Shin. ❼ I'm Vicky Mendoza, Head of Human Resources at Channel 5.
W2 And I'm Michelle Lawrence. ❼ I produce the weekday sports program.
M Nice to meet you both.
W2 We've looked at your résumé, and you seem to be well qualified for the camera operator position. But ❽ we're curious about your availability since our film crews often go out on assignments with little warning.
M I understand that the job requires that I should be available on short notice. That's no problem.
W1 Great. So, ❾ why don't we have a look at some of your works? You said you brought a video. Can you show us?
M ❾ Sure, the file is right here on my laptop.

여1 갑자기 연락을 드렸는데 면접에 동의해 주셔서 감사합니다. 신 씨. 저는 채널 5의 인사부장인 비키 멘도자입니다.
여2 그리고 저는 미쉘 로렌스예요. 저는 주중 스포츠 프로그램을 제작하고 있어요.
남 두 분 다 만나 뵙게 되어서 기쁩니다.
여2 우리가 당신의 이력서를 보았는데, 카메라 조작자 자리에 정말 자격이 충분하신 것 같아요. 하지만 우리 촬영팀은 미리 사전 통보 없이 업무를 하기 위해서 외근하는 경우가 꽤 있는데 그럴 때 당신이 시간을 낼 수 있을지가 궁금하네요.
남 이 직업이 미리 사전 통보 없이 시간을 내야 할 경우가 있다는 것은 잘 알고 있습니다. 그건 문제가 되지 않습니다.
여1 잘됐네요. 그럼 당신의 작업한 것을 같이 보도록 할까요? 비디오를 가지고 오셨다고 하셨죠? 우리에게 좀 보여주시겠어요?
남 물론이죠. 파일은 제 노트북에 있습니다.

어휘 on short notice 갑작스럽게 human resources 인사, 인사부 produce 제작하다, 생산하다 résumé 이력서 qualified 자격이 되는 operator 조작하는 사람, 전화 교환수 position 자리, 직책 curious 궁금한 availability 이용 가능성, 사용 가능성 crew 직원 assignment 과제, 일 warning 경고 work 일, 작품 interviewer 면접관 electronics 전자제품 station 방송국 safety gear 안전 장비 own 소유하다 proper 적합한 management 관리 experience 경력 flexible 융통성이 있는 reference 추천, 참조 tour 견학하다, 견학 facility 시설 sign 서명하다

7 Where do the interviewers most likely work?
(A) At a factory
(B) At an electronics store
(C) At a TV station
(D) At a movie theater

면접관들은 어디에서 일하고 있겠는가?
(A) 공장
(B) 전자제품 가게
(C) 텔레비전 방송국
(D) 극장

해설 면접관들이 일하는 장소를 물어보는 GQ로 초반에 힌트가 등장한다. 문제에서 복수의 사람(interviewers)이 나왔으므로 3인 대화임을 추측해 볼 수 있다. 하지만 3인 대화라고 해서 너무 당황할 필요는 없다. GQ는 초반에, SQ는 문제에서 원하는 특정 부분에서 나오기 때문이다. 여자의 첫 번째 말에서 자신은 채널 5의 인사부 부장이라는 내용, 또 두 번째 여자가 스포츠 프로그램을 제작한다고 말한 부분에서 면접관들은 방송국에서 근무한다는 것을 알 수 있다.

8 What requirement do the speakers discuss?
(A) Wearing safety gear
(B) Owning proper equipment
(C) Having management experience
(D) Having a flexible schedule

화자들은 어떤 자격 요건에 관해 이야기하고 있는가?
(A) 안전 장비를 착용하는 것
(B) 적합한 장비를 소유하는 것
(C) 관리자 경력을 가지고 있는 것
(D) 유연한 일정을 가지고 있는 것

해설 두 번째 여자가 사전 통보 없이 외근하러 나갈 수 있는 시간이 있는지 궁금하다고 했으므로 정답은 (D)이다. 참고로 면접 상황에서 자주 등장하는 어휘 중 하나는 requirements/qualifications(자격 요건)이다.

9 What does the man agree to do next?
(A) Show a video
(B) Provide references
(C) Tour a facility
(D) Sign an employment contract

남자는 다음에 무엇을 하기로 동의하는가?
(A) 비디오를 보여준다.
(B) 추천서를 제공한다.
(C) 시설을 견학한다.
(D) 직원 계약서에 서명한다.

해설 남자가 동의하는 내용은 결국은 여자 중 한 명이 물어보고 남자가 긍정적으로 대답하는 부분이 될 거라는 것을 추측할 수 있다. 여자 한 명이 비디오 작업물을 보여 달라고 말하자 남자는 '물론입니다(Sure)'라고 대답하고 있으므로 정답은 (A)이다.

Questions 10-12 refer to the following conversation. 미M 미W

M Diana, ❿ I'm ready to add the changes to the employee directory on our company Web site. Could you check it over for mistakes before I upload them?
W Hmm. It looks okay so far. But... oh, wait. There's a problem here. ⓫ You've misspelled the name of the president. Actually, his name should only have one L at the end.
M Oh, I can't believe I didn't see that earlier. Thank you for catching it. It would have been disastrous.
W It's easy to miss. The important thing is that we have the correct information for visitors to our Web site.

남 다이애나, 제가 우리 회사 웹 사이트의 직업 주소록에 변동 사항을 올릴 준비가 되었는데요. 제가 올리기 전에 뭔가 잘못된 것이 있는지 한번 봐 주시겠어요?
여 음. 지금까지는 괜찮은 것 같은데요. 그런데, 잠깐만요. 여기에 문제가 있네요. 회장님 성함의 철자가 틀렸어요. 그의 이름은 마지막에 L이 한 개예요.
남 이런. 이걸 미리 알아차리지 못하다니 믿을 수가 없어요. 찾아 주셔서 감사해요. 큰일날 뻔 했어요.
여 이런 것은 놓치기 쉬워요. 중요한 것은 우리 웹 사이트 방문객들을 위해서 정확한 정보를 갖추는 거죠.

어휘 directory 목록, 주소록 misspell 철자를 잘못 쓰다 at the end 마지막에 disastrous 피해가 막심한, 재난의 visitor 방문객 present 발표하다 brochure 브로슈어, 안내 책자 update 새로 바꾸다 stationery 문구류 notice 눈치채다, 알아내다 identification badge 신분증 spell 철자를 쓰다 incorrectly 틀리게 express 나타내다 understanding 이해, 공감 clarify 확실하게 하다, 명백히 하다 job description 직무 설명 warm 경고하다

10 What are the speakers mainly talking about?
(A) Presenting at a conference
(B) Creating product brochures
(C) Updating a company Web site
(D) Ordering some stationery

화자들은 주로 무엇에 관해 이야기하고 있는가?
(A) 회의에서 발표하는 것
(B) 상품 책자를 만드는 것
(C) 회사 웹 사이트를 업데이트하는 것
(D) 문구류를 주문하는 것

해설 주제를 물어보는 GQ로 주로 초반에 가장 큰 힌트가 등장한다. 첫 번째 남자의 말에서 웹 사이트에 직원 연락처를 올리려고 하는데 봐달라는 부분을 듣고 웹 사이트의 정보를 업데이트하는 것에 관한 대화임을 알 수 있다. 따라서 정답은 (C)이다.

11 What problem does the woman notice?
(A) A deadline has been missed.
(B) An identification badge is not working.
(C) A phone number is missing.
(D) A name is spelled incorrectly.

여자는 어떤 문제점을 알아차렸는가?
(A) 마감을 놓쳤다.
(B) 신분증이 작동이 되지 않는다.
(C) 전화번호가 빠졌다.
(D) 이름의 철자가 틀렸다.

해설 여자가 알아차린 부분은 여자가 말할 확률이 높다. 여자는 회장 이름의 철자가 틀렸다고 틀린 것을 지적하고 있으므로 정답은 (D)이다.

12 Why does the woman say, "It's easy to miss"?
(A) To express her understanding
(B) To clarify the job description
(C) To explain a procedure
(D) To warn about the delay

여자는 왜 "놓치기 쉽다"라고 말하는가?
(A) 그녀가 이해한다는 것을 나타내기 위해서
(B) 직무 내용 설명을 확실하게 하기 위해서
(C) 절차를 설명하기 위해서
(D) 지연에 관해 경고하기 위해서

해설 화자 의도 문제는 주어진 따옴표 안의 내용의 문맥상의 뜻을 이해하기 위해서 그 문장의 바로 앞뒤의 의미를 파악해야 한다. 남자가 본인의 실수를 가리켜 "믿을 수 없다"고 말하자 여자가 "놓치기 쉬운 일이다"라고 말한 것은 그런 실수는 할 수 있다는 의미로, 위로의 목적으로 말한 것이다. 선택지 중 가장 적절한 것은 남자의 실수는 이해할 수 있는 것이라고 한 (A)이다.

Questions 13-15 refer to the following conversation and chart.
(호M) (미W)

Tea Type	Time in Hot Water
Green	⓯ 2 minutes
Peppermint	3 minutes
Black	4 minutes
Herbal	6 minutes

M Hi, I've never been to your store before. Can you recommend something for me?
W Sure, what kind of tea do you usually drink?
M I've only had black tea. ⓭⓯ But I've read an article about the health benefits of green tea, and I'd like to try some.
W Green tea is healthy. We have several kinds, but I'd recommend a simple one to begin with. We're actually having a promotion on our basic green tea. ⓮ If you buy some, you'll get a free ceramic teapot.
M That's great. I'd like to buy some. Is it prepared the same way as black tea?
W It doesn't have to stay as long in hot water. Here's a guide for you. This will help you.

차 종류	뜨거운 물에 우려내는 시간
녹차	2분
페퍼민트차	3분
홍차	4분
허브티	6분

남 안녕하세요. 저는 당신 가게가 처음인데요. 저를 위해서 무언가 추천해 주시겠어요?
여 물론이죠. 보통 어떤 종류의 차를 드시나요?
남 저는 홍차만 마셨어요. 그런데 제가 녹차의 건강 혜택에 관한 기사를 읽고 한번 마셔 보고 싶어서요.
여 녹차는 정말 건강하답니다. 저희도 몇 종류가 있지만 일단 시작하는 것은 단순한 것을 권해 드리고 싶네요. 저희는 마침 기본 녹차 판촉 행사를 하고 있답니다. 구매하시면 도자기로 만든 차 주전자를 받으실 거예요.
남 잘됐네요. 그럼 좀 주세요. 홍차랑 같은 방법으로 준비하면 되나요?
여 뜨거운 물에 홍차만큼 오래 담글 필요는 없어요. 여기 손님을 위한 안내 책자가 있어요. 이게 도움이 될 거예요.

어휘 recommend 추천하다 article 기사 benefit 혜택, 장점 healthy 건강한 ceramic 도자기의 flavor 맛, 향 popular 인기 있는 these days 최근에 extra 추가의 gift certificate 상품권 validation 승인, 허가

13 Why does the man want to try a new tea?
(A) It has better flavor.
(B) It is getting popular these days.
(C) It is the only kind sold in this store.
(D) It has health benefits.

남자는 왜 새로운 차를 시도하고 싶어 하는가?
(A) 맛이 더 좋다.
(B) 요새 인기가 많다.
(C) 이 가게에서는 그것밖에 팔지 않는다.
(D) 건강상 장점이 있다.

해설 남자가 새로운 차를 시도하는 이유는 남자가 말할 확률이 높다. 남자의 두 번째 대사에서 녹차가 건강에 좋다는 기사를 읽고 한번 시도해 보고 싶었다는 내용으로부터 정답이 (D)임을 알 수 있다.

14 What will the man receive with his purchase?
(A) An extra tea sample
(B) A free tea pot
(C) A gift certificate
(D) A parking validation

남자는 구매품과 함께 무엇을 받을 것인가?
(A) 추가 차 샘플
(B) 무료 차 주전자
(C) 상품권
(D) 주차 확인

해설 남자가 받을 사은품은 직원인 여자가 말할 확률이 높다. 여자가 녹차 행사를 하는데, 녹차를 구입하면 도자기 차 주전자를 받을 수 있다고 말하고 있으므로 정답은 (B)이다.

15 Look at the graphic. How long should the man leave the tea in hot water?
(A) 2 minutes
(B) 3 minutes
(C) 4 minutes
(D) 6 minutes

표를 보시오. 남자는 차를 뜨거운 물에 얼마 동안 두어야 하는가?
(A) 2분
(B) 3분
(C) 4분
(D) 5분

해설 표/시각 자료 문제는 비록 표가 맨 앞에 등장하지만 해당하는 문제를 풀 때에만 참고해야 한다. 선택지에서 시간이 나온 것으로 보아, 차의 종류가 언급될 것임을 추측할 수 있다. 홍차와 녹차가 언급되는데, 남자가 마시고 싶어 하는 것은 녹차이므로, 녹차를 우려내는 시간을 표를 통해서 골라내야 한다. 따라서 정답은 (A)이다.

Questions 16-18 refer to the following conversation and map.
미W 미M

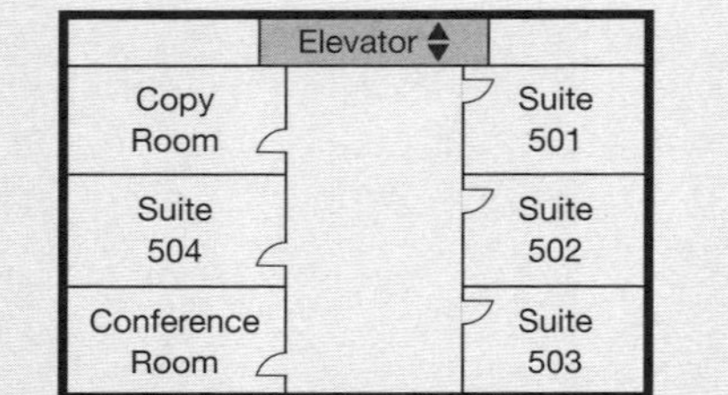

W Hi, there. I'm here to see Mr. Campbell in the IT department for an important meeting.

M OK, please fill in the sign-in sheet and ⑯ I'll give you a visitor's ID badge, which you should wear while on the premises.

W Sure. Also, ⑰ would you mind directing me to Mr. Campbell's office? I forgot to ask where his office is when I scheduled the meeting.

M He's on the 5th floor. ⑱ Go straight following the corridor after you get off the elevator and you should see the sign for his office. It's right across from the main conference room. You should have no trouble finding it.

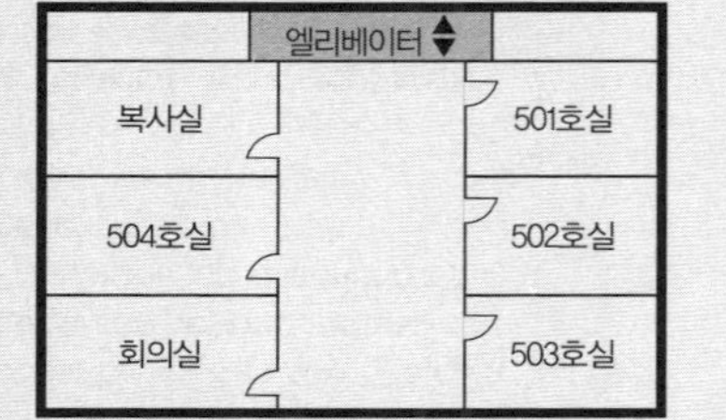

여 안녕하세요. 중요한 회의가 있어서 IT 부서의 캠프벨 씨를 만나러 왔습니다.

남 물론입니다. 신청서를 작성하시면 구내에서 착용하셔야 하는 방문객용 신분증을 드리겠습니다.

여 알겠습니다. 그리고 캠프벨 씨의 사무실로 안내 좀 부탁 드려도 될까요? 회의 일정을 잡을 때 사무실 위치를 물어보지 못했습니다.

남 그분은 5층에 계십니다. 엘리베이터에서 내려서 복도를 따라서 곧장 가시면 그분 사무실의 표지판이 보일 것입니다. 주 회의실 바로 건너편입니다. 찾는 데 별 문제 없을 겁니다.

어휘 sign-in sheet 신청서 premises 건물, 구내 direct 알려주다, 방향을 잡다 schedule 일정을 잡다 straight 똑바로 corridor 복도, 통로 get off 내리다 sign 표지, 표시 copy room 복사실 suite 방, 특실 entrance 출입구 at a later time 나중에 request 요청하다 signature 사인 delivery 배달 appointment 약속 directions 길안내, 지시 advice 조언

16 What does the man ask the woman to do?
(A) Use a different entrance
(B) Wear an ID badge
(C) Turn off her cell phone
(D) Come back at a later time

남자는 여자에게 무엇을 할 것을 요청하는가?
(A) 다른 출입구를 이용해 줄 것
(B) 신분증을 착용해 줄 것
(C) 휴대폰을 꺼줄 것
(D) 나중에 방문할 것

해설 남자가 여자에게 해 달라고 요청하는 것은 남자가 말한다. 남자의 첫 번째 말에서 신청서를 작성하면 방문객 신분증을 주는데, 이것은 부지에 있는 동안 착용해야 한다고 말하고 있으므로 정답은 (B)이다.

17 What does the woman request?
(A) A signature for a delivery
(B) A different appointment time
(C) Directions to an office
(D) Advice about parking

여자는 무엇을 요청하고 있는가?
(A) 배달을 위한 서명
(B) 다른 약속 시간
(C) 사무실로 가는 방법
(D) 주차를 위한 조언

해설 여자가 요청하는 것을 물어보는 문제도 여자가 말한다. 여자의 두 번째 대사에서 회의 일정을 잡을 때 캠프벨 씨의 사무실 위치를 묻지 못했다면서 사무실 안내를 부탁하고 있다. 따라서 정답은 (C)이다.

18 Look at the graphic. Which office does the woman need to visit?
(A) Suite 501
(B) Suite 502
(C) Suite 503
(D) Suite 504

표를 보시오. 여자는 어느 사무실을 방문해야 하는가?
(A) 501호실
(B) 502호실
(C) 503호실
(D) 504호실

해설 표/그림 관련 문제는 문제를 미리 읽을 때에 표도 같이 훑어보고 어떤 부분이 문제로 나올지 예측하는 것이 필요하다. 문제는 여자가 방문할 사무실의 위치를 묻고 있는데, 평면도에서 elevator, copy room, conference room 등의 위치를 확인한 뒤, 내용을 듣도록 하자. 여자가 방문할 캠프벨 씨의 사무실은 엘리베이터에서 내려서 똑바로 가면 회의실 건너편에 보이는 방이라고 했으므로 정답은 (C) 503호실이다.

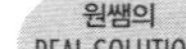

표/시각 자료 문제는 "정확히 문제 읽기"가 빛을 발할 수 있는 유형이다. 표가 맨 앞에 있다고 해서 세 문제 모두 표와 관련된 것은 아니다. 미리 문제를 읽고 "Look at the graphic"으로 시작하는 문제가 표를 참고해야 하는 문제임을 파악하자.

표/시각 자료 문제를 풀 때
① 문제를 읽고 Key Word 파악한다.
② 각 선택지에 해당하는 정보가 표에 있는지 찾아 보고, 어떤 부분을 들어야 정답을 고를지 예상하면서 들으면 결국은 4개 중 들리는 선택지가 있다.
③ 녹음 내용과 일치하는 선택지를 고르면 끝이다.

Step 2 눈과 귀를 매칭시키는 Practice P80

정답 1. (B) 2. (A) 3. (B) 4. (B)

1 Who most likely is the man?
(A) An auto mechanic **(B) A computer technician**
남자는 누구인가?
(A) 자동차 수리공 **(B) 컴퓨터 기술자**

Question 1 refers to the following conversation. 미W 호M

W Hi, I'm calling to get some assistance with my laptop. If I use it for more than an hour, the body of the machine gets really hot.
M Hmm... Sounds like you have a problem with your battery. Is it plugged in all the time?

여 안녕하세요. 제가 노트북 컴퓨터를 사용하는 데 도움이 필요해서 전화드려요. 1시간 이상을 사용하면, 기계 본체가 정말 뜨거워져요.
남 음... 배터리에 문제가 있는 것 같아요. 항상 전원에 꽂아 두시나요?

2 What are the speakers discussing?
(A) A doctor's prescription (B) A product price
화자들은 무엇에 관해 이야기하고 있는가?
(A) 의사의 처방 (B) 상품 가격

Question 2 refers to the following conversation. 미W 미M

W Hi, my doctor sent a prescription for some medicine to this pharmacy about an hour ago, and I was hoping the order might be ready for me to pick up.
M I'll just check on that for you. Can I have your name please?

여 안녕하세요. 제 의사가 한 시간 정도 전에 이 약국으로 약의 처방전을 보냈는데요. 제가 찾을 수 있게 준비가 되기를 바라고 있는데요.
남 제가 당신을 위해서 확인해 보도록 하죠. 성함이 어떻게 되시죠?

3 According to the man, what service is available?
(A) Free installation **(B) Home delivery**
남자에 의하면, 어떤 서비스를 이용할 수 있는가?
(A) 무료 설치 **(B) 자택 배달**

Question 3 refers to the following conversation. 미W 호M

W I'd like to buy these pots and pans, but I came here by bus so I won't be able to carry them home.
M That's no problem. We can ship them to your house free of charge if you want.

여 제가 이 냄비와 팬을 사고 싶은데요. 오늘 버스를 타고 와서 집으로 가지고 갈 수가 없네요.
남 전혀 문제가 없습니다. 저희는 원하시면 무료로 손님의 집까지 배송해 드릴 수 있습니다.

4 What does the woman want to do?
(A) Return to the warehouse
(B) Exchange of a product
여자는 무엇을 하고 싶어 하는가?
(A) 창고로 돌아가는 것
(B) 상품을 교환하는 것

Question 4 refers to the following conversation. 미M 미W

M There's a setting that allows you to save power. That way, your battery can last longer.
W Yes, I know the power saving setting. But it still isn't long enough. I'd like to return this phone, and get a different model with a longer battery hour.

남 전원을 절약할 수 있는 세팅이 있어요. 그렇게 하시면 배터리가 좀 더 오래 지속되죠.
여 네, 저도 전력 절약 모드가 있는 것을 알아요. 하지만 여전히 충분히 길지 않아요. 저는 이 전화기를 반품하고 배터리 시간이 좀 더 긴 다른 모델로 사고 싶네요.

Step 3 기초 마스터 P81

정답
1. (A) 2. (B) 3. (B) 4. (B) 5. (B)
6. (A) 7. (A) 8. (B) 9. (A) 10. (B)
11. (A) 12. (B)

Questions 1-3 refer to the following conversation. 미W 미M

W Hello, ❶ I bought a mobile phone from this store recently, but I am having a problem with it. When I receive or make a call, the screen goes blank. It doesn't show anything.
M I'm sorry to hear that, ma'am. If you bought the phone within the past six months, the cost of any necessary repairs or replacements will be covered by your warranty. ❷ Do you have your sales receipt with you?
W Yes, I have the receipt right here.
M Okay, great. Then, ❸ why don't you speak to one of our technicians at the service counter in the back of the store? They'll be happy to help you.

여 안녕하세요. 제가 최근에 이 가게에서 휴대폰을 샀는데, 문제가 좀 있어요. 전화를 받거나 걸 때 화면이 꺼져요. 아무것도 나타나지 않아요.
남 죄송합니다, 손님. 구매한 지 6개월 이내의 제품이라면, 필요한 수리나 교체 비용은 보증서로 해결됩니다. 영수증을 갖고 계신가요?
여 네, 여기 있어요.
남 좋습니다. 그러면 가게 뒤쪽 서비스 데스크에 있는 기술자와 말씀 나눠 보세요. 기꺼이 도와 드릴 겁니다.

어휘 recently 최근에 blank 빈 replacement 교체 cover 부담하다, 책임지다 warranty 품질 보증서 sales receipt 영수증 technician 기술자 defective 불량의, 결함 있는 expired 만료된 manual 사용 설명서 get a refund 환불받다

1 What is the conversation mainly about?
(A) A defective product
(B) An expired warranty
무엇에 대한 대화인가?
(A) 결함이 있는 상품
(B) 만기가 지난 보증서

해설 주제를 물어보는 GQ로 초반에 주어지는 힌트를 패러프레이징해야 하는 경우가 대부분이다. 첫 번째 여자의 말에서 최근에 전화기를 샀는데 문제가 있다고 했으므로 정답은 (A)이다. 후반부에 나오는 보증서(warranty)는 주제가 아니고 하자 있는 상품의 대한 수리에 관한 내용이다. 잘 들리는 어휘가 아닌 초반에 나온 힌트를 듣는 데 집중하자.

2 What does the man ask the woman to give?
(A) A manual
(B) A sales receipt
남자는 여자에게 무엇을 주라고 요청하는가?
(A) 사용 설명서
(B) 판매 영수증

해설 남자가 여자에게 요청하는 것은 남자가 말한다. 첫 번째 남자의 말에서 영수증이 있는지 묻고 있으므로 정답은 (B)이다.

3 What does the man suggest the woman do?
(A) Get a refund
(B) Speak to a technician
남자가 여자에게 제안하는 것은 무엇인가?
(A) 환불을 받는 것
(B) 기술자와 이야기하는 것

해설 남자가 제안하는 것도 남자가 말한다. 남자의 마지막 말에서 서비스 데스크에 가서 기술자와 이야기를 하라고 권유하고 있으므로 정답은 (B)이다. 상품에 결함이 있으면 환불받아야 한다는 선입견을 가지고 풀기보다 내용에 나온 부분에 근거해서 정답을 골라야 한다.

Questions 4-6 refer to the following conversation. 호M 미W

M Hi, Ms. Yoshida. Thank you for stopping by my office. ❹ Here is your copy of the rental contract for your new apartment. You can move in next Tuesday.
W OK, thanks. I think this apartment is perfect for me. ❺ It's much closer to the bank I work at than my old apartment. I can probably walk to work if I want.
M Well, I'm glad you have something you like. As you know, the current residents are moving out on Sunday afternoon. ❻ You're welcome to pick up the keys anytime on Monday.
W Great. I'll leave work a little earlier that day so I can get the keys. And I'll start moving in on Tuesday morning.

남 안녕하세요, 요시다 씨. 제 사무실에 들러 주셔서 감사합니다. 여기 당신의 새 아파트의 임대 계약서 사본이에요. 다음 주 화요일에 이사 오실 수 있어요.
여 네, 고마워요. 이 아파트는 저한테 딱 맞는 것 같아요. 제가 근무하는 은행까지 이전 아파트보다 훨씬 가까워요. 원한다면 걸어서 출근할 수도 있을 거예요.
남 좋은 점이 있으시다니 저도 기쁘네요. 아시다시피, 지금 세입자들은 일요일 오후에 이사를 가요. 월요일 아무 때나 열쇠를 찾으러 오시면 돼요.
여 잘됐네요. 그날은 직장에서 좀 일찍 출발해서 열쇠를 가져갈게요. 그리고 화요일 오전에 이사를 시작할게요.

어휘 stop by 잠시 들르다 rental contract 임대 계약 current 현재의 resident 거주자 pick up 가지러 가다, 찾으러 가다 tenant 세입자 realtor 부동산업자 rental fee 임대료 location 위치

4 Who most likely is the man?
(A) A tenant
(B) A realtor
남자의 직업은 무엇인가?
(A) 세입자
(B) 부동산업자

해설 남자의 직업이나 정체성을 물어보는 GQ로 초반에 정답의 힌트가 등장한다. 첫 문장에서 남자가 여자에게 임대 계약서를 주면서 이사 일정에 관해 이야기하고 있으므로 남자는 부동산업자라는 것을 알 수 있다. 여자는 새로 이사 올 세입자로 볼 수 있다.

5 What does the woman say she likes about the apartment?
(A) The rental fee
(B) The location
여자는 아파트에 관해 무엇이 마음에 든다고 하는가?
(A) 임대료
(B) 위치

해설 여자가 마음에 드는데 그 이유로 직장에서 더 가까워졌다고 하고 걸어갈 수도 있다고 했으므로 (B)가 정답이다.

6 What will the woman do on Monday?
(A) Pick up some keys
(B) Move to a new home
여자는 월요일에 무엇을 할 것인가?
(A) 열쇠 찾으러 가기
(B) 새 집으로 이사하기

해설 여자가 월요일이라는 시점에 할 일을 정확하게 골라내는 것이 중요하다. 주제는 이사를 가는 것이지만 남자의 두 번째 말에서 월요일에 열쇠를 찾으러 오라고 했으므로 정답은 (A)이다.

Questions 7-9 refer to the following conversation. 미W 미M

W Hello, ❼ I am calling to buy tickets for City Symphony's concert on Saturday. Could I buy them over the phone with a credit card?
M I'm sorry, but we don't sell tickets over the phone because ❽ we only accept cash payments. But if you want to use your credit card, you can use the theater's official Web site.
W Oh, really? Do you know the Web site address?
M It's www.citysymphony.com. But don't forget. ❾ You need to buy your tickets at least two days in advance if you want to use the system.

여 안녕하세요, 토요일에 열리는 시립 교향악단 콘서트 표를 사고 싶어서 전화했는데요. 전화상으로 신용 카드로 살 수 있나요?
남 죄송하지만 저희는 현금만 받기 때문에 전화로는 표를 팔지 않습니다. 신용 카드를 사용하고 싶으시면 극장의 공식 웹 사이트를 이용하시면 됩니다.
여 그래요? 웹 사이트의 주소를 아시나요?
남 www.citysymphony.com입니다. 그런데 잊지 마세요. 온라인 시스템을 이용하시려면 적어도 이틀 전에 표를 구매하셔야 해요.

어휘 cash payment 현금 지불 official 공식적인 at least 적어도 in advance 미리 bank account 계좌, 구좌 sold out 다 팔린, 매진된 accept 받다 suggest 제안하다 beforehand 사전에, 미리 receipt 영수증

7 What does the woman want to do?
(A) Buy some tickets
(B) Open a bank account
여자는 무엇을 하기를 원하는가?
(A) 표를 사는 것
(B) 은행 구좌를 개설하는 것

해설 여자가 원하는 것은 여자가 말할 확률이 높다. 여자가 첫 문장에서 콘서트 표를 사려고 전화했다고 말했으므로 정답은 (A)이다.

8 Why does the man say he cannot help the woman?
(A) The tickets are sold out.
(B) He can accept only cash.
남자가 여자를 도울 수 없다고 말한 이유는 무엇인가?
(A) 표가 매진되었다.
(B) 남자는 현금만 받을 수 있다.

해설 남자가 여자가 도울 수 없는 이유는 남자가 말할 확률이 높다. 신용 카드로 표를 사고 싶다는 여자의 말에 남자는 현금만 받기 때문에 팔 수 없다고 했으므로 정답은 (B)이다.

9 What does the man suggest the woman do?
(A) Purchase the tickets beforehand
(B) Keep the receipt with her
남자가 여자에게 제안하는 것은 무엇인가?
(A) 표를 미리 사라고
(B) 영수증을 보관하라고

해설 남자가 여자에게 제안하는 것은 녹음 내용에서 남자 목소리가 말할 확률이 높다. 남자가 온라인에서 살 때는 미리 사야 한다고 했으므로 정답은 (A)이다. 대화에서 buy your tickets at least two days in advance가 선택지에서 purchase the tickets beforehand로 패러프레이징되었다.

Questions 10-12 refer to the following conversation. 미W 호M

W Hi, ⑩ I recently withdrew from a writing course at the Middleton Community Center due to a scheduling conflict. I was told I would get a refund for my registration fees within a week. But it's been two weeks and I still haven't received it.
M I apologize for the delay. ⑪ We had some problems with our computer system recently and several refunds weren't processed on time. Can I have your name, please?
W My name is Lana Anderson. Do you know when I might receive the refund?
M Let me check. The records show that your refund was processed today and should arrive by the end of the week. ⑫ You can track the status of your refund online at www.middletoncc.co.org.

여 안녕하세요. 제가 최근에 일정이 겹쳐서 미들튼 지역 센터의 작문 수업을 취소했는데요. 제 등록비가 1주일 이내에 환불될 거라고 말을 들었는데, 2주나 되었는데 아직 받지를 못했어요.
남 지연된 것에 대해서 사과드립니다. 저희가 최근에 컴퓨터 시스템에 문제가 있어서 몇몇의 환불 건이 제때 처리가 되지 못했어요. 제가 성함을 여쭤봐도 될까요?
여 제 이름은 라나 앤더슨입니다. 언제쯤 환불을 받을지 알 수 있을까요?
남 제가 확인해 보도록 하죠. 기록에 의하면 환불이 오늘 처리 되었으니 이번 주 안으로 도착할 것입니다. 환불 상태는 www.middletoncc.co.org에서 확인하실 수 있습니다.

어휘 withdraw 취소하다, 포기하다 conflict 충돌, 분쟁 refund 환불 registration fee 등록비 apologize 사과하다 delay 지연, 지연시키다 process 처리하다 track 추적하다 status 상태 enrollment 등록 cause 야기시키다 malfunction 오작동하다, 고장 나다 form 양식 complete 완성시키다 register 등록하다

10 What did the woman recently do?
(A) Taught a writing class
(B) Cancelled the enrollment in a class
여자는 최근에 무엇을 했는가?
(A) 작문 수업을 가르쳤다.
(B) 수업의 등록을 취소했다.

해설 여자가 최근에 무엇을 했는지는 여자가 초반에 말할 확률이 높다. 초반에 여자가 최근에 수업을 취소했다고 했으므로 등록을 취소했다고 한 (B)가 정답이다. 난이도가 높아질수록 선택지는 표현을 그대로 옮기지 않고 다른 표현으로 바꿔서 제시되는 경우가 많으므로 어휘 학습을 계속해야 한다.

11 What caused the delay?
(A) A computer system malfunctioned.
(B) A form was not completed.
무엇이 지연을 일으켰는가?
(A) 컴퓨터 시스템에 오류가 있다.
(B) 양식이 작성되지 않았다.

해설 delay(지연)가 이 문제의 Key Word라는 것을 파악하고 대화를 잘 듣고 정답을 찾아내자. 환불이 지연된 것은 최근에 컴퓨터 시스템에 문제가 있기 때문이므로 정답은 malfunction(오작동)이 쓰인 (A)이다.

12 What does the man suggest?
(A) Registering for another class
(B) Checking the Web site for its status
남자는 무엇을 제안하는가?
(A) 다른 수업을 등록하라고
(B) 상태를 보려고 웹 사이트를 확인하라고

해설 남자가 제안하는 것은 남자가 말할 확률이 100%이다. 남자의 마지막 문장에서 환불 상태를 온라인에서 추적할 수 있다고 했으므로 정답은 (B)이다. 토익에서 세 문제가 나올 때 마지막 문제가 가장 쉬운 경우가 있기 때문에 뒤의 문제 3개를 미리 파악한 뒤 맞힐 수 있는 문제는 다 맞히는 훈련을 하도록 하자.

Step 4 실전 마스터 P82

정답				
1. (C)	2. (B)	3. (B)	4. (A)	5. (D)
6. (D)	7. (A)	8. (B)	9. (D)	10. (C)
11. (D)	12. (C)	13. (B)	14. (D)	15. (C)
16. (B)	17. (A)	18. (B)		

Questions 1-3 refer to the following conversation. 호M 미W

M Good morning, ma'am. ❶ Where would you like to go?
W Good morning. ❶❷ Could you drive me to the McDowell Conference Center downtown? It's near the Harborpoint Mansion on Kensington Avenue. I believe it's not that far from here.
M McDowell Conference Center? No, it's not that far, but since it's rush hour, the traffic will be bad. ❸ I'm afraid it will probably take an extra 15 to 20 minutes to drive there.
W That's okay. My meeting doesn't start until 9. I should have plenty of time.

남 안녕하세요. 손님. 어디로 가시고 싶으세요?
여 안녕하세요. 시내에 있는 맥도웰 컨퍼런스 센터로 가 주시겠어요? 켄싱톤 가에 있는 하버포인트 맨션 근처예요. 여기서 멀지 않은 것으로 알고 있어요.
남 맥도웰 컨퍼런스 센터요? 멀지는 않지만, 지금은 교통 체증이 심할 시간이라 많이 막힐 거예요. 거기까지 운전해 가려면 15분에서 20분은 추가로 더 걸릴 것 같아요.
여 괜찮아요. 회의가 9시나 되어야 시작하거든요. 시간은 충분해요.

어휘 not ~ until ~가 돼야 ~하다 conductor 기차 차장 travel agent 여행사 직원 fare 요금 recently 최근에 increase 올리다, 올라가다 take (시간이) 걸리다 flight 비행, 비행기

1 Who most likely is the man?
(A) A train conductor
(B) A hotel employee
(C) A taxi driver
(D) A travel agent
남자는 누구인가?
(A) 기차 차장
(B) 호텔 직원
(C) 택시 운전사
(D) 여행사 직원

해설 어떤 사람의 직업이나 정체성을 물어보는 GQ로 초반에 간접적인 힌트가 등장한다. 남자의 첫 문장에서 어디로 가고 싶은지 묻자 여자가 목적지를 말해 주고 있으므로, 남자는 (C) 택시 운전사가 적절하다.

2 Where does the woman want to go?
(A) To a restaurant
(B) To a conference center
(C) To a train station
(D) To a science museum

여자가 가려는 곳은 어디인가?
(A) 식당
(B) 컨퍼런스 센터
(C) 기차역
(D) 과학박물관

해설 여자가 가고 싶은 장소는 여자가 말할 확률이 높다. 여자의 첫 문장에서 컨퍼런스 센터로 데려다 달라고 했으므로 정답은 (B)이다. 이 문제는 1번, 2번 문제의 힌트가 가까이 있어서 문제 3개를 미리 확인하지 않으면 정답을 다 맞히기 힘들다.

3 What does the man tell the woman?
(A) The fare has recently increased.
(B) The drive will take longer than she expected.
(C) A flight schedule has changed.
(D) The business will close early.

남자는 여자에게 무엇이라고 말하는가?
(A) 최근에 요금이 올랐다.
(B) 운전 시간이 예상보다 오래 걸릴 것이다.
(C) 비행 일정이 바뀌었다.
(D) 가게가 일찍 문을 닫을 것이다.

해설 남자가 여자에게 말하는 것은 남자가 말할 확률이 100%이다. 하지만 이 문제는 구체적인 Key Word가 없기 때문에 미리 선택지를 훑어보면서 내용을 잘 들어야 한다. 남자는 정체 시간대라서 15~20분 정도 더 걸릴 것이라고 했으므로 정답은 (B)이다.

Questions 4-6 refer to the following conversation. 미M 미W

M Good morning. ❹ I had trouble using the online reservation system on your Web site, so I'm calling to confirm my reservation at your hotel. My name is Jason Beck.
W Sure, let me check, Mr. Beck. Yes, I see you're arriving on November 2nd and checking out on November 8th. Would you like to use our free shuttle bus service from the airport to our hotel?
M No, thanks. ❺ I'm renting a car at the airport. But ❻ I want to make sure that I'll be able to connect to the Internet in my room.
W Of course, sir. The entire hotel has a wireless Internet network.

남 안녕하세요. 제가 호텔 웹 사이트에서 온라인 예약 시스템을 사용하는 데 문제가 있어서 예약을 확인하려고 전화했습니다. 제 이름은 제이슨 백입니다.
여 물론이죠, 백 씨. 제가 확인해 보도록 하죠. 네, 손님은 11월 2일에 도착하셔서 11월 8일에 체크아웃하시는 걸로 되어 있습니다. 공항에서 호텔까지 무료 셔틀버스를 이용하시겠습니까?
남 아니요, 괜찮아요. 저는 공항에서 차를 빌릴 거예요. 그런데 제 방에서 인터넷을 사용할 수 있는지 확인하고 싶어요.
여 물론입니다, 손님. 호텔 전체가 무선 인터넷 네트워크로 연결되어 있습니다.

어휘 confirm 확인하다 connect to ~에 접속하다 reserve 예약하다 transportation 교통수단 conference room 회의실 contact 연락하다 client 고객 amenity 편의 시설 tour 견학 access 사용 가능성, 이용

4 What did the man have a problem doing?
(A) Using a Web site
(B) Reserving transportation
(C) Finding a conference room
(D) Contacting a client

남자는 무엇을 하는 데 문제가 있었는가?
(A) 웹 사이트 이용
(B) 교통수단 예약
(C) 회의실 찾기
(D) 고객에게 연락하기

해설 남자의 문제는 남자가 말할 확률이 높다. 남자의 첫 문장에서 웹 사이트에서 온라인 예약 시스템을 사용하는데 문제가 있다고 했으므로 정답은 (A)이다.

5 How will the man get to the hotel?
(A) By subway
(B) By bus
(C) On foot
(D) By car

남자는 어떻게 호텔에 갈 것인가?
(A) 지하철을 타고
(B) 버스를 타고
(C) 걸어서
(D) 차를 타고

해설 남자가 호텔에 가는 방법은 남자가 말할 가능성이 높지만, 여자가 내용을 말하는 경우도 있으니 집중해서 결국 남자가 가는 방법을 찾도록 하자. 여자가 셔틀버스를 타겠는지 물어보지만, 남자는 차를 빌릴 것이라고 했으므로 정답은 (D)이다.

6 What hotel amenity does the man ask about?
(A) City tours
(B) Dining options
(C) The fitness center
(D) Internet access

남자는 어떤 호텔 편의 시설에 대해서 물어보는가?
(A) 시내 관광
(B) 식사 선택
(C) 헬스클럽
(D) 인터넷 사용

해설 남자가 물어보는 내용은 남자가 말할 확률이 100%이다. 남자의 마지막 문장에서 방에서 인터넷이 되는지 물었으므로 정답은 (D)이다. 대화문의 connect to를 선택지에서는 access로 바꾸어 표현했다. access는 특정 정보 이용은 물론, 건물 입장 등의 의미로 다양하게 사용되므로 꼭 암기해 두도록 하자.

Questions 7-9 refer to the following conversation. 미W 호M

W Hi, this is Sandra Stern calling. ⑦ You are supposed to deliver my new refrigerator today, and I'd like to find out what time I can expect it.
M Yes, Ms. Stern. I can see your name on our delivery schedule. ⑧ Our people should be at your house between 2 and 4 this afternoon.
W Thank you. And one more thing! ⑨ Can you take away my old refrigerator?
M Of course. I'll instruct the delivery people about it. ⑨ There is an additional cost of $20 for that service, though. You can pay when you sign for the delivery.

여 안녕하세요. 산드라 스턴이라고 하는데요. 제 새 냉장고가 오늘 배달되기로 되어 있는데, 몇 시에 오는지 알고 싶어서요.
남 네, 스턴 씨. 오늘 배달 일정에 손님의 이름이 있네요. 저희 직원들이 오늘 오후 2시에서 4시 사이에 방문할 겁니다.
여 고마워요. 그리고 한 가지 더요. 제 옛날 냉장고를 치워 주실 수 있나요?
남 물론입니다. 제가 배달하는 사람들에게 그렇게 지시해 두겠습니다. 그런데 20달러 추가 요금이 있습니다. 물건 도착을 확인할 때 지불하시면 됩니다.

어휘 be supposed to ~하기로 되어 있다 refrigerator 냉장고 expect 기대하다 take away 제거하다 instruct 지시하다 additional 추가의 cost 경비, 비용 sign 서명하다, 표지/표시 warranty (품질) 보증서 fee 요금 merchandise 물품 assemble 조립하다 remove 치우다 appliance 전자제품

7 Why is the woman calling?
(A) To discuss a delivery
(B) To ask about a warranty
(C) To report a problem
(D) To cancel an appointment

여자는 왜 전화하는가?
(A) 배달에 관해 이야기하기 위해서
(B) 보증서에 관해 물어보기 위해서
(C) 문제를 보고하기 위해서
(D) 약속을 취소하기 위해서

해설 목적도 주제와 마찬가지로 전체적인 내용을 묻는 문제로, 주로 앞쪽에 등장하는 것이 일반적이다. 여자의 첫 문장에서 오늘 배달되기로 되어 있는데 언제 오는지 묻고 있으므로 정답은 (A)이다.

8 When will the delivery be made?
(A) This morning
(B) This afternoon
(C) Tomorrow morning
(D) Tomorrow afternoon

언제 배달이 될 것인가?
(A) 오늘 아침
(B) 오늘 오후
(C) 내일 아침
(D) 내일 오후

해설 전형적인 SQ로 정확한 시점을 골라야 한다. 여자가 오늘 오는지 묻자, 남자가 오늘 오후 2시에서 4시 사이에 방문할 것이라고 했으므로 정답은 (B)이다.

9 What is an additional fee for?
(A) Delivering merchandise
(B) Assembling furniture
(C) Using an express service
(D) Removing an old appliance

추가 비용은 무엇 때문에 드는가?
(A) 물건 배달 때문에
(B) 가구 조립 때문에
(C) 속달 서비스 이용 때문에
(D) 예전 전자제품을 치워 주는 것 때문에

해설 추가 비용(additional fee)의 이유를 물어보는 SQ로 추가 비용의 이유를 찾아내야 한다. 선택지 (A)는 전체적인 주제에 해당한다. 여자가 오래된 냉장고를 치워 줄 수 있는지 묻자, 추가 비용 20달러에 할 수 있다고 했으므로 정답은 (D)이다. 문제의 an additional fee는 질문의 Key Word로, 대화에서 문제의 Key Word를 찾을 수 있으면 정답을 고르기가 좀 더 용이하다.

Questions 10-12 refer to the following conversation. 미M 미W

M Hi, this is Dennis in apartment 5A. ⑩ The sink in my kitchen is not draining properly and I'd like to have it repaired. What must I do?
W Well, ⑪ you'll need to submit a work order that lists the changes you want to be made to your apartment. You can do this on the building's Web site.
M Okay, great. By the way, is this something I can do myself?
W Actually, ⑫ it's better if Mr. Hoffman, the building supervisor, does it. The building has strict regulations about what kind of cleaning supplies can be used to prevent corrosion to pipes and he knows which have been approved.

남 안녕하세요. 저는 5A 아파트의 데니스입니다. 부엌 싱크대가 물이 잘 빠지지가 않아서 수리를 받고 싶은데요. 제가 어떻게 해야 하나요?
여 네, 아파트 내에 어디를 수리하고 싶은지 리스트가 있는 작업 주문서를 제출하셔야 해요. 그건 건물의 웹 사이트에서 하실 수 있으세요.
남 좋아요. 잘됐네요. 그런데, 제가 직접 할 수도 있나요?
여 실은 건물 관리자이신 호프만 씨가 하는 것이 더 좋아요. 건물은 파이프 녹을 방지하기 위해서 어떤 종류의 세제가 사용될 수 있는지에 대한 엄격한 규정이 있는데 그 분이 어떤 것이 허가된 것인지 잘 아세요.

어휘 sink 개수대, 세면대(물 빠져나가는 시설) drain 물이 빠지다 properly 적절히, 제대로 submit 제출하다 list 리스트화하다, 목록을 만들다 supervisor 관리자, 상사 strict 엄격한 regulations 규정 supplies 용품 prevent 방지하다 corrosion 부식, 침식 approve 승인하다, 인가하다 report 보고하다, 신고하다 peel 벗기다 work 작동하다, 잘 하다 light 조명, 불 be broken 고장 나다 instruct 지시하다 stop by 들르다 request 신청 hire 고용하다 management 관리자 complex 단지

10 What problem is the man reporting?
(A) Some paint is peeling off.
(B) He lost the keys to his apartment.
(C) A sink is not working well.
(D) A light is broken.

남자는 어떤 문제를 보고하고 있는가?
(A) 페인트가 벗겨지고 있다.
(B) 그는 자기 아파트의 열쇠를 잃어버렸다.
(C) 개수대가 작동이 잘 되지 않는다.
(D) 전등이 고장 났다.

해설 남자가 보고하는 문제는 남자가 말할 확률이 높다. 대화의 첫 문장에서 남자는 아파트 세입자(tenant)임을 알 수 있다. 부엌 싱크대 물이 잘 안 빠진다고 했으므로 정답은 (C)이다. not draining properly가 선택지에서는 not working(잘 작동되지 않는)이라고 패러프레이징되었

다. sink는 부엌 싱크대 말고도 물이 빠져나가는 개수대, 세면 시설을 뜻한다.

11 What does the woman instruct the man to do?
(A) Stop by the office
(B) Pay a fee
(C) Take a picture
(D) Submit a request online

여자는 남자에게 무엇을 하라고 지시하는가?
(A) 사무실에 들르라고
(B) 비용을 내라고
(C) 사진을 찍으라고
(D) 온라인 신청서를 작성하라고

해설 여자가 남자에게 지시하는 것은 여자가 말할 확률이 100%이다. 작업 주문서를 제출해야 하는데 웹 사이트에서 하라고 했으므로 정답은 (D)이다. 참고로 work는 '일하다'라는 동사의 의미도 있지만 '일', '작업(물)' 등의 다양한 의미로 쓰인다.

12 What is mentioned about the building supervisor?
(A) He needs to order some parts.
(B) He was just hired by the management.
(C) He knows about the building rules.
(D) He also lives in the same apartment complex.

건물 관리자에 관해 언급된 것은 무엇인가?
(A) 그는 부품을 좀 주문해야 한다.
(B) 그는 바로 얼마 전에 관리자들에게 고용되었다.
(C) 그는 건물 규정을 안다.
(D) 그도 같은 아파트 단지에 산다.

해설 지문에 언급된 것(be mentioned/be said/be stated)을 묻는 문제들은 언급된 내용을 풀어 쓰기 때문에 문장이 길고 짧은 시간 내에 읽는 것이 힘들어 난이도가 높다. 여자의 마지막 문장에서 건물 관리인인 호프만 씨가 언급되는데, 그는 어떤 것이 허가된 것인지 잘 알고 있다고 했으므로 정답은 (C)이다. 대화문의 regulations를 선택지에서는 rules로 바꿔 표현했다. 동의 표현을 많이 알면 알수록 난이도가 높은 문제에 유리하다는 것을 잊지 말자.

Questions 13-15 refer to the following conversation with three speakers. (미M) (미W) (호M)

M1 Excuse me, ⓭ my friend and I heard your announcement over the airport loudspeakers. You are looking for passengers who are willing to volunteer to take a later flight to Chicago?
W Yes, this flight is overbooked. So, if you don't mind departing at 8:00 o'clock tonight, ⓮ I can give you vouchers for $250 off for any future flights from our airline.
M1 Well, since we're not doing anything important tonight except for checking into our hotel, I wouldn't mind getting the discount coupon. Jin Hyung, what do you think?
M2 That's fine with me. ⓯ We can just grab something for dinner at the airport while we wait.
M1 ⓯ Yeah, that could actually save some money too.
W I recommend a Mexican restaurant in Concourse C. The food's pretty good and the price is reasonable. You both will like the place.

남1 실례합니다. 제 친구와 제가 공항 확성기로 나오는 안내 방송을 들었는데요. 시카고로 가는 좀 더 늦은 비행기에 기꺼이 탑승할 승객을 찾고 있다고요.
여 네, 이 비행기는 예약이 초과되었어요. 그래서 오늘 밤 8시 비행기로 출발하시는 게 괜찮으시다면, 제가 앞으로 저희 항공사의 비행기에 사용하실 수 있는 250달러짜리 쿠폰을 드릴 수 있어요.
남1 그래요. 우리는 호텔에 체크인하는 거 말고는 다른 중요한 일이 오늘 밤에 없으니, 할인 쿠폰을 받는 것도 괜찮을 것 같아요. 진형, 너는 어떻게 생각해?
남2 나도 괜찮아요. 그러면 우리는 기다리는 동안에 공항에서 저녁을 간단히 먹을 수 있겠네요.
남1 그래. 그렇게 하는 게 돈도 더 절약할 수 있을 거 같아.
여 C번 중앙홀에 있는 멕시코 식당을 추천해요. 음식도 좋고 가격도 합리적이랍니다. 두 분 다 그곳이 마음에 드실 거예요.

어휘 announcement 공지, 안내 loudspeaker 확성기 passenger 승객 be willing to ~할 용의가 있다 volunteer 자원하다 overbook 초과 예약하다 depart 출발하다 off 할인, 빼는 것 grab 잡다, 간단히 먹다 concourse 광장, 뜰, 중앙 홀 voucher 바우처, 쿠폰 recommend 추천하다 reasonable 합리적인, 저렴한 travel agency 여행사 parking pass 주차증, 주차 허가증 upgrade 업그레이드 original 원래의

13 Where is the conversation taking place?
(A) At a restaurant
(B) At an airport
(C) At a bus station
(D) At a travel agency

대화는 어디에서 일어나고 있는가?
(A) 식당
(B) 공항
(C) 버스역
(D) 여행사

해설 대화가 일어나는 장소를 물어보고 있는 GQ로 주로 녹음 내용의 앞쪽에서 가장 큰 힌트가 나온다. 가장 중요한 것은 문제를 미리 읽고 정답이 나올 위치를 예상하면서 듣고 정답을 고를 수 있어야 한다. 첫 문장에서 공항 확성기에서 늦게 비행기를 탈 승객을 구한다는 방송이 나왔다는 부분에서 대화 장소는 공항인 것을 추측할 수 있다.

14 According to the woman, what will the men receive?
(A) A parking pass
(B) A travel guidebook
(C) A seating upgrade
(D) A discount voucher

여자에 의하면, 남자들은 무엇을 받을 것인가?
(A) 주차증
(B) 여행 가이드북
(C) 좌석 업그레이드
(D) 할인 쿠폰

해설 '여자에 의하면'으로 시작하는 문장은 여자가 말할 확률이 100%이다. 항공사 직원으로 보이는 여자가 늦게 출발하는 비행기를 탄다면, 할인권을 주겠다고 했으므로 정답은 (D)이다. 대화문의 off는 선택지에서 discount로 패러프레이징되었다.

원쌤의 REAL SOLUTION

Part 3에서 3인 대화는 1~2개가 출제되는데, 질문에서 미리 3인 대화라는 것을 알 수 있는 방법이 있다. 14, 15번처럼 복수의 남자(men)에 대해 묻는 질문이 나오면 그 대화문은 3인 대화이다. 하지만 각 질문에서 한 사람에 관한 내용을 묻는 것도 가능하므로 결국 문제를 풀기 위해 가장 필요한 것은 문제에서 묻는 내용을 지문에서 찾아내는 능력이다. 3인 대화에 너무 겁먹지 말고 문제를 미리 읽고 대화를 들으면서 문제를 푸는 능력을 기르자.

15 What will the men most likely do next?
(A) Visit Mexico to meet the family
(B) Change the hotel reservation
(C) Eat at a nearby restaurant
(D) Return to their original flight

남자들은 다음에 무엇을 할 것인가?
(A) 가족을 만나기 위해서 멕시코를 방문한다.
(B) 호텔 예약을 변경한다.
(C) 근처의 식당에서 식사를 한다.
(D) 원래의 비행기로 돌아간다.

해설 남자들이 미래에 할 일을 예측하는 내용으로 마지막에서 힌트를 주는 경우가 많다. 남자들이 공항에서 식사를 하겠다고 말하자, 여자는 C번 중앙홀에 있는 멕시코 식당을 추천하고 있으므로 정답은 (C)이다.

Questions 16-18 refer to the following conversation and map.
호M 미W

Young adults
Fiction
Café
Travel & Hobby
Nonfiction
DOOR
Cashier

M ⑯ Hi, welcome to Harpo's Bookshop. Are you looking for something in particular?
W Yes, I need a book called *Falling Stars* by Beatrice Pearson. My neighbors and I are starting a book club next week. ⑰ People say it's a good one for generating a lot of questions and comments.
M That is true. It's not very popular but it is one of my favorites too. ⑱ You can find it on the back wall of the store next to the café. The books there are arranged by author. Can I help you with anything else?
W No thanks, but I think I'll browse for a while before I make a decision.
M Sure, just call me if you need anything.

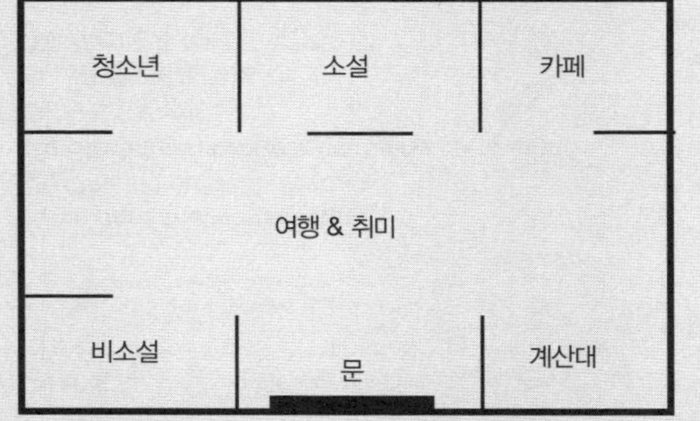

남 안녕하세요, 하포 서점에 오신 것을 환영합니다. 뭐 특별히 찾으시는 것이 있으신가요?
여 네, 저는 비아트리스 피어슨 씨가 쓴 〈폴링 스타〉라는 책이 필요한데요. 우리 이웃들이랑 제가 다음 주에 북클럽을 시작하려고 하고 있어요. 사람들이 그 책이 많은 질문과 대화를 이끌어낼 수 있는 좋은 책이라고 하더라고요.
남 그건 사실이에요. 아주 인기가 많지는 않지만 제가 가장 좋아하는 책 중에 하나이지요. 카페 옆에 있는 뒤쪽 벽에서 찾으실 수 있습니다. 그쪽의 책들은 저자 순으로 정리되어 있어요. 뭐 더 도와 드릴 것 없으신가요?
여 고맙지만, 괜찮아요. 결정하기 전에 좀 둘러봐야 할 것 같아요.
남 물론이죠. 필요하신 게 있으시면 저를 불러주세요.

어휘 particular 특별한 generate 생성시키다, 만들어내다 comment 의견, 비평하다 popular 인기 있는 arrange 정렬하다 browse 구경하다, 둘러보다 young adult 10대, 청소년 fiction 소설 nonfiction 비소설 cashier 계산대, 계산원 server 웨이터 provide 제공하다 opportunity 기회 discussion 토론 best-seller 베스트셀러

16 Who most likely is the man?
(A) A restaurant server
(B) A sales clerk
(C) An author
(D) A delivery person

남자는 누구인가?
(A) 식당 웨이터
(B) 판매 사원
(C) 작가
(D) 배달원

해설 남자가 누구인지를 물어보는 GQ로 주로 녹음 내용의 앞쪽에서 가장 큰 힌트가 등장한다. 첫 문장에서 남자는 서점에 온 것을 환영하면서 무엇을 찾고 있는지 묻고 있으므로 남자는 서점 직원임을 알 수 있다. 따라서 정답은 (B)이다.

17 What does the woman say she heard about the book?
(A) It will provide opportunities for discussion.
(B) It is the first book in the series.
(C) It is difficult to understand for young people.
(D) It has been a best-seller for months.

여자는 그 책에 관해 무엇을 들었다고 하는가?
(A) 그것이 토론의 기회를 제공할 거라고
(B) 그것이 시리즈 중에 처음이라고
(C) 젊은 사람들이 이해하기 힘들다고
(D) 몇 달 동안이나 베스트셀러였다고

해설 여자가 북클럽을 시작하는데, 질문과 대화를 많이 이끌어낼 수 있는 책(Falling Stars)을 찾고 있다고 했다. 질문과 대화가 많이 생길 수 있는 책은 토론할 기회를 제공하는 책이라고 할 수 있으므로 정답은 (A)이다. 동의 표현을 고를 수 있어야 난이도 높은 문제를 맞힐 수 있다.

18 Look at the graphic. In which section is the book that the woman is looking for?
(A) Young adults
(B) Fiction
(C) Nonfiction
(D) Travel & Hobby

표를 보시오. 여자가 찾는 책은 어느 구역에 있는가?
(A) 젊은 성인
(B) 소설
(C) 비소설
(D) 여행 & 취미

해설 표/시각 자료 관련 문제는 문제를 미리 읽고 파악해야 한다. 특히, 지도 관련은 그림을 보고 말로 나올 수 있는 부분을 찾아내야 한다. 문제에서 여자가 책을 찾고 있다는 점을 염두에 두고, 평면도를 확인해 보자. 평면도에서 door(문) cashier(계산원), café(커피숍), nonfiction(비소설 코너), fiction(소설 코너)의 위치를 확인할 수 있다. 여자가 찾는 책은 뒤쪽 벽의 카페 옆에 있다고 했으므로 카페 옆에 있는 Fiction 코너에 있음을 알 수 있다. 특히 간략한 형태의 지도에서는 앞, 뒤, 옆 등의 위치를 알려주는 어휘가 사용된다는 것을 기억해 두자.

Unit 11 주제별 Ⅱ - 비즈니스 생활

Step 2 눈과 귀를 매칭시키는 Practice P86

정답 **1**. (B) **2**. (A) **3**. (A) **4**. (B)

1 What are the speakers discussing?
(A) A staff orientation **(B) A building project**
화자들은 무엇에 관해 이야기하고 있는가?
(A) 직원 오리엔테이션 **(B) 건축 프로젝트**

Question 1 refers to the following conversation. 미M 미W

M Good morning, Ms. Taylor. Here's the cost estimate from Ocean Building Company for the staff cafeteria we are planning to build.
W Well, building a brand-new cafeteria requires extensive work, but it is higher than we originally thought.

남 좋은 아침입니다, 테일러 씨. 여기 오션 건축사에서 우리가 지으려고 하고 있는 직원 식당에 대한 비용 견적이 있습니다.
여 흠, 새로운 식당을 짓는 것은 많은 일을 필요로 하지만 그래도 우리가 원래 생각했던 것보다 높네요.

2 Who most likely is the woman?
(A) A magazine reporter (B) A restaurant owner
여자는 누구인가?
(A) 잡지 기자 (B) 식당 주인

Question 2 refers to the following conversation. 미W 호M

W Thank you, Chef Carlos for meeting with me. My magazine wants to publish an article about your unique cooking project. Could you tell us more about it?
M Yes, I was inspired by the paintings in the museum and came up with this new series of dishes.

여 카를로스 주방장님 저랑 만나 주셔서 감사합니다. 저희 잡지에서는 당신의 특별한 요리 프로젝트에 대한 기사를 출판하고 싶어 하는데요. 그것에 관해 좀 더 얘기해 주실 수 있으신가요?
남 네, 저는 박물관에 있는 그림에 영감을 받아서 새로운 요리 시리즈를 만들었습니다.

3 What is the woman concerned about?
(A) Submitting late work
(B) Finding some documents
여자는 무엇에 관해 걱정하는가?
(A) 작업물을 늦게 제출하는 것 (B) 서류를 찾는 것

Question 3 refers to the following conversation. 미M 미W

M Ms. Hong, I need to be at home early for an urgent family matter. Do you mind if I work from home?
W Not at all, but what's the status of the budget you've been working on? The deadline for the project is coming up quite soon. I'm worried about sending our work late.

남 홍 씨, 제가 집에 급한 일 때문에 일찍 가야 할 것 같은데요. 집에서 일을 해도 괜찮을까요?
여 괜찮아요. 하지만 당신이 작업하던 예산안의 상태는 어떤가요? 그 프로젝트의 마감이 곧 다가오고 있는데요. 우리 작업물을 늦게 보내게 될까봐 걱정이에요.

4 What does the woman suggest?
(A) Offering product discounts
(B) Starting an online advertising campaign
여자는 무엇을 제안하는가?
(A) 상품 할인을 제공하는 것
(B) 온라인 광고 캠페인을 시작하는 것

Question 4 refers to the following conversation. 미M 미W

M To start the meeting, I'd like to talk about the recent drop in sales for our vitamin products.
W What we really should do is to start advertising on social media Web sites.

남 회의를 시작하면서, 저는 저희 비타민 제품의 최근의 판매 하락에 관해 이야기 하고 싶습니다.
여 우리가 진짜로 해야 할 것은 소셜 미디어 웹 사이트에 광고를 시작하는 것이에요.

Step 3 기초 마스터 P87

정답

1. (B)	**2**. (A)	**3**. (A)	**4**. (A)	**5**. (B)
6. (A)	**7**. (A)	**8**. (B)	**9**. (B)	**10**. (B)
11. (A)	**12**. (B)			

Questions 1-3 refer to the following conversation. 미W 미M

W Tim, this is Melanie from Human Resources. ❶ I just wanted to call and say welcome to the company. We're so happy that you have joined us.
M Thanks, I'm enjoying my first day here. ❷ The only thing is that I haven't received my employee identification badge yet. Where should I go to get it?
W You just have to go down to the security office on the east side of the building, and they should be able to help you out.
M Great, thanks. ❸ I'm completing some payroll forms now. As soon as I'm done with it, I'll go down to the security office.

여 팀, 인사부의 멜라니예요. 우리 회사에 잘 오셨다고 말해주고 싶어서 전화했어요. 저희는 당신이 우리 회사에 입사하게 되어서 정말 기뻐네요.
남 고맙습니다. 저도 첫 날을 잘 보내고 있어요. 그런데 제가 직원 명찰을 아직 못 받았어요. 명찰을 받으려면 어디로 가야 하나요?
여 건물 동쪽에 있는 경비실에 가시면 그쪽에서 도와줄 수 있을 거예요.
남 잘됐네요, 고맙습니다. 제가 지금 급여 양식을 작성하는 있는데요. 이것을 끝내자마자 경비실로 가도록 하겠습니다.

어휘 human resources 인사부 security office 보안부서, 경비실 payroll 급여 identification badge 신분 확인 명찰 request 요청하다 fill out 작성하다 form 양식 sign 서명하다; 표지, 표시 employment contract 고용 계약서

1 Why is the woman calling?
(A) To request some information
(B) To welcome the man to the company

여자는 왜 전화하는가?
(A) 정보를 요청하려고
(B) 남자의 입사를 환영하려고

해설 여자가 전화하는 이유는 여자가 말할 확률이 높다. 인사부 직원인 여자가 새로 온 직원을 환영한다고 했으므로 정답은 (B)이다. 다양한 부서와 기본적인 업무 상식이 있으면 정답을 고르기 유리하다는 것을 잊지 말자.

2 What does the man ask about?
(A) An identification badge
(B) An orientation schedule

남자는 무엇에 관해 물어보는가?
(A) 직원 명찰
(B) 오리엔테이션 일정

해설 남자가 물어보는 것은 남자가 말할 확률이 100%이다. 남자는 인사 후에 직원 신분증을 받지 못했는데 언제 받을 수 있는지 물었으므로 정답은 (A)이다.

3 What does the man say he is doing?
(A) Filling out some forms
(B) Signing an employment contract

남자가 자기가 무엇을 하고 있다고 말하는가?
(A) 양식 작성
(B) 고용 계약서 서명

해설 남자가 자기가 하고 있다고 말하는 것도 남자가 말할 확률이 100%이다. 남자가 급여 양식을 작성 중이라고 했으므로 정답은 (A)이다. complete은 선택지에서 fill out으로 패러프레이징되었다. 난이도가 점점 올라갈수록 동의 표현으로 정답을 고르게 하는 경우가 많으니 단어 암기를 게을리 해서는 안 된다.

Questions 4-6 refer to the following conversation. (미W)(호M)

W ❹ Were you there at the marketing presentation this morning? I looked for you in the audience but didn't see you anywhere.
M Oh, was that today? I'm sorry. ❺ I thought it was next week. I must have gotten the dates mixed up.
W Well, don't worry. ❻ The entire presentation was filmed and the video's going to be posted on our internal company Web site. If you want, you can just go online and watch it.
M Thank you. I'll definitely do that.

여 당신은 오늘 아침 마케팅 발표에 왔었어요? 제가 참석자들 중에서 당신을 찾았는데, 보이지 않더라고요.
남 그게 오늘이었어요? 죄송해요. 저는 다음 주인 줄 알았어요. 제가 날짜를 혼동했나 봐요.
여 걱정하지 말아요. 발표 전체가 녹화되어서 사내 웹 사이트에 비디오가 올라갈 거예요. 당신이 원하면 그냥 온라인에서 보실 수 있어요.
남 고마워요. 꼭 그렇게 할게요.

어휘 presentation 발표 audience 관중 mix up ~을 혼동하다 entire 전체의 film 촬영하다 post 게시하다 definitely 분명히, 확실하게 board 이사회

4 What event did the man miss?
(A) A marketing presentation
(B) A board meeting

남자는 어떤 행사를 놓쳤는가?
(A) 마케팅 발표
(B) 이사회 회의

해설 남자가 놓친 행사는 여자의 첫 번째 대화에서 언급되었다. 여자는 마케팅 발표에서 남자를 찾았는데 없었다고 말하므로 정답은 (A)이다. 난이도가 높은 문제는 상대방이 언급한 내용을 부정하는 경우도 있지만, 일단은 대화 내용을 처음부터 끝까지 집중해서 듣는 것이 중요하다.

5 Why did the man miss the event?
(A) He was on a business trip.
(B) He thought it was on a different day.

남자는 왜 행사에 참석하지 못했는가?
(A) 그는 출장을 가 있었다.
(B) 그는 행사가 다른 날짜인 줄 알았다.

해설 남자가 참석하지 못한 이유는 남자가 말할 확률이 높다. 남자는 행사가 다음 주인 줄 알았는데 날짜를 헷갈렸다고 했으므로 정답은 (B)이다. next week를 선택지에서는 on a different day로 패러프레이징했다. 난이도가 올라갈수록 동의 표현이 정답이 되는 경우가 많으므로 선택지를 빠르게 훑어보고 분석하는 독해력을 기를 수 있도록 훈련하자.

6 What does the woman suggest the man do?
(A) Watch a video online
(B) Attend a different presentation

여자는 남자에게 무엇을 하라고 제안하는가?
(A) 온라인으로 비디오를 보라고
(B) 다른 발표에 참석하라고

해설 여자가 제안하는 내용은 여자가 말할 확률이 100%이다. 여자는 남자에게 발표 전체를 촬영한 파일이 회사 웹 사이트에 올라갈 예정이니 가서 보라고 말했으므로 정답은 (A)이다.

Questions 7-9 refer to the following conversation. (미M)(미W)

M Hi, Anna. I have an assignment for you. ❼❽ I want you to write an article on the new play that is showing at the Magnum Theater this week. The last play review you wrote had a good response from our readers.
W Thank you. I was planning to see it anyway. But most of the shows are sold out.
M I've already reserved a ticket for you. And this time, maybe you can arrange an interview with the director of the play, Philip Hwang. I'm sure our readers want to know how he feels about the play's success.
W Okay, ❾ I'll make some calls right away to see if I can schedule an interview with him.

남 안녕하세요, 애나. 제가 당신에게 줄 업무가 있어요. 이번 주에 매그넘 극장에서 공연하는 새 연극에 대한 기사를 당신이 써 주면 좋겠어요. 당신이 지난번에 쓴 연극평이 독자들에게서 좋은 반응을 얻었어요.
여 고맙습니다. 그렇지 않아도 저도 그 연극을 보려고 했었어요. 하지만 대부분이 매진이에요.
남 제가 벌써 당신의 표를 예약해 뒀어요. 그리고 이번에는 당신이 연극 감독인 필립 황 씨와의 인터뷰를 잡을 수 있으면 좋겠네요. 독자들이 그 감독이 자신의 연극의 성공에 관해 어떻게 생각하는지 알고 싶어 할 거예요.
여 알겠어요. 제가 당장 전화해서 그와의 인터뷰를 잡을 수 있는지 알아볼게요.

어휘 assignment 업무 article 기사 play 연극 review 평, 평가 response 반응 sold out 매진된 reserve 예약하다 arrange 잡다, 계획하다 director 감독 career 경력 well-known 유명한 newspaper company 신문사 exchange 교환하다

7 What are the speakers mainly discussing?
(A) An article that the woman will write
(B) The career of a well-known actor

화자들은 주로 무엇에 관해 의논하고 있는가?
(A) 여자가 쓸 기사
(B) 유명 배우의 경력

해설 대화의 주제를 물어보고 있는 문제로 주로 녹음 내용의 앞쪽에서 가장

큰 힌트가 등장한다. 첫 문장에서 남자가 업무 과제로 기사를 쓰라고 지시하는 내용에서 여자가 쓸 기사에 관해 논의하고 있다는 것을 알 수 있다. 따라서 정답은 (A)이다.

8 Where does this conversation probably take place?
(A) At a theater
(B) At a newspaper company

대화가 일어나는 장소는 어디인가?
(A) 극장
(B) 신문사

해설 GQ 2개가 한꺼번에 등장하는 경우 첫 문장에서 두 문제의 힌트가 한꺼번에 나오기도 한다. 첫 문장에서 두 사람은 언론사에 근무한다는 것을 알 수 있다. 선택지 중 적절한 것을 고르면 (B) 신문사이다. 물론 기사의 주제는 연극이지만 그런 기사가 쓰이는 곳은 신문사이다.

9 What will the woman probably do next?
(A) Exchange her ticket
(B) Call for an interview

여자는 다음에 무엇을 할 것인가?
(A) 자신의 표를 교환하기
(B) 인터뷰를 위해 전화하기

해설 앞으로 할 일을 물어보는 문제는 주로 뒤쪽에서 힌트가 나온다. 감독과의 인터뷰를 잡아 보라는 남자의 제안에 여자가 지금 당장 전화해서 인터뷰 일정을 잡아 보겠다고 했으므로 정답은 (B)이다.

Questions 10-12 refer to the following conversation. 미W 호M

W Hello, a friend told me that your sign shop is having a special promotion for the first-time customers. Could you tell me more about it please?
M Certainly. Here's what we're offering. ⑩ New customers could receive their first sign order the next day after they place it.
W Really? That's good to know. I need my sign as soon as possible.
M What kind of sign are you interested in?
W Well, I own a hair salon downtown and recently opened up a branch on Central Avenue. There are many shops in the area and ⑪ I want a sign that will direct people to my new place.
M Of course. I think one of the large exterior banners will be great to help people find your store. ⑫ Given the rainy weather we have here, you might like one made out of waterproof material.

여 안녕하세요. 제 친구가 귀하의 간판 가게에서 처음 오는 손님들을 위해서 특별한 판촉 행사를 한다고 하던데요. 거기에 관해 좀 더 얘기해 주시겠어요?
남 물론이죠. 저희가 제공하는 것을 말씀드릴게요. 새로운 손님들은 첫 번째 간판 주문을 주문한 바로 그 다음 날에 받으실 수 있답니다.
여 그래요? 그건 잘됐네요. 제가 간판이 되도록 빨리 필요하거든요.
남 어떤 간판에 관심이 있으신가요?
여 제가 시내에 미장원을 하나 가지고 있는데 이번에 센트럴 가에 지점을 열었어요. 그 쪽 지역에는 많은 상점들이 있어서 저희 가게로 손님을 안내할 간판을 원해요.
남 물론이죠. 제 생각에는 큰 사이즈의 야외 배너가 사람들이 당신 가게를 찾는 데 도움을 줄 것 같아요. 이곳의 비 오는 날씨를 고려해서 방수가 되는 재질로 만드시는 것이 좋을 것 같아요.

어휘 sign shop 간판 가게 promotion 판촉 downtown 시내 direct 지시하다, 알려주다 exterior 외부의 banner 배너 광고 waterproof 방수의 material 재료, 자재 offer 제안, 제공 available 이용할 수 있는, 준비되어 있는 customer 손님 purpose 목적 indicate 나타내다 renovation 개조, 수리 suggestion 제안

10 According to the man, what special offer is available for new customers?
(A) A product discount
(B) Next-day delivery

남자에 의하면, 새로운 고객들에게 특별히 제공해 주는 것은 무엇인가?
(A) 상품 할인
(B) 다음 날 배달

해설 남자에 의하면(According to the man)이라는 부분에서 남자가 말하는 부분에 집중한다. 첫 문장에서 볼 수 있듯이 간판 업체(sign shop)와 같은 다양한 업체가 등장할 수 있다는 것을 알아두자. 신규 고객은 처음 주문한 간판을 그 다음 날 받을 수 있다고 했으므로 정답은 (B)이다.

11 What is the purpose of the sign?
(A) To indicate a location
(B) To announce a renovation

간판의 목적은 무엇인가?
(A) 위치를 알려주기 위해서
(B) 수리를 발표하기 위해서

해설 sign은 '간판'이라는 의미가 있다는 점을 기억해 두고 여자가 간판을 주문한 목적을 찾아보자. 새로 지점을 냈는데 손님들을 그 장소로 안내할 간판이 필요하다고 했으므로 정답은 (A)이다. 여자의 대사 direct people to my new place를 선택지에서 indicate a location으로 패러프레이징했다.

12 What does the man suggest doing?
(A) Collecting client suggestions
(B) Using waterproof material

남자는 무엇을 하라고 제안하는가?
(A) 고객 제안을 모으라고
(B) 방수 재질을 사용하라고

해설 남자가 제안하는 내용은 남자가 말할 확률이 100%이다. 남자는 비가 자주 오니 방수 재질을 사용하는 것이 좋을 것이다고 말하고 있으므로 정답은 (B)이다.

Step 4 실전 마스터 P88

정답

1. (B)	2. (C)	3. (D)	4. (C)	5. (A)
6. (D)	7. (A)	8. (C)	9. (B)	10. (B)
11. (A)	12. (D)	13. (D)	14. (A)	15. (B)
16. (A)	17. (C)	18. (D)		

Questions 1-3 refer to the following conversation. 미W 호M

W Excuse me. ❶ I am here to attend the Information Technology seminar.
M Yes, but you're too early. ❷ Your seminar won't begin until 10 and now it's only 9 o'clock. As you can see, I'm still preparing the room.
W I know. I got here early to find the seminar location. ❸ Do you know where I can get a cup of coffee while I am waiting?
M Sure, there's a café on the first floor of this building. I'm sure it's open.

여 실례합니다. 제가 정보 기술 세미나에 참석하려고 왔는데요.
남 네, 그런데 너무 일찍 오셨네요. 세미나는 10시가 되어서야 시작할 텐데 지금은 9시밖에 안 됐어요. 보시다시피 저는 아직 방을 준비하고 있어요.
여 알고 있어요. 세미나 장소를 찾으려고 일찍 왔어요. 기다리는 동안 제가 커피를 마실 수 있는 곳을 혹시 아시나요?
남 물론이지요. 이 건물 1층에 카페가 하나 있어요. 분명 지금 영업 중일 거예요.

어휘 attend 참석하다 technology 기술 not ~ until ~가 돼야 ~하다 visit 방문하다 reservation 예약 make a copy 복사하다 location 위치 beverage 음료

1 Why is the woman visiting the place?
(A) To make a reservation
(B) To attend a seminar
(C) To buy some coffee
(D) To cancel a membership

여자가 이 장소에 방문하는 이유는 무엇인가?
(A) 예약하기 위해서
(B) 세미나에 참석하기 위해서
(C) 커피를 사기 위해서
(D) 멤버십을 취소하기 위해

해설 여자가 방문하는 목적은 여자가 말할 확률이 높다. 처음에 여자가 세미나에 참석하기 위해서 왔다고 했으므로 정답은 (B)이다. 뒤에 커피에 관한 내용이 언급되지만 전체적인 주제가 아니므로 (C)는 정답이 될 수 없다.

2 When will the event begin?
(A) At 8 o'clock
(B) At 9 o'clock
(C) At 10 o'clock
(D) At 11 o'clock

행사가 시작되는 시간은 언제인가?
(A) 8시
(B) 9시
(C) 10시
(D) 11시

해설 행사를 준비하는 관계자인 듯한 남자가 행사 시작 시간을 말할 확률이 높다. 〈Not A until B〉는 토익에서 자주 나오는 구문이므로 반드시 암기해야 한다. 의미는 'B(시간)가 되어서야 A(사건)하다'로 해석된다. 행사가 10시가 되어야 시작한다고 했으므로 정답은 (C)이다.

3 What is the woman looking for?
(A) A machine to make a copy
(B) A location to meet clients
(C) A restaurant for a party
(D) A place to get a beverage

여자가 찾고 있는 것은 무엇인가?
(A) 복사를 할 기계
(B) 고객들을 만날 장소
(C) 파티를 열 식당
(D) 음료를 살 장소

해설 여자가 찾고 있는 것은 여자가 말할 확률이 높다. 여자의 마지막 문장에서 기다리는 동안 커피를 마실 곳이 근처에 있는지 묻고 있으므로 정답은 (D)이다. 여자 대사의 where I can get a cup of coffee를 a place to get a beverage로 패러프레이징했다. coffee 대신 beverage를 쓴 것처럼 패러프레이징할 때는 의미가 더 포괄적인 어휘를 쓸 수 있다는 점을 기억하자.

Questions 4-6 refer to the following conversation. 미W 미M

W ❹ How was the consumer product testing for our new headphone sets? Did they like it?
M Well, customers were mostly happy with the design, but ❺ they were concerned about its durability.
W You know, ❻ you should talk to Tammie. She should be able to help you. She is an expert in plastics and should know some durable material that can be used in headphones.
M Good idea. I'll contact her right away.

여 우리 회사의 새로운 헤드폰 세트에 대한 소비자 테스트는 어땠나요? 고객들이 좋아하셨나요?
남 글쎄요, 고객 대부분이 디자인은 만족했는데, 제품의 내구성은 우려하더군요.
여 그럼 당신이 태미와 이야기를 해 보세요. 그녀가 도와줄 수 있을 거예요. 그녀는 플라스틱에 대한 전문가라서 헤드폰에 사용할 수 있는 내구성이 강한 물질을 알 거예요.
남 좋은 생각이네요. 제가 당장 그녀에게 연락을 해야겠어요.

어휘 be concerned about ~에 관해 걱정하다 durability 내구성 expert 전문가 durable 내구성이 있는 material 재질, 자재 contact 연락하다 hiking boots 등산화 competitor 경쟁자 conduct 행하다 customer survey 고객 설문 조사 delay 지연시키다 launch 출시

4 What product are the speakers discussing?
(A) Sunglasses
(B) Hiking boots
(C) Headphones
(D) Blue jeans

화자들은 어떤 상품에 관해 이야기하고 있는가?
(A) 선글라스
(B) 등산화
(C) 헤드폰
(D) 청바지

해설 대화의 주제를 물어보고 있는 GQ로 주로 앞쪽에서 가장 큰 힌트가 나온다. 첫 문장에서 새로운 헤드폰에 대한 상품 테스트 결과가 어떤지 묻고 있으므로 정답은 (C)이다.

5 According to the man, what are the customers worried about?
(A) Durability
(B) Price
(C) Ease of use
(D) Style

남자에 의하면, 고객들이 우려하는 것은 무엇인가?
(A) 내구성
(B) 가격
(C) 이용 편의성
(D) 스타일

해설 이 문제의 Key Word는 worried about이라는 것을 유념하고 대화를 듣자. 디자인은 마음에 들지만 내구성이 걱정된다고 했으므로 정답은 (A)이다. be worried about은 be concerned about과 뜻이 같은 표현으로 익히도록 하자.

6 What does the woman suggest?
(A) Testing a competitor's product
(B) Conducting a customer survey
(C) Delaying a product launch
(D) Talking to an expert

여자는 무엇을 제안하는가?
(A) 경쟁사의 제품을 시험하는 것
(B) 고객 설문조사를 하는 것
(C) 상품 출시를 미루는 것
(D) 전문가와 이야기하기

해설 여자가 제안하는 것은 여자가 말할 확률이 100%이다. 두 번째 여자의 말에서 태미가 전문가이니 아마 도와줄 수 있을 것이다고 했으므로 정답은 (D)이다.

Questions 7-9 refer to the following conversation. (미W) (호M)

W OK, Alex. Here's the problem. ❼ For the last couple of months, we haven't had as many customers as we had last year. We need to do something to attract more people to our restaurant. Even though we lost of one of the chefs, I'd like to know if you have any suggestions.

M Well, ❽ why don't we plan discounted lunch specials where all entrees are at a reduced price? In that way, we can promote the name of restaurant to local residents. I'll come up with some recipes for dishes that are not too expensive to make.

W That's a good idea. Go ahead and prepare those. But ❾ I'd like to sample them before we decide to put them on the menu for our customers.

M Of course, Ms. Olvera.

여 알렉스, 여기 문제가 있어요. 지난 몇 달 동안 우리는 작년 같은 때만큼 손님이 많지가 않았어요. 우리 식당으로 더 많은 사람들을 끌어 모으기 위해서 무엇인가를 해야 해요. 지금 요리사가 한 명 없기는 하지만, 당신이 뭐 제안할 게 있는지 제가 알고 싶네요.

남 글쎄요, 모든 주요리를 할인된 가격에 제공하는 할인된 점심 특선 메뉴를 계획하는 것은 어떨까요? 그렇게 되면 우리는 지역 주민들에게 우리 식당의 이름을 알릴 수 있을 거예요. 제가 만들기에 비싸지 않은 몇 가지 조리 방법을 생각해 올게요.

여 그거 좋은 생각이네요. 그럼 그것들을 준비해 주세요. 하지만 고객들을 위한 메뉴에 올리기 전에 제가 한번 맛보고 싶네요.

남 물론입니다. 올베라 씨.

어휘 attract 끌어 모으다, 늘리다 lunch special 점심 특선 메뉴 reduced 할인된 local 지역의 resident 주민 come up with 생각해 내다, 고안해 내다 recipe 레시피, 조리 방법 dish 요리, 접시 expensive 비싼 sample 견본, 시식하다 unusually 비정상적으로, 현저히 customer 고객 complain 불평하다 ingredient 재료 suggest 제안하다 offer 제공하다 cater 음식을 대다 corporate 기업체의, 사업의 hire 고용하다 prepare 준비하다 inspection 검사 organize 조직하다, 준비하다

7 What problem does the woman report?
(A) Business is unusually slow.
(B) Some of the customers complained.
(C) There are not enough employees.
(D) The price of some ingredients has increased.

여자는 어떤 문제를 보고하는가?
(A) 사업이 이상하게 좋지 않다.
(B) 고객들의 몇몇이 불평을 했다.
(C) 직원들이 충분하지 않다.
(D) 몇몇 재료의 가격이 상승했다.

해설 여자의 첫 문장에서 지난 몇 달간 작년만큼 고객이 많지 않았다는 내용으로부터 사업이 잘 되지 않았다는 것을 알 수 있다. 따라서 정답은 (A)이다.

원쌤의 REAL SOLUTION

중고등학교 사회 시간에 회사(corporation/company)의 목적인 이익 창출에 대해 들어보았는가? 회사 상황에서 실적(performance)에 관한 걱정, 실적을 올리기 위한 계획은 가장 많이 나오는 주제이다. 고객을 유치해(attract customers) 회사에서 매출(sales/revenue)이 올라가면 직원들에게 보너스를 제공하는 내용이 나오고, 판매가 떨어지면 비용을 절감해서(cut cost)에서 수익성을 유지할 수 있는 방안을 고민한다. 이제 토익을 통해서 기업체의 주요 부서와 업무에 대한 상식을 익히고 좀 더 편안하게 문제를 풀 수 있도록 해 보자.

8 What does the man suggest?
(A) Offering outdoor dining
(B) Moving to another neighborhood
(C) Lowering some prices
(D) Catering corporate events

남자는 무엇을 제안하는가?
(A) 야외 식사를 제공하는 것
(B) 다른 동네로 이동하는 것
(C) 가격을 인하하는 것
(D) 회사 행사에 음식을 제공하는 것

해설 남자가 제안하는 것은 남자가 말하게 된다. 요리사인 남자가 할인된 점심 특선 메뉴를 계획하는 것은 어떠냐고 제안하므로 정답은 (C)이다. discounted는 선택지에서 lower the prices로 패러프레이징되었다.

9 What does the woman ask the man to do?
(A) Hire a new chef
(B) Prepare some food samples
(C) Get ready for an inspection
(D) Organize a training

여자는 남자에게 무엇을 하라고 부탁하는가?
(A) 새로운 요리사를 고용하라고
(B) 음식 샘플을 준비하라고
(C) 검사를 받을 준비를 하라고
(D) 훈련 수업을 준비하라고

해설 여자가 남자에게 부탁하는 것은 여자가 말할 확률이 100%이다. 여자의 마지막 문장에서 메뉴에 올리기 전에 샘플을 맛보고 싶다고 말했으므로 정답은 (B)이다.

Questions 10-12 refer to the following conversation. (미W) (미M)

W Hi, Rodger. ⑩ Welcome back from China. I know you were visiting the companies to provide scarves for our new clothing line. Were you able to find us a new supplier?

M Yes, I think we should use the place called Ying-An Clothing Supplier. Their products are very high quality. ⑪ The only problem is that their scarves cost almost twice as much as other suppliers.

W If they're as well-made as you say, they might be worth the extra cost. ⑫ Why don't we place a small order to see how well they'll fit with our new line?

M Good idea. Let me check with Ying-An to find out the minimum order quantity.

여 안녕하세요, 로저. 중국에서 돌아오신 것을 환영해요. 우리 회사의 새로운 의류라인에 스카프를 제공할 회사들을 방문하신 것을 알아요. 새로운 공급 업체를 찾을 수 있으셨나요?

남 네, 제 생각에는 잉안 의료 용품이라고 불리는 업체를 이용해야 할 것 같아요. 그들의 물건은 품질이 정말 좋아요. 단 한 가지 문제점은 그쪽 스카프 가격이 다른 업체들에 비해서 거의 2배나 된다는 거예요.

여 말씀하신 대로 그렇게 품질이 좋다면 추가 비용을 들일만한 값어치가 있겠죠. 적은 양의 주문을 넣어서 우리의 새로운 라인과 얼마나 잘 맞는지 한번 보는 것은 어떨까요?

남 좋은 생각이에요. 제가 잉안 쪽에 그쪽의 최소 주문 수량을 확인해 보도록 하죠.

어휘 clothing line 의류 라인 quality 품질 well-made 잘 만들어진 worth ~할 값어치가 있다 place an order 주문을 넣다 fit 맞다, 어울리다 minimum 최소의 quantity 수량 property 부동산 supplier 공급업체 professional 전문직의 personnel 직원들, 인사 item 물건 satisfied 만족한 contract 계약, 계약서 renegotiate 재협상하다 reimburse 상환하다 purchase 구매물 sample 견본

10 What did the man do in China?
(A) Bought some property
(B) Visited some suppliers
(C) Attended a professional conference
(D) Trained some personnel

남자는 중국에서 무엇을 했는가?
(A) 부동산을 구매했다.
(B) 공급업체들을 방문했다.
(C) 전문 회의에 참가했다.
(D) 직원들을 훈련시켰다.

해설 과거의 일은 초반에 나오는 경우가 많다. 여자의 첫 문장에서 남자가 새로운 의류 라인에 스카프를 제공할 회사를 찾아다녔다는 것을 알고 있다고 했으므로 정답은 (B)이다.

11 What problem does the man mention?
(A) Some items are expensive.
(B) Some clients are not satisfied.
(C) Some products had low quality.
(D) A contract has to be renegotiated.

남자는 어떤 문제점을 말하는가?
(A) 어떤 물건들이 비싸다.
(B) 어떤 고객들이 만족하지 않는다.
(C) 어떤 상품들이 품질이 낮다.
(D) 계약서가 재협상되어야 한다.

해설 남자가 말하는 문제점은 남자가 말하게 된다. 이 문제의 Key Word는 problem이라는 것을 유념하고 대화를 들어보자. 남자가 유일한 문제점은 그 업체의 스카프는 다른 업체보다 2배 비싸다고 했으므로 정답은 (A)이다.

12 What does the woman suggest?
(A) Renting storage space
(B) Advertising on the Internet
(C) Reimbursing a purchase
(D) Ordering a small sample

여자는 무엇을 제안하는가?
(A) 저장 공간을 임대하라고
(B) 인터넷에 광고를 하라고
(C) 구매한 물건에 대해 상환 받으라고
(D) 적은 양의 샘플을 주문하라고

해설 여자가 제안하는 것은 여자가 말하게 된다. 여자가 소량으로 주문해서 새 상품 라인과 맞는지 보자고 제안했으므로 정답은 (D)이다.

Questions 13-15 refer to the following conversation with three speakers. (미W) (호M) (영W)

W1 Hi, Maria and Kevin. Has either of you seen Pablo today? The lights and computer were off in his office.

M No. But I have his mobile phone number. ⑬ Do you want me to call him, Ms. Haze?

W1 No, that's okay. ⑭ I know Pablo speaks Spanish, and I need him to translate this letter I got from a client in Spain.

M You know, Maria lived in Spain for about seven years. She used to work at a Spanish firm.

W2 That's right, and I have some free time this afternoon if you'd like me to work on it.

W1 Great. I'll give you the copy of the letter so that you can look at it. Thanks, Maria.

여1 안녕하세요, 마리아, 케빈. 누가 오늘 파블로를 보지 못했나요? 그의 사무실의 전등과 컴퓨터가 꺼져 있어요.

남 아니요. 하지만 제가 그의 휴대 전화 번호를 가지고 있는데요. 제가 전화해 볼까요, 해이즈 씨?

여1 아니요, 괜찮아요. 파블로가 스페인어를 하는 걸로 아는데 제가 스페인의 고객한테 받은 편지를 번역하는 데 도움이 필요해요.

남 근데요, 마리아도 스페인에서 7년간 살았어요. 그녀는 스페인 회사에서 일했어요.

여2 맞아요, 그리고 그 작업을 하길 원하시면, 마침 제가 오늘 오후에 시간이 좀 있어요.

여1 잘됐네요. 제가 당신이 볼 수 있도록 편지 복사본을 드릴게요. 고마워요, 마리아.

어휘 either 둘 중의 어느 쪽이나, 아무나 translate 번역하다 copy 복사본 purchase 구매하다 colleague 동료 what for 무엇을 위해서, 왜 contact 연락하다 equipment 장비 overseas 해외의 recommend 추천하다 promotion 승진 correct 수정하다 warn 경고하다 danger 위험

13 What does the man offer to do?
(A) Purchase tickets
(B) Make a reservation
(C) Check a calendar
(D) Call a colleague

남자는 무엇을 해 주겠다고 제안하는가?
(A) 티켓을 사주겠다고
(B) 예약해 주겠다고
(C) 날짜를 확인해 주겠다고
(D) 동료사원에게 전화해 주겠다고

해설 남자가 해 주겠다고 제안하는 것은 남자가 말하게 된다. 파블로를 찾는 여자에게 남자가 전화해 볼까요라고 물어봤으므로 정답은 (D)이다. 제

안(offer)한 내용을 묻는 문제의 정답의 힌트로 'Do you want me to ~, should I ~'로 시작하는 문장이 많이 나온다는 것을 알아두자.

14 What is Pablo needed for?
(A) Translating a document
(B) Contacting an agency
(C) Repairing some equipment
(D) Preparing a trip overseas

무엇 때문에 파블로가 필요한가?
(A) 서류를 번역하기 위해서
(B) 업체에 연락하기 위해서
(C) 장비를 수리하기 위해서
(D) 해외 여행을 준비하기 위해서

해설 파블로를 찾는 이유를 파악해야 한다. 여자들 중 상사로 보이는 여자가 스페인 고객으로부터 받은 편지를 번역해야 한다고 했으므로 정답은 (A)이다.

15 Why does the man say, "Maria lived in Spain for about seven years"?
(A) To recommend Maria for a promotion
(B) To suggest that Maria help with a task
(C) To correct some mistakes
(D) To warn about some dangers

남자가 "마리아도 스페인에서 7년간 살았어요"라고 말한 이유는 무엇인가?
(A) 마리아를 승진에 추천하기 위해서
(B) 마리아가 어떤 작업을 도와줄 수 있다고 제안하기 위해서
(C) 실수를 고치기 위해서
(D) 위험을 경고하기 위해서

해설 신토익 유형의 화자 의도 파악 문제는 따옴표 안의 표현의 문맥상의 의미를 찾아내야 한다. 파블로가 스페인어를 잘해서 찾고 있다는 말을 듣고 마리아도 스페인에서 7년이나 살았다는 말을 한 것은 마리아도 파블로처럼 번역을 도와줄 수 있다는 의미로 말한 것이므로 정답은 (B)이다. (B)에서 task는 문맥상 번역 업무를 가리키는 말이다.

Questions 16-18 refer the following conversation and list. 미W 미M

Melbourne Technology Conference Fees		
Day 1 Only	Member	$70
	Non-member	$80
Day 2 Only	⑰ Member	$95
	Non-member	$105
Both Days	Member	$150
	Non-member	$170

W Hello, I'm Dr. Louise Reynolds. I'm calling about the Melbourne Technology Conference. I want to register but ⑯ your Web site is down again.
M I'm sorry for the inconvenience, Dr. Reynolds. I can help you register over the phone. Will you be attending both days of our conference?
W Actually, no. ⑰ I'm just interested in the second day. And I am a Melbourne Technology Institute member.
M Okay, fine. ⑱ If you give me your member ID number, then I'll make sure you get the necessary discount.
W Of course, hold on for a minute while I get my ID card.

멜번 기술 회의 요금		
첫째 날	회원	70달러
	비회원	80달러
둘째 날	회원	95달러
	비회원	105달러
양일	회원	150달러
	비회원	170달러

여 안녕하세요. 저는 루이즈 레이놀즈 박사입니다. 멜번 기술 회의 건으로 연락 드립니다. 제가 등록을 하고 싶은데 귀하의 웹 사이트가 다시 작동이 되지 않네요.
남 불편을 끼쳐 죄송합니다, 레이놀즈 박사님. 제가 전화로 등록을 접수할 수 있는데요. 저희 회의를 이틀 다 참석하실 건가요?
여 실은 아니에요. 저는 두 번째 날에만 관심이 있어요. 그리고 멜번 기술 협회의 멤버입니다.
남 네, 알겠습니다. 당신의 회원 아이디 번호를 주시면, 제가 필요한 할인을 손님이 받도록 하겠습니다.
여 네, 제가 ID 카드를 가지고 오는 동안 잠깐만 기다려 주세요.

어휘 register 등록하다 be down 고장 나다 inconvenience 불편함 institute 협회 hold 기다리다 work 작동하다 incorrect 틀린 staff member 직원들 unavailable 시간 없는, 만날 수 없는 update 업데이트하다, 바꾸다 provide 제공하다 preference 선호

16 What problem does the woman mention?
(A) A Web site is not working.
(B) A bill is incorrect.
(C) Some staff members are unavailable.
(D) Some schedules have not been updated.

여자는 어떤 문제를 언급하는가?
(A) 웹 사이트가 작동을 하지 않는다.
(B) 고지서가 틀리다.
(C) 어떤 직원들이 시간이 없다.
(D) 어떤 스케줄이 업데이트되지 않았다.

해설 여자가 언급하는 문제는 여자가 말한다. 여자의 첫 문장에서 컨퍼런스에 등록하고 싶으나 해당 웹 사이트가 다운되었다는 내용을 듣고 웹 사이트가 작동하지 않는다(not working)을 골라낼 수 있어야 한다.

17 Look at the graphic. How much will the woman most likely pay?
(A) $70
(B) $80
(C) $95
(D) $105

표를 보시오. 여자는 얼마를 낼 것인가?
(A) 70달러
(B) 80달러
(C) 95달러
(D) 105달러

해설 표/그림 관련 문제는 미리 문제를 읽고 표와 관련해서 어떤 문제가 나올지 생각해야 한다. 여자는 이틀 전부(both days) 회의에 참석하는 것이 아니라 두 번째 날만 참석하는 것에 관심이 있고, 자신은 회원이라고 말하고 있으므로 95달러를 낼 것임을 알 수 있다.

18 What does the man ask the woman to provide?
(A) A registration form
(B) A meal preference
(C) A company name
(D) An identification number

남자는 여자에게 무엇을 제공해 달라고 부탁하는가?
(A) 등록 양식
(B) 식사 선호 사항
(C) 회사 이름
(D) ID 번호

해설 남자가 부탁하는 내용은 남자가 말할 확률이 100%이다. 남자가 할인을 적용하기 위해서 회원카드 ID를 달라고 했으므로 정답은 (D)이다.

PART 4

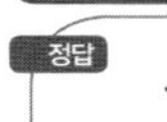

Unit 12 주제별 I – 공공 안내

Step 2 눈과 귀를 매칭시키는 Practice P94

정답 1. (A) 2. (B) 3. (B) 4. (B)

1 Where is the announcement being made?
(A) In a grocery store (B) In a cooking school
이 안내는 어디에서 이루어지고 있는가?
(A) 식료품점 (B) 요리 학원

Question 1 refers to the following announcement. 영W

Attention Hillman's Supermarket customers. While you're in the store today, be sure to check out our newly expanded bakery section located right next to the dairy products. Our bakers have been busy creating new cakes and bread for you.

힐먼 슈퍼마켓 손님 여러분 주목해 주세요. 오늘 여러분이 가게에 계시는 동안 잊지 마시고 유제품 바로 옆에 있는 새롭게 확장된 제빵 코너를 확인해 보시기 바랍니다. 저희 제빵사들이 여러분을 위해 바쁘게 새로운 케이크와 빵을 준비했습니다.

2 What was the cause of the delay?
(A) There was bad weather in the area.
(B) An airplane needed more fuel.
지연의 이유는 무엇인가?
(A) 그 지역의 날씨가 나빴다.
(B) 비행기 연료가 더 필요했다.

Question 2 refers to the following announcement. 미M

Attention passengers of flight 1820 to Casablanca. We apologize for the delay while the aircraft was being refueled but we are now ready to begin boarding. It's going to a full flight tonight.

카사블랑카행 1820 비행기의 승객 여러분은 주목해 주세요. 비행기가 재급유되는 동안 지연된 것에 대해 사과드립니다. 하지만 이제 탑승할 준비가 되었습니다. 오늘 밤의 비행기는 만석이 될 것 같습니다.

3 Who probably is the speaker?
(A) A professional singer **(B) A theater manager**
화자는 누구인가?
(A) 전문 가수 **(B) 극장 매니저**

Question 3 refers to the following talk. 영W

Good evening and welcome to the Berkley Theater. Tonight's dramatic performance will last for approximately 2 hours. There will be a 15-minute intermission during which you can enjoy drinks and refreshments available in the lobby.

안녕하세요. 버클리 극장에 오신 것을 환영합니다. 오늘 밤의 드라마 공연은 약 2시간 정도 지속될 예정입니다. 중간에 로비에 준비된 음료수와 간식을 즐기실 수 있는 15분간의 휴식 시간이 있을 겁니다.

4 What will the company offer at a discounted price?
(A) A sightseeing tour **(B) The evening meal**
회사는 무엇을 할인가에 제공할 것인가?
(A) 관광 견학 **(B) 저녁 식사**

Question 4 refers to the following announcement. 미M

There was some mix-up in our schedules and we will be staying at a different hotel. The new hotel is as pleasant as the one we reserved before. We're very sorry for the inconvenience. To make up for the confusion, there will be a special discount on tonight's dinner buffet.

일정에 착오가 있어서 저희는 오늘 다른 호텔에 묵을 것입니다. 새 호텔은 전에 예약한 곳만큼 좋은 호텔입니다. 불편을 일으켜 죄송합니다. 혼동을 일으킨 것을 보상하기 위해 오늘 저녁 뷔페를 특별 할인가에 제공합니다.

Step 3 기초 마스터 P95

정답
1. (B) 2. (B) 3. (A) 4. (B) 5. (B)
6. (A) 7. (A) 8. (B) 9. (B) 10. (B)
11. (B) 12. (A)

Questions 1-3 refer to the following talk. 미W

Good afternoon. ❶ ❷ We'll start the tour of the historic Wellington House in just a few minutes. First, I'd like to tell you a few rules to keep you safe and to protect the artworks. Please be careful of your footing because the floor is uneven in many places. Also when we go up the staircase, you will need to watch your step as it is very steep. And finally, ❸ no flash photography is permitted anywhere in the Wellington House. Thank you for your consideration. Now let's begin our tour in the main entryway.

안녕하세요. 이제 몇 분 후에 역사적인 웰링톤 하우스의 관광을 시작하겠습니다. 먼저, 여러분의 안전과 예술 작품 보호를 위해 몇 가지 규칙을 말씀 드리겠습니다. 바닥 곳곳이 평평하지 않으니 발을 디디실 때 조심하시기 바랍니다. 또한 계단이 가파르니 올라가실 때 조심하셔야 합니다. 마지막으로, 플래시를 켠 상태의 사진 촬영은 웰링톤 하우스의 어느 곳에서도 허용되지 않습니다. 여러분의 배려에 감사 드립니다. 이제 입구 쪽에서 관광을 시작해 보도록 하죠.

어휘 historic 역사적인 artwork 예술 작품 footing 발을 디딤 uneven 평평하지 않은 staircase 계단 steep 가파른 permit 허락하다 consideration 배려, 고려 entryway 입구의 통로 photographer 사진작가 prohibit 금지하다

1 Who is speaking?
(A) A photographer
(B) A tour guide
누가 말하고 있는가?
(A) 사진 작가
(B) 관광 가이드

해설 말하는 사람이 누구인지를 물어보는 GQ으로 초반에 가장 큰 힌트가 제시된다. 초반에 견학을 시작한다고 한 부분에서 말하는 사람은 관광 가이드라는 것을 알 수 있다.

2 Where is the announcement being made?
(A) At a photography studio
(B) At a historic building
안내가 나오고 있는 장소는 어디인가?

(A) 사진 스튜디오
(B) 역사적인 건물

해설 담화를 하고 있는 장소를 물어보는 내용은 GQ로 초반에 힌트가 제시된다. 하나의 지문에서 GQ가 두 개가 등장할 때에 한 문장에서 여러 문제에 대한 힌트가 나올 수 있으므로, 문제를 미리 다 읽고 유형을 분석해 두는 것이 중요하다. 초반에 역사적인 장소를 방문하는 중이라는 것을 알 수 있으므로 정답은 (B)이다.

3 According to the speaker, what is prohibited?
(A) Taking flash photographs
(B) Using mobile phones

화자에 의하면, 무엇이 금지되는가?
(A) 플래시를 켜고 사진을 찍는 것
(B) 휴대폰을 사용하는 것

해설 담화문에서 주로 초반에는 공지가, 뒷부분에는 지시 사항이나 주의 사항이 나오는 경우가 많다. 플래시 사진을 찍을 수 없다고 했으므로 정답은 (A)이다. 특히, 오래된 유물은 사진 촬영이 금지된 경우가 많다는 것도 상식적으로 기억해 두자.

Questions 4-6 refer to the following announcement. 호M

Attention passengers, thank you so much for waiting here on the bus while I investigated the problem. Unfortunately, ❹ we have a flat tire. So I had to call a mechanic to come and help change it. We have called the closest mechanic who should be here any moment now. I'm sure we'll get the tire replaced and get back on the road soon. If everything goes according to plan, ❺ we should be able to leave here at 3:00 p.m. Until then, feel free to get off the bus to take a look around or visit the coffee shop at the corner. Right now is 1 o'clock, ❻ please make sure you're back by three. We'd like to depart as soon as the problem is fixed.

승객 여러분, 주목해 주세요. 제가 문제점을 조사하는 동안 버스에서 기다려 주셔서 대단히 감사합니다. 불행히도 타이어에 펑크가 났습니다. 그래서 기술자가 와서 교환하도록 연락을 취했습니다. 가장 가까운 기술자가 곧 여기에 도착할 것입니다. 저는 타이어를 바로 교체하고 출발할 수 있을 거라고 확신합니다. 모든 것이 계획대로 된다면 우리는 오후 3시에 이곳을 출발할 수 있을 것입니다. 그때까지, 자유롭게 버스에서 내려서 돌아다니시거나 모퉁이에 있는 커피숍에 들르셔도 좋습니다. 지금이 1시인데 3시까지는 잊지 말고 돌아오시기 바랍니다. 우리는 문제가 해결되는 대로 출발하겠습니다.

어휘 investigate 조사하다, 알아보다 unfortunately 불행히도 mechanic 기술자, 수리공 any moment 곧 replace 교체하다 according to ~에 따라 get off 내리다 at the corner 모퉁이에 make sure 반드시 ~하다 be back 돌아오다 depart 출발하다 as soon as ~하자마자 cause 야기시키다 delay 지연 flat tire 펑크 난 타이어 expect 기대하다 depart 출발하다 on time 시간에 맞추어

4 What is causing a delay?
(A) An engine problem
(B) A flat tire

무엇이 지연을 시켰는가?
(A) 엔진 문제
(B) 펑크 난 타이어

해설 지연 안내는 교통 안내 중 가장 많이 나오는 주제이다. 이유나 목적을 나타내는 내용도 주로 GQ에 해당해서 초반에 힌트가 나오는 경우가 많다. 문제점을 조사해 보니 펑크가 났다고 했으므로 정답은 (B)이다.

5 According to the speaker, at what time is the bus expected to depart?
(A) At 1 P.M.
(B) At 3 P.M.

화자에 의하면, 버스는 몇 시에 출발할 것인가?
(A) 오후 1시에
(B) 오후 3시에

해설 전형적인 SQ로 지문에 제시된 여러 가지 시간 정보 중 문제가 묻는 것을 정확히 파악할 수 있어야 한다. 계획대로라면, 3시에 이곳을 떠날 수 있다고 했으므로 정답은 (B)이다. 1시는 현재 시간이다.

6 What does the speaker ask the listeners to do?
(A) Return on time
(B) Find their tickets

화자는 청자들에게 무엇을 하라고 요청하는가?
(A) 시간에 맞춰 돌아오라고
(B) 자신들의 티켓을 찾으라고

해설 화자가 청자에게 부탁하거나 지시하는 내용은 주로 지문의 후반부에 등장하게 된다. 타이어를 고치면 바로 출발할 수 있도록 3시까지는 반드시 돌아오라고 했으므로 정답은 (A)이다. 지문의 be back by three는 선택지에서 return on time으로 패러프레이징되었다.

Questions 7-9 refer to the following announcement. 미M

May I have your attention please! ❼ We'll be arriving shortly at Heathrow International Airport. The current weather is 21 degrees Celsius, a little cloudy but warm for this time of the year. I hope you have a wonderful time in London. ❽ Now, in preparation for our landing, we ask you now bring your seats back to upright position and return your tray table to the locked position. Please fasten your seat belts and ❾ remain seated until we safely land on the ground and the captain turns off the seat belt sign.

여러분 주목해 주시기 바랍니다. 우리는 곧 히드로 국제공항에 도착할 것입니다. 현재 날씨는 섭씨 21도로 구름이 많지만 평소 이때 날씨 치고는 따뜻한 편입니다. 여러분이 런던에서 좋은 시간을 보내기를 바랍니다. 자, 이제 착륙 준비를 하기 위해서 여러분의 좌석을 제자리로 세워 주시기 바라며 쟁반 테이블도 잠근 상태로 돌려주시기 바랍니다. 안전벨트를 매시고 우리가 땅에 안전하게 착륙해서 기장이 안전벨트 사인을 끌 때까지 제자리에 앉아 계시기 바랍니다.

어휘 attention 집중 shortly 곧 current 현재의 celsius 섭씨의 in reparation for ~을 준비해서 upright 똑바로, 일으켜 세운 position 자세, 자리 tray 쟁반 lock 잠그다 fasten 조이다, 채우다 seat belt 안전벨트 intend 의도하다 passenger 승객 air traffic controller 항공교통 관제사 electronic 전기의, 전자의 device 장치, 기계 prepare for ~을 준비하다 get off 내리다 safely 안전하게

7 For whom is this announcement intended?
(A) Airplane passengers
(B) Air traffic controllers

이 안내 방송은 누구를 대상으로 하는가?
(A) 비행기 승객
(B) 비행 관제사

해설 누가 듣는지를 물어보는 GQ로 주로 초반에 힌트가 제시된다. 초반에 조금 있다 공항에 도착할 것이라고 했으므로 비행기 승객에게 방송되는 내용이라는 것을 알 수 있다. 따라서 정답은 (A)이다.

8 What are the listeners asked to do?
(A) Turn off electronic devices
(B) Prepare for landing

청자들은 무엇을 하라고 부탁을 받는가?
(A) 전기 장치를 끄기
(B) 착륙 준비하기

해설 청자들에게 부탁하는 내용은 명령이나 권유/청유조로 이야기하게 된다. 착륙 준비를 하기 위해서 좌석을 세우고 쟁반을 원위치로 되돌리라고 했으므로 가장 적절한 것은 착륙 준비를 하라는 내용으로 이해될 수 있다. 따라서 정답은 (B)이다.

9 When can the listeners leave their seats?
(A) After the captain gets off the plane
(B) When they safely land on the ground

청자들은 언제 좌석을 떠날 수 있는가?
(A) 기장이 비행기에서 내린 이후
(B) 그들은 안전하게 땅에 착륙한 이후

해설 Part 4는 주제별로 상식이 있으면 상당히 유리하다. 안전하게 착륙해서 기장이 안전벨트 사인을 끌 때까지 앉아 있어야 한다고 했으므로 정답은 (B)이다. captain(기장)이라는 단어가 나오긴 했지만 기장이 먼저 비행기에서 내려야 한다는 내용은 없었다.

Questions 10-12 refer to the following talk. 미W

Good morning, everyone. ⑩ My name is Melanie and I'll be your guide for the day. With this great weather, it will be a perfect day for our bus tour. We will visit all the major historic sites of the city and have plenty of time to relax and enjoy the beautiful weather and scenery, too. Our trip will last about 4 to 5 hours, so you might want to grab a snack before we go. ⑪ We will be providing bottled water for everyone. Also, get your cameras ready because there will be many opportunities to use them. We have about 30 minutes until our bus arrives ⑫ for our 10 o'clock departure.

좋은 아침입니다, 여러분. 제 이름은 멜라니이고 오늘 여러분의 가이드입니다. 날씨가 좋아서 버스 관광을 하기에 완벽한 날입니다. 저희는 시내의 주요 역사적 장소를 방문하고 아름다운 날씨와 경치를 즐기면서 여유로운 시간을 보낼 수 있는 시간이 많을 것입니다. 우리 여행은 약 4~5시간이 걸릴 것이니, 출발하시기 전에 간식을 드셔도 좋을 것 같습니다. 저희가 여러분을 위해서 병에 담긴 물을 제공해 드릴 겁니다. 또한, 카메라를 준비하세요. 왜냐하면 카메라 사용할 기회가 아주 많을 겁니다. 우리는 10시에 출발하는 버스가 도착할 때까지 약 30분의 여유 시간이 있습니다.

어휘 perfect 완벽한 historic 역사적인 site 장소 scenery 경치 last 지속하다 grab a snack 간단히 먹다 bottled water 병에 담긴 물 opportunity 기회 departure 출발 weather forecaster 기상 예보원 travel agency 여행사 provide 제공하다

10 Who probably is the speaker?
(A) A weather forecaster
(B) A travel agency employee

말하는 사람은 누구인가?
(A) 기상 통보원
(B) 여행사 직원

해설 말하는 사람이 누구인지를 물어보는 GQ로 초반에 힌트가 제시된다. 본문의 첫 문장에서 자신이 가이드라고 말한 부분을 듣고 이와 가장 근접한 (B) 여행사 직원을 고를 수 있어야 한다. 난이도가 높을수록 정답은 뜻이 비슷한 다른 표현이 쓰여 있는 경우가 많다.

11 What will be provided for listeners?
(A) Light snacks
(B) Drinking water

청자들을 위해서 무엇이 제공될 것인가?
(A) 가벼운 간식
(B) 마실 물

해설 우리가 여러분을 위해 병에 담긴 물을 제공할 것이라고 했으므로 물을 제공한다는 것을 알 수 있다. 간식(snack)이 언급되긴 했지만 여행사 측이 관광객들에게 제공한다는 내용은 없다.

12 What time are the listeners leaving?
(A) 10:00 A.M.
(B) 10:30 A.M.

청자들은 언제 출발할 것인가?
(A) 오전 10시
(B) 오전 10시30분

해설 전형적인 SQ로 여러 시점에서 문제에서 원하는 출발하는 시점을 정확하게 골라야 한다. 마지막 문장에서 10시에 버스가 출발하는데, 30분 정도 남았다고 했으므로 출발 시간은 10시라는 것을 알아야 한다. 무조건 나오는 시간들을 더해서 10시 30분을 고르지 않도록 주의하자.

Step 4 실전 마스터 P96

정답

1. (A)	**2.** (D)	**3.** (B)	**4.** (B)	**5.** (C)
6. (A)	**7.** (A)	**8.** (B)	**9.** (D)	**10.** (B)
11. (C)	**12.** (A)	**13.** (A)	**14.** (B)	**15.** (C)
16. (C)	**17.** (D)	**18.** (D)		

Questions 1-3 refer to the following announcement. 호M

① Attention all passengers. This is your captain speaking. You're on the 8:30 P.M. flight to Hamburg. ② We'll be taking off 15 minutes later than expected to allow some passengers from a connecting flight to board the airplane. Despite this delay, ③ we still anticipate an on-time arrival in Hamburg as weather conditions continue to be favorable. Thank you for your patience.

승객 여러분 주목해 주세요. 저는 기장입니다. 여러분은 지금 8시 30분 함부르크행 비행기에 타고 계십니다. 저희는 연결편 비행기에서 이 비행기를 타려고 오시는 몇몇 승객들을 위해서 예정 시간보다 15분 늦게 출발합니다. 이 지연에도 불구하고, 날씨가 계속해서 좋기 때문에 함부르크에는 정시에 도착할 것을 기대하고 있습니다. 여러분의 양해에 감사드립니다.

어휘 captain 기장 connecting flight 연결편 비행기 delay 지연 anticipate 기대하다 continue 지속하다, 계속하다 favorable 호의적인, 좋은 patience 인내심 cause 이유 load 짐을 싣다 luggage 짐, 가방 vehicle 자동차, 탈것 refuel 재급유하다 condition 상황 on time 시간에 맞추어 provide 제공하다

1 Where most likely are the listeners?
(A) In an airplane
(B) On a train
(C) On a bus
(D) In a waiting room

청자들은 어디에 있는가?
(A) 비행기
(B) 기차
(C) 버스
(D) 대기실

해설 청자들이 있는 장소를 물어보는 GQ로 앞쪽에서 힌트가 제시된다. 첫 문장의 내용을 볼 때 함부르크행 비행기에 탑승한 승객들에게 기장이 출발이 지연되는 이유에 대해 설명하고 있으므로 정답은 (A)이다.

2 What is the cause of the delay?
(A) Some workers are loading the luggage.

(B) There is a stormy weather.
(C) A vehicle has to be refueled.
(D) Some passengers have not yet arrived.

지연의 이유는 무엇인가?
(A) 일꾼들이 짐을 싣고 있다.
(B) 폭풍우가 치고 있다.
(C) 자동차에 재급유를 해야 한다.
(D) 몇몇 승객들이 아직 도착하지 않았다.

해설 교통이 지연되는 이유가 교통 관련 문제 중 가장 많이 출제된다. 이전에 정답이었던 선택지라고 해서 다음에도 정답이 되라는 법은 없으므로 지문과 문제를 잘 이해하고 답을 골라야 한다. 연결편 비행 승객들이 비행기를 탈 수 있을 때까지 기다리기 위해 15분 늦게 출발할 것이라고 했으므로 정답은 (D)이다. 배경 지식도 중요하지만 각각의 문제는 Key Word를 정확하게 파악하고 문제 풀이에 임해야 한다는 것을 잊지 말아야 한다.

3 What does the speaker say he expects will happen?
(A) Weather conditions will get worse.
(B) A flight will arrive on time.
(C) Some seats will be available.
(D) Some food will be provided.

화자는 어떤 일이 일어날 것이라고 말하는가?
(A) 날씨가 악화될 것이다.
(B) 비행기가 정시에 도착할 것이다.
(C) 좌석이 생길 것이다.
(D) 음식이 제공될 것이다.

해설 화자가 생각하는 미래에 일어날 일은 뒤쪽에서 힌트를 주는 경우가 많다. 뒷부분에서 출발은 늦었지만, 함부르크에 정시에 도착할 것으로 예상한다고 했으므로 정답은 (B)이다.

Questions 4-6 refer to the following talk. (미M)

Welcome to Rock Point Caves. My name is Oliver and I'll be your tour guide this afternoon. ❹ Our tour will last about 2 hours, and we will walk about 3 kilometers through the caves. ❺ You're welcome to take pictures during the tour, but you must stay on the wooden walkway all the time. Due to the caves' natural moisture, the rock floor is wet and slippery. ❻ So please watch your step and walk carefully. One final note — please leave any food or beverages on the tour bus because you are not allowed to bring them into the caves. Now, let's begin our tour.

락포인트 동굴에 오신 것을 환영합니다. 제 이름은 올리버입니다. 제가 오늘 오후에 여러분의 가이드가 될 것입니다. 관광은 약 2시간 지속되며, 동굴 안을 3킬로미터 정도 걸을 예정입니다. 관광 중 사진 촬영은 환영하지만 항상 나무로 만들어진 보행로 위에 계셔야 합니다. 동굴 자체의 습기 때문에 돌로 된 지표면은 물기가 많고 미끄럽습니다. 그러니 동굴 안에서는 발을 조심하여 걸으시기 바랍니다. 마지막으로, 모든 음식이나 음료는 관광버스에 두고 가십시오. 동굴 안으로 가지고 가는 것은 허용되지 않습니다. 자, 그럼 관광을 시작해 보도록 하죠.

어휘 wooden 나무로 된 walkway 통로 natural 자연의 moisture 습기 slippery 미끄러운 step 걸음, 단계 carefully 조심스럽게 note 지적, 메모 beverage 음료수 be allowed to ~하는 것을 허락하다 describe 묘사하다 award 상 promote 판촉하다 take a break 쉬다 in the middle 중간에 suggest 제안하다 safety glasses 보안경 wait in line 줄서서 기다리다

4 What is the main purpose of the talk?
(A) To introduce a new employee
(B) To describe a nature tour
(C) To give an award
(D) To promote a product

담화의 주요 목적은 무엇인가?
(A) 새로운 직원 소개
(B) 자연 관광 설명
(C) 상 수여
(D) 상품 홍보

해설 목적을 물어보는 GQ도 앞쪽에서 힌트를 주는 것이 일반적이다. 자신을 가이드라고 소개한 뒤 동굴 견학 일정을 소개하는 내용을 듣고 정답이 (B)라는 것을 알 수 있어야 한다. introduce라는 어휘만 보고 (A)를 고르지 않도록 주의하자.

5 What are the listeners invited to do during the tour?
(A) Take a break in the middle
(B) Come to a dinner party
(C) Take pictures
(D) Bring some food

청자들은 관광 중에 무엇을 하도록 격려받는가?
(A) 중간에 휴식 시간을 갖기
(B) 저녁 파티에 오기
(C) 사진 찍기
(D) 음식 가져오기

해설 〈be invited+to부정사〉는 '~하도록 추천되다'라는 의미로 토익에서 자주 나오는 표현이다. 어떤 행동을 하라고 추천하는 내용에 자주 사용된다. 견학 동안 얼마든지 사진을 찍어도 좋다고 했으므로 이 부분이 어떤 행동을 추천하는 내용으로 이해할 수 있다.

6 What does the speaker suggest?
(A) Walking carefully
(B) Putting on safety glasses
(C) Asking questions
(D) Waiting in line

화자가 제안하는 것은 무엇인가?
(A) 조심해서 걷기
(B) 보안경 쓰기
(C) 질문하기
(D) 줄 서서 기다리기

해설 화자가 제안하는 내용을 주어진 선택지 중에 골라야 하는 문제로, 지문을 들으면서 동시에 눈으로는 주어진 선택지를 확인해야 한다. 'be sure to ~', 'don't forget to', 'please'로 시작하는 문장들은 간곡한 부탁으로 많이 사용된다. 조심해서 걸어야 한다고 말한 부분에서 정답이 (A)라는 것을 알 수 있다.

Questions 7-9 refer to the following announcement. (미W)

Attention all shoppers! ❼ Trader Joe's will be closing in 15 minutes at 10 P.M. ❽ If you still haven't paid for what you wanted to purchase, please go to the nearest cash register. ❾ Please go to the registers where they have green lights on. Do not go to the registers without the lights because they have already closed for the day. Trader Joe's will be closed tomorrow for a Jewish Holiday, but will reopen on Thursday at our regular time at 9:00 in the morning. Thank you for shopping at Trader Joe's and have a good evening.

쇼핑하시는 여러분 주목해 주세요. 트레이더 조는 15분 후인 오후 10시에 문을 닫겠습니다. 구매하고 싶으신 물건 값을 아직 지불하지 않으신 분들은 가까운 계산대로 가시기 바랍니다. 초록색 불이 들어와 있는 계산대로 가시기 바랍니다. 불이 꺼진 계산대는 이미 오늘 업무가 종료되었으니 그쪽으로는 가시지 말기 바랍니다. 트레이더 조는 내일 유태인 휴일로 문을 닫습니다만 목요일에는 정규 영업 시간인 아침 9시에 문을 엽니다. 트레이더 조에서 쇼핑을 해 주셔서 감사합니다. 좋은 저녁 시간을 가지세요.

어휘 purchase 구매하다, 구매물 register 등록기, 계산대 Jewish 유태인의 reopen 다시 열다 trading 거래 certain 특정한

7 What is being announced?
(A) The closing of a store
(B) The opening of a new business
(C) Special prices on some items
(D) Trading price for a certain product

무엇이 안내되고 있는가?
(A) 가게의 업무 종료
(B) 새로운 가게의 개점
(C) 몇몇 상품의 특별 가격
(D) 특정 상품의 거래 가격

해설 안내되고 있는 전체적인 주제를 물어보고 있는 GQ로 앞쪽에서 힌트를 주는 것이 일반적이다. 첫 문장에서 안내 방송이 나오는 곳은 쇼핑하는 장소라는 것을 알 수 있는데, 가게가 15분 후에 문을 닫는다고 했으므로 정답은 (A)이다.

8 What are listeners invited to do?
(A) Close the register
(B) Pay for the purchase
(C) Shop at the new store
(D) Come back the next day

청자들은 무엇을 하라고 독려되는가?
(A) 계산대를 닫기
(B) 물건 값을 지불하기
(C) 새로운 가게에서 쇼핑하기
(D) 다음 날 돌아오기

해설 아직 사고 싶은 물건 값을 지불하지 않았으면 가까운 계산대로 가라고 했으므로 정답은 (B)이다. register라는 어휘가 등장했지만, 계산대를 닫을 수 있는 것은 가게 직원들이므로 (A)는 정답이 될 수 없다.

9 What do green signs identify?
(A) The clothing department
(B) The emergency exit
(C) The direction to the manager's office
(D) The open registers

초록색 사인은 무엇을 나타내는가?
(A) 옷 매장
(B) 비상 출구
(C) 매니저 사무실로의 길 안내
(D) 작동하는 계산대

해설 이 문제의 Key Word인 green signs(초록색 표시)에 유의하여 지문을 듣자. 초록색 표시가 없으면 운영되지 않는 계산대이므로 불이 켜진 계산대로 가라고 했으므로 green lights/signs는 작동되는 계산대를 말한다는 것을 알 수 있다.

Questions 10-12 refer to the following talk. (호M)

❿ Welcome to the Marshall Textile Factory tour. As most of you know, our factory provides high-quality fabrics to clothing manufacturers across the world. During the tour of the facility, you will see the care that goes into making each of our many types of fabrics. I am sorry to tell you about a change made to our schedule. Normally, we'd start by showing you how fabrics are made on our weaving machines. ⓫ However, another group is still in that area, so today we'll start in the final packaging room and do the tour in reverse, visiting the weaving machine at the end. Also, ⓬ we'd like to offer a 10 percent discount on fabric purchased today only.

마샬 섬유 공장 견학에 오신 것을 환영합니다. 여러분 대부분이 아시겠지만, 우리 공장은 고품질의 섬유를 전 세계의 의류 공장에 제공하고 있습니다. 여러분은 시설을 견학하시면서 다양한 섬유 종류 각각에 우리가 기울이는 정성을 엿볼 수 있을 것입니다. 우리 일정에 변동이 생긴 것에 대해서 죄송스럽지만 알려드리겠습니다. 보통은 저희 섬유가 직조 기계에서 어떻게 만들어지는지에 대해서 보여드리면서 시작을 하지만, 아직 다른 그룹이 그 장소에 있어서 오늘은 반대로 마지막 포장 구역부터 시작해서 직조 기계를 마지막으로 방문하겠습니다. 또한, 오늘만 섬유 구매에 10% 할인을 제공해 드리겠습니다.

어휘 textile 섬유 provide 제공하다 quality 품질 fabric 섬유 manufacturer 제조업체 care 돌봄, 정성 normally 일반적으로, 보통은 weave 짜다, 직조하다 final 최종의 packaging 포장 in reverse 반대로, 거꾸로 take place 일어나다 trade fair 무역 박람회 outdoor 야외의 duration 기간 distance 거리 location 위치 leader 인솔자 special 특별한 discussion 토론, 대화

10 Where is the tour most likely taking place?
(A) At a fashion show
(B) At a fabric factory
(C) At a trade fair
(D) At an outdoor market

견학은 어디에서 이루어지고 있는가?
(A) 패션쇼
(B) 섬유 공장
(C) 무역 박람회
(D) 야외 시장

해설 견학이 일어나는 장소를 물어보는 GQ로 첫 문장에서 섬유 공장이라고 말하는 부분에서 정답을 고를 수 있어야 한다. 특히 textile, fabric은 뜻이 같은 표현으로 암기해 두도록 하자. 물론 그 이후에도 이 어휘들이 등장하지만, 가능하면 첫 번째 힌트에서 정답을 고르는 훈련을 하도록 하자.

11 What does the speaker say has changed about the tour?
(A) The duration
(B) The distance
(C) The starting location
(D) The tour leader

화자는 견학에서 무엇이 바뀌었다고 말하는가?
(A) 기간
(B) 거리
(C) 시작점
(D) 투어 가이드

해설 일정 변경도 행사 관련 문제에 많이 등장하는 사항 중 하나이다. 일정에 변경이 있어서 보통은 직조 기계에서 시작했지만, 이번에는 마지막 포장 지역에서 시작해서 직조 기계로 거꾸로 진행하겠다고 했으므로 정답은 (C)이다. 다양한 동의어를 익혀서 난이도 높은 문제의 정답을 고를 수 있도록 훈련하자.

12 What does the speaker offer the listeners?
(A) A special discount
(B) A longer tour
(C) Free samples
(D) Discussion time

화자는 청자들에게 무엇을 제공하는가?
(A) 특별 할인
(B) 더 긴 견학
(C) 무료 샘플
(D) 토론 시간

해설 오늘만 섬유 구매에 대해 할인을 해 주겠다고 했으므로 정답은 (A)이다.

Questions 13-15 refer to the following announcement. 미M

May I have everyone's attention please? ⑬ Thank you for coming to the Science Theater of the Delvin Museum and thank you all for waiting so patiently in line. Unfortunately, ⑭ we have just filled all the seats for the 11 o'clock showing of today's documentary film, *Into the Space*. However, there will be another showing at 2 o'clock and we'll have fewer attendees at this time. We hope you'll return then. In the meantime, feel free to continue exploring the museum exhibits, cafeteria and gift shop.

여러분 모두 주목해 주세요. 델빈 박물관의 과학 극장에 와 주셔서 감사합니다. 그리고 인내심 있게 줄 서서 기다려 주신 것에 대해서도 감사합니다. 죄송하지만, 오늘의 다큐멘터리 영화 〈우주 속으로〉의 11시 상연의 좌석이 조금 전에 다 찼습니다. 하지만 2시에 또 다른 상연이 있을 것이고 그때는 참석자가 적을 것 같습니다. 그때 다시 돌아와 주시기 바랍니다. 그 사이에 박물관의 전시회나, 식당, 기념품점을 편하게 구경해 주세요.

어휘 in line 줄 서서 patiently 인내심 있게, 참을성 있게 unfortunately 불행하게도 fewer 더 적은 attendee 참석자 feel free to 편하게 ~하다 continue 지속하다, 계속하다 explore 탐험하다 cafeteria 식당 exhibition 전시

13 Where is the announcement being made?
(A) At a museum
(B) At a university
(C) At a department store
(D) At a restaurant

이 안내는 어디에서 이루어지는가?
(A) 박물관
(B) 대학교
(C) 백화점
(D) 식당

해설 안내가 이루어지는 장소를 물어보는 GQ로 초반에 힌트를 주고 있다. 박물관에 있는 극장에 오신 것을 환영한다는 부분에서 박물관 내부의 극장에서 이루어지는 안내임을 알 수 있다. 선택지 중에서는 (A)가 적절하다. 난이도가 올라갈수록 공항의 주차장, 백화점의 카페와 같이 특정 장소가 세부적으로 다른 의미를 갖는 경우가 있다. 미리 선입견을 갖고 문제에 접근하기 보다는 주어진 선택지 중에 가장 적절한 것을 고르는 훈련을 해야 한다.

14 What are the listeners waiting to attend?
(A) A lecture
(B) A documentary film
(C) A special exhibition
(D) A musical concert

청자들은 무엇을 참석하려고 기다리고 있는가?
(A) 강의
(B) 다큐멘터리 영화
(C) 특별 전시
(D) 음악 콘서트

해설 줄을 서서 기다리는 것은 다큐멘터리 영화라고 했으므로 (B)가 그대로 정답이다.

15 What does the speaker imply when he says, "there will be another showing at 2 o'clock"?
(A) He wants to get a deadline extension.
(B) A renovation will be completed.
(C) The listeners should return at a later time.
(D) The listeners should make a reservation.

남자가 "2시에 또 다른 상연이 있을 것이다"라고 말한 의미는 무엇인가?
(A) 그는 마감 연장을 원하고 있다.
(B) 보수가 완료될 것이다.
(C) 청자들은 나중에 다시 와야 한다.
(D) 청자들은 예약을 해야 한다.

해설 화자 의도 문제는 앞뒤 문맥상의 의미를 파악해야 한다. 2시에 또 다른 상연이 있을 거라고 말하면서 그때는 참석자가 적을 것 같다고 했다. 그리고 나서 그때 다시 돌아와 주시기 바란다고 했으므로 나중에 다시 오라는 의미임을 알 수 있다.

Questions 16-18 refer to the following announcement and timetable. 미W

Oceanfront Island Ferry	
Departures	Arrivals
9:30 A.M.	10:00 A.M.
10:30 A.M.	11:00 A.M.
6:30 P.M.	7:00 P.M.
⑰ 8:00 P.M.	8:30 P.M.

Attention all passengers leaving on the 6:30 P.M. ferry to Nelson Island. ⑯ Due to a storm along the coast, this ferry has been cancelled. ⑰ However, the storm is moving quickly so that it should be out of the area before the last departure of the day. While you wait, you can explore the area on your own, but please be back in time for the last ferry of the day. Also, if you want to enjoy the scenery of the area, you can come to the upper deck of the boat later on, but ⑱ you might want to put on a sweater or jacket because it can be pretty chilly up there. Thanks for your patience and we apologize for the inconvenience.

오션프런트 아일랜드 페리	
출발	도착
오전 9:30	오전 10:00
오전 10:30	오전 11:00
오후 6:30	오후 7:00
오후 8:00	오후 8:30

오후 6시 30분 페리를 타고 넬슨 섬으로 떠나시는 모든 승객들은 주목해 주세요. 해안 지역의 폭풍 때문에 이 페리는 취소되었습니다. 하지만 폭풍이 빠르게 이동하고 있고 오늘의 마지막 출발 시각 전에는 이 지역을 빠져나갈 것 같습니다. 기다리시는 동안, 따로 구경을 하셔도 되지만, 오늘 마지막 페리를 타기 위해서 돌아오시기 바랍니다. 그리고 근처의 경치를 즐기고 싶으시면 나중에 위쪽 갑판으로 올라오셔도 되지만, 그곳은 꽤 추울 수 있으니 스웨터나 외투를 입으시는 것이 좋으실 겁니다. 여러분의 인내심에 감사 드리고 불편을 초래해서 죄송합니다.

어휘 ferry 페리, 여객선 departure 출발 scenery 경치 upper 위쪽의 deck 갑판 put on 입다 chilly 추운 patience 인내심 apologize 사과하다 inconvenience 불편 mechanical 기계적인 security 보안 lack 부족 souvenir 기념품

16 What has caused the cancellation?
(A) Mechanical problems
(B) Security issues
(C) Bad weather
(D) A lack of passengers

무엇 때문에 취소되었는가?
(A) 기계적인 문제
(B) 보안 문제
(C) 나쁜 날씨
(D) 승객의 부족

해설 교통 안내에서 가장 많이 나오는 지연 안내 다음으로 많이 나오는 것은 취소/결항 안내이다. 초반에 해안의 폭풍 때문에 페리가 취소되었다고 했으므로 정답은 (C)이다.

17 Look at the graphic. What time will the ferry leave?
(A) 9:30 A.M.
(B) 10:30 A.M.
(C) 6:00 P.M.
(D) 8:00 P.M.

표를 보시오. 언제 페리가 떠날 것인가?
(A) 오전 9:30
(B) 오전 10:30
(C) 오후 6:00
(D) 오후 8:00

해설 표/시각 자료 관련 문제는 문제를 미리 읽고 표를 분석해서 어떤 부분을 들려줄지 예상해 보는 작업이 필요하다. 이 문제에서는 페리가 몇 시에 출발할지 표를 통해서 예상해 봐야 한다. 지문 내용에서 6시 30분 페리가 취소되었으나 폭풍은 마지막 페리가 출발하기 전에 지나갈 것이므로, 마지막 페리를 타기 위해서 잊지 말고 돌아오라고 했으므로 페리는 8시에 출발함을 알 수 있다.

18 What does the speaker say listeners may want to do?
(A) Travel the next day
(B) Visit the souvenir shops
(C) Take a picture of the scenery
(D) Wear warm clothing

화자는 청자들이 무엇을 하고 싶을 것이라고 말하는가?
(A) 다음 날 여행가는 것
(B) 기념품 가게를 방문하는 것
(C) 풍경 사진을 찍는 것
(D) 따뜻한 옷을 입는 것

해설 화자가 청자가 하고 싶을 것이라고 추측하는 내용, 즉 제안하는 내용을 파악해야 한다. 갑판은 추우니 스웨터나 외투를 입고 싶을 것이라고 말한 부분으로부터 정답이 (D)임을 알 수 있다. 나머지 선택지는 그럴 듯해 보이기는 하나 내용에는 언급되지 않았다.

원쌤의 REAL SOLUTION

Part 4는 한 사람이 쉬지 않고 말하기 때문에 정확하게 문제를 읽고, Key Word를 파악해야 녹음 내용에서 문제의 해답 부분을 찾을 수 있다. 화자(Speaker)가 하는 것과, 청자(Listeners)에게 시키는 것을 구분할 수 있어야 한다. 특히, 내용의 후반부에 나오는 권유/청유/지시/금지하는 내용은 세 문제 중 하나씩 거의 매번 출제되니 지문에서 제안/지시하는 부분을 밑줄을 치면서 골라내고 따라 읽는 훈련을 해 보자.

Unit 13 주제별 II – 녹음 메시지

Step 2 눈과 귀를 매칭시키는 Practice P100

정답 1. (B) 2. (A) 3. (B) 4. (B)

1 What business is the speaker calling?
(A) A doctor's office **(B) A transportation service**

화자는 어떤 업체에 전화를 하고 있는가?
(A) 병원 **(B) 교통 서비스 업체**

Question 1 refers to the following telephone message. 미M

Hello, I'm calling about a problem I had with your bus service. I ride the 6 o'clock bus home from work. Yesterday evening, I waited for the bus for over an hour before giving up and taking a taxi home.

안녕하세요, 저는 당신의 버스 서비스를 이용하는 데 문제가 있던 것에 관해 전화드립니다. 제가 직장에서 6시 버스로 퇴근을 하는데요, 어제 저녁에, 한 시간 이상 기다리다가 결국은 단념하고 택시를 타고 집에 왔습니다.

2 What problem does the speaker report?
(A) A printer is not working properly.
(B) A finance report is not ready in time.

화자는 어떤 문제점을 보고하는가?
(A) 프린터가 제대로 작동되지 않는다.
(B) 재정 보고서가 시간 내에 준비되지 않는다.

Question 2 refers to the following telephone message. 영W

Hi, this message is for the technology department. This is Gena Williams from finance. I'm calling because our printer has jammed again and this is the third time this problem happened this week.

안녕하세요, 이 메시지는 기술 부서에 남깁니다. 저는 재정부의 지나 윌리엄스인데요. 저희 프린터가 또 막혀서 전화 드립니다. 이번 주에 벌써 3번째네요.

3 What is wrong with the number that was dialed?
(A) Nobody is at home right now.
(B) It is the wrong number.

전화한 번호에는 무엇이 잘못되었는가?
(A) 현재 아무도 집에 없다.
(B) 잘못된 번호이다.

Question 3 refers to the following recorded message. 미M

I'm sorry. The number you have dialed is not in service any more. Please check the number and call again later.

죄송합니다. 지금 전화하신 번호는 더 이상 사용되지 않고 있습니다. 번호를 확인하시고 나중에 다시 걸어주시기 바랍니다.

4 What number should you press for the arrival schedule?
(A) Number 1 **(B) Number 2**

도착 일정을 알기 위해서는 몇 번을 눌러야 하는가?
(A) 1번 **(B) 2번**

Question 4 refers to the following recorded message. 영W

You have reached Delta Airlines Automated Information Service. At any time during this message, press 0 to be connected to one of our service agents. For departure schedules, press 1. For arrival information, press 2.

여러분은 델타 항공사의 자동 정보 서비스에 전화하셨습니다. 메시지 도중 아무 때나 서비스 담당 직원과 통화하려면 0번을 눌러 주세요. 출발 일정은 1번을 누르세요. 도착 정보는 2번을 누르세요.

Step 3 기초 마스터 P101

정답

1. (B)	2. (A)	3. (B)	4. (B)	5. (B)
6. (A)	7. (A)	8. (B)	9. (A)	10. (A)
11. (B)	12. (B)			

Questions 1-3 refer to the following telephone message. 호M

Hi, Kathy, ❶ This is Edward Peterson from Advertising. I wanted to let you know that ❷ tomorrow's meeting has been postponed because the marketing brochures aren't ready yet. We've rescheduled the meeting for Friday at 9 a.m. and the vice president of Marketing is flying down from company headquarters to join the meeting. ❸ Please call me to confirm this time as soon as you receive this message. Thank you.

안녕하세요, 캐시. 광고팀의 에드워드 피터슨입니다. 마케팅 홍보 책자가 준비되지 않아 내일 회의는 연기되었다는 걸 알려 드리려고요. 회의를 금요일 오전 9시로 변경했고, 마케팅 부사장님도 회의에 참석하시기 위해 비행기편으로 본사에서 오실 겁니다. 이 메시지를 받자마자 변경 시간 확인을 위해 제게 전화해 주세요. 감사합니다.

어휘 postpone 연기하다 brochure 홍보 책자 vice president 부사장 headquarters 본사 confirm 확인하다 reserve 예약하다 contact 연락을 취하다 reschedule 변경하다, 일정을 다시 잡다

1 Where does the speaker work?
(A) Marketing
(B) Advertising
화자는 어디에서 일하는가?
(A) 마케팅부
(B) 광고부
해설 화자가 일하는 장소를 물어보는 GQ로 특히 녹음 메시지에서 지문의 초반에 힌트가 나오는 경우가 대다수이다. 첫 문장에서 자신은 광고부에 일하는 에드워드라고 소개했으므로 정답은 (B)이다. 전화 메시지에서 자기 자신을 소개할 때 'I am ~' 대신에 'This is ~'를 쓴다는 것도 알아 두자.

2 Why has the meeting been rescheduled?
(A) Some materials were not prepared.
(B) A conference room was not available.
회의 일정이 왜 변경되었는가?
(A) 자료가 준비되지 않았다.
(B) 회의실을 사용할 수가 없었다.
해설 회의 일정의 변경된 이유를 묻고 있으므로 녹음 내용에서 그 이유를 설명한 부분을 찾아보면 마케팅 책자가 준비되지 않았다고 했으므로 정답은 (A)이다. 지문의 marketing brochures는 선택지에서 some materials로 패러프레이징되었다. 난이도가 올라갈수록 선택지는 뜻이 같은 다른 표현을 고르게 하는 경우가 많다.

3 What does the speaker ask the listener to do?
(A) Reserve a flight
(B) Contact him
화자가 청자에게 부탁하는 것은 무엇인가?
(A) 비행기 예약하기
(B) 자신에게 연락하기
해설 화자가 청자에게 부탁하는 것은 주로 지문의 후반부에 등장한다. 마지막에 메시지를 받자마자 (변경된) 시간을 확인하기 위해서 전화를 해 달라고 했으므로 정답은 (B)이다.

Questions 4-6 refer to the following recorded message. 미M

❹ Thank you for calling the Customer Service Center for Jenny's Shopping Haven. If you want to order a product through our automatic ordering system, please press one. If you have a question about existing orders, press two. For payment options or change of address, please press three. At any time during this recording, ❺ if you want to talk to a customer service representative, please press the star key. ❻ For more details on a store location near you, please visit us at www.jennyshaven.com.

제니의 쇼핑 헤븐의 고객 서비스에 전화해 주셔서 감사합니다. 자동 주문 시스템을 통해서 상품을 주문하시려면 1번을 눌러 주세요. 기존 주문에 대한 문의는 2번을 눌러 주세요. 지불 방법 및 주소 변경은 3번을 눌러 주세요. 녹음을 들으시는 중에 고객 서비스 담당 직원과 통화를 원하시면 언제든 별표를 눌러 주세요. 가까운 매장의 위치에 대해 알고 싶으시면 www.jennyshaven.com을 방문해 주시기 바랍니다.

어휘 order 주문하다 automatic 자동의 exiting 기존의 payment options 지불 방법 any time 아무 때나 representative 직원 detail 세부 지식 location 위치 telephone operator 전화 교환원

4 Who are the intended listeners for this message?
(A) Telephone operators
(B) Store customers
이 메시지의 의도하는 대상은 누구인가?
(A) 전화 교환원
(B) 매장 고객
해설 듣는 대상을 물어보는 GQ로 초반을 듣고 힌트를 잡아내야 한다. 특히 업체 녹음 안내(commercial recording)의 경우에는 앞 부분에 언급된 업체 이름을 듣고 누구를 대상으로 하는 안내 방송인지 찾아낼 수 있을 것이다. 첫 문장에서 제니의 쇼핑 헤븐의 고객 서비스에 전화해 주셔서 감사하다고 말한 부분에서 매장 고객을 대상으로 하는 안내라는 것을 추측할 수 있어야 한다.

5 What should listeners do in order to speak with a representative?
(A) Press one
(B) Push the star button
직원과 통화하려면 청자는 무엇을 해야 하는가?
(A) 1번 누르기
(B) 별표 누르기
해설 이 유형은 자주 등장하는 SQ로, 직원과 통화를 하기 위해서 어떤 행동을 해야 하는지 주어진 내용을 통해서 파악해야 한다. 직원과 통화하려면 별표를 누르라고 했으므로 정답은 (B)이다.

6 If listeners want to find the nearest store, what should they do?
(A) Go online
(B) Visit the store
청자들이 가장 가까운 매장을 찾고 싶다면 무엇을 해야 하는가?
(A) 온라인 이용
(B) 매장 방문
해설 가까운 매장을 찾으려면 웹 사이트를 방문하라고 했으므로 정답은 (A)이다. 녹음 내용에서 나왔던 단어 visit이 있다고 해서 (B)를 고르지 않도록 주의하자.

Questions 7-9 refer to the following telephone message. 미W

Good morning, this is a message for Mr. Sato. Mr. Sato, ❼❽ I'm calling from the Grand Hotel in Madison Square because you left your camera in your hotel room. I'd be happy to mail the camera back to you and I won't charge you the shipping cost but ❾ I do need to confirm your mailing address. Just give me a call back with this information and I can mail the camera back to you later today. Thanks, and have a nice day.

좋은 아침입니다. 이 메시지는 사토 씨를 위해서 남깁니다. 사토 씨, 저는 매디슨 광장에 있는 그랜드 호텔에서 손님이 호텔방에 두고 가신 카메라 때문에 전화드립니다. 제가 기꺼이 손님에게 카메라를 우편으로 보내 드릴 수 있고, 배송 비용도 청구하지 않겠습니다. 하지만 고객님의 우편 주소를 확인해야만 합니다. 이 정보를 가지고 전화를 주시면 오늘 오후 늦게 카메라를 보내 드리겠습니다. 감사합니다. 좋은 하루 보내세요.

어휘 charge (비용 따위를) 청구하다, 매기다 shipping cost 배송비 confirm 확인하다 electronics 전자제품 defective 결함 있는, 불량의 description 묘사, 표현

7 Where does the speaker work?
(A) At a hotel
(B) At an electronics store

화자는 어디에서 일하는가?
(A) 호텔
(B) 전자제품 가게

해설 화자가 일하는 장소를 물어보는 GQ로 초반에 힌트가 제시된다. 초반부에서 그랜드 호텔에서 전화드린다고 했으므로 정답은 (A)이다. 주제가 카메라이긴 하나, 그렇다고 해서 화자가 전자제품 가게에서 일하는 것은 아니라는 것에 유의하자.

8 What is the phone call about?
(A) A defective product
(B) A forgotten item

무엇에 대한 전화인가?
(A) 하자 있는 상품
(B) 잊어버린 물건

해설 전화를 한 이유를 물어보는 문제도 GQ에 해당해서 앞쪽에서 힌트가 제시된다. 7번과 8번의 힌트가 한꺼번에 제시되었다. 손님이 방에 남긴 카메라 때문에 전화했다는 부분을 듣고, (B)를 고를 수 있어야 한다. 불량 상품 때문에 통화한 것은 매장과의 통화에 나올 만한 대화로 이 문제와는 관계가 없다.

9 What information does the speaker need?
(A) A mailing address
(B) A description of an object

화자는 어떤 정보를 필요로 하는가?
(A) 우편 주소
(B) 상품의 묘사

해설 화자가 필요한 것은, 화자가 달라고 부탁한 내용이다. 비용은 청구하지 않으나 우편 주소를 확인해 주어야 한다는 부분에서 정답을 알 수 있다.

Questions 10-12 refer to the following recorded message. 호M

You have reached the voice mail of Patrick Darrel at the New Product Development. ⑩ I will be in Hong Kong attending a business conference from August 25th through August 30th. However, ⑪ I'll be checking my voice mail messages every evening while I'm away. ⑫ If you need immediate assistance, please press zero to be connected to my secretary. Otherwise, stay on the line to leave a message. I will return your call as soon as I can.

당신은 신상품 개발팀 패트릭 데럴의 음성 사서함에 전화하셨습니다. 저는 8월 25일부터 8월 30일까지 사업 회의 참석차 홍콩에 있습니다. 하지만 제가 자리를 비우는 동안 매일 저녁에 음성 사서함의 메시지를 확인하겠습니다. 지금 당장 도움이 필요하시면 0번을 누르시면 제 비서와 연결됩니다. 그렇지 않으시면, 메시지를 남기기 위해서 기다려 주세요. 제가 되도록 빨리 전화를 드리겠습니다.

어휘 reach 전화하다, 도달하다 voice mail 음성 사서함 attend 참석하다 immediate 긴급한, 당장의 assistance 도움 connect 연결하다 secretary 비서 otherwise 그렇지 않다면 stay on the line 기다리다 be on another line 다른 전화를 받다 hang up 끊다

10 Where is Patrick Darrel?
(A) He is at a conference.
(B) He is on another line.

패트릭 데럴은 어디에 있는가?
(A) 그는 회의에 가 있다.
(B) 그는 다른 전화를 받고 있다.

해설 화자(speaker)나 청자(listener)가 일하는 장소를 물어보는 것은 GQ이지만, 그 사람이 특정 시간에 어떤 장소에 있는지 묻는 것은 SQ에 해당한다. 특히, 부재중 안내에서 지금 전화를 받지 못하는 이유를 묻는 것은 전형적인 SQ이다. 지문의 앞쪽에서 회의차 홍콩에 있을 것이라는 내용이 있으므로 정답은 (A)이다.

11 When will Mr. Darrel receive the message left on the machine?
(A) Before he goes to work every morning
(B) At the end of each day

데럴 씨는 기계에 남아 있는 메시지를 언제 받을 것인가?
(A) 매일 아침 출근 전
(B) 매일 저녁

해설 문제는 메시지를 확인하는 시점을 묻는다는 것을 유념하면서 지문을 듣도록 하자. 자리를 비운 동안 매일 저녁 메시지를 확인하겠다고 했으므로 정답은 (B)이다.

12 What are listeners asked to do if they need immediate help?
(A) Hang up and call again later
(B) Talk to Mr. Darrel's secretary

지금 당장 도움이 필요한 청자들은 어떤 행동을 하라고 부탁을 받는가?
(A) 전화를 끊고 다시 하기
(B) 데럴 씨의 비서와 통화하기

해설 일반적으로 부재중 안내 메시지는 대부분의 사람은 메시지를 남기지만, 급한 용건이 있는 사람은 담당 직원과 직접 통화하도록 조치를 취하도록 한다. 급한 용건이 있는 사람은 0번을 눌러 비서와 통화하라고 말한 부분에서 정답을 알 수 있다. 메시지를 남기는(leave a message) 것은 용건이 급한 사람들 외에 다른 사람들이 하는 일이다.

Step 4 실전 마스터 P102

정답

1. (A)	**2.** (C)	**3.** (B)	**4.** (B)	**5.** (D)
6. (A)	**7.** (C)	**8.** (D)	**9.** (A)	**10.** (C)
11. (A)	**12.** (B)	**13.** (B)	**14.** (A)	**15.** (D)
16. (D)	**17.** (A)	**18.** (C)		

Questions 1-3 refer to the following telephone message. 미M

Hello, this message is for Mr. Nelson. This is Jeremy calling from Mark's Furniture. We received your online order for ten bookcases. ❶ Unfortunately, the metal bookcases you ordered are currently out of stock. It will take another six weeks to get the model you wanted. However, if you prefer not to wait, ❷ I can suggest the same style of bookcases but in plastic. They cost about 10 dollars less each and I can send them to you right away. ❸ Please call me back at 555-3845 and let me know what you would like to do. I'll be waiting to hear from you.

안녕하세요, 넬슨 씨에게 메시지 남깁니다. 저는 마크네 가구점의 제레미라고 합니다. 고객님께서 온라인으로 책장 10개를 주문하셨는데요, 죄송하지만, 주문하신 금속 책장은 현재 재고가 없습니다. 원하시는 모델은 앞으로 6주 정도 기다리셔야 할 것 같습니다. 기다리기를 원하지 않으시면, 같은 스타일의 플라스틱 책장을 추천해 드리고 싶습니다. 플라스틱 책장은 각 10달러 정도 가격이 저렴하고 지금 바로 보내 드릴 수 있습니다. 555-3845로 전화를 주셔서 어떻게 하실지 알려 주시기 바랍니다. 연락 기다리고 있겠습니다.

어휘 metal 금속의 bookcase 책장 currently 현재 out of stock 재고가 없는 prefer 선호하다 right away 지금 당장 explain 설명하다 apologize 사과하다 defective 결함이 있는, 불량의 item 물건 announce 발표하다 price increase 가격 인상 express service 속달 서비스 request 요청하다 partial 부분적인 refund 환불 switch 바꾸다 similar 유사한 supplier 공급업체 return 반품하다

1 Why is the speaker calling?
(A) To explain a problem with an order
(B) To apologize for a defective item
(C) To change a delivery address
(D) To announce a price increase

화자는 왜 전화를 하는가?
(A) 주문에 문제가 생긴 것을 설명하려고
(B) 불량품에 대해서 사과하려고
(C) 배송지 주소를 바꾸려고
(D) 가격 인상을 알리려고

해설 전화한 목적은 처음에 자기를 소개한 후에 말하는 것이 일반적이다. 주문한 책장의 재고가 없어서 원하는 물건을 받으려면 오래 기다려야 한다고 했다. 선택지 중 가장 적절한 것은 주문한 물건에 문제가 있다고 한 (A)이다.

2 What does the speaker recommend?
(A) Using an express service
(B) Requesting a partial refund
(C) Switching to a similar product
(D) Calling a different supplier

화자가 추천하는 것은 무엇인가?
(A) 속달 서비스 이용하기
(B) 부분 환불 요청하기
(C) 비슷한 상품으로 교환하기
(D) 다른 업체에 전화하기

해설 화자가 추천하는 것은 앞의 문제 해결을 위한 대안으로 보면 된다. 재고가 없는 물건이 도착할 때까지 기다리기 싫으면 플라스틱으로 된 같은 스타일의 제품으로 바꾸는 것을 제안하고 싶다고 했으므로 정답은 (C)이다. 지문의 the same style of bookcases but in plastic을 선택지에서는 similar product로 패러프레이징했다. 이외에도 substitute(대체 상품), alternative(차선책) 등의 어휘가 정답으로 가능한 표현이다.

3 What is the listener asked to do?
(A) Return an item
(B) Call the speaker
(C) Check a Web site
(D) Fax a receipt

청자는 어떤 행동을 하라고 요청을 받는가?
(A) 물건 반품하기
(B) 화자에게 전화하기
(C) 웹 사이트 확인하기
(D) 영수증을 팩스로 보내기

해설 화자가 어떤 행동을 요청하는 것(be asked to do)은 주로 뒤쪽에 등장한다는 것을 잊지 말자. 마지막 부분에서 주문한 물건이 도착할 때까지 기다릴지, 비슷한 다른 제품으로 구매할지 전화해서 알려 달라고 했으므로 정답은 (B)이다.

Questions 4-6 refer to the following recorded message. 미W

❹ Thank you for calling Park Village Pharmacy. If you'd like to have your prescription filled, please press one now and we'll give you details on how you can safely get your medication. If you'd like to check on the status of the prescription for your medication, please press 2. Our customer service policy guarantees that ❺ all prescriptions will be filled within 24 hours after they're placed. ❻ If you would like to speak to the pharmacist in person, please press 3, and we'll connect you to the pharmacist on duty. We appreciate your patronage, and have a good day.

파크 빌리지 약국에 전화해 주셔서 감사합니다. 조제를 받고 싶으시면, 지금 1번을 눌러 주세요. 그러면 안전하게 약을 받을 수 있는 세부 방법을 알려드리겠습니다. 손님 약의 처방 상태를 확인하고 싶으신 분들은 2번을 눌러 주세요. 저희 고객 서비스 방침은 모든 처방이 주문이 들어간 24시간 이내에 준비되는 것입니다. 약사와 직접 통화를 원하시면 3번을 눌러 주세요. 그러면 당직인 약사에게 연결해 드리겠습니다. 이용해 주신 여러분께 감사 드리고 좋은 하루를 보내세요.

어휘 pharmacy 약국 prescription 처방전, 처방 detail 세부 지식, 세부 항목 safely 안전하게 status 상태 policy 방침 guarantee 보증하다 pharmacist 약사 in person 직접 connect 연결하다 on duty 근무 중인, 당직인 appreciate 감사하다 patronage 단골손님, 후원 public 공공의 option 옵션, 방법 accept 받다 order 순서 double check 다시 확인하다 safety 안전 instruct 지시하다 reservation 예약 business hours 영업시간

4 What type of business recorded the message?
(A) A hotel
(B) A pharmacy
(C) A public library
(D) A department store

어떤 종류의 업체가 메시지를 남겼는가?
(A) 호텔
(B) 약국
(C) 공공 도서관
(D) 백화점

해설 업체 녹음 안내(Commercial Recording)에서 어떤 업체인지를 소개하는 것은 언제나 앞쪽에 나온다. 첫 문장에서 약국 이름을 소개했으므로 정답은 (B)이다.

5 What does the business guarantee?
(A) All payment options are accepted.
(B) All calls will be answered in the order received.
(C) Medicines are double-checked for safety.
(D) Orders will be filled within a day.

이 업체는 무엇을 보장하는가?
(A) 모든 지불 방법을 다 받는다.
(B) 모든 전화를 순서대로 응답한다.
(C) 약이 안전을 위해 두 번 확인된다.
(D) 주문이 하루 만에 준비된다.

해설 질문의 Key Word는 guarantee라는 것을 유념하면서 내용을 듣자. 주문한 지 24시간 안에 준비되는 것을 보장하는 정책이 있다고 했으므로 정답은 (D)이다. 지문의 within 24 hours는 선택지에서 within a day로 패러프레이징되었다. SQ는 Key Word를 정확하게 파악한 뒤 문제 풀이를 해야 한다는 것을 잊지 말자.

6 Why are the listeners instructed to press 3?
(A) To speak with a pharmacist
(B) To cancel the order
(C) To confirm a reservation
(D) To find out the business hours

청자들은 왜 3번을 누르라고 지시를 받는가?
(A) 약사와 이야기하기 위해서
(B) 주문을 취소하기 위해서
(C) 예약을 확인하기 위해서
(D) 영업시간을 알아내기 위해서

해설 업체 녹음 안내에서 번호별로 특정 업무를 지정하는 내용은 자주 등장한다. 정확하게 문제에서 원하는 부분을 지문에서 찾을 수 있도록 훈련하자. 약사와 직접 이야기하고 싶으면 3번을 누르라고 말한 부분에서 정답을 알 수 있다.

Questions 7-9 refer to the following telephone message. 호M

Hi, this is James. ❼ There is a new office space that just came on the market that we haven't advertised yet. I think you'd really like it. It's right in the downtown area close to public transportation, just like you wanted. The only problem may be that ❽ the rent is higher than your initial range. But the office space is larger than the ones I've already shown you. If you foresee expanding your business in the future, though, it might be something you'd be interested in. Now, ❾ you need to let me know as soon as you get this message if you want this. I can wait to advertise the property until I hear back from you, but I can't hold it long.

안녕하세요, 제임스입니다. 방금 전에 시장에 새로운 사무 공간이 나왔는데 저희가 아직 광고를 내지는 않았습니다. 제 생각에는 당신이 마음에 들어하실 것 같아서요. 그 물건은 당신이 원하는 것처럼 시내 한 가운데 있고 대중교통에서 가깝습니다. 문제가 될 수 있는 유일한 것은 임대료가 당신의 원래 범위보다 높다는 겁니다. 하지만 지금까지 제가 보여드린 것보다 사무 공간이 넓습니다. 앞으로 사업체를 확장하실 것을 생각하신다면, 당신이 관심이 있을 것 같습니다. 이제, 원하시면 이 메시지를 받으시자마자 저한테 연락 주셔야 합니다. 당신한테 연락이 올 때까지 그 부동산의 광고를 미룰 수 있지만, 너무 오래 기다릴 수는 없어요.

어휘 downtown 시내 public transportation 대중교통 rent 임대료 initial 원래의, 초기의 range 범위 foresee 예견하다, 내다보다 expand 확장하다 hold 기다리다 architect 건축가 financial 재정의 real estate 부동산 maintenance 시설관리 train 훈련시키다 deadline 마감 extend 연장하다 promptly 신속하게 review 검토하다 cost 비용 submit 제출하다 deposit 입금, 계약금

7 Who most likely is the speaker?
(A) An architect
(B) A financial advisor
(C) A real estate agent
(D) A maintenance worker

화자는 누구인가?
(A) 건축가
(B) 재정 고문
(C) 부동산 중개인
(D) 시설관리 직원

해설 말하는 사람이 누구인지를 물어보는 GQ로 주로 앞쪽에서 힌트가 제시된다. 난이도가 낮을 때는 지문의 어휘가 그대로 선택지에 나오고, 난이도가 올라가면 다른 어휘가 쓰인다. 초반에 당신이 원하는 사무공간이 시장에 나왔다고 말한 부분에서 화자는 다른 사람에게 사무실을 빌려주거나 매매하는 사람이라는 것을 추측할 수 있어야 한다. 정답은 (C) 부동산 중개인이다.

8 What does the speaker say is a problem?
(A) An office is far away from downtown.
(B) Some staff have not been trained.
(C) A deadline cannot be extended.
(D) The rent is higher than expected.

화자는 무엇이 문제라고 말하는가?
(A) 사무실이 시내에서 멀다.
(B) 몇몇 직원들이 훈련을 받지 못했다.
(C) 마감을 연장할 수 없다.
(D) 임대료가 예상보다 비싸다.

해설 질문의 Key Word는 problem이라는 점에 유념하면서 지문을 듣도록 하자. 임대료가 처음 가격 범위보다 높다고 했으므로 정답은 (D)이다. 녹음 내용의 higher than your initial range는 higher than expected로 패러프레이징되었다.

9 What does the speaker ask the listener to do?
(A) Return the call promptly
(B) Review a document carefully
(C) Recalculate the cost
(D) Submit a deposit

화자는 청자에게 무엇을 하라고 부탁하는가?
(A) 빨리 회신 전화를 하라고
(B) 서류를 신중하게 검토하라고
(C) 비용을 재계산하라고
(D) 계약금을 내라고

해설 청자에게 부탁하는 내용은 주로 마지막에 나온다. 자신이 소개한 사무공간에 관심이 있는지 아닌지 회신해서 알려 달라는 내용이 나오고 있으므로 정답은 (A)이다. 전화 메시지 마지막 부분에서 고객을 유치하기 위해서 회신해 달라는 내용이 자주 나온다는 것을 알아두자.

Questions 10-12 refer to the following telephone message. 미W

Hello, this is Sonya Mendoza, head of the public relations at Historic Brinkley House. ❿ I'm returning your call about scheduling a group tour on Monday, February 27. Unfortunately, we don't have available time slots that day. ⓫ Please call me back at 555-2836 with another date that works for you and I'll try to make your reservation right away. ⓬ For safety reasons, we don't allow more than 15 people in each group. It's not a problem if you have more people in your group because we'll just have to divide you up into smaller groups. But I just want you to be aware of that restriction.

안녕하세요, 저는 히스토릭 브린클리 하우스의 홍보부장을 맡고 있는 소냐 멘도자입니다. 2월 27일 월요일의 단체 견학 일정으로 전화하신 것 때문에 연락드립니다. 죄송하지만, 저희는 그날에 가능한 시간대가 없을 것 같습니다. 555-2836으로 전화를 주셔서 가능한 다른 날짜를 알려 주시면 당장 예약해 드리도록 하겠습니다. 안전상의 이유로, 저희는 한 그룹에 15명 이상 허락하지 않습니다. 손님 그룹의 인원 수가 이보다 더 많으면 작은 그룹으로 나누면 되기에 문제가 되지 않습니다. 하지만 그러한 제한이 있다는 것을 알고 계셨으면 합니다.

어휘 public relations 홍보 tour 견학 unfortunately 불행히도 time slot 시간대 divide 나누다 be aware of 알다, 인식하다 restriction 제한 safety inspection 안전 검사 out of stock 재고가 없는 item 물건 arrange 잡다, 계획하다 reserve 예약하다 alternative 차선의, 차선책 confirm 확인하다 renovation 개조, 개축 participant 참가자 submit 제출하다 beforehand 미리 increase 인상, 증가 admission fee 입장료 ongoing 진행 중인 facility 시설

10 What is the message mainly about?
(A) Scheduling a safety inspection
(B) Ordering out-of-stock items
(C) Arranging a tour of a building
(D) Reserving a meeting place

무엇에 관한 메시지인가?
(A) 안전 검사 일정 잡기
(B) 재고가 떨어진 물건을 주문하기
(C) 건물 견학 일정 잡기
(D) 회의 장소 예약하기

해설 전화 메시지의 목적은 자기소개 이후에 바로 등장하는 것이 일반적이다. 첫 문장에서 Historic Brinkley House는 민속촌처럼 오래된 주택으로 보면 된다. 특정 날짜의 견학으로 전화한 것 때문에 연락드린다고 했으므로 건물 견학 일정을 잡는다고 한 (C)가 정답이다.

11 What is the listener asked to do?
(A) To provide an alternative date
(B) To confirm a renovation schedule

(C) To give the names of participants
(D) To submit the payment beforehand

청자는 어떤 행동을 하라고 부탁을 받는가?
(A) 다른 날짜를 제시하기
(B) 수리 일정을 확인하기
(C) 참가자 명단 주기
(D) 미리 지불하기

해설 지문에서 부탁조로 이야기하는 부분을 선택지와 비교하면서 답을 골라야 한다. 다른 가능한 날짜를 찾아서 전화해 달라는 부분을 듣고 alternative date(다른 날짜)를 이용해 패러프레이징한 (A)를 고를 수 있어야 한다.

12 According to the speaker, what should the listener be aware of?
(A) An increase in admission fees
(B) A restriction on group sizes
(C) Rules about taking photographs
(D) Ongoing facility maintenance

화자에 의하면, 청자는 무엇을 알아야만 하나?
(A) 입장료의 인상
(B) 그룹 사이즈의 제한
(C) 사진 찍는 것에 대한 규칙
(D) 진행되는 시설 관리

해설 이 문제의 Key Word는 be aware of(~를 알다)라는 것에 유의하면서 녹음 내용을 들어보자. 한 그룹당 인원 수는 15명이 넘으면 안 되고 당신이 이 규정에 대해서 알았으면 한다는 내용으로부터 (B)가 정답이라는 것을 알 수 있다.

원쌤의 REAL SOLUTION

"선생님 도대체 이게 어떻게 동의어예요?"라는 질문을 자주 듣는다. 정확하게 문제를 읽고 지문에서 들으려고 하는데 아무리 봐도 정답이 없는 난감한 상황이다. 동의 표현이라는 것은 어휘들이 독립적으로 비슷한 의미를 가질 수도 있다. rules, regulations, restrictions 등은 절대적으로 뜻이 같은 표현으로 볼 수 있다. 이런 어휘들은 암기하면 문제 풀이에 많은 도움이 된다. 하지만 난이도가 점점 올라갈수록 도저히 동의어라 볼 수 없는 것들이 쓰인 정답이 많이 나온다. 기존의 기출 표현을 기본 실력으로 쌓고, 빠르게 타협해서 최선(Best Answer)을 고르는 훈련이 필요하다.

Questions 13-15 refer to the following telephone message. 미W

Hello, Ben. It's your neighbor, Angie. ⓭ My return flight was schedule to leave in an hour but they just announced it's been cancelled. I'm standing in line to talk to a ticket agent to arrange another flight reservation. ⓮ I'm just so tired of traveling. It looks like I won't make it home this evening. I think the next flight is in the morning. Can you believe it? Anyway, I have a favor to ask you. ⓯ Could you stop by my house after work and see if a package arrived for me? It was supposed to arrive this afternoon, and I'd rather it didn't just sit in front of my door overnight. Thank you, Ben.

안녕하세요, 벤. 저는 이웃인 엔지예요. 제 돌아오는 비행기가 한 시간 후에 출발하기로 되어 있었는데 좀 전에 결항되었다고 안내를 하네요. 저는 지금 다른 비행기 일정을 잡기 위해 매표 직원과 이야기하려고 줄 서서 기다리고 있어요. 정말 여행하는 게 지치네요. 아무래도 오늘 밤에 집에 돌아가기는 힘들 것 같아요. 다음 비행기는 아침인 것 같아요. 정말 이걸 믿을 수가 있어요? 아무튼 당신에게 부탁할 게 있어요. 퇴근하신 다음에 우리 집에 잠깐 들러서 소포가 도착했는지 확인해 주시겠어요? 오늘 오후에 도착할 예정이었는데, 밤사이에 그게 우리 집 현관에 놓여져 있지 않는 게 나을 것 같아서요. 고마워요, 벤.

어휘 stand in line 줄 서서 기다리다 ticket agent 매표원 make it 가다, 오다 stop by 들르다 be supposed to ~하기로 되어 있다 rather not ~하고 싶지 않다 sit 놓여 있다 overnight 밤사이에 package 소포, 꾸러미 annoyed 짜증 난 confused 혼란스러운 embarrassed 창피한 security 보안 colleague 동료 사원 pick up 가지러 가다, 찾으러 가다

13 Where most likely is the speaker?
(A) At a post office
(B) At an airport
(C) In a taxi
(D) On a train

화자는 어디에 있는가?
(A) 우체국
(B) 공항
(C) 택시
(D) 기차

해설 화자가 있는 장소를 물어보는 GQ로 초반에 힌트가 주어지지만 난이도가 올라갈수록 힌트가 분명히 나타나지 않을 수도 있다. 초반에 옆집 사람인데 지금 비행기가 취소되어서 다음 편 비행기 일정을 잡기 위해서 줄을 서 있다고 말한 부분에서 이곳이 공항인 것을 추측할 수 있어야 한다.

14 What does the speaker imply when she says, "Can you believe it"?
(A) She was annoyed.
(B) She was excited.
(C) She was confused.
(D) She was embarrassed.

화자가 "정말 이걸 믿을 수가 있어요?"라고 말한 의미는 무엇인가?
(A) 그녀는 짜증이 났다.
(B) 그녀는 신이 났다.
(C) 그녀는 혼란스럽다.
(D) 그녀는 창피해 한다.

해설 화자 의도 파악 문제는 주어진 문장의 문맥상의 뜻을 알아내야 하기 때문에 지문 내용을 자세히 파악할수록 유리하다. 비행기가 결항되고 너무 피곤하고 오늘은 집에 가지도 못한다는 내용을 듣고, 결국은 여자가 자신의 계획대로 되지 못한 상황에 대해 불만을 나타내고 있다는 것을 이해할 수 있어야 한다. 따라서 선택지 중 가장 적절한 것은 (A)이다.

15 What does the speaker ask the listener to do?
(A) Open the window
(B) Check the security system
(C) Meet with a colleague
(D) Pick up a package

화자는 청자에게 무엇을 해 달라고 부탁하는가?
(A) 창문 열기
(B) 보안 시스템 확인하기
(C) 동료 사원들 만나기
(D) 소포 찾기

해설 청자에게 부탁하는 내용은 후반부에 등장하는 것이 일반적이다. 일단 부탁할 게 있다는 부분 이후에 정답이 나온다는 것을 예상할 수 있어야 한다. 자신의 집에 들러서 소포가 왔는지 확인해 달라고 했으므로 정답은 (D)이다. 정답을 미리 예상하지 말고 주어진 선택지 중 가장 적절한 것을 고를 수 있도록 훈련하자. 끝까지 들으면 결국은 그 소포를 가져가 달라는 내용이다.

Questions 16-18 refer to the following telephone message and seating chart. (호M)

Stage

Buffet Table

Table 1 Table 2 Table 3

Table 4 Table 5

Hi, this is Mark. ⑯ I'm calling about tonight's International Photography Awards Ceremony at the Triton Hotel. Ms. Azawa, the event coordinator, emailed me a seating chart, so we know where our seats are. ⑰ We're in the first row from the stage closest to the buffet table. I'm really excited because I think we've got a great chance to win one of the prizes. ⑱ I'd like us to talk to other nominees before the dinner starts. So let's try to get to the event a little bit early. Hope to see you in a few hours then.

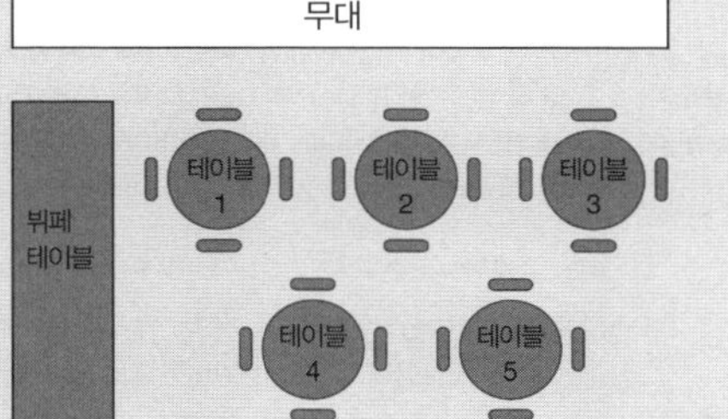

안녕하세요, 마크입니다. 트라이튼 호텔에서 오늘 밤에 있을 국제 사진상 시상식 건 때문에 전화드렸습니다. 행사 책임자이신 아자와 씨가 우리 좌석이 어디인지 알 수 있도록 저에게 이메일로 좌석 배치도를 보내 주셨어요. 저희는 무대에서 첫 번째 열의 뷔페 테이블에서 가장 가까운 곳이에요. 저는 우리가 상 중에 하나를 받을 가능성이 높다고 생각해서 정말 흥분됩니다. 저녁 식사 시작 전에 다른 후보자와 얘기를 하고 싶어요. 그러니, 행사에 조금 일찍 가도록 노력하죠. 그럼 몇 시간 있다가 뵙겠습니다.

어휘 ceremony 의식, 행사 coordinator 진행자, 책임자 seating chart 좌석 배치도 row 줄 nominee 후보자 a little bit 약간 retirement 은퇴 performance 공연 banquet 연회 refer to ~에 대해서 언급하다, 말하다 backstage 무대 뒤

16 What is the speaker calling about?
(A) A retirement party
(B) A musical performance
(C) A wedding banquet
(D) An awards banquet

화자는 무엇 때문에 전화하는가?
(A) 은퇴 파티
(B) 음악 공연
(C) 결혼 피로연
(D) 시상 연회

해설 전화 메시지의 목적은 자기소개 이후에 등장하는 것이 일반적이다. 자신을 소개한 후에 오늘 밤에 있을 시상식 때문에 전화했다고 말한 부분을 듣고 (D)를 정답으로 고를 수 있어야 한다. 식사를 제공하는 행사를 banquet(연회)이라고 표현할 수 있다는 것을 기억해 두자. 그림을 보고 16번부터 풀려고 하면 안 된다. 시각 자료는 지정된 한 문제를 풀 때만 사용한다.

17 Look at the graphic. Which table does the speaker refer to?
(A) Table 1
(B) Table 2
(C) Table 3
(D) Table 4

표를 보시오. 화자는 어떤 테이블을 이야기하고 있는가?
(A) 1번 테이블
(B) 2번 테이블
(C) 3번 테이블
(D) 4번 테이블

해설 그림/시각 자료 관련 문제는 미리 문제와 그림을 확인해 두고 어떤 부분이 제시될지 예상해 보는 것이 좋다. 선택지에 나온 테이블 번호를 제외한 무대(stage), 뷔페 테이블(buffet table)이 언급되고, 이들의 앞, 뒤, 또는 옆 좌석임을 예측해 볼 수 있다. 무대에서 좌석 위치는 첫째 줄 뷔페 테이블 바로 옆이라는 내용에서 1번 테이블이라는 것을 골라낼 수 있어야 한다.

18 Why does the man want to arrive early?
(A) To change into a uniform
(B) To prepare a speech
(C) To talk with other guests
(D) To visit backstage

남자는 왜 일찍 도착하고 싶어 하는가?
(A) 유니폼으로 갈아입기 위해서
(B) 연설을 준비하기 위해서
(C) 다른 손님들과 대화하기 위해서
(D) 무대 뒤편을 방문하기 위해서

해설 일찍 도착하고 싶은 이유를 묻는 문제이다. 17번 문제를 풀고 나서, 18번 선택지를 눈으로 보면서 내용을 듣는 것이 가장 효율성이 좋은 문제 풀이 방법이다. 다른 후보자들과 이야기하고 싶어서 조금 일찍 가도록 하자고 말한 부분을 듣고 (C)를 고를 수 있어야 한다.

Step 2 눈과 귀를 매칭시키는 Practice P106

정답 **1.** (B) **2.** (A) **3.** (A) **4.** (B)

1 Who probably is the speaker?
(A) An air traffic controller **(B) A radio announcer**

화자는 누구인가?
(A) 항공 관제사 **(B) 라디오 아나운서**

Question 1 refers to the following news report. (미M)

Now let's check on the traffic situation. The evening rush hour is starting with tie-ups on major roads. Since tomorrow is the first day of the rather long holiday weekend, I'm afraid the situation will get worse. Allow extra time to get to your destination.

이제, 교통 상황을 확인해 보도록 하죠. 저녁 퇴근 체증이 주요 도로가 막히면서 시작되고 있습니다. 내일은 긴 휴일이 낀 주말의 첫 날로 상황은 더 나빠질 것입니다. 원하는 목적지까지 가는 데 여유 시간을 두시기 바랍니다.

2 Where is the speaker?
(A) At a car dealership (B) At a parking garage

화자는 어디에 있는가?
(A) 자동차 영업소 (B) 주차장

Question 2 refers to the following broadcast. (영W)

Welcome to Business News on Channel 7. This is Tara Jenson, reporting to you live from Martin's Car Dealership right here in our city. Now, I'm going to speak with the owner of Martin's Car Dealership.

7번 채널의 비즈니스 뉴스에 오신 것을 환영합니다. 저는 타라 젠슨이며 지금 우리 도시에 바로 위치하고 있는 마틴 자동차 영업소에서 라이브로 진행하고 있습니다. 이제 마틴 자동차 영업소 사장님과 이야기를 나눠 보도록 하겠습니다.

3 What does Bradford Industries make?
(A) Cleaning products (B) Gardening supplies

브래포드 산업은 무엇을 만드는가?
(A) 청소용품 (B) 정원 용품

Question 3 refers to the following news report. 영W

Welcome to WNY radio's weekly small business report. Our first story is about recent development in Bradford Industries, the country's leading manufacturer of cleaning supplies.

WNY 라디오의 주간 중소기업 뉴스에 오신 것을 환영합니다. 첫 번째 스토리는 우리나라의 최고의 청소용품을 생산하는 브래포드 산업의 최근 발전 상황에 대한 것입니다.

4 What are the listeners advised to do?
(A) Take the subway (B) Use a different road
청자들은 어떤 행동을 하라고 조언을 받는가?
(A) 지하철을 타기 **(B) 다른 도로를 이용하기**

Question 4 refers to the following news report. 미M

The traffic is already slow on Washington Bridge. There has been an accident on Highway 95 near the exit to the International Airport. To avoid this, I suggest you take an alternate route such as Route 9 or local roads.

워싱턴교의 교통이 벌써 느립니다. 95번 고속도로에 국제공항으로 가는 출구 쪽에 사고가 있었습니다. 이를 피하기 위해서, 9번이나 국도 같은 대체 도로로 가시라고 제안해 드립니다.

Step 3 기초 마스터

P107

정답

1. (B)	2. (A)	3. (B)	4. (A)	5. (B)
6. (B)	7. (A)	8. (A)	9. (B)	10. (B)
11. (B)	12. (A)			

Questions 1-3 refer to the following news report. 미M

❶ And now today's weather report. Some rain is expected early this morning, but the skies should be clear by noon. This afternoon will be quite sunny. ❷ Remember to apply sunscreen or wear a hat if you plan to be outside today. Temperatures will drop in the evening, so if you are going to participate in outdoor events tonight, you may want to bring a jacket or sweater. ❸ We will be right back after these advertisements.

자, 이제 오늘의 날씨 예보입니다. 오늘 아침 일찍 비가 예측되지만 하늘이 정오까지는 갤 것입니다. 오늘 오후는 꽤 맑을 것입니다. 오늘 야외에 나갈 생각이시라면 자외선 차단제를 바르거나 모자를 쓰는 것을 잊지 마세요. 온도는 저녁에 떨어지니 오늘 밤 야외 행사에 참가하실 것이면 외투나 스웨터를 챙겨 가세요. 저희는 광고가 끝나면 바로 돌아오겠습니다.

어휘 report (뉴스) 보도 expect 기대하다 apply 바르다, 도포하다 sunscreen 자외선 차단제 temperature 온도 participate 참가하다 be back 돌아오다 broadcast 방송 condition 상황 local 지역의 recommend 추천하다 protection 보호 review 평, 평가 commercial 광고

1 What is the radio broadcast mainly about?
(A) Traffic conditions
(B) Local weather
이 라디오 방송은 주로 무엇에 관한 것인가?
(A) 교통 상황
(B) 지역 날씨
해설 전체적인 주제를 물어보는 GQ로 초반에 가장 큰 힌트가 제시된다. 첫 문장에서 오늘 날씨 예보를 언급하는 부분에서 일기 예보가 주제라는 것을 알 수 있다. 힌트가 여러 개 등장하더라도 되도록 첫 번째 힌트에서 정답을 골라낼 수 있도록 훈련하자.

2 What does the speaker recommend the listeners do this afternoon?
(A) Use sun protection
(B) Purchase new jackets
화자는 청자들에게 오늘 오후에 무엇을 하라고 추천하는가?
(A) 자외선 차단제를 사용하기
(B) 새로운 외투를 구매하기
해설 오늘 오후에 하라고 추천하는 내용에 집중하면서 들어야 하는 SQ 유형이다. 오후에 맑고 햇빛이 비칠 것이므로 야외에서는 자외선 차단제를 바르거나 모자를 쓰라는 부분을 듣고, (A)를 고를 수 있어야 한다.

3 What will the listeners hear next?
(A) Some movie review
(B) Some commercials
청자들은 다음에 무엇을 들을 것인가?
(A) 영화평
(B) 광고
해설 이 뉴스가 끝나고 바로 나올 것이 무엇인지를 물어보는 미래형 문제이다. 지문의 맨 마지막에서 광고가 끝나면 돌아오겠다는 부분에서 지금 당장 들을 것은 광고라는 것을 알 수 있다. 지문의 advertisements는 선택지에서 some commercials로 패러프레이징되었다.

Questions 4-6 refer to the following news report. 미W

Good evening listeners. ❹ Here's the WXYN traffic report. For anyone traveling near the city center, there are 20- to 30-minute delays entering the city and the traffic is backed up on highways. As you know, ❺ our city is hosting the regional basketball tournament this week. It begins this afternoon in Reynolds Arena and the attendance is expected to reach around 20,000 people. So, if you have to commute into the city this week, ❻ we strongly encourage you take the bus or train to avoid unnecessary delays.

청취자 여러분, 좋은 저녁입니다. 여기는 WXYN 교통 뉴스입니다. 도심으로 이동하시는 분들은 들어가는 데 약 20에서 30분의 지연이 있습니다. 그리고 고속도로의 교통이 밀립니다. 아시다시피, 우리 시는 이번 주에 지역 농구 토너먼트를 주최하고 있습니다. 오늘 오후에 레이놀드 경기장에서 시작해서 참석 인원이 약 2만 명에 이를 거라고 예측하고 있습니다. 그러니, 이번 주에 시내로 출퇴근하시는 분들은 불필요한 지연을 피하기 위해서 버스나 기차를 탈 것을 권해 드립니다.

어휘 delay 지연, 지연시키다 be backed up 밀리다 host 주최하다 regional 지역의 tournament 토너먼트 경기 stadium 경기장 expect 기대하다 commute 출퇴근하다 strongly 강하게, 강력히 encourage 독려하다 update 새로운 소식, 새롭게 바꾸다 maintenance 시설 관리 public transportation 대중교통

4 What is the main topic of the broadcast?
(A) The traffic update
(B) A new city project

이 방송의 주된 주제는 무엇인가?
(A) 교통 정보 업데이트
(B) 새로운 시 프로젝트

해설 주제를 물어보는 GQ로 초반에 이제 교통 뉴스를 보낸다고 말한 부분에서 정답을 알 수 있다. 세 문제를 한꺼번에 풀 경우, 문제를 완벽하게 파악한 상태에서 첫 번째 문제를 보면서 동시에 풀 준비를 하는 것이 중요하다.

5 According to the speaker, what will begin today?
(A) Highway maintenance
(B) A sports tournament

화자에 의하면, 오늘 무엇이 시작될 것인가?
(A) 고속도로 보수
(B) 스포츠 토너먼트 경기

해설 문제의 Key Word가 begin, today라는 것에 신경 쓰면서 지문을 듣자. 중반부에 농구 토너먼트 경기를 시에서 주관하는데, 오늘 오후부터 시작한다고 말한 부분에서 정답이 (B)라는 것을 알 수 있다. 교통 체증이 언급되었다고 해서 무조건 (A)를 고르지 않도록 주의하자.

6 What does the speaker suggest that listeners do?
(A) Wait for the discounted tickets
(B) Take public transportation

화자는 청자들이 무엇을 해야 한다고 제안하는가?
(A) 할인 티켓 기다리기
(B) 대중교통 타기

해설 청자들에게 제안하는 것은 후반부에 부탁조로 나오는 것이 일반적이다. 교통 체증을 피하기 위해서 버스나 기차를 타는 것을 권한다는 부분을 듣고 대중교통(public transportation)을 이용하라고 한 (B)를 고를 수 있어야 한다. 난이도가 점점 올라갈수록 정답은 다른 표현으로 패러프레이징되어 제시된다는 것을 잊지 말고 어휘 공부를 꾸준히 하도록 하자.

Questions 7-9 refer to the following broadcast. 호M

❼ This is Matt Watson with your weekly entertainment. ❽ Actor Jacky Chang will be in town today. He's here to look for some possible places to film his next movie, *The Double Dragon*. City officials are meeting with him at 10 o'clock this morning to discuss the details. Then they are having lunch together at a famous Chinese restaurant in town. ❾ At 3 o'clock, Chang will be leaving for the airport again. He's flying back west to finish his current project, a movie with Angelina Lewis.

저는 여러분의 주간 연예 소식을 전하는 맷 왓슨입니다. 배우 잭키 창이 오늘 우리 도시에 옵니다. 그는 그의 다음 영화인 〈더블 드래곤〉을 찍을 만한 장소를 물색하기 위해서 오는데요. 시 공무원들은 세부 사항을 논의하기 위해서 오늘 아침 10시에 그와 만날 것입니다. 그러고 나서 그들은 시내의 유명한 중국 식당에서 점심을 먹을 것입니다. 3시에는 창 씨가 공항으로 출발합니다. 그는 현재 작업하고 있는 프로젝트인 안젤리나 루이스와의 영화를 끝내기 위해서 서부로 비행기를 타고 돌아갑니다.

어휘 weekly 주간의, 주별의 entertainment 연예, 오락 possible 가능한 film 영화를 찍다, 영화 details 세부 항목 leave for ~를 향해서 떠나다 current 현재의 station 방송국 official 공무원 depart 출발하다

7 Where does the speaker work?
(A) At a radio station
(B) At a movie theater

화자는 어디에서 일하는가?
(A) 라디오 방송국
(B) 극장

해설 화자가 일하는 장소를 물어보는 GQ이다. 주제는 영화배우에 대한 것이지만, 화자는 영화배우에 대한 소식을 전하고 있으므로 방송 진행자로 보는 것이 적합하다. 유형을 생각하면서 문제를 풀도록 하자.

8 Who is Jacky Chang?
(A) A movie star
(B) A city official

잭키 창은 누구인가?
(A) 영화배우
(B) 시 공무원

해설 화자(speaker)와 청자(listener) 외에 다른 3인칭의 인물이 누구인지를 파악하기 위해서 그 이름 앞뒤에 언급되는 내용을 집중해서 들어야 한다. 배우 잭키 창이 영화 촬영 장소를 찾기 위해서 온다고 했으므로 정답은 (A)이다.

9 What will Jacky Chang do at 3 o'clock in the afternoon?
(A) Meet with Dianne Watson
(B) Depart for the airport

잭키 창은 오후 3시에 무엇을 할 것인가?
(A) 다이앤 왓슨을 만난다.
(B) 공항을 향해 출발한다.

해설 이 문제의 Key Word가 3 o'clock이라는 것에 유념하면서 지문을 듣도록 하자. 일정을 소개할 때 보통 오전 일정부터 소개하므로, 점심 식사가 언급되는 시점에서 곧 정답 부분에 관한 힌트가 나온다는 것을 추측할 수 있어야 한다. 3시에 공항으로 떠난다고 했으므로 정답은 (B)이다.

Questions 10-12 refer to the following radio broadcast. 미M

❿ Good morning and welcome to Morning 4 on national radio. I am your host, Russell Jones. It has been a hot summer and we are all looking for ways to stay cool. Today I will be interviewing Dr. Sanchez Patel, a medical doctor who is a specialist in helping people adapt to their local environment. He will offer our listeners some simple tips on how to deal with hot weather. For example, ⓫ drinking plenty of water and staying in the shade are the easiest ways to protect your health during the summer. ⓬ Stay tuned. We'll be right back with Dr. Patel with these medical tips and more after the commercial break.

안녕하세요, 전국 라디오 방송 〈모닝 4〉를 들어주셔서 감사합니다. 저는 진행자 러셀 존스입니다. 정말 더운 여름이었고, 모두들 시원해질 수 있는 여러 방법을 찾고 있습니다. 오늘은 사람들이 자신의 지역 환경에 잘 적응할 수 있도록 도와주는 일을 전문적으로 하시는 산체스 파텔 박사님을 인터뷰하겠습니다. 청취자 여러분들이 더운 날씨에 대처하는 방법에 대해 간단히 조언해 주실 겁니다. 예를 들어, 물을 많이 마신다거나 그늘에 있는 것은 여름 동안에 여러분의 건강을 지킬 수 있는 가장 쉬운 방법입니다. 채널 고정하세요. 광고 듣고, 파텔 박사님의 이러한 의학 조언 및 그 밖의 정보를 들려 드리겠습니다.

어휘 host 호스트, 진행자 specialist 전문가 adapt 적응하다 local 지역의 environment 환경 offer 제공하다 shade 그늘 protect 보호하다 commercial break 광고 방송 시간 climate 기후 broadcaster 방송인 deal with ~을 처리하다 indoor 실내의

10 Who is the speaker?
(A) A climate specialist
(B) A radio broadcaster

화자는 누구인가?
(A) 기후 전문가
(B) 라디오 방송인

해설 직업, 장소, 주제 등 GQ가 될 만한 다양한 정보가 나오지만, 문제가 요구하는 부분을 선별해 가며 들을 수 있어야 한다. 이 문제의 경우, 더운 날씨가 언급되었다고 해서 무작정 (A)를 고르면 안 된다. 첫 문장에서 화자가 라디오 프로그램을 진행한다는 것을 알 수 있으므로 (B)를 정답

으로 고를 수 있어야 한다.

11 What does the speaker mention as a way of dealing with summer heat?
(A) Taking a shower
(B) Drinking water

화자가 여름 더위에 대응하는 방법으로 언급한 것은 무엇인가?
(A) 샤워하기
(B) 물 마시기

해설 오늘의 초대 손님이 더위에 적응하는 법에 대해 이야기할 것이라는 것을 듣고 정답 힌트가 곧 나올 것에 대비하며 들어야 한다. 예를 들어 물을 마시고 그늘에 있는 것이 가장 쉬운 방법이라고 언급된 부분을 듣고 (B)를 고를 수 있어야 한다.

12 What will the listeners probably hear next?
(A) An advertisement
(B) An interview

청자들은 다음에 무엇을 들을 것인가?
(A) 광고
(B) 인터뷰

해설 지문의 마지막을 듣고 바로 연이어서 어떤 것이 등장할지를 선택해야 한다. 파텔 박사님과 다시 돌아와서 의학적인 조언을 듣는 것은 광고 다음에 한다는 내용에서 라디오 청취자들이 지금 바로 들은 것은 광고라는 것을 알 수 있다. 광고가 정답이 많이 되기는 했지만, 그렇다고 무조건 광고를 고르는 것이 아니라 문제에서 주어진 힌트를 파악해서 문제를 풀 수 있도록 하자.

Step 4 실전 마스터 P108

정답

1. (D)	**2**. (A)	**3**. (B)	**4**. (D)	**5**. (A)
6. (C)	**7**. (B)	**8**. (A)	**9**. (D)	**10**. (C)
11. (D)	**12**. (B)	**13**. (C)	**14**. (B)	**15**. (C)
16. (A)	**17**. (B)	**18**. (D)		

Questions 1-3 refer to the following broadcast. 미W

This is KBN Radio. ❶ We've just heard "Once more, happiness," the latest song from Amy Shore. She is one of the most successful female Jazz singers, and she has been performing with some of the world's top musicians. ❷ If you're interested in learning more about Ms. Shore's musical history and her future plans, be sure to tune in this evening. She'll be the guest of our program, "Musical night." During the interview, ❷ Ms. Shore will tell us about her fascinating life. ❸ We'll be accepting questions from listeners at home so, you can email or text us here at the station.

KBN 라디오입니다. 우리는 에이미 쇼어의 최신 곡인 〈원스 모어, 해피니스〉를 들었습니다. 그녀는 가장 성공적인 여성 재즈 가수 중 한 명으로 세계 최정상급 음악가들과 공연을 해왔습니다. 여러분이 에이미 쇼어의 음악적 이력과 그녀의 미래의 계획에 대해서 좀 더 알고 싶다면, 오늘 밤에 꼭 저희 방송에 주파수를 맞춰 주세요. 그녀는 저희 프로그램 〈음악의 밤〉의 초대 손님으로 오십니다. 인터뷰 동안에, 쇼어 씨는 본인의 매혹적인 삶에 대해서 말해 줄 것입니다. 저희는 집에 계시는 청취자들한테도 질문을 받을 예정이오니 저희 방송국으로 이메일이나 문자를 보내 주세요.

어휘 the latest 최신의 perform 공연하다 learn 알아내다 tune in 귀를 기울이다, 주파수를 맞추다 fascinating 매혹적인, 재미있는 author 작가 current events 시사 offer 제공하다 review 검토하다, 보다 request 요청하다 submit 제출하다 in person 직접

1 Who is Amy Shore?
(A) An author
(B) An actor
(C) A history teacher
(D) A singer

에이미 쇼어는 누구인가?
(A) 작가
(B) 배우
(C) 역사 선생님
(D) 가수

해설 화자와 청자를 제외한 3인칭 사람의 직업/정체성의 힌트는 그 사람 이름 앞뒤에 등장하는 것이 일반적이다. 에이미 쇼어의 최신 노래를 들었다는 부분에서 가수라는 것을 알 수 있다.

2 According to the speaker, what will Amy Shore do this evening?
(A) Talk about her life
(B) Discuss current events
(C) Offer professional training
(D) Review a book

화자에 의하면, 에이미 쇼어는 오늘 저녁에 무엇을 할 것인가?
(A) 그녀의 인생에 대해서 이야기한다.
(B) 시사 토론을 한다.
(C) 전문적 훈련을 제공한다.
(D) 책을 검토한다.

해설 문제의 Key Word가 this evening이라는 점에 유념하여 내용을 듣자. 오늘 저녁에 채널을 맞추라고 언급한 후, 초대 손님인 에이미가 자신의 멋진 삶에 대해서 이야기할 것이다고 했으므로 정답은 (A)이다. 초대 손님의 경력의 시작이나 미래 계획을 물어보는 것은 인터뷰에서 자주 등장하는 내용이라는 것을 기억해 두자.

3 What are the listeners invited to do?
(A) Request a song
(B) Submit questions
(C) Buy some tickets
(D) Visit the station in person

화자들은 어떤 행동을 하라고 요청받는가?
(A) 음악 신청하기
(B) 질문 제출하기
(C) 티켓 구매하기
(D) 직접 방송국 방문하기

해설 라디오 방송에서 청자들에게 요청하는 것은 대부분 내용 마지막에 나오며, 요청 사항도 제한적이다. 질문을 받을 테니 이메일이나 문자 메시지를 보내라는 부분을 Submit questions로 패러프레이징한 (B)가 정답이다.

Questions 4-6 refer to the following report. (호M)

Good afternoon. ❹ This is Liam Watson with your five o'clock traffic report. Most of the traffic is moving smoothly for a Friday evening. But expect delays on Highway 45. ❺ Traffic there has been reduced to a single lane because of a water pipe that was damaged during the construction project. Due to this flooding of water, people on Highway 45 are reporting delays of around 30 minutes. ❻ You may want to find an alternative way and take Route 5 instead. We hope everything gets back to normal soon. Now, here's Jim Stiller with the weather report.

좋은 오후입니다. 여러분의 5시 교통 뉴스를 진행하는 저는 리엄 왓슨입니다. 금요일 저녁치고는 대부분의 도로는 원활한 흐름을 보이고 있습니다. 하지만 45번 고속도로에서는 지체를 예상하셔야 합니다. 공사 도중에 손상된 수도 파이프 때문에 차선이 하나로 줄었습니다. 물이 넘쳐서 45번 도로 위는 약 30분 정도 지체된다고 합니다. 청취자 여러분은 다른 도로를 이용해서 5번 도로로 가십시오. 곧 모든 것이 정상으로 돌아왔으면 좋겠습니다. 자, 이제 짐 스틸러가 일기 예보를 전해 드립니다.

어휘 traffic report 교통 뉴스 smoothly 순조롭게 delay 지연 reduce 줄다 lane 차선 flood 홍수 alternate route 대체 도로, 다른 길 get back to normal 정상으로 돌아가다 intend 의도하다 crew 일꾼들, 직원들 commuter 통근자 stalled 정지된 recommend 추천하다 update 새로운 소식

4 Who is this report intended for?
(A) Newspaper readers
(B) Road crews
(C) Police officers
(D) Commuters

이 뉴스는 누구를 대상으로 하는가?
(A) 신문 독자
(B) 도로 공사 인부
(C) 경찰
(D) 통근자

해설 청자들이 누구인지를 물어보는 GQ로 초반에 힌트가 제시된다. 초반에 화자 자신을 5시 교통 뉴스를 진행하는 셀린이라고 소개한 부분에서 운전을 하는 통근자를 대상으로 아나운서가 방송을 진행한다는 것을 알 수 있다. 따라서 정답은 (D)이다.

5 What caused the delay?
(A) A damaged pipe
(B) Heavy rain
(C) A stalled truck
(D) Weekend traffic

무엇이 교통 지체를 일으켰는가?
(A) 손상된 파이프
(B) 폭우
(C) 멈춘 트럭
(D) 주말 교통

해설 교통 안내 방송은 대부분 교통 체증 문제를 다룬다. 어떤 이유로 체증이 일어나는지를 확인할 수 있어야 한다. 공사 중 수도관이 손상을 입어서 차선이 줄어들었다는 내용을 듣고 (A)를 고를 수 있어야 한다.

6 What does the speaker recommend?
(A) Leaving early
(B) Traveling by bus
(C) Taking a different road
(D) Listening for news updates

화자는 무엇을 추천하는가?
(A) 일찍 출발하는 것
(B) 버스로 이동하는 것
(C) 다른 길로 가는 것
(D) 최신 뉴스를 듣는 것

해설 화자가 추천하는 것은 뒤쪽에 나오는 것이 일반적이다. 특히 교통 안내에서 추천하는 내용이 우회 도로나 대중교통을 이용하는 것, 라디오를 청취해 달라는 것 등 범위가 제한되어 있으니, 이미 풀어본 문제라도 빈출 어휘와 표현을 꼭 익혀 두도록 하자. 다른 길을 이용해서 5번 도로로 가라는 부분을 듣고 (C)를 고를 수 있어야 한다.

Questions 7-9 refer to the following broadcast. (미M)

Good morning, SKL Radio listeners and welcome to Weekly Business World. Today, ❼ I'll be speaking to professional career counselor Jackie Blumberg. Over the next two hours, Ms. Blumberg will outline strategies for finding a profession that matches your skills, interest, and personality. During the latter part of the program, ❽ she'd like to hear you in person so we encourage you to call in when we open up our lines. Well, let me start off by saying welcome Ms. Blumberg! From what I understand, ❾ you are publishing a book about this topic which will be in print next month. Is this right?

SKL 라디오 청취자 여러분 좋은 아침입니다. 저희 〈주간 비즈니스 월드〉에 오신 것을 환영합니다. 오늘, 저는 전문 경력 지도사인 재키 블룸버그 씨와 이야기를 나누겠습니다. 이후 두 시간 동안, 블룸버그 씨는 여러분의 기술, 흥미, 그리고 인성에 맞는 직업을 찾는 전략을 설명해 주실 것입니다. 오늘 프로그램의 후반부에서는 그녀가 직접 여러분의 사연을 들을 것이니, 우리가 전화를 받는 시점에 전화해 주시기 바랍니다. 자, 그러면 블룸버그 씨를 환영하면서 시작해 보도록 하겠습니다. 제가 듣기로는 당신은 이 주제에 관해 다음 달에 책을 출판하신다고 하던데요. 그게 맞습니까?

어휘 outline 윤곽을 그리다, 개요를 잡다 strategy 전략 profession 직업 personality 성격 line 전화 라인 publish 출판하다 in print 인쇄되는, 출판 중인 area 분야 expertise 전문 지식 finance 재정 career 직업, 경력 guidance 지도, 지침 coordination 조직 update 새로 바꾸다 résumé 이력서 cost of living 생활비 attend 참석하다 professional 전문의, 직업의 workshop 워크숍, 훈련 promotion 판촉 take place 일어나다

7 What is Ms. Blumberg's area of expertise?
(A) Personal finance
(B) Career guidance
(C) Event coordination
(D) Company management

블룸버그 씨의 전문 분야는 무엇인가?
(A) 개인 재정
(B) 경력 지도
(C) 행사 조직
(D) 회사 경영

해설 제3인물인 블룸버그 씨의 이력이나 직업을 소개하는 내용은 그 사람 이름 앞뒤에 언급되는 것이 일반적이다. 진행자 자신을 소개하고 프로그램을 소개한 후, 전문 경력 상담사인 재키 블룸버그와 이야기를 나누겠다고 말한 부분을 듣고 (B)를 고를 수 있어야 한다.

8 What are the listeners encouraged to do?
(A) Call in with their opinions
(B) Update their résumés
(C) Reduce the cost of living
(D) Attend a professional workshop

청자들은 어떤 행동을 하라고 요청받는가?
(A) 전화해서 자신의 의견을 말하기
(B) 자신들의 이력서를 업데이트하기
(C) 생활비 줄이기
(D) 직업 훈련에 참석하기

해설 방송에서 청자들에게 부탁하는 전형적인 형태의 문제이다. 초대 손님이 직접 전화로 이야기를 들으니 전화하라고 말했으므로 정답은 (A)이다. 미리 마음 속에 정답을 정하지 말고 주어진 선택지 중에서 가장 좋은 것을 고르는 훈련해서 선입견 때문에 문제를 틀리지 않도록 해야 한다.

9 What does the speaker say will happen next month?
(A) A class will be offered.
(B) A discount promotion will take place.
(C) An interview will be conducted.
(D) A book will become available.

화자는 다음 달에 어떤 일이 있을 거라고 말하는가?
(A) 수업이 제공될 것이다.
(B) 할인 판촉이 있을 것이다.
(C) 면접이 있을 것이다.
(D) 책을 나올 것이다.

해설 이 문제의 Key Word는 next month라는 사실에 유념하면서 내용을

듣자. Part 4에서는 어떤 특정 인물이 소개될 때, 그 사람의 저서나 강연 내용이 자주 등장한다는 것을 기억해 두자. 다음 달에 책을 출판하는 게 맞냐고 물어보는 부분에서 정답을 알 수 있다.

Questions 10-12 refer to the following news report. (미W)

In national news today, ⑩ the head of Horseman Appliance, President Tim Bauman, announced that the March launch of Horseman's new vacuum cleaner model has been postponed. ⑪ Horseman's vacuum cleaners such as RX2000 which was introduced 2 years ago have been very popular with customers because of their light weight. However, initial reaction from consumers who field-tested the new vacuum cleaner has been mixed. It turns out that some of the vacuum cleaners have faulty wiring and get overheated when used for a long time. Later today, ⑫ Mr. Bauman will hold a press conference to discuss how Horseman Appliance will address this issue.

오늘 국내 뉴스로는, 홀스만 전자 사장 팀 보우만 씨가 홀스만의 신형 진공청소기 모델의 3월 출시가 연기되었다고 발표했습니다. 2년 전에 소개된 RC2000과 같은 홀스만의 진공청소기는 가벼운 무게로 소비자들에게 매우 인기가 많았습니다. 하지만 신형 진공청소기를 현장 테스트한 고객들의 첫 반응은 엇갈렸습니다. 몇몇 진공청소기의 전선에 하자가 있어서 오래 사용하면 과열되는 일이 있었습니다. 오늘 늦게, 보우만 씨는 홀스만 전자가 이 문제점을 어떻게 해결할 지에 관해 기자 회견을 가질 것입니다.

어휘 appliance 전자제품 launch 신제품 런칭, 소개 initial 초기의 reaction 반응 field-test 현장 테스트하다 mixed 섞인, 엇갈린 turn out ~로 밝혀지다, 드러나다 faulty 결점 있는, 불완전한 wiring 배선 overheated 과열된 address 해결하다, 다루다 issue 안건, 문제점 press conference 기자 회견 counselor 상담사, 상담원 reliable 신뢰성이 있는, 믿을 만한 inexpensive 저렴한 merger 합병 solution 해결책 technological 기술적인 staff 직원들 manufacture 제조하다 cost 비용

10 Who is Tim Bauman?

(A) A software designer
(B) A financial counselor
(C) A company president
(D) A photo journalist

팀 보우만은 누구인가?
(A) 소프트웨어 디자이너
(B) 재정 상담사
(C) 회사 사장
(D) 사진 작가

해설 제3 인물인 팀 보우만을 설명하는 것은 주로 그 사람 이름 앞뒤로 등장하게 된다. 사장인 팀 보우만이 무엇인가를 발표했다는 부분에서 정답이 (C)라는 것을 알 수 있다. 특히, 비즈니스 뉴스의 경우 중대 내용을 발표하는 사람은 회사의 중역(executive) 또는 대변인(spokesperson)인 경우가 많다는 것을 기억하자.

11 According to the speaker, why have the vacuum cleaners of Horseman Appliances been popular?

(A) They're reliable.
(B) They come in different colors.
(C) They are inexpensive.
(D) They're light.

화자에 의하면, 왜 홀스만 전자의 진공청소기는 인기가 있었는가?
(A) 믿을 만하다.
(B) 여러 색깔로 나온다.
(C) 가격이 저렴하다.
(D) 가볍다.

해설 이 문제의 키워드는 popular라는 점을 유념하면서 내용을 듣자. 홀스만의 제품은 가벼워서 고객들에게 인기가 많았다고 한 부분에서 정답은 (D)이다.

12 What will Tim Bauman discuss at a press conference?

(A) Plans for a company merger
(B) Solutions to a technological problem
(C) Changes in management staff
(D) Increases in manufacturing cost

팀 보우만은 기자 회견에서 무엇을 이야기할 것인가?
(A) 회사 합병에 대한 계획
(B) 기술적인 문제에 대한 해결책
(C) 관리 직원들의 변동
(D) 제조 비용의 증가

해설 이 문제의 Key Word는 discuss, press conference라는 것에 유념하여 내용을 듣자. 진공청소기의 과열 문제가 언급되고 나서 보우만 씨가 기자 회견에서 이 문제점을 의논할 것이라고 언급했으므로 정답은 (B)이다. 난이도가 올라갈수록 녹음 내용의 많은 부분을 이해하고, 패러프레이징된 표현을 이해해야 문제를 풀 수 있는 경우가 많다. 따라서 어휘와 구문을 많이 공부한 학생들이 유리하다. 또 Part 4는 주제별로 상식/표현을 익혀 나가는 것이 중요하다.

원쌤의 REAL SOLUTION

토익에서는 직장 부서 및 업무 상식이 있을수록 유리한 문제들이 있다. 신상품 개발 절차(new product development process)에 대한 상식을 익혀 보도록 하자. 가장 기본적인 구조는 아래와 같다.
컨셉 회의(concept meeting) → 시제품(prototype) 개발 → 마케팅 조사(marketing research) → 모델 수정(updating the model) → 광고/런칭 캠페인(ad/launching campaign)
참고로 마케팅 조사의 세부 단계는 현장 테스트(field test)와 표적 집단 테스트(focus group test)가 있다는 것을 알아 두자.

Questions 13-15 refer to the following news report. (호M)

In local news, ⑬ Central Railway officials have revealed a plan for a new railway line to be installed between Gordon City and the popular tourism destination, Tampa National Park. According to the announcement, the project is scheduled to begin at the end of the year. This is what we've been waiting for. ⑭ The new project will attract more attention to the city and the national park and boost the local economy in the end. The Travel and Tourism Association has already voiced strong support for the new railway line. ⑮ Jamal Townsend, spokesperson for the association, says tourism professionals are happy to learn about this much-needed upgrade.

지역 뉴스로, 센트럴 철도사의 간부들이 고든시와 인기 관광지인 템파 국립공원 사이에 새로운 철도선을 설치하는 계획을 발표했습니다. 발표에 의하면, 이 프로젝트는 올해 말에 시작할 계획입니다. 이것은 우리가 기다리던 것입니다. 새로운 프로젝트는 도시와 국립공원에 더 많은 관심을 끌어서 지역 경제를 활성화시킬 것입니다. 여행 관광 협회는 벌써 신설 철도 노선에 대해서 강력한 후원을 표명했습니다. 협회의 대변인인 자말 타운젠드 씨는 관광업계 종사자들은 꼭 필요했던 이 변화에 대한 소식을 접하고 기뻐하고 있다고 말했습니다.

어휘 local 지역의 reveal 밝히다, 파악하다 railway 기차선 install 설치하다 destination 목적지 attract 모으다, 끌어당기다 boost 활성화시키다, 올리다 in the end 결국에는 support 후원하다 spokesperson 대변인 professional 전문가, 직업인 much needed 꼭 필요한 upgrade 업그레이드, 변동 renovation 개조, 수리 merger 합병 take place 일어나다 association 협회 take (시간이) 걸리다 inconvenience 불편함 ranger 관리인, 경비원 organization 조직, 단체

13 What is the main topic of the news report?

(A) The renovation of a tourist resort
(B) An airline merger with Central Railway
(C) Construction of a new railway line
(D) A new president for the hotel association

이 뉴스의 주요 주제는 무엇인가?
(A) 관광 리조트 개조
(B) 센트럴 철도사와의 항공사 합병
(C) 새로운 기차선의 건축
(D) 호텔 협회의 새로운 사장

해설 뉴스의 주제는 GQ로 초반에 힌트가 제시된다. 철도사 관계자들이 새로운 철도 노선 설치 계획을 발표했다고 했으므로 정답은 (C)이다. 선택지가 긴 경우 문제를 푸는 시간이 길어지지 않도록 평소에 독해력을 길러 놓는 것이 좋다.

14 What does the speaker imply when he says, "This is what we've been waiting for"?
(A) He thinks it is taking too long.
(B) He is happy about the news.
(C) He is tired of working long hours.
(D) He is sorry for the inconvenience.

화자가 "이것은 우리가 기다리던 것입니다"라고 말한 의미는 무엇인가?
(A) 그는 시간이 너무 오래 걸린다고 생각한다.
(B) 그는 뉴스에 대해서 기뻐한다.
(C) 그는 긴 근무 시간에 지치고 있다.
(D) 그는 불편함에 대해서 미안해 한다.

해설 화자 의도 문제는 전체적인 내용 파악이 선행되어야 한다. 철도 개설 발표를 듣고 "이게 우리가 기다리던 것이다"라고 말하고 이후에도 철도 개통의 장점에 대해서 설명하는 부분에서 화자는 이 소식을 반기고 있음을 알 수 있다. 따라서 정답은 (B)이다.

15 Who is Jamal Townsend?
(A) A ranger of a park
(B) A construction manager
(C) A member of an organization
(D) A famous travel writer

자말 타운젠드는 누구인가?
(A) 공원의 경비인
(B) 공사 매니저
(C) 단체의 회원
(D) 유명한 여행 작가

해설 제3자를 소개할 때 그 사람 이름 앞뒤 내용을 잘 들어야 한다. 자말 타운샌드 씨가 협회의 대변인이라고 했으므로 선택지 중 가장 적절한 것을 고르면 단체의 일원이라고 제시된 (C)이다. 특히 회사, 협회, 동호회 등 다양한 단체는 organization이라는 말로 패러프레이징될 수 있다는 것을 기억하자.

Questions 16-18 refer to the following broadcast and map. (미M)

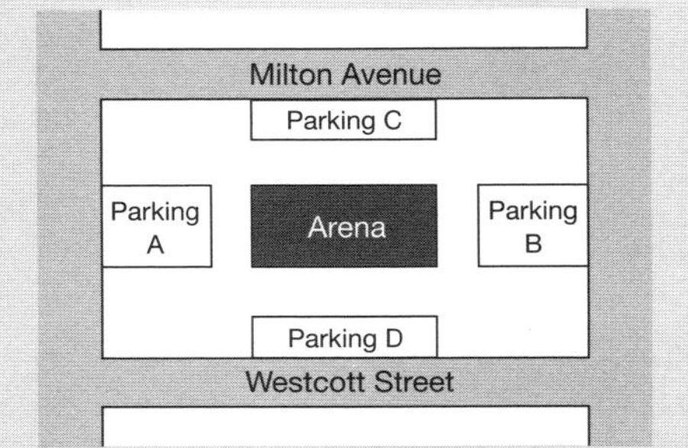

And now for Greenwich City sports news. We were all disappointed that ⑯ the baseball championship game between our own Blueclaws and Indians was cancelled last Saturday night because of the big snowstorm. The game has been rescheduled for this Friday evening at 7 o'clock at Angel Arena. Tickets are going fast, but ⑰ don't worry if you don't get a ticket. You can watch the game on the local television channel. Snow removal is ongoing and all parking areas at the baseball stadium will be open except one. ⑱ The area that will be closed is the one closest to Westcott Street. Go Blueclaws!

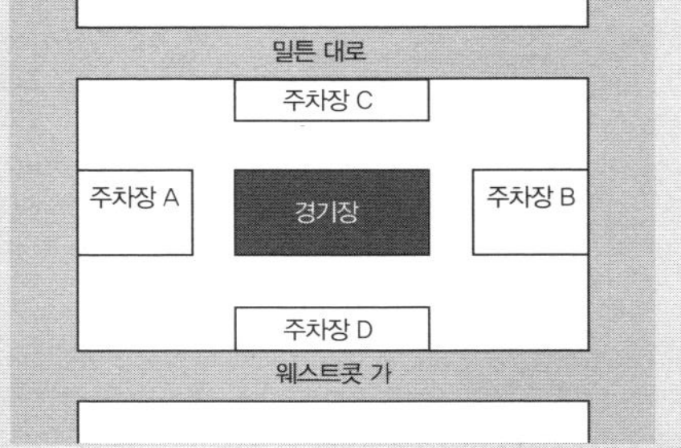

자 이제, 그리니치 시의 스포츠 뉴스 시간입니다. 우리 모두는 지난 토요일 저녁에 큰 눈보라로 우리 블루클로스와 인디언스 사이의 야구 선수권 대회 경기가 취소되어서 실망했습니다. 경기는 이번 주 금요일 저녁 엔젤 경기장에서 7시로 일정이 다시 잡혔습니다. 표가 빠른 속도로 팔리고 있습니다. 하지만 표를 구하지 못해도 걱정하지 마세요. 여러분은 지역 텔레비전 방송국에서 경기를 시청할 수 있습니다. 제설 작업이 진행되고 있고 야구 경기장 주차장은 한 곳을 빼고 다 개방될 것입니다. 폐쇄되는 지역은 웨스트콧 가에서 가장 가까운 곳입니다. 블루클로스 파이팅!

어휘 disappointed 실망한 snowstorm 눈보라, 폭설 ongoing 계속되는, 진행 중인 arena 경기장 removal 제거, 치우기 sold out 매진

16 Why is the baseball game rescheduled?
(A) The weather has been bad.
(B) Some players got sick before the game.
(C) Not enough tickets have been sold.
(D) The stadium is being repaired.

왜 야구 경기는 일정이 변경되었는가?
(A) 날씨가 나빴다.
(B) 몇몇 선수들이 경기 전에 아팠다.
(C) 충분한 티켓이 팔리지 않았다.
(D) 경기장이 수리되고 있는 중이다.

해설 Key Word가 baseball game, rescheduled라는 것에 유의하여 내용을 듣자. 경기가 폭설로 취소되었다고 했으므로 정답은 (A)이다.

17 According to the speaker, why might a listener watch a game on television?
(A) If a snowstorm gets worse.
(B) If tickets have been sold out.
(C) If there is no available parking.
(D) If he or she cannot find time to watch it in person.

화자에 의하면, 왜 청자가 텔레비전으로 경기를 볼지도 모르는가?
(A) 눈보라가 거세지면
(B) 표가 매진되면
(C) 주차 공간이 없으면
(D) 직접 가서 볼 시간이 없다면

해설 이 문제의 Key Word는 why, watch a game, on television로 TV로 경기를 봐야 하는 이유를 묻고 있다. 표가 빠른 속도로 팔리고 있지만 표를 구하지 못하더라도 텔레비전으로 볼 수 있다고 했으므로 정답은 (B)이다. 눈, 주차장 내용이 언급되었긴 하지만 텔레비전 시청과 관계가 없으므로 정답이 될 수 없다.

18 Look at the graphic. Which parking area will be closed?
(A) Parking A
(B) Parking B
(C) Parking C
(D) Parking D

표를 보시오. 어떤 주차장이 닫힐 것인가?
(A) A 구역
(B) B 구역
(C) C 구역
(D) D 구역

해설 그림/시각 자료 관련 문제는 지문을 듣기 전에 문제와 그림을 분석해 놓고 듣는 것이 유리하다. 지도에서 가운데에 위치한 경기장 주변의 2개의 도로 이름을 확실하게 파악해 두는 것이 좋다. 주차장이 한 군데를 제외하고 다 개방되는데, 폐쇄된 주차장은 웨스트콧 가에서 가깝다고 했으므로 정답은 (D)라는 것을 알 수 있다.

Step 2 눈과 귀를 매칭시키는 Practice P112

정답 **1**. (B) **2**. (B) **3**. (A) **4**. (A)

1 How often is this convention held?
(A) Once a month **(B) Once a year**
박람회는 얼마나 자주 열리는가?
(A) 한 달에 한 번 **(B) 일 년에 한 번**

Question 1 refers to the following talk. 미M

Welcome to the annual Water Conservation Convention. All representatives attending today's program should go to the main entrance to receive their name tags and schedules. Please do not go to the reception area inside.

연례 수자원 보호 박람회에 오신 것을 환영합니다. 금일 프로그램에 참가하는 모든 대표들은 이름표와 일정을 받기 위해서 정문으로 가셔야 합니다. 내부의 접수 데스크로 가시지 마십시오.

2 What is the main purpose of this announcement?
(A) To announce a schedule change
(B) To announce a maintenance job
이 안내의 주요 목적은 무엇인가?
(A) 일정 변경을 발표하기 위해서
(B) 시설 관리 작업을 발표하기 위해서

Question 2 refers to the following announcement. 영W

In today's staff meeting, first I would like to remind you that we are going to lay new carpets in all offices over the next two weeks. The maintenance supervisor has asked everyone to let him know when you want the work done in your office.

오늘의 직원 회의에서 먼저, 앞으로 2주 동안 모든 사무실에 새로운 카펫을 깔 것이라는 것을 다시 한번 알려드리고 싶습니다. 시설 관리팀 관리자가 여러분 모두가 각자 사무실 작업이 언제 되기를 원하는지 알려달라고 부탁했습니다.

3 Who are the instructions intended for?
(A) Employees in a factory
(B) Managers in a store
이 지시사항은 누구를 대상으로 하는가?
(A) 공장의 직원들
(B) 가게의 매니저들

Question 3 refers to the following announcement. 미M

Every morning, as soon as you get in here, you should check the printed schedule to see which division you will be working in on the production line. After that, you can get your safety goggles and a hard hat for yourself.

매일 아침 여러분이 이곳에 도착하면 생산라인의 어떤 부서에서 일을 하게 될 건지를 확인하기 위해서 인쇄된 일정표를 확인하셔야 합니다. 그러고 나서, 자신의 보안경과 안전모를 챙기실 수 있습니다.

4 What are the participants asked to do?
(A) Complete the registration form
(B) Send in their résumés
참가자들은 무엇을 하라고 부탁을 받는가?
(A) 등록 양식을 완성하기
(B) 이력서를 보내기

Question 4 refers to the following announcement. 영W

Welcome to the 10th Annual Job Fair for the New York Asian Community. I know you want to talk to your potential employers or prospective coworkers. But first, I'd like you to fill out all the forms in your registration packet.

제10회 뉴욕 아시아 공동체를 위한 연례 구직 박람회에 오신 것을 환영합니다. 여러분들이 앞으로 고용주나 동료사원이 될지 모르는 사람들과 빨리 이야기하고 싶을 것입니다만, 먼저 여러분의 등록 패키지 안에 있는 모든 양식을 작성해 주시기 바랍니다.

Step 3 기초 마스터 P113

정답
1. (B) **2**. (B) **3**. (A) **4**. (B) **5**. (A)
6. (B) **7**. (A) **8**. (B) **9**. (B) **10**. (A)
11. (A) **12**. (B)

Questions 1-3 refer to the following excerpt from a meeting. 미W

❶ Welcome to our annual dealers' meeting. I'm looking forward to showing you the exciting new line of winter products. I'm sure your customers will like them as much as we do. ❷ My part of the session, which starts with a video presentation, will take about 2 hours, but we will take a 15-minute coffee break in the middle. The lunch hour is from 12 to 1 p.m. In the afternoon, we will have a discussion with technical staff. Meanwhile, ❸ if you have any questions, please feel free to interrupt and ask me at any time.

연례 판매자 회의에 오신 여러분을 환영합니다. 저희는 여러분께 흥미로운 겨울 신상품 라인을 보여 드릴 것입니다. 우리만큼이나 여러분의 고객들도 이 상품들을 좋아할 것이라고 생각합니다. 제가 담당하는 부분은 비디오 발표로 시작해서 약 2시간 정도 소요될 예정이며, 중간에 15분 정도 커피를 마실 수 있는 휴식 시간이 있겠습니다. 점심시간은 12시부터 1시까지입니다. 오후에는 기술팀 직원들과의 토론 시간이 있습니다. 도중에 질문이 있으면 언제라도 자유롭게 물어봐 주십시오.

어휘 annual 연례의 dealer 전문 판매인 line 상품 라인 session 시간, 수업 break 쉬는 시간 discussion 토론 staff 직원들 meanwhile 그 동안에 feel free to 자유롭게 ~하다 interrupt 방해하다, 중단시키다 at any time 아무때나 lunch break 점심시간

1 How often does this event take place?
(A) Once a month
(B) Once a year
이 행사는 얼마나 자주 개최되는가?
(A) 한 달에 한 번
(B) 일 년에 한 번

해설 행사 안내에서 자주 나오지만 실수로 가장 많이 틀리는 문제 중 하나이다. 보통 첫 문장에서 행사 이름과 함께 빈도수가 언급되는 것이 일반적이다. 연례 판매자 회의에 오신 것을 환영한다는 내용에서 annual을 듣고 행사가 1년에 한 번씩 있다는 것을 알아낼 수 있어야 한다.

2 How long is the speaker's presentation?
(A) One hour
(B) Two hours

화자의 발표 시간은 얼마나 긴가?
(A) 1시간
(B) 2시간

해설 행사에서 각종 발표자와 그들의 발표 주제, 시간 등에 대한 공지를 많이 한다. 화자는 자기가 맡은 부분이 2시간이라고 했으므로 정답은 (B)이다.

3 What should the listeners do if they have questions?
(A) Stop the speaker and ask
(B) Ask the speaker during lunch break

질문이 있으면 청자들은 어떻게 해야 하는가?
(A) 발표자의 말을 끊고 물어본다.
(B) 점심시간에 물어본다.

해설 모든 안내 방송은 앞쪽에 공지 내용이 있고 후반에 당부나 주의사항을 말하는 것이 일반적이다. 질문이 있으면 언제든지 진행을 끊고 자신에게 질문하라고 언급된 부분을 듣고 (A)를 고를 수 있어야 한다. 지문의 interrupt는 선택지에서 stop the speaker로 패러프레이징되었다.

Questions 4-6 refer to the following excerpt from a meeting. (호M)

Let me start off the meeting with an important reminder. ❹ Our week-long winter sale begins tomorrow, and we're almost ready for this special event. We've already changed the price tags on ❺ winter jackets, hats, and scarves. We've brought out all our winter stock from the warehouse. Now, the only thing left for us to do is to put up a large sign on the store window. ❻ The sign has already arrived so I'd like to get a few people to help me hang it.

회의를 중요한 얘기를 다시 하는 것으로 시작하도록 하죠. 내일부터 일주일간 겨울 세일을 시작하며, 이 특별한 행사를 위한 준비가 거의 완료되었습니다. 이미 겨울 재킷과 모자, 스카프의 가격표를 변경했습니다. 창고에서 겨울 재고를 모두 꺼낸 상태입니다. 이제 우리에게 남은 일은 가게 창문에 큰 표지판을 붙이는 것입니다. 표지판은 벌써 도착했으니 몇 분이 제가 거는 것을 도와주셨으면 합니다.

어휘 reminder 주의, 알리는 것 almost 거의 price tag 가격표 bring out 가지고 나오다, 꺼내다 stock 재고, 물건 warehouse 창고 put up 내붙이다 location 지점, 위치 prepare 준비하다 clothing 의류 furnishing 가구, 소품 place an ad 광고를 내다 hang up 걸다

4 What is the announcement mainly about?
(A) Opening a new location
(B) Preparing for a sales event

안내의 주요 내용은 무엇인가?
(A) 새로운 지점 개장
(B) 할인 행사 준비

해설 주제를 물어보는 GQ로 초반에 힌트가 제시된다. 상점에서 관리자급 상사가 직원들을 대상으로 말하는 내용이다. 내일부터 할인 행사가 시작되는데 준비가 거의 다 되었다는 부분에서 주제는 할인 행사라는 것을 알 수 있다.

5 What type of product does the store sell?
(A) Clothing
(B) Home furnishings

이 가게에서 어떤 종류의 상품을 파는가?
(A) 의류
(B) 가정용 가구

해설 어떤 물건을 파는지 물어보는 것은 업종을 물어보는 문제로 GQ로 봐야 한다. 어떤 업종인지 간접적으로 제시되는 힌트를 잡아낼 수 있도록 훈련하자. 겨울 외투, 모자, 스카프가 언급된 것을 듣고 옷을 판매하는 매장이라는 것을 알 수 있어야 한다. 따라서 정답은 (A)이다.

6 What does the speaker ask for help with?
(A) Placing an advertisement in the paper
(B) Hanging up a sign

화자는 무슨 일에 도움을 요청하는가?
(A) 신문에 광고 내는 것
(B) 표지판 거는 것

해설 화자가 청자에게 도움을 요청하는 형태는 결국은 부탁/지시하는 것으로 볼 수 있다. 마지막에서 광고 표지판이 도착했는데 누군가 거는 것을 도와주었으면 좋겠다고 말했으므로 정답은 (B)이다.

Questions 7-9 refer to the following announcement. (미M)

As you all know, ❼ Aland Hardy is retiring at the end of the month after 30 years at our company and we're planning a small party in his honor. ❽ Mr. Hardy started as a sales associate of our Fort Lee branch office and moved up to the general manager of the New Jersey head office. He has been a valuable employee of our company for a long time and we are going to miss him a lot. The party will be held at the company cafeteria next Friday, the 5th and everyone is invited. We have prepared a cake and a card for him and ❾ I'd like everyone to stop by at the reception desk to sign their names on the card. This will be a good gift for him. Thank you and see you at the party.

여러분도 알다시피 에이랜드 하디 씨는 우리 회사에서 30년간 근무하고 이번 달 말에 퇴임할 예정입니다. 우리는 그를 기리기 위해 작은 파티를 계획하고 있습니다. 하디 씨는 포트 리 지사의 영업 사원으로 출발해서 뉴저지 본사의 총괄 관리자로 승진했습니다. 그는 오랫동안 우리 회사의 소중한 자산이었고, 우리는 그가 매우 그리울 것입니다. 파티는 다음 금요일인 5일 회사 구내식당에서 열릴 것이며 모두 참석해 주시기 바랍니다. 우리는 그를 위해 케이크와 카드를 준비했고 여러분 모두 접수 데스크에 들러서 카드에 서명해 주시기 바랍니다. 이것은 그에게 좋은 선물이 될 것입니다. 여러분께 감사드리며 파티에서 뵙겠습니다.

어휘 retire 은퇴하다 honor 명예, 존경 associate 직원 branch 지점 head office 본사 valuable 소중한, 귀중한 be held 열리다, 개최되다 cafeteria 구내식당 stop by 들리다 reception desk 안내 데스크

7 What is the speaker discussing?
(A) A party for a retiring employee
(B) A schedule change for the event

화자는 무엇을 이야기하고 있는가?
(A) 은퇴하는 직원을 위한 파티
(B) 행사의 일정 변경

해설 주제를 물어보는 GQ로 초반에 힌트가 제시된다. 첫 문장에서 하디 씨가 은퇴해서 그를 위한 파티를 계획하고 있다고 했으므로 정답은 (A)이다. 물론 은퇴 파티도 event라고 볼 수는 있으나 일정 변경에 대한 내용은 없으므로 (B)는 정답이 될 수 없다.

8 What is Mr. Hardy's current position?
(A) A sales associate
(B) A general manager

하디 씨의 최근 직책은 무엇인가?
(A) 영업 사원
(B) 총괄 관리자

해설 current와 같이 시점 어휘가 나오는 SQ는 시점에 유의해서 들어야 한다. 최근 직책을 물어보는 것은 예전 직책도 같이 등장할 수 있다는 신

호이기 때문에 주의해야 한다. 처음에 영업 사원으로 시작했으나 본사의 총괄 관리자로 승진했다는 내용에서 최종 직책이 총괄 관리자라는 것을 알 수 있다. 따라서 정답은 (B)이다.

9 What are the listeners asked to do?
(A) Buy a gift for Mr. Hardy
(B) Sign their names on a card

청자들은 어떤 행동을 하라고 부탁을 받는가?
(A) 하디 씨를 위한 선물 구매
(B) 카드에 서명하기

해설 청자들에게 지시하는 내용은 후반부에 부탁조로 등장하는 것이 일반적이다. 카드를 준비했으니 접수 데스크에 들러서 이름을 서명해 달라는 부분에서 정답을 알 수 있다. (A)의 경우, gift는 내용에 나오기는 하지만 선물을 사라는 내용은 없으므로 정답이 될 수 없다.

Questions 10-12 refer to the following announcement. 미W

May I have your attention, please? ⑩ Due to high sales and increased orders, we're far behind our schedule. ⑪ Our facility coordinator has decided to keep the assembly lines running for an extra three hours a day to meet the high demand. ⑫ Any line workers who are interested in working overtime and making more money should notify their supervisors by the end of the day. Remember, those who work less than full-time will have the priority in extra hours. Thank you for your cooperation.

여러분 주목해 주세요. 높은 판매와 주문 증가로, 우리는 일정보다 많이 늦어지고 있습니다. 우리 시설 운영자가 높은 수요를 맞추기 위해 매일 3시간씩 추가로 조립 라인을 가동하기로 결정했습니다. 라인 작업자들 중에서 야근을 하시고 돈을 더 버실 분들은 오늘 안으로 자신의 관리자에게 알려 주시기 바랍니다. 잊지 마세요. 전일 근무보다 일을 덜 하시는 분들에게 추가 근무 우선권을 드리겠습니다. 여러분의 협조에 감사드립니다.

어휘 behind schedule 일정보다 뒤처진 facility 시설 coordinator 진행자 assembly line 조립 라인 run 운영하다, 돌리다 extra 추가의 demand 수요 notify 알리다 supervisor 관리자, 상사 priority 우선권 cooperation 협조 put in extra hours 추가 근무하다 volume 양 production 생산 benefit 혜택

10 Why are the workers asked to put in extra hours?
(A) Sales volume has increased.
(B) Staff size has decreased.

직원들은 왜 추가 근무를 하라고 부탁을 받는가?
(A) 판매량이 증가했다.
(B) 직원 규모가 줄었다.

해설 이유나 목적을 묻는 문제도 주로 GQ에 해당한다. 첫 문장에서 판매와 주문이 증가해서 조립 라인 가동을 추가적으로 운영하니, 야근하고 싶은 사람은 신청하라는 내용에서 정답이 (A)라는 것을 알 수 있다.

11 Where is this announcement being heard?
(A) In a production plant
(B) In a sales seminar

어디에서 이 안내를 들을 수 있는가?
(A) 생산 공장
(B) 판매 세미나

해설 담화의 장소를 물어보는 GQ로 특정 장소 힌트를 어휘로 주는 경우가 많다. 이 문제의 경우 조립 라인(assembly line)이 가장 큰 힌트로 공장으로 보는 것이 타당하다. 판매(sales)가 증가해서 생산량을 늘려야 한다는 내용이 언급되었다고 해서 (B) 판매 세미나를 고르지 않도록 주의하자.

12 What are the benefits of working overtime?
(A) Employees can sell more products.
(B) Employees can earn more money.

추가 근무의 혜택은 무엇인가?
(A) 직원들이 물건을 더 팔 수 있다.
(B) 직원들이 돈을 더 벌 수 있다.

해설 선택지 중에서 담화 장소가 공장인 것을 안다면 소거법을 통해서 (B)를 고를 수 있다. 하지만 내용에서 문제의 Key Word가 등장하는 부분을 파악해 정답을 찾는 훈련을 하는 것이 좋다. 야근하고 돈을 더 벌 사람은 연락하라는 부분에서 정답이 (B)라는 것을 알 수 있다.

Step 4 실전 마스터 P114

정답

1. (A)	**2**. (C)	**3**. (D)	**4**. (D)	**5**. (B)
6. (C)	**7**. (B)	**8**. (A)	**9**. (B)	**10**. (B)
11. (A)	**12**. (C)	**13**. (D)	**14**. (A)	**15**. (D)
16. (C)	**17**. (C)	**18**. (D)		

Questions 1-3 refer to the following excerpt from a meeting. 호M

Before we start today's meeting, ❶ I want to update everyone about the office remodeling project beginning on Tuesday. We can't allow the construction to affect our work, so please follow these directions carefully. ❷ Tomorrow, you should begin packing your things into boxes. Packing boxes and other supplies will be in the main lobby. If you need more supplies, please contact the maintenance department. Now, during the construction period, you'll be using conference rooms as temporary work spaces. ❸ I'll be sending out an e-mail later today to let you know which conference rooms you'll be working in.

오늘 회의를 시작하기 전에 화요일에 시작하는 사무실 개조 건에 대해 여러분께 알려 드릴 것이 있습니다. 공사로 인해 우리 업무가 방해받으면 안 되기 때문에 다음 지시 사항을 확실하게 지켜 주시기 바랍니다. 내일부터 자기 물건을 박스에 포장해야 합니다. 포장 박스와 기타 용품들은 중앙 로비에 비치될 것입니다. 더 필요하면 관리부에 연락하세요. 그리고 공사 중에는 회의실을 임시 근무 공간으로 사용할 것입니다. 오늘 늦게 제가 이메일로 여러분이 일할 회의실을 알려 드리지요.

어휘 update 가장 최신의 정보를 주다 remodel 개조하다 construction 공사 direction 길안내, 지시 pack 싸다, 포장하다 supplies 용품 contact 연락하다 maintenance 시설관리 period 기간 temporary 일시적인 renovation 개조 assembly 조립 equipment 장비 preparation 준비 arrange 준비하다, 잡다 extra 추가의 pay 임금, 급여 job offer 일자리 제의 notification 공지

1 What is mainly being discussed?
(A) Office renovation
(B) Directions to a site
(C) Assembly of equipment
(D) Seminar preparation

주로 무엇이 논의되고 있는가?
(A) 사무실 개조
(B) 현장으로 가는 길 안내

(C) 장비 조립
(D) 세미나 준비

해설 주제에 관한 GQ로 초반에 가장 큰 힌트가 제시된다. 사무실 수리에 대한 리모델링(수리, 개조)에 대해서 알려 주겠다고 했으므로 정답은 (A)이다.

2 What should the listeners do tomorrow?
(A) Arrange some meetings
(B) Begin interviews
(C) Pack their things
(D) Move some furniture

청자들은 내일 무엇을 해야 하는가?
(A) 회의 일정 잡기
(B) 면접 시작하기
(C) 짐 꾸리기
(D) 가구 옮기기

해설 청자들이 앞으로 해야 할 일은 말하는 사람이 요청하거나 부탁하는 일이 무엇인지 잘 들어야 한다. 자신의 물건을 박스에 싸라고 했으므로 정답은 (C)이다. 자신의 짐을 박스에 싸야 한다는 말은 나왔지만 가구를 옮긴다는 내용은 없으므로 (D)는 정답이 될 수 없다. 전체적인 주제와 청자들이 해야 할 세부적인 일을 분리해서 파악할 수 있도록 훈련하자.

3 What will the listeners receive later today?
(A) Extra pay
(B) A phone number
(C) A new job offer
(D) An e-mail notification

청자들은 오늘 늦게 무엇을 받을 것인가?
(A) 추가 급여
(B) 전화번호
(C) 새로운 일자리 제안
(D) 이메일 공지

해설 문제의 Key Word인 receive, later, today에 유념하여 내용을 듣도록 하자. 오후 늦게 일할 회의실을 이메일로 알려 주겠다고 했으므로 정답은 (D)이다.

Questions 4-6 refer to the following announcement. (미M)

Good morning. I am Jeremy Harmon, head of the engineering department here at Southwestern University. I hope you are enjoying the conference so far. ❹ I have an announcement about a change in the program. Dr. Steve Cullen, who was scheduled to speak this morning, has been delayed and won't arrive here until late this afternoon. ❺ ❻ His talk on Innovative Designs in Production has been rescheduled for tomorrow morning at 10 o'clock. I hope this doesn't give you any confusion. If you have any questions, please visit our information desk located near the main entrance.

안녕하세요. 이곳 사우스 웨스턴대학의 공대 학과장 제레미 하몬입니다. 지금까지 회의를 즐기고 계시기를 바랍니다. 프로그램에 변동 사항이 있어 알려 드립니다. 오늘 아침에 발표 일정이 잡혀 있던 스티브 컬렌 박사님이 늦어져서 오늘 오후 늦게나 이곳에 도착하실 것 같습니다. 〈생산 부문의 혁신적인 디자인〉을 주제로 한 그의 발표는 내일 아침 10시로 변경되었습니다. 착오 없으시기 바랍니다. 질문이 있으시면 정문 옆에 위치한 안내 데스크로 오시기 바랍니다.

어휘 head 장, 지도자 so far 지금까지 be delayed 지연되다 innovative 혁신적인 production 생산 reschedule 변경하다 confusion 혼란 main entrance 정문 attendee 참석자 directions 길 안내, 지시 talk 발표 accounting 회계 regulation 규정 organization 조직

4 Why is the announcement being made?
(A) To thank the attendees
(B) To give directions
(C) To cancel a reservation
(D) To report a schedule change

안내 방송이 나오는 이유는 무엇인가?
(A) 참석자들에게 감사하기 위해서
(B) 길을 안내하기 위해서
(C) 예약을 취소하기 위해서
(D) 일정 변경을 알리기 위해서

해설 담화의 이유나 목적을 묻는 문제도 GQ에 해당하므로 초반에 힌트가 제시된다. 초반에 자기소개를 하고 간단히 인사를 한 후에 프로그램 변동에 대해서 알려줄 것이 있다고 했으므로 정답은 (D)이다.

5 What is the subject of Dr. Cullen's talk?
(A) Marketing techniques
(B) Design ideas
(C) Accounting regulations
(D) Organization skills

컬렌 박사의 발표 주제는 무엇인가?
(A) 마케팅 기술
(B) 디자인 아이디어
(C) 회계 규정
(D) 조직 기술

해설 행사나 인물 소개에서 특정 인물이 진행하는 강의 시간, 주제, 변동 사항은 자주 등장한다. 〈생산 부문의 혁신적인 디자인〉에 관한 발표가 내일 아침 10시로 변경되었다는 내용에서 발표 주제는 디자인 아이디어에 관한 것임을 알 수 있다. 따라서 정답은 (B)이다. 내용을 다 듣고 나서 기억해서 문제를 풀기보다는 선택지를 읽어가면서 해당 내용이 언급되면 답을 고르는 방식으로 시험을 치르는 것이 가장 안정된 방법이다.

6 When will Dr. Cullen give his talk?
(A) This morning
(B) This afternoon
(C) Tomorrow morning
(D) Tomorrow afternoon

컬렌 박사는 언제 발표를 할 것인가?
(A) 오늘 아침
(B) 오늘 오후
(C) 내일 아침
(D) 내일 오후

해설 컬렌 박사의 발표가 변경되었다고 했으므로 원래 계획된 시간과 변경된 시간 2개가 등장한다. 문제에 따라서 어느 쪽을 물어봐도 이상하지 않은 상황이다. 원래 발표는 오늘 아침에 하기로 되어 있었지만 발표자가 오늘 오후 늦게 도착해서 결국은 내일 아침 10시로 일정이 변경되었다고 했으므로 정답은 (C)이다. 전체적인 내용이 파악되었어도 특정 부분이 헷갈려서 정답을 놓치는 경우가 많으므로 묻는 내용을 정확히 파악하는 훈련을 하자.

Questions 7-9 refer to the following excerpt from a meeting. 미W

❼ I'm happy to announce that Pioneer Advertising will be getting a new printer. We'll now be able to offer our clients print materials of the best possible quality and ❽ maintain our commitment to protect the environment. This printer is the latest model and ❽ uses special environmentally friendly soy-based ink and we'll also use recycled paper to prevent deforestation. All employees will be given training on how to use and maintain the new printer on Friday. And ❾ to be sure that workers on all shifts will be able to attend, we're holding two training sessions, one in the morning and one in the afternoon, so please make sure you take one of them.

파이오니아 광고가 새로운 프린터를 받게 된다는 것을 알리게 되어 기쁩니다. 우리는 이제 고객님들에게 최고의 품질의 인쇄 자료를 제공할 수 있게 되었고 저희 회사의 환경 보호 약속을 지킬 수 있게 되었습니다. 이 프린터는 최신 모델로 특별한 환경 친화적인 콩을 원료로 만든 잉크를 사용하며 우리는 또한 삼림 파괴를 방지하기 위해서 재활용 종이를 사용할 것입니다. 모든 직원들은 금요일에 새로운 프린터를 사용하고 관리하는 방법에 대한 훈련을 받을 것입니다. 그리고 모든 근무조에 있는 직원들이 참석할 수 있게 하기 위해서 저희는 아침에 한 번, 오후에 한 번씩 두 차례의 훈련이 이루어질 것입니다. 그러니, 그 중에 하나를 꼭 들어주세요.

어휘 offer 제공하다 material 자료 quality 품질 commitment 약속, 공약 protect 보호하다 the latest 최신의 recycle 재활용하다 deforestation 삼림 벌채, 삼림 파괴 shift 근무조 describe 묘사하다, 설명하다 danger 위험 benefit 혜택, 이익 output 생산, 생산량 capacity 능력, 용량 publicity 홍보 maintenance 시설 관리 session 시간, lower 낮추다, 내리다 operate 작동하다, 운영하다 accommodate 수용하다, 받아들이다

7 What is the purpose of the announcement?
(A) To introduce a new employee
(B) To describe a new printer
(C) To report an upcoming project
(D) To warn about the danger of deforestation

이 안내의 목적은 무엇인가?
(A) 새로운 직원을 소개하기 위해서
(B) 새로운 프린터를 설명하기 위해서
(C) 다가오는 프로젝트를 보고하기 위해서
(D) 삼림 파괴의 위험성을 경고하기 위해서

해설 안내의 목적을 물어보는 GQ이다. 지문의 첫 문장에서 새로운 프린트가 생겼다는 것을 발표하게 되어 기쁘다는 내용을 듣고 (B)를 고를 수 있어야 한다.

8 What benefit does the speaker mention?
(A) Reduced harm to the environment
(B) Increased output capacity
(C) Greater publicity for the company
(D) Fewer maintenance problems

화자는 어떤 장점을 이야기하는가?
(A) 줄어든 환경 훼손
(B) 증가된 생산량
(C) 회사를 위한 더 많은 홍보
(D) 더 적은 시설 관리상의 문제

해설 새로운 프린터의 장점으로 고객들에게 양질의 인쇄 자료를 제공하고, 환경 보호 약속을 지킬 수 있다는 내용이 언급되었으므로 정답은 (A)이다. 상식이나 기존의 정답이 아닌, 각각의 문제에 근거해서 정답을 고를 수 있도록 훈련하자.

9 According to the speaker, why have two training sessions been scheduled?
(A) To lower the operating costs
(B) To accommodate employees on all shifts
(C) To switch to a larger room
(D) To hire qualified trainers

화자에 의하면, 왜 2개의 훈련 시간이 잡혔는가?
(A) 운영 비용을 줄이기 위해서
(B) 모든 근무조에 있는 직원들을 수용하기 위해서
(C) 더 큰 방으로 바꾸려고
(D) 자격 있는 선생님들을 고용하려고

해설 질문의 핵심은 훈련 시간이 두 차례 잡혀 있는 이유이다. 다른 시간대의 근무조의 모든 직원들이 참석할 수 있도록 훈련을 두 차례 잡았다는 부분에서 정답인 (B)를 골라야 한다. 회사 생활에서 자주 나오는 어휘를 익혀야 고난도 문제가 나와도 정답을 고르는 데 유리하다는 것을 잊지 말자.

Questions 10-12 refer to the following excerpt from a meeting. 호M

Before we end today's meeting, ❿ I'd like to call your attention to a change in the company's time-off policy. As you know, employees currently get one week of holiday during their first year here at the Alton Corporation. Many of our employees have expressed dissatisfaction with this policy, and then left after a few months. The company had to continuously train new employees for this reason. So, ⓫ in order to prevent the new hires from leaving the company, ❿ we're offering two weeks off for new employees starting next year. ⓬ Please meet with your department employees and inform them of this policy change.

오늘 회의를 끝내기 전에, 여러분이 회사 휴가 방침 변경에 대해 주목해 주셨으면 합니다. 아시다시피, 직원들은 우리 알튼 기업에서 근무한 첫 해에 일주일의 휴가를 받습니다. 우리 직원들 중 많은 분들이 이 방침에 대해서 불만을 제기하고 몇 개월 후 떠나기도 했습니다. 이러한 이유로 우리 회사는 계속해서 신입사원을 훈련해야 했습니다. 그래서 신입사원들이 회사를 떠나는 것을 막기 위해서 우리는 내년도부터 신입사원들에게 2주 휴가를 제공합니다. 여러분 부서의 직원들과 만나서 이와 같은 정책 변경 사항에 대해서 공지해 주시기 바랍니다.

어휘 attention 주의, 주목 time off 쉬는 시간, 휴가 policy 방침 dissatisfaction 불만족 continuously 계속해서 prevent 막다, 방지하다 new hire 신입사원 provide 제공하다 flexible 유연한, boost 올리다 retain 유지하다, 보유하다 current 현재의 improve 향상시키다 safety 안전 procedure 절차 regulation 규정 remind 알려주다, 생각나게 하다 update 새롭게 바꾸다 contact information 연락처 consult 상담하다 counselor 상담사 regularly 정기적으로

10 What is the main topic of the talk?
(A) Providing managers with training
(B) Giving new employees more time off
(C) Making work schedules more flexible
(D) Boosting sales with new campaigns

담화의 주제는 무엇인가?
(A) 매니저들에게 훈련을 제공하는 것
(B) 신입사원들에 더 많은 휴가를 주는 것
(C) 근무 일정을 좀 더 유연하게 만드는 것
(D) 새로운 캠페인으로 판매를 증가시키는 것

해설 주제를 물어보는 GQ로 초반에 힌트를 주는 것이 일반적이다. 처음에 time off라는 어휘가 '휴가'라는 의미가 있다는 것을 알면 정답인 (B)를 고를 수 있다. 난이도가 올라가면서 선택지의 길이가 길어지고 어휘도 어려워져서 빠르게 읽기 힘들 것이다. 문제를 풀고 나서, 빠르게 읽는 훈련을 하는 것도 도움이 될 것이다.

11 According to the speaker, why is a change being made?
(A) To retain current employees
(B) To improve employee communication
(C) To introduce better safety procedures
(D) To follow government regulations

화자에 의하면, 왜 변화가 일어나고 있는가?
(A) 현재의 직원들을 유지하기 위해서
(B) 직원들의 의사소통을 향상시키기 위해서
(C) 좀 더 좋은 안전 절차를 소개하기 위해서
(D) 정부 규정을 따르기 위해서

해설 직원 회의(staff meeting)에서 회사의 결정 사항을 공지하는 것은 가장 많이 나오는 주제이다. 실적과 같은 업무뿐만이 아니라, 주차나 엘리베이터 수리부터 사무용품 주문까지 다양한 내용이 등장할 수 있다. 신입사원들이 회사를 떠나는 것을 방지하기 위해서 내년부터 2주 휴가를 제공할 것이라는 부분에서 정답이 (A)라는 것을 알 수 있다.

12 What are the listeners reminded to do?
(A) Update the client contact information
(B) Consult with a professional counselor
(C) Inform their employees of company policies
(D) Change passwords regularly

청자들은 어떤 행동을 하라고 다시 한번 안내를 받는가?
(A) 고객 연락 정보를 업데이트하라고
(B) 전문 상담사와 상담하라고
(C) 각자의 직원들에게 회사 방침에 대해서 알리라고
(D) 암호를 정기적으로 바꾸라고

해설 지문의 마지막에서 부서 직원들에게 회사 정책 변경에 대해서 알려달라고 했으므로 정답은 (C)이다. 참고로 회의에 참석한 사람들은 부서장급(department heads)이라는 것을 마지막 부분에서 알 수 있다.

Questions 13-15 refer to the following announcement. 미M

⑬ Welcome to this morning's seminar on Starting Your Own Business. Today, we'll be discussing strategies for financing your project and introducing your product into the market. ⑭ I know some people are still on their way, but another conference is scheduled to begin here at 3 o'clock. ⑭ So let's go over some administrative details first. ⑮ The parking fee was included in your registration fee, so I made passes for everyone. I'll come around and hand those out now. Just show it to the attendant on you way out, and you won't be charged.

오늘 아침의 '나의 사업을 시작하기' 수업에 오신 것을 환영합니다. 오늘 우리는 여러분의 프로젝트 자금을 구하고 여러분의 상품을 시장에 소개하는 전략에 대해서 이야기를 나눌 것입니다. 아직 오시는 분들이 계시지만, 다른 회의가 여기서 3시에 시작될 예정입니다. 그럼 먼저 사무적인 것부터 한번 보도록 하죠. 주차비는 여러분의 등록비에 포함되어 있고, 제가 여러분 모두를 위해서 주차 패스를 만들었습니다. 제가 지금 돌아다니면서 그것들을 나누어 드리겠습니다. 나가실 때에 직원에게 보여주시면, 돈을 내실 필요가 없습니다.

어휘 strategy 전략 finance 재정을 확보하다 be on the way 가는[오는] 중이다 go over 검토하다, 보다 administrative 행정의, 사무의 details 세부 항목 include 포함시키다 pass 허가증, 통과증 hand out 배포하다 charge (요금) 청구하다 banker 은행가 entrepreneur 자수성가한 사업가 session 시간, 수업 fee 요금 overcharge 과잉 청구하다 reorganize 재편성하다, 정리하다 distribute 배포하다 sign up 등록 sheet 종이 material 자료 contract 계약서, 계약

13 Who most likely are the listeners?
(A) Bankers
(B) Lawyers
(C) Drivers
(D) Entrepreneurs

청자들은 누구인가?
(A) 은행가
(B) 변호사
(C) 운전자
(D) 사업가

해설 듣는 사람이 누구인지를 물어보는 GQ이다. 내용 앞쪽에 언급된 '나의 사업을 시작하기'라는 세미나를 듣는 사람들이 누구인지를 생각해 보면 자기 사업을 시작하는 사업가라는 것을 알 수 있으므로 정답은 (D)이다.

14 What does the speaker mean when he says, "another conference is scheduled to begin here at 3 o'clock"?
(A) He wants to start the session now.
(B) He needs to go somewhere now.
(C) The fee was overcharged.
(D) The room needs to be reorganized.

화자가 "다른 회의가 여기서 3시에 시작해요"라고 말한 의미는 무엇인가?
(A) 그는 지금 수업을 시작하고 싶다.
(B) 그는 지금 어디에 가야 한다.
(C) 요금이 과다 부과되었다.
(D) 방이 재정리되어야 한다.

해설 화자 의도 문제는 따옴표 안의 표현의 문맥상의 의미를 찾아야 한다. 아직 도착하지 못한 사람이 있지만 3시에 다른 회의가 있다는 것을 언급한 것은 시간상 수업을 시작할 수밖에 없음을 암시한 것이므로 정답은 (A)이다.

15 What will the speaker distribute to the listeners?
(A) A sign-up sheet
(B) Training materials
(C) Employment contracts
(D) Parking passes

화자는 청자들에게 무엇을 나누어 줄 것인가?
(A) 등록 시트
(B) 훈련 자료
(C) 고용 계약서
(D) 주차 패스

해설 훈련이나 세미나 중에 나누어 주는 것으로 자주 언급되는 것은 자료(material)이지만 전에 정답이 된 적이 많다고 무작정 정답으로 고르면 안 된다. SQ는 Key Word를 정확하게 기억하고 내용을 들으면서 정답 힌트를 찾아야 한다. 주차증을 만들어서 지금 나누어 주겠다는 부분에서 정답을 알 수 있다. pass는 동사로 '통과하다' 명사로 '통과증/패스'로 봐야 한다.

Questions 16-18 refer to the following excerpt from a meeting and graph. 미W

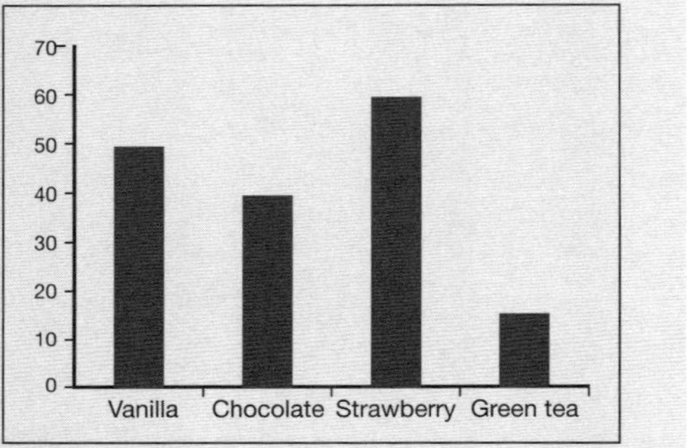

OK, everyone, just a quick meeting before we open the ice cream store today. ⑯ If you take a look at this chart, you'll see this week's winning ice cream flavor. As promised in our newsletter and in-store advertisement, we'll have a 30% discount on the flavor that has most votes. ⑰ I'd like to thank Bruce for his creative idea of holding this weekly contest. Our customers really loved this idea and sales have increased because of this promotion. ⑱ I know a lot of you have similar great ideas, too. Remember, you can share them with me at any time.

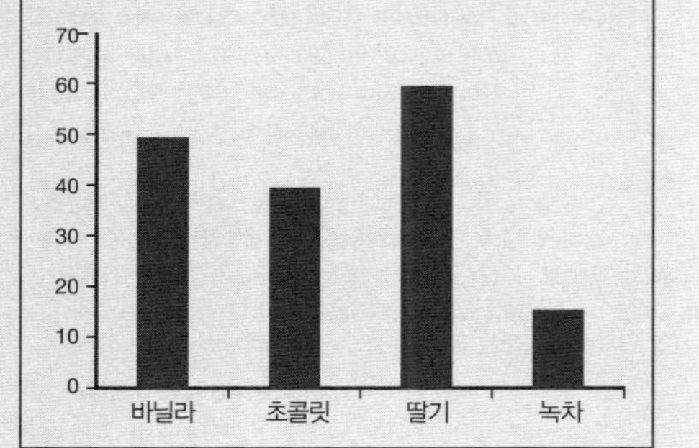

좋아요, 여러분 오늘 우리 아이스크림 가게를 열기 전에 짧게 회의를 갖겠습니다. 이 차트를 보면 이번 주의 우승 아이스크림 맛이 보이실 겁니다. 우리 사보와 가게 내의 광고에서 약속했듯이, 저희는 가장 많은 투표를 받은 맛에 30% 할인을 할 겁니다. 저는 브루스에게 창의적인 주간 콘테스트 아이디어를 내 준 것에 대해서 감사드리고 싶습니다. 우리 손님들은 이 아이디어를 정말 좋아하고 이 판촉 때문에 판매가 증가했습니다. 여러분 중 많은 분도 비슷한 좋은 생각이 있다는 것을 알고 있습니다. 잊지 마세요. 저한테 아무때나 그 생각을 말씀해 주시면 됩니다.

어휘 chart 차트 winning 우승한, 우승의 flavor 맛, 향 newsletter 사보 creative 창의적인 hold 개최하다 contest 콘테스트, 경기 similar 비슷한, 유사한 share 공유하다, 나누다 in person 직접 propose 제안하다 work overtime 야근하다 remind 다시 알려주다, 상기시키다 sign up 신청하다, 등록하다 count 세다 vote 투표 notify 공지하다 winner 우승자 suggestion 제안

16 Look at the graphic. Which ice cream flavor will be discounted this week?
(A) Vanilla
(B) Chocolate
(C) Strawberry
(D) Green tea

표를 보시오. 어떤 아이스크림 맛이 이번 주에 할인이 될 것인가?
(A) 바닐라
(B) 초콜릿
(C) 딸기
(D) 녹차

해설 그림/시각 자료 문제는 미리 문제를 읽고 표 부분이 어떻게 제시될지 예측해 보는 것이 중요하다. 막대 그래프의 순서를 보고 딸기-바닐라-초콜릿-녹차의 순서로 판매가 되었다는 것을 확인해 두자. 차트를 보면 이번 주의 우승 아이스크림 맛을 확인할 수 있을 것이라고 말하고 그 해당 아이스크림을 할인 판매하겠다고 했으므로 딸기 맛 아이스크림이 할인된다는 것을 알 수 있다.

17 Why does the speaker thank Bruce?
(A) He developed a new ice cream flavor.
(B) He talked with many customers in person.
(C) He proposed a sales promotion.
(D) He worked overtime for a week.

화자는 왜 브루스에게 감사하는가?
(A) 그는 새로운 아이스크림 맛을 개발했다.
(B) 그는 많은 고객들과 직접 대화를 했다.
(C) 그는 판촉을 제안했다.
(D) 그는 일주일 동안 야근을 하였다.

해설 가장 많은 표를 획득한 아이스크림 맛을 할인 판매하겠다고 발표한 뒤에, 이런 창의적인 아이디어를 낸 브루스에게 감사한다고 했으므로, 브루스가 낸 아이디어는 판촉 행사 아이디어임을 알 수 있다. 따라서 정답은 (C)이다.

18 What does the speaker remind the listeners to do?
(A) Sign up for a task
(B) Count customers' votes
(C) Notify the winner by phone
(D) Make some suggestions

화자는 청자들에게 무엇을 하라고 다시 말하는가?
(A) 작업을 하기 위해 신청하라고
(B) 고객 투표 수를 세라고
(C) 전화로 우승자에게 연락하라고
(D) 제안을 하라고

해설 담화 마지막 부분에서 청자에게 요청되는 것 중 하나는 아이디어, 피드백(idea, feedback, suggestion)이다. 다른 사람들도 좋은 아이디어가 많을 텐데 아무 때나 자신에게 알려달라고 했으므로 정답은 (D)이다. 지문의 similar great ideas는 선택지에서 suggestions로 패러프레이징되었다.

원쌤의 REAL SOLUTION

토익은 물론 실생활에서도 '실적'을 올리는 방법으로 가장 많이 사용되는 것은 ① 판촉(promotion) ② 신상품 개발(new product development)이다. 아무리 인기 있는 상품도 시간이 지날수록 판매는 떨어지게 되어 있다. 이를 광고나 할인 행사 등 다양한 판촉으로 판매를 올리거나, 새로운 상품을 끊임없이 개발해서 전체 매출을 유지하는 것이 일반적으로 회사들이 쓰는 방법이다. 토익에서도 자주 등장하는 판촉/신상품 개발에 대해서 주의 깊게 살펴 보도록 하자.

PART 5&6

Unit 1 명사와 대명사 P120

Step 1 Practice

정답

1. (B)	2. (A)	3. (B)	4. (A)	5. (B)
6. (A)	7. (B)	8. (A)	9. (B)	10. (B)

1 톰슨 씨의 주식 시장의 분석은 / 매우 정확했다 / 지금까지

해설 동사구 has been very accurate의 주어를 찾아야 한다. 소유격 뒤에 명사가 빠져 있으므로 정답은 (B)이다.

어휘 stock market 주식 시장 accurate 정확한 so far 지금까지 analyze 분석하다 analysis 분석

2 우리 부서는 / 열심히 일해 왔다 / 승인을 받기 위해서 / 이 프로젝트에 대한

해설 동사 다음에 목적어가 빠져 있다. -al은 명사를 만드는 접미사라는 것을 익혀 두자. approval은 '승인'이라는 의미의 명사이므로 정답은 (A)이다. -al은 또한 형용사의 접미사로도 사용되니 헷갈리는 어휘들을 확실하게 암기해 두도록 하자.

어휘 department 부서 project 프로젝트, 일/작업 approval 승인, 허가 applicable 적용할 수 있는

3 폭풍우의 가능성은 / 높다 / 오늘 오후에

해설 정관사 뒤에 명사가 빠져 있다. possibility는 '가능성'이라는 의미의 명사이므로 정답은 (B)이다.

어휘 thunderstorm 폭풍우, 뇌우 possible 가능한 possibility 가능성, 찬스

4 야마다 씨는 / 유명한 건축가이다 / 업계에서 많은 상을 받은

해설 형용사 뒤에 명사가 빠져 있다. architect는 '건축가'라는 의미의 명사이므로 정답은 (A)이다. 빈칸은 be동사의 보어 자리로 주어인 야마다 씨를 설명하고 있다.

어휘 architect 건축가 architecturally 건축상으로, 건축학적 측면에서

5 지원자들은 / 가져야 한다 / 적어도 3년의 경력을 / 소매 판매에

해설 전치사 뒤에는 명사가 나와야 하는데 sales를 수식할 수 있는 형용사 혹은 복합 명사를 이룰 수 있는 명사를 찾아야 한다. retail sales는 '소매 판매'라는 뜻의 복합명사이므로 정답은 (B)이다. retailed라는 형용사는 존재하지 않는다.

어휘 at least 적어도 experience 경력 retail 소매, 소매로 팔다

6 만약 그 기계가 선다면 / 어떤 이유든 / 당신은 연락 주세요 / 우리에게

해설 단수 명사인 reason 앞에 올 수 있는 한정사를 찾아야 한다. a few는 복수 가산 명사 앞에 붙어서 '몇몇의'라는 의미로 사용된다. any 뒤에는 단·복수형이 다 올 수 있으므로 정답은 (A)이다.

어휘 reason 이유 contact 연락하다, 연락을 취하다 any 어떤 a few 몇몇의, 몇 개의

7 당신은 서명할 때 / 검토해야 한다 / 그것을 / 자세히

해설 대명사는 앞에 있는 명사를 가리킬 때 사용한다. the contract를 가리키면서 목적격 대명사가 되어야 하므로 정답은 (B)이다. them은 복수에 사용한다.

어휘 sign 서명하다 contract 계약서, 계약 review 검토하다 carefully 신중하게, 꼼꼼히

8 고객님들은 / 조회할 수 있습니다 / 그들의 정보를 / 저희 웹 사이트를 통해서 / 24시간 내내

해설 명사의 격 문제로, 명사 information을 앞에서 한정하는 소유격이 적합하다. their는 our customers를 받을 수 있는 소유격이므로 정답은 (A)이다. theirs는 소유대명사이다.

어휘 access 접근하다, 이용하다 through ~을 통해서 24 hours a day 언제라도, 항시

9 페닝턴 씨는 / 썼다 / 예산 보고서를 / 혼자서

해설 by oneself는 '혼자서'라는 뜻의 재귀대명사 관용적 용법이다. 따라서 정답은 (B)이다.

어휘 budget 예산 by oneself 혼자서

10 사람들이 / 규칙적인 운동을 하는 / 또한 / 경향이 있다 / 균형적인 식사를 하는

해설 〈those + who ~〉는 '~하는 사람들'이라는 의미로 쓰인다. 따라서 정답은 (B)이다.

어휘 exercise 운동하다, 운동 tend to ~하는 경향이 있다, ~하는 습성이 있다 balanced diet 균형 잡인 식단

Step 2 기초 마스터 P125

정답

1. (A)	2. (B)	3. (B)	4. (A)	5. (B)
6. (B)	7. (A)	8. (B)	9. (A)	10. (B)
11. (A)	12. (B)	13. (B)	14. (A)	

1 그가 이 편지를 썼다.

해설 동사 wrote 앞에 주격 대명사인 He가 알맞다. 따라서 정답은 (A)이다.

어휘 write 쓰다

2 저희는 여러분의 의견을 소중히 생각합니다.

해설 동사 value와 명사 opinion 사이에 소유격 your가 알맞다. 따라서 정답은 (B)이다.

어휘 value 소중히 하다 opinion 의견

3 어떤 사람들은 혼자 있을 때 혼잣말을 한다.

해설 재귀대명사는 목적어가 주어와 동일할 때 쓰인다. some people은 3인칭 복수이므로 themselves가 알맞다. 따라서 정답은 (B)이다.

어휘 talk to oneself 혼잣말을 하다 alone 혼자의

4 방에 가구가 가득 들어차 있다.

해설 한정사 much는 셀 수 없는 명사를 수식하며, furniture는 셀 수 없는 명사로 복수형 -s가 붙지 않는다. 따라서 정답은 (A)이다.

어휘 be filled with ~으로 가득 차다 furniture 가구

5 직원들이 마감 기한 연장을 요청했다.

해설 관사 an과 전치사 of 사이에는 명사가 들어간다. extension은 '연장'이라는 의미의 명사이다. 따라서 정답은 (B)이다.

어휘 request 요청하다 deadline 마감 기한 extended 긴, 연장된 extension 연장

6 그는 이메일로 기부에 대한 감사를 표시했다.

해설 동사 express의 목적어 자리로 명사인 appreciation이 알맞다. 따라서 정답은 (B)이다.

어휘 express 표현하다 donation 기부 appreciate 감사하다 appreciation 감사

7 그 회사는 아시아로 본사를 옮기기로 했다.

해설 주어인 The company의 head office인 것이므로 빈칸에는 소유격 its가 알맞다. 따라서 정답은 (A)이다.

어휘 decide 결정하다 head office 본사

8 신제품을 출시하기 전에 몇 가지 문제를 해결해야 한다.

해설 a few 뒤에는 복수 명사가 온다. 따라서 정답은 (B)이다.

어휘 solve 해결하다 launch 출시하다

9 전액 환불을 해 드리겠습니다.

해설 refund는 가산 명사로, 부정관사 a와 함께 쓰이거나 뒤에 복수형 -s가 붙는다. 따라서 정답은 (A)이다. 우리말의 의미로 가산명사인지 불가산 명사인지 결정하면 틀리는 경우가 많으므로 주의해야 한다.

어휘 refund 환불

10 금요일 밤에 열리는 래리의 은퇴 파티에 모두 초대되었다.

해설 retirement party는 〈명사+명사〉의 복합명사로 '은퇴 파티'라는 뜻을 가지고 있다. 따라서 정답은 (B)이다.

어휘 invite 초대하다 retire 은퇴하다 retirement 은퇴

11 교환원과 통화하고 싶으시면 지금 1번을 눌러 주세요.

해설 빈칸 앞의 부정관사 an으로 보아 명사가 올 자리이다. 말하는 상대는 사람이어야 하므로 정답은 (A)이다.

어휘 press 누르다 operator 교환원 operation 작동, 수술

12 그 프로젝트는 베이커 씨의 관리하에 있다.

해설 정관사 the와 전치사 of 사이에는 명사가 온다. '~의 관리하에'라는 뜻으로 under the supervision of가 적절하다. 따라서 정답은 (B)이다.

어휘 under ~ 아래에 supervisor 감독관, 관리자 supervision 감독

13 건축가를 만나서 새 건물의 디자인에 대해 논의하셨나요?

해설 met의 목적어 자리이므로 '만나다'의 대상인 '건축가'가 자연스럽다. 따라서 정답은 (B)이다.

어휘 architecture 건축물, 건물 architect 건축가

14 이 지역의 경쟁은 지금까지 매우 치열했다.

해설 정관사 the와 전치사 in 사이에는 명사가 온다. 따라서 정답은 (A)이다.

어휘 area 지역 fierce 치열한 competition 경쟁 compete 경쟁하다

Step 3 실전 마스터 (Part 5) P126

정답

1. (B) **2.** (D) **3.** (C) **4.** (A) **5.** (C)
6. (B) **7.** (C) **8.** (A) **9.** (D) **10.** (D)

1 할인가를 원하시면 온라인 예약을 하셔야 합니다.

해설 관사 the 다음에는 명사가 와야 한다. make a reservation은 '예약하다'라는 의미가 있다. 따라서 정답은 (B)이다.

어휘 discounted price 할인가 reserve 예약하다 reservation 예약

2 매니저들은 자신들이 새로운 시스템을 향상시키길 원한다.

해설 조동사 앞은 주어 자리이다. 앞에 나온 주어 managers를 대신하는 3인칭 복수 대명사인 they가 적절하다. 따라서 정답은 (D)이다.

어휘 make progress 향상시키다

3 저희는 다양한 요구를 가진 고객들에게 다양한 서비스를 제공합니다.

해설 a variety of는 '다양한'이라는 의미로 명사를 수식한다. 따라서 정답은 (C)이다.

어휘 offer 제공하다 need 요구 vary 변하다, 틀리다 various 다양한 variety 종류, 다양성

4 그 항공사는 고객 만족 면에서 최고의 회사로 여겨진다.

해설 명사 뒤에 빈칸이 나오면 복합명사를 의심해 봐야 한다. customer satisfaction은 '고객 만족'을 뜻하는 복합명사이다. 따라서 정답은 (A)이다.

어휘 consider 고려하다 in terms of ~라는 점에서 satisfactory 만족스러운 satisfy 만족시키다 satisfying 만족을 주는

5 그 편집자는 유명한 건축가에게 그가 가장 좋아하는 호텔들에 대한 글을 써 달라고 부탁했다.

해설 favorite(가장 좋아하는) 앞에는 일반적으로 소유격이 나온다. 따라서 정답은 (C)이다.

어휘 editor 편집자 invite 부탁하다 architect 건축가

6 다른 프로그래머는 비밀번호에 문제가 생겨서 화이트 씨 혼자서 회사의 웹 사이트를 업데이트했다.

해설 White 씨가 다른 이의 도움 없이 '혼자서' 했다는 뜻의 by himself가 문맥에 알맞다. 따라서 정답은 (B)이다.

어휘 update 업데이트하다 password 비밀번호

7 많은 변화들이 생길 것이다.

해설 '많은, 다수의'라는 뜻의 a number of 다음에는 복수 명사가 온다. 따라서 정답은 (C)이다.

어휘 take place 일어나다 change 변화

8 예산 위원회의 모든 직원들이 정보 공개에 동의했다.

해설 한정사 every 뒤에는 단수 명사가 온다. 따라서 정답은 (A)이다.

어휘 budget 예산 committee 위원회 disclose 공개하다 employees 직원들 employers 고용주들 employment 고용

9 규칙적으로 운동하는 사람들은 그렇지 않은 사람들보다 더 건강하고 오래 산다.

해설 who로 시작하는 관계대명사절의 수식을 받을 수 있는 것은 those이다. 따라서 정답은 (D)이다. '~하는 사람들'의 의미로 자주 쓰이는 〈those who ~〉를 알아 두자.

어휘 exercise 운동하다 regularly 정기적으로 tend to ~하는 경향이 있다

10 제한 구역에 들어가기 위해서는 관리자의 승인이 필요하다.

해설 소유격 뒤에는 명사가 와야 한다. 따라서 정답은 (D)이다.

어휘 restricted area 제한 구역 approve 승인하다 approved 허가된, 승인된 approval 승인, 허가

Step 4 실전 마스터 (Part 6) P127

정답

11. (B) **12.** (C) **13.** (C) **14.** (B)

[11-14]

매리앤 씨, 안녕하세요?

데이비드예요. 새로운 직장에 잘 다니고 계시기를 바랍니다. 여기 프래밍햄 사의 직원들도 모두 당신을 몹시 ⓫ 그리워하고 있어요. 전 당신이 새로운 회사에서도 잘할 거라고 확신해요.

그건 그렇고, 제가 가족과 함께 플로리다로 휴가 갈 계획을 세우고 있어요. ⓬ 저는 당신이 전에 거기에서 살았다고 알고 있습니다. 그 지역 관광지를 좀 ⓭ 추천해 주시겠어요? 이번이 저희한테 남쪽 지역을 방문하는 처음이 될 것 같아서 우리들은 굉장히 기대하고 있어요.

특히 플로리다에 있는 해변에 대한 당신의 ⓮ 의견을 듣고 싶어요.
도움 감사해요.

어휘 enjoy 즐기다, 좋은 시간을 보내다 travel destination 관광지 southern 남쪽의 area 지역 in particular 특별히 miss 그리워하다 opinion 의견 payment 지불

11 **해설** 빈칸은 동사 자리이다. 주어 Everyone은 단수 동사를 취하므로 misses가 적합하다. 따라서 정답은 (B)이다. (C)와 (D)는 준동사이므로 빈칸에 알맞지 않다.

12 (A) 플로리다는 미국에서 인구가 가장 많습니다.
(B) 나는 당신 회사에서 새로운 일자리를 얻고 싶습니다.

(C) 저는 당신이 전에 거기에서 살았다고 알고 있습니다.
(D) 곧 언젠가 저희를 방문해 주세요.

해설 문장 고르기 유형은 지문에 주어진 네 개의 빈칸 중 어디에 해당하는지 미리 확인하고, 본문을 읽으면서 앞뒤 문맥상으로 가장 적합한 것을 골라야 한다. 자신이 휴가를 갈 생각인데(빈칸 앞 문장), 당신이 좋은 곳을 추천해 달라(빈칸 뒤 문장)는 내용 사이에 적합한 것을 찾아야 한다. 문맥상 이 사람이 추천을 할 만한 자격을 갖췄다는 것을 나타낸 (C)가 정답이다. 나머지는 지문의 Florida, company라는 어휘만 반복되고 내용상 연관성은 전혀 없다.

13 **해설** make a recommendation은 '추천하다'라는 의미로 쓰이는 표현이다. 따라서 정답은 (C)이다.

14 **해설** 편지는 매리엔 씨에게 여행지를 추천해 달라는 내용이다. 추천은 상대의 '의견'으로 볼 수 있으므로 opinion이 가장 적절하다. 따라서 정답은 (B)이다.

Unit 2 형용사와 부사 P128

Step 1 Practice

정답

1. (B)	2. (A)	3. (B)	4. (A)	5. (A)
6. (A)	7. (B)	8. (B)	9. (A)	10. (A)

1 캘러 박사는 / 유익한 발표를 했다 / 세미나에서

해설 빈칸은 앞에 관사와 부사 very가 있고 빈칸 뒤에 명사 presentation이 있으므로 빈칸은 presentation을 수식하면서 very의 수식을 받을 수 있는 형용사가 필요하므로 정답은 (B)이다. "-ive"는 전형적인 형용사를 만드는 접미사이고, "-tion/sion"은 전형적인 명사를 만드는 접미사이다.

어휘 give a presentation 발표하다 information 정보 informative 유익한, 정보를 주는

2 많은 손님들이 / 불평을 한다 / 식당의 느린 서비스에 대해서

해설 복수 가산 명사인 customers를 꾸며주는 수량 형용사로 many가 적합하므로 정답은 (A)이다. much는 불가산 명사를 수식한다.

어휘 customer 고객 complain 불평하다 service 서비스

3 미야기 씨는 / 기다렸다 / 오랜 시간을 / 매니저와 얘기하기 위해서

해설 빈칸 앞뒤에 각각 관사와 명사가 있으므로 빈칸에는 형용사가 들어가야 한다. 따라서 정답은 (B)이다. (A)는 부사로 명사를 꾸밀 수 없다.

어휘 wait for 기다리다 moment 순간, 때 extensively 길게, 넓게 extensive 긴, 넓은

4 개조 후에 / 오래된 건물이 / 넓어졌다.

해설 형용사는 명사 앞에서 명사를 꾸며주거나, be/become 뒤에 놓여 주격 보어로 쓰인다. spacious는 '넓은'이라는 의미의 형용사이므로 주격 보어가 될 수 있다. 따라서 정답은 (A)이다. 명사도 보어가 될 수 있기는 하나 "오래된 건물"이 "공간"이 되었다는 말은 이상하다.

어휘 renovation 개조, 개축 spacious 공간이 넓은 space 공간

5 서류는 / 쌓여 있었다 / 높이

해설 high는 높이가 높을 때 사용할 수 있는 부사이다. highly는 '매우'라는 의미의 부사이다. 따라서 정답은 (A)이다.

어휘 paper 서류 high 높이 highly 매우

6 케빈은 / 열심히 노력했다 / 자기가 원하는 직책을 얻기 위해

해설 빈칸은 동사 tried를 수식하는 부사 자리이다. 문맥상 '열심히'를 뜻하는 hard가 적절하다. 따라서 정답은 (A)이다. hardly도 부사이지만 '거의 ~ 않다'라는 의미로 문맥상 적절하지 않다.

어휘 try to ~을 하기 위해 노력하다 position 일자리, 직책 hard 열심히 hardly 거의 ~하지 않는

7 페르난데스 씨는 / 현재 / 여행하고 있다 / 남미에서

해설 이 문장은 현재 진행형(be -ing)인데, be동사와 traveling 사이에 놓여 traveling을 수식할 수 있는 것은 부사여야 한다. 따라서 정답은 (B)이다. 부사 presently는 형용사 present에 -ly가 붙은 형태이다.

어휘 travel 여행하다, 여행 present 현재의 presently 현재, 지금은

8 새로운 모든 직원은 / 읽어야만 한다 / 자신의 안내서를 / 출근하기 전에

해설 빈칸 앞에는 완벽한 문장 구조를 갖추고 있고, 빈칸 뒤는 부사구이다. 따라서 빈칸에 들어갈 수 있는 것은 부사밖에 없다. carefully는 read를 수식할 수 있는 부사이므로 정답은 (B)이다. careful은 형용사로 명사를 수식할 수 있다.

어휘 handbook 안내서 careful 조심스러운, 주의 깊은 carefully 신중하게, 주의 깊게

9 내 점수는 / 좋다 / 당신 것만큼

해설 원급 비교로 〈A as 형용사/부사 as B〉 구문으로 'A가 B만큼 ~하다'라는 뜻으로 쓰인다. as와 as 사이에 는 원급이 들어간다는 것을 기억하자. 따라서 정답은 (A)이다. than은 비교급과 연결된다.

어휘 score 점수

10 이 식당의 음식의 질은 / 훨씬 더 좋아졌다 / 이전보다

해설 than 앞에는 비교급이 나오며, much는 비교급을 강조할 때 쓰인다. 따라서 정답은 (A)이다.

어휘 quality 품질 used to ~하곤 했다

Step 2 기초 마스터 P133

정답

1. (A)	2. (B)	3. (B)	4. (A)	5. (A)
6. (B)	7. (B)	8. (A)	9. (A)	10. (A)
11. (B)	12. (A)	13. (B)	14. (A)	

1 위원회는 고용 정책에 관한 최종 결정을 내렸다.

해설 부정관사 a와 명사 decision 사이는 형용사 자리이므로 정답은 (A)이다. '최종 결정'을 뜻하는 final decision은 자주 쓰이는 표현이므로 알아 두자.

어휘 board 위원회 policy 정책 finalist 결승 진출자

2 이 대행사는 다른 직원들에 의해 적극 추천되었다.

해설 be동사와 과거분사 사이는 부사 자리이다. high와 highly는 모두 부사인데, 동사 recommend와 어울리는 단어는 '매우'라는 의미의 highly이다. 따라서 정답은 (B)이다.

어휘 agency 대행사 recommend 추천하다

3 우리는 현재 일정이 뒤처진 상태이다.

해설 be동사를 보고 형용사 current를 고르면 안 된다. be동사 뒤의 형용사는 주격 보어의 역할을 하는데, current(현재의)는 주어 We와 어울리는 보어가 될 수 없다. 문맥상 문장 전체를 수식하는 부사여야 하므로 정답은 (B)이다.

어휘 behind schedule 일정보다 늦은 current 현재의 currently 현재

4 케이저는 도시 최고의 레스토랑이다.

해설 '~ 중에서 최고'라는 의미로 최상급이 적절하다. 따라서 정답은 (A)이다.

어휘 best 최고의 better 더 좋은

5 보고서를 너무 늦지 않게 끝내도록 최선을 다합시다.

해설 not too late은 '너무 늦지 않게'라는 의미로 쓰인다. 따라서 정답은 (A)이다.

어휘 do one's best 최선을 다하다 late 늦게 lately 최근에

6 추가 정보를 원하신다면 사무실로 연락해 주세요.

해설 명사 information을 수식하는 형용사 자리이다. additional information은 '추가적인 정보'라는 의미를 이룰 수 있으므로 정답은 (B)이다.

어휘 contact 연락하다 additionally 부가적으로 additional 추가적인, 부가적인

7 회사는 경쟁력을 유지하려고 노력한다.

해설 2형식 동사 remain은 뒤에 주격 보어가 나와야 한다. 형용사 competitive는 주격 보어가 될 수 있으므로 정답은 (B)이다.

어휘 remain ~인 상태로 있다 competitively 경쟁적으로 competitive 경쟁력 있는

8 이 새 차는 전에 만들어진 차보다 훨씬 더 빠르다.

해설 비교급 앞에서 비교급을 강조하는 부사에는 much, even, far, still, a lot 등이 있다. 따라서 정답은 (A)이다. very는 원급을 수식한다.

9 프로젝트는 우리가 바란 만큼 성공적으로 끝났다.

해설 as와 as 사이에는 형용사나 부사의 원급이 온다. 문맥상 빈칸에 들어갈 말이 수식하는 것은 일반동사 finish이므로 부사가 적절하다. 따라서 정답은 (A)이다.

어휘 hope ~을 바라다 successfully 성공적으로 successful 성공적인

10 오케스트라의 공연이 정말 인상적이었다.

해설 빈칸은 The orchestra's performance에 대한 보어 위치이므로 형용사가 들어가야 한다. 따라서 정답은 (A)이다.

어휘 performance 공연, 실적 impressive 인상적인 impressively 인상적으로

11 지원 전에 이력서를 꼼꼼히 수정을 하셔야 합니다.

해설 부정관사 a와 명사 revision 사이에 올 수 있는 것은 형용사이므로 정답은 (B)이다.

어휘 revision 수정 résumé 이력서 apply 지원하다 carefully 주의 깊게 careful 주의 깊은

12 그 신제품은 시장에서 대단한 성공을 거뒀다.

해설 관사 뒤, 명사 앞에 놓일 수 있는 품사는 형용사이다. 따라서 정답은 (A)이다. remark는 명사(발언, 언급), 동사(발언하다)의 의미가 있는데 문법적으로나 문맥상으로도 적절하지 않다.

어휘 product 제품 achieve 성취하다 success 성공 remarkable 놀랄만한 remark 언급; 발언하다

13 우리는 최고의 결과를 얻기 위해 스스로를 더 믿어야 한다.

해설 빈칸은 주어(We)에 대한 보어가 될 수 있는 것이어야 하므로 형용사 reliant가 적절하다. 따라서 정답은 (B)이다.

어휘 result 결과 reliance 의존 reliant 믿고 있는

14 그는 우리 팀에서 가장 경험 많은 직원이다.

해설 〈최상급+in+단체/장소 명사〉는 '~ 중에서 가장 ~한'이라는 의미로 쓰인다. 따라서 정답은 (A)이다.

어휘 employee 직원, 피고용자 experienced 경험 많은

Step 3 실전 마스터 (Part 5) P134

정답

1. (B)	2. (D)	3. (C)	4. (D)	5. (C)
6. (D)	7. (A)	8. (A)	9. (C)	10. (D)

1 우리는 수익을 높이기 위한 효과적인 방법을 생각해 내야 한다.

해설 부정관사 an 뒤에 놓이고 명사 way를 수식할 수 있는 것은 형용사이므로 정답은 (B)이다.

어휘 come up with ~을 생각해 내다 increase 증대시키다 profit 수익 effect 효과 effective 효과적인 effectively 효과적으로 effectiveness 유효성

2 〈파이낸셜 타임스〉지는 업계에서 가장 믿을 만한 정보원이다.

해설 '출처'를 뜻하는 명사 source를 수식하면서 the most와 함께 최상급을 이룰 수 있는 것은 형용사이다. 따라서 정답은 (D)이다.

어휘 source 출처 information 정보 industry 산업 rely 의존하다 reliability 신뢰도 reliably 확실히 reliable 믿을만한

3 두 직원 중에, 돈넬 씨가 그 일을 끝내기에 더 적격이다.

해설 〈the 비교급 + of the two ~〉는 '둘 중에서 더 ~한'이라는 의미로 쓰인다. 따라서 정답은 (C)이다.

어휘 qualified 자격을 갖춘

4 이러한 새로운 형태의 의사소통은 젊은 세대에서 점점 더 인기를 얻고 있다.

해설 be동사 뒤에서 형용사 popular를 수식하는 것은 부사이다. 따라서 정답은 (D)이다.

어휘 communication 의사소통 generation 세대 increase 증가하다 increasing 증가하는 increased 증가한, 증가된

5 모든 방문객들은 박물관에서 조용히 대화하여 타인을 배려해야 한다.

해설 문맥상 '~를 배려하다'라는 의미의 be considerate of가 알맞다. 따라서 정답은 (C)이다. '상당한'을 뜻하는 형용사 considerable과 혼동하지 않도록 주의하자.

어휘 visitor 방문객 quietly 조용히 consider 고려하다 consideration 고려 considerate 남을 배려하는 considerable 상당한, 많은

6 토루사는 고객들의 개인 정보를 안전하게 보관할 것입니다.

해설 소유격과 명사 information 사이에 올 수 있는 것은 형용사이다. 따라서 정답은 (D)이다. '개인 정보'를 뜻하는 personal information을 알아 두자.

어휘 customer 고객 secure 안전한 personality 성격 personalize 개인화하다

7 우리가 기대한 것만큼 점수가 좋지 않아서 유감이다.

해설 as ~ as 사이에 형용사나 부사의 원급이 알맞다. 따라서 정답은 (A)이다.

어휘 score 점수 expect 기대하다

8 출판 소프트웨어의 새 버전은 지난번 것보다 훨씬 더 좋다.

해설 비교급 앞에서 강조하는 부사에는 much, even, still, far, a lot 등이 있다. 따라서 정답은 (A)이다.

어휘 publishing 출판

9 직원들의 의욕이 올라갈수록 생산성도 더 올라간다.

해설 '~할수록 더 ~하다'라는 의미의 〈the+비교급, the+비교급〉 구문을 알면 쉽게 풀 수 있는 문제다. 따라서 정답은 (C)이다.

어휘 motivated 의욕이 있는 productivity 생산성

10 안타깝지만, 우리 시설이 이번 달 말에 문을 닫는다는 것을 알려드립니다.

해설 맨 앞에서 문장 전체를 꾸며 주는 부사는 뒤에 콤마(,)와 함께 온다. 따라서 정답은 (D)이다.

어휘 inform 알리다 facility 시설 regret 후회하다 regrettable 유감스러운 regretful 유감인

Step 4 실전 마스터 (Part 6) P135

정답

11. (A)	12. (C)	13. (B)	14. (D)

[11-14]

관계자분께,

저희 단체는 5월 2일에 ⑪ 대략 1천 명 정도가 참석할 대회의를 열 것입니다. 저희 고객사 중 하나인 디자인프로가 귀사를 추천해 주셨습니다. 그들은 귀하의 서비스를 자주 이용했는데 결과에 대해서 만족하고 있습니다. ⑫ 저는 귀사의 뛰어난 평판에 감동받았습니다.

하지만 귀사의 시설이 저희의 요구 사항에 부응할지 염려됩니다. ⑬ 특히 대회의실의 규모가 걱정됩니다. 대회의실의 정확한 ⑭ 수용 인원은 얼마나 되는지, 그리고 다른 가능한 방이 있는지 알려 주시겠습니까?

시간을 내어 읽어 주셔서 감사합니다.

기무라 앤더슨

민스 마케팅

어휘 organization 단체 host 개최하다 attendance 참석자 수 individual 개인 recommend 추천하다 client 고객 frequently 자주 result 결과 reputation 명성 facility 시설 accommodate 수용하다, 부응하다 capacity 용량 available 이용할 수 있는, 사용할 수 있는 estimate 추측하다, 추정하다 deposit 입금액 especially 특별히 especial 특별한

11 해설 부정관사 an과 명사 attendance 사이는 형용사가 알맞다. 인원수나

가격 등 분명히 정해지지 않은 수치에 대해 말할 때 '추정되는'이라는 의미의 과거분사 estimated를 쓰므로 정답은 (A)이다.

12 (A) 우리는 추가로 돈을 청구하지 않을 것입니다.
(B) 당신은 가능하시면 어떤 형태이든지 할인을 해주실 수 있으신가요?
(C) 저는 귀사의 뛰어난 평판에 감동받았습니다.
(D) 제가 내일 계약금을 보내겠습니다.

해설 문장 삽입 문제를 풀 때 처음부터 지문을 읽으면서, 빈칸의 앞뒤에 오는 내용과 자연스럽게 연결될 수 있는 문장을 찾아야 한다. 회사의 행사를 열 수 있는 장소로 추천되었다는 내용과 자연스럽게 이어지면서 뒤에 However로 시작하는 반전 내용과도 자연스럽게 이어져야 한다. 따라서 추천된 회사를 선택한 이유를 골라야 하므로 정답은 (C)이다. (A)는 서비스를 제공하는 입장이고 (B)는 본문의 마지막에 가능하며 (D)는 업체와의 첫 이메일에 들어갈 수 있는 내용으로 적합하지 않다.

13 **해설** be동사와 과거분사 worried 사이에 오면서 worried를 수식하는 부사가 와야 하므로 정답은 (B)이다. especially는 '특별히'라는 의미의 부사이다.

14 **해설** 편지의 내용상 회의실에 몇 명이 들어갈 수 있는 '수용 능력'을 물어보는 것이므로 정답은 (D)이다.

Unit 3 동사 1 – 형태, 수의 일치 P136

Step 1 Practice

정답 1. (B) 2. (A) 3. (A) 4. (B) 5. (A) 6. (B) 7. (B) 8. (A) 9. (B) 10. (A)

1 새로운 안전 방침은 / 효력을 발생한다 / 다음 주 월요일로

해설 조동사 다음에는 동사원형이 와야 하므로 정답은 (B)이다.

어휘 safety 안전 policy 방침 take effect 발효하다, 효험이 있다 as of ~ 현재로, ~로부터 시작하여

2 보고서 사본이 / 배포될 것입니다 / 회의 중에

해설 〈조동사+be동사〉 다음의 동사 형태는 -ing나 -ed의 형태가 되어야 한다. 보고서 사본은 '배포되는' 것이므로 -ed형이 적절하다. 따라서 정답은 (A)이다.

어휘 copy 복사본 distribute 배포하다

3 등록 양식을 작성해 주세요 / 여러분들의 패키지 안에 들어 있는 / 들어가시기 전에

해설 Please로 시작하는 전형적인 명령문으로 동사의 원형이 들어가야 한다. 따라서 정답은 (A)이다.

어휘 fill out 작성하다 registration 등록 form 양식 packet 패키지, 책자

4 공장의 문제점들은 / 신속하게 처리되어졌다 / 사고 바로 직후에

해설 〈have been + -ing/p.p.〉가 다 가능한 상황에서 주어 The problem은 '다루어지는' 대상이므로 p.p.가 와야 한다. 따라서 정답은 (B)이다. 동사 deal의 불규칙 변화형(deal–dealt–dealt)을 기억하자.

어휘 promptly 신속하게 incident 사고, 사건 deal 다루다

5 영업부 직원들은 / 세미나에 참석한다 / 매달

해설 주어가 복수형 Employees이므로 복수 동사 attend가 적절하다. 따라서 정답은 (A)이다.

어휘 department 부서 seminar 세미나 attend 참석하다

6 고객은 / 저희 새로운 웹 사이트를 통해서 주문하시는 / 20%의 할인을 받습니다

해설 주어가 3인칭 단수형 A customer이므로 동사에는 –(e)s가 붙어야 한다. 따라서 정답은 (B)이다.

어휘 order 주문하다 receive 받다

7 그 직책에 지원하고 싶은 지원자들은 / 보내야 합니다 / 이력서를

해설 주격관계대명사 who의 선행사가 복수형 Applicants이므로 복수 동사 wish가 적절하다. 따라서 정답은 (B)이다.

어휘 applicant 지원자 apply for ~에 지원하다 position 자리, 직책 résumé 이력서

8 안전 규칙은 / 요구한다 / 모든 사람들이 안전모와 보안경을 쓰는 것을

해설 명령, 제안, 요구 동사 뒤의 that절은 should가 생략된 채 동사원형이 쓰일 수 있다. 따라서 정답은 (A)이다.

어휘 safety rules 안전 수칙 require 필요로 하다 hard hat 안전모 goggles 보안경 wear 착용하다

9 판매 직원과 부서장 모두 / 참석했다 / 회의에

해설 Both A and B(A와 B 둘 다)는 복수 취급하므로 동사는 복수형이 되어야 한다. 따라서 정답은 (B)이다.

어휘 department manager 부서장 present 참석한

10 판매 직원들의 숫자는 / 빠르게 늘었다 / 지난 2년 동안

해설 〈the number of + 복수 명사〉의 구문은 '~의 수'라는 의미로 단수 취급한다. 따라서 정답은 (A)이다. 반면 〈a number of + 복수 명사〉는 '많은 ~'라는 의미로 복수 취급한다.

어휘 grow 자라다 rapidly 빠르게 last 지난

Step 2 기초 마스터 P141

정답 1. (B) 2. (B) 3. (A) 4. (B) 5. (A) 6. (B) 7. (A) 8. (B) 9. (B) 10. (B) 11. (A) 12. (A) 13. (A) 14. (B)

1 프로젝트를 제때 끝내 주세요.

해설 문장 처음에 please가 오는 것으로 보아 동사원형으로 시작하는 명령문임을 알 수 있다. 따라서 정답은 (B)이다.

어휘 on time 시간에 맞추어

2 신제품에 대한 수요가 빠르게 증가하고 있다.

해설 주어 Demands에 맞추어 빈칸에 들어갈 be동사는 복수형이 알맞다. 따라서 정답은 (B)이다.

어휘 demand 수요

3 다른 부서장들은 그 문제에 동의한다.

해설 주어가 The other department heads로 복수이므로 복수 동사가 와야 한다. 따라서 정답은 (A)이다.

어휘 department head 부서장 subject 주제, 문제

4 그 비서는 모든 준비를 마쳤다.

해설 has 다음에 올 수 있는 동사형은 p.p.이다. 따라서 정답은 (B)이다.

어휘 **secretary** 비서 **preparation** 준비

5 워크숍이 시작하기 전까지 시간이 많이 남았다.

해설 〈There be동사 ~〉 구문에서 be동사는 뒤에 오는 명사에 수를 일치시켜야 한다. time은 셀 수 없는 명사이므로 단수 동사가 와야 한다. 따라서 정답은 (A)이다.

어휘 **workshop** 워크숍

6 브래드는 인사부에서 일한다.

해설 주어 Brad는 3인칭 단수이므로 일반동사에 -(e)s를 붙인 단수형이 와야 한다. 따라서 정답은 (B)이다.

어휘 **personnel department** 인사부

7 새미는 발표를 위한 자료를 작성했다.

해설 주어 Sammie는 3인칭 단수이므로 동사원형은 올 수 없다. 과거형은 인칭에 관계없이 형태가 똑같으므로 정답은 (A)이다. 현재형으로 쓰려면 writes여야 맞다.

어휘 **material** 자료 **presentation** 발표

8 저는 광고 분야에 관심이 있습니다.

해설 be interested in은 '~에 관심이 있다'라는 표현으로 기억해 두자. 따라서 정답은 (B)이다.

어휘 **advertising** 광고 **field** 분야

9 모두 회의에 늦지 않게 오셔야 합니다.

해설 주어 Everyone은 단수이므로 단수 동사 has가 적절하다. 따라서 정답은 (B)이다.

어휘 **have to** ~해야 한다

10 컴퓨터 기술에 관한 책들은 뒤쪽 통로에 있다.

해설 about computer technology는 주어 Books를 꾸며 주는 수식어구일 뿐이므로 동사는 Books에 일치시켜서 복수형 are가 와야 한다. 따라서 정답은 (B)이다.

어휘 **aisle** 복도, 통로

11 내일까지 물건을 배송해 주시겠어요?

해설 의문문에서 조동사 can이 쓰였다. 조동사가 있는 문장은 동사원형이 나와야 하므로 정답은 (A)이다.

어휘 **merchandise** 상품

12 적어도 출발 15분 전에 5번 게이트로 가세요.

해설 문장에 동사가 없으므로 이 문장은 동사로 시작하는 명령문이어야 한다. 명령문은 동사 원형으로 시작하므로 정답은 (A)이다.

어휘 **at least** 최소한 **departure**

13 사카타 씨가 직원 워크숍을 이끌 것이다.

해설 조동사 will 다음에는 동사원형이 나와야 하므로 정답은 (A)이다.

어휘 **employee** 종업원, 직원 **lead** 이끌다, 지도하다 **leading** 이끄는, 앞서는

14 그 호텔은 더 많은 손님을 수용할 수 있다.

해설 어휘 문제를 풀기 위해서는 문장을 의미를 파악해야 한다. 호텔은 더 많은 손님을 '수용한다'라는 의미가 적절하므로 정답은 (B)이다.

어휘 **guest** 손님 **accompany** 동반하다 **accommodate** 수용하다

Step 3 실전 마스터 (Part 5) P142

정답

1. (D)	**2.** (D)	**3.** (C)	**4.** (A)	**5.** (A)
6. (B)	**7.** (D)	**8.** (B)	**9.** (A)	**10.** (A)

1 우리는 공급업체들과 좋은 관계를 유지하기 위해 최선을 다해야 한다.

해설 조동사 must 뒤에는 동사원형이 와야 하므로 정답은 (D)이다.

어휘 **friendly** 우호적인 **relationship** 관계 **supplier** 공급업체

2 작년에 루시는 디저트 제품 라인에 들어가는 새로운 맛을 개발했다.

해설 과거를 나타내는 last year가 있으므로 과거 동사가 와야 한다. 따라서 정답은 (D)이다. 주어 Lucy만 보고 섣불리 (C)를 고르지 않도록 하자.

어휘 **flavor** 맛

3 사토 씨는 부서에서 가장 뛰어난 영업 사원이다.

해설 주어인 Mr. Sato는 3인칭 단수이므로 is가 가장 적합하다. 따라서 정답은 (C)이다.

어휘 **sales person** 영업 사원

4 질문에 대답하는 것은 비서의 임무이다.

해설 동명사 Answering questions가 주어인 문장으로, 동명사나 to부정사가 주어일 때 동사는 단수형이 온다. 따라서 정답은 (A)이다.

어휘 **responsibility** 임무

5 기술자들은 모든 사용자들에게 비밀번호를 일 년에 한 번 변경할 것을 권고했다.

해설 recommend처럼 제안, 요구, 주장을 나타내는 동사가 오면 that절에는 조동사 should가 생략된 동사원형이 자주 쓰인다. 따라서 정답은 (A)이다.

어휘 **technician** 기술자 **recommend** 추천하다

6 귀하의 서류는 당장 고쳐야 할 오류가 좀 있습니다.

해설 주어인 Your document는 단수이므로 단수 동사 has가 적합하다. 따라서 정답은 (B)이다. be동사는 의미상 알맞지 않다.

어휘 **document** 서류 **error** 오류 **fix** 고치다

7 시립 도서관 근처의 많은 건물들이 200년 전에 지어졌다.

해설 주어는 Many buildings이고 around the city library는 주어를 꾸미는 수식어구이므로 동사는 Many buildings에 맞춰 복수 동사가 와야 한다. 과거 시점을 나타내는 200 years ago가 있으므로 과거형 복수 동사 were가 적절하다. 따라서 정답은 (D)이다.

어휘 **city library** 시립 도서관

8 계절 변동이 특정 상품 판매에 영향을 미친다.

해설 빈칸은 동사 자리인데 주어가 복수 명사이므로 정답은 (B)이다.

어휘 **seasonal** 계절의 **variation** 변화, 변동 **have an effect on ~** ~에 영향을 미치다 **certain** 특정한

9 온라인 판매에서 성공의 열쇠는 제품을 저렴한 가격에 제공하는 것이다.

해설 수식어구를 제외하면 이 문장의 주어는 The key이다. 따라서 동사는 단수 동사 형태여야 하므로 정답은 (A)이다.

어휘 **offer** 제공하다 **affordable** 저렴한

10 채식을 선호하는 손님들은 미리 저희에게 알려 주시길 바랍니다.

해설 주격 관계대명사 who 뒤에 오는 동사는 선행사와 수 일치를 시켜야 한다. 문장에서 선행사는 Guests이므로 복수 동사가 와야 하므로 정답은 (A)이다.

어휘 **vegetarian** 채식주의자 **dish** 요리 **beforehand** 사전에

Step 4 실전 마스터 (Part 6) P143

정답

11. (C) **12.** (B) **13.** (A) **14.**(C)

[11-14]

이층 주방 이용자들에게 알림

주방 주변을 쾌적하고 깨끗하게 유지하기 위해 냉장고 및 기타 주방 용품을 사용하실 때 배려해 주시기 바랍니다. 상한 음식은 ⑪ 버리시고 흘린 음식은 바로 닦아 주세요. ⑫ 부엌 싱크대의 상판을 매번 사용 후에 깨끗하게 유지해 주십시오. 이 기본적인 ⑬ 조치로 불쾌한 냄새가 생기는 것을 막을 수 있습니다. 그리고 냉장고의 맨 위 선반에 ⑭ 놓일 베이킹소다 박스를 버리지 말아 주세요. 이것이 냉장고의 악취를 없애는 것을 도와줄 것입니다.

여러분의 협조에 감사드립니다.

어휘 **attention** 주목, 집중 **pleasant** 쾌적한, 상쾌한 **considerate** 배려하는 **refrigerator** 냉장고 **kitchen appliance** 주방용품 **spoiled** 상한 **wipe up** 닦아내다 **spill** 흘린 것 **prevent** 방지하다 **unpleasant** 불쾌한 **throw away** ~을 버리다 **baking soda** 베이킹소다 **odor** 악취 **free** ~가 없는 **cooperation** 협조 **surface** 표면, 외부 **measure** 조치 **skill** 기술 **filter** 여과 장치 **element** 요소 **discard** 버리다 **place** 놓다

11 **해설** Please로 시작하는 전형적인 명령문이다. '상한 음식을 버려라'라는 의미로 정답은 (C)이다.

12 (A) 생선은 차가운 채소와 함께 서빙될 것입니다.
(B) 부엌 싱크대의 상판을 매번 사용 후에 깨끗하게 유지해 주십시오.
(C) 한 개 이상의 전자제품을 구매하시면 특별 할인을 받을 수 있습니다.
(D) 오늘의 저녁 특선요리는 메뉴에 올려져 있습니다.

해설 지문 맨 처음부터 읽으면서 글의 흐름을 파악하되 빈칸 앞뒤 문장에서 가장 큰 힌트를 얻도록 하자. 주방을 깨끗하게 관리하자라는 전체적인 주제에서 흘린 음식을 닦으라는 내용 다음에 유사한 내용이 나올 수 있다. 따라서 정답은 (B)이다. 나머지 선택지는 전체 주제인 청결 유지와 관계가 없다.

13 **해설** 상한 음식이나 흘린 것을 치우는 것은 불쾌한 냄새를 방지하는 '조치'로 볼 수 있으므로 정답은 (A)이다.

14 **해설** that은 주격 관계대명사로, 앞에 있는 the box of baking soda가 선행사이다. 상자는 선반에 놓이는 대상이 되므로 수동태를 이루는 p.p.가 적절하다. 따라서 정답은 (C)이다.

Unit 4 동사 2 – 태와 시제

P144

Step 1 Practice

정답

1. (B)	2. (A)	3. (B)	4. (A)	5. (A)
6. (A)	7. (B)	8. (A)	9. (A)	10. (B)

1 그 계약서는 / 서명을 받아야 한다 / 양쪽 당사자에게

해설 주어 The contract은 서명을 받아야 하는 대상이므로 수동태가 적절하다. 따라서 정답은 (B)이다. 빈칸 앞에 조동사 should가 있으므로 수동태는 be signed 형식이 되어야 한다.

어휘 contract 계약서, 계약 party 당사자, 관계자 sign 서명하다

2 많은 여행객들이 / 방문했다 / 이 지역을 / 유명 관광지를 보기 위해서

해설 여행객들은 방문하는 행동의 주체이므로 능동태가 적절하다. 따라서 정답은 (A)이다. (B)는 장소 명사가 주어 자리로 나왔을 때 가능한 답이다.

어휘 traveler 여행자 visit 방문하다 area 지역 famous 유명한 landmark 특징적인 건물, 표지물

3 우리 호텔의 고객들은 / 무료셔틀 서비스를 제공받습니다 / 공항까지의

해설 주어인 Our hotel guests는 셔틀 서비스를 받는 대상이므로 수동태가 적절하다. 따라서 정답은 (B)이다. 이 문장은 4형식의 간접목적어인 Our hotel guests가 앞으로 나온 수동태 형식을 취하며, 직접 목적어인 free shuttle bus service는 그 뒤에 연결되고 있다.

어휘 shuttle bus 셔틀버스

4 직원들은 / 독려된다 / 기술 훈련 수업에 참가하라고

해설 encourage는 목적보어로 to부정사를 취한다. 목적어 employees가 주어 위치로 나가서 수동태가 된 문장이다. 목적보어 to부정사는 수동태가 되어도 같은 형태를 유지한다. 따라서 정답은 (A)이다.

어휘 encourage 장려하다, 독려하다 technical 기술적인 participate in ~에 참가하다

5 우리 서비스 담당 직원들은 / 보통 2~3일이 걸립니다 / 손님의 컴퓨터를 고치는 데

해설 usually와 같이 습관적, 반복적 사실을 나타내는 부사는 현재시제와 함께 사용된다. 따라서 정답은 (A)이다.

어휘 representative 직원 usually 보통 fix 수리하다, 고치다 take (시간이) 걸리다

6 이사회가 / 모일 것이다 / 다음 주 금요일에 / 새 마케팅 전략을 논의하기 위해

해설 미래 시제 부사구 next Friday가 있으므로 미래 시제가 적절하다. 따라서 정답은 (A)이다.

어휘 board of directors 이사회 strategy 전략 gather 모이다

7 나는 / 이야기하는 중이었다 / 고객 중에 한 분과 / 마이클이 방문했을 때에

해설 마이클이 방문한 과거의 특정 시점에 진행되고 있었던 일은 과거 진행형으로 표현할 수 있으므로 정답은 (B)이다.

어휘 client 고객 visit 방문하다

8 저희는 / 현재 겪고 있다 / 많은 변화를 / 그리고 / 우리는 / 기대한다 / 당신이 우리를 도와줄 수 있기를 / 그 과정을

해설 부사 currently가 있으므로 현재 시점에 진행되는 행동을 나타내야 하므로 현재 진행형이 적절하다. 따라서 정답은 (A)이다.

어휘 currently 현재, 최근에 undergo 겪다, 견디다 change 변화 process 절차

9 타나카 씨는 / 일해 왔다 / 그 회사에서 / 지난 7년 동안

해설 문장 끝의 〈for the last + 기간〉은 주로 현재완료와 함께 쓰이므로 정답은 (A)이다.

어휘 last 지난

10 고든 씨는 / 유명한 요리사이다 / 그의 요리는 받아왔다 / 많은 상을

해설 과거부터 지금까지 많은 상을 받아왔던 것을 현재 완료로 묘사했다. 그런데 이 동사의 주어는 고든이 아닌 많은 요리(whose dishes)이므로 복수 동사가 와야 한다. 따라서 정답은 (B)이다.

어휘 famous 유명한 dish 요리 receive 받다 numerous 많은

Step 2 기초 마스터

P149

정답

1. (B)	2. (A)	3. (B)	4. (A)	5. (A)
6. (B)	7. (A)	8. (B)	9. (B)	10. (B)
11. (A)	12. (A)	13. (B)	14. (A)	

1 그 상점은 휴가철에 손님들로 많이 붐빈다.

해설 〈be crowded with ~〉는 '~로 붐비다'라는 의미로 쓰인다. 따라서 정답은 (B)이다.

어휘 holiday season 휴가철

2 다음에 이곳에 올 때 너의 집을 방문할게.

해설 주어 'I'는 방문하는 행위의 주체이며 빈칸 뒤에 목적어가 오므로 능동태가 알맞다. 따라서 정답은 (A)이다.

어휘 place 장소, (개인의) 집

3 3년 전에 가너 씨는 우리 회사에 들어왔다.

해설 과거를 나타내는 표현 three years ago가 있으므로 빈칸에는 과거 동사가 알맞다. 따라서 정답은 (B)이다.

4 로버트슨 씨는 항상 매달 본사를 방문한다.

해설 부사 consistently와 every month로 보아 규칙적인 방문임을 알 수 있고, 이에 맞는 시제는 현재시제이다. 따라서 정답은 (A)이다.

어휘 consistently 지속적으로 head office 본사

5 그는 내 편지를 받자마자, 내게 답장을 할 것이다.

해설 시간을 나타내는 접속사 as soon as가 이끄는 절은 현재시제로 미래의 의미를 나타내므로 현재 동사가 들어가야 한다. 따라서 정답은 (A)이다.

어휘 as soon as ~하자마자 respond to ~에 답하다

6 나는 어제 공원에서 산책했다.

해설 과거를 나타내는 표현 yesterday와 어울리는 동사는 과거 동사이므로 정답은 (B)이다.

어휘 take a walk 산책하다

7 송별 파티가 다음 주 월요일에 열릴 것이다.

해설 next Monday는 미래를 나타내므로 미래시제가 적절하다. 따라서 정답은 (A)이다.

어휘 farewell party 송별 파티 take place 일어나다

8 나는 파커 씨에게 이메일을 보내라고 요청받았다.

해설 〈ask+목적어+to부정사〉 구조를 지닌 5형식 문장을 수동태로 만들면 〈be asked to부정사〉가 된다. 목적보어가 to부정사인 문장은 수동태에서도 to부정사의 형태를 유지한다. 따라서 정답은 (B)이다.

어휘 email 이메일을 보내다

9 어제 그녀는 작년에 한국에서 일한 적이 있다고 말했다.

해설 주절의 시제는 '어제'라는 과거, 종속절의 시제는 어제보다 더 이전인 '작년'이므로 빈칸에는 대과거(had+과거분사)가 알맞다. 따라서 정답은 (B)이다. 현재완료는 과거부터 현재까지의 일에 쓰이므로 (A)는 적절하지 않다.

10 새 프로젝트는 신임 이사인 라이트 씨에 의해 진행되었다.

해설 주어인 The new project는 동사 lead를 행하는 주체가 아니라 대상이므로 수동태가 알맞다. 따라서 정답은 (B)이다.

어휘 director 이사 lead 이끌다

11 제품의 가격이 우리가 받아들이기에 너무 비쌌다.

해설 빈칸 앞의 to는 to부정사의 to임을 알아야 한다. 이 문장에서 to부정사는 〈too ~ to 용법〉으로 '너무 ~해서 ~할 수 없다'의 의미로 쓰인 구문이다. 따라서 정답은 (A)이다.

어휘 product 제품 acceptable 받아들일 수 있는

12 우리는 부서 관리자의 서명이 필요하다.

해설 소유격 다음은 명사가 오는 것이 적절하다. 따라서 정답은 (A)이다.

어휘 supervisor 관리자 signature 서명

13 다음 특별 전시회는 5월 1일로 예정되어 있다.

해설 exhibit과 exhibition 모두 '전시회'라는 의미가 있지만 빈칸 뒤의 동사 is는 단수형이므로 주어 역시 단수여야 하므로 정답은 (B)이다.

어휘 be scheduled to ~하기로 예정되어 있다 exhibit 전시하다, 전시회

14 그 회사는 다음 세대를 위해 안전한 환경 만들기에 헌신하고 있다.

해설 be committed to는 '~에 헌신하다'라는 의미의 빈출 표현이니 꼭 암기해 두도록 하자. 정답은 (A)이다.

어휘 environment 환경 generation 세대

Step 3 실전 마스터 (Part 5) P150

정답

1. (B)	2. (B)	3. (C)	4. (D)	5. (B)
6. (A)	7. (C)	8. (D)	9. (A)	10. (D)

1 우리 가게는 보통 아침 7시에 연다.

해설 usually는 반복적인 습관을 나타내는 현재시제의 대표적인 표현이다. 주어 Our store는 3인칭 단수이므로 (B)가 적절하다.

어휘 usually 보통

2 이 사진은 유명한 디자이너에 의해 촬영되었다.

해설 주어인 This picture는 찍히는 대상이므로 수동태가 되어야 한다. 따라서 정답은 (B)이다.

3 그 회사의 판매는 지난 분기에 급격히 하락했다.

해설 last quarter(지난 분기)는 과거를 나타낸다. 따라서 과거 동사 fell이 적절하므로 (C)가 정답이다.

어휘 sharply 급격히 quarter 분기 fall 떨어지다

4 금액이 200달러 이상이면 모든 지불은 신용 카드로 가능합니다.

해설 주어인 지불(All payments)은 사람에 의해 행해지는 것이므로 빈칸에는 수동태 형식이 적절하다. 따라서 정답은 (D)이다.

어휘 payment 지불 amount 금액

5 2010년 이래로 회사는 여성복에 집중해 왔다.

해설 현재완료와 어울릴 수 있는 전치사를 선택지에서 고르면 Since(~ 이래로)가 있다. 따라서 정답은 (B)이다. before도 현재완료와 함께 쓰이긴 하지만 '2010년 이래로 현재까지'라는 의미가 되어야 하므로 before는 적절하지 않다.

어휘 focus on ~에 초점을 맞추다 apparel 의류

6 회계 총회가 열리면 줄리 파커도 참석할 것이다.

해설 시간을 나타내는 접속사인 when이 이끄는 부사절에서는 현재시제가 미래시제를 대신하므로 정답은 (A)이다. 회의(the Accounting Convention)는 개최되는 대상이므로 수동태가 쓰였다.

어휘 convention 대회, 총회 hold 개최하다 present 참석한

7 그 추가 장비는 직원 생산성을 향상시킬 것이라고 기대된다.

해설 추가 장비가 생산성을 높인다는 기대를 받는 것이므로 수동태가 되어야 한다. expect는 목적어와 목적격보어를 취하는 5형식 동사인데, 목적어인 the additional equipment가 주어 자리로 나가면서 수동태가 된 문장이다. 따라서 정답은 (C)이다.

어휘 additional 추가적인 employee productivity 직원 생산성

8 아파트가 지하철역에서 가까운 곳에 위치하여 편리하다.

해설 동사 locate는 '위치시키다'라는 타동사로, 주어인 The apartment는 동사의 대상이 된다. 따라서 정답은 수동태 과거분사인 (D)가 적절하다. be located(위치하다)는 빈출 표현이니 꼭 알아 두자.

어휘 conveniently 편리하게 subway station 지하철역

9 맥스터 모터스는 지난달에 새 모델을 발표했다.

해설 과거를 나타내는 표현 last month가 있으므로 과거시제가 나와야 한다. 따라서 정답은 (A)이다.

어휘 introduce 발표하다, 선보이다

10 온라인 광고로 인해 두 달 전에 상당한 판매 증가가 있었다.

해설 과거를 나타내는 표현 two months ago가 있으므로 과거형 동사가 필요하다. 따라서 정답은 (D)이다. happen은 자동사이므로 수동태 형식인 (B)와 (C)는 올 수 없다.

어휘 substantial 상당한 advertising 광고

Step 4 실전 마스터 (Part 6) P151

정답

11. (D)	12. (C)	13. (B)	14. (A)

[11-14]

우리 마을에는 어떤 일이 있나요?

뉴베리, 9월 1일 – 9월 19일까지 뉴베리 미술관은 앤드류 시한 씨의 30개 작품을 ⓫ 전시할 것이다. 시한 씨는 이 지역에 거주하는 유명 화가이며 친절하게도 그의 최근 작품을 볼 수 있는 특별한 ⓬ 기회를 제공해 주었다. 시한 씨는 지난 6개월 동안 유럽의 작은 마을을 방문했다. ⓭ 그의 가장 최근 그림들은 이런 경험에서 영감을 받은 것이다.

이 특별 전시회의 티켓은 입장료에 추가로 5달러를 내면 구매 가능하다. 박물관은 월요일부터 토요일까지, 오전 11시부터 오후 5시까지 개관하며, 일요일은 ⓮ 문을 닫는다.

어휘 happen 일어나다 well-known 유명한 reside 거주하다 neighborhood 지역 offer 제공하다 recent 최근의 work 작품, 일 village 마을 available 이용 가능한 in addition to ~에 더하여 regular 정규의 admission 입장료 exhibit 전시, 보여주다 opportunity 기회 inspire 영감을 주다 bounce 회복하다 recession 불경기, 불황

11 해설 미술관은 전시를 하는 능동적 주체이며, 앞으로 9월 19일까지 계속 전시할 것이므로 미래진행 시제가 선택지 중 가장 적절하다. 따라서 정답은 (D)이다.

12 해설 예술가가 자기 작품을 볼 수 있도록 한 것은 다른 사람에게는 특별한 '기회'라고 할 수 있으므로 정답은 (C)이다. 어휘 문제는 한국말 해석만으로 풀기 어려운 경우가 있다. offer the opportunity(기회를 제공하다)는 자주 나오는 결합표현으로 익혀두면 유용하다.

13 (A) 그는 여행사를 통해서 예약을 했다.
(B) 그의 가장 최근 그림들은 이런 경험에서 영감을 받은 것이다.
(C) 유럽 경제는 불경기에서 회복하고 있다.
(D) 우리는 오랫동안 그를 초대하고 싶어 했다.

해설 전체적인 주제는 시한 씨의 전시회이다. 빈칸 앞에 그의 유럽 여행이 언급되었는데, 이 다음에 '이 여행 경험이 작품에 영감을 주었다'는 내용으로 이어지는 것이 자연스러우므로 (B)가 정답이다. 나머지 선택지는 단순히 유럽이나 전시에 대한 내용만을 언급했을 뿐 내용의 흐름과는 관계없다.

14 해설 박물관이 문을 닫고 여는 것은 계속되는 반복적인 행위이므로 현재시제가 적절하다. 따라서 정답은 (A)이다. 앞에 나오는 현재시제인 is open에서도 알 수 있다.

Unit 5 준동사 P152

Step 1 Practice

정답

1. (B)	2. (B)	3. (B)	4. (B)	5. (B)
6. (A)	7. (B)	8. (B)	9. (A)	10. (B)

1 가게는 / 일찍 닫게 될 것이다 / 새로운 간판을 설치하기 위해서 / 건물 앞에

해설 빈칸 앞은 완벽한 문장 구조를 갖추고 있으므로 동사가 따로 필요 없다. 빈칸은 '하기 위해서'라는 의미의 to부정사가 들어가야 알맞다. 따라서 정답은 (B)이다.

어휘 sign 간판, 표지판 install 설치하다

2 우리는 / 권합니다 / 온라인의 정보를 사용하는 것을 / 기본 자료를 얻기 위해서

해설 동사 뒤에 준동사 형태로 recommend의 목적어가 되면서 the information을 목적어로 가질 수 있는 것이어야 한다. recommend는 동명사를 목적어로 취하므로 정답은 (B)이다. 동명사를 포함한 준동사는 동사처럼 목적어를 취할 수 있다는 것을 기억하자.

어휘 recommend 추천하다 obtain 확보하다, 얻다 data 자료

3 제조업체는 / 거절했다 / 교체할 것을 / 결함이 있는 상품을

해설 refuse는 '거절하다'라는 의미로 to부정사를 목적어로 취하므로 정답은 (B)이다.

어휘 refuse 거절하다 manufacturer 제조업체 defective 결함이 있는

4 모든 직원들은 / 예약할 수 있다 / 회의실을 / 양식을 작성함으로써

해설 〈be able to+동사원형〉은 '~할 수 있다'는 의미의 관용 표현으로 익히도록 하자. 따라서 정답은 (B)이다.

어휘 be able to ~할 수 있다 fill out 작성하다 reserve 예약하다

5 론칭하는 것은 / 신상품을 / 시장에 / 필요로 한다 / 광범위한 계획과 연구를

해설 빈칸은 a new product를 목적어로 가지면서 주어 역할을 할 수 있는 준동사가 들어가야 하므로 정답은 (B)이다.

어휘 require 필요로 하다 extensive 광범위한, 방대한 launch 발사하다, 소개하다

6 그는 / 화가 났었다 / 내가 늦는 것에 대해서 / 직장에

해설 동명사의 의미상의 주어가 문장의 주어와 일치하지 않을 경우에 소유격으로 의미상의 주어를 표시한다. 따라서 정답은 (A)이다.

어휘 angry 화난 be late 늦다

7 판매 자료 / 보여진 / 이 보고서에 / 정확할 수 없다 / 내 계산에 의하면

해설 data는 보고서에서 보이는 것이므로 수동의 의미를 가진 과거분사 shown이 적절하다. 따라서 정답은 (B)이다.

어휘 accurate 정확한 based on ~에 근거한 calculation 계산

8 매니저는 / 만족하지 않았다 / 그의 판매 직원들의 결과에

해설 감정동사는 사람이 감정을 느끼는 경우, 과거 분사 형태를 취하고 감정을 일으키는 원인이 되는 경우에는 현재분사 형태를 취한다. 따라서 정답은 (B)이다.

어휘 result 결과 representative 직원 satisfied 만족한

9 감동 받아서 / 그의 연설에 / 청중들은 / 그에게 / 긴 시간 박수를 보냈다

해설 청중들이 연설에 '감동을 받아' 긴 박수를 보냈다는 의미이므로 감정을 느끼는 주체로 Impressed가 적절하다. 따라서 정답은 (A)이다.

어휘 audience 청중 ovation 박수 impressed 감동받은

10 이 설명서는 / 포함한다 / 비밀번호 생성에 대한 정보를

해설 전치사 on 뒤에는 명사나 동명사가 온다. 빈칸 뒤에 명사 a password가 있으므로 목적어를 취하면서 명사의 역할을 하는 동명사가 적절하다. 따라서 정답은 (B)이다.

어휘 manual 설명서 contain 포함하다 create 만들다 password 비밀번호

Step 2 기초 마스터 P157

정답

1. (B)	2. (B)	3. (A)	4. (B)	5. (A)
6. (B)	7. (A)	8. (A)	9. (B)	10. (A)
11. (B)	12. (B)	13. (A)	14. (A)	

1 외국어를 배우는 것은 쉽지 않다.

해설 동사 is가 나왔으므로 주어 역할을 할 수 있는 준동사가 나와야 한다. 따라서 정답은 (B)이다.

어휘 foreign language 외국어

2 내일 이 문제에 대해 계속 의논합시다.

해설 동사 continue는 동명사와 to부정사를 모두 목적어로 취하는 동사이므로 정답은 (B)이다.

어휘 continue 계속하다 matter 문제 discuss 토론하다

3 당신이 걱정할 필요는 없습니다.

해설 빈칸은 to worry의 의미상의 주어가 들어가야 하므로 〈for+명사〉 형태가 적절하다. 따라서 정답은 (A)이다.

어휘 need 필요

4 그 회사는 비영리 단체를 돕는 일에 힘을 쏟는다.

해설 be dedicate to의 to는 전치사이므로 빈칸에는 동명사가 적절하다. 따라서 정답은 (B)이다.

어휘 be dedicated to ~하는 데 헌신하다 non-profit organization 비영리 단체

5 이 특가 판매는 한정된 기간 동안만 유효합니다.

해설 관사와 명사 사이의 알맞은 분사 형태를 고르는 문제이다. 수식을 받는 time은 제한되는 대상이므로 과거분사가 적절하다. 따라서 정답은 (A)이다.

어휘 special offer 특가 판매

6 우리는 지역 자선 단체 중 한 곳을 지원하기로 결정했다.

해설 동사 decide는 to부정사를 목적어로 취하는 동사이므로 정답은 (B)이다.

어휘 local 지역의 charity 자선 단체 support 지원하다

7 첨부된 양식을 2주 안에 보내 주세요.

해설 관사와 명사 사이의 알맞은 분사 형태를 고르는 문제이다. form은 첨부되는(attached) 대상이므로 정답은 (A)이다. '첨부된 양식'을 뜻하는 표현 attached form을 알아 두면 쉽게 풀 수 있다.

어휘 return 반납하다 within ~이내에

8 수상자를 발표하게 되어 기쁩니다.

해설 감정 형용사는 감정을 느끼는 사람에게는 과거분사가 알맞다. 따라서 정답은 (A)이다. '~하여 기쁘다'라는 의미의 be pleased to를 알아 두자.

어휘 award winner 수상자

9 건강한 삶을 살기 위해서는 다른 사람들과 교제를 해야 한다.

해설 문장 전체를 수식하는 부사로서, '~하기 위해서'라는 의미인 to부정사가 자연스럽다. 따라서 정답은 (B)이다.

어휘 healthy 건강한 socialize 교제하다

10 나는 오전 근무조를 선호한다.

해설 prefer는 to부정사나 동명사를 목적어로 취한다. 빈칸 앞에 to가 있으므로 정답은 (A)이다.

어휘 prefer 선호하다 morning shift 오전 근무조

11 우리는 자격을 갖춘 지원자들의 이력서를 많이 받았다.

해설 many와 명사 applicant 사이에 올 수 있는 것은 명사를 수식하는 분사 형태가 적절하다. 따라서 정답은 (B)이다. '자격을 갖춘 지원자'라는 의미의 qualified applicant를 알아 두자.

어휘 qualify 자격을 주다 receive 받다

12 나는 영어 공부를 좀 더 하기를 원한다.

해설 wish는 to부정사를 목적어로 취하므로 정답은 (B)이다.

어휘 wish 희망하다

13 그 회사는 고객의 요구를 알기 위해 설문 조사를 실시했다.

해설 고객을 대상으로 하는 설문 조사는 고객들의 요구를 알기 위한 목적으로 진행되므로 목적을 나타내는 to부정사가 적절하다. 따라서 정답은 (A)이다.

어휘 conduct a survey 설문 조사를 하다 needs 요구 identify 확인하다

14 뉴욕에 방문할 때, 당신은 거기서 뮤지컬을 봐야 한다.

해설 분사구문은 접속사를 생략하고 동사를 -ing로 고쳐서 만든다. 접속사는 명확한 의미를 표시하기 위해서 남겨 두기도 한다. 정답은 (A)이다.

어휘 musical 뮤지컬

Step 3 실전 마스터 (Part 5) P158

정답

1. (C)	2. (A)	3. (A)	4. (D)	5. (B)
6. (C)	7. (C)	8. (A)	9. (D)	10. (B)

1 여가 시간에 혼자 여행하는 것을 즐기십니까?

해설 enjoy는 동명사를 목적어로 취하는 동사이므로 정답은 (C)이다. 그 외 동명사를 목적어로 취하는 동사로는 mind, recommend, suggest 등이 있다.

어휘 by oneself 혼자서 free time 여가 시간 travel 여행하다

2 우리는 유럽 국가에 제품을 배포하기로 결정했다.

해설 decide는 to부정사를 목적어로 취하는 동사이므로 정답은 (A)이다. 그 외 to부정사를 목적어로 취하는 동사로는 choose, wish, hope, would like, plan 등이 있다.

어휘 distribute 배포하다

3 고객들은 우리의 신상품 라인에 호의적으로 반응할 것 같다.

해설 be likely to 뒤에는 동사원형이 온다. favorably가 사이에 들어갔지만 부사이므로 문법적으로 달라지진 않는다. 따라서 정답은 (A)이다.

어휘 be likely to ~일 것 같다 favorably 호의적으로 respond 응답하다

4 PAE 리조트는 다음 시즌 전에 회사 웹 사이트의 업데이트를 고려하고 있다.

해설 동사 consider의 목적어로 명사나 동명사가 오지만, 빈칸 뒤의 the company's Web site라는 또 다른 목적어가 있으므로 동명사가 적절하다. 따라서 정답은 (D)이다.

어휘 consider 고려하다

5 50주년을 기념하여 현대 발레 극장은 모니크 스타인벡의 새로운 작품을 소개할 것이다.

해설 쉼표 뒤는 완벽한 문장 구조를 갖추고 있으므로 빈칸은 부사구를 만들 수 있는 것을 골라야 한다. 문맥상 '기념하기 위하여'라는 부사적 용법의 to부정사가 적절하므로 정답은 (B)이다.

어휘 anniversary 기념일 piece 작품 celebrate 기념하다

6 우리는 증가하는 생산비에 대한 준비를 했다.

해설 전치사와 명사 사이에서 명사를 수식하는 형용사 자리로, 알맞은 분사를 고르는 문제다. rising cost는 '증가하는 비용'이라는 의미로 쓰이므로 정답은 (C)이다.

어휘 prepare 준비하다 production cost 생산비 rise 증가하다

7 건물 디자인의 수정판을 검토했나요?

해설 관사와 명사 사이에서 명사를 수식하는 분사를 고르는 문제다. 디자인은 수정되는 대상이므로 과거분사 (C)가 적절하다.

어휘 review 검토하다 revise 수정하다

8 전체적인 경험이 모든 워크숍 참가자들에게 매우 만족스러웠다.

해설 감정을 나타내는 동사는 사물이 주어로 올 경우 현재분사의 형태를 취한다. 따라서 정답은 (A)이다. 참가자가 주어로 온다면 '~에 만족을 느끼다'를 의미하는 be satisfied with가 쓰일 것이다.

어휘 whole 전체의 experience 경험 participant 참가자

9 오늘 회의의 목적은 지역의 중소기업주들에게 매우 필요한 도움을 제공하는 것입니다.

해설 be동사 뒤에 회의의 목적에 대한 부가적인 설명 즉, 주격 보어 역할을 하는 to부정사가 적절하다. 따라서 정답은 (D)이다.

어휘 goal 목적 provide 제공하다

10 소포를 보낼 때는 박스가 테이프로 단단히 고정되어 있는지 확인해야 한다.

해설 접속사 when이 이끄는 절에서 주어 you가 생략되고 동사는 분사가 되는 분사구문이다. 주어인 you가 소포를 부치는 주체이므로 현재분사가 알맞다. 따라서 정답은 (B)이다.

어휘 package 소포 securely 단단히

Step 4 실전 마스터 (Part 6) P159

정답 **11.** (D) **12.** (B) **13.** (C) **14.** (A)

[11-14]

구와타 씨께,

새 집으로 이사하신 것을 축하드립니다. 버밍햄 전기전자에서는 고객님의 현 주소지에서 메이슨가에 있는 새 주소지로 서비스를 옮겨 드릴 ⑪ 준비가 되었습니다. 하지만 보안상의 이유로, 우리가 이전 작업을 ⑫ 하려면 고객님의 승인이 필요합니다. 고객님의 ⑬ 거주 첫날부터 전기 사용이 가능하도록 시간이 되실 때 가급적 빨리 동봉된 서류 양식에 서명하시고, 215-555-3453으로 팩스를 보내주시기 바랍니다. ⑭ 저희가 고객님의 승인을 받자마자 확인 이메일을 보내 드리도록 하겠습니다.

로젠 월터스

고객 서비스부

어휘 transfer 옮기다, 이전 current 현재의 residence 거주지 security 보안 purpose 목적 authorize 승인하다 guarantee 보증하다 electricity 전기 enclosed 동봉된 convenience 편리 definite 확실한 possible 가능한 unable 할 수 없는 occupant 입주자 occupied 사용 중인 confirmation 확인 authorization 승인, 허가 package 소포 questionnaire 설문지 fill out 작성하다

11 **해설** 문맥상 회사에서 고객을 위해 준비가 되어 있다는 be ready to가 가장 적절하다. 따라서 정답은 (D)이다.

12 **해설** 알맞은 동사형을 고르는 문제로, 형용사 necessary와 어울리며, 의미상의 주어 for us에 맞는 to부정사가 적절하다. 따라서 정답은 (B)이다.

13 **해설** 소유격 다음에는 명사나 동명사가 올 수 있으므로 '거주'를 뜻하는 명사 (C) occupancy가 적절하다.

14 **(A) 저희가 고객님의 승인을 받자마자 확인 이메일을 보내 드리도록 하겠습니다.**
(B) 당신의 새로운 집은 이사하실 때에 준비가 되어 있을 겁니다.
(C) 우체국에서 편지와 소포를 새 주소로 보낼 것입니다.
(D) 손님이 작성하신 설문지는 앞으로 더 좋은 서비스를 제공하는데 도움이 될 것입니다.

해설 고객의 승인을 알리는 서류를 작성해서 팩스를 보내달라는 요청 다음에 확인 이메일을 보낸다는 내용이 나오는 것이 자연스러우므로 정답은 (A)이다.

Unit 6 전치사와 접속사 P160

Step 1 Practice

정답 **1.** (A) **2.** (B) **3.** (A) **4.** (B) **5.** (B) **6.** (B) **7.** (A) **8.** (B) **9.** (A) **10.** (B)

1 지불 금액은 / 당신의 계정에 낸 / 영업시간 이후에 / 반영되지 않습니다.

해설 영업 시간 '후'에 계정에 지불된 금액은 반영되지 않는다는 의미이므로 after가 적절하다. 따라서 정답은 (A)이다.

어휘 payment 지불 account 계정, 구좌 show 보여주다

2 새로 바뀐 안전 규정은 / 포함한다 / 공장 전체를 위한 기준을

해설 전치사 뒤에는 명사나 명사구가 나온다. 명사구(the entire factory) 앞에 for가 놓여 '전체 공장을 위한'이라는 의미가 되어서 guideline을 수식하는 형용사구 역할을 할 수 있다. 따라서 정답은 (B)이다.

어휘 update 업데이트하다, 새로 바꾸다 safety 안전 manual 매뉴얼, 규정 include 포함하다 guideline 지침, 가이드라인 entire 전체의

3 우리는 / 보았다 / 게임을 / 3시간 동안 / 어젯밤에

해설 기간을 나타내는 전치사 for/during을 구분하는 문제이다. for는 특정 숫자 기간과 함께 사용되고 during은 특정 사건 이름과 함께 사용된다. '3시간 동안'이라는 숫자 기간이 나오므로 정답은 (A)이다.

어휘 last night 지난밤, 어젯밤

4 윌슨 씨는 말했다 / 자기 팀원들에게 / 보고서를 읽으라고 / 목요일 오후까지

해설 '~까지'라는 시간의 기한을 나타내며, 행동의 완료에 초점을 맞춘 by가 적절하다. 따라서 정답은 (B)이다. until은 끝날 시점까지 상태가 계속되는 것을 의미한다.

어휘 report 보고서, 보고하다

5 당신이 질문이 있으시면 / 저희 상품 중에 어떤 것에 관해서라도 / 연락해 주세요 / 저희 사무실에

해설 question[inquiry]는 about[on]과 함께 쓰여서 '~에 관한 질문[문의]'라는 뜻이 된다. 따라서 정답은 (B)이다. against는 '~에 대항하는'의 의미가 있고 lean against A와 같이 'A에 기대다'라는 의미로 쓰이기도 한다.

어휘 contact 연락하다 about ~에 대해서

6 임시직 직원들은 / 자격이 있다 / 유급 휴가를 받을 만한

해설 '~할 자격이 있다'는 의미의 be entitled to를 알고 있다면 쉽게 해결할 수 있다. 따라서 정답은 (B)이다.

어휘 temporary worker 임시 직원 paid leave 유급 휴가

7 대부분의 팀원들은 / 신뢰한다 / 그리고 의지한다 / 새 이사에

해설 등위 접속사 and는 같은 품사나 형태를 연결한다. and 앞에 trust가 나오므로 and 뒤도 동사 depend가 나와야 하므로 정답은 (A)이다.

어휘 trust 신뢰하다 depend 의지하다 dependent 의존하는

8 주주들은 물론 관리팀도 / 원하지 않는다 / 그 사건이 / 공개되기를

해설 neither A nor B는 B에 동사를 일치시켜야 하므로 단수 명사 management에 해당하는 단수 동사 wants가 적절하다. 따라서 정답은 (B)이다.

어휘 shareholder 주주 management 관리, 사측 incident 사건 public 공개의, 공공의

9 서리프 씨가 / 고용되었다 / 왜냐하면 그녀가 가장 최고의 자격을 갖춘 후보이기 때문에

해설 서리프 씨가 고용된 이유를 나타내므로 because가 적절하므로 정답은 (A)이다. unless는 '~하지 않는다면'이란 의미이므로 적절하지 않다.

어휘 hire 고용하다 qualified 자격을 갖춘 candidate 후보

10 나는 / 꺼냈다 / 그 주제를 / 우리의 토론 중에

해설 빈칸 뒤에 명사구(our discussions)가 오므로 전치사 during이 적절하다. 따라서 정답은 (B)이다. while은 접속사로, 뒤에 절(S+V)이 와야 한다.

어휘 bring up 꺼내다 subject 주제

Step 2 기초 마스터 P165

정답 **1.** (B) **2.** (B) **3.** (A) **4.** (B) **5.** (A) **6.** (B) **7.** (A) **8.** (B) **9.** (A) **10.** (B) **11.** (A) **12.** (A) **13.** (B) **14.** (A)

1 나는 보통 버스나 지하철로 출근한다.

해설 either와 어울리는 것은 or이므로 정답은 (B)이다. either A or B는 'A 아니면 B'라는 뜻으로 쓰인다.

어휘 go to work 출근하다 subway 지하철

2 저희는 수표도 신용 카드도 받지 않습니다.

해설 nor와 어울리는 것은 neither이므로 정답은 (B)이다. neither A nor B는 'A도 B도 아닌'이라는 뜻으로 쓰인다.

어휘 check 수표

3 제 도움이 필요하시다면 기꺼이 돕겠습니다.

해설 문맥상 '~하다면'이 자연스러우므로 정답은 (A)이다. unless는 '~하지 않는다면'이라는 의미로 if ~ not과 뜻이 같다.

어휘 be glad to 기꺼이 ~을 하다

4 제 사무실을 방문할 때, 먼저 비서에게 연락해 주세요.

해설 빈칸 뒤에 주어와 동사를 갖춘 절이 나오므로 빈칸에는 접속사가 들어가야 한다. 따라서 정답은 (B)이다. (A)는 전치사이므로 올 수 없다.

어휘 during ~ 동안

5 비 때문에 비행기가 연착되었다.

해설 빈칸 뒤에 명사구 the rain이 오므로 전치사가 와야 한다. 따라서 정답은 (A)이다. (B)는 뒤에 주어와 동사를 갖춘 절이 오는 접속사이다.

어휘 delay 늦추다

6 당신은 무슨 일이 일어나는지 지켜봐야 할 거예요.

해설 등위 접속사인 and는 앞뒤로 같은 품사나 같은 구조가 와야 하므로 and 앞의 동사 wait와 대등하게 연결되는 동사 (B)가 알맞다. (A)는 과거 동사로 wait와 시제가 일치하지 않으므로 정답이 될 수 없다.

어휘 happen 발생하다

7 저희가 다음 주까지 이 사무실에서 지내도 될까요?

해설 다음 주까지 머무르는 상태가 지속한다는 의미이므로 until이 알맞다. 따라서 정답은 (A)이다. (B) by는 어느 시점까지 동작이 완료된다는 의미로 쓰인다.

어휘 stay 머무르다

8 물가 상승이 경제에 좋지 않은 영향을 미치고 있다.

해설 have an effect on은 '~에 영향을 미치다'라는 뜻으로 쓰인다. 따라서 정답은 (B)이다.

어휘 inflation 인플레이션 economy 경제

9 패터슨 씨는 2016년 이후로 이곳에서 일해 오고 있다.

해설 since는 '~ 이후로'라는 의미로, 과거 시점을 나타내는 표현과 어울리며, 종종 현재완료와 함께 쓰인다. 따라서 정답은 (A)이다. (B)는 '~ 동안'을 의미하며 뒤에 기간을 나타내는 명사와 함께 쓰인다.

10 그는 잘했음에도 불구하고 만족하지 못했다.

해설 어떤 일을 잘 해냈다는 것과 만족하지 못했다는 것은 내용상 대조를 이루므로 양보를 나타내는 접속사가 적절하다. 따라서 정답은 (B)이다.

11 다른 도시로 이사 가기 전에 내 은행 계좌를 폐쇄하고 싶다.

해설 두 개의 절 사이에 빈칸이 있으므로 빈칸은 접속사가 들어가야 할 자리이다. 다른 도시로 이사 가기 '전'에 은행 계좌를 닫는다는 의미가 자연스러우므로 정답은 (A)이다.

어휘 bank account 은행 계좌

12 이번 계약의 조건은 확실히 우리에게 유리해요.

해설 계약 조건이 '유리하다'는 말이 자연스러우므로 정답은 (A)이다.

어휘 terms 조건 contract 계약 definitely 확실히 favorite 가장 좋아하는

13 저는 이 새로운 종류의 청소 서비스가 수익성이 높은 사업이 될 수 있다고 생각해요.

해설 사업이 '수익성 있다'는 것이 문맥상 어울리므로 정답은 (B)이다.

어휘 cleaning 청소 refundable 환불 가능한

14 모든 참석자들은 온라인 등록을 해야 한다.

해설 등록을 요구받는 것은 사람이므로 사람을 나타내는 명사가 들어가야 한다. 따라서 정답은 (A)이다. (B)는 '참가'를 뜻하는 추상 명사다.

어휘 require 요구하다 register 등록하다 participant 참가자

Step 3 실전 마스터 (Part 5) P166

정답

1. (D)	2. (C)	3. (D)	4. (C)	5. (A)
6. (B)	7. (B)	8. (C)	9. (A)	10. (C)

1 우리 새 사무실은 건물의 맨 위층에 위치한다.

해설 '~에 위치하다'의 의미로 be located in[at/on]을 쓴다. 전치사 뒤의 the top floor는 표면을 나타내므로 on이 적절하다. 따라서 정답은 (D)이다.

어휘 locate 위치시키다

2 우리는 자금을 받지 못해서 주문을 취소했다.

해설 주문을 취소한 이유가 자금을 받지 못했기 때문이라는 내용이 되어야 하므로 이유를 나타내는 접속사 because가 적절하다. 따라서 정답은 (C)이다.

어휘 cancel 취소하다 order 주문 funding 자금 although ~임에도 불구하고 in spite of ~임에 불구하고 unless ~가 아니라면

3 만약 크리에이티브 디자인사가 귀하의 물품을 금요일까지 배달하지 못한다면, 할인해 드리겠습니다.

해설 어느 시점까지 행동을 완료하겠다는 내용이므로 전치사 by(~까지)가 적절하다. 따라서 정답은 (D)이다.

어휘 deliver 배달하다 merchandise 물품 discount 할인

4 우리는 열정적이고 적극적으로 환경을 보호해야 한다.

해설 등위 접속사 and를 사이에 두고 앞뒤로 동일한 품사가 나와야 한다. and 뒤에 부사 aggressively가 나왔으므로 빈칸에도 부사가 들어가야 한다. 따라서 정답은 (C)이다.

어휘 aggressively 적극적으로 protect 보호하다 passionately 열정적으로 passionless 열정 없는

5 최근 좋지 않았던 날씨가 차의 가격 상승의 원인이다.

해설 account는 전치사 for와 함께 쓰여 '~의 원인이 되다, ~을 설명하다'라는 의미로 쓰인다. 따라서 정답은 (A)이다.

어휘 recent 최근의

6 두 명의 후보자가 지원했지만, 그 둘 중에 한 명만 면접을 보게 될 것이다.

해설 두 명이 지원했는데 한 명만 면접을 볼 수 있다는 내용이므로 역접의 접속사가 적절하다. 따라서 정답은 (B)이다.

어휘 candidate 후보

7 로리네 식당은 수표나 신용 카드를 받지 않아서 고객들은 현금만 내야 한다.

해설 선택지와 문장 속의 nor를 보고 'A도 B도 아닌'이라는 뜻의 상관 접속사 neither A nor B를 묻는 문제임을 파악해야 한다. 따라서 정답은 (B)이다.

어휘 accept 받아들이다 check 수표 in cash 현금으로

8 그 회사는 고객 서비스에 헌신하는 것으로 유명하다.

해설 '~로 유명한'이라는 뜻으로 be famous for를 알아두면 풀기 쉬운 문제이다. 따라서 정답은 (C)이다.

어휘 dedication to ~에의 헌신

9 공연 중에는 휴대폰과 다른 전자 기기를 사용하지 마시기 바랍니다.

해설 빈칸 뒤에 명사구 the performance가 오므로 전치사가 와야 한다. 따라서 정답은 (A)이다. 전치사 during은 특정 행사를 나타내는 명사와 어울려서 기간을 나타낸다.

어휘 performance 공연 electronic device 전기 기구 whereas 반면에

10 연회는 6시 30분에 시작해서 9시까지 계속될 것이다.

해설 특정 시각 앞에는 전치사 at을 쓴다. 따라서 정답은 (C)이다.

어휘 reception 연회 continue 계속하다

Step 4 실전 마스터 (Part 6) P167

정답 11. (D) 12. (B) 13. (B) 14. (A)

[11-14]

베닝톤 아파트 단지

거주자께,

베닝톤 아파트를 임대하시기로 결정해 주신 것에 ⑪ 대해 감사드립니다. ⑫ 이 편지는 귀하의 임대 계약서가 접수되고 서명되었음을 확인하는 것입니다. 저희 건물은 필라델피아의 중심부에 위치하고 있으며, 귀하는 몇몇 훌륭한 음식점들 및 유적지와 걸어갈 수 있는 거리 ⑬ 내에 거주하게 되실 겁니다. 덧붙여, 귀하께서 거주자로서 입주하시는 날부터 전기와 전화 서비스 이용 준비에 본인이 책임이 있다는 점을 알려 드리고자 합니다.

귀하를 ⑭ 모실 것을 기대하고 있습니다. 감사합니다.

윌리엄 트루먼
시설 관리 담당자

어휘 resident 거주자 rent 임대하다 walking distance 걸어갈 수 있을 정도로 가까운 거리 historical landmark 유적지 in addition 그뿐만 아니라 remind 상기시키다 responsible for ~에 책임이 있는 arrange 마련하다, 준비하다 activation 활성화 move-in 전입 look forward to 고대하다, 기대하다 maintenance 시설관리 coordinator 관리자 concern 걱정 confirm 확인하다 rental contract 임대 계약 set up 설치하다, 잡다 facility 시설 in person 직접 rent 임대료 check 수표 directly 직접

11 **해설** thank와 함께 쓰이는 전치사로 알맞은 것은 for이다. 따라서 정답은 (D)이다.

12 (A) 질문이나 걱정이 있으면 언제든지 저한테 전화해 주세요.
(B) 이 편지는 귀하의 임대 계약서가 접수되고 서명되었음을 확인하는 것입니다.
(C) 저희는 당신이 직접 시설을 직접 돌아볼 수 있도록 약속을 잡을 수 있습니다.
(D) 임대료는 한 달에 2천 달러로 저에게 직접 수표를 보내시면 됩니다.
해설 처음 임대하는 주민에게 보내는 편지로, 첫 인사말 후에 적합한 것은 이 편지로 임대 계약이 확정지어졌다는 문장이 적합하다. 따라서 정답은 (B)이다. 나머지는 부동산과 관련은 있으나 새로운 세입자에 대한 내용으로 적합하지 않다.

13 **해설** '(시간이나 거리) 이내에'라는 의미로 전치사 within을 쓴다. 따라서 정답은 (B)이다.

14 **해설** look forward to의 to는 전치사로 뒤에 동명사가 온다. 따라서 정답은 (A)이다.

Unit 7 관계사와 명사절 P168

Step 1 Practice

정답 1. (A) 2. (B) 3. (A) 4. (B) 5. (B) 6. (B) 7. (A) 8. (A) 9. (A) 10. (B)

1 나는 / 있다 / 친구가 / 정부에서 일하는
해설 선행사가 a friend인데 빈칸 뒤에 바로 동사가 나오므로 사람을 나타내는 주격관계대명사가 필요하다. 따라서 정답은 (A)이다.
어휘 government 정부

2 사무실은 / 회의가 열리는 / 있다 / 3층에
해설 장소를 나타내는 선행사 The office가 나왔고, 빈칸 뒤의 절 the meeting is being held가 완전한 구조를 갖추고 있으므로 관계부사 where가 들어가야 한다. 따라서 정답은 (B)이다.
어휘 be held 개최되다, 열리다

3 지원자들은 / 우리가 선택하기로 결정한 / 발표될 것이다 / 곧
해설 선행사가 The applicant로 사람이고, 빈칸 뒤의 절에서 select의 목적어가 빠져있으므로 관계대명사 who의 목적격인 whom이 적절하다. 따라서 정답은 (A)이다. whose는 소유격으로 뒤에 수식 받는 명사가 나와야 한다.
어휘 applicant 지원자 select 선택하다

4 컴퓨터 소프트웨어는 / 우리가 구매한 / 굉장히 도움이 된다
해설 선행사가 The computer software이므로 관계대명사는 that이 적절하다. 따라서 정답은 (B)이다. 참고로 that은 목적격으로 purchased의 목적어 역할을 한다.
어휘 purchase 구매하다

5 이 식당은 / 장소이다 / 우리 가족들이 저녁을 먹는 / 정기적으로
해설 빈칸 앞에는 선행사로 장소 the place가, 빈칸 뒤에는 완전한 절이 나오므로 장소 관계부사 where가 적절하다. 따라서 정답은 (B)이다.
어휘 regularly 정기적으로

6 매니저는 / 설명했다 / 이유를 / 왜 우리가 옮겨야 하는지 / 다른 장소로
해설 선행사 the reason과 어울리는 관계부사는 why이므로 정답은 (B)이다. 선행사의 종류에 따라 적합한 관계 부사를 고를 수 있도록 훈련하자.
어휘 explain 설명하다 move 이동하다, 옮기다 location 위치

7 어디서 행사가 열리는지 / 결정되지 않았다 / 아직
해설 의문사가 where가 이끄는 명사절이 주어로 사용되었다. 뒤에 완전한 문장이 연결되어 it은 올 수 없다. 따라서 정답은 (A)이다.
어휘 event 행사 be held 개최되다

8 관리자는 / 물어보았다 / 파텔 씨가 어떤 작업을 하고 있는지
해설 ask의 목적어가 필요한데, 빈칸 뒤에는 절이 나온다. 따라서 빈칸은 명사절을 이끄는 what이 적절하다. 따라서 정답은 (A)이다. about은 전치사로 절을 이끌 수 없다.
어휘 supervisor 관리자, 상사 work on ~작업을 하다, 일을 하다

9 부서장은 / 발표했다 / 크리스 리가 승진했다고
해설 알맞은 명사절 접속사를 묻는 문제이다. 내용상 크리스가 승진했다는 사실을 나타내야 하므로 that이 적절하다. 따라서 정답은 (A)이다. whether[if]는 아직 결정되지 않은 일에 사용된다.
어휘 department 부서 director 이사, 부장 get promoted 승진하다

10 몇몇 직원들은 / 잊어 버렸다 / 언제 회의가 시작하는지
해설 목적어 역할을 하는 명사절의 알맞은 의문사를 골라야 한다. 회의가 시작하는 시간이라는 의미의 when이 적합하다. 따라서 정답은 (B)이다.
어휘 forget 잊다

Step 2 기초 마스터 P173

정답 1. (B) 2. (A) 3. (B) 4. (A) 5. (B) 6. (B) 7. (A) 8. (B) 9. (B) 10. (A) 11. (A) 12. (A) 13. (B) 14. (B)

1 내게는 티스푼을 모으는 친구가 있다.
해설 빈칸 뒤에 동사 collects가 오므로 빈칸은 주격관계대명사가 적절하다. 따라서 정답은 (B)이다. (A)는 목적격 관계대명사다.
어휘 collect 수집하다

2 이것은 내가 10년 전에 산 시계다.
해설 선행사로 사물인 the watch가 나왔고, 빈칸 뒤로 주어와 타동사가 나오므로 목적격 관계대명사가 적절하다. 따라서 정답은 (A)이다. (B)는 선행사가 사람을 나타낼 때 쓴다.
어휘 purchase 구매하다

3 이 마을은 내가 태어난 곳이다.
해설 장소를 나타내는 선행사 the town으로 보아 관계부사 where가 적절하다. 따라서 정답은 (B)이다. 관계부사 뒤에 완전한 문장 I was born이 나왔다는 것도 확인하자.
어휘 born 태어난

4 그는 내가 본 적 없는 사람과 이야기를 하고 있었다.
해설 관계대명사 that은 선행사가 사람이든 사물이든 모두 올 수 있다. 따라

서 정답은 (A)이다. (B)는 선행사가 사물일 때 온다.

5 이 날이 내가 그를 처음으로 본 날이다.

해설 시간을 나타내는 선행사 the day가 왔으므로 관계부사 when이 알맞다. 따라서 정답은 (B)이다. why와 주로 어울리는 선행사는 the reason 이다.

6 이것은 내가 절대 이해할 수 없는 문제다.

해설 빈칸은 선행사 a problem과 뒤의 절을 연결하는 관계대명사자리다. 빈칸 뒤가 주어로 시작하며 동사 understand의 목적어가 없는 것으로 보아 목적격 관계대명사가 적절하다. 따라서 정답은 (B)이다.

어휘 understand 이해하다

7 워크숍 참석을 원하는 신입 사원들은 저에게 연락하셔야 합니다.

해설 선행사가 사람인 New employees이며, 빈칸 뒤에 동사 wish가 나오는 것으로 보아 사람을 나타내는 주격 관계대명사가 적절하다. 따라서 정답은 (A)이다.

어휘 participate in ~에 참가하다 contact 연락하다

8 싱가포르는 수십 년의 역사를 가진 도시이다.

해설 관계대명사와 관계부사를 구분하는 문제다. 빈칸 뒤의 절이 동사로 시작하므로 주격 관계대명사가 필요하다. 따라서 정답은 (B)이다. 관계대명사는 뒤에 불완전한 절이 오며, 관계부사는 뒤에 완전한 절이 온다.

9 이메일로 통보를 받길 원하시는지 아닌지 비서에게 알려 주세요.

해설 빈칸은 타동사 know의 목적어절을 이끄는 명사절 접속사 자리이다. 내용상 이메일로 통보를 받는 것이 정해지지 않은 일이므로 정답은 (B)이다.

어휘 notify 통지하다

10 물건을 구매한 고객들은 3일 이내에 제품을 받을 것입니다.

해설 선행사가 사람을 나타내며, 빈칸 뒤에 동사 purchase가 오므로 주격 관계대명사가 필요하다. 따라서 정답은 (A)이다.

어휘 purchase 구매하다 receive 받다 order 주문품

11 우리는 시장에서 경쟁력을 유지하기 위해 지출을 제한해야 한다.

해설 조동사인 have to 뒤에는 동사원형이 온다. 따라서 정답은 (A)이다.

어휘 spending 지출 competitive 경쟁력 있는

12 도심지의 위치는 주요 고속도로와 지하철역에서 가깝다.

해설 be동사 뒤 보어 자리로 내용상 '~와 가까운'이라는 뜻이 되어야 한다. 따라서 정답은 (A)이다.

어휘 major 주요한 highway 고속도로

13 이전 회장들을 포함한 모든 중역들이 개회식에 나타날 것이다.

해설 former 뒤에는 명사가 온다. 따라서 정답은 (B)이다.

어휘 executives 경영진 former 이전의 show up 나타나다

14 환경을 보호하기 위해 여러 가지 오염 물질을 없애야 한다.

해설 문맥상 '오염 물질'이 자연스럽다. 따라서 정답은 (B)이다.

어휘 eliminate 제거하다 environment 환경

Step 3 실전 마스터 (Part 5) P174

정답

1. (C)	2. (B)	3. (D)	4. (A)	5. (B)
6. (D)	7. (A)	8. (A)	9. (C)	10. (D)

1 KG 바틀사는 최근 대학을 졸업한 회계사 3명을 새로 고용했다.

해설 선행사 accountants는 사람을 나타내는 명사이며 빈칸 뒤에 동사가 오므로 주격 관계대명사인 who가 적절하다. 따라서 정답은 (C)이다.

어휘 accountant 회계사 newly 최근에 graduate 졸업하다

2 내가 파티에서 만난 여자는 우리 옆집에 산다.

해설 선행사인 A woman은 사람을 나타내는 명사이며 빈칸 뒤에 주어와 동사가 온다. 타동사 met의 목적어가 되는 목적격관계대명사로 that이 적절하다. 따라서 정답은 (B)이다.

어휘 next door 옆집에

3 굿네이버스는 아시아의 빈곤한 어린이들을 돕는 사명을 가진 비영리 단체이다.

해설 알맞은 관계대명사를 고르는 문제다. 빈칸 뒤에 주어와 동사가 이어지지만 동사가 is이므로 목적격 관계대명사는 올 수 없다. 선행사와 명사 mission을 연결하는 소유격 관계대명사가 필요하므로 정답은 (D)이다.

어휘 non-profit organization 비영리 단체 mission 임무

4 파커 씨는 예산 보고서를 제출할지 말지 정해야 한다.

해설 빈칸은 타동사 decide 뒤에서 목적어를 이끄는 명사절 접속사 자리이다. 결정해야 한다는 것은 아직 정해지지 않았다는 의미이므로 정답은 (A)이다.

5 제인이 그 제품에서 특히 마음에 들어하는 것은 디자인이다.

해설 주어 자리에 절이 온 것으로 보아 명사절을 이끄는 접속사 자리이다. 빈칸 뒤의 is부터 product까지 목적어가 빠졌으므로 불완전한 문장을 이끄는 접속사인 What이 적절하므로 정답은 (B)이다.

어휘 particularly 특히

6 할러웨이 씨가 제안한 프로젝트는 경영진들에 의해 받아들여질 것이다.

해설 사물을 나타내는 선행사 The project와 주어가 빠진 절 사이에는 주격 관계대명사가 와야 하므로 정답은 (D)이다. what은 앞에 선행사가 오지 않는다.

어휘 accept 받아들이다 management 경영진

7 설문 조사는 고객들이 그 잡지를 매력적이라고 생각했다는 것을 보여 준다.

해설 타동사 show의 목적어로 절이 왔는데, 빈칸 뒤는 완전한 절이므로 접속사 that이 적절하다. 따라서 정답은 (A)이다.

어휘 appealing 매력적인

8 빈슨 씨는 미국에서 돌아올 것인데, 그곳에서 그녀는 대학 학위를 받았다.

해설 빈칸 뒤의 절이 완전한 문장이며, 선행사인 the United States에 대한 추가 설명으로 '그곳에서'라는 의미로 연결하는 관계부사 where가 적절하다. 따라서 정답은 (A)이다.

어휘 degree 학위

9 항공 안전에 대해 책임이 있는 Wang 씨가 보고서를 이사회에 제시할 수 있어야 한다.

해설 빈칸부터 safety까지가 주어 왕 씨를 설명하는 관계대명사절이다. 빈칸 뒤에 동사 is가 오므로 주격관계대명사가 적절하다. 따라서 정답은 (C)이다.

어휘 responsible for ~에 책임이 있는 present 제시하다

10 저희 회사명이 바뀌었다는 점에 주목해 주세요.

해설 타동사 note 뒤에 완전한 절이 오므로 명사절 접속사인 that이 적절하다. 따라서 정답은 (D)이다.

어휘 note 주의하다

Step 4 실전 마스터 (Part 6) P175

정답

11. (B)	12. (A)	13. (C)	14. (D)

[11-14]

사용한 잉크 카트리지 재활용

하이 프린트사는 환경 보호에 전념하고 있습니다. 저희는 고객들께 다 쓴 잉크 카트리지를 ⓫ 재활용할 것을 권해 드리며, 이는 지구를 보호하는 데 도움이 될 수 있습니다. ⓬ 잉크 카트리지 재활용은 쉽습니다. 여러분은 다 쓴 카트리지를 갖고 하이 프린트 제품을 ⓭ 파는 사무용품점으로 가셔서 재활용 통에 넣으시기만 하면 됩니다. 그러면 처리를 위해 가게에서 그것을 저희에게 보낼 것입니다. 재활용하실 때마다, 다음 카트리지 구매 시 할인을 받으실 수 있습니다.

할인 프로그램에 대한 더 ⓮ 자세한 사항은 저희 웹 사이트인 www.highprint.com을 방문해 주시길 바랍니다.

어휘 recycle 재활용하다 be committed to ~에 헌신하다 preserve 지키다 urge 권고하다 office supply 사무용품 bin 쓰레기통 process 처리하다 entitled to ~할 자격이 있는 discount 할인 contact 연락하다 made from ~로 만들어지다 environmentally friendly 자연 친화적인 view 관점, 전망 matter 문제, 사건; 중요하다 issue 쟁점, 문제 details 세부 사항, 사항

11 해설 urge는 목적격 보어로 to부정사를 취하는 동사다. 목적어인 our customers에게 재활용하도록 권고한다는 내용이다. 따라서 정답은 (B)이다.

12 **(A) 잉크 카트리지 재활용은 쉽습니다.**
(B) 지원하기 위해서는, 555-1212로 저희 사무실에 연락주세요
(C) 2박스 이상의 종이를 구매하시면, 오늘은 15%의 할인을 받으실 수 있습니다.
(D) 그것들은 자연 친화적인 물질로 만들어져 있습니다.

해설 첫 문단에서 이 글의 주제가 잉크 카트리지 재활용이라는 것을 알 수 있는데, 12번 빈칸 바로 뒤에 재활용 방법을 설명하는 것으로 보아, 재활용과 관련된 문장이 나와야 한다. 따라서 정답은 (A)이다. 특히 어떤 것이 쉽다(easy)고 말한 뒤에, 방법을 설명하는 전형적인 흐름이 있다는 것을 알아 두자.

13 해설 선행사 any office supply store와 뒤의 절을 이어주는 관계대명사를 고르는 문제이다. 빈칸 뒤에 동사가 바로 나오므로 사물을 나타내는 주격관계대명사가 적절하다. 따라서 정답은 (C)이다.

14 해설 일반적인 공지문에서 뒤쪽에서 세부 정보를 찾아볼 수 있는 출처를 준다. 문맥상 '세부 사항'이라는 의미를 가진 details가 적절하므로 정답은 (D)이다.

Unit 8 가정법 · 특수구문 P176

Step 1 Practice

정답 **1.** (B) **2.** (B) **3.** (A) **4.** (B) **5.** (B) **6.** (B)

1 내가 / 있다면 / 돈이 / 지금 / 낼 수 있을 텐데 / 등록금을 (지금은 돈이 없어서 못 낸다)

해설 주절의 could pay로 보아 가정법 과거 문장이다. 가정법 과거는 〈if+주어+과거 동사, 주어+조동사 과거+동사원형〉의 형태이다. 따라서 have의 과거형 had가 들어가야 하므로 정답은 (B)이다.

어휘 pay for ~의 값을 지불하다 tuition 등록금

2 당신이 / 시간에 맞춰서 / 출근을 했다면 / 오늘 아침에 / 당신은 참석할 수 있었을 텐데 / 회의에

해설 주절의 would have attended의 형태로 보아 가정법 과거 완료 문장이다. 가정법 과거 완료는 〈if+주어+had+p.p., 주어+조동사 과거+have p.p.〉의 형태이므로 정답은 (B)이다.

어휘 be on time 시간에 맞게 오다 attend 참석하다

3 그들의 제안서가 / 좀 더 자세했었더라면 / 딜런 건설업체는 / 지금은 / 우리의 파트너가 되었을 것이다 / 시티 프로젝트의

해설 혼합가정법은 과거에 일이 현재에 영향을 미치는 것을 가정하는 내용으로 if 절은 가정법 과거완료, 주절은 가정법 과거 형식을 취한다. 따라서 정답은 (A)이다. 혼합 가정법임을 알아채기 위해서 now, today 등의 현재를 나타내는 부사가 있는지 확인하는 것도 한 가지 방법이다.

어휘 proposal 제안, 제안서 detailed 자세한 construction 공사, 건설

4 주소가 변경되면 / 연락 주세요 / 저희에게

해설 종속절의 동사가 be changed로 원형이 온 것을 보면 조동사가 문장 앞으로 도치되었다는 것을 알 수 있다. 주절이 명령문인 것으로 보아 가정법 미래의 should가 적합하므로 정답은 (B)이다.

어휘 change 바꾸다, 변경하다 contact 연락하다

5 포함된 것은 / 이다 / 고객 목록 / 귀하가 요청하신

해설 빈칸이 동사 앞이라 주어 자리로 착각할 수도 있지만 The list of clients that you requested is included에서 긴 주어를 문장 뒤로 보내기 위해서 보어 Included가 도치되었다. 따라서 정답은 (B)이다.

어휘 include 포함하다 list 목록 client 고객 request 요청하다

6 전혀 / 나는 / 보지 못했다 / 이렇게 아름다운 경치를

해설 부정 부사가 앞에 나와서 문장이 도치된 형태이다. 따라서 정답은 (B)이다.

어휘 such 그렇게 scenery 경치

Step 2 기초 마스터 P179

정답 **1.** (B) **2.** (A) **3.** (B) **4.** (B) **5.** (A) **6.** (B) **7.** (B) **8.** (A) **9.** (A) **10.** (B) **11.** (A) **12.** (B) **13.** (A) **14.** (B)

1 우리가 대도시에 산다면, 사는 게 훨씬 더 편할 텐데.

해설 가정법 문장의 주절에 〈would+동사원형〉이 나왔으므로 가정법 과거 문장이다. 따라서 if절에는 동사의 과거형이 알맞으므로 정답은 (B)이다.

어휘 life 생활, 삶

2 그녀가 날 도와주지 않았더라면, 나는 곤경에 처했을 것이다.

해설 if절에 〈had+과거분사〉가 온 것으로 보아 가정법 과거완료 문장이므로 주절의 동사는 〈would+have+과거분사〉 형태가 적절하다. 따라서 정답은 (A)이다.

어휘 be in trouble 곤경에 처하다

3 그가 정직하다면, 우리는 그에 관해서 이야기하지 않을 텐데.

해설 주절에 〈would+동사원형〉이 나온 것으로 보아 가정법 과거문장이다. 가정법 과거에서 if절의 be동사는 주어에 상관없이 were를 쓴다. 따라서 정답은 (B)이다.

어휘 honest 정직한

4 내가 지금 돈이 있다면, 너에게 빌려 줄 텐데.

해설 주절에 〈would+동사원형〉이 나왔으므로 가정법 과거 문장이다. 따라서 if절에는 동사의 과거형이 적절하므로 정답은 (B)이다.

어휘 lend 빌려주다

5 질문이 있다면 제 휴대폰으로 연락해 주세요.

해설 should로 문장이 시작되었으므로 가정법 미래 문장에서 if가 생략되어 조동사가 도치된 것임을 알 수 있다. 주절이 please로 시작하므로 명령문의 동사원형이 알맞다. 따라서 정답은 (A)이다.

어휘 cell phone 휴대전화

6 내가 거리에서 돈을 발견하면, 경찰서에 갖다 줄 거야.

해설 if절의 find의 과거형 found가 쓰였으므로 가정법 과거임을 알 수 있다. 따라서 주절에는 〈would+동사원형〉이 알맞으므로 정답은 (B)이다.

어휘 find 찾다

7 회의가 시작한지 얼마 안되어서 누가 질문을 했다.

해설 부정의 부사가 문두의 앞으로 나오면서 주어와 동사가 도치된 형태이다. 따라서 정답은 (B)이다. hardly는 '거의 ~하지 않다'라는 뜻을 가진 부사이지만 〈hardly ~ when ~〉으로 쓰이면 '~하자마자'의 뜻으로 쓰인다.

어휘 begin 시작하다

8 우리가 돈이 더 있었더라면, 실험실에 더 좋은 장비를 사다 놓을 수 있었을 텐데.

해설 if절에 〈had+과거분사〉가 쓰였으므로 가정법 과거완료로 과거 사실에 반대되는 내용을 가정하고 있음을 알 수 있다. 따라서 주절에는 〈would/could+have+과거분사〉가 알맞으므로 정답은 (A)이다.

어휘 laboratory 실험실

9 저는 마케팅 지식이 뛰어나고, 마찬가지로 사람들과 의사소통 능력도 뛰어납니다.

해설 빈칸에는 절과 절을 연결하는 접속사가 필요하다. 빈칸 뒤에 is my ability로 보아 앞 절의 형용사 excellent를 받는 as가 도치된 문장으로 볼 수 있다. 따라서 정답은 (A)이다.

어휘 knowledge 지식 ability 능력 communicate with ~와 의사소통하다

10 그가 계약을 성사시켰다면 보너스를 받을 수 있었을 것이다.

해설 주절의 동사 would have received로 보아 가정법 과거완료로 볼 수 있다. 가정법 과거완료의 if절은 〈had+과거분사〉로 나타내므로 정답은 (B)이다.

어휘 contract 계약

11 여러 해외 투자자들의 도움이 없이는 프로젝트를 마치기 힘들 것이다.

해설 foreign 앞의 한정사 many의 수식을 받을 수 있는 것은 복수 명사이므로 정답은 (A)이다.

어휘 investor 투자자 investment 투자

12 공항에 도착하면 모든 짐을 챙기셔야 해요.

해설 문맥상 '짐을 챙겨야' 한다는 내용이 어울리므로 빈칸은 collect가 적절하다. 따라서 정답은 (B)이다.

어휘 once ~하자마자 luggage 짐 complain 불평하다

13 특별 배달 서비스를 요청하실 수 있습니다.

해설 '택배 서비스'를 뜻하는 복합명사 delivery service를 묻는 문제이다. 따라서 정답은 (A)이다.

어휘 request 요청하다 delivery 배달 deliver 배달하다

14 공사에 관해 걱정할 것은 아무것도 없다.

해설 문맥상 '걱정할 필요가 없다'는 내용이 가장 자연스러우므로 정답은 (B)이다.

어휘 construction 공사 lose 잃어버리다 worry 걱정하다

Step 3 실전 마스터 (Part 5) P180

정답

1. (C)	2. (D)	3. (B)	4. (C)	5. (D)
6. (A)	7. (D)	8. (B)	9. (C)	10. (D)

1 세미나를 실내에서 개최한다면, 날씨를 걱정할 필요가 없을 텐데.

해설 주절에 〈would+동사원형〉이 나왔으므로 가정법 과거 문장임을 알 수 있다. 따라서 if절에는 hold의 과거형 held가 알맞으므로 정답은 (C)이다.

어휘 indoors 실내에서

2 젠킨스 씨가 이메일을 받았다면, 그 보고서를 다른 동료들에게 전달했을 텐데.

해설 if절의 〈had+과거분사〉로 보아 가정법 과거완료 문장임을 알 수 있다. 따라서 주절의 동사는 〈조동사의 과거+have+p.p.〉 형태가 되어야 하므로 정답은 (D)이다.

어휘 forward 전달하다 colleague 동료

3 이 일정이 당신에게 맞지 않는다면, 인사부를 방문하세요.

해설 주절이 명령문이며, if절이 오는 것으로 보아 가정법 미래 문장으로 보는 것이 적절하다. 따라서 정답은 (B)이다.

어휘 convenient 편리한 HR department 인사부

4 우리가 돈이 많다면, 우리 건물을 개조할 텐데.

해설 현재에 반대되는 사실을 가정하는 가정법 과거 문장으로, 주절에 〈could+동사원형〉이 왔다. if we were rich에서 if가 생략되고 도치된 문장이므로 정답은 (C)이다.

어휘 renovate 개조하다

5 이 이메일에 첨부된 것은 우리 회사의 연간 보고서이다.

해설 빈칸은 도치된 보어 자리이다. 주어는 our company's annual report인데, 이 보고서가 '이메일에 첨부되었다'라는 수동의 의미가 되어야 하므로 정답은 (D)이다.

어휘 attach 첨부하다 report 보고서

6 켈로그 건설은 오직 이메일로만 견적을 보낸다.

해설 이메일로만 보낸다는 것을 강조하여 only가 문장 앞으로 오고 주어와 동사가 도치된 문장이다. send가 일반동사이므로 do가 주어 앞에 놓이는데, 주어가 3인칭 단수이므로 does가 알맞다. 따라서 정답은 (A)이다.

어휘 via ~을 통하여 estimate 견적

7 우리가 시간이 좀 더 있었더라면, 보고서를 좀 더 철저하게 완성할 수 있었을 텐데.

해설 if절이 과거완료인 것으로 보아 주절은 〈would+have+과거분사〉 형태가 되어야 하므로 정답은 (D)이다.

어휘 thoroughly 철저하게

8 회사가 좀 더 높은 수익을 얻었더라면, 우리는 생산에 더 투자를 했었을 텐데.

해설 가정법의 if가 생략되고 had가 도치된 문장이므로 가정법 과거완료 형식인 would have invested가 적절하다. 따라서 정답은 (B)이다.

어휘 profit 수익 production 생산 invest 투자하다

9 손님께서 저희 상품을 사용하시는 동안 어려움이 있으시면, 언제든지 연락 주시기 바랍니다.

해설 가정법 미래에서 if가 생략되고 should가 도치된 문장이다. 따라서 정답은 (C)이다.

어휘 experience 겪다 difficulty 어려움 feel free to 마음 편히 ~을 하다 even if 비록 ~일지라도

10 그는 파리에 있을 때 루브르 미술관을 한 번도 방문하지 않았다.

해설 빈칸 뒤에 did와 주어 he가 오는 것으로 보아 주어와 동사가 도치된 문장임을 알 수 있다. 부정적인 의미를 갖는 부사가 앞으로 갈 때 도치되므로 정답은 (D)이다.

어휘 hard 어려운; 딱딱한; 열심히

Step 4 실전 마스터 (Part 6) P181

정답

11. (A)	12. (D)	13. (A)	14. (B)

[11-14]

고객님께,

우대 고객이신 고객님께 가장 잘 팔리는 일부 상품에 대한 특별 할인을 제공하고자 합니다. 저희가 보내 드린 책자에는 현재 상품들 중 ⑪ 많은 상품들에 사용할 수 있는 할인 쿠폰이 들어 있습니다. 이번 할인 혜택 ⑫ 자격을 받으시려면, 쿠폰을 맥시마트 회원 카드와 함께 제시해 주세요. ⑬ 여러분의 오래된 회원 카드도 현장에서 갱신할 수 있습니다.

이 특별한 할인에 대해서 질문이 ⑭ 있으시면, 가까운 맥시마트 지점을 방문하시거나 회원 사무실 555-2843으로 연락해 주시길 바랍니다. 감사합니다.

어휘 preferred 우선의 special 특별한 offer 제안, 할인제공 hottest 가장 뜨거운, 인기 있는 include 포함하다 current 현재의 present 주다, 내놓다 nearest 가장 가까운 outlet 매장, 할인점 be eligible for ~할 자격이 되다 renew 갱신하다 on spot 현장 apply 지원하다 tentative 임시의 responsible 책임이 있는 be located 위치하다 profit 수익 chain 체인점

11 해설 복수 명사 products를 받을 수 있는 것을 골라야 하므로 정답은 (A)이다. 〈many of + 복수 명사〉는 '~의 상당수'의 뜻으로 쓰인다.

12 해설 eligible for는 '~할 자격이 있는'이라는 뜻을 가진 표현이다. 따라서 정답은 (D)이다.

13 **(A) 여러분의 오래된 회원 카드로 현장에서 갱신할 수 있습니다.**

(B) 저희 가게는 553 메인가에 위치하고 있습니다.

(C) 일사분기 동안에 저희 판매는 20%, 수익은 12% 증가했습니다.

(D) 맥시는 북부 지역의 가장 오래된 슈퍼마켓 체인점 중 하나입니다.

해설 이 글은 손님에게 할인 쿠폰 책자를 보내면서 같이 보내는 편지이다. 할인 받기 위해서 회원카드를 제시하라는 내용 바로 다음에 오래된 회원카드도 갱신할 수 있다는 부가적인 내용이 나오는 것이 자연스러우므로 정답은 (A)이다. Part 6의 빈칸 채우기와 Part 7의 문장 삽입 문제는 자주 등장하는 지문의 주제별로, 누가 무슨 이유에서 편지를 쓰는지 빨리 이해할수록 문제를 풀기 유리하다.

14 해설 가정법 미래에서 if가 생략되고 should가 앞으로 나온 문장이므로 정답은 (B)이다.

Step 2 기초 마스터 P186

정답 1. (C) 2. (B)

[1]

귀하의 구직 지원 상태에 대해서 알려드리기 위해서 이 편지를 씁니다. 우리는 귀하의 이력서를 보고 귀하의 경력에 상당히 감동받았습니다. 온라인 마케팅에서의 귀하의 전문성 덕분에 우리 회사의 마케팅 이사 자리에 적합한 후보자가 되었습니다. 저는 귀하를 다음 주 우리 중역진 몇 분과 만날 수 있도록 초대하고 싶습니다. 자세한 날짜와 시간을 잡을 수 있도록 555-3849로 전화해 주시기 바랍니다.

어휘 go over 검토하다, 보다 résumé 이력서 be impressed 감동받다, 인상을 받다 experience 경력 suitable 적합한 candidate 후보자 position 자리, 직책 director 이사, 중역 executive 중역 set up 세우다, 잡다 in person 직접 inform 공지하다 opening 공석, 빈자리 status 상태 application 지원 enclose 동봉하다 request 요청하다

1 (A) 저는 다음 주에 그쪽에 방문하니 직접 면접을 할 시간이 될 것입니다.
(B) 유감이지만 그 공석이 이미 자리가 찼다는 것을 알려드립니다.
(C) 귀하의 구직 지원 상태에 대해서 알려드리기 위해서 이 편지를 씁니다.
(D) 동봉한 것은 귀하가 전에 요청하신 서류입니다.

해설 Part 6의 알맞은 문장 고르기 문제는, Part 7과 마찬가지로 지문 구조에 관한 이해가 있으면 유리한 유형이다. 본문 앞쪽에 빈칸이 주어진 경우, 주제/목적에 관한 내용이 많이 등장한다. 빈칸 뒤에서 이력서를 보고 깊은 인상을 받아 면접을 하고 싶다는 내용을 통해 인사부에서 입사 지원자에게 안내하는 내용이라는 것을 알 수 있다. 따라서 정답은 (C)이다. 나머지는 너무 세부적이거나 오히려 정반대의 내용이므로 정답이 될 수 없다.

[2]

안녕하세요, 마르티네즈 씨.

저희는 귀하의 블루 오션 음악 서비스 구독을 확인하기 위해서 이 이메일을 보냅니다. 귀하께서는 한 달에 6.99달러로 매달 50시간의 음악 재생을 포함하는 '열정 패키지'를 신청하셨습니다. 이 패키지 안에는 또한 저희 주간 소식지의 구독권이 포함되어 있습니다.

서비스를 중단하고 싶으시면 저희 웹 사이트를 방문하셔서 손님의 계정 설정을 찾아보세요. 거기 가셔서 "계정 폐쇄"를 누르면 됩니다.

어휘 confirm 확인하다 sign up 등록하다, 신청하다 include 포함하다 playback 재생 terminate 끝내다, 해지하다 navigate 돌아다니다 account 계정, 계좌 process 처리하다 newsletter 소식지 charge 청구하다 offer 제공하다 reasonable 합리적인

2 (A) 죄송하지만, 저희는 현재로서 귀하의 지불 금액을 처리할 수 없습니다.
(B) 이 패키지 안에는 또한 저희 주간 소식지의 구독권이 포함되어 있습니다.
(C) 귀하께서는 개인 수표로 지불하시거나 신용 카드 계정에 청구하실 수 있습니다.
(D) 저희는 귀하께서 가장 좋아하는 음악을 합리적인 가격에 즐길 수 있는 좋은 기회를 드리고 싶습니다.

해설 중반부에 빈칸이 있는 경우에 앞뒤 문맥을 꼭 살펴야 한다. 첫 번째 단락에서 마르티네즈 씨가 신청한 패키지가 언급된 뒤에 빈칸이 나왔기 때문에 이에 대해 추가적인 설명을 하는 내용이 적합하다. 따라서 정답은 (B)이다. 무조건 돈에 관한 내용을 고르지 않도록 주의하자.

Step 3 실전 마스터 P187

정답

1. (C)	2. (D)	3. (A)	4. (C)
5. (A)	6. (C)	7. (D)	8. (B)
9. (A)	10. (B)	11. (D)	12. (B)

[1~4]

마이클 우
팜프래시 용품
가로수길 180 305호
서울, 한국

우 씨에게

6월 2일의 주문을 처리하는 데 있어서 임시 ❶ 중단에 대해서 알려드리기 위해서 이 편지를 씁니다. 저희는 모든 장비와 재고를 교토에 있는 새로운 창고로 이동할 것입니다. ❷ 이 때문에 많은 양의 재고를 보유하는 것이 힘들 것 같습니다. 이사는 약 3~4일 정도가 걸릴 예정이고, 그 ❸ 동안에는 해외 주문 배송을 못하게 될 것입니다. 혹시 있을 지연을 ❹ 피하기 위해서는 다음 주문을 5월 20일까지 해 주시기 바랍니다. 질문이 있으시면 망설이지 마시고 저에게 연락해 주시기 바랍니다.

재니스 영
고객 서비스 부장

어휘 supplies 용품, 물품 temporary 임시의 fulfillment 수행, 만족 inventory 재고, 물건 ship 배송하다 place an order 주문을 넣다, 주문하다 hesitate 주저하다 contact 연락하다 extension 연장 improvement 향상 disruption 방해, 중단 solution 해결책 limited 제한된 track 추적하다 status 상태 facility 시설 industry 산업, 업계 prevent A from B A가 B하는 것을 막다 may as well ~하는 편이 낫다

1 해설 문맥상 어울리는 명사 어휘를 고르는 문제이다. 회사에서 지금까지 진행하던 서비스를 아래와 같은 이유로 잠시 중단하는 것에 대한 사과를 하는 내용으로 정답은 (C)이다.

2 (A) 이것들은 한정 기간 동안 특가로 구매하실 수 있습니다.
(B) 귀하는 주문한 물건의 상태를 온라인에서 확인하실 수 있습니다.
(C) 창고 시설은 그 지역의 중요한 산업이 되었습니다.
(D) 이 때문에 많은 양의 재고를 보유하는 것이 힘들 것 같습니다.

해설 빈칸 앞쪽에서 편지를 보내는 이유로 창고 이전이 언급되었으므로 빈칸에는 창고 이전 때문에 생기는 문제점이 들어가는 것이 적합하다. 따라서 정답은 (D)이다. 뒤쪽에서 문제점을 자세하게 설명한 것도 삽입 문장과 자연스럽게 연결된다. 나머지 선택지는 판매와 주문 관련 표현일 뿐 주어진 빈칸에 어울리지는 않는다.

3 해설 적합한 전치사를 고르는 문제이다. 창고가 이전되고 있는 동안에는 해외 배송이 불가하다라는 문맥으로 기간을 가리키는 during이 들어가야 한다. 따라서 정답은 (A)이다.

4 해설 알맞은 동사의 형태를 고르는 문제이다. 빈칸에 들어가는 것은 본동사가 아닌 부사구를 만들 수 있는 형태가 필요하다. 문맥상 목적을 나타내는 to부정사의 부사적 용법(~하기 위해서)이 적합하다. 따라서 정답은 (C)이다.

[5~8]

품질이 저희의 주요한 관심입니다.
타타 전자회사

타타 전자의 진공청소기를 구입한 것을 축하드립니다. 이것은 가장 힘든 상황에서도 여러분을 ❺ 믿음직하게 도와줄 것입니다. 저희는 업계에서의 50년간의 경험을 통해 진공청소기는 언제나 이상적인 상황에서 사용되는 것은 아니라는 것을 알게 되었습니다. 우리 회사의 엄격한 ❻ 신뢰도 요건을 맞추기 위해서, 저희의 모든 전자제품은 몇 단계의 혹독한 검사를 거쳐야 합니다.

모든 장치는 1미터 높이에서의 반복적인 낙하는 물론 열, 추위, 먼지 등에 노출됩니다. 품질 검사 도중에, 저희 진공청소기들은 무작위로 선택되어 이 같은 테스트를 품질 관리 기술자들에게서 ❼ 받습니다. ❽ 단 한 개의 제품이 한 개의 테스트라도 실패하면 생산이 중단되고 저희는 그 문제를 자세히 조사합니다.

그래서 저희 타타 전자에서는 "품질이 저희의 주요 관심사"라고 말한답니다.

어휘 electronics 전자제품 quality 품질 concern 관심사, 걱정 purchase 구매, 구매하다 challenging 어려운, 도전이 되는 strict 엄격한 requirement 조건 undergo 겪다 rigorous 혹독한 be exposed to ~에 노출되다 drop 낙하, 추락 inspection 검사 randomly 무작위로 quality control 품질 관리 faithfully 믿음직하게 needlessly 불필요하게 conditionally 조건적으로 pricing 가격 reliability 신뢰성 application 지원, 신청 make up 만들다, 구성하다 turn down 줄이다, 거절하다 put through (훈련 등을) 시키다, 당하게 하다

5 해설 적합한 부사 어휘를 고르는 문제이다. 금번에 구입한 진공청소기(전자제품)가 고객들을 오랫동안 '믿음직스럽게' 도와줄 것이다는 의미가 되어야 하므로 정답은 (A)이다.

6 해설 적합한 품사와 의미를 동시에 골라야 하는 문제 형태이다. 뒤에 연결되는 requirements(요건)와 함께 사용될 수 있는 복합명사 또는 그 앞에 붙일 수 있는 형용사를 골라야 한다. reliability requirements는 '제품 품질의 신뢰성을 충족시킬 수 있는 요건'이라는 뜻으로 쓰이는 표현이다. 따라서 정답은 (C)이다.

7 해설 알맞은 구동사를 고르는 어휘 문제이다. 진공청소기(vacuum cleaners)가 검사를 '받는다'라는 의미로 쓰일 때 put through가 쓰일 수 있다.

8 (A) 이 결과로부터, 저희는 언제나 비용을 절감하려고 노력합니다.
(B) 단 한 개의 제품이 한 개의 테스트라도 실패하면 생산이 중단되고 저희는 그 문제를 자세히 조사합니다.
(C) 이 절차를 통해서 물건들은 빠르게 저희 고객님들에게 배송됩니다.
(D) 추가 진공청소기는 특별한 VIP 할인을 통해서 구매하실 수 있습니다.
해설 빈칸 앞뒤 문맥을 확인하는 것이 중요하다. 자사 상품의 장점으로 품질을 강조하면서 품질 관리가 어떻게 이루어지는지 언급되었다. 뒤이어 품질 테스트를 통과하지 못한 경우 취해지는 조치에 관해 나오는 것이 적절하다. 따라서 정답은 (B)이다. 나머지 비용 또는 물건 배송에 대한 내용은 연관성이 없다.

[9~12]

시몬스 인터내셔널의 치앙 기술사 인수 예정

홍콩, 3월 10일 – 시몬스 인터내셔널은 7억 달러에 달하는 거래로 ⑨ 이 회사가 치앙 기술사를 인수하겠다고 월요일에 발표했다.

시몬스의 대변인은 회사에서는 내년 말까지 수익률이 두 배로 증가할 것이라고 예측한다고 말했다. 그들은 이것을 아시아 시장에서 치앙의 넓게 퍼진 유통 경로를 최대로 이용해서 이룰 것이다. ⑩ 치앙 사는 최근에 중국에서만 20개의 지점을 추가했다.

재정 전문가들은 치앙을 인수한 것으로 시몬스는 컴퓨터와 전자제품 업계의 가장 큰 기업체가 될 것이라고 믿는다. "그들은 다른 ⑪ 경쟁사들보다 훨씬 우위를 선점할 것이다"라고 파이낸셜 타임즈 사의 수석 분석가인 로버트 잉 씨가 말했다.

시몬스는 전 세계의 250개의 지점에 있는 치앙의 현재 직원들을 유지할 계획이다. ⑫ 그 이후에 시몬스는 추가 직원이 필요한지를 분석할 것이다.

어휘 spokesperson 대변인 double 두 배로 증가시키다 profits 수익, 이윤 accomplish 달성하다, 이루다 distribution 유통 channel 채널, 통로 expert 전문가 acquisition 인수 electronics 전자제품 ahead of ~보다 앞선 analyst 분석가 workforce 인력 branch 지사 evaluate 평가하다 additional 추가의 offer 제안 reject 거절하다 acquire 인수하다 transaction 거래 critic 비평가 supplier 공급업체 investor 투자가 competitor 경쟁사

9 해설 적합한 대명사를 고르는 문제이다. 회사 이름은 it으로 받는 것이 일반적이다. 앞에서 나온 시몬스 인터내셔널을 지칭하는 대명사가 필요하므로 정답은 (A)이다.

10 (A) 다른 회사들의 제안은 거절되었다.
(B) 치앙 사는 최근에 중국에서만 20개의 지점을 추가했다.
(C) 또 하나의 회사가 내년에 인수될 것이다.
(D) 직원들은 거래에 대해서 만족해 할 것이다.
해설 빈칸의 앞뒤 문맥상에 적합한 것을 골라야 한다. 빈칸 앞에 치앙의 아시아 유통 채널에 관한 내용과 이어질 수 있는 내용으로 중국에서만 20개의 지점을 추가했다는 내용이 적합하다. 따라서 정답은 (B)이다.

11 해설 알맞은 명사를 고르는 어휘 문제이다. 회사를 인수한 계기로 시장의 리더가 될 것이라는 내용은, 다른 '경쟁사(competitors)'를 앞설 것이라는 내용과 자연스럽게 이어지므로 정답은 (D)이다.

12 해설 알맞은 부사구/절을 고르는 문제이다. 앞뒤 문맥을 자연스럽게 이어줄 수 있는 것을 골라야 한다. 현재의 직원들을 그대로 유지하고 나서, 나중에 인력이 더 필요할지 고려하겠다는 내용이 자연스러우므로 '그 후에'라는 뜻의 After that time이 적절하다. 따라서 정답은 (B)이다.

PART 7

Unit 10 문제 유형 I

Step 2 Paraphrasing 기초 훈련 P196

정답

1. (A)	2. (B)	3. (B)	4. (A)	5. (B)
6. (A)	7. (A)	8. (B)	9. (A)	10. (B)

1 나는 콘서트가 끝난 후 내가 가장 좋아하는 음악가를 직접 만났다.
(A) 실제로 (B) 꿈에서

2 그는 고객이 생각하는 것을 확실하게 알아내고 싶어 했다.
(A) 말하다 **(B) 알다**

3 버뮤다 여행사 고객들은 큰 폭의 호텔 할인을 받는다.
(A) 멋진 **(B) 큰**
어휘 travel agency 여행사 discount 할인

4 이것은 귀하께서 고객을 유지하는 것을 도와줄 것입니다.
(A) 유지하다 (B) 이해하다

5 불행하게도 그 가게는 작년에 파산했다.
(A) 매우 인기 있는 **(B) 돈이 떨어진**
어휘 go bankrupt 파산하다

6 그 책은 어떻게 기업이 그들의 전략을 효과적으로 수행할 수 있는지 설명한다.
(A) 수행하다 (B) 만들다
어휘 strategy 전략 effectively 효과적으로

7 묘목장에서는 모든 종류의 꽃을 살 수 있다.
(A) 재배하는 곳 (B) 치료하는 곳

8 이 상품권은 12월 말까지만 사용할 수 있습니다.
(A) 회복되는 **(B) 사용되는**
어휘 redeem 상환하다 voucher 상품권 by the end of ~의 말까지

9 상품권으로 보트 여행을 할 수 있습니다.
(A) 그 쿠폰으로 보트를 탈 수 있다.

(B) 그 전단지로 유람선에 입장할 수 있다.

어휘 entitle 자격을 주다 excursion 여행 ride 타기 permit 허가하다 entry 입장 cruise ship 유람선

10 모든 방호복이 나중에 세탁하기 위해 통으로 들어간다.

(A) 모든 방호복은 버려져야 한다.
(B) 모든 방호복은 올바로 보관되어야 한다.

어휘 protective clothing 방호복 bin 통 throw away 버리다 store 보관하다 properly 올바로

Step 3 기초 마스터 P197

정답 **1.** (D) **2.** (C) **3.** (C)

[1]

브래넌 식료품점 고객 설문 조사

리처즈 씨께,

저희 브래넌 식료품점을 이용해 주셔서 감사합니다. ❶ 모든 고객이 만족하는 쇼핑을 제공해 드리고자 최근 구입 경험에 관한 몇 가지 질문에 답해 주시길 바랍니다.

1 브래넌 식료품점의 직원들은 어떠합니까? (해당 사항 모두 표시)
□ 세심하다 □ 아는 것이 많다 ■ 친절하다 □ 해당 사항 없음

2 필요한 물건을 못 사고 가신 적이 얼마나 자주 있습니까?
□ 매번 □ 가끔 ■ 거의 없다 □ 한 번도 없었다

어휘 appreciate 고맙게 여기다 ensure 보장하다 quality 우수한 품질의 describe 묘사하다 attentive 세심한 knowledgeable 아는 것이 많은 conduct 행하다 determine 결정하다

1 설문 조사를 한 이유는 무엇인가?
(A) 다른 상점과 가격 비교를 하기 위해
(B) 직원들이 물건을 훔치는지 알기 위해
(C) 식품의 품질을 결정하기 위해
(D) 고객들이 어떤 대우를 받는지 알기 위해

해설 GQ 문제 유형은 제목이나 지문의 앞쪽에서 가장 큰 힌트를 찾을 수 있다. 특히 양식은 제목이 있는 것이 대부분이다. 고객들에게 quality experience(양질의 쇼핑 경험)를 제공하는 차원이라는 설명이 있다. 따라서 정답은 (D)이다.

[2]

공항 건설 계속되다.

프랑크푸르트, 7월 2일 – 프랑크푸르트 국제공항의 대규모 확장 공사가 진행 중이다. 이 프로젝트는 29억 달러 정도의 비용이 들 것이라고 예측되고 있다; 새로운 터미널이 약 1년 후에 열릴 것이다.

하지만 새로운 터미널은, 좁은 부지에 생길 예정이라, 이륙과 착륙 횟수를 증가시키는데 큰 어려움이 있을 것이다. 공항이 현재의 활주로 개수를 유지한다면, 3년 이내에 항공 교통을 ❷ 처리할 능력이 최대치에 다다를 수 있다.

어휘 expansion 확장 underway 진행 중인 estimate 추측하다, 추정하다 billion 10억 approximately 약 confined 작은, 제한된 challenge 어려움, 도전 takeoff 이륙 landing 착륙 current 현재의 capacity 용량 handle 다루다, 처리하다 maximum 최고, 최대

2 두 번째 단락 네 번째 줄의 "handle"과 의미상 가장 가까운 것은 무엇인가?
(A) 만지다
(B) 검사하다
(C) 관리하다
(D) 풀어주다

해설 동의어 문제는 어휘의 문맥상의 의미를 물어보는 유형으로 평소에 다양한 어휘의 품사별 의미를 익혀두는 것이 도움이 된다. handle는 명사로 쓰일 때 '손잡이'라는 의미 외에 동사로는 '(문제를) 처리하다'라는 의미를 가지고 있다. 비행기 교통량을 '처리한다'라는 의미가 자연스러우므로 정답은 (C)이다.

[3]

센트럴 몬타나 법률 지원 서비스

제한적인 예산을 가지고 있는 주민 여러분께 베테랑 변호사를 소개해 드립니다.

서비스 내용:
- 최초 20분 무료 상담
- 가정 문제, 이민, 납세, 고용법 관련 자문
- ❸ 실업자를 위해 저렴한 비용으로 법적 대변

◈ 형사 사건은 상담하지 않습니다.

법률 상담 시간과 장소가 실린 목록을 보시려면 저희 웹 사이트를 방문해 주세요. 문서를 작성해야 하므로 의뢰인께서는 일찍 오셔야 합니다. 또한 의뢰인의 법률 자문 상담 준비를 돕기 위해 온라인으로 가이드를 제공하고 있습니다. 예정된 상담 시간에 오시기 힘드실 때는 온라인으로 질문을 보내 주시면 변호사가 서면으로 답을 드립니다.

어휘 legal aid 법적 지원 resident 거주자 tight 적은 initial 처음의 consultation 상담 immigration 이민 employment 고용 legal representation 법적 대변 unemployed 실업의 criminal case 형사 paperwork 양식, 서류작업 instruction 안내, 지침 advisory 자문의 submit 제출하다 in writing 서면으로 guarantee 보증하다 applicant 지원자 low-income 저소득의 charge 기소하다 robbery 강도

3 센트럴 몬타나 법률 지원 서비스에 대해 언급된 것은 무엇인가?
(A) 모든 지원자들을 대표해 주는 것을 보장한다.
(B) 직접 만나는 방법만을 통해 법적 질문에 대답한다.
(C) 저소득층을 위해 서비스를 제공한다.
(D) 강도 혐의로 기소된 사람도 돕는다.

해설 언급형 문제는 정답지와 본문을 비교하면서 풀어나가야 한다. (A)는 실업자를 대변해 준다고 했으므로 틀렸고 (B)는 온라인을 통한 질문도 응답해 준다고 했으니 틀렸고 (D)의 형사 사건은 맡지 않는다고 했으므로 틀렸다. 실업자를 위해 저렴한 비용으로 법적 대변을 한다고 했으므로 정답은 (C)이다.

Step 4 실전 마스터 P199

정답 **1.** (C) **2.** (A) **3.** (D) **4.** (B) **5.** (B) **6.** (D)

[1~3]

수신: ann.longton@mail.com
발신: services@zboutique.com
날짜: 2017년 4월 22일
제목: 고객 사은 혜택

롱튼 씨께,

저희의 기록을 보니 고객님께서 노스 달라스에 있는 Z 부티크를 방문하셨을 때 구매하신 제품을 최근에 반품하신 걸로 나옵니다. ❷ 작성하신 서류에 따르면 고객님께서 제품의 품질에 만족하지 못하셨다고 되어 있습니다.

Z 부티크에서는 가장 우수한 품질의 의류와 액세서리만 취급하고 있습니다. ❶ ❸ 저희는 고객님께서 앞으로도 계속 구매해 주시기를 바랍니다. 감사의 표시로 저희의 5개의 매장 중 한 곳에서 40달러를 가게 부담으로 처리해 드리고자 합니다. 이것을 사용하시려면 "고객 관리"라는 쿠폰 코드를 계산원에게 주시면 됩니다.

감사합니다.

Z 부티크

어휘 recently 최근에 return 반품하다 form 양식 complete 작성하다 quality standard 품질 기준 ensure 보장하다 appreciation 감사 offer 제공하다 credit 신용, 외상 cashier 계산원 upcoming 다가오는 policy 정책, 방침 hold on to ~을 꼭 잡다, ~에 매달리다 overcharge 부당하게 더 청구하다 discourage 낙담시키다 refund 환불 replacement 교체

1 이메일의 주된 목적은 무엇인가?
(A) 곧 있을 세일을 광고하기 위해서
(B) 부티크의 정책을 설명하기 위해서
(C) 고객을 잡기 위해서
(D) 새로운 제품을 알리기 위해서

해설 이메일의 목적은 주로 앞쪽에 제시되지만 핵심 내용이 뒷 부분에 나오는 경우도 있다. 제품이 마음에 들지 않아 반품한 고객에게 매장에서 쓸 수 있는 할인권을 주겠다는 내용으로, 이는 이 고객을 계속 자사의 손님으로 붙들고자 하는 의도에서 나온 것임을 알 수 있다. 따라서 정답은 (C)이다. 가게라고 해서 무조건 세일이 언급된 선택지를 고르지 않도록 주의하자.

2 롱튼 씨에 대해 암시된 것은 무엇인가?
(A) 부티크의 제품에 실망했다.
(B) 부티크로부터 과다 비용을 청구받았다.
(C) 잘못된 사이즈를 구매했다.
(D) 다른 구매자들을 말렸다.

해설 롱튼 씨에 관해 언급된 내용을 선택지와 비교하면서 풀도록 하자. 첫 번째 단락 마지막에서 품질에 만족하지 않아서 제품을 반품했다는 내용이 나오므로 정답은 (A)이다.

3 이메일에서 무엇을 제공하기로 했는가?
(A) 환불
(B) 추천
(C) 대체품
(D) 상품권

해설 고객 불만에 대한 해결책으로 40달러를 현금처럼 쓸 수 있는 쿠폰을 제공한다고 했으므로 정답은 (D)이다.

[4~6]

해피 가드너

1421 ❽ 파인 블러프로	45466 ❽ 제퍼슨로
오클라호마 시티, 오클라호마 22312	캘빈, 오클라호마 22331
(412) 555-9633	(422) 555-9935

자신만의 텃밭을 가꿀 준비가 되었다면, 지금 제대로 해 보세요! 저희 묘목장과 ❻ 해박한 직원들이 여러분의 성공적인 식품 재배에 필요한 모든 재료와 해결책을 제시합니다.

고객님들께 제공되는 혜택:
- 원예 방법과 토종 품종이 상세히 실린 다양한 도서
- ❼ 현지의 천연토 – 화학 처리가 전혀 되지 않았습니다.
- ❼ 모든 기술과 경험 수준에 맞는 원예 수업 (단, ❽ 파인 블러프 지점에서는 제공하지 않음)
- ❼ 다양한 토종 식물과 잘 키울 수 있는 정보

저희 두 지점 중 한 곳에 들르시면 전문가들이 여러분의 질문에 답해 드릴 것입니다. 여러분의 정원 가꾸기를 도와 드리겠습니다!

- 영업 시간 -
월요일: 오전 11시 ~ 오후 4시
화요일 ~ 금요일: 오전 9시 ~ 오후 7시
토요일: 오전 9시 ~ 오후 9시
일요일: 오전 12시 ~ 오후 6시

어휘 gardener 정원사 nursery 묘목장 knowledgeable 아는 것이 많은, 박식한 material 재료 a wide selection of 다양한 method 방법 detail 자세히 설명하다, 세부 항목 native 토종의 chemically 화학적으로 variety 종류 stop by 들르다, 방문하다 location 지점 expert 전문가 imported 수입된 fertilizer 비료

6 해피 가드너에 관해 무엇이 암시되고 있는가?
(A) 과일과 야채가 식품으로 팔린다.
(B) 직원들은 경험이 풍부한 원예사들이다.
(C) 수입 식물의 구입이 가능하다.
(D) 이번 주에 화학 비료를 할인하고 있다.

해설 지문의 내용을 정답지와 비교하면서 풀어 나가자. (A)는 직접 야채, 과일을 파는 것이 아니라 이들을 재배할 수 있는 정원을 꾸미는 것을 도와주는 업체이므로 틀린 내용이다. (C)는 언급되지 않았으며, (D)는 화학 비료에 관한 내용도 언급되지 않았으므로 정답이 될 수 없다. 지문 초반부에 해박한 직원들이 식품 재배를 잘 할 수 있도록 도와준다고 했으므로 정답은 (B)이다.

7 해피 가드너가 제공하지 않는 것은 무엇인가?
(A) 훈련 강좌
(B) 가정 방문 서비스
(C) 비옥한 원예용 흙
(D) 원예 정보

해설 Not true 문제 유형은 지문에 나열된 정보와 선택지를 비교하면서 오답을 지워가며 정답을 찾아야 한다. 고객들을 위한 혜택으로 제공되는 원예 수업에서 (A)를, 현지에서 생산한 천연토를 제공한다는 내용에서 (C)를, 다양한 토종 식물과 잘 키울 수 있는 정보를 제공한다는 내용에서 (D)를 확인할 수 있다. 집까지 방문하는 서비스는 언급되지 않았으므로 정답은 (B)이다.

8 제퍼슨로 지점에서만 가능한 것은 무엇인가?
(A) 원예 가이드
(B) 토종 식물
(C) 노련한 충고
(D) 훈련 강좌

해설 일반적으로 지문에서 주소나 전화번호 같은 연락처는 자세히 읽지 않기 때문에 이와 같은 정보가 필요한 문제는 난이도가 높게 느껴질 수 있다. 지점 주소는 지문의 맨 위에 두 군데가 제시되었는데, 수업이 파인 블러프(Pine Bluff) 지점에서 제공되지 않는다고 언급된 부분에서, 나머지 다른 지점인 제퍼슨로 지점만 수업을 제공한다는 것을 알 수 있어야 한다. 따라서 정답은 (D)이다.

Unit 11 문제 유형 2 (신유형)

Step 2 Paraphrasing 기초 훈련 P204

정답

1. (B)	2. (A)	3. (B)	4. (A)	5. (B)
6. (B)	7. (A)	8. (B)	9. (A)	10. (A)

1 그들은 그 가게에서 작은 컵 아이스크림을 시식했다.
(A) 말하다 **(B) 맛보다**
어휘 sample 시식하다

2 아이들은 공원의 엉뚱한 조각상을 정말 좋아한다.
(A) 재미있는 (B) 슬픈
어휘 statue 조각상

3 인사과는 항상 유망한 새 직원을 뽑기 위해 노력한다.
(A) 해고하다 **(B) 고용하다**
어휘 Human resources 인사과 promising 유망한

4 그 연주회는 음악의 진정한 본질을 보여 주었다.
(A) 본질 (B) 겉모습
어휘 performance 공연

5 모두가 그 새 직원을 가리켜 근면하고 신뢰할 수 있다고 말한다.
(A) 경험 많은 **(B) 믿을 만한**
어휘 hardworking 근면한 describe 묘사하다

6 모든 학생과 교직원이 정중히 초대되었다.
(A) 자동적으로 **(B) 정중히**
어휘 faculty 교직원 attend 참석하다

7 이 거리에는 많은 고급 부티크가 있다.
(A) 값비싼 (B) 수익성이 좋은
어휘 boutique 부티크

8 이 워크숍은 귀하의 사업에 새로운 활력을 주는 방법을 알려줍니다.
(A) 실망시키다 **(B) 활기를 북돋우다**

9 그 삽화들은 독자를 위해 그 이야기에 생기를 불어넣는다.
(A) 그 그림이 그 책을 더 좋게 만든다.
(B) 그 삽화는 필요가 없다.
어휘 illustration 삽화 bring ~ to life ~에 생기를 불어넣다 artwork 삽화

10 그 변호사는 법정에서 그를 대변했다.

(A) 그 변호사는 그 남자를 도왔다.
(B) 그 변호사는 그 남자를 몰랐다.

어휘 representation 대리인을 내세움 in court 법정에서

Step 3 기초 마스터 P205

정답 1. (C) 2. (B)

[1]

베르나데트 랭 [오전 11:32]
제가 좀 전에 2350 리지웨이가에 있는 집에서 전화를 받았는데요. 세입자들이 2월말에 나가고 싶어 하는데, 임대 계약은 6월말이나 돼야 끝나요.

팀 설리반 [오전 11:38]
글쎄, 세입자들이 임대 기간 전에 나가려면 위약금을 내야 하는데. 하지만, 주인이 면제해 줄 수도 있을 거예요. ❶ 주인에게 전화해서 예외로 해줄 수 있는 지 한번 알아볼래요?

베르나데트 랭 [오전 11:40]
해 볼 만한 가치가 있어요. 무엇보다, 그 지역에 몇몇 사람들이 임대할 곳을 기다리고 있잖아요.

팀 설리반 [오전 11:45]
맞아요. 그리고 리지웨이가에 있는 그 집은 특히 좋죠. 새로운 세입자를 찾는 것이 어렵지 않을 거라고 확신해요. 결과가 나오면 알려 주세요.

어휘 tenant 세입자 move out 이사해 나가다 lease 임대 계약서 expire 만기가 되다 fine 벌금 owner 주인 waive 포기하다, 생략하다 exception 예외 worth ~할 가치가 있는 rental 임대의 property 부동산 persuade 설득하다 contact 연락하다 lower 내리다 potential 잠재의

1 오전 11시 40분에, 랭 씨가 "해 볼 만한 가치가 있어요"라고 쓴 의미는 무엇인가?
(A) 그녀는 세입자들을 더 살도록 설득하고 싶어한다.
(B) 그녀는 임대부동산을 개선해야 할 필요가 있다고 생각한다.
(C) 그녀는 부동산 주인에게 연락할 용의가 있다.
(D) 그녀는 잠재 세입자를 모으기 위해서 임대료를 낮춰야 한다는 점에 동의한다.

해설 화자의 의도 문제는 인용문의 문맥상의 의미를 찾아야 한다. 원래 계약 기간을 어기면 위약금을 내야 하지만 주인이 예외로 봐줄 수도 있으니 연락해 보라는 제안 다음에 "해 볼 만한 가치가 있어요"라고 말한 것은 벌금을 면제해 줄 수 있는지 알아보겠다는 의미이므로 정답은 (C)이다.

[2]

올스타일, 박람회 계획을 발표하다

케이프타운 6월 22일 – 대형 소매업체인 올스타일 의류가 11월에 있을 올해의 케이프타운 패션 박람회에 자사의 신상품 라인을 발표하지 않겠다고 발표했다. - [1] -.

케이프타운 엑스포는 전통적으로 의류 업계의 가장 중요한 연례 행사 중에 하나로 여겨진다. 거기서 전국의 대규모 소매업체들이 새로 나올 콜렉션을 자랑하는 발표에 공을 들인다. ❷ 하지만, 최근 몇 년 동안에 일반인들의 참가는 꽤 줄어들었다. - [2] -.

본사에서 있었던 기자회견에서, 올스타일 사장인 도나텔라 루치아노는 발표를 하지 않겠다고 한 이 결정은 박람회에 참가하지 않겠다는 것이 아니라고 발표했다. - [3] -. "대중을 위한 발표는 없지만, 유통업체와 소매 협력사들을 위한 사업자 중심의 작은 회의가 열릴 계획이다"라고 회사 대변인이 말했다. - [4] -.

어휘 reveal 드러내다, 알리다 Expo 박람회 retail 소매의 apparel 의류 significant 중요한 elaborate 정성 들여 만들다, 공들이다 show off 자랑하다 upcoming 다가오는 attendance 참석 decrease 줄이다, 줄다 press conference 기자회견 headquarters 본사 forgo 그만두다, 버리다 host 개최하다, 열다 distributor 대리점, 유통업체 spokesperson 대변인

2 [1], [2], [3], [4]로 표시된 곳 중 다음 문장의 위치로 가장 적절한 곳은 어디인가?
"올스타일의 발표는 그래서 업계 내부자들에게는 별로 놀랍게 다가오지 않았다."
(A) [1]
(B) [2]
(C) [3]
(D) [4]

해설 삽입 문장을 미리 한번 읽어두고 본문에서 흐름에 맞는 위치를 골라야 한다. 특히 삽입 문장에 있는 "thus(따라서)" 같은 접속 부사가 도움이 될 것이다. 박람회에 참석하지 않겠다는 발표가 지문의 주제인데, 삽입 문장은 그렇게 결정할 만도 하다는 의미가 있다. 따라서 참석하지 않기로 결정한 이유가 언급된 뒤에 삽입 문장이 와야 한다. 따라서 정답은 (B)이다.

Step 4 실전 마스터 P207

정답 1. (B) 2. (A) 3. (C) 4. (A) 5. (B) 6. (D) 7. (C)

[1~3]

수신: 아담 싱〈asignh@google.com〉
발신: 미나 해밀턴〈mnhamilton@tuboproducts.com〉
날짜: 5월 2일
주제: TUBO 3000

싱 씨에게,

❶ 저희 회사의 TUBO 3000을 사용하시면서 겪은 문제점에 대해서 저희에게 알려주셔서 감사합니다. 저희는 당장 고객님의 걱정을 해결하기 위한 조치를 단계별로 취하고 있습니다. - [1] -. 고객님께서 그 장비를 구매하신 후 TUBO 3000은 새로 디자인되고 업그레이드되었습니다. 이것들 중 하나를 고객님 주소로 보냈습니다. ❷ 저는 새로운 버전이 기존에 고객님께서 겪으셨던 문제점을 해결할 것이라고 확신합니다. - [2] -.

❷ 만약에 그렇지 않다면, 1-800-555-1323으로 연락 주셔서 고객님이 구입하신 가격의 전액을 환불받으십시오. ❷ ❸ 또한, 저희는 모든 생산을 더 큰 건물로 이전하여 제조 절차를 개선했습니다. - [3] -.

제가 뭐 따로 도와드릴 일이 있으시면 연락해 주십시오. - [4] -. TUBO 전자를 대표해서, 이번 건으로 불편함을 초래하게 된 것을 사과드립니다. 다시 한번 손님으로 모시게 되기를 기대하겠습니다.

미나 해밀턴, 고객 서비스 매니저
터보 전자

어휘 attention 주목, 주의 issue 문제, 안건 take steps 단계를 밟아 나가다 address the concern 걱정을 해결하다 ship 배송하다 unit 개수(물건을 세는 단위) confident 확신하는 version 버전 resolve 해결하다 repayment 환불 transfer 옮기다, 이전하다 refine 다듬다, 정제하다 procedure 절차 cause 야기시키다 complaint 불평 improve 향상시키다 quality control 품질 관리 overlook 간과하다

1 이메일의 목적은 무엇인가?
(A) 배달에 관한 세부 정보를 제공하기 위해서
(B) 고객의 불만에 응대하기 위해서
(C) 새로운 환불 방침을 설명하기 위해서
(D) 새로운 상품 라인을 광고하기 위해서

해설 이메일은 목적은 지문 앞쪽에서 제시되는 것이 일반적이다. 첫 문장에서 자사 상품을 사용함에 있어서 문제점을 알려주셔서 감사하다는 내용에서 고객 불만에 응대하는 목적으로 쓰였다는 것을 알 수 있다. 따라서 정답은 (B)이다. 지문에 환불(refund)이 언급되긴 했지만 새로운 환불 규정에 대해 설명한 것은 아니므로 (C)는 정답이 될 수 없다.

2 문제의 해결책으로 제시되지 않은 것은 무엇인가?
(A) 구매한 물건을 수리하는 것

(B) 구매 비용을 환급하는 것
(C) 대체 상품을 제공하는 것
(D) 생산 운영을 향상시키는 것

해설 본문에 나온 정보만을 근거해서 정답을 골라야 하며 본인의 상식이나 선입견에 의존하면 안 된다. 하자가 있는 제품을 대신할 신상품을 보냈는데, 이마저도 문제가 있으면 환불해 줄 것이라고 했다. 또 제조 절차를 개선했다는 내용도 언급되었다. 물건을 수리한다는 내용은 언급되지 않았으므로 정답은 (A)이다.

3 [1], [2], [3], [4]로 표시된 곳 중 다음 문장의 위치로 가장 적절한 곳은 어디인가?

"저희 품질 관리 매니저가 방문해서 아무것도 간과되지 않도록 확실하게 할 것입니다."

(A) [1]
(B) [2]
(C) [3]
(D) [4]

해설 삽입 문장에서 공장 품질 관리자가 간과되는 것이 아무것도 없도록 확실한 조치를 취하겠다는 말은 제조 절차를 개선했다는 내용 뒤에 나오는 것이 적절하므로 정답은 (C)이다.

[4~7]

케네스 코스타 [오전 9:40]
여러분 안녕하세요. 제가 좀 전에 회의실에 왔는데, 프로젝터를 사용하는 데 문제가 있네요. 자꾸 꺼져요. 뭐가 문제인지 아시는 분 있나요?

베스 레스키 [오전 9:41]
저도 지난번에 그런 일이 있었어요. 빨간 리셋 버튼을 눌러 보세요.

지영 박 [오전 9:41]
❹ 9시 반까지 모든 것이 준비되어야 하는 것 아닌가요? 신입사원들이 도착하기 전에 모든 것이 준비되기를 원했는데.

케네스 코스타 [오전 9:43]
❺ 앤 쿠머 씨가 하기로 했었는데요, 회의가 하나 더 있었는데 늦게 끝났어요. 그녀는 기다릴 수가 없어서 저에게 방이 비면 세팅해 달라고 부탁을 했어요.

케네스 코스타 [오전 9:44]
❻ 안 돼, 작동이 되지 않아요. 베스, 여기 한 번 와 주실래요?

베스 레스키 [오전 9:45]
지금 가는 중이에요.

지영 박 [오전 9:48]
여러분들 거기 다 준비 되었나요?

케네스 코스타 [오전 9:50]
네, 발표하기 위한 모든 것이 준비되었어요. 발표할 내용과 신입사원들이 작성할 양식도 다 복사를 해 두었어요.

지영 박 [오전 9:54]
좋아요. ❼ 제가 정오에 모두를 데리고 점심식사를 하기 위해서 그리로 갈게요. 그러고 나서 신분증을 찾기 위해서 보안부서로 가죠. 오후 일정을 위해서 그들을 1시 반까지는 다시 데리고 오죠.

어휘 shut off 정지하다, 끄다 new hire 신입 사원 hard copy 출력된 자료

4 코스타 씨는 무엇을 하려고 준비하고 있는가?
(A) 신입사원을 훈련시키는 것
(B) 서류를 복사하는 것
(C) 새로운 전자제품을 구매하는 것
(D) 박 씨를 만나는 것

해설 등장인물이 여러 명일 때 인물간의 관계와 대화의 흐름을 파악할 수 있도록 훈련하자. 첫 문장에서 코스타 씨가 회의실을 준비하고 있고, 뒤에 박 씨가 신입사원들이 도착하기 전에 준비를 마쳐야 한다는 부분에서 이들은 신입사원을 교육시킬 직원들임을 알 수 있다. 따라서 정답은 (A)이다.

5 왜 회의실은 오전 9시 반까지 준비가 되지 않았나?
(A) 프로젝터가 없어져서
(B) 한 회의가 정시에 끝나지 않아서
(C) 박 씨가 회사에 없어서
(D) 새로운 직원들이 늦게 도착해서

해설 SQ 유형은 문제의 Key Word를 파악하는 것이 필요하다. 9시 43분 메시지를 보면, 다른 회의가 늦게 끝나는 바람에 신입사원 모임 준비가 제대로 되지 않았다는 것을 알 수 있으므로 정답은 (B)이다. 프로젝터가 문제가 있었지만 그것이 신입사원 모임 준비가 되지 않았던 직접적인 이유는 아니므로 (A)는 정답이 될 수 없다.

6 오전 9시 45분에 레스키 씨가 "지금 가는 중이에요"라고 말한 의미는 무엇인가?
(A) 그녀는 시설 관리부에 연락을 할 것이다.
(B) 그녀는 출근을 할 것이다.
(C) 그녀는 서류 수정을 끝낼 것이다.
(D) 그녀는 코스타 씨를 도우러 올 것이다.

해설 be on the way는 '가는 길이다'라는 뜻의 표현이다. 회의실에서 프로젝터 때문에 문제를 겪고 있는 코스타가 와 달라는 부탁에 "가는 중이다"라고 답한 것은 결국 가서 도와주겠다는 말이므로 정답은 (D)이다.

7 정오에는 무슨 일이 벌어질 것인가?
(A) 직원들이 발표를 들을 것이다.
(B) 직원들이 점심식사에서 돌아올 것이다.
(C) 박 씨가 회의실로 갈 것이다.
(D) 코스타 씨가 양식을 작성할 것이다.

해설 지문에 등장하는 여러 시점 중 질문이 묻는 것을 정확하게 골라야 하는 전형적인 SQ이다. 박 씨가 정오에 신입 직원들에게 점심 식사를 대접하기 위해 거기(there)에 갈 것이라고 말했는데, there는 코스타 씨가 있는 회의실을 뜻한다. 따라서 정답은 (C)이다.

Unit 12 지문 유형 1

Step 2 Paraphrasing 기초 훈련 P214

정답 1. (A) 2. (A) 3. (B) 4. (B) 5. (B) 6. (A) 7. (B) 8. (A) 9. (A) 10. (B)

1 책과 장난감이 여기저기 흩어져 바닥을 어지럽혔다.
(A) 어질러 놓았다 (B) 정리했다

2 우리는 경쟁력 있는 시급을 제공합니다.
(A) 꽤 많은 (B) 공격적인
어휘 hourly wage 시급

3 이것은 당신의 문의 편지에 대한 답변입니다.
(A) 요청 **(B) 질문**
어휘 answer 대답하다

4 가게 주인은 고객을 소중하게 생각한다.
(A) 미움을 받는 **(B) 존경받는**
어휘 store owner 가게 주인

5 B 팀이 그 건물의 개조 계획을 감독할 것이다.
(A) 간과하다 **(B) ~을 돕다**
어휘 renovation 개조

6 여기서 화학 비료도 할인 중입니다.
(A) 영양분 (B) 연료
어휘 chemical 화학의 on sale 할인 판매하는

7 회사 간부들은 미래의 확장에 대해 낙관적인 것 같다.
(A) 이익 **(B) 성장**
어휘 company executive 회사 간부 optimistic 낙관적인

8 사람은 외국의 환경에 익숙해져야 한다.
(A) 익숙한 (B) 숙달된
어휘 foreign 외국의 environment 환경

9 그 웹 사이트는 항상 새로운 것이 추가된다.
(A) 그 웹 사이트는 최신 정보를 수록하려고 노력한다.
(B) 그 웹 사이트는 모든 이전 데이터를 제시하려고 시도한다.
어휘 list 리스트를 작성하다 latest 최신의 seek ~하려고 시도하다 present 제시하다 previous 이전의

10 다음 주 이후, 우리는 평소대로 일을 재개할 수 있다.
(A) 다음 주까지 우리는 다른 일을 구할 수 없다.
(B) 다음 주까지는 우리의 일을 계속할 수 없다.
어휘 resume 재개하다 look for ~을 구하다 continue with ~을 계속하다

Step 3 기초 마스터 P215

정답 1. (B) 2. (A)

[1~2]

글로벌 여행사
31 툴레인가
뉴욕, 뉴욕주

3월 23일
로페즈 씨께,

❶ 다음의 출판물에 대한 고객의 요청을 접수했습니다.

- ❷ 〈파리와 로마에서의 도보 여행〉

- ❷ 〈아시아의 미슐랭 가이드〉

❶ 귀하의 주문 확인 번호는 M3483입니다. 늘 그렇듯이 모든 지도와 도시 안내서는 저희 여행사 고객들에게 특별 가격으로 제공되고 있습니다. 귀하는 영업일 기준으로 3일에서 5일 이내로 도서를 받으시게 됩니다.

또한 글로벌 여행사의 고객님들은 항공과 유람선 여행, 호텔 및 ❷ 자동차 대여에 대해 대폭 할인을 받으실 수 있다는 점을 기억해 주시기 바랍니다. 여행을 계획하고 계시다면 ❷ 212-555-5432로 저희 상담원에게 전화하셔서 이번 달의 특별 할인에 대해 문의하시기 바랍니다.

이용해 주셔서 감사합니다.

실비아 설리번 부장
글로벌 여행사

어휘 publication 출판물 confirmation 확인 price 가격을 책정하다 business day 영업일 significant 상당한 discount 할인 cruise 유람선 여행 rental 임대 opportunity 기회 request 요청하다 advertise 광고하다 shipping date 배송일 mention 언급하다 currency exchange 환율

1 편지의 목적은 무엇인가?
(A) 정보를 요청하기 위해
(B) 주문을 확인하기 위해
(C) 호텔을 광고하기 위해
(D) 배송 날짜를 변경하기 위해

해설 편지의 목적은 글의 앞쪽에 제시된다. 첫 문장에서 고객이 출판물을 요청했다는 점이 언급되었고, 그 뒤에 주문 확인 번호를 알려주는 부분에서 주문을 확인하기 위한 편지임을 알 수 있다. 따라서 정답은 (B)이다.

2 편지에 언급되지 않은 것은 무엇인가?
(A) 외환 환율
(B) 여행 출판물
(C) 렌터카 할인
(D) 연락처

해설 언급되지 않은 것을 고르는 문제는 선택지를 보면서 본문 내용과 똑같은 선택지를 하나씩 지워나가며 풀어야 한다. (B)는 편지 첫 부분에 출판물이 언급된 것에서, (B), (C)는 두 번째 단락에서 렌터카 할인과 연락처가 언급된 부분에서 확인할 수 있다. 환율은 언급되지 않았으므로 정답은 (A)이다.

Step 4 실전 마스터 P216

정답 1. (B) 2. (A) 3. (D) 4. (A) 5. (A) 6. (C) 7 (B)

[1~3]

수신: customerservice@furnitureplus.com
발신: nwilliams443@mail.com
날짜: 11월 27일
제목: 최근 구입 건에 관하여

고객 서비스 담당자께

저는 지난달에 퍼니처 플러스에서 거실용 가구를 주문했습니다. 주문한 품목은 소파, 의자, 커피 테이블, TV · 오디오 장식장입니다. 모두 1,800달러를 썼습니다. 상점에서 쇼핑하는 동안 점원들은 친절했고 신속하게 대응해 주었습니다.

❶ 하지만 배송 담당 부서에서 주문을 처리하는 방식에는 실망했습니다. 저는 가구가 11월 1일에 도착한다고 들었는데, 2주가 지나도록 오지 않더군요. 배송 정보를 요청하고자 전화했을 때는 30분 넘게 기다려야 했습니다. 담당자와 얘기했을 때, 아무런 예고도 없이 배송이 연기되었다는 것을 알게 되었습니다.

가구가 도착했을 때는 다시 한 번 실망을 금치 못했습니다. ❷ 가구들 중 절반이 파손되어 있었으니까요. 소파의 쿠션은 뜯어져 있었고, 커피 테이블은 긁혀 있었고, TV · 오디오 장식장 선반은 내려앉아 있었습니다.

❸ 저는 전액 환불과 점주의 사과 편지를 받고자 합니다. 못 받게 된다면, 지인들에게 다른 곳을 권할 것입니다.

네이선 윌리엄스

어휘 order 주문, 주문하다 include 포함하다 respond 응대하다 handle 다루다 in charge 담당하는 shipment 배송 delay 연기시키다 notice 공지, 알림 damaged 손상된 torn 찢긴 scratched 긁힌 refund 환불 otherwise 그렇지 않으면 complain 불평하다 missing 빠진, 없어진 purchase 구매(품) in poor condition 좋지 않

은 상태인 for free 무료로 at no cost 무료로 written 서면의

1 윌리엄스 씨가 이메일을 보낸 이유는 무엇인가?
(A) 주문을 변경하려고
(B) 서비스에 대한 불만을 제기하려고
(C) 분실된 구입 품목을 신고하려고
(D) 제품 정보를 요청하려고

해설 이메일/편지의 목적은 지문의 앞쪽에서 알 수 있다. 가구를 구입했다는 내용 다음에 배송 부서에 실망했다는 부분에서 서비스에 대한 불만을 이야기하고 있으므로 정답은 (B)이다. 편지가 주문에 관한 내용이라고 무작정 (A)를 고르지 않도록 주의하자.

2 윌리엄스 씨가 받은 가구에 관해 언급된 것은 무엇인가?
(A) 그것은 상태가 매우 좋지 않았다.
(B) 그것은 예상했던 것보다 덜 비쌌다.
(C) 모든 부품이 들어 있었다.
(D) 그것은 다른 사람의 것이었다.

해설 Key Word는 the furniture Mr. Williams received이다. 즉, 윌리엄스 씨가 가구를 배달받은 뒤 벌어진 일을 찾아야 한다. 윌리엄스 씨가 도착한 가구를 살펴보니 제품이 파손되었다고 했으므로 정답은 (A)이다.

3 윌리엄스 씨가 퍼니처 플러스에 요청하는 것은 무엇인가?
(A) 추가적인 무료 소파
(B) 무료 가구 수리
(C) 다음번 구매 시 할인
(D) 돈과 서면 응답

해설 이메일의 구조는 대부분의 경우 〈주제 ➜ 세부 사항 ➜ 부탁/당부〉의 형태를 띠는 경우가 많다. 지문 마지막에 환불과 사과 편지를 원한다고 했으므로 정답은 (D)이다. 지문의 a full refund와 a letter of apology는 선택지에서 money와 a written response로 각각 패러프레이징되었다.

[4~7]

클레어 한 [오전 10:53]
좋은 아침이에요, 팀원 여러분. ❹ 우리 오클랜드 공원 입찰에 대해서 소식 없나요?

데이비드 보우먼 [오전 10:54]
제가 금요일에 매니저 중 한 명과 이야기를 나누었어요. 그가 월요일까지 결정 날 거라고 말했는데 아직 들은 것이 없네요.

클레어 한 [오전 10:55]
문제는 우리가 내일까지 자재를 주문하지 않으면, 프로젝트 마감을 맞출 수 있는 시간에 물건을 받지 못할 거예요.

마리아 멘도자 [오전 10:56]
제가 이미 주문을 했어요. 어제 했는데요.

클레어 한 [오전 10:56]
그건 만약에 계약을 맡지 못한다면 문제가 될 수 있어요. 사용하지 못할 것에 대한 지불을 해야 하거든요. ❺ ❼ 비용 없이 취소하려면 시간이 얼마나 있나요?

데이비드 보우먼 [오전 10:58]
지난번에 저희를 선택했기 때문에 이번에 다시 저희랑 할 거라고 생각했어요. 제가 확인해 볼게요.

마리아 멘도자 [오전 11:01]
그럴 필요 없어요. ❻ ❼ 제가 방금 오클랜드에서 전화를 받았어요. 의견이 팽팽했지만 최고 경영자가 이번에는 루젠스키 브라더스사와 함께 하기로 결정했대요.

클레어 한 [오전 11:02]
정말 실망스럽네요. 하지만 이걸로 기가 죽지는 맙시다. 다음 번에는 좀 더 잘할 수 있을 거예요.

어휘 bid 입찰 supplies 용품, 자재 meet the deadline 마감을 맞추다 stuff 물건 cancel 취소하다 incur (손해 등을) 초래하다 fee 요금, 비용 figure 생각하다, 판단하다 disappointing 실망스러운 let down 실망시키다, 좌절시키다 offer 제안 position 자리, 직책 revise 개정하다, 변경하다 penalty 벌금 reconsideration 재고, 재심

4 화자들은 무엇에 대해서 토론하고 있는가?
(A) 입찰 제안
(B) 새로운 직책
(C) 가격 인하
(D) 변경된 일정

해설 주제를 물어보는 GQ는 주로 지문의 앞쪽에서 힌트를 주는 것이 일반적이다. 첫 문장에서 오클랜드 공원 입찰 건에 대해서 새로운 소식이 없는지 묻는 부분에서 주제가 입찰 제안에 관한 내용임을 알 수 있다. 따라서 정답은 (A)이다.

5 오전 10시 58분에 보우먼 씨가 "제가 확인해 볼게요"라고 쓴 의미는 무엇인가?
(A) 마감일에 대해서 물어본다.
(B) 배달 일정을 변경한다.
(C) 약속을 확인한다.
(D) 프로젝트 비용을 계산한다.

해설 신토익 유형인 화자의 의도 문제이다. 문제를 미리 읽고, 주어진 입력 시간의 문장을 표시해 두고 앞에서부터 읽으면서 문맥상의 의미를 확인한다. 한 씨가 입찰 전에 물품을 주문하는 것은 위험하다며 비용을 발생시키지 않고 주문을 취소하려면 시간이 얼마나 남았는지 묻자, 보우먼 씨가 확인해 보겠다고 말하고 있다. 즉, 보우먼 씨는 비용 발생 없이 주문을 취소하려면 늦어도 언제까지 해야 하는지 알아보겠다는 말이므로 정답은 (A)이다.

6 오클랜드 공원은 어떤 결정을 할 예정이었나?
(A) 그들이 벌금으로 얼마를 내야 하는지
(B) 그들의 상품을 어디로 반품해야 하는지
(C) 누가 그들의 프로젝트를 위해 일할지
(D) 언제 최종 계약서가 준비되는지

해설 11시 1분 메시지에서 오클랜드로부터 전화가 와서 다른 회사인 루젠스키 브라더스사와 계약하기로 결정했다는 내용이 언급되었으므로 정답은 (C)이다.

7 보우먼 씨는 다음에 무엇을 할 것인가?
(A) 회의에 간다.
(B) 주문을 취소한다.
(C) 일정표를 만든다.
(D) 오클랜드에 재심을 위해 전화한다.

해설 문제를 미리 읽고 보우먼 씨의 미래의 행동을 추측할 수 있는 힌트를 지문에서 찾아보자. 입찰이 이루어지지 않은 상황에서 비용 발생 없이 주문을 취소해야 하는데, 마침 입찰에 실패했다는 소식을 듣고 할 행동은 주문을 취소하는 것이다. 따라서 정답은 (B)이다.

Step 2 Paraphrasing 기초 훈련 P222

정답 1. (B) 2. (A) 3. (B) 4. (B) 5. (A) 6. (B) 7. (A) 8. (B) 9. (A) 10. (A)

1 아이들과 십 대들이 가장 큰 목표 시장이다.
(A) 확장된 **(B) 목표로 한**
어휘 teenager 십 대

2 이것은 모든 고객들에게 양질의 체험을 확실히 하게 해 준다.
(A) 확실히 하다 (B) ~하지 않을 것을 보장하다
어휘 experience 체험

3 그 가수는 자신의 밴드와 동행했다.
(A) 사라진 **(B) ~와 함께 하는**

4 저는 고든스에서 일한 소매 경험이 조금 있습니다.
(A) 제조 **(B) 판매**

5 그 세미나는 활기가 넘치고 유익한 워크숍을 개최한다.
(A) 신나는 (B) 진정한
어휘 informative 유익한

6 그녀는 그 가게에서 결함이 있는 상품을 구입했다.
(A) 획기적인 **(B) 결함이 있는**
어휘 purchase 구매하다

7 오셔서 그의 업적과 공헌을 인정해 주세요.
(A) 인정하다 (B) 구분하다
어휘 achievement 업적 contribution 기여

8 브룩스 씨는 이곳에서 여러 해를 보내고, 다음 달 은퇴할 것입니다.
(A) 승진하다 **(B) 사퇴하다**

9 그 할인은 환불이나 교환에 효력이 있다.
(A) 그 할인은 환불이나 교환에 사용될 수 있다.
(B) 그 할인은 환불이나 교환에 사용될 수 없다.
어휘 offer 제안, 할인 valid 유효한 refund 환불 exchange 교환

10 그녀는 내가 방문했을 때 문 앞에서 나를 기쁘게 맞이했다.
(A) 그녀는 즉시 나에게 인사를 했다.
(B) 그녀는 내가 진입하지 못하도록 했다.

어휘 greet 맞이하다 enter 들어가다

Step 3 기초 마스터 P223

정답 1. (C) 2. (D)

[1~2]

상품권

빅 스플래시 워터 어드벤쳐
발행일: 2017년 1월 1일

❶ 이 상품권으로 두 명이 빅 스플래시 워터 어드벤쳐에서 제공하는 보트 여행을 누리실 수 있습니다.

* 이 상품권은 3월 1일~4월 30일, 8월 20일~10월 1일 동안만 현금 교환이 가능합니다.
* ❷ 이 상품권으로 여행할 수 있는 활동은 제한됩니다. 고래 관람, 스노클링, 스쿠버 다이빙은 포함되지만, 상어 관람, 요트 항해, 수상스키는 제외됩니다.
* 상품권 소지자와 동반자는 18세 이상이어야 합니다.

예약을 하실 때는 상품권에 대해 말씀해 주세요.
더 많은 정보를 얻으시려면 멕시코 관광과 52-34-555-2100로 연락하시면 됩니다.

만료일: 2017년 8월 31일

어휘 voucher 상품권, 쿠폰 entitle 권한을 부여하다 bearer 소지자 excursion 여행 exchange 교환하다 valid 유효한 holder 소지자 mention 언급하다 monument 역사적 건축물 run business 영업하다

1 이 상품권은 무엇을 위해 사용될 수 있는가?
(A) 상어 관람
(B) 멕시코행 항공편
(C) 보트 여행
(D) 2인 무료 점심 식사

해설 지문 초반에 상품권으로 2명을 위한 보토 여행을 누릴 수 있다는 내용이 있으므로 정답은 (C)이다.

2 빅 스플래시 워터 어드벤쳐에 대해 사실인 것은 무엇인가?
(A) 중요 기념물 관람 상품을 제공한다.
(B) 1년 동안 사용 가능한 상품권을 제공한다.
(C) 여름에만 운영한다.
(D) 다양한 여행 상품을 제공한다.

해설 True/Not true 문제는 선택지와 본문을 대조하면서 오답을 지워나가면서 정답을 찾을 수 있다. 기념물을 관람한다는 내용은 없으므로 (A)는 오답. 이 상품권이 1월에 발급되긴 했지만 1년 내내 제공되는지는 알 수 없으므로 (B)도 오답. 이 상품권은 3월부터 이용할 수 있으므로 (C)도 틀린 내용이다. 지문 중간에 상품권으로 이용할 수 있는 다양한 여행이 나열되어 있으므로 정답은 (D)이다.

Step 4 실전 마스터 P224

정답 1. (A) 2. (D) 3. (B) 4. (B) 5. (D) 6. (B) 7. (A)

[1~3]

겟잇투게더는
당신의 집을 정돈하고 환하게 만들어 드리겠습니다!

❶ 너무 바쁘다보면 집은 정말 엉망진창이 됩니다. 낡은 것들을 버리고 새것으로 정돈할 시간도 없습니다. 빨래는 잔뜩 쌓이고, 바닥에는 책과 장난감으로 어질러집니다.

하지만 저희 겟잇투게더에서 도와 드리겠습니다! 옷장, 부엌, 집무실, 심지어 차고를 포함한 모든 방을 정리해 드리고 있습니다. 고객님의 요구 사항을 듣기 위해 댁을 방문한 후, 고객님의 집에 알맞은 선반과 수납함을 갖다 드립니다. 저희가 잡동사니를 처리해서 깨끗이 청소해 드립니다.

❷ ❸ 개장을 기념하여 무료로 선착순 다섯 분의 댁을 방문할 예정입니다. 오직 선착순 다섯 분의 고객님만이 이 무료 서비스를 받으실 수 있다는 점을 기억하세요. 예약을 잡으시려면 555-2255로 빨리 전화 주시길 바랍니다.

어휘 organize 정돈하다 messy 엉망인 throw out ~을 버리다 pile up 쌓이다 litter 어지럽히다 container 수납함 clutter 잡동사니 dorm 기숙사 numerous 수많은 limited 제한된 reward 보상하다

1 광고가 겨냥하고 있는 사람은 누구인가?
(A) 바쁜 맞벌이 부부들
(B) 예산이 넉넉하지 않은 사람들
(C) 기숙사에 사는 학생들
(D) 15세 이하 어린이

해설 광고의 대상을 물어보는 GQ로 본문의 앞쪽에서 힌트를 준다. 본문 첫 문장에서 너무 바빠서 집을 정리하고 청소할 시간이 없으며 책과 장난감까지 언급한 것으로 보아 정답은 (A)이다.

2 겟잇투게더에 대해 언급된 것은 무엇인가?
(A) 직원들이 아주 많다.
(B) 이 사업은 시작된 지 몇 년 지났다.
(C) 어떤 곳은 서비스되지 않는다.
(D) 무료 서비스 기회가 한정적으로 제공된다.

해설 겟잇투게더라는 업체에 대해서 언급된 것 중에 틀리지 않은 것을 골라야 한다. 이런 문제는 지문의 표현을 선택지에서는 다른 말로 패러프레이징된 경우가 많다. 지문 마지막에서 선착순 5명에게 무료 서비스를 제공한다는 내용이 있으므로 정답은 (D)이다.

3 무료 방문 서비스를 제공하는 이유는 무엇인가?
(A) 일정을 채우려고
(B) 개장을 축하하기 위해서
(C) 고객들에게 보상하려고
(D) 직원들을 도와주려고

해설 지문에서 2, 3번 힌트가 동시에 나왔다. 마지막 문단에서 개업을 기념하기 위해서 무료 서비스를 제공한다고 했으므로 정답은 (B)이다.

[4~7]

마닐라 사
19 애리조나가
마닐라 시내
❹ 송장

주문일: 7월 2일
주문 번호: 39488
❼ 배송일: 7월 10일

고객 고지서 및 배송 주소

❺ 결재자: 이스턴 은행
❼ 거리: 214 록사스대로
도시: 그린 메도우
국가: 캐나다

수신인: 다니엘 아담스
고객 ID: 8892

구매 상품

상품 번호	상품 내역	수량	개당 가격	총액
13553	책상	1	180달러	180달러
13890	의자	2	130달러	260달러
25530	탁상 램프	1	80달러	80달러

소계: 520달러
❻ 배송비: 100달러
❼ 총액: 620달러

구매해 주셔서 감사합니다.
발신인 서명: 존 리

어휘 client 고객, 의뢰인 billing 청구서 발부 shipping 배송 item description 품목 명세서 quantity 수량 unit price 단가 sub total 소계 total amount 총액 damaged 손상된 merchandise 상품 amount due 지불해야 할 금액

4 이 서류의 목적은 무엇인가?
(A) 분실물을 신고하기 위해
(B) 물건 값을 요청하기 위해
(C) 배달 주소를 바꾸기 위해
(D) 손상된 물건을 반품하기 위해

해설 양식/표 지문도 주제/목적은 지문 앞부분에서 힌트를 얻을 수 있다. 앞쪽에 회사명과 송장(invoice)이라는 제목으로부터 물건 값을 요청하기 위한 것임을 알 수 있다. 따라서 정답은 (B)이다.

5 물건 값을 지불할 사람은 누구인가?
(A) 마닐라 사
(B) 존 리
(C) 애리조나 사
(D) 이스턴 은행

해설 보내는 사람과 받는 사람을 물어보는 문제도 GQ에 속한다. 양식/표에서 이에 관한 정보를 찾을 수 있도록 훈련하자. 중반에 고객 정보 중 Billing Name(결재자)라고 쓰인 부분으로부터 정답이 (D)임을 알 수 있다.

6 고객이 배송비로 내야 하는 금액은 얼마인가?
(A) 80달러
(B) 100달러
(C) 260달러
(D) 620달러

해설 전형적인 SQ로 다양한 수치가 나오지만 지문 중 배송비를 찾아야 한다. 지문 중 shipping이라고 쓰인 부분을 보면 100달러라고 나와 있으므로 정답은 (B)이다. 참고로 난이도가 올라갈수록 배송비를 면제받을 수 있는 조건이 되는지도 찾아야 하는 경우가 있다.

7 이 서류에 언급되지 않은 것은 무엇인가?
(A) 할인 금액
(B) 지불해야 할 금액
(C) 배달일자
(D) 배송 주소

해설 본문에 나온 정보와 선택지를 확인하면서 오답을 지워나가도록 하자. 할인에 대한 정보는 없었으므로 정답은 (A)이다.

Unit 14 지문 유형 3

Step 2 Paraphrasing 기초 훈련 P230

정답 **1.** (A) **2.** (B) **3.** (A) **4.** (B) **5.** (A) **6.** (B) **7.** (A) **8.** (B) **9.** (B) **10.** (A)

1 그는 근무 시간 단축을 요구했다.
(A) 더 적은 것 (B) 더 많은 것
어휘 work hours 근무 시간

2 그 회사는 재정 상황을 개선했다.
(A) 전략적인 **(B) 재정의**
어휘 improve 향상시키다 situation 상황

3 그 판매원은 고객이 말한 얘기에 주의를 기울였다.
(A) 주의 깊게 듣는 (B) 사려 깊은
어휘 salesman 판매원

4 그녀는 당신과 모금 행사에 대해 상의하고 싶어 한다.
(A) 투자자 **(B) 자선 행사**
어휘 discuss 토론하다

5 천연토로서, 전혀 화학 처리되지 않았다.
(A) 처리된 (B) 보살핌을 받는
어휘 natural soil 천연토 chemically 화학적으로

6 십 대 시절에는 집이나 학교에서 곤란한 상황에 직면할 수 있다.
(A) 큰 **(B) 어려운**
어휘 face 직면하다

7 그 출납계 직원이 그 항목을 정확하게 계산했다.
(A) 정확히 (B) 조심스럽게
어휘 ring up 합계를 내다

8 기업들은 근로자가 최적으로 일을 수행하도록 동기를 유발하기 위해 노력한다.
(A) 강요하다 **(B) 격려하다**
어휘 perform 행하다 optimally 최적으로

9 이 행사의 참석자들은 편안한 복장을 입어야 한다.
(A) 사람들은 이 행사에 격식을 갖춰 옷을 입어야 한다.
(B) 사람들은 이 행사에 편안한 복장을 입을 수 있다.

어휘 casual attire 편한 복장 attendee 참석자 formally 격식을 갖춰 comfortable 편한

10 우리 상품은 원하는 수요가 많다.

(A) 많은 사람이 우리의 물건을 원한다.
(B) 우리는 많은 물건이 있다.

어휘 merchandise 상품 in high demand 수요가 많은

Step 3 기초 마스터 P231

정답 1. (D) 2. (A)

[1~2]

조나슨 & 홀리 사

고객 여러분께,

저희는 가급적 상품 카탈로그에 들어가는 상품과 가격을 최신으로 업데이트하려고 노력하고 있습니다. 하지만 저희 상품에 대한 수요가 대체로 높기 때문에 이 카탈로그에 있는 몇몇 상품은 고객께서 보고 계시는 순간에 더 이상 구매가 불가능한 상태가 되어 있을 수도 있습니다. ❶ 또한 세계 시장의 가격 변동으로 인해 저희가 가격을 조정해야 할 경우도 있습니다.

그래서 고객님께 상품과 가격이 지속적으로 갱신되는 저희 웹 사이트 www.jsholly.org를 방문하시길 권합니다. 조나슨 & 홀리에서는 고객 여러분의 모든 원예 관련 욕구를 만족시켜 드리고자 노력하고 있습니다. ❷ 고객께서 앞으로 저희가 갖추었으면 좋겠다고 생각하는 상품을 추천해 주신다면 감사하겠습니다. 고객 여러분의 의견은 저희의 상품 범위 확장에 도움이 될 것입니다.

지속적으로 애용해 주셔서 감사합니다.

어휘 up-to-date 최신의 merchandise 상품 in high demand 수요가 많은 browse through ~을 훑어보다 fluctuation 변동 adjust 조정하다 constantly 지속적으로 strive 노력하다 appreciate 감사하다 recommendation 추천 expand 확장하다 range 범위 patronage 후원 return policy 반품 규정 subscriber 구독자 current 현재의 suggestion 제안 purchase 구매

1 카탈로그에 대해 암시된 것은 무엇인가?
(A) 반품 규정에 대해서 설명하지 않는다.
(B) 구독자들이 많다.
(C) 고객들에게 무료로 제공된다.
(D) 현재 가격이 올라와 있지 않을 수도 있다.

해설 암시된 정보를 찾는 문제는 지문에 나온 정보가 선택지에서 다른 말로 패러프레이징되어 제시된다. 첫 번째 단락 마지막에서 가격 변동으로 인해 가격을 조정해야 할지도 모른다는 내용에서 카탈로그에 실린 가격이 최신 정보가 아닐 수도 있다는 것이 암시되어 있다. 따라서 정답은 (D)이다.

2 고객들은 무엇을 보내달라고 요청을 받는가?
(A) 신상품에 대한 제안
(B) 주소 변경 양식
(C) 정원을 찍은 사진
(D) 앞으로 구매할 물건에 대한 할인 쿠폰

해설 고객들이 요청 받는 것은 본문에서 권유/청유/명령문 형태로 제시된다. 본문의 후반부에 미래의 상품에 대한 추천이 있으면 감사하겠다고 했으므로 정답은 (A)이다.

Step 4 실전 마스터 P232

정답 1. (A) 2. (D) 3. (C) 4. (C) 5. (B) 6. (D) 7. (A)

[1~3]

공원 예술 작품 판매, 놀라운 성공

뉴욕, 6월 19일 - 특이한 조각상으로 유명한 ❶ 파라마운트 광장 공원은 지난 주 토요일 머큐리 연합의 제3회 연례 공원 예술 작품 판매장이 되었다. ❷ 판매 상품들 중에는 머큐리 연합의 예술가들이 그린 그림과 사진 작품, 공예품이 있었다. 비가 내리고 천둥이 쳤던 금요일이 지나고 맑게 갠 토요일에는 수백 명의 주민과 관광객들이 공원으로 몰려들었다. 많은 사람들이 현지 카페와 레스토랑에서 파는 아이스크림과 다른 음식들을 맛보면서 진열된 예술 작품을 감상했다.

머큐리 연합은 5년 전만 해도 파산 직전이었지만 ❸ 이사였던 레이첼 해리슨의 재임 기간 중에 재정 상황을 반전시켰다. 이 공원 예술 작품 판매는 해리슨의 영리적 아이디어 중의 하나다. 또 하나의 영리적 아이디어는 아티스트 볼로, 시내에 있는 리버사이드 호텔에서 일요일에 열릴 것이다.

어휘 whimsical 기발한 craft 공예품 alliance 연합 resident 주민 on display 전시 중인 sample 시식하다 bankruptcy 파산 turn around 반전시키다 fiscal 재정의 directorship 이사 임기 upcoming (행사 등이) 다가오는 recruit 모집하다 establish 설립하다 foundation 재단 financial standing 재정 상태

1 기사에서 주로 다루고 있는 것은 무엇인가?
(A) 야외 행사
(B) 새로운 공원의 개장
(C) 곧 있을 뮤지컬 쇼
(D) 새로운 프로그램 감독

해설 주제를 물어보는 GQ로 본문의 앞쪽에서 가장 큰 힌트를 얻을 수 있다. 첫 문장에서 지난 토요일에 연례 예술 작품 판매 행사가 공원에서 있었다고 했으므로 정답은 (A)이다. 지문에 park가 언급되었다고 해서 무조건 (B)를 고르지 않도록 주의하자.

2 머큐리 연합이 판매하는 것은 무엇인가?
(A) 조각상
(B) 우산
(C) 아이스크림
(D) 공예품

해설 첫 번째 문단 두 번째 문장에서 머큐리 연합이 판매하는 것 중 공예품(crafts)이 언급되어 있으므로 정답은 (D)이다. (A) 조각상은 이번 행사의 판매 품목이 아닌 공원에 전시된 조형물이므로 정답이 될 수 없다.

3 레이첼 해리슨이 머큐리 연합을 위해 한 일은 무엇인가?
(A) 새로운 회원을 모집했다.
(B) 새로운 재단을 설립하는 것을 도왔다.
(C) 재정 상황을 개선했다.
(D) 주민들을 위해 미술 강좌를 열었다.

해설 특정 인물인 레이첼의 이름을 기억하고 지문에서 어떤 행동을 했는지를 찾아야 하겠다. 레이첼의 재임 기간 동안에 재정 상황이 바뀌었다는 부분을 읽고 동의 표현인 financial standing으로 표현한 (C)를 고를 수 있어야겠다.

[4~7]

안전 규정

❹ 모든 직원들은 실험실에 있는 동안 다음의 규정을 지켜 주세요.

- 방호복(실험복, 장갑, 마스크, 보안경)은 항상 착용해야 합니다.
- ❺ 실험실을 떠나기 전 방호복을 탈의실에서 벗고 '방호복'이라고 표시된 통에 넣으세요.
- ❻ 접시, 튜브와 기타 용기들은 캐비닛이나 냉장고에 넣기 전에 깨끗하게 씻어야 합니다.
- 흘리는 일이 없도록 모든 용기는 보호용 걸이나 바구니가 달린 카트에 담아 운반되어야 합니다. 새는 것을 방지하기 위해 뚜껑을 제대로 닫았는지 확인해 주세요.

이 규정들은 여러분의 안전을 위한 것입니다. ❼ 위의 주의사항을 지키지 못하는 직원들은 감독자로부터 서면 경고를 받게 됩니다.

어휘 safety regulations 안전 규정 observe (규칙 등을) 준수하다 laboratory 실험실 remove 제거하다 protective 보호의 bin 통 store 보관하다 spill 엎지름 transport 실어 나르다 lid 뚜껑 securely 안전하게 prevent 방지하다 leak 새다 precaution 주의사항 issue 지급하다 supervisor 감독관 complaint 불만 designated 지정된 workstation (사무실 등의) 개인 작업 장소 surface 표면 divide 나누다 discard 버리다 notice 통지 penalty 처벌 entry 입장

4 이 공지의 목적은 무엇인가?
(A) 직원의 불평에 답하기 위해
(B) 새로운 복장 규정을 발표하기 위해
(C) 직원들에게 안전 규칙에 대해서 공지하기 위해
(D) 새로운 장비의 사용을 설명하기 위해

해설 목적을 물어보는 GQ로 제목이나 지문 앞쪽에서 힌트를 얻을 수 있다.

이 글의 제목에서 주제가 안전 규정에 관한 것임을 알 수 있다. 따라서 정답은 (C)이다. 난이도가 올라가면 안정 규정 안에서의 좀 더 세부적인 내용을 골라야 하는 경우도 있다.

5 직원들은 사용한 방호복을 어디에 두어야 하는가?
(A) 옷걸이
(B) 지정된 통
(C) 보관 캐비닛
(D) 본인들의 업무 장소

해설 질문은 방호복을 넣을 장소를 묻고 있다. 두 번째 안전 규정에서 "보호복"이라고 써 있는 통에 넣으라고 했으므로 정답은 (B)이다.

6 실험실 용기를 보관하기 전에 해야 할 일은 무엇인가?
(A) 표면에 라벨 붙이기
(B) 크기별로 나누기
(C) 오래된 용기 버리기
(D) 제대로 씻기

해설 문제의 Key Word가 laboratory containers라는 것에 유념해서 지문에서 해당 정보를 찾아보면 지문의 3번째 유의 사항에 관련 정보가 언급되어있다. 여러 가지 용기들은 보관 장소에 넣기 전에 세척하라고 했으므로 정답은 (D)이다.

7 공지에 의하면, 규칙을 따르지 않으면 생기는 불이익은 무엇인가?
(A) 관리자가 서면 통지를 줄 것이다.
(B) 다른 사람이 고용될 것이다.
(C) 실험실 출입이 제한된다.
(D) 봉급이 삭감된다.

해설 지문의 마지막 부분에서 주의 사항이나 당부 사항이 많이 나온다. 이런 규정을 따르지 못하는 사람은 서면으로 경고를 받는다고 했으므로 정답은 (A)이다.

Unit 15 다중 지문

Step 2 Paraphrasing 기초 훈련 P240

정답 **1.** (B) **2.** (B) **3.** (A) **4.** (B) **5.** (A) **6.** (A) **7.** (A) **8.** (A) **9.** (A) **10.** (B)

1 그 회사는 새 지점이 스프링필드에 들어서는 계획을 공개했다.
(A) 반대했다 **(B) 공개했다**

2 첫째, 상자에서 모든 부품을 꺼내세요.
(A) 조립하다 **(B) 치우다**

3 저는 아카데믹 리서치 사의 우리 부장님을 대신해서 글을 씁니다.
(A) 대신해서 (B) ~에 응하여

4 그 기사는 몇 가지 사실적인 오류를 담고 있었다.
(A) 오탈자 **(B) 잘못된 정보**

5 슈퍼 전자는 그 스포츠 행사의 유일한 후원자이다.
(A) 단 하나의 (B) 열정적인

6 그 물건은 현재 재고가 없다.
(A) 입수할 수 없다 (B) 분실되었다

7 그 미술관은 다가오는 찰스 라미레즈의 작품 전시를 발표했다.
(A) 다가오는 (B) 성공적인

8 부정적인 경험에 대해 심심한 사과를 드립니다.
(A) 제공하다 (B) 받아들이다

9 오직 자격 있는 지원자에게만 지원서를 작성하도록 요청할 것입니다.
(A) 오직 자격 있는 지원자만 지원하도록 요청될 것이다.
(B) 오직 몇 명의 지원자만 지원할 것이다.

10 이것은 모든 회원들에게 필수적인 행사이다.
(A) 모든 회원들은 그 행사에 결석했다.
(B) 모든 회원들은 그 행사에 참석해야 한다.

Step 3 기초 마스터 P241

정답 **1.** (A) **2.** (C) **3.** (B) **4.** (D) **5.** (C)

[1~5]

에머슨 백화점

저희는 ❷ 현재 ❶ 공석이 된 견습직 레벨의 파트 타임 자리를 구하고 있습니다.

가정용품 부서: 가정용품 부서의 계산대에서 근무. 고객의 구매, 반품, 교환을 도움. 금요일, 토요일, 일요일에 근무가 가능해야 함. 주당 15~20시간 근무.

신발 부서: 신발 부서의 계산대에서 근무. 고객의 구매, 반품, 교환을 도움. 월요일, 수요일, 금요일의 정규 근무 시간에 근무가 가능해야 함. 주당 최고 25시간까지 근무.

진열 보조: 디자이너가 상품을 진열하거나 치우는 것을 보조. 매대 정리를 도움. ❹ 토요일과 일요일 저녁에 근무가 가능해야 함. 주당 12시간 근무.

저희는 경쟁력 있는 시급을 제공하며, 전 직원을 대상으로 교육을 실시합니다. 면접 일정을 잡으시려면, 지점장인 마이크 앤더슨에게 연락처를 manderson@emerson.com으로 보내거나 612-555-2855의 내선번호 8367로 전화해 주시길 바랍니다.

수신: 마이크 앤더슨 〈manderson@emerson.com〉
발신: 레베카 뉴먼 〈rebecca80@aol.com〉
날짜: 8월 10일
제목: 일자리

앤더슨 씨에게

❸ ❹ ❺ 저는 현재 에모리 대학의 학생이며, 토요일과 일요일에 일할 수 있는 파트 타임 자리를 찾고 있습니다. 저는 매주 10시간에서 20시간 정도를 일하고 싶습니다. 저는 지난 2년 여름 동안 프로 애슬릿 매장에서 일을 했기 때문에 판매의 경험을 갖고 있습니다. 저는 열심히 일하며, 믿을 만하고, 새로운 것을 배우는 것에 개방적인 편입니다.

제가 에머슨 백화점의 업무에 적합한지 말씀을 나눌 기회가 있다면 기쁘겠습니다. 감사합니다.

레베카 뉴먼

어휘 entry level 초보자의, 견습의 housewares 가정용품 register 금전 등록기 assist 돕다 regular business hours 정규 업무 시간 setup 설치 takedown (물건 등을) 치우기 arrange 정리하다 merchandise 상품 competitive 경쟁력 있는 hourly wage 시급 contact 연락 branch 지점 retail 소매 experience 경력, 경험 reliable 믿을 수 있는 suitable 적합한 position 자리, 직책 publicize 홍보하다 respond to ~에 응답하다 inquiry 문의 contact information 연락처 colleague 동료 request 요청하다 salesperson 영업사원

1 이 광고의 목적은 무엇인가?
(A) 파트 타임 일자리를 제안하기 위해
(B) 백화점을 홍보하기 위해서
(C) 연례 세일을 알리기 위해서
(D) 문의 편지에 응답하기 위해서

해설 광고 맨 처음에서 백화점에서 파트 타임 직원을 고용하려고 하는 것을 알 수 있다. 따라서 정답은 (A)이다. 제목에서 Department Store만 보고 무작정 (B)를 고르지 않도록 유의하자.

2 광고에서 첫 번째 단락, 첫 번째 줄의 immediate와 의미상 가장 가까운 것은 무엇인가?
(A) 직접적인
(B) 근처의
(C) 현재의
(D) 개인적인

해설 동의어 문제는 해당 어휘가 있는 곳보다 조금 앞쪽부터 읽어서 문맥상의 의미를 파악해야 한다. 공석이 '지금 당장' 비어 있다는 것은 '현재' 비어 있다는 뜻으로 정답은 (C)이다.

3 이메일의 목적은 무엇인가?
(A) 앤더슨 씨의 연락처를 요청하기 위해서
(B) 일자리에 대해서 물어보기 위해서
(C) 동료를 해당 일자리에 추천하기 위해서
(D) 근무 시간 축소를 요청하기 위해서

해설 이메일을 보낸 목적은 초반에 힌트가 제시된다. 첫 문장에서 자기소개를 하고 일주일에 10~20시간씩 일하고 싶다는 내용에서 직책에 지원하려고 하려고 쓴 것임을 알 수 있다. 따라서 정답은 (B)이다.

4 뉴먼 씨의 일정에 적합한 직책은 무엇인가?
(A) 지점장
(B) 가정용품 영업사원
(C) 신발 판매부 직원
(D) 진열 보조

해설 연계 지문 문제이다. 연계 지문 문제의 경우에 한 지문에서 다수의 리스트를 주고, 다른 한쪽에서 조건을 맞추어 고르게 하는 유형이 많다. 첫 번째 지문에서 3군데에 일자리가 있는데, 뉴먼 씨는 주말에 10~20시간을 일할 수 있다고 하니, 이 두 조건에 맞는 자리는 진열 보조 직책이다. 따라서 정답은 (D)이다.

5 뉴먼 씨에 대해 알 수 <u>없는</u> 것은 무엇인가?
(A) 토요일과 일요일에 일할 수 있다.
(B) 학생이다.
(C) 현재 가게에서 일한다.
(D) 파트 타임 일자리를 찾고 있다.

해설 Not true 문제로 지문과 일치하는 내용을 하나하나 지워서, 안 나왔거나 틀린 선택지를 골라야 한다. 뉴먼 씨는 판매 경력이 있다고는 했으나 현재 일한다고 말한 적은 없으므로 정답은 (C)이다.

Step 4 실전 마스터 P243

정답

1. (A) 2. (D) 3. (B) 4. (D) 5. (C)

[1~5]

http://www.ipa.com

홈	컨퍼런스	세션	등록	회원

10월 8~10일에 뉴욕에서 있을 제10회 연례 공인 회계사 컨퍼런스에 참석해 주시기 바랍니다.

국제 공공 회계사(IPA) 컨퍼런스가 업계 전문직들에게 회계 업계의 최신 동향과 변화를 알아낼 수 있는 최고의 기회를 제공해 드립니다. 올해의 회의는 뉴욕의 맨해튼에서 열리며 ❹ <u>기조 연설가는 IPA의 회장인 아드리아나 넬슨 박사님입니다.</u> 넬슨 박사님은 국제 세법의 변화에 대해서 말씀하실 겁니다. 다른 주요 발표자로는 지선 박, 브래들리 영, 마이클 야마구치, 그리고 미첼 팔머 씨 같은 업계 전문가들이 포함되어 있습니다. 모든 수업과 발표자에 대한 정보는 세션 탭을 누르시기 바랍니다.

❶ <u>컨퍼런스는 파크라인 호텔에서 열립니다. 한정된 수의 방이 IPA 회원들을 위해서 할인가로 제공될 것입니다.</u> 여러분의 회원 번호를 방을 예약하실 때에 주시면 됩니다.

등록은 8월 1일에 시작합니다. 9월 1일에는 가격이 인상되고 몇몇 세션은 빨리 마감될 수 있으니 기다리지 마세요. 등록 탭에서 온라인 상으로 등록하실 수 있습니다.

수신: ❺ <u>마이클 야마구치</u><myamaguchi@nieman.org>
발신: 스텔라 핸슨<Hanson85@ipa.com>
날짜: 10월 14일
주제: 정보

안녕하세요, 마이클,

귀하를 만나서 정말 기뻤습니다. 당신이 뉴욕까지 시간을 내서 와 주신 것에 대해서 감사드리고, IPA 컨퍼런스에 참가해 주신 것에 대해 감사드립니다. ❷ ❺ <u>귀하의 아시아의 회계 관행이라는 발표는 저한테 정말 매력적이었습니다.</u> 제 생각에는 그 발표를 들은 사람들은 다국적 기업과 정부를 다룰 때 드는 노력의 ❸ <u>정도</u>에 대해 정말 감사할 수 있었을 겁니다. ❷ <u>제가 컨퍼런스 참가자인 일레인 찬드라 씨에게서 받은 설문조사를 첨부했습니다. 그녀의 반응은 당신의 발표를 칭찬하는 전형적인 형태였습니다.</u>

스텔라 핸슨
이사, IPA 프로그램 위원회

국제 공인 회계사 컨퍼런스 참석자 설문조사

	매우 만족	다소 만족	다소 실망	매우 실망
등록 절차			V	
내용	V			
장소	V			
음식 & 음료	V			

추가 의견:

등록이 매끄럽게 되지 못했습니다. 제가 마감 한참 전에 등록을 했는데도 불구하고, 제 회의 자료가 없어졌습니다. 제 자료를 찾기 위해서 1시간을 기다려야 했고 ❹ <u>그래서 제가 매우 듣고 싶었던 기조 연설을 놓쳤습니다.</u> 발표 자체는 아주 좋았습니다. ❺ <u>저는 특히 아시아의 회계 관행에 대해서 한 회계사가 발표한 부분이 정말 좋았습니다. 정말 흥미로웠고 많은 것을 배웠습니다.</u>

일레인 찬드라

어휘 accountant 회계사 professional 전문가 trend 동향 take place 일어나다 key note speaker 기조 연설가 featured 주요의 include 포함하다 rate 가격 accommodations 숙박시설, 방 participation 참가 fascinating 매혹적인 attach 첨부하다, 붙이다 attendee 참석자 complimentary 칭찬하는 survey 설문조사 process 절차 satisfied 만족하는 smoothly 매끄럽게 misplace 제자리에 두지 않아 못 찾다 propose 제안하다 feedback 피드백, 의견 layer 층

1 컨퍼런스에 대해서 무엇이 언급되었는가?
(A) 어떤 참석자들은 호텔 숙박 할인을 받았을지도 모른다.
(B) 뉴욕에 사는 주민들만 참석할 수 있었다.
(C) 매해 같은 장소에서 열린다.
(D) 모든 참석자들은 8월 1일까지 등록을 해야 했다.

해설 언급된 내용을 찾는 문제는 선택지를 확인하면서 풀어야 하기 때문에 까다로운 유형이다. 웹페이지 중간에 한정된 숫자의 호텔방이 할인이 가능하다는 내용이 있으므로 정답은 (A)이다.

2 이메일의 목적은 무엇인가?
(A) 앞으로의 컨퍼런스의 주제를 제안하기 위해서
(B) 뉴욕까지의 관광 계획을 세우기 위해서
(C) 컨퍼런스 설문조사에 대해서 물어보기 위해서
(D) 발표에 대한 피드백을 제공하기 위해서

해설 이메일의 목적은 지문 앞에서 등장하는 것이 일반적이나 난이도가 높은 문제의 경우, 전체 내용을 파악할 수 있어야 가능한 경우가 있다. 앞쪽에서 발표자로 나온 야마구치 씨에게 감사하다고 하고, 참가자 설문조사에서 야마구치 씨를 칭찬하는 의견이 있음을 알려주는 내용이다. 따라서 정답은 (D)이다. (C)는 설문조사가 지문에서 언급되긴 하나, 설문조사에 대해 문의하기 위한 것은 아니므로 정답이 될 수 없다.

3 이메일에서 첫 번째 단락 넷째 줄의 "level"과 의미상 가장 가까운 것은 무엇인가?

(A) 층

(B) 양

(C) 자세

(D) 조건

해설 다국적 기업과 정부를 다룰 때 드는 노력의 '양'에 대해 감사하다는 의미로 정답은 (B)이다.

4 찬드라 씨에 대해서 무엇이 암시되고 있는가?

(A) 그녀는 작년 행사에 참석했다.

(B) 그녀는 세션 중 몇몇이 너무 길었다고 생각했다.

(C) 그녀는 등록 절차에 대해서 만족했다.

(D) 그녀는 넬슨 씨의 발표 때 참석하지 못했다.

해설 연계 지문 문제이다. 찬드라 씨에 관한 사실과 패러프레이징된 선택지를 비교해 가면서 정답을 골라야 할 뿐만 아니라, 복수의 지문을 참고해야 하는 까다로운 유형이다. 세 번째 지문에서 찬드라 씨가 등록 절차가 오래 걸려 기조 연설을 듣지 못했다고 했는데, 첫 번째 지문에서 기조 연설자가 넬슨 박사라고 했으므로 찬드라 씨는 넬슨 박사의 연설을 듣지 못했다는 것을 알 수 있다. 따라서 정답은 (D)이다.

5 찬드라 씨는 어떤 발표자를 특별히 좋아했는가?

(A) 박 씨

(B) 영 씨

(C) 야마구치 씨

(D) 팔머 씨

해설 이 문제도 연계 지문 문제이다. 찬드라 씨의 설문 조사에서 "아시아의 회계 관행"을 주제로 다룬 발표를 가장 마음에 들어 했는데, 이메일에서 "아시아의 회계 관행"에 대해 발표한 사람이 야마구치 씨임을 알 수 있다. 따라서 정답은 (C)이다.